LA CIVILISATION DE LA CHINE CLASSIQUE

OUVRAGES DE DANIELLE ET VADIME ELISSEEFF

V. Elisseeff, LA VIE RELIGIEUSE DANS LE JAPON D'AUJOURD'HUI, dans *Encyclopédie française*, t. XIV, Paris, 1957.

V. Elisseeff, L'ART CHINOIS ANCIEN ET L'EXTRÊME-ORIENT, dans *l'Art et l'Homme*, sous la direction de R. Huyghe, Larousse, Paris, 1957.

V. Elisseeff, LA CHINE ET LE JAPON, dans *les Architectes célèbres*, sous la direction de P. Francastel, Mazenod, Paris, 1958.

V. Elisseeff, LA PRÉHISTOIRE DE L'ASIE NORD-ORIENTALE, dans *l'Homme avant l'écriture*, sous la direction de A. Varagnac, A. Colin, Paris, 1959.

V. Elisseeff, PROTOHISTOIRE ASIATIQUE, dans *Enciclopedia universalle dell'arte*, vol. III, Venise, 1960.

V. Elisseeff, L'ASIE DE 400 A 1300, dans *Histoire du développement scientifique et culturel de l'humanité*, de V. Elisseeff, M. G. Wiet et Ph. Wolff, Unesco, Paris, 1969.

V. Elisseeff, ARCHÉOLOGIE JAPONAISE, coll. « Archeologia mundi », Nagel, Genève-Paris-Munich, 1974.

D. et V. Elisseeff, LA CIVILISATION JAPONAISE, Arthaud, Paris, 1974 (Prix Charles Blanc décerné par l'Académie Française).

V. Elisseeff, BRONZES ARCHAIQUES CHINOIS AU MUSÉE CERNUSCHI, vol. I, t. I, l'Asiathèque, Paris, 1977.

D. et V. Elisseeff, DU SIGNE AU SYMBOLE, INTRODUCTION A LA PEINTURE DE L'EXTRÊME-ORIENT, Famot, Genève, 1978.

D. Elisseeff, NICOLAS FRÉRET, RÉFLEXIONS D'UN HUMANISTE DU XVIIIe SIÈCLE SUR LA CHINE, coll. des « Mémoires de l'Institut des Hautes Etudes Chinoises », Collège de France, Paris, 1978.

D. et V. Elisseeff, L'ART DE L'ANCIEN JAPON, Paris, Mazenod, 1980.

D. et V. Elisseeff, NOUVELLES DÉCOUVERTES EN CHINE. L'HISTOIRE REVUE PAR L'ARCHÉOLOGIE, Fribourg, Office du Livre, 1982.

D. Elisseeff, MOI ARCADE, INTERPRÈTE CHINOIS DU ROI SOLEIL, Paris, Arthaud, 1985.

D. Elisseeff, HIDEYOSHI, BATISSEUR DU JAPON MODERNE, Paris, Fayard, 1986 (Prix Mad. Eugène Colas décerné par l'Académie Française).

COLLECTION LES GRANDES CIVILISATIONS
DIRIGÉE PAR RAYMOND BLOCH

D. ET V. ELISSEEFF

LA CIVILISATION DE LA CHINE CLASSIQUE

ARTHAUD

AVERTISSEMENT
DE L'ÉDITEUR

Ce livre reprend le texte de l'ouvrage de V. et D. Elisseeff, La Civilisation de la Chine classique, *publié en 1979 par les Éditions Arthaud. Les auteurs ont revu et mis à jour l'index documentaire ainsi que la bibliographie. Seules illustrations photographiques noir et blanc et couleur ont été supprimées de cette édition; on pourra s'y reporter ainsi qu'à leurs légendes détaillées en consultant le volume relié de la collection « Les Grandes Civilisations ».*

ISBN 2-7003-0660-0. Imprimé en France

CHAPITRE I

INTRODUCTION A LA CULTURE CHINOISE

A beau mentir qui vient de loin! La méfiance et l'incrédulité que rencontrèrent les voyageurs illustres, de Pythéas le Phocéen à Marco Polo le Vénitien, sont aussi parfois de celles qui guettent les orientalistes. Il a toujours été fort malaisé de faire admettre de chacun que sa civilisation n'est pas unique et qu'en tout cas sa primauté, quand elle existe, n'est pas éternelle. La pluralité des cultures, vérité toute récente, ne fait qu'entamer les conceptions de supériorité engendrées jadis, tant en Occident par l'européocentrisme qu'en Chine par le sinocentrisme.

A cet orgueil toujours renaissant, s'ajoutent dans le cas de la Chine des égarements toujours possibles. L'immensité du pays, la longue durée de son histoire concourent à placer chacun de nous dans l'impossibilité de rendre compte, sans partialité et sans faille, de ses transformations, de l'évolution même des faits et gestes de ce qui fut et demeure le quart de l'humanité.

Nous ne saurions donc manquer ici à la tradition de nos collègues et devanciers dont toute introduction à l'histoire chinoise commence par une mise en garde : avertissement indulgent sur les ignorances et les lacunes inhérentes à nos programmes scolaires ou démythification cruelle de points de vue déformés et d'informations erronées. Nous n'entendons nullement, cependant, choisir la voie du prédicateur ou celle du pamphlétaire, mais simplement rectifier avec nuances des opinions fausses ou des sentiments exagérés qui altèrent une saine compréhension des idées et des faits, trop souvent interprétés au gré d'une imagination mal assurée qu'exalte encore l'exotisme.

Certes nous savons bien que le seul choix d'une série d'informations — impératif qui préside à tout résumé et, d'une façon générale, à toute histoire — rend subjectif le plus sérieux effort d'objectivité. D'aucuns ont même avancé, en forme de boutade, qu'on peut écrire dix histoires de Chine, différentes et pourtant toutes exactes. C'est donc en souscrivant d'avance aux critiques les plus diverses que nous proposons notre vision des choses et les limites dans lesquelles nous avons cru devoir restreindre le champ de nos réflexions.

Notre ambition est de donner une image suggestive de la civilisation chinoise ancienne — celle d'avant l'invasion mongole — et de son évolution. Pour ce faire, il nous a paru utile d'éclairer plus particulièrement trois périodes qui semblent correspondre à trois aspects, mais aussi à trois sommets dans un ensemble toujours évolutif : les Han (206 av. J.-C. - 220 ap. J.-C.), les T'ang (618-907), les Song (960-1279). Un classicisme en trois volets, forgé au cours de passionnantes périodes d'effervescence politique et intellectuelle, et porté par la multiplicité et la spécificité des esprits les plus divers, réussit en ces moments privilégiés à s'élever à l'universel.

Cette division, qui tend à donner des images plus globales que thématiques, est aussi un moyen de pallier les problèmes que pose la périodisation de l'histoire chinoise. Celle-ci, suivant les points de vue adoptés et selon l'importance attachée aux facteurs politiques, économiques ou philosophiques, ne suit pas un schéma uniforme. L'échelle chronologique, la plus simple, et le découpage dynastique, le plus ancien, restent, à condition de conserver à chaque ligne évolutive ses principaux accents et ses phases de transition, les seules références qui permettent dans un court ensemble d'articuler raisonnablement les causes et les effets. En Chine, de façon peut-être plus évidente qu'ailleurs, tout se passe comme si chaque domaine évoluait en fonction des autres par un effet de glissements et de relais successifs qui rend contestables les coupures globales. C'est pourquoi, malgré ses défauts, la vieille partition historique en cycles dynastiques conserve des adeptes. La cause profonde en est aussi que les changements de dynastie ne se firent jamais sous les seuls effets des dissensions internes de la Cour régnante, mais découlèrent toujours d'une situation nationale tragique dont l'issue fatale impliquait précisément un renouvellement dynastique.

Pour conserver à notre propos toute sa matière humaine, nous avons constamment gardé présents à l'esprit les heures et les jours de la vie quotidienne. Car quelles que soient les ambitions de la recherche historique, c'est toujours sur un fond d'informations anecdotiques ou événementielles que se dessinent les lignes les plus durables des transformations institutionnelles, et celles-ci ne bénéficient pas encore d'une masse suffisante de matériaux pour tracer avec quelque sûreté une évolution d'ensemble. Certes, des esquisses partielles peu à peu se dégagent, mais encore trop limitées pour asseoir une étude des structures. Les grandes réponses n'échappent pas aux grilles actuelles de l'histoire universelle dont les racines plongent encore trop exclusivement dans l'histoire européenne.

Or, aujourd'hui, force nous est de prendre conscience d'un mouvement inverse : l'étude de certains problèmes généraux s'enrichit des données de l'expérience chinoise. Il en est ainsi des phénomènes d'acculturation, considérablement enrichis des leçons de la sinisation. Celle-ci ne s'est pas exercée d'une façon uniforme. Des « barbares » ont pu s'intégrer à la Cour chinoise et adopter leurs mœurs, mais les nomades, en général, ont opposé une résistance farouche aux influences chinoises, et bon nombre d'entre eux ont préféré la culture indienne ou l'une de celles du Proche-Orient. A l'inverse, des royaumes plus stables comme ceux de la Corée ou de l'Annam ont pu se soulever périodiquement, mais n'ont pas rejeté la culture du conquérant et se sont appliqués à l'assimiler, alors que le Japon, jamais occupé, prenait délibérément la Chine pour modèle. Mis à part la dimension du phénomène, il est donc difficile de conclure simplement en accordant à la Chine des vertus particulières d'acculturation plus efficaces que celles dont témoignent les autres grandes civilisations.

Le rôle de la bureaucratie peut être aussi une contribution à l'histoire générale, car ses effets ne sont pas les mêmes au sein des diverses sociétés, suivant la nature des divisions sociales qui y ont cours. En Chine, la position de la bureaucratie fut prépondérante; issue, par le système des examens, des larges couches de la population, elle fut parfois contrebattue par des aristocrates de naissance mais jamais véritablement inquiétée par des clergés autochtones, des clans militaires ou des cliques de marchands; ce qui conduisait Leibnitz et Voltaire, au XVIIIe siècle, à conclure hâtivement, oubliant les méfaits du mandarinat, qu'il y avait là le règne des philosophes.

L'urbanisation, autre phénomène général, s'est effectuée en Chine sous le signe de la décentralisation administrative qui entraînait le contrôle constant des marchés ou des relais. De plus, le caractère agricole des villes — du fait même que les champs, en l'absence de cheptel important, avaient besoin d'engrais humain — plaçait les paysans à côté des propriétaires maintenus à l'écart des hautes sphères politiques. Dans ces circonstances, les commerçants ne purent faire naître de bourgs où se développent des franchises.

La place des artisans, qui contribuèrent tant à la gloire de la civilisation chinoise grâce à la qualité de leurs produits, que ce fût bronze, jade, porcelaine, laque ou soie, et à l'ingéniosité de leurs inventions comme la brouette, le gouvernail d'étambot, le papier, l'imprimerie, le sismographe ou la boussole, est cependant restée secondaire. Le moindre progrès, tel celui des moulins à eau, risquait en effet d'entraîner un déséquilibre de l'emploi qui, répercuté sur la masse des travailleurs, semblait fort redoutable; ce problème demeura une constante de la politique économique chinoise.

Enfin, l'isolement de la culture chinoise, et son caractère endogène, se trouvent remis en question par une meilleure connaissance du jeu des influences qui s'exercèrent sur elle. La Chine a certes péché par sinocentrisme, alors que du plus profond des âges elle bénéficiait de contacts culturels en même temps qu'elle devenait, à sa façon, un carrefour. La Chine antique connaissait Romains, Parthes et Sassanides; la Cour impériale entretenait des rapports avec les mondes indien, irano-arabe ou byzantin. Certes, cette pénétration ne s'imposa pas comme dans d'autres parties du monde sous l'effet d'une pression inhérente à la proximité d'un voisinage. Elle s'effectua par instillations dosées, et les apports ne furent jamais assez massifs pour rendre compte de la dimension culturelle de ces lointains pays. Il en découla en Chine la conscience que tout pouvait se siniser, conscience mère d'un sentiment de primauté exprimé par la conception d'Empire du Milieu; il s'y ajoute un sentiment de spécificité qu'il convient d'atténuer car, souvent, seul un certain décalage par rapport à l'Occident différencie des enchaînements de faits par ailleurs conformes à l'évolution universelle.

Dès que les sociétés sortirent de l'économie primitive, dès qu'il exista un supplément de ressources dans l'ensemble de la population, les souverains cherchèrent à s'approprier ce volant économique sous la forme d'impôts qui servaient à réaliser des programmes de grande envergure, tandis que les producteurs, de leur côté, tentèrent de protéger au maximum leur revenu afin d'étendre leur propre puissance. Perception et évasion fiscales constituèrent donc les deux faces de l'exploitation de cette marge bénéficiaire. Sur ce fond général, la particularité chinoise fit que, très rapidement, cet antagonisme se noua autour d'un seul personnage : le fonctionnaire. Les grands ou petits propriétaires fournirent le plus souvent l'encadrement de la fonction publique, si bien que les administrateurs, par le biais de leur famille, se trouvèrent toujours à la fois juge et partie. Ces personnages qui, par leurs alliances, concentraient en leurs mains des intérêts divergents, ne manquaient pas, suivant les cas, de grignoter les parts fiscales ou de taxer le peuple toujours taillable et corvéable à merci. Chaque fois cependant que les intérêts privés entraînaient trop loin le poids de l'exploitation, l'économie se détériorait, le peuple écrasé de charges se révoltait, un homme ambitieux se saisissait alors du pouvoir, investi par les espérances des foules. Et l'ordre régnait à nouveau, parfois durement; les misères recevaient quelque atténuation, la paix se rétablissait tant bien que mal et la prospérité se trouvait relancée. Puis le mécanisme se remettait en marche : à une Cour qui s'usait s'opposaient de nouveau les propriétaires qui relevaient la tête, pressuraient le peuple et entraînaient la ruine du pays. Ce cycle n'a certes pas, dans les faits, la rigidité de sa présentation, car il fut chaque fois tempéré ou accentué par la personnalité du souverain et des individus de son entourage. De plus, il subit des effets venus parfois de fort loin, comme les contrecoups des pressions barbares aux frontières ou des catastrophes provoquées par les calamités naturelles.

Les solutions apportées à ces problèmes portent la marque des idées que les acteurs de ces drames cycliques se faisaient du rôle de l'homme dans l'univers. La conscience que chacun de nous a de ce rôle prend en Chine l'aspect dominant d'un rythme auquel tout individu doit se conformer. Les plus anciens rites agraires soulignent les alternances saisonnières et les liens qui existent entre l'homme et la nature. Mais alors que dans certaines religions agraires de l'Orient ancien, l'homme suivait le rythme des saisons, tributaire du rythme cosmique, en Chine ce fut très tôt le rythme humain qui entraîna ce dernier; l'homme contribuait par son travail et ses gestes à éveiller ou à endormir la nature. Les phénomènes naturels et le comportement humain s'unissaient selon des résonances communes et des correspondances multiples.

La tendance générale fut d'accorder à l'homme une situation privilégiée, le plaçant au centre du système : d'où un anthropocentrisme initial qui, suivant les caractères de chacun et les écoles philosophiques, entraîna tantôt un désintéressement généreux au service de la société, tantôt, plus rarement, un égoïsme forcené qui refusait toute ingérence extérieure. Masses et élites subirent ainsi les fluctuations des philosophies et des religions qui, par des approches mystiques, rationalistes ou dialectiques, leur expliquaient que tout est en chacun de nous, que suivre donc ses penchants est la loi naturelle; ou bien que, l'univers étant un, toutes choses sont égales; ou bien encore que l'unicité du monde exige la participation de chacun à la marche du Ciel et de la Terre. Cette solidarité de l'homme et de la nature se traduisait par l'existence d'une série de correspondances cosmiques qui renforçaient les besoins d'une saine répartition des tâches et d'une indispensable hiérarchie. L'organisation de l'espace et du temps mettait au premier plan cadastre et calendrier; celle de la société, l'étude des rapports entre les membres de la communauté, entre morale et administration.

Les principes qui sous-tendent ces activités obéissaient aussi à la conscience que tout concourt à perpétuer le mouvement de l'univers, que rien ne doit en rompre l'harmonie. Les notions de relativité et de complémentarité reçurent la préférence à celles d'absolu ou d'antagonisme, qu'à vrai dire elles atténuaient. En effet, les notions extrêmes d' « absolu », d' « illimité », ne furent jamais conçues au terme de leur abstraction mais légèrement en deçà. Du néant, ainsi, il reste toujours quelque chose, qui peut se relier à d'autres univers situés hors de la perception humaine. De ce néant nous pouvons dire qu'il est donc limité à l'inconcevable, mais qu'il n'est pas absolu. En allant plus loin, cet inconcevable, par définition, légitime que nous ne puissions le penser; c'est pourquoi la fin dernière de l'homme dépasse notre imagination et il est vain de se préoccuper d'eschatologie. Une même exclusion de l'absolu se marque dans le discours politique ou dans les textes édifiants; les modèles servent d'aphorismes ou de postulats. A la rigueur du syllogisme aristotélicien se substitue la fluidité du sorite, série d'équivalences dont les termes peuvent remonter à l'un quelconque de ses précédents. Cette attirance pour des données concrètes ne traduit pas la crainte d'une abstraction poussée et, dans des circonstances moins spéculatives, une solution plus abstraite peut être préférée. Il en est ainsi des pratiques religieuses où les réactions courantes du peuple chinois apparaissent bien proches, si ce n'est identiques à celles des autres. Amour et solitude, richesse et misère, naissance et mort suscitent les mêmes joies et les mêmes tristesses. Les mêmes drames humains se jouent aussi avec leurs déceptions, leurs espérances, avec les mêmes craintes et les mêmes prières. Superstitions ou croyances entraînèrent au cours des âges la multiplication de panthéons sacrés dont les divinités autochtones ou étrangères hantaient villes et campagnes.

En même temps, l'interprétation de ces réactions subit le poids des travaux collectifs voués à la rationalisation; les rites agraires par exemple ne débouchèrent pas sur une religion constituée, mais sur un ensemble de cultes dont les divinités primitives ne se fixèrent pas longtemps dans des figures anthropomorphes; elles s'en détachèrent très vite pour se confondre avec les notions intellectuelles de Ciel, d'Ordre ou de Voie. Si spéculation philosophique ou croyance religieuse se trouvent rapprochées par la conception anthropocentrique de l'Univers, cet anthropocentrisme ne vise pas à développer les possibilités de l'individu mais plutôt celles de l'espèce. Le pragmatisme qui s'en dégage affecte à son tour la notion même d'individu.

Ainsi, les données mythologiques, élaborées fort tardivement, ne présentent guère de personnages extraordinaires et les récits s'attachent moins à la personne des premiers héros qu'à leurs œuvres. Ces contes mettent en scène des initiateurs méritants qui ont sorti le monde du chaos, puis l'ont ordonné, fécondé, rendu vivable : Yu, le régulateur des eaux, Yao et Chouen, inventeurs de l'agriculture, de l'élevage, du tissage ou organisateurs des travaux. Cet accent très anciennement placé sur l'œuvre annonce déjà le caractère de l'individu en Chine, difficilement distinct de la collectivité, car c'est par elle qu'il est défini. Non seulement il s'identifie à la famille qu'il place au-dessus de ses intérêts, mais il peut aussi, suivant sa fonction, s'identifier à la communauté et lui sacrifier alors sa propre parentèle. Le même phénomène apparaît dans la hiérarchie sociale. Celle-ci place en tête des rapports humains ceux du souverain et du sujet, puis ceux du père et du fils — de l'aîné au cadet —, enfin les relations du mari à la femme et de l'ami à l'ami. La famille prime les devoirs de l'amitié, mais elle doit céder le pas à l'État.

Les exemples que nous avons choisis illustrent certaines attitudes de la Chine ancienne, mais celles-ci traversent tout le développement de la pensée chinoise; nous verrons souvent apparaître et réapparaître ces notions de rythme cosmique, ou vital, de lois naturelles et de correspondances, de relativité et de complémentarité, car en matière religieuse et idéologique, les Chinois, depuis les temps les plus anciens jusqu'aux temps modernes, n'ont jamais eu la sensation de rompre avec leur passé.

Pour beaucoup de ces notions, communes à tous les peuples, la civilisation chinoise nous apparaît donc largement décalée par rapport aux autres; tout semble différent parce que les priorités sont différentes. S'il suffit de renoncer aux limites de notre européocentrisme pour la mieux comprendre, il n'en reste pas moins quelques particularités à surmonter avant d'aborder son étude, et peut-être d'abord la plus étonnante, sa langue.

LA LANGUE ET L'ÉCRITURE

La première caractéristique qui frappe l'imagination des Occidentaux quand ils se tournent vers la Chine est l'originalité de son écriture. C'est celle-ci, bien plus que la langue elle-même, qui joua, dans le développement de l'unité chinoise, le rôle de liant pour l'intérieur et celui d'isolant pour l'extérieur, Elle lui permit de conjurer la barbarie initiale et, par le biais de la calligraphie. d'atteindre les sommets de la culture. Et pourtant, c'est bien tardivement que les voyageurs la perçurent. Guillaume de Rubrouck (vers 1220-après 1293), qui rendit visite aux Mongols, la décrit en quelques lignes; Marco Polo n'en parle même pas. Il faut attendre le XVIe siècle pour en voir apparaître quelques mentions, par exemple chez le Père d'Agosta en 1591. Deux siècles plus tard,

50°
70°
80°
90°
100°
40°
30°
20°
80°
3 816
DZOUNGARIE
MONGO
T'IEN CHAN
PO-KO-TOUO CHAN
Pic Pobedy
Dépression
de Tourfan
(— 154)
Tarim
Yarkand
7 719
DÉSERT
DE TAKLA-MAKAN
780
Lob-nor
DÉSERT
ALTYN TAGH
K'OUEN-LOUEN
Dépression
de Tsaidam
5 243
7 723
Koukou-nor
Houang-ho
7 315
Indus
T I B E T
7 620
Tch'ang-kiang
7 088
Bassin
Rouge
Mont Everest
8 848
(Brahmapoutre)
Gange
Tropique du Cancer
Tch'ang-kiang
Plateau
du Yunnan
(Salouen)
Mékong
(Fleuve Rouge)
Golfe
du Bengale

120°
130°
140°
Hei-long-kiang
(Amour)
PETIT KHINGAN
GRAND KHINGAN
1 150
1 748
PLAINE
DE
MANDCHOURIE
Song-houa-kiang
GOBI
Si-leao-ho
2 744
MER
DU JAPON
Péninsule du Leaotong
2 079
Baie de Corée
Golfe du Pohai
Yang-ho
TAI-HANG CHAN
2 892
CHANSI
Houang-ho
(Fleuve Jaune)
1 731
CHANTONG
MER
JAUNE
Houai-ho
Han-chouei
Tch'ang-kiang
(Yangtzé)
1 977
MER DE CHINE
ORIENTALE
TCHÖKIANG
2 400
OCÉAN
PACIFIQUE
FOUKIEN
NAN-LING
Détroit de Formose
T'AIWAN
(FORMOSE)
MER DE CHINE
MÉRIDIONALE
0
500 km
1 892
HAINAN

Leibnitz, en quête d'une langue universelle, se montra séduit par ces signes qui pouvaient traduire un langage sans qu'intervienne l'expression orale. En effet, ils sont directement intelligibles visuellement et se prononcent différemment, selon la langue de chacun, comme nos chiffres arabes ou latins. C'est la raison pour laquelle, suivant qu'ils représentent des choses ou des notions, on les appelle caractères *(tseu)* « pictographiques » ou « idéographiques » et, plus simplement, « pictogrammes » ou « idéogrammes ». Formés à partir d'images descriptives — le soleil, la lune, les arbres —, utilisés en éléments simples ou combinés, ils se sont vite chargés de connotations phonétiques : à côté d'une première image donnée pour le sens, en apparaît une autre, correspondant au son qui lui est couramment attribué. Ces combinaisons, devenues de plus en plus nombreuses au cours des temps, autorisent à parler, comme le fait Marcel Cohen, d'écriture idéophonographique ou, comme Émile Benveniste pour souligner la forme de ces « éléments-supports », d'écriture « morphématique ». En bref, on peut dire que chaque caractère, toujours monosyllabique, représente un mot et qu'il est invariable, c'est-à-dire que la nature du mot, son genre, son nombre, sa catégorie grammaticale n'apparaissent pas dans son image écrite. Seule sa position dans l'énoncé de la phrase lui assigne une fonction grammaticale.

Il est difficile de mesurer l'écart qui pouvait exister à l'origine entre l'expression orale et l'expression écrite, entre la langue et l'écriture. Mais la nature des caractères fit que, rapidement, une langue écrite naquit, distincte de celle qui devenait la langue parlée, une langue littéraire du fait qu'elle exprimait des préoccupations rituelles ou poétiques, administratives ou politiques. La langue parlée n'en continua pas moins d'user des caractères pour sa transcription, mais elle demeura avant tout la langue de la conversation, des rapports quotidiens, et son entrée dans la littérature ne se fit pas avant les Yuan (1280-1368). La langue parlée, plus exactement les langues vulgaires du continent chinois, ne facilitèrent jamais l'unification du territoire; mais il existait le plus merveilleux véhicule dont une civilisation puisse disposer : le pouvoir graphique de l'écriture. Celle-ci permit à la pensée chinoise de conquérir tous les esprits qu'elle touchait. Il existe depuis des millénaires, comparable aux jeunes mondes de la francophonie ou de l'anglophonie, un vieux monde de la sinographie qui doit sa cohésion et sa pérennité en tout premier lieu à son véhicule scripturaire privilégié.

L'aire recouverte par l'écriture chinoise bénéficia, dès la plus haute antiquité, d'un rôle central, prépondérant. Car pour les Chinois des temps classiques, la civilisation, totale et universelle, était bien celle qui reposait sur le signe, sur le *wen*, essence du savoir, source de l'histoire et des archives, de l'observation du ciel et du calendrier, des correspondances numériques, hiérarchiques et bureaucratiques, de la philosophie et de la littérature, des rituels et des cultes familiaux, ensemble de tant de notions qui faisaient envie aux souverains des royaumes périphériques.

Tout ce qui venait s'ajouter au *wen* n'était dans l'esprit des Chinois qu'éléments exotiques, séduisants certes, parfois utiles, mais épisodiques et isolés. La pénétration en Chine des valeurs culturelles jaillies des terres sibériennes ou indiennes, iraniennes ou turques, est un fait. Elle s'effectua malgré l'éloignement de leurs sources — les déserts d'Asie centrale et les chaînes himalayennes. Mais leur diffusion restait fonction toutefois de la dimension du territoire chinois et de ses caractères géographiques.

LA GÉOGRAPHIE

La Chine, telle qu'elle se définit aujourd'hui, est constituée par la réunion de deux grands ensembles : la Chine proprement dite et la Chine périphérique.

Le plus ancien ensemble est celui de la Chine proprement dite dont les limites naturelles furent atteintes par la civilisation originelle au début du premier millénaire de notre ère. Ces dernières sont à l'est et au sud les mers bordières de l'océan Pacifique, à l'ouest la barrière du massif tibétain, au nord les déserts et les steppes des terres mongoles et mandchoues. Cette Chine « intérieure » constitue le berceau et le terrain de formation de la civilisation chinoise classique; c'est donc à elle que nous nous référerons chaque fois que nous parlerons de Chine.

L'ensemble le moins ancien est celui de la Chine périphérique ou « extérieure ». Celle-ci englobe le Tibet, le Turkestan chinois, la Mongolie intérieure et la Mandchourie. Jusqu'au XVIIIe siècle, ces régions ne seront jamais durablement rattachées à l'autorité impériale; peuplées de tribus montagnardes et nomades formées de pasteurs ou éleveurs souvent attardés, longtemps illettrés, elles seront le théâtre d'affrontements multiples qui verront ces populations fréquemment mises en déroute, mais jamais exterminées; elles formeront la zone oppressante des « barbares » d'où viendront malheurs, invasions, raids pillards, et vers laquelle se porteront durant plus d'un millénaire tous les efforts de la diplomatie et des armées chinoises pour reculer inlassablement le front de ces perpétuels adversaires. Le souci de la paix n'était pas moins primordial hier qu'aujourd'hui : il domine toute l'histoire du peuple chinois. Fortunes ou revers militaires s'ajoutèrent sans fin aux calamités naturelles pour jouer un rôle déterminant dans l'évolution interne des faits économiques, sociaux ou politiques.

Comme partout ailleurs à l'orée des temps, les genres de vie furent en Chine tributaires des conditions géographiques; monts et rivières, climats et sols furent les éléments permanents qui décidèrent de la végétation et du peuplement.

La structure géologique et le système techtonique de la Chine découlent de la formation du continent asiatique. Celui-ci, à l'époque primaire, était un ensemble de terres éparses baignées par des mers ou des bras de mer : ces îles constituaient autant de môles sur lesquels vinrent buter ou s'infléchir les divers mouvements orogéniques, du secondaire au quaternaire, des plissements calédoniens aux plissements alpins. Au cours des ères, des failles ou des effondrements auraient pu se produire et recréer des étendues marines, mais il n'en fut rien. Au tertiaire, un soulèvement progressif de tout le continent en fit à l'inverse une masse terrestre compacte, modelée en forme de pyramide tronquée avec pour sommet, véritable « toit du monde », le haut plateau de l'Asie centrale et du Tibet. Étendue sur le versant oriental de cet édifice, la Chine se présente de ce fait comme un immense perron dont les paliers successifs descendent, des chaînes de la haute Asie, vers les fosses du Pacifique.

Le premier palier chinois se situe à un niveau moyen de 3 000 mètres, avec des zones élevées de 4 000 mètres et des plateaux descendant à 2 000 mètres; adossé aux Alpes du Sseutch'ouan qui bordent le massif tibétain, il court depuis les chaînes de Yin-chan jusqu'aux montagnes du Yunnan. Un deuxième palier s'inclinant de 2 000 à 1 000 mètres en moyenne comprend le Chansi, le plateau des Ordos, le Chensi occidental, les bords orientaux et le centre du Sseutch'ouan, et la pénéplaine du Koueitcheou : au milieu de ce palier, le bassin Rouge, haut de 1 000 mètres, marque d'un grand creux le cœur fertile du Sseutch'ouan.

Si l'on imagine une diagonale reliant Pékin à l'île de Hainan, ces deux paliers constituent la zone occidentale et montagneuse de la Chine, bien formée pour jouer un rôle permanent de bastion de résistance. Au nord, les plateaux steppiques représentaient pour les barbares un glacis en même temps que le tremplin de leurs incessantes invasions; les terres ingrates du Chensi offraient aux Chinois un abri derrière ces pays de marches d'où partirent maintes conquêtes, tandis que les monts du Chansi recélaient des centres miniers et métallifères qui firent de leurs habitants les arbitres de la Chine à l'âge du fer. Au sud, le bassin du Sseutch'ouan devint très tôt le centre de résistance des gouvernements acculés, et les hautes terres du Yunnan et du Koueitcheou demeuraient des territoires de prédilection pour l'irrédentisme aborigène, conservatoire de mille traditions locales.

Les derniers paliers, situés au-dessous de 1 000 mètres, constituent la zone orientale et basse de la Chine. La pente devient alors moins homogène. Au sud, elle se continue en collines et vient mourir sur l'ourlet des monts du Foukien et du Tchökiang; au nord, elle s'arrête très vite sur le bord occidental du Chansi pour faire place à une zone de comblement et d'alluvions : la Grande Plaine de la Chine du Nord. Autant le relief de la zone occidentale et montagneuse présente une certaine harmonie entre les paliers du perron — dus au mouvement de surrection du continent — et les plissements — dus aux forces orogéniques —, autant celui de la zone orientale est complexe. Toute la structure de la Chine du Nord naquit en effet de la conjugaison de poussées latérales, venues soit du Pamir, soit du Pacifique, avec l'inertie des môles des Ordos, de la Chine du Nord elle-même et de la Chine centrale qui s'étend du fleuve Jaune au sud du fleuve Bleu. Suivant que ces môles se laissaient enfoncer ou faisaient obstacle, les plissements s'orientaient est-ouest ou nord-sud. L'effet combiné de ces mouvements et de ces points de plus ou moins grande résistance entraîna la formation d'un relief qui se présente, surtout au sud, à l'image d'un vaste quadrillage dont on a pu dire qu'il facilitait le régionalisme et les communautés particulières. A de nombreux moments de l'histoire ce fut exact, mais il convient de rappeler que dépressions et grandes vallées créèrent aussi un réseau de communications qui permit aux Chinois de surmonter à long terme les effets de ce compartimentage.

La carte des cours d'eau navigables montre ainsi combien nombreuses sont les voies de communication qui atténuent les obstacles dressés par les barrières montagneuses. Si les grands fleuves — Houang-ho, Yang-tseu-kiang — drainent d'ouest en est le pays vers les mers du Pacifique, leurs multiples affluents suivent un axe nord-sud.

La structure du terrain et le relief n'ont pas assigné à la Chine orientale un rôle historique aussi net que celui de la Chine des hautes terres; mais les accidents de terrain ont présidé aux climats, contribuant à y définir de vastes zones naturelles favorables aux établissements humains.

Les climats, en Chine, obéissent aux lois de la continentalité qui, commandant aux vents et aux pluies, infléchissent les normes engendrées par les latitudes. C'est avant tout le dialogue d'une masse de terre et d'une masse d'eau, la bascule entre les pressions sibériennes et les pressions du Pacifique, hautes ou basses suivant qu'il s'agit de l'été ou de l'hiver. Au nord, en janvier, les vents soufflent des terres froides et transportent les frimas de l'Asie septentrionale sur toute la Grande Plaine : bien que Pékin soit à la latitude de Naples, il y fait alors froid et sec. En juillet, en revanche, soufflent les vents de la mer qui apportent chaleur et humidité. Au sud, les effets de la continentalité s'atténuent et le climat des régions méridionales se rapproche de celui des Tropiques.

Entre ces deux extrêmes règne un climat tempéré, froid dans la moitié nord, chaud dans la moitié sud du pays. L'élément le plus caractéristique du climat chinois devient alors la continuité car, comme le souligne Pierre Gourou, « le passage du climat tempéré au climat tropical s'effectue par des transitions insensibles ». Il en est du moins ainsi dans la zone orientale, car dans la zone occidentale la chaîne des Ts'in-ling marque une rupture nette entre le climat dur de Si-an et celui moins venteux, plus doux et beaucoup plus arrosé de Han-tchong.

Pays de moussons, la Chine reçoit assez de pluies pour pratiquer partout une agriculture non irriguée. Malheureusement, l'irrégularité des précipitations en diminue souvent les bienfaits, entraînant inondations et sécheresses, deux calamités qui, de tous temps, ont pesé lourd dans la vie des Chinois.

Née du relief et du climat, une autre grande différence caractérise Chine du Nord et Chine du Sud. Au nord des chaînes du Ts'in-ling et du fleuve Houai qui séparent les deux Chines, le sol est calcaire, les pluies faibles, l'évaporation intense : éléments calcaires et sels restent en surface, d'où une grande fertilité. Au sud de la coupure, en revanche, les pluies sont abondantes : le sol, lessivé, perdant ses éléments minéraux, devient moins fertile.

La formation de la couverture végétale se modelant sur ces données primordiales, permet de distinguer en Chine proprement dite trois régions naturelles.

La zone tropicale, enserrée par les côtes méridionales et la chaîne des Nan-ling, comprend les zones maritimes du Yunnan, du Kouangsi, du Kouangtong et du Foukien. C'est un pays de pluies abondantes, aux verdures persistantes, où s'épanouissent bois et fruits tropicaux; les sols, lessivés, ont une couleur rougeâtre due à la présence d'oxyde de fer et d'alumine, caractéristique des terres riches en latérite.

La deuxième zone s'étend sur presque tout le reste de la Chine, au sud des Ts'in-ling et de la Houai. C'est une région tempérée tiède, comportant des forêts mixtes d'arbres à feuilles persistantes et à feuilles caduques : pins, cèdres, bambous et mûriers.

La troisième zone, tempérée froide, couvre toute la Chine du Nord; soumise à des précipitations faibles et irrégulières, elle subit de grands écarts de température. La végétation comprend surtout des arbres à feuilles caduques : ormes, peupliers, acacias, saules, chênes, ainsi que tous nos arbres fruitiers.

Grâce à des sols d'une très grande fertilité, c'est, par excellence, la grande région agricole chinoise.

Ces trois zones naturelles relativement homogènes s'articulent chacune autour de trois grands bassins.

La Grande Plaine de la Chine du Nord gravite autour du bassin inférieur du fleuve Jaune, prolongeant le bassin de la Wei. Les deux cours d'eau charrient un lourd limon et tous deux arrosent des terres lœssiques jaunes. Le lœss recouvre en effet d'un épais manteau toute la région, sur une surface plus grande que la France. Chargé de potasse, de magnésium, de phosphate, formé d'alumine, d'oxyde de fer, de chaux et surtout de silice, le lœss provient de l'érosion torrentielle et éolienne des roches cristallines des plateaux de la haute Asie. Entaillé verticalement par les eaux, il se coupe en failles abruptes dans les hauteurs et se gorge d'eau dans les plaines. C'est en ces terres que naquirent les cultures néolithiques chinoises et c'est le centre de cette plaine — *tchong-yuan* — qui fut le berceau de la civilisation chinoise. De ce noyau, situé dans l'actuel Honan, irradia la Chine originelle. L'homogénéité physique du pays environnant favorisa largement la grandeur et l'unité historiques, malgré l'îlot forestier du Chantong, terre de chasse, d'économie mixte d'élevage et d'agriculture, foyer d'insurrections et de soulèvements, depuis celui des Sourcils rouges, aux environs de notre ère, jusqu'à celui qui allait renverser la dynastie des T'ang à la fin du IXᵉ et au début du Xᵉ siècle.

Pourtant si la Chine du Nord tient sa fortune de son fleuve, elle en reçoit aussi ses plus grandes souffrances.

Cours puissant, descendant les rudes pentes du versant tibétain sur plus de deux cents kilomètres, il lui faut encore quelque mille cinq cents kilomètres pour s'assagir dans sa grande boucle, traverser des défilés impressionnants avant de devenir enfin pleinement navigable sur ses derniers neuf cents kilomètres, glissant sur une pente de trente centimètres par kilomètre. En ce long chemin rectiligne, sa charge de limons exhausse continuellement son lit et les moindres crues le font divaguer, souvent changer de cours; tantôt il débouche au sud du Chantong, tantôt au nord, et, à perte de vue, l'inondation, que des pluies irrégulières rendent difficilement prévisible, entraîne des catastrophes trop souvent renouvelées.

Le destin de ce territoire initial fut donc pendant des siècles de se battre sur deux fronts : celui des tribus « barbares », menaçantes au nord et qu'il fallait repousser ou réduire sans cesse pour vivre, celui des intempéries et des calamités naturelles, fléaux tout aussi imprévisibles.

La Chine du Sud semble régie par des facteurs comparables : tribus allogènes qu'il fallait repousser puis coloniser et assimiler pour survivre; un grand bassin fluvial, facteur d'unité, celui du Yang-tseu-kiang, davantage voie d'eau cependant que source fécondante. Aussi violent que le fleuve Jaune, il prend lui aussi sa source au Koukou-nor, à environ deux cents kilomètres de son voisin. Sur près de la moitié de son parcours, il franchit ensuite défilé sur défilé jusqu'à Tch'ong-k'ing au Sseutch'ouan. A partir de là et sur plus de deux mille quatre cents kilomètres, il draine, grâce à sa ligne de pente, tous les cours d'eau voisins, entre la chaîne des Ts'in-ling au nord et celle des Nan-ling tout au sud. C'est cet espace forestier, terre de prédilection du riz, beaucoup plus vaste que la Grande Plaine de la Chine du Nord, que les Chinois agriculteurs peu à peu défrichèrent et conquirent, depuis l'expansion du royaume de Tch'ou, dans le Houpei, au IIIe siècle avant notre ère, jusqu'à celle du Min Yue sur la côte orientale, au IIIe siècle après J.-C.

La Chine originelle, celle du Nord, devait subir de nombreuses invasions, de nombreuses dislocations favorisées par l'opposition entre les terres hautes du Chantong, à l'est, et les terres plates alluvionnaires, à l'ouest.

Au sud, en revanche, l'unité du climat, de la végétation, du système fluvial surtout, ne devait jamais favoriser longtemps les séparatismes : le plus important, celui dit des « Cinq Dynasties », au Xe siècle de notre ère, ne dura que cinquante ans.

Sa position privilégiée loin des barbares, les obstacles que place son relief sur la route des armées, ses richesses naturelles surtout en ont au contraire souvent fait le bastion résistant des Cours impériales que les barbares victorieux — Djürtchät du XIIe siècle, Mongols du XIIIe siècle — chassaient de Chine du Nord.

La zone tropicale sise au sud des Nan-ling vit autour du bassin du Si-kiang. Ses produits exotiques, sa position maritime y favorisent le commerce et la création de centres à vocation internationale. Elle fut le refuge de nombreux allogènes qui refluaient devant l'avance chinoise et maintenaient une grande variété de dialectes locaux, parlers le plus souvent en vigueur dans les vieux royaumes de Yue, du Min Yue ou du Nan Yue.

LA PRÉHISTOIRE

Les conditions géographiques de ce continent en font un ensemble de régions diverses dont chacune s'étend à l'échelle d'une grande nation européenne. Il en va de même des conditions démographiques qui confirment, s'il en était besoin, que la Chine ne forme pas un bloc monolithique.

Dès les âges préhistoriques, les premières manifestations humaines apparurent extrêmement diversifiées. Le hasard des trouvailles, l'alchimie du temps qui conserve ou transforme la matière ne laissèrent bien souvent que de simples jalons, des témoignages intermittents; mais les découvertes actuelles soulignent l'existence d'un très ancien réseau humain, beaucoup plus dense que la relative rareté des vestiges ne le faisait jusqu'à présent supposer.

Durant une quarantaine d'années, le fossile humain le plus ancien demeura celui découvert en 1921 dans la colline de Tcheou-k'eou-tien, près de Pékin. Des fouilles, entreprises avec la participation des savants J.-G. Andersson, D. Black, Pei Wen-tchong, le R.P. Licent et le R.P. Teilhard de Chardin, livrèrent quelques dents et des débris crâniens. En 1927, D. Black les attribua à un ancêtre de l'homme chinois qu'il nomma *sinanthropus pekinensis*, « sinanthrope de Pékin », ou, plus couramment, l' « Homme de Pékin ». De 1929 à 1937, sous la direction de J.-G. Andersson, les restes d'une quarantaine de corps furent encore dégagés.

La répartition de ces ossements, échelonnés sur un mètre cinquante de profondeur, semble indiquer la présence d'anthropiens qui vécurent là durant des centaines de milliers d'années. La morphologie de ces êtres évoque celle du pithécanthrope de Java, mais l'Homme de Pékin bénéficiait d'une capacité crânienne supérieure, oscillant entre 850 et 1 200 cm^3, c'est-à-dire relativement proche de la nôtre, évaluée en moyenne à 1 350 cm^3.

Dès la fin du pléistocène moyen, comme l'atteste l'étude des couches géologiques, et durant le paléolithique inférieur, soit environ de 500 000 à 200 000 ans, l'Homme de Pékin mena une vie comparable à celle des acheuléens, ses contemporains d'Europe. Toutefois les différents outils de silex et de quartz qui gisaient à côté des ossements présentent un faciès très différent; coups de poing, grattoirs ou couperets sont proches en effet des outils à galets de l'Asie orientale du Sud et manifestent ainsi la généralité de ce type à travers toute l'extrémité orientale de l'Eurasie, tant sur le continent que sur la guirlande asiatique des îles du Pacifique.

Les hommes de Tcheou-k'eou-tien, frustes chasseurs, se nourrissaient de viande de cervidés, de moutons, de chevaux, voire de leurs congénères, comme l'implique le traitement que certains ossements humains paraissent avoir subi. L'armement se composait de simples sagaies de bois, dépourvues de pointes lithiques ou cornées mais travaillées au feu. Le caractère unique de ce groupement de Tcheou-k'eou-tien étonna longtemps. En fait, les découvertes récentes révèlent des types apparentés situés ailleurs, notamment au Chansi, dans les limons ou les falaises des rives du fleuve Jaune.

Le jalon « acheuléen » découvert à Tcheou-k'eou-tien autorisait de nombreuses hypothèses de migrations, puisqu'on n'avait trouvé aucun représentant du premier maillon de la chaîne, du jalon « abbevillien », connu en Europe et dans les îles du Sud-Est asiatique. Les récentes découvertes rendent caduques ces théories car elles ont révélé non seulement les ancêtres du sinanthrope, mais encore leurs prédécesseurs simiens. L'apparition de l'homme en Chine semble donc bien remonter aux origines mêmes de l'humanité : c'est ce dont témoignent les dents fossiles de singes anthropiens découvertes en 1957 à K'ai-yuan dans le Yunnan et datant du pléistocène antérieur, soit d'une quinzaine de millions d'années. En second lieu intervient la découverte de mâchoires géantes trouvées à Lieou-tch'eng (Kouangsi), datant d'un million d'années; elles sont plus apparentées à celles des hominiens qu'à celles des simiens et reçurent de ce fait le nom de « mâchoires de Gigantopithèque ». Enfin, les restes du prédécesseur de l'Homme de Pékin, l'Homme de Lan-t'ien *(sinanthropus lantianensis)* furent découverts en 1963, non loin de Si-an dans le Chensi. Sa capacité crânienne ne dépassait pas 780 cm^3. L'outillage, pointes et râcloirs en quartz, trouvé dans les mêmes couches, fut rapproché des découvertes de matériel lithique faites en 1960 à Ko-ho dans le Chansi méridional.

Les travaux récents sur les origines des hominidés font état de nombreuses fouilles menées tant en Europe qu'en Asie et en Afrique. Il apparaît que le Gigantopithèque, un des plus jeunes simiens dont la présence en Chine est attestée il y a un million d'années, existait en Inde et au Pakistan à des époques beaucoup plus reculées, remontant à cinq millions d'années. Comparé aux autres simiens, tel que le Ramapithèque vivant il y a quatorze à vingt millions d'années, le Gigantopithèque est trop récent pour être l'ancêtre de l'homme; il a dû s'éteindre sans laisser de descendants et c'est le Ramapithèque qui, pour l'instant, a le plus de chances d'être à l'origine de la lignée humaine. Dans ces conditions et compte tenu de la présence de ce simien dans le voisinage de la Chine du Sud, il est probable que soient découverts un jour en territoire chinois les restes d'un Ramapithèque. En l'état actuel des études, on ne peut infirmer l'hypothèse selon laquelle les hominidés seraient venus en Chine par la voie de la péninsule indochinoise, quelles qu'aient pu être par la suite leur migration et leur évolution.

Tout se passe comme si l'humanité paléo-chinoise, anciennement installée dans le bassin — au sens très large — du fleuve Jaune, s'était peu à peu développée puis, au cours du long passage du paléolithique au néolithique, lentement mongolisée sous l'influence de foyers situés en Chine du Sud, en ces pays chauds et humides propices à la vie sous toutes ses formes, où l'on trouve pour la première fois de façon sûre les caractères spécifiques de la race mongoloïde. A ces découvertes des prédécesseurs du sinanthrope s'ajoute la mise au jour des restes de ses successeurs. Des ossements de type néanderthalien, contemporains d'un outillage à faciès moustérien datant du paléolithique supérieur ancien (ou paléolithique moyen) et s'échelonnant sur une période de 200 000 à 100 000 ans avant notre ère, ont été découverts en Chine du Nord dans les Ordos, en Chine du Sud à Ma-pa dans le Kouangtong, et au centre à Tch'ang-yang dans le Houpei. L'*homo sapiens* du paléolithique supérieur était connu depuis 1923 dans la grotte supérieure de Tcheou-k'eou-tien, mais c'est depuis une vingtaine d'années que d'autres découvertes sont venues effacer son isolement primitif : en 1951 apparut au Sseutch'ouan l'Homme de Tseu-yang, en 1954 celui de Ting-ts'ouen au Chansi, en 1956 celui de Lai-pin au Kouangsi et en 1958, dans la même province, celui de Lieou-kiang. Ainsi, en un quart de siècle, grâce à une dizaine de sites pilotes, la chaîne des premiers hommes a été reconstituée, de ces hommes dont les descendants du néolithique surent si bien exploiter les richesses de la plaine Jaune.

Mais dans l'état actuel de la connaissance du passé chinois, il subsiste encore des ombres immenses où les générations et les siècles demeurent engloutis et, malgré des découvertes fascinantes comme celles que nous venons d'évoquer, le mécanisme de certaines grandes mutations reste mystérieux. C'est ainsi que l'activité humaine, illustrée par plus de quatre cents sites, réapparaît au néolithique, sans que l'on puisse suivre encore la lente évolution de l'économie de cueillette à celle de l'agriculture; les villages néolithiques du fleuve Jaune et de la vallée de la Wei surgissent en effet tout à coup, laissant un hiatus appréciable entre eux et les derniers sites de la pierre taillée.

A l'époque néolithique, la Chine, comme tous les autres pays, fut le théâtre de grands bouleversements : naissance et développement des cultures agricoles — le site de Ho-mo-tou témoigne que 5000 ans avant notre ère la riziculture nourrissait les hommes du delta du Yang-tseu —, sédentarisation de la population, regroupement des habitants en agglomérations d'importance croissante, polissage des pierres servant d'outils, cuisson de poteries, organisation des tâches économiques et sociales, élaboration de conceptions religieuses.

Le premier centre de dispersion du néolithique chinois se situe dans la Plaine de la Chine du Nord, aire alluviale arrosée par le fleuve Jaune et son affluent principal, la Wei, comparable en étendue aux terres fertiles de l'Égypte ancienne. Au fil des millénaires, la Wei a entamé et déplacé ses parois limo-

2. *POTERIE NÉOLITHIQUE →*

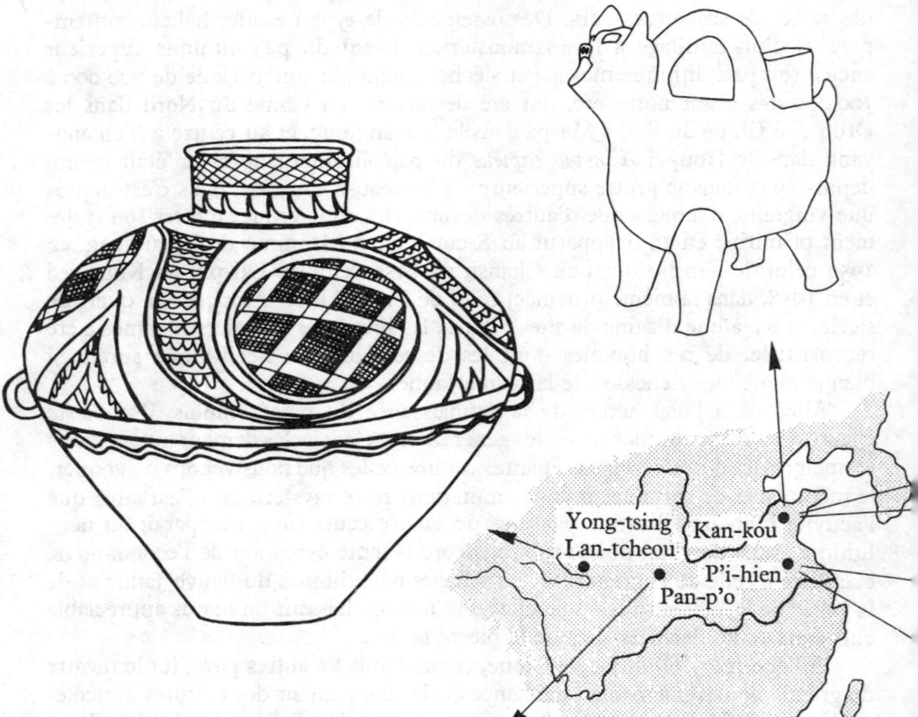
Yong-tsing
Kan-kou
Lan-tcheou
P'i-hien
Pan-p'o

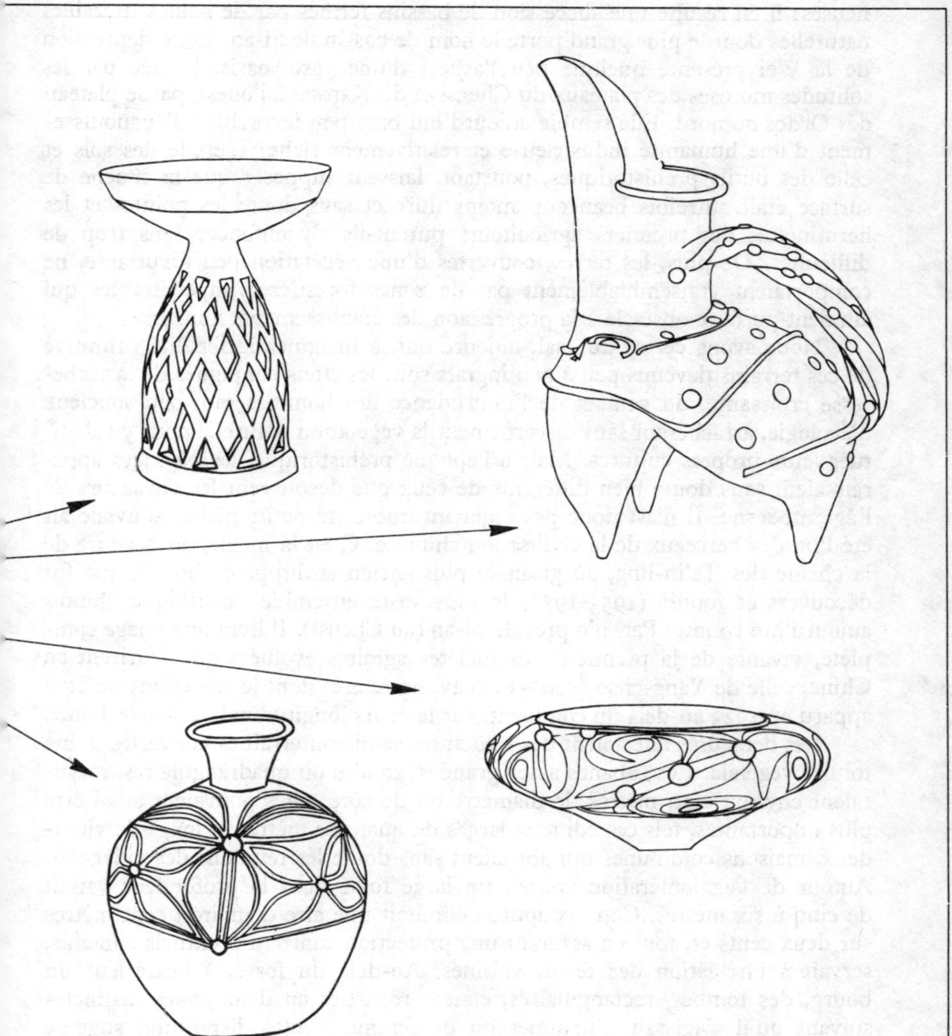

neuses; il en résulte une succession de bassins fermés par de hautes murailles naturelles dont le plus grand porte le nom de bassin de Si-an. Cette dépression de la Wei présente quelque peu l'aspect d'une vaste oasis, bordée par les solitudes moroses des plateaux du Chensi et du Kansou à l'ouest, par le plateau des Ordos au nord. Elle semble aujourd'hui bien peu favorable à l'épanouissement d'une humanité industrieuse et relativement riche. L'étude des sols et celle des outils préhistoriques, pourtant, laissent supposer que la couche de surface était autrefois beaucoup moins dure et sans doute les pointes et les herminettes des premiers agriculteurs purent-ils s'y enfoncer sans trop de difficultés. De plus, les terres, couvertes d'une végétation peu luxuriante, ne comportaient vraisemblablement pas de zones forestières impénétrables qui auraient pu faire obstacle à la progression des établissements humains.

Nous avons certes du mal, aujourd'hui, à imaginer la fertilité primitive de ces terrains devenus peu à peu ingrats sous les effets conjugués de la sécheresse croissante, du vent et de l'imprudence des hommes qui, peu soucieux d'écologie, arrachèrent sans discernement la végétation naturelle pour y substituer leurs propres cultures. Mais à l'époque préhistorique, les paysages apparaissaient sans doute bien différents de ceux que découvrent les voyageurs de l'âge moderne. Il n'est donc pas étonnant que cette petite plaine alluviale ait été l'un des berceaux de la civilisation chinoise. C'est là même, en bordure de la chaîne des Ts'in-ling, où gisait le plus ancien anthropien chinois, que fut découvert et fouillé (1953-1957) le plus vaste ensemble néolithique chinois aujourd'hui connu : Pan-p'o près de Si-an (au Chensi). Il livra une image complète, vivante de la première des sociétés agraires évoluées qui fleurirent en Chine, celle de Yang-chao (5000-3000 av. notre ère) dont le site éponyme était apparu en 1923 au-delà du confluent, sur le cours longitudinal du fleuve Jaune.

Les demeures affectaient des structures semi-souterraines couvertes d'une toiture végétale. Ces cabanes assez grandes, rondes ou quadrangulaires, mesuraient environ cinq mètres de diamètre ou de côté; elles pouvaient aussi être plus importantes, tels ces édifices, larges de quatorze mètres et longs de vingt-deux, maisons communes qui abritaient sans doute les réunions des villageois. Autour de l'agglomération courait un large fossé dont la profondeur variait de cinq à six mètres. Cette coupure délimitait une aire d'environ cent mètres sur deux cents et, tout en assurant une protection contre d'éventuels ennemis, servait à l'irrigation des terres voisines. Au-delà du fossé, à l'extérieur du bourg, des tombes, rectangulaires, étaient réparties en deux zones distinctes suivant qu'il s'agissait d'hommes ou de femmes; cette disposition suggère l'existence de quelques règles funéraires précises. Les enfants, placés dans des jarres, étaient, quant à eux, inhumés à même le sol de la maison ou aux abords immédiats. Cette pratique qui consistait à les garder sous le toit familial est encore attestée aux environs de notre ère dans le néolithique voisin du Japon (fin de l'époque Jômon et époque Yayoi, IIIe siècle av. J.-C.- IIIe siècle ap. J.-C.). A en juger par la découverte d'une fosse rectangulaire plaquée de bois, premier exemple de cercueil en Chine, la mort des enfants semble même avoir donné l'occasion d'enterrements plus élaborés.

Les instruments de travail, outils de pierre polie — haches, ciseaux, herminettes, couteaux en demi-lune —, présentent autant de témoins d'un travail assidu de la terre qui déjà primait la pratique de la chasse et de la pêche. En effet, si des ossements de chevaux et de chiens, de cerfs, de porcs et de moutons révèlent l'usage d'animaux domestiques et la consommation d'aliments carnés, le nombre et la dimension des fosses aménagées en profil de poire, véritables greniers souterrains, indiquent l'extrême importance des céréales, surtout du millet, que les cultivateurs engrangeaient dans ces vastes réserves. Enfin, des textiles, des vanneries, des poteries illustrent la variété des matériaux et des objets dont disposaient les habitants de Pan-p'o. Les œuvres les plus attachantes sont celles des potiers. Par la qualité de la matière et du décor, elles échappent déjà au monde du quotidien pour atteindre celui de l'art.

On s'est longuement interrogé pour savoir si la source de cet art se trouvait en Europe, en Iran ou en Extrême-Orient. Les points d'appui chronologiques qui autorisaient ces hypothèses ont été révisés grâce aux procédés scientifiques de datation. Le résultat, encore incomplet, ne donne qu'une image fort confuse de l'évolution de cette nappe céramique qui couvre toute l'Eurasie, des bords du Dniepr à ceux du fleuve Jaune, et dont la complexité vient de s'accroître depuis les découvertes de centres néolithiques fort anciens aux confins ouest chinois. On saisit donc encore bien mal les liens éventuels qui ont pu se créer entre des cultures qui, suivant les lieux, portent des caractères de parenté plus ou moins lointains. Pendant longtemps, la recherche des affinités entre ces différentes cultures s'appuyait sur l'étude des motifs géométriques; depuis les découvertes de Pan-p'o et celles plus récentes du Kansou, le répertoire s'est augmenté de nombreux motifs zoomorphes et anthropomorphes. Une vue plus complète nous permet d'affirmer, comme pour tout l'univers mental chinois, que si les éléments constitutifs de cet art ressemblent à ceux qu'on trouve dans d'autres parties du monde, leurs dispositions, leurs combinaisons entraînent, par un jeu subtil de compensations et de concordances, des effets harmoniques originaux. Dès lors se dessinent les variations d'un graphisme chinois qui, durant des millénaires, oscillent du réalisme à la stylisation géométrique.

La céramique de Yang-chao représente la première phase de cette oscillation, lent mouvement qui, du IVe au IIIe millénaire avant notre ère, transforme les images réalistes en symboles graphiques. Le centre le plus ancien semble bien être l'actuelle province du Chensi, plus précisément le bassin privilégié du cours inférieur de la Wei. De là, la culture de Yang-chao rayonna sans doute dans deux directions principales où elle se chargea de caractères régionaux : vers l'ouest en pénétrant au Kansou et vers l'est en atteignant le delta du Yang-tseu.

Le site central de Pan-p'o recélait des vases, coupes, récipients en forme d'amphores montés à la main et portant deux types de décor. L'un, incisé, utilisait surtout les impressions d'ongle sur une partie du vase; l'autre, peint, apparaît comme la plus ancienne élaboration de thèmes qui, tantôt stylisés, tantôt plus figuratifs, fourniront, transposés dans le bronze, le répertoire ornemental de tout l'art chinois. Certains motifs humains ou animaliers s'y muent peu à peu jusqu'à n'être plus que des symboles graphiques dont on oublie le sens : des poissons deviennent quadrillages, des oiseaux ou des crapauds se transforment en tourbillons et se retrouveront ainsi, presque méconnaissables, sur les premiers bronzes, chargés sans doute d'une signification magique.

3. MOTIFS ORNANT DES CÉRAMIQUES DE PAN-P'O

Les sites occidentaux de cette culture jalonnent le Kansou, patrie des belles jarres de Pan-chan aux motifs en cercles concentriques ou spiralés. L'abstraction y apparaît plus poussée, traduite en images émouvantes par les récentes découvertes, riche moisson de poteries qui illustrent désormais tous les passages vers la stylisation d'un décor à l'origine bien concret. Comme à Pan-p'o, mais plus tardifs, les ateliers de potiers étaient alors déjà suffisamment nombreux et spécialisés pour avoir été rassemblés sur le pourtour du village.

A Tsi-kia-p'ing par exemple, près de Lan-tcheou, douze potiers se groupaient de la sorte. Ils utilisaient un mortier pour pulvériser les colorants et disposaient d'un récipient comportant des compartiments pour chaque couleur. Spirales, chevrons, quadrillages, traits ondulés composent, suivant l'épaisseur du trait et sa nuance, une élégante décoration à moins que, fait plus rare, et peut-être archaïsme, le potier n'eût cherché dans un bestiaire à peine stylisé les éléments d'une composition plus figurative.

A l'est, la poterie peinte rayonna jusqu'au delta du Yang-tseu; de dates plus récentes, les pièces trouvées au Anhouei ou au Kiangsou traduisent le stade final de l'évolution de ces motifs qui, dès lors, sous forme de rhombes, de croisillons ou d'étoiles, se perpétuent jusqu'aux abords du premier millénaire avant notre ère. Enfin, le dernier surgeon de la poterie peinte, celui des environs de notre ère, aux dessins en damiers et gradins, figure dans les territoires du Nord-Ouest, au Jehol et en Mandchourie.

Au fil des âges, les autres artisans du Yang-chao contribuaient tout autant que les potiers aux progrès techniques. A mesure que s'accentuait la sédentarisation des populations, les moyens de protection s'amélioraient. Vers la fin du IIIe millénaire avant notre ère, des murs de terre battue enserrèrent les villages occupés de façon permanente. Il apparut dans les rituels funéraires des éléments nouveaux comme les disques *(pi)* et les couteaux de jade confiés aux morts. Des devins disposèrent de procédés plus élaborés, à base d'os calcinés ou de bâtonnets d'achillée, et usèrent de marques graphiques qui préfiguraient l'écriture. Tout indique, derrière un mode de vie apparemment stable, des transformations sociales annonciatrices d'un grand changement. Celui-ci devint évident lorsque apparut, entre le IIIe et le IIe millénaire, une nouvelle céramique à pâte fine et lustrée.

Les premiers témoins de cet art raffiné furent découverts en 1930 à Tch'eng-tseu-yai au Chantong et reçurent le nom de poteries noires de Long-chan. Sur le plan technique, celles-ci représentent le point d'aboutissement des poteries de Yang-chao. Au cœur même de cette dernière culture, dans la vallée de la Wei, elles ont été régulièrement trouvées au-dessus de la couche archéologique de Yang-chao. A la première théorie selon laquelle les cultures de Yang-chao et de Long-chan constituaient deux groupes géographiques distincts, se substitua le point de vue plus récent que, sur toute la Chine du Nord, la cultures du Chantong, comme celle de Ta-wen-keou, accusant une nette supériorité, force fut d'admettre qu'à la prééminence du bassin de la Wei avait succédé celle du bassin inférieur du fleuve Jaune. Glissement économique ou ascension politique, le phénomène apparaît d'importance car, pour un millénaire, c'est cette région qui va devenir le centre de la civilisation chinoise.

Le fleuve Jaune, en son cours inférieur, suivait à l'époque un tracé quelque peu différent de celui d'aujourd'hui; il débouchait plus au nord dans le golfe de Petchili, non loin de Chan-hai-kouan. Des montagnes déchiquetées qui barrent l'horizon de l'actuelle Pékin jusqu'aux reliefs adoucis du bas Yang-tseu, s'étendait et s'étend encore une immense plaine alluviale de terre jaune à travers laquelle les rivières charrient du lœss fin. A perte de vue, le sol horizontal se mêle aux eaux pour former une terre verte et fertile mais mouvante, où se joua le combat incessant de la civilisation chinoise : celui du champ et de l'eau dévastatrice, du cultivateur contre des rivières sans pente et envasées, au cours perpétuellement modifié et difficilement navigable. Le cœur de cette grande plaine centrale se situait sur les rives du fleuve Jaune, avant qu'il n'obliquât vers le nord; c'est là, jardin historique de la Chine, étiré le long du fleuve et venant mourir aux pieds des montagnes du Chantong, dans un espace qui se prêtait largement aux mouvements de ses occupants et partant, à la propagation des techniques et des modes de vie, que se répandit le néolithique finissant. Celui-ci marque une époque de sûreté technique, illustrée par le raffinement des tasses à anses, coupes à pied, aiguières et verseuses. La pâte, fine, montée au tour, prenait des formes complexes : vases tripodes aux pieds mamelus, *ting* ou *kouei*, ornés d'un décor incisé ou travaillé en relief plus ou moins accentué. A côté des poteries noires que l'on connaissait déjà figurent, depuis les dernières fouilles, des pièces grises, rouges ou blanches, brillant de cet éclat lustré qui fait le charme des pièces noires. On observe des progrès dans la facture des outils dont les formes asymétriques semblent commandées par un souci de fonctionnalisme, et dans l'habitat, les maisons au sol mieux damé forment des agglomérations entourées de forts murs en terre battue *(hang-t'ou)*.

Une dernière étape du néolithique chinois, transition vers l'âge du bronze, est représentée par la poterie grise, trouvée en premier lieu à Siao-t'ouen (2000 av. notre ère) dans le Honan et très proche de celle de Long-chan. Elle s'en distingue surtout par la couleur, grise, de la pâte, l'utilisation de batte pour amincir les parois et de tampons pour appliquer le décor. Cette culture doublée de celle de Eul-li-t'eou découverte en 1973 au Chansi et celle de Eul-li-kang à Tcheng-tcheou, apparaît comme la phase annonciatrice de la métallurgie.

Ainsi le développement d'une riche agriculture, augmentée des apports de la pêche et de la chasse, soutenue par la naissance d'artisanats rustiques propres aux sociétés sédentaires, déboucha au milieu du IIe millénaire avant J.-C. sur la découverte et la maîtrise du métal, aube de notre histoire. Avant d'aborder cette période, il convient de procéder à un rappel des sources historiques et des principaux jalons chronologiques.

LES SOURCES CHINOISES ET LES DÉBUTS DE L'HISTORIOGRAPHIE

Si notre connaissance globale de l'histoire chinoise est bien inférieure à celle de l'Europe, en revanche, l'abondance de ses sources est immense et sans doute plus importante. Mais les richesses de l'historiographie chinoise qui remontent au plus lointain passé restent relativement peu exploitées.

Comme l'a souligné Étienne Balazs, l'historiographie chinoise peut paraître stéréotypée dans la mesure où sa rédaction constitua très tôt en ce pays une fonction officielle, salariée et dépendante, impliquant un art traditionnel de la citation et le respect de la chose écrite. Le plus important des facteurs qui l'oppose à la tradition européenne est sans doute l'existence d'un office des historiographes ; ces derniers devaient enregistrer les faits et gestes de l'empereur, les actes du gouvernement, noter les événements de la vie publique, recueillir et conserver les rapports et les documents, enfin constituer les archives. Le plus grand reproche qu'on puisse adresser à cette institution n'est pas son manque d'objectivité mais « la nécessité de penser l'histoire en termes dynastiques », carcan dénoncé dès le XIe siècle par le grand historien Sseu-ma Kouang (1019-1086) et déploré au XIVe siècle par Ma Touan-lin (1250-1325); celui-ci, le premier, opposa à l'étude des ascensions et des déclins, la supériorité de l'histoire institutionnelle qui, seule, permet de déterminer une continuité.

Ces historiens du début du IIe millénaire de notre ère suivaient leur maître et initiateur, historiographe et astrologue à la Cour impériale, Sseu-ma Ts'ien (145 ?-90 ? av. J.-C.). Ses « Mémoires historiques » *(Che ki)* — plus exactement ses « Notes d'un historiographe » — en partie traduits par Édouard Chavannes dès 1895, furent une révélation pour les études historiques européennes. L'ouvrage comportait cinq parties consacrées respectivement aux annales impériales, aux tables chronologiques, à des traités sur des sujets divers, aux maisons nobiliaires et, enfin, à des biographies. Sseu-ma Ts'ien, dépassant le pur cadre chronologique et analytique hérité des ouvrages antérieurs, conçut une large vision méthodique de la matière historique, traitée en fonction des divers thèmes politiques ou humains. Ce cadre deviendra aussitôt le modèle de toutes les histoires postérieures, et la qualité de l'ouvrage est telle que l'on ne peut se passer d'y faire constamment référence. Sseu-ma Ts'ien expose lui-même les principes et les buts de son œuvre immense :

« J'ai recherché et rassemblé les anciennes traditions de l'Empire qui étaient dispersées et perdues. Des grands exploits des rois j'ai cherché les commencements et j'ai examiné les fins; j'ai vu leurs époques de prospérité et observé leur déclin. A partir des affaires que j'ai discutées et examinées, j'ai fait un examen d'ensemble des trois dynasties et un mémoire des Ts'in et des Han, remontant aussi loin que l'Empereur Jaune et descendant jusqu'au présent, exposé en douze Annales. Après que cela eût été mis en ordre et complété, j'ai fait les dix Tables chronologiques parce qu'il y avait des différences dans la chronologie pour une même période et que les dates n'étaient pas toujours claires. Sur les transformations des rites et de la musique, les progrès et les révisions du calendrier, le pouvoir militaire, les montagnes et les rivières, les esprits et les dieux, les relations entre le Ciel et l'homme, les usages économiques pratiqués et changés d'âge en âge, j'ai fait les huit traités. De même que les vingt-huit constellations tournent autour de l'Étoile polaire, de même que les trente rayons d'une roue se rejoignent au moyeu, tournant sans s'arrêter d'un mouvement sans fin, ainsi les ministres, aidant comme des bras et des jambes, fidèles et dignes de confiance, servent leur seigneur et maître dans un véritable esprit moral : j'en ai fait les trente Maisons héréditaires. Fidèles au devoir, impérieux et sûrs, ne se permettant pas à eux-mêmes de manquer leurs chances, ils se sont fait un nom dans le monde : de ces hommes, j'ai fait les soixante-dix mémoires. »

En tout, cent trente chapitres, cinq cent vingt-six mille cinq cents mots, tel est le livre du Grand Historien. Écrit dans l'un des très beaux styles de la littérature chinoise, le *Che ki* donne une image vivante et directe des faits ou des êtres dont il évoque la mémoire. Plutôt que d'user du discours indirect, Sseu-ma Ts'ien préfère incorporer à son récit les documents — rescrits impériaux, mémoires, décrets — auxquels il avait accès en tant que fonctionnaire et archiviste de la Cour.

La tâche du Grand Historien de la Cour n'était donc pas celle d'un conteur, d'un chroniqueur à la manière de nos Grégoire de Tours ou Villehardouin, mais bien celle d'un historien au sens moderne du terme. Son œuvre constituait le fruit d'un long travail de recherche, choix et critique des documents.

Si, par la suite, tel fut bien le rôle échu aux historiographes de la Cour, cela représentait, de la part de Sseu-ma Ts'ien, une grande audace. De simple astrologue qu'il avait été à l'origine, il s'érigeait en juge du passé et guide de l'avenir. Le fait qu'il prétendait seulement poursuivre le travail de son père Sseu-ma T'an n'était qu'une excuse inventée pour éviter, sous couvert de piété filiale, les critiques et les accusations de lèse-majesté.

Le courage qu'il manifesta sa vie durant eut d'ailleurs des conséquences funestes : pour avoir pris la défense du général Li Ling qui s'était rendu aux barbares Hiong-nou, l'empereur Wou le condamna à la castration. Plutôt que d'échapper au déshonneur par le suicide, Sseu-ma Ts'ien se soumit à la volonté impériale afin de pouvoir contre vents et marées terminer son œuvre. Il avait conscience de transmettre à la postérité une nouvelle dimension de la vie. Il ne se trompait pas et des générations successives de lettrés ne cessèrent jamais de lui en rendre grâce. Il demeura un exemple irremplaçable même au milieu des désordres et des troubles sanglants qui firent sombrer la dynastie dans le chaos général.

Ces « Mémoires historiques » comportaient des annales *(ki)*, des biographies *(lie tchouan)*, des tableaux *(piao)* et des monographies *(chou)*. L'originalité de cette première des vingt-quatre histoires officielles qui devaient suivre jusqu'à la dynastie des Ming repose sur ces monographies qui, par la suite, reçurent le nom de *tche*, description, traité ou simplement histoire. Par ordre d'importance, on trouve d'abord des traités sur les rites et la musique; ces rituels groupent toutes les règles du protocole et du comportement (us et coutumes, religion et hiérarchie), ainsi que des monographies sur les sacrifices *(kiao sseu)*, le cérémonial de la Cour *(li yi)*, les règlements somptuaires, insignes et uniformes *(yu fou* et *tch'e fou)*. En second lieu, apparaissent des sujets intéressant l'agriculture, comme le calendrier *(lei li)*, l'astronomie *(t'ien wen)*, qui servirent même aux époques postérieures; des études et des notations de phénomènes extraordinaires *(wou hing)*, inondations, sécheresses, signes et présages. Sous les Song, on vit apparaître des sections consacrées aux bêtes, aux plantes, à l'onomastique, la linguistique, la cartographie, l'archéologie. Une part importante de ces monographies traitait aussi du but réel de ces histoires : servir de guide à la pratique gouvernementale, former un mémento du parfait bureaucrate. Il en allait ainsi des chapitres sur la hiérarchie des fonctionnaires et leurs attributions *(pai kouan tche kouan)*, leur formation et leur avancement *(hiuan kin)*, la géographie *(ti li)*, les systèmes hydrographiques *(ho k'i)*, l'économie *(che houo)*, les institutions juridiques *(hing fa)*. Enfin, ces monographies comportaient un répertoire bibliographique *(yi wen* ou *king ki)*. Avec des variations dans l'ordre des sections et des accents différents suivant les époques, les vingt-quatre histoires officielles respectent la structure des « Mémoires historiques » tout au long de leur rédaction, bien que sept d'entre elles, intéressant des dynasties mineures, ne comptent pas de monographie.

La valeur de ces ouvrages apparaît considérable si l'on tient compte du point de vue de son destinataire initial; pour le bureaucrate, c'est un indispensable *vade mecum*. Ils présentent aussi une valeur indéniable pour l'historien. Les indications en semblent souvent lacunaires, les sciences y figurent peu, les détails technologiques y sont rares et laconiques, des citations intéressantes sont parfois tronquées. Il n'en demeure pas moins que ces monographies restent une mine d'informations sur les institutions et souvent un recours précieux pour la connaissance de textes dont les originaux ont aujourd'hui disparu.

L'histoire officielle chinoise, qui nous apparaît donc sous la forme de traités systématiques et volumineux, est fille des anciennes annales sur bambous (IXe siècle av. J.-C. ?) : celles où l'on notait les événements advenus afin d'en garder mémoire et de constituer, au fil des ans, un vaste répertoire de recettes de gouvernement. La qualité d'archiviste échut ainsi peu à peu aux scribes et devins, gardiens des événements mémorables propres à chaque règne ainsi que des généalogies qui renforçaient aux yeux des hommes, en leur donnant la conscience de leur durée temporelle, la légitimité des souverains.

Les annales de ce type les plus anciennement connues sont celles des « Printemps et des Automnes » qui relatent les heurs et malheurs du pays de Lou, de 722 à 481 avant notre ère. Elles font partie du plus vieil ensemble de textes dont nous disposions, mais leur origine semble difficile à déceler. Elles appartiennent à toute la tradition littéraire, écrite ou orale, dont la compilation est attribuée à Confucius (551-479 av. J.-C.). Philosophe et maître à penser, attaché au principe du bon gouvernement par l'exemple, il aurait, au cours de sa vie et de son enseignement, rassemblé des textes divers, devenus les Cinq Classiques *(Wou king)* : celui des mutations divinatoires *(Yi king)*, celui de l'Histoire *(Chou king)*, celui de la poésie *(Che king)*, celui des Rites *(Li ki)* et celui précisément des « Printemps et des Automnes » *(Tch'ouen-ts'ieou)*, annales de la patrie de Confucius, comme il en existait pour d'autres États — les découvertes archéologiques le prouvent aujourd'hui — et dont le texte le plus anciennement connu est les « Annales de bambou » *(Tchou chou ki nien)* d'une rédaction plus récente. C'est d'une époque plus tardive que datent aussi des commentaires sur les Annales de Lou, dont le plus célèbre, celui d'un certain Tso, porte le titre de *Tso tchouan*, « Commentaire de Tso ». Les « Annales des Printemps et des Automnes », grossies du *Tso tchouan*, donnent une image riche en couleurs des hommes et des coutumes de jadis. En cet âge, un sens profond de la morale sociale avait déjà modifié en le légitimant par l'histoire le ritualisme des premières dynasties : c'est pourquoi l'on associe intimement, bien que sans grand fondement, la personnalité de Confucius à la rédaction de ces premiers textes historiques.

Il convient pourtant de ne pas lier exclusivement le développement de l'historiographie en Chine à celui de l'école confucéenne. L'histoire était un concept qui, à partir du IVe siècle avant notre ère, était dans l'air. On l'utilisait pour appuyer par les exemples du passé les réflexions de groupes philosophiques extrêmement divers, tels les sophistes qui tentaient de définir quelles réalités précises se dégageaient de l'évolution des mots.

La société chinoise, élaborant déjà le premier classicisme à venir, cherchait dans les âges disparus une image de sa propre identité. De là naquit l'aspect moralisateur de son histoire, car les historiens s'efforcèrent de déceler les effets en chaîne des diverses causalités; la tentation était grande de soumettre les faits de façon autoritaire à l'agencement d'un schéma établi d'avance, et certains y succombèrent. Les jugements moraux, que nous trouvons toujours séparés de la simple relation des faits et placés en épilogue par souci d'objectivité, ne doivent pas faire illusion : les éléments du texte ont été choisis ou écartés de façon à impliquer par leur seul énoncé la conclusion. Certes, ainsi que le rappelait Henri Marrou, « l'histoire est inséparable de l'historien; elle se trouve profondément marquée, et comme modelée, par l'effort de celui-ci; elle ne peut pas ne pas refléter la richesse, et les limites de sa culture et de ses qualités d'esprit. Pour commencer, l'histoire apparaît d'abord comme une réponse à la question posée aux documents, et de façon générale au passé, par l'historien. Celui-ci ne peut trouver que ce qu'il cherche. Il convient d'abord de préciser le but qu'il s'est fixé. »

Or, l'établissement de l'Empire modifia profondément les buts des historiens : ils ne devaient plus illustrer une ethnie mais enregistrer les actes d'une énorme machine administrative. Les auteurs, écrivant avec le recul du temps, devaient faire montre d'un esprit critique qui demeura officiellement de règle tout au long de l'historiographie chinoise. Il fallait suggérer au souverain régnant de ne pas répéter les erreurs de ses prédécesseurs. Cela lui conférait la puissance morale d'un juge et fit qu'à l'époque des Han postérieurs, on retira aux vieux astrologues la lourde charge d'élaborer l'histoire des siècles passés. Celle-ci fut confiée à des personnalités renommées pour leur talent littéraire et c'est ainsi que les Han orientaux donnèrent à Pan Kou et ses enfants, également doués, la tâche de rédiger l'histoire de leurs prédécesseurs, les Han occidentaux. On trouve dans leur œuvre, très vivante, le *Han chou*, des préoccupations pour nous étrangement contemporaines comme les difficultés causées par les transformations de l'agriculture, le manque de main-d'œuvre, le blocage des prix, les manipulations monétaires. Ce long travail fut poursuivi jusqu'en 177 de notre ère, sous le titre de « Mémoire des Han du Pavillon de l'Est » *(Tong-kouan Han ki)*, dont seuls des fragments sont parvenus jusqu'à nous.

Malgré les temps troublés qui suivirent la fin des Han et les Royaumes combattants et malgré les divisions territoriales, cinq histoires des dix dynasties qui occupent chronologiquement les débuts du premier millénaire, du IIe au VIe siècle, furent alors menées à bien. Les cinq autres et celles de la fin du VIe siècle furent écrites par des historiens du VIIe siècle, car les premiers souverains t'ang portèrent un très grand intérêt à la rédaction de ces textes ainsi qu'à l'institution d'un Office des histoires. A partir des T'ang, celles-ci furent rédigées par les successeurs de chaque dynastie; elles couvraient de longues périodes, allant du VIIe au XVIIe siècle, et leurs auteurs s'échelonnèrent du IXe au XVIIIe siècle.

Pourtant, et quelle que soit leur grande richesse, les histoires dynastiques ne constituent qu'une partie des foisonnantes sources chinoises. Il convient de citer d'abord les matériaux et les documents qui ont permis de rédiger ces manuels, et dont il reste, suivant les époques, des extraits ou des copies. Il s'agit des archives impériales qui se présentent sous plusieurs formes; en premier lieu, sous celle de « Notes sur les activités et les pauses » *(K'i kin tchou)*, observations sur la vie quotidienne de l'empereur, que consignaient ses secrétaires-historiens. Celles-ci, complétées par les « Mémoires du gouvernement en exercice » *(Che tcheng ki)*, servaient à la compilation du « Journal quotidien » *(Je li)* qui lui-même entraînait la rédaction des « Recueils véridiques » *(Che lou)* de l'empereur. Avec ces deux derniers documents, en forme de chroniques agrémentées de biographies, et les recueils de règlements *(houei yao* ou *houei tien)*, on rédigeait parfois une histoire nationale *(kouo che)*. Tous ces textes formaient l'essentiel des archives impériales et, à l'exception des recueils de règlements, n'existaient qu'en simple ou double exemplaire et étaient tenus secrets. L'importance de la documentation permettait souvent à chaque nouvelle dynastie de rédiger fort rapidement l'histoire officielle de ses prédécesseurs. Sous les Yuan (1280-1368), il suffit ainsi à l'historien chinois d'origine mongole, T'o-t'o, de deux ans et demi pour écrire les histoires des Song et des deux dynasties étrangères de Leao et des Kin.

Enfin, la renommée des histoires dynastiques ne doit pas non plus faire oublier l'existence de nombreuses histoires de synthèse, inaugurées au VIIe siècle par Lieou Tche-ki (661-721). Son « Étude exhaustive de l'histoire » *(Che t'ong)* constitue le premier ouvrage où apparaît la critique historique, particulièrement illustrée trois siècles et demi plus tard par le « Miroir historique de l'art de gouverner » *(Tseu-tche t'ong-kien)* de Sseu-ma Kouang qui, à douze siècles d'intervalle, égale en stature le pionnier Sseu-ma Ts'ien.

Parallèlement à ces textes historiques, de nombreux ouvrages réunissent une somme d'informations encore plus considérable, s'il est possible. Il s'agit des encyclopédies *(lei chou)* — inventaires de connaissances, lexiques littéraires, manuels politiques et collections de textes — issues de glossaires comme le *Eul Ya*, composé au IIe siècle avant J.-C., et surtout répandues par suite des besoins que suscitait la préparation aux examens de fonctionnaire. Ces travaux correspondent en fait à des anthologies de textes groupés par thèmes et le terme européen d'encyclopédie ne leur convient pas toujours. Les plus anciens semblent avoir été écrits pour l'usage strict du souverain, tel le « Miroir pour l'empereur » *(Houang lou)*, compilé au début du IIIe siècle. Ceux qui nous intéressent le plus sont nés avec la fondation des T'ang, tels les « Extraits des livres du Pavillon septentrional » *(Pei-t'ang chou-tch'ao)* où se trouvent des sections sur des sujets politiques, économiques, institutionnels, militaires, mais aussi des chapitres consacrés aux aliments, aux vêtements, aux navires ou bien encore aux véhicules. Certaines encyclopédies traduisent les préoccupations de l'époque; il en va ainsi des « Institutions gouvernementales » *(Cheng tien)*, publiées vers 740, œuvre de Lieou Tche, fils du grand historien Lieou Tche-ki, C'est à la suite de ces travaux que Tou You (735-812) écrivit la première histoire générale des institutions, le *T'ong tien*, modèle du genre, publié en 801.

Telles étaient jusqu'au XXe siècle les principales sources de l'histoire chinoise : annales, chroniques, Classiques, histoires dynastiques ou nationales, recueils divers, encyclopédies, travaux critiques de synthèse.

C'est à partir de ces sources que travaillèrent et travaillent toujours historiens chinois et étrangers. Les premiers sinologues furent des missionnaires portugais, italiens, espagnols, français ou plus tard anglais, qui, à force de patience et de courage, dépouillèrent nombre de textes qu'ils traduisirent, parfois *in extenso*, mais plus souvent sous forme de résumés. La fascination des Classiques entraîna une considérable production de traités sur le confucianisme que les prêtres se devaient de bien connaître afin de faciliter l'évangélisation. Malgré la qualité de ces travaux, ce n'est qu'au XXe siècle que débute, avec la première traduction critique des « Mémoires historiques » de Sseu-ma Ts'ien par Édouard Chavannes, ce qu'il faut bien appeler la sinologie critique, celle qui s'appuie sur les textes mais aussi sur leurs commentaires anciens ou modernes. Depuis, sinologues européens ou japonais ont apporté de retentissantes contributions parmi lesquelles la sinologie française eut souvent à jouer un rôle primordial, avec Paul Pelliot, qui établit la rigueur philologique de nos études, Henri Maspero, qui appliqua toutes les ressources de la méthode historique au passé de la Chine, ou Marcel Granet, qui restitua suivant les thèses de la sociologie durkheimienne la vie même de la Chine ancienne.

A tous ces travaux, nous nous devons d'ajouter ceux, fondamentaux, des grands sinologues du milieu du siècle, Étienne Balazs, Paul Demiéville et Robert des Rotours. Sans eux, l'œuvre par exemple d'un René Grousset, qui s'appuie sur leurs recherches, n'aurait pu émouvoir un aussi large public.

Il faut aussi souligner l'apport d'une nouvelle donnée, celle des os oraculaires découverts en 1928; bien que le champ de ces sources étranges demeure encore largement inexploré, les récentes études qui en découlent apportent une telle lumière sur la Chine archaïque qu'il faut dès maintenant modifier l'optique que nous en avions et, de ce fait, tous les fondements à partir desquels nous expliquions l'histoire de la Chine.

Sur ces bases et afin d'avoir toujours présent à l'esprit le cadre général dans lequel se déroulèrent les phénomènes économiques ou culturels évoqués dans les chapitres suivants, il convient, au terme de cette introduction, de rappeler brièvement le schéma de l'évolution historique chinoise.

REPÈRES HISTORIQUES

L'entrée de la Chine dans l'histoire se fit avec le bronze, sous l'égide d'une lignée royale dont les souverains se nommèrent Chang, mais qui, à la chute de leur dynastie, reçurent le nom de Yin. Indépendamment des dates et pour éviter toute confusion, nous emploierons le terme courant de Chang-Yin.

Le pouvoir des rois chang-yin remonte aux environs de 1700 ans avant notre ère. A l'époque de leur plus grande puissance, leur capitale fut An-yang, fouillée pour la première fois en 1928. Cité imposante par ses dimensions et ses édifices, elle s'élevait dans le bassin inférieur du fleuve Jaune, en ces régions où la beauté remarquable des céramiques lustrées, exigeant une cuisson à haute température, proclamait l'avance technique des arts du feu.

Cette grande société n'apparaît aujourd'hui qu'à travers le miroir déformant de la mort. Les tombes de cette époque — surtout les monumentales tombes royales fouillées depuis 1934 — attestent l'existence d'un concept du monde cohérent.

D'après les recherches actuelles, il est permis de penser qu'il s'agissait d'une société tout entière soumise à l'autorité religieuse et matérielle d'un chef puissant; dans ses palais, au long de sa vie, et dans son tombeau après sa mort, il rassemblait les plus importantes richesses — hommes ou objets — des territoires qu'il contrôlait. Il se montrait très attentif aux volontés du Ciel, de la nature en général, des ancêtres, et ne décidait rien — pas même les grandes chasses qu'il affectionnait particulièrement — sans le conseil de l'oracle. C'est de cette pratique de la divination, de la nécessité de communiquer et de conserver formules magiques et coutumes bénéfiques que l'écriture naquit. Dérivés simplifiés de représentations plus ou moins réalistes, ou signes de gestes, ces pictogrammes primitifs tendirent vite, surtout lorsqu'il s'agissait d'exprimer un concept abstrait, à prendre les formes conventionnelles d'une sorte de sténographie.

Aux environs de l'an 1100 avant notre ère, les Chang-Yin, auxquels quatre siècles de puissance avaient sans doute fait perdre beaucoup de leur antique combativité, se virent jetés à bas de leur piédestal par un jeune clan, affermi dans les terres du haut fleuve Jaune : les Tcheou.

La tradition nomme « roi-guerrier » *(Wou-wang)* celui qui se substitua au dernier des Chang-Yin. Il engageait, disent orgueilleusement les textes, la « révolution » *(keming)*. Ce terme, employé de nos jours en un sens qui évoque les espoirs et les difficultés de notre « Quatre-vingt-neuf », ne doit pas faire illusion : tous les fondateurs de dynastie, comme le roi Wou des Tcheou, l'emploieront solennellement pour signifier qu'ils reprennent et raniment les flambeaux vacillants du pouvoir, tant dans l'ordre économique, social, que spirituel. Depuis trois mille ans, les régimes chinois se réclament de la « révolution ».

La politique des Tcheou consista à distribuer à chaque membre de la vaste *gens* victorieuse un territoire à administrer, un *fong-k'ien*, ce que l'on traduit généralement par « fief », pris dans le sens général de domaine donné par un supérieur à un inférieur. Dans le cas des Tcheou, cependant, les liens « féodaux » étaient essentiellement conditionnés par ceux, claniques, du sang.

Les données de l'archéologie indiquent que, sous les Tcheou, l'agriculture se développa en se diversifiant. Cela eut pour effet d'augmenter la croissance démographique, de souligner certains particularismes régionaux en fonction des productions principales et d'engager ainsi, de centre à centre, les embryons d'un commerce. La conséquence, pourtant, fut qu'au bout de trois siècles le pouvoir des Tcheou apparut bien compromis face à l'autonomie des régions et de leurs chefs qui, de génération en génération, avaient perdu la notion de leur antique allégeance. Leur capitale, Hao, située au nord-ouest du royaume, berceau de la famille régnante, semblait bien lointaine, bien menacée aussi par les nomades, tout proches. En 771 avant J.-C., des princes se révoltèrent et lancèrent des hordes barbares à l'assaut de la cité qu'ils pillèrent. Les souverains durent quitter la vallée de la Wei et rejoindre, à l'est, la plaine centrale où la civilisation chang-yin avait fleuri. L'affaiblissement de leur pouvoir, dès lors, s'avérait irréversible.

De 770 à 473 avant notre ère s'écoulèrent trois siècles agités. L'histoire les désigne du titre de la chronique dont la mise au point est traditionnellement attribuée à Confucius : « époque des Printemps et des Automnes ».

Les descendants lointains des anciens héros et parents du clan des Tcheou usurpèrent les pouvoirs régaliens en matière de religion, lesquels, en ces temps, incluaient tous les autres. Le roi des Tcheou était devenu lentement une entité que l'on vénérait sans pour autant lui obéir, intermédiaire vague d'un culte dont les prêtres se multipliaient. La pluralité religieuse conduisait inéluctablement à la diversité politique. Les chefs des fiefs les plus puissants — le terme consacré est « principauté » — se ménageaient, par la flatterie ou la menace, les alliances de leurs voisins plus faibles. L'histoire traditionnelle, qui aime les images simples, rapporte que cinq « hégémons » s'attirèrent le respect de tous.

Cet équilibre, pourtant, entre régionalisme et mouvement, se révélait fort précaire. Cinquante ans après la mort de Confucius, le recours aux armes parut à tous plus efficace que les discours, les conseils et les tractations des sages et des diplomates.

En 403 avant notre ère, trois petits États naissaient de l'éclatement d'un ancien fief, nommé Tsin : le Han, entre fleuve Jaune et fleuve Bleu, le Wei et le Tchao, tous deux situés au nord du fleuve Jaune. C'était le prélude au morcellement général qui, au gré des regroupements et des divisions, devait durer jusqu'à la fondation de l'Empire en 221 avant J.-C. et que les historiens nomment « époque des Royaumes combattants ».

Le Ts'i, vigoureux État embrassant grossièrement l'actuel Chantong, affirma, lui aussi, son autonomie. De petites principautés se déclaraient partout indépendantes et chacun tentait d'étendre sa puissance aux dépens des voisins. Mais le jeu dangereux des armes ruina peu à peu les petits et favorisa la formation de principautés relativement vastes dont les forces finirent par s'équilibrer malgré les perpétuelles tentatives des unes pour supplanter les autres.

L'histoire traditionnelle et la mémoire populaire, nourries des vieux concepts communs à toutes les civilisations et attachées aux chiffres « bénéfiques », ont conservé le souvenir de sept États, dirigés par sept chefs remarquables, les « Sept Héros des Royaumes combattants » : quatre de ces États étaient situés au nord du fleuve Jaune; le Yen s'étendait au nord du golfe du

Petchili; le Tchao, le Wei, le Ts'in se succédaient, du nord au sud-ouest. Le Ts'i, dans le Chantong, et le Han, entre fleuve Jaune et fleuve Bleu, représentaient les civilisations de la Chine moyenne. Enfin le Tch'ou, sur les rives méridionales du fleuve Bleu, possédait, et allait conserver longtemps encore, les caractéristiques d'une culture particulière, propre au monde quasi-colonial des pays fertiles, chauds et humides.

Pendant ce temps, le culte royal tcheou, trop étroitement lié au bassin moyen du fleuve Jaune, perdait à tout jamais ce qui lui restait de son contenu affectif et spirituel. Chaque hégémon s'estimait seul capable de régler efficacement, dans son domaine, les rapports entre hommes, Ciel et Terre.

Malgré l'âpreté des rivalités et des combats intérieurs, la fragmentation du pays se trouvait transcendée par la conscience qu'avait chacun d'appartenir à une civilisation commune, brillante, maîtresse du feu des potiers et des métallurgistes, riche de la puissance du verbe traduite par l'écriture, nourrie des céréales patiemment obtenues chaque année par la répétition du cycle agraire : fleur invincible du « Pays du milieu » *(Tchong-kouo)* cerné de barbares vagabonds et prédateurs.

Ces deux époques — « Printemps et Automnes » et « Royaumes combattants » — bien qu'agitées et parfois dévastatrices, marquent le grand essor de la civilisation chinoise, celle qui, au long des siècles et au gré des hommes, allait s'épanouir en classicismes successifs et durer jusqu'à nos jours.

Matériellement, l'apparition du fer, au ve siècle avant notre ère, avait changé l'outillage et, partant, tendait à modifier la qualité de l'agriculture comme de l'artisanat. Ce sont là, certes, des phénomènes généraux; mais le traitement du fer présenta en Chine une grande originalité. Le minerai fut, comme le bronze et ses alliages subtils que les Chinois maîtrisaient déjà depuis plus de mille ans, porté en fusion, ainsi que cela se pratiquait chez les Hittites dès 1500 avant J.-C., et coulé dans des moules de terre réfractaire. Cela présentait le gros avantage de permettre une production presque de série d'outils multiples qu'il suffisait ensuite d'affûter. En revanche, les objets fabriqués ne possédaient pas la finesse, le modelé et, dans le cas des lames, le fil acéré des métaux battus, art que les Chinois devaient connaître, mais ne parachevèrent que bien plus tard sous l'influence des artisans iraniens.

En même temps que l'on arrachait le fer à la terre, les premiers éléments d'un édifice philosophique se dégageaient de l'antique religion primitive. Le premier de ces « philosophes » chinois fut le célèbre Confucius (551-479 av.

J.-C.) qui parcourut, sa vie durant, le pays chinois à la recherche d'un prince qui voulût bien comprendre sa sagesse et en tirer profit. Le premier, il affirma la valeur et la nécessité du jugement, l'obligation de définir, dans la multitude des pratiques et des croyances héritées de l'antiquité, celles qui étaient véritables, bonnes, utiles. Par là seulement on pouvait acquérir sa vertu et mériter son titre d'homme *(jen)*. En bien des aspects, Confucius apparaît comme un thérapeute de l'esprit de ses contemporains, affolés par le passage de l'unicité à la pluralité — pluralité des cultes, des matières, des gouvernements.

En fait, pour qu'une synthèse nouvelle se réalise, il faudra attendre encore près de trois siècles : époque bouillonnante et féconde où chaque esprit, chaque communauté tenta de jouer un rôle et d'apporter tour à tour une petite pierre à l'édifice commun.

Près de deux cents ans après Confucius vécut Mong-tseu (372-289 av. J.-C.). Les temps, déjà, avaient évolué. Le sage parlait un langage plus pragmatique : si le prince pratique un gouvernement conforme à la vertu d'humanité *(jen)*, il pourra dominer l'ensemble des pays qui s'étendent sous le Ciel *(T'ien-hia)*. Mong-tseu était optimiste et fondait son enseignement sur les aspects positifs de la nature humaine.

Tel n'était pas, en revanche, le sentiment de Siun-tseu (315-236 av. J.-C.). Tout aussi nourri de pensée confucéenne que Mong-tseu, il voyait cependant l'humanité sous un jour maussade et n'envisageait pas d'autre possibilité de gouverner conformément aux rites qu'en usant de la coercition. Il devint ainsi le père du « légisme », que l'on oppose à tort au confucianisme, alors qu'il ne représente que le volet extrême et pessimiste d'une même pensée. Portée à son sommet par le célèbre Han Fei (280-233 av. J.-C.), génial conseiller du petit État de Ts'in, cette forme austère de philosophie politique allait régir le premier Empire chinois, fondé en 221 de notre ère.

Cette lignée de penseurs, à l'exclusion des légistes, reçut plus tard le nom d'« École des lettrés », car leurs écrits, ou ceux qui leur sont attribués, représentent les premiers textes littéraires et philosophiques de la Chine et, comme tels, formaient la base de l'enseignement.

Il existait d'autres formes de pensée, aussi profondes, aussi anciennes mais moins codifiées, car elles ne cherchaient pas à traiter le difficile problème de la gestion des sociétés organisées.

Il y avait ainsi un courant polémologique dont les théories, regroupées et attribuées à Souen-tseu, constituent le premier traité d'art militaire chinois : mais ce dernier était l'objet du mépris officiel des esprits éclairés.

D'une tout autre ampleur se révélait la position taoïste, illustrée par la figure légendaire de Lao-tseu (VIe-Ve siècle av. J.-C.), auteur supposé du mystérieux *Tao tö king*, puis par celle, historique, de Tchouang-tseu (369-286 av. J.-C.). Elle rassemblait un ensemble de croyances très anciennes, agraires et dionysiaques : celles-ci exaltaient la joie de laisser passer en son être le rythme cosmique qui, par le jeu alterné et complémentaire du négatif et du positif, du féminin et du masculin, de l'ombreux et de l'ensoleillé (*yin* et *yang*), crée perpétuellement la vie. Plus que d'école, il convient sans doute de parler d'esprit taoïste qui ne cessa jamais, peu ou prou, de vivre au cœur du peuple chinois, depuis l'humble laboureur jusqu'à l'auguste empereur. Au-delà des cultes ésotériques, des superstitions innombrables, des pratiques magiques et médicales bientôt recommandées afin d'atteindre l'immortalité, et plus tard loin des temples, des clergés et des panthéons inventés pour rivaliser avec le bouddhisme, l'esprit taoïste représente, en face de l'édifice politique et raisonnable de la société, l'indépendance, le respect de la vie, la vigueur de l'être individuel et, d'une certaine façon, la contestation permanente.

Cet état d'équilibre instable au milieu de l'effervescence intellectuelle, guerrière et sociale, ne pouvait durer indéfiniment. Un jour arriva où l'une des personnalités engagées finit par éclipser les autres : ce fut le roi du petit État nord-occidental de Ts'in, pays rude mais riche en gisements métallifères, aguerri par la présence toute proche des barbares contre lesquels il fallait entretenir une armée puissante, gouverné, enfin, selon les principes efficaces du légisme. En 221 avant notre ère, le roi de Ts'in étendit sa domination à l'ensemble du continent chinois. Il créait l'Empire.

Autant que le régime économique et politique, le culte changeait. Au roi dont l'être religieux s'était dissous au cours des ans, succédait un empereur (*houang-ti*), maître absolu, symbole de l'homme pivot : lien nécessaire à l'union du Ciel rond et de la Terre carrée. Lorsque le souverain de l'État de Ts'in prit le titre de *Ts'in Che houang-ti*, « Premier Empereur, originaire de Ts'in », la Chine acquérait le statut qui, malgré les périodes d'éclatement, demeurerait le sien, idéalement du moins, jusqu'en 1912.

Tout ce qui rappelait l'autorité et l'indépendance des anciens hégémons fut détruit; la noblesse féodale disparut, dénoncée, privée de ses privilèges; vingt mille hobereaux condamnés à mort ou déportés virent leurs richesses confisquées et leurs palais démontés pour être reconstruits dans la capitale impériale, Tch'ang-yang. Ce qui engageait la vie matérielle et morale de l'ensemble de l'Empire fut soumis à une réglementation et codification strictes : la loi pénale, les poids et mesures, les routes, les voitures, l'écriture et, plus encore, la pensée. Les philosophes à la manière ancienne qui, suivant l'exemple de Confucius et des maîtres errants de jadis, continuèrent à discourir et à critiquer les réformes entreprises, ne firent qu'attirer sur eux les foudres du monarque : en 213 avant J.-C., leurs livres furent brûlés solennellement. Certains lettrés payèrent même leur audace de leur vie; les annales rapportent que quatre cent soixante d'entre eux furent enterrés vivants.

Le Premier Empereur ne se contentait pas d'ordonner et de réformer. Il passait lui-même le plus clair de sa vie à cheval, guerroyant du nord au sud, et particulièrement aux frontières septentrionales où se pressaient les barbares. Par mesure défensive, il fit relier entre elles et consolider les murailles de protection que les seigneurs locaux avaient naguère élevées à leurs frais afin de briser le déploiement de la dangereuse cavalerie nomade. C'est ainsi que naquit, à la fin du IIIe siècle avant notre ère, le premier tracé de la célèbre Grande Muraille qui marqua désormais, du cours supérieur du fleuve Jaune, à l'ouest, jusqu'au Po-hai, à l'est, la limite du monde civilisé.

Depuis le début de l'époque dite des « Royaumes combattants », de redoutables barbares, les Hiong-nou, affermissaient leur puissance. Les Chinois méprisaient ces pasteurs nomades qui, négligeant le fer, usaient d'un armement de bronze hérité des peuples de la Russie méridionale, vivaient dans des tentes de feutre, confectionnées avec la laine des moutons qu'ils menaient paître, et buvaient du lait de jument fermenté — aujourd'hui encore boisson courante des Mongols. Ces peuples, pourtant, possédaient une grande richesse, des chevaux de qualité, ainsi qu'une remarquable tactique guerrière, celle de l'archerie montée, qui déroutait fort les Chinois. Les Hiong-nou, de plus, ne se montraient pas totalement imperméables au rayonnement de leurs voisins et la fondation de l'Empire eut précisément pour la Chine la conséquence funeste d'engager les nomades à se fédérer, à s'unir à la manière des puissants sédentaires.

L'empereur, conscient du péril, apaisa un temps les barbares en leur envoyant les produits flatteurs de l'artisanat chinois, surtout la soie que les chefs barbares admiraient. Mais ce n'était là qu'un expédient et le Premier Empereur ne put atténuer le péril extérieur qui menaçait le jeune Empire.

La rigidité et la brutalité des entreprises du souverain, jointes à son échec relatif devant le danger nomade, suscitèrent de violentes réactions et, malgré la proclamation éphémère d'un « Second Empereur » *(Eul-che houang-ti)* (209-208), l'Empire à la manière ts'in ne survécut pratiquement pas à son fondateur.

Les candidats à la succession ne manquaient pas. Le combat finit par se réduire à celui de deux personnages : Hiang Yu et Lieou Pang, qui devinrent par la suite des figures légendaires. A travers eux, deux Chines s'opposaient : d'un côté celle du Sud avec Hiang Yu, de l'autre celle de l'entre-deux-fleuves et, plus généralement, du Nord, avec Lieou Pang.

Ce dernier triompha. En 206 avant notre ère, quatre ans après la mort du Premier Empereur, l'éphémère Empire ts'in s'écroulait : il n'avait duré qu'une vingtaine d'années ; Lieou Pang, qui prit le nom de Han, en fondait un, en revanche, qui, malgré de graves secousses, allait se prolonger durant quatre cents ans. Il créait la première grande lignée impériale chinoise dont le prestige fut tel que les sujets de l'Empire, par la suite, se nommèrent toujours « les Han ». Lieou Pang reçut le nom posthume de « Grand ancêtre » *(Kao-tsou)*, nom duquel seront honorés dès lors tous les initiateurs d'une lignée et, partant, d'un culte dynastique ancestral. Son principal souci demeura la lutte contre les Hiong-nou ; mais il fallut attendre plus d'un demi-siècle pour que la question barbare suscitât une politique relativement cohérente et efficace.

Durant la soixantaine d'années qui s'écoulèrent entre la fondation de la dynastie et l'avènement de l'empereur Wou (141-87 av. J.-C.), l'édifice de l'État centralisé s'affermit peu à peu. Jamais les règles établies précédemment par le Premier Empereur ne furent rapportées, mais les nouveaux dirigeants les appliquèrent avec une souplesse qui s'adaptait aux hommes, aux lieux, aux circonstances. Sous l'impulsion de Wen-ti (179-157 av. J.-C.) et de Wou-ti (141-87 av. J.-C.), on remit à l'honneur les textes anciens dont des copies reparurent. Sous l'influence de Tong Tchong-chou (mort vers 104 av. J.-C.), Wou-ti créait les premiers « maîtres ès classiques » *(po-che)* en 135 avant J.-C., ainsi qu'une université impériale en 124 avant J.-C. Le premier dictionnaire chinois, le *Chouo wen*, comprenant plus de 9 000 caractères, fut compilé aux environs de l'an 100 avant notre ère. Au même moment, Sseu-ma Ts'ien (mort en 90 ? av. J.-C.) fondait l'historiographie chinoise.

L'effet bénéfique de cette politique d'apaisement fut un accroissement de la richesse intérieure qui permit de reconsidérer la nature des rapports que la Chine entretenait avec ses voisins. Il était temps, car les Hiong-nou, désormais organisés en une confédération puissante, portaient dangereusement ombrage à tout le Nord-Ouest chinois.

Wou-ti ne nourrit aucune illusion sur la durée des pactes de paix et engagea une politique résolument guerrière. Il conçut l'idée hardie de prendre les Hiong-nou à revers : pour ce faire, il envoya un émissaire, Tchang K'ien, chercher des alliés à travers l'Asie. La mission échoua sur le plan militaire, car nul, dans la steppe, n'osait se mesurer aux puissants fédérés.

Mais c'est à juste titre que l'histoire de Tchang K'ien, resté durant dix ans captif des Hiong-nou, entra dans la légende. De ses voyages et de son long séjour en Asie centrale, il rapporta d'innombrables récits qui élargirent considérablement l'horizon chinois. Sous son impulsion et sur ses directives, les armées de Wou-ti pénétrèrent jusqu'au bassin du Tarim. Or, aux IIe et Ier siècles avant notre ère, envoyés et marchands de l'Empire romain s'avançaient toujours plus avant vers l'Orient afin d'y trouver la soie dont ils avaient eu connaissance par les barbares. C'est ainsi que la célèbre Route de la Soie — aux tracés multiples — s'établit peu à peu, reliant, dans la recherche des merveilles venues d'ailleurs, l'Extrême-Orient à l'Extrême-Occident.

Entièrement occupés par la guerre et la politique extérieure, les empereurs Han et Wou-ti en particulier, demandèrent trop à la nation : imposant, corvéant à merci et créant pour l'État de fructueux mais impopulaires monopoles du sel, du fer, de l'alcool de riz. Sous la pression de l'opinion générale, ces monopoles se trouvaient tantôt abolis, tantôt remis fermement en vigueur. Au bout d'un siècle de ce régime incertain, toute l'économie de l'Empire sombrait dans l'anarchie.

Un homme nouveau apparut alors, en l'an 9 de notre ère. Il s'appelait Wang Mang et se croyait appelé à reprendre en mains les destinées vacillantes de l'Empire. Les souverains han semblaient avoir perdu toute efficacité, toute capacité à régir correctement les rapports entre le Ciel, l'Homme et la Terre; ils avaient, comme on disait alors, perdu le « mandat céleste ».

Wang Mang cependant, encore plus que les Han, accumula les maladresses. Il mécontenta et terrorisa à la fois les fonctionnaires, le peuple et les barbares. La voix populaire réclamait à grands cris le retour des anciens souverains, passagèrement égarés mais en lesquels chacun mettait pourtant son espoir d'une restauration nationale. L'insurrection gronda. En 18, des révoltés du Chantong qui se nommaient les « Sourcils rouges », par allusion à leur maquillage belliqueux, soulevaient les campagnes. Le régime de Wang Mang s'effondra : il avait à peine duré dix ans, bien que son créateur eût cru avoir fondé une nouvelle dynastie.

Le calme ne revint pas, cependant, avant l'avènement de l'empereur Kouang Wou (25-57) qui sut restaurer le prestige des Han. Comme les Tcheou l'avaient fait jadis, il transporta sa capitale vers l'est, à Lo-yang, dans le bassin du fleuve Jaune, où elle était protégée des incursions nomades. Ces dernières cessèrent un temps sous le règne de l'empereur Ming-ti (57-75), grâce aux campagnes de Pan Tch'ao — le frère du grand historien Pan Kou — dans la région des Ordos.

Ce relèvement ne dura pas. Dans l'entourage du souverain, les familles des épouses impériales ainsi que les eunuques qui, par leur intimité avec le maître, faisaient et défaisaient les carrières des fonctionnaires, créèrent au palais un climat malsain d'intrigues. La santé du pays semblait tout à fait compromise. La régence de l'impératrice Lu engagea à nouveau la confusion politique, tandis que le chaos administratif et les intempéries rendaient la vie du peuple insupportable. Une révolte paysanne gigantesque, dite des « Turbans jaunes », éclata et s'étendit à travers la Chine entière en 184.

C'était tout le monde unitaire qui s'écroulait; le peuple refusait les directives d'un gouvernement coupé de ses bases humaines, porté par une noblesse aussi incapable de lutter victorieusement contre l'ennemi barbare que de régler efficacement les problèmes agraires, trop occupée qu'elle était de sa richesse et de son avancement personnels. En 220, les Han disparaissaient.

L'Empire alors se cassa en trois grands royaumes, eux-mêmes largement dépendants du bon vouloir des potentats locaux : le Wei, embrassant les terres du fleuve Jaune; le Wou, englobant le cours moyen et inférieur du fleuve Bleu ainsi que tout le Sud chinois; le Chou enfin, pays montagneux des hautes terres du Sseutch'ouan, refuge du dernier descendant du grand Lieou Pang, fondateur de la dynastie han. Chacun de ces royaumes dura environ soixante ans, jusqu'à une nouvelle unification de l'Empire sous l'égide de la dynastie dite des Tsin (265-317).

De 220 à 280, la Chine connut ainsi l'époque dite des « Trois Royaumes », période de guerres constantes qui devaient alimenter sans fin poésies épiques et romans de cape et d'épée. Au-delà des personnalités engagées, qui furent de premier plan — nous le verrons —, trois Chines, trois économies diverses s'opposaient : celle de la grande plaine limoneuse au nord; celle des lacs innombrables, des collines et de la végétation luxuriante au sud; celle des montagnes vertigineuses entourant et protégeant des îlots de terre fertile à l'ouest.

La noblesse han disparut, dépouillée de ses prérogatives devenues caduques. D'innombrables communautés paysannes, déplacées par l'affolement de la guerre et les famines, se virent fixées de façon autoritaire en des colonies militaires. Pourtant, si les combats provoquaient destructions et massacres à travers tout l'Empire, les besoins des armées furent à l'origine d'importants perfectionnements matériels, comme l'aménagement d'excellents réseaux routiers et fluviaux afin d'assurer le ravitaillement des troupes en campagne.

Malgré la floraison lyrique et intellectuelle propre à ces époques troublées sujettes à toutes les reconstructions imaginaires possibles, malgré aussi les efforts unitaires des Tsin, le pays finit par crouler sous l'invasion longtemps contenue des barbares.

Six dynasties nationales au sud du fleuve Bleu, seize royaumes d'origine barbare au nord se partagèrent alors la Chine. Les familles aisées du Nord partirent en masse vers les pays du Sud qui devinrent, comme ils seront appelés à l'être plusieurs fois dans l'histoire chinoise, le conservatoire de la tradition nationale.

Au nord, les lignées barbares se succédaient à partir du IVᵉ siècle, sinisées peut-être, bousculées sans cesse par les nouveaux venus de l'immense réservoir que constituait la steppe. Il serait cependant injuste de ne souligner que l'aspect négatif de ce phénomène où certains ne voient que la barbarisation de la Chine du Nord et d'autres, au contraire, la sinisation des barbares.

Ce sont en effet ces souverains, tiraillés, partagés entre deux mondes, qui contribuèrent largement à l'expansion du bouddhisme en Chine. Celui-ci y était timidement apparu dès le Iᵉʳ siècle de notre ère, sous les Han. Il n'avait suscité à l'époque que peu d'intérêt. Mais pour ces hommes venus d'ailleurs, qui admiraient et s'efforçaient d'acquérir les caractéristiques culturelles chinoises, sans pour autant en saisir exactement les fondements, le bouddhisme, surtout sous la forme souriante du *Mahâyâna*, représentait une ouverture merveilleuse sur la philosophie. C'était en même temps, pour ces monarques, l'espoir d'une communion possible avec leurs administrés autochtones, aussi ignorants qu'eux-mêmes en la matière.

Avant que les marchands du Temple n'eussent tout gâché, s'épanouit l'un des plus beaux moments de la pensée et de l'art chinois, à l'époque privilégiée des Wei dits du Nord (386-534). D'aucuns en condamnent l'origine étrangère : si l'on voulait considérer les choses sous cet angle, il nous faudrait renier aussi tout notre art chrétien; le bouddhisme n'a pas trahi le génie chinois, il en a révélé un aspect des plus universellement sensibles.

Après le tournoiement barbare, la Chine demeura donc partagée en États mouvants que les historiens des siècles suivants rangèrent sous la rubrique commode de « dynasties du Nord et du Sud », signifiant par là que la Chine, sans perdre pour autant son être culturel, était devenue une sorte d'agglomérat de royaumes multiples et éphémères.

Il appartint à deux souverains, le père et le fils parricide, Wen-ti (590-604) et Yang-ti (604-618), qui prirent le nom dynastique de Souei, de rétablir l'unité administrative de l'Empire. En une quarantaine d'années, ils parvinrent à unir durablement la Chine du fleuve Jaune et celle du fleuve Bleu.

L'histoire retient surtout de leur œuvre l'aménagement du célèbre « Grand Canal » qui, en reliant les deux grands axes fluviaux de la Chine, permit de donner d'importants fondements économiques à l'unité politique restaurée. Mais la brutalité de la reprise en mains et l'importance des prestations exigées soulevèrent rapidement craintes et protestations. Celles-ci, habilement utilisées par un aventurier du Chansi, Li Che-min, provoquèrent l'effondrement, en 618, de la diligente mais rude dynastie des Souei. La dynastie dite des T'ang reprenait en mains le pouvoir.

Pendant trois siècles, la Chine allait rayonner d'un éclat comparable à celui qu'elle avait jadis connu sous les Han. Ce fut aussi l'époque de sa plus grande expansion vers l'Occident, arrêtée seulement en 751, sur la rivière Talas, par l'avance musulmane. Tous les historiens qui, à des titres divers, se penchent sur cette brillante époque des T'ang, se voient habituellement conduits à distinguer trois phases.

La première, celle de la mise en place des rouages administratifs et économiques destinés à assurer, grâce au recrutement par examen des agents gouvernementaux, la bonne circulation du savoir, de la justice, des marchandises à travers le continent chinois, correspond à peu près au règne du fondateur dynastique, Li Che-min : après avoir écarté son père et tué ses frères, il assura lui-même la gestion de sa conquête (626-649).

La seconde période coïncide avec le début du règne de Hiuan-tsong (712-756), empereur raffiné, amateur des arts et des belles femmes; ce fut sans doute l'époque la plus joyeuse, la plus fastueuse, la plus insouciante, où chacun vivait dans une abondance matérielle relative, conforté par l'apaisement spirituel qu'apportait le bouddhisme tout puissant, et loin du danger barbare qui semblait s'être estompé.

Le réveil fut brutal. La révolte d'An Lou-chan, favori du maître, jetait la Cour sur les routes de l'exil. Derrière le rebelle, d'origine turque, cavalcadaient ses frères barbares. La Chine, malgré la restauration impériale (756), connut à nouveau la crainte, les incendies, la disette. L'histoire de la dynastie n'est plus dès lors que celle d'une longue décadence, marquée par des bouleversements comme la proscription du bouddhisme et des religions étrangères en 845 :

les monastères avaient accaparé terres et hommes, compromettant ainsi la gestion et la prospérité des finances publiques.

Le commerce avec les pays étrangers, développé par voies terrestres et maritimes, le goût de l'exotisme, l'ouverture aux idées venues de l'extérieur, tout cela sombrait. Les villes marchandes, nées au gré des échanges, perdaient lentement vie; seules subsistaient les cités administratives, gérant au jour le jour les intérêts d'une communauté qui sentait vaciller ses assises. La modification du système d'imposition, fondé, à partir de 780, sur la propriété et la production, n'avait fait qu'accroître, malgré un effort évident de justice, les difficultés fiscales des petits exploitants. Le soleil impérial ne semblait vraiment plus assez puissant pour éclairer l'Empire.

Pendant une cinquantaine d'années (907-960), la Chine éclata de nouveau en « Cinq Dynasties » au nord et « Dix Royaumes » au sud. Du Po-hai à l'est jusqu'à l'Ouest chinois, bien au sud de la Grande Muraille, l'Empire tremblait sous la menace des K'i-tan (907-1125) qui avaient fondé la dynastie des Leao (947-1125). Le problème barbare devenait un cauchemar et l'on semblait revenu en arrière, aux époques lointaines qui avaient précédé l'épanouissement des T'ang.

Pourtant un général d'origine chinoise, Tchao K'ouang-yin, au service de la dynastie locale dite des Tcheou, parvint à une réunification précaire de l'Empire (960) : il fut surtout le père d'un nouveau classicisme chinois, à nos yeux le plus émouvant de tous, peut-être.

Tchao K'ouang-yin, devenu sous son nom posthume T'ai-tsou (960-976), prit pour nom dynastique celui de Song. Son frère T'ai-tsong (976-997) lui succéda. Il leur fallut vingt ans pour restaurer l'Empire. L'unité politique, à vrai dire, se trouvait à la portée de tout grand conquérant rassembleur d'hommes. Le véritable mérite de ces deux souverains song est d'avoir compris qu'il fallait aussi rendre, voire donner à la Chine une solide unité intellectuelle. Pour ce faire, ils mobilisèrent tout ce que l'Empire comptait de lettrés de petite ou grande envergure. Afin de détourner les énergies des tentatives néfastes et des triomphes faciles de la guerre, ils engagèrent une sorte de réarmement moral.

Renouant avec l'esprit qui avait présidé à l'aménagement du système de recrutement des fonctionnaires sous les T'ang, les empereurs affirmèrent leur volonté de choisir leurs collaborateurs parmi les hommes de grand savoir, qui auraient satisfait à des examens devenus particulièrement difficiles. Les Song mettaient ainsi en place le système qui, repris plus tard par les Ming (1368-

1662), puis les Ts'ing (1644-1912) — qui n'eurent pas la sagesse de l'accompagner d'un renouveau philosophique — fit de la Chine ce pays politiquement et techniquement affaibli, mais socialement stable, que connurent nos grands-parents. A l'époque des Song, la valeur réaffirmée des examens constitua, chose nouvelle, une sorte de garantie démocratique du gouvernement chinois. Guerre était déclarée aux coteries, aux intrigues des eunuques et des parentèles. Les notions de « noblesse », d' « aristocratie » héréditaires perdaient en théorie définitivement tout sens : jamais sans doute l'Empire ne fut aussi proche du modèle qu'admirait Voltaire.

Comme leurs prédécesseurs cependant, les souverains song se trouvaient âprement menacés par le renforcement des barbares, à proximité de leurs frontières. Jamais ils ne purent repousser les Leao. Ils y renoncèrent d'ailleurs bien vite et, malgré quelques escarmouches, une paix relative s'installa pour environ un siècle. En 1004, par le traité de Chan-yuan, les Song acceptèrent même de considérer les Leao comme leurs « grands frères » et de leur envoyer chaque année un tribut d'argent et de soie. L'empereur dut aussi user de prudence avec la Corée où l'avènement d'un nouvel État puissant, celui de Kôryô, pouvait présenter une menace. En Asie centrale, la puissance des Leao se renforçait dangereusement et soutenait, au Tibet, le nouvel empire des Si Hia (1038-1227). Malgré la lente influence de la culture han dont l'écriture donna à cette époque naissance aux alphabets des K'i-tan, des Si Hia et des Djürtchät, l'étau barbare se resserrait lentement. C'est en espérant le briser que l'empereur Chen-tsong (1067-1085) soutint la réforme de Wang An-che (1021-1086). Mais des personnalités importantes s'y opposèrent violemment, tel Sseu-ma Kouang (1019-1086), homme d'État et grand historien. Il en exposa les raisons dans son œuvre historique, rédigée durant sa retraite forcée. Aujourd'hui encore, partisans et opposants de la réforme « démocratique » ne cessent de s'affronter. Pourtant, cette expérience fut extrêmement limitée dans le temps, puisque Wang An-che dut se retirer du gouvernement en 1076.

Bientôt, au fond de la Mandchourie, les Djürtchät fondèrent un royaume qui prit le nom de Kin (1126-1233) : ils commencèrent à harceler les Leao qu'ils prenaient à revers. L'empereur Houei-tsong (1101-1125) jugea le moment opportun pour lancer une campagne contre ces voisins gênants. Pris entre deux feux, les Leao disparurent effectivement en 1125, mais jamais sans doute ne vit-on plus mauvais calcul militaire. Victorieux et dès lors voisins immédiats des Chinois, les Kin ne pouvaient plus rencontrer aucun obstacle sérieux à leur avance : en 1126-1127, ils prenaient la capitale de l'Empire, K'ai-fong. L'empereur et toute la Cour s'enfuirent : la fin de la dynastie semblait inéluctable. Pourtant le jeune frère de l'empereur, honoré plus tard du titre de Kao-tsong, parvint à installer un gouvernement en exil à Lin-an, l'actuelle Hang-tcheou; l'époque historiquement dite des Song du Sud (1127-1279) commençait, succédant à la période d'unité, dite, par allusion à la situation géographique de la capitale, des Song du Nord (960-1127).

On en revenait au vieux schéma : la Chine du fleuve Jaune et celle du fleuve Bleu constituaient deux groupes différenciés, reliés par les zones d'influences mixtes qui s'étendent entre les deux cours d'eau.

Comme toujours en ces cas, la Chine « réfugiée » nourrissait des espoirs de reconquête qui sombraient bientôt dans le découragement général. Peu à peu un *modus vivendi* s'instaura, favorisé par les grands propriétaires terriens du Sud qui n'attendaient rien de bon d'une problématique guerre de « libération » du Nord. En 1141, un traité conclu entre les Kin et les Song du Sud consacra l'envoi par ces derniers d'un tribut annuel. L'équilibre s'établit ainsi pour plus d'un siècle, jusqu'à ce que les deux antagonistes tombent sous les coups des Mongols.

Avant cette avancée barbare qui, de l'Orient à l'Occident, de la Chine à la Russie, ralentit l'évolution des cultures locales, la Chine des Song et particulièrement des Song du Sud, attint l'apogée du raffinement dont la civilisation des T'ang et de l'époque des Cinq Dynasties avait jeté les bases.

Les villes — Hang-tcheou, Sou-tcheou, Yang-tcheou — devinrent non seulement d'importants centres commerciaux, mais aussi le berceau d'une culture nouvelle, adaptée à un public de marchands prospères et de riches réfugiés vivant en coloniaux. Diverses formes de théâtre y naquirent, tandis que l'invention de l'imprimerie par planches gravées multipliait les possibilités de diffusion des textes. Comme en notre Europe d'après Gutenberg, c'est tout l'acquis philosophique ancien qu'il convenait de transmettre massivement, tout en l'interprétant à la lumière des sciences nouvelles : telle sera l'œuvre de Tchou Hi (1130-1200), père du confucianisme moderne qui, jusqu'au XXe siècle, allait dominer la pensée chinoise. Pendant ce temps, les peintres cherchaient l'extase et la communion avec l'absolu dans la plus belle expression qu'ils connussent jamais : celle du paysage au lavis.

Ainsi, durant ce qu'il est convenu d'appeler la fin de l'antiquité et le moyen âge, la Chine connut trois grands classicismes qui firent d'elle ce qu'elle est encore aujourd'hui, malgré les tempêtes et les incursions étrangères — celle de l'Europe n'en étant qu'une parmi beaucoup d'autres.

Le premier, celui des Han (206 av. J.-C.-220 ap. J.-C.), consacrait la fondation de l'Empire unitaire et les qualités des idéologies anciennes, confucianisme et « légisme », qui parvinrent à maintenir la cohérence du continent chinois pendant plus de trois siècles. Par bien des aspects, l'Empire han évoque son frère romain.

Le classicisme des Souei (581-618) puis des T'ang (618-907) est, lui, caractérisé par une urbanisation marquée de l'Empire, l'union solide de la chine du Nord et de celle du Sud, ainsi que par un grand courant de ferveur bouddhique, source principale de la plus grande ouverture que la Chine ait jamais connue à la pensée, aux sciences, aux modes de vie étrangers.

Le classicisme des Song, des Song du Nord (960-1127) puis des Song dits du Sud (1127-1279), marque à proprement parler le début de l'âge moderne. La Chine connut alors la « révolution » de l'imprimerie. Elle se trouva aussitôt confrontée aux problèmes de diffusion du savoir, en même temps qu'un puissant courant antiquisant donnait à l'homme la conscience de son être historique et que Tchou Hi fixait les données d'une philosophie largement syncrétique, le néo-confucianisme. Par ce biais, le classicisme song apparaît comme la somme des deux autres, de la forme administrative han et de la réflexion philosophique t'ang. En même temps, le progrès des sciences et des techniques, favorisées par l'expansion urbaine et la relative facilité des communications, créait un équilibre de bon aloi entre l'avance matérielle et la vigueur de la réflexion.

Si l'on fait le compte des années écoulées hors de ces moments où les divers courants de la pensée chinoise fusionnaient pour créer une synthèse originale, les périodes d'épanouissement régional semblent relativement brèves. Pour le millénaire et demi considéré, il n'y eut que quatre cent soixante-quinze années de morcellement, soit un tiers de l'ensemble. Telles sont les données de l'histoire officielle.

Les proportions cependant changent, et même s'inversent, si l'on prend pour critère de jugement l'étendue géographique du pays effectivement contrôlée par d'authentiques Chinois. La confédération des Jouan-jouan au ve siècle et les royaumes T'ou-kiue au vi^e^ siècle occupèrent par trois fois la moitié septentrionale du pays. Au xe siècle, les K'itan (Leao), au xiie siècle les Djürtchät (Kin) firent de même en attendant que les Mongols n'eussent submergé tout l'Empire. La seule véritable intégrité nationale que connût la Chine fut celle des T'ang. La présence barbare, la menace constante que les pasteurs nomades de la steppe firent peser sur les communautés agraires de la plaine septentrionale demeurent en effet un phénomène récurrent à travers toute l'histoire chinoise. Malgré quelques périodes de relative accalmie, il n'est pas de siècle qui n'eût à résoudre, par la guerre ou la diplomatie, les difficiles relations que les civilisations avancées entretiennent avec leurs voisins ethniquement ou culturellement différents.

A nous qui sommes hantés par l'idée d' « unité », ces incursions étrangères et les regains de régionalisme qu'elles provoquèrent plus d'une fois apparaissent trop souvent dans leurs seuls effets néfastes. Dans une certaine mesure, le statut le plus courant de la Chine fut celui d' « États unis » qui, tout en conservant la conscience d'appartenir à un ensemble culturel global, laissaient épanouir l'identité de leurs cultures, sœurs complémentaires. C'est en ce sens que chaque morcellement de la Chine correspond à une époque de respiration, de gestation durant laquelle tout le pays reprenait souffle, inventait et combinait les éléments d'un nouveau consensus.

La centralisation impériale, satisfaisante sur un plan théorique, posséda bien souvent la grandeur et les limites de l'unité méditerranéenne réalisée par les Romains. C'est seulement lorsque les pensées les plus diverses avaient pu s'exprimer et pousser à l'occasion leurs conséquences jusqu'aux limites de l'absurde que naquirent ces classicismes grandioses où, de la mosaïque générale, survivaient seuls quelques principes universellement respectés en même temps qu'imposés d'une manière autoritaire.

Mais rien ne changeait en profondeur. Au cours des siècles, les gouvernements chinois successifs vaguèrent toujours vainement à la recherche de leur identité. Sur le plan pratique, cela se traduisit par deux difficultés tout aussi insolubles que l'équilibre moral des relations de région à région ou la nature diplomatique des rapports avec les barbares : l'entretien d'une armée puissante et, à l'intérieur de l'Empire, la répartition des terres.

L'armée fut toujours un gouffre où s'engloutissaient les finances publiques, car elle se devait d'être à la hauteur des combattants qui menaçaient l'Empire. Les Han s'engagèrent en Asie centrale pour y chercher de bons chevaux de monte, car seule la cavalerie pouvait lutter avec efficacité contre les barbares; les T'ang s'avancèrent jusqu'au Tarim pour protéger les flancs occidentaux et assurer la tranquillité des routes commerciales qui les reliaient au monde. Les Song, en revanche, ne furent jamais assez puissants militairement pour conserver les pâturages de l'Ouest chinois, nécessaires à l'élevage des chevaux. Ils tentèrent alors de compenser les faiblesses de leur armée en maintenant sous les drapeaux une grande masse humaine, ainsi qu'en développant de nouvelles techniques offensives, comme l'usage des explosifs. Mais l'Empire n'en demeura pas moins à la portée de tout coup de main barbare.

Le problème de la culture et de la répartition des terres demeura lui aussi une cause perpétuelle de difficultés; nous en verrons, de siècle en siècle, les principaux développements, mais il importe d'évoquer ici quelques données générales.

Le fait que les premières cultures néolithiques chinoises se soient développées dans des bassins ou des plaines, l'importance et l'étalement des deux principaux fleuves qui coulent en pente très douce vers la mer, s'obstruant de leurs propres limons, font oublier que, pour l'ensemble du sol chinois, la superficie des montagnes est néanmoins majoritaire. La Chine est coupée par des chaînes montagneuses qui se croisent comme les cases d'un damier, si bien que, jusqu'au XXe siècle, seul un septième de sa superficie totale a pu être mis en culture.

Cette caractéristique naturelle explique deux importants phénomènes de la civilisation chinoise : l'amour des lettrés pour la montagne, qu'ils surent rendre dans sa grandeur imposante — ce dont les peintres occidentaux se montrèrent dans leur majorité incapables —, ainsi que l'horreur du petit peuple pour ces mêmes éléments car chaque rocher, chaque arbre constituait un obstacle aux cultures vivrières. Ce manque relatif de terres justifia la construction de terrasses, irriguées ou non, établies, surtout dans le Sud, afin d'augmenter la surface arable; il conditionna, de plus, le mauvais équilibre d'une nourriture qui, bien que savamment cuisinée, fut, sauf chez les riches, toujours fâcheusement pauvre en calcium et en vitamines. L'exiguïté des champs, la pratique de verser l'impôt sous forme de céréales, ne laissaient en effet que peu de place à la culture des légumes verts ou des fruits.

La question agraire engage celle de la « surpopulation » chinoise que l'on ne saurait non plus juger sans nuance. Elle apparaît en effet adaptée à des types anciens d'exploitations qui exigeaient une grande abondance de main-d'œuvre : le repiquage du riz, l'aménagement des canaux et diguettes d'irrigation, l'obtention du fil de soie à partir de minces cocons et, plus tard, dans le Sud, la cueillette et le séchage des feuilles de thé nécessitaient, même pour une production paysanne, des milliers de gestes répétés inlassablement, c'est-à-dire aussi des milliers de mains.

Mais il est évident qu'une telle société, vêtue et surtout nourrie à partir d'une agriculture aux méthodes complexes liées à la pratique de la riziculture inondée, était encore plus qu'une autre, s'il est possible, menacée par la famine : qu'un rouage se grippât, et des villages entiers mouraient.

Dans une telle économie, l'élevage n'avait que peu ou pas de place, hormis quelques bovins pour tirer la charrue, quelques moutons dont en exploitait la laine et des porcs ou des volailles élevés au milieu des déchets familiaux.

Le besoin et la présence de cette abondante main-d'œuvre ainsi que l'absence de bétail expliquent la mécanisation demeurée élémentaire des grands travaux. L'ingéniosité chinoise n'a certes pas manqué d'inventer d'innombrables systèmes d'élévation de l'eau et de traction des lourdes charges, mais ces machines demeurèrent jusqu'à l'époque contemporaine mues par l'homme, irremplaçable agent de production.

Les agronomes chinois enfin ne surent jamais quand ils pouvaient légitimement se réjouir. La population augmentait-elle — ce qui, conformément aux principes antiques, était la marque d'un bon gouvernement —, la famine s'instaurait car la superficie arable ne permettait pas de nourrir toutes les bouches; la population diminuait-elle, la terre et les industries manquaient de bras et la pénurie s'installait à nouveau. Dans les deux cas, le revenu de l'impôt et l'efficacité des corvées baissaient dangereusement, rendant encore plus difficile l'entretien de l'armée : le cercle se refermait. Il fallait en outre lutter constamment contre l'accaparement des terres par les plus puissants des tenanciers qui se faisaient accorder privilèges et exemptions. L'impôt finissait donc toujours par retomber sur les plus humbles qui, quelle que fût leur peur ou leur bonne volonté, ne pouvaient donner plus qu'ils n'avaient. En ce sens, l'État chinois fut toujours, paradoxalement, pauvre.

Il est vrai que des splendeurs d'autrefois, nous ne voyons plus rien; les fragiles architectures de bois et de torchis se sont évanouies sous l'effet des hommes ou des éléments. Dans le meilleur des cas, il ne reste que des bases de colonne en pierre, ainsi que des parties de terre damée formant terrasse. Avec patience et imagination, l'archéologue recrée le décor. Il lui faut se reporter aux textes, aux indications fournies par les tombes et le matériel funéraire, aux peintures et aussi aux traditions conservées et brillamment illustrées au Japon. La vie chinoise d'avant les Mongols, fondateurs de la dynastie des Yuan (1280-1368), a disparu. Elle n'a laissé d'elle que les étincelles de ses œuvres d'art, humbles charmes du décor quotidien, ou bien la méditation figurée des peintres.

C'est ce monde latent, cette humanité oubliée mais si présente pourtant, même dans la Chine de nos jours, que nous aimerions évoquer dans les pages qui suivent, en nous laissant guider par le fil conducteur du temps. Il n'était pas question de tout dire : peut-on enfermer ainsi un être, un pays, dans les pages d'un livre? Chacun sait d'ailleurs que la Chine, comme toutes les grandes civilisations, fit des conquêtes, subit des défaites, créa des arts et une littérature aux multiples aspects qui, au gré des années, se répétaient ou se modifiaient. Plutôt que de nous perdre dans cet immense écheveau, nous avons préféré évoquer, époque par époque, les thèmes qui connurent un développement véritablement spécifique, ceux, de plus, qu'il est actuellement possible d'espérer traiter en fonction du caractère relativement satisfaisant des sources, des archives dépouillées, des fouilles entreprises et publiées. Tout survol trop large des temps risquerait de n'être qu'une tromperie. Les lacunes, dans la connaissance du passé chinois, sont encore trop grandes pour permettre l'établissement de tableaux logiques. Plus qu'un système, il importait de tracer la silhouette humaine d'une civilisation qui donna tant, jadis, à l'humanité.

Avant d'engager cette longue observation de quelques phénomènes sociaux, artistiques, philosophiques, ou tout simplement humains, il convient de rappeler les notions cosmogoniques élémentaires qui eurent cours en ces pays, de toute antiquité, car les cultivateurs chinois ne rêvèrent pas, en regardant les étoiles, des mêmes figures que les pâtres babyloniens.

Pour un Chinois, la terre est carrée et le ciel est rond. C'est l'image qui s'impose au laboureur sarclant son champ. Aux extrémités de l'univers, quatre piliers soutiennent la voûte céleste et chaque dérèglement climatologique ou tellurique — comme un déluge, une sécheresse ou un tremblement de terre — sont des présages du danger d'effondrement du monde dont les colonnes vacillent. Parmi les êtres vivants, la tortue, avec son ventre plat, ses pattes courtaudes et sa carapace arrondie, constitue le symbole le plus courant de l'univers : c'est pourquoi, symbole aussi de longévité, elle apparaît constamment dans l'iconographie.

Entre les deux éléments solide et gazeux qui constituent la Terre et le Ciel, l'Homme forme le lien nécessaire à la bonne cohésion de l'ensemble. Mais, pour remplir pleinement son rôle de pivot, il doit s'efforcer de saisir et comprendre les pulsions du monde naturel, deviner les correspondances mystérieuses entre les choses, les êtres, les directions. C'est pourquoi à l'époque historique, les souverains siégèrent toujours le dos au nord, d'où soufflent les vents pernicieux, le visage tourné vers le sud, où rayonne le soleil au zénith, tandis qu'à leur droite — l'Occident — et à leur gauche — l'Orient — se groupaient les masses symétriques de leurs collaborateurs et de leurs serviteurs. Enfin, les Chinois comptèrent toujours cinq points cardinaux : les quatre orients de la Rose des vents et le centre.

Si tous les peuples, en effet, se placèrent primitivement au cœur de l'univers qu'ils concevaient, l'isolement relatif de la plaine du fleuve Jaune au moment où la Chine se fixa avec la dynastie chang-yin (1500-1200 av. notre ère), l'ensemble fondamental des concepts religieux chinois donna à cette notion « égocentrale » du monde des proportions particulières. Elle se doublait d'une grande tolérance — parfois condescendante — à l'égard de ce qui était autre et venait s'accrocher, se mêler plus ou moins au noyau central. Les origines du christianisme firent que, nous, Occidentaux, dûmes nous situer à la périphérie du monde : aucun mouvement ne connut une portée semblable en Chine, pas même lorsque nos missionnaires convertirent le dernier rejeton des Ming ou gagnèrent la bienveillance du grand K'ang-hi (1662-1722). En Chine même, les rapports humains horizontaux avec d'autres peuples n'existaient pas : l'étranger fut toujours soit un porteur de tribut, soit, comme à l'époque des Song, un « grand frère » auquel on remettait soi-même sa propre offrande. Dès l'antiquité, il y eut pourtant quelques grands esprits pour comprendre la nécessité d'ouvrir les limites étroites des terroirs. Il est dommage, sans doute, qu'ils n'eussent pas été davantage écoutés : « Supposons qu'on eût autrefois écarté les lettrés étrangers, qu'on ne les eût pas admis au service de l'État, qu'on ne les eût pas laissé entrer, qu'on les eût expulsés. Le résultat aurait été que le pays n'aurait pas actuellement la richesse et les avantages qu'il possède, qu'il ne jouirait pas du renom de force et de grandeur...

« Les montagnes ne rejettent pas la terre qui vient s'ajouter à elles ; c'est grâce à cela qu'elles sont si hautes. Les grands fleuves et la mer ne dédaignent pas les petits cours d'eau qui s'y jettent ; c'est grâce à cela qu'ils sont si profonds. Le souverain ne repousse pas les hommes qui viennent à lui ; c'est grâce à cela que sa vertu devient éclatante. De même que la terre n'a pas de côtés différents, il n'y a pas de pays qui soit étranger pour le peuple ; les quatre saisons sont toutes également bonnes, les démons et les esprits répandent partout leur influence bienfaisante. C'est parce qu'ils ont pratiqué cette doctrine que les grands souverains de l'antiquité ne connaissent pas de rivaux. »

Ainsi parlait Li Sseu, le grand ministre du Premier Empereur.

CHAPITRE II

LA CHINE ANTIQUE

La Chine découvrit le métal — le cuivre — au début du second millénaire avant notre ère, et ce passage entraîna la création d'une première royauté, celle des Hia : longtemps considérée comme mythique, l'existence de cette dynastie s'impose aujourd'hui, à travers des découvertes (comme celle d'Eul-li-teou et d'Eul-li-gang) mais sans que, paradoxalement, on puisse en cerner les contours précis. Et il faut attendre le bronze pour qu'apparaissent, à l'époque des Chang-Yin, les premiers témoignages de l'écriture chinoise.

LES CHANG-YIN

Les hommes qui tracèrent ces signes, riches de signification, furent des devins ; ils interrogeaient les dieux et traduisaient en termes mnémotechniques les révélations qui leur étaient faites. Ils utilisaient pour ce faire des os plats, des omoplates de cerfs ou des écailles de tortues sur lesquelles, après avoir inscrit une question, ils appliquaient une pointe de feu : la direction et la forme des craquelures obtenues indiquaient les arrêts des dieux, ou bien les désirs des grands ancêtres qui, de l'au-delà, gouvernaient toujours la terre ; la pratique de la scapulomancie est à l'Extrême-Orient ce que l'examen des viscères est à l'Occident.

Oubliés dans les entrailles de la terre, ces os inscrits, découverts par hasard au fil des siècles, avaient été intégrés anciennement à la pharmacopée chinoise sous le nom d'« os de dragon ». Réduits en poudre ils servaient à soigner, disait-on, des maladies graves comme la malaria. De la civilisation des Chang-Yin on ne connaissait, sans pouvoir les attribuer avec certitude, que d'importants vases cérémoniels de bronze au décor animalier stylisé, ou des jades taillés.

Mais tout changea à la fin du siècle dernier, lorsqu'à la suite de crues violentes les terres du fleuve Jaune s'ouvrirent, livrant os inscrits, objets de bronze et d'ivoire. Le savant Wang Yi-jong (1845-1900) en fit l'acquisition, et ces pièces attirèrent bientôt l'attention du monde érudit. Le long travail des philologues, Lo Tchen-yu, Wang Kouo-wei et Tong Tso-pin, commençait. Les inscriptions peu à peu décryptées apportèrent d'innombrables informations sur l'organisation de l'administration royale et les problèmes qui se posaient à elle. Le poids de la coutume, l'autorité accordée aux succès antérieurs, la nécessité d'en garder mémoire avaient entraîné la création de ces encombrantes archives gravées sur les os ou les écailles des animaux. Par le biais des questions qu'ils posaient aux dieux, les rois de jadis, trop craintifs ou trop respectueux de l'ordre naturel pour agir sans tenter d'en saisir les volontés, peu à peu reprennent vie à nos yeux.

Bien que la qualité des objets d'art de ce temps — vases de bronze ou insignes de jade — laissât imaginer une société solennelle et quelque peu figée, les inscriptions font entrevoir au contraire, justement autour du problème de la divination, des mouvements d'opposition violents entre un parti conservateur et un parti progressiste, c'est-à-dire, en germes, toutes les questions inhérentes à la gestion d'un grand État.

Selon le système divinatoire le plus ancien, tel qu'on le voit appliqué par le vingt-deuxième roi de la dynastie, Wou-ting (1339-1281 av. J.-C.), la date des sacrifices était fixée neuf jours à l'avance. Si, au dernier moment, un signe de mauvais augure tel que la pluie, intervenait, la cérémonie était reportée; il fallait à nouveau choisir un jour et attendre une neuvaine. Or, les sacrifices se faisaient de plus en plus nombreux et les questions posées touchaient à tous les domaines. Chaque contrariété du sort entraînait donc dans l'administration une navette fastidieuse entre le roi et le devin; toute action d'importance s'en trouvait démesurément ralentie. C'est pourquoi le vingt-quatrième roi, Tsou-kia (1273-1241 av. J.-C.), modifia cette procédure; il fixa pour chaque sacrifice un jour déterminé à l'intérieur des décades, en tenant compte des correspondances numériques attribuées aux ancêtres des grandes familles.

Le roi, de plus, simplifia en les regroupant les sacrifices et — véritable révolution religieuse — fixa un calendrier : la divination n'intervint plus alors que pour déterminer d'une manière très générale les décades fastes ou néfastes. Enfin le roi se fit pontife, posant lui-même les pointes de feu; outre que cela le mettait en contact personnel avec le monde de l'au-delà, ce procédé présentait le gros avantage pratique et politique d'éviter les longues attentes administratives et d'affaiblir le pouvoir des prêtres et devins.

Ce fameux calendrier lui-même ne tarda pas à subir aussi des modifications. Groupés en décades, les jours étaient comptés selon un système duodécimal cyclique. Les mois lunaires, courts ou longs, comportaient vingt-neuf ou trente jours. L'habitude voulait qu'à la fin de l'année on ajoutât un mois intercalaire pour compenser le décalage entre l'année lunaire et l'année solaire. Les réformateurs décidèrent de laisser ce mois mobile, ce qui leur permettait de fixer plus précisément les dates des travaux agricoles.

Le nombre et la nature des questions posées aux oracles furent considérablement réduits. Il semble que l'on ait estimé inopportun, pour une armée, de supputer l'éventualité d'une défaite, hors de propos de prévoir des éclipses qui échappent au contrôle de l'homme, indécent de confier le sort d'un malade aux seules volontés de l'esprit ancestral et fort incertain d'augurer du sexe d'un enfant.

La réforme de Tsou-kia se révéla donc d'importance. Elle apportait un nouveau style politique qui triompha, malgré la résistance des partisans de l'ancien style. Peut-être faut-il voir dans cette lutte antique sur la forme et le fond du pouvoir la préfiguration de deux types de souverains dont l'antagonisme, ou la simple succession cyclique, rythmera l'histoire chinoise.

Les uns avaient le souci de respecter les anciens et s'entouraient de toutes les précautions imaginables; ils ne souhaitaient pas gouverner sans l'accord des hommes et des dieux. Les autres désiraient apporter de l'efficacité aux rouages administratifs, faciliter le consensus des responsables et donner une plus grande liberté d'action à l'exécutif. Les Classiques ne mentionnent pas ces réformes. Tout au plus livrent-ils des jugements contradictoires sur les conservateurs et les novateurs. Ainsi Wou-ting, le souverain à l'antique, apparaît tantôt sous les traits d'un roi aimé dont l'administration bonne et généreuse lui valut l'admiration des siens et des barbares les plus lointains, tantôt, comme chez Sseu-ma Ts'ien qui se faisait l'écho de dits anciens, avec le visage d'un roi arrogant : « Il remplissait une dépouille de sang, la pendait en l'air et la tirait à l'arc; il appelait ce geste tirer le Ciel ».

Les mêmes contradictions s'attachent à la personne de Tsou-kia, le réformateur. Les uns le vouent aux gémonies, les autres lui font bonne réputation. Seul le réformateur Ti-souei fait l'unanimité dans la réprobation : fossoyeur de la dynastie, cruel et débauché, il narguait lui aussi le Ciel en tirant des flèches sur une outre emplie de sang. Telles furent du moins les images déplaisantes que l'histoire traditionnelle attachait au dernier du nom.

La chute des Chang-Yin, comme celle de toutes les dynasties qui devaient lui succéder, ne fut pas conçue comme l'effet de hasards malheureux : les

Chinois virent toujours dans ces revers du sort la juste punition d'une déchéance. L'antique lignée avait perdu son efficacité et n'assurait plus le lien du groupe avec l'univers.

Un nouveau clan, plus rude, plus vigoureux, vint alors affirmer par les armes la puissance de son sang, non encore avili. Il se nommait Tcheou et était originaire de la vallée de la Wei, dans la région de l'actuelle Si-an qui avait jadis nourri les premières cultures de la poterie peinte.

L'événement se produisit durant la seconde moitié du XIe siècle avant notre ère, en 1027 selon la date couramment admise. Le changement dynastique cependant se traduisit davantage par une restauration de la civilisation que par une révolution. Les nouveaux rois gouvernèrent, sans la modifier profondément, la société dont ils avaient pris en mains les destinées et l'on peut dire, d'une façon paradoxale, que les trois premiers siècles du règne des Tcheou correspondent à l'épanouissement d'une seconde et brillante culture chang-yin.

Civilisation du bronze, la civilisation des Chang-Yin, dont nombre d'éléments ne quitteront jamais sa fille lointaine, la civilisation chinoise, s'étendait à l'ensemble du bassin moyen et inférieur du fleuve Jaune : celui-là même qui avait connu le plus bel épanouissement de la culture de Long-chan dont les fines poteries aux galbes élégants évoquent la proximité, dans le temps ou l'espace, du travail du métal.

Les origines du clan des Chang-Yin s'entourent d'un cycle de légendes dont les thèmes, comme celui de sa naissance à partir d'un œuf d'hirondelle, se retrouvent assez répandus à travers l'Asie nord-orientale. Elles placent dans la partie occidentale de la Grande Plaine le berceau de la race qui, bientôt, se serait déplacée vers l'Orient aux dépens d'une ancienne puissance et y aurait prospéré. Ce schéma est confirmé par les données de l'archéologie, puisqu'on sait que la culture de Long-chan atteignit en ces régions un très grand développement, annonciateur de l'étape ultérieure du bronze.

Les écailles de tortues divinatoires, retrouvées en grand nombre dans le bassin inférieur du fleuve Jaune au climat aujourd'hui continental, relèvent d'une espèce répandue de nos jours beaucoup plus au sud, sur les rivages malais. Le bestiaire des bronzes, en outre, comporte des tigres, des éléphants, des rhinocéros; si l'on en croit de plus les visages humains représentés sur certains chaudrons, les tribus chang-yin étaient morphologiquement proches des actuels habitants de la Chine du Sud. Il y a donc tout lieu de croire que le bassin inférieur du fleuve Jaune jouissait à l'époque d'un climat chaud et plus humide, favorable à la vie et propice à l'éclosion d'une grande civilisation.

Sur ce vaste espace s'étendant de part et d'autre des deux rives du fleuve Jaune, les rois avaient établi leurs demeures. Les historiens dénombrent actuellement cinq ou sept capitales successives. De deux d'entre elles subsistent d'importants vestiges.

L'une des plus anciennes, Tcheng-tcheou, fut découverte en 1950 au sud du fleuve Jaune, dans le Honan : peut-être s'agit-il de la « cité de Ao », capitale au XVe siècle avant notre ère du dizième roi de la dynastie. Située en un point où abondent les vestiges des cultures de Yang-chao et de Long-chan, elle semble avoir été conçue à l'image des gros villages du néolithique final, protégée par un mur de terre battue et damée *(hang-t'ou)*, selon une technique encore utilisée en Chine de nos jours. Au pied de l'enceinte, large de vingt mètres à la base, haute de cinq et formant un quadrilatère d'environ deux kilomètres de côté, gisaient les squelettes de cent trente chiens sacrifiés au cours des cérémonies de fondation.

La ville ainsi délimitée abritait un grand nombre d'artisans : bronziers, tailleurs d'os, de jade, et potiers. L'on y suit, confirmées par l'évolution des sites environnants, les diverses étapes du développement matériel propre aux grandes civilisations chalcolithiques.

Un siècle plus tard, au milieu du XIVe siècle avant notre ère, P'an-keng, dix-neuvième souverain de la dynastie, transféra sa capitale à l'emplacement de l'actuel village de Siao-t'ouen, dans la préfecture d'An-yang, au nord du Honan. Affouillée depuis des siècles par les inondations du fleuve Jaune qui arrachaient à la terre bronzes rituels et os inscrits, Siao-t'ouen livre sans cesse, depuis le début des fouilles scientifiques (1928-1934), les innombrables et fascinants témoins matériels de cette société longtemps oubliée. Nul n'a pu encore retrouver avec certitude le tracé des anciens murs qui protégeaient vraisemblablement la cité. Sans doute celle-ci s'étendait-elle sur une grande surface et les très nombreux sites exploités à ce jour illustrent les goûts et les préoccupations des générations qui s'y succédèrent jusqu'au premier millénaire, car l'ampleur de la ville, l'agencement complexe des édifices royaux, religieux ou artisanaux rendaient impossible tout nouveau transfert de la Cour.

La cité s'ornait de très vastes palais édifiés selon une technique qui devait demeurer spécifique aux cultures d'Extrême-Asie. Les bâtisseurs commençaient par aplanir une surface sur laquelle ils aménageaient une terrasse en terre damée qui pouvait atteindre de grandes dimensions, trente mètres de longueur sur dix de largeur. Ils y dressaient alors des piliers de bois reposant

4. BRONZES CHANG →

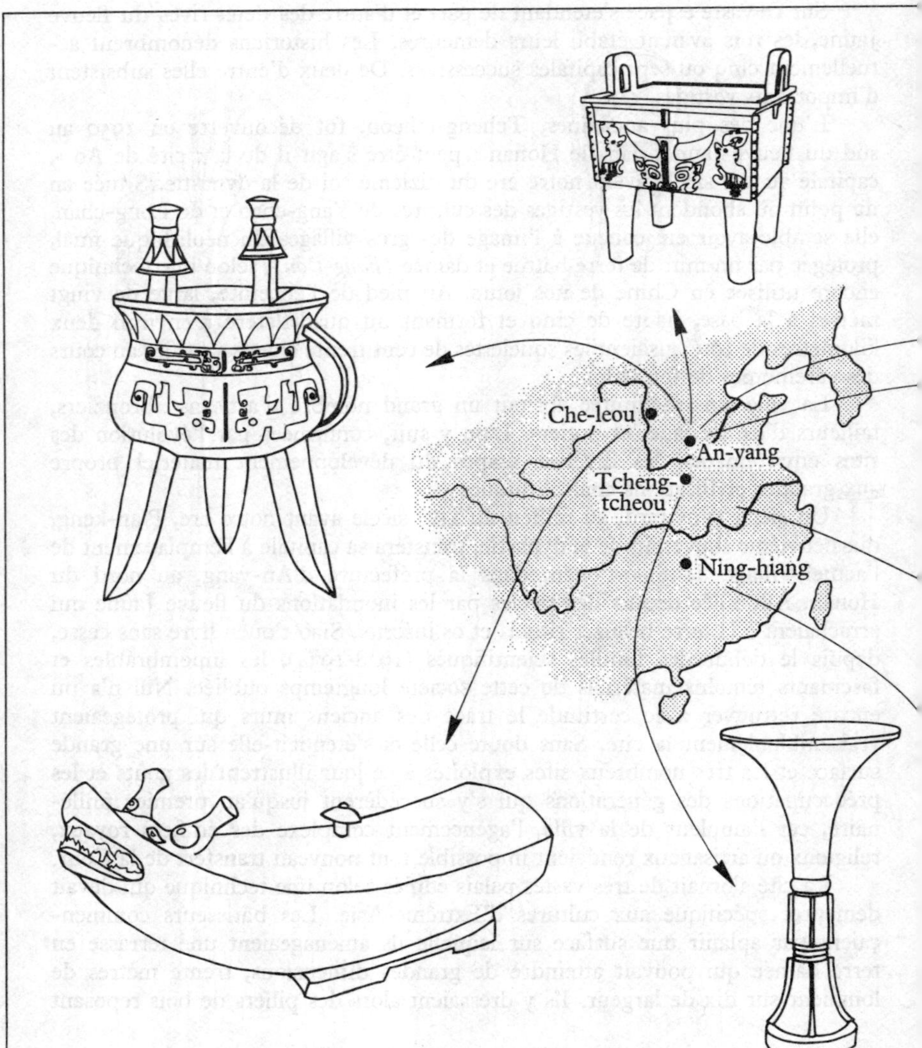
Che-leou
An-yang
Tcheng-
tcheou
Ning-hiang

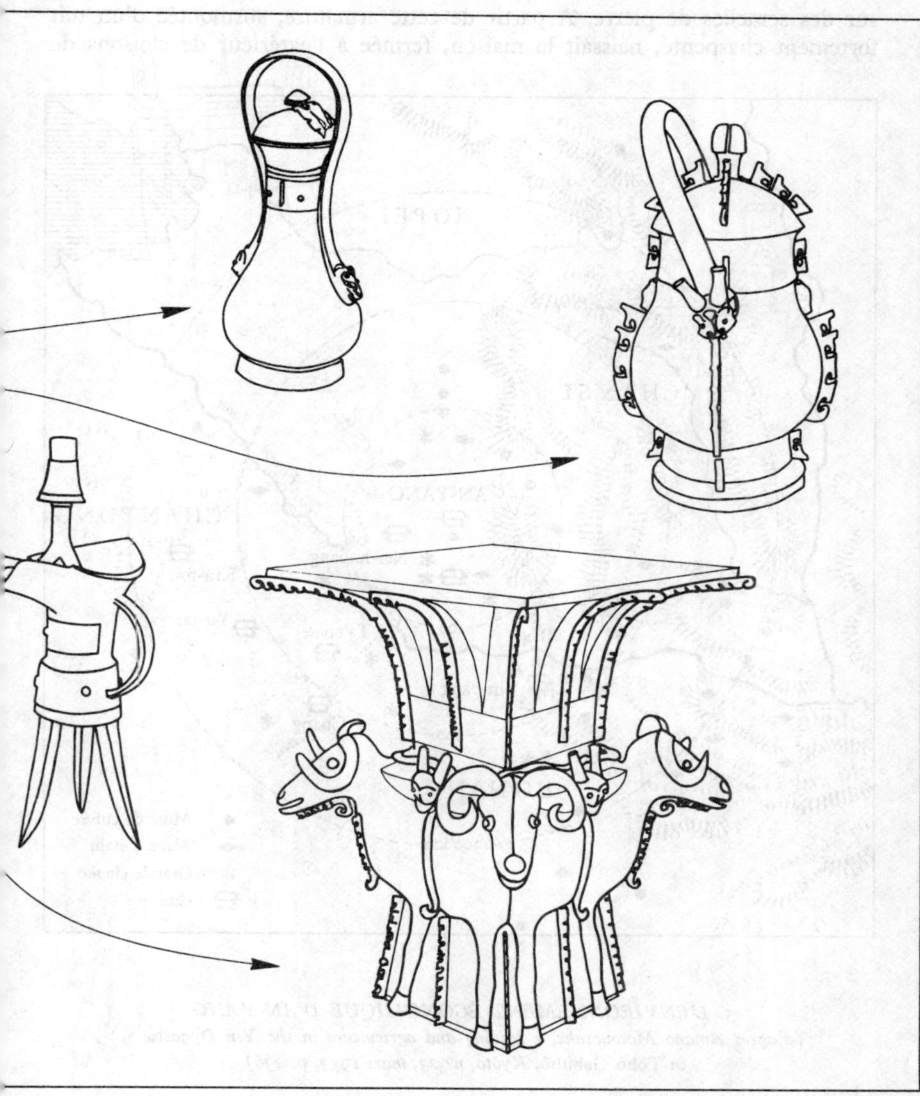

sur des semelles de pierre. A partir de cette armature, surmontée d'un toit fortement charpenté, naissait la maison, fermée à l'extérieur de cloisons de

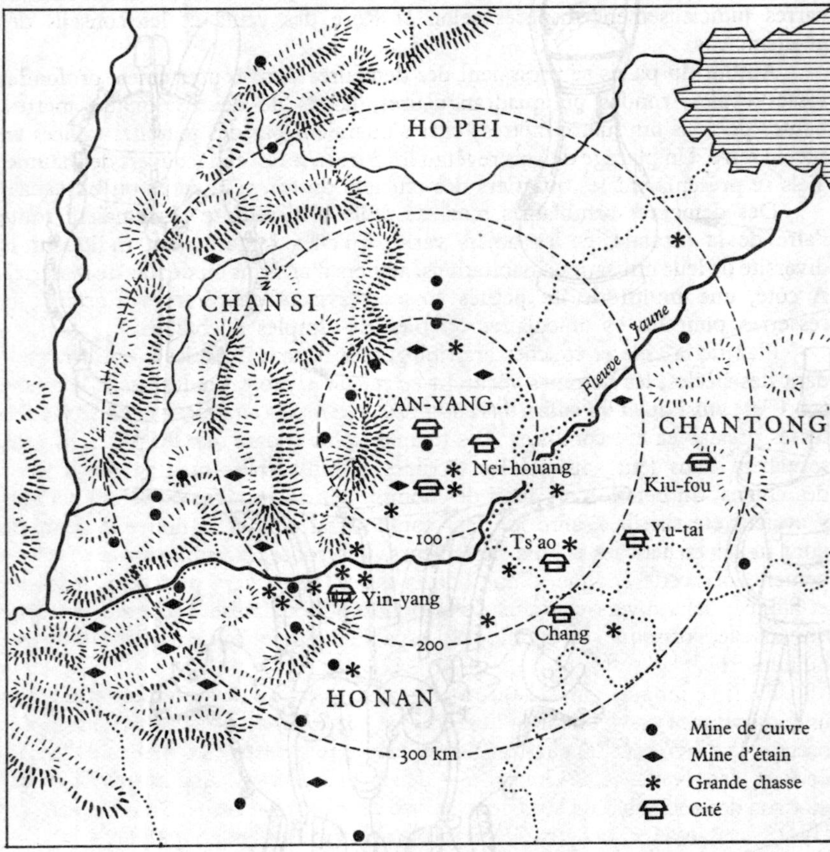

5. *L'ENVIRONNEMENT ÉCONOMIQUE D'AN-YANG*
(d'après Amano Motonosuke, « Mining and agriculture in the Yin Dynastie »,
in Tôhô Gakuhô, *Kyôto, n° 23, mars 1953, p. 236)*

torchis. Plusieurs pavillons se succédaient ainsi, dessinant au sol un quadrilatère d'espaces habitables reliés par des galeries; la face noble regardait le soleil au sud : toute l'architecture, tout l'urbanisme chinois classique seront faits de carrés judicieusement disposés selon la Rose des vents et les conseils des géomanciens.

Autour du palais se pressaient des demeures semi-souterraines, profondes fosses ovales, rondes ou quadrangulaires, larges de deux à quatre mètres, hautes de trois ou quatre mètres; elles s'ouvraient par des marches taillées en pleine terre. Un placage de bois revêtait les parois, le toit était couvert de chaume. Tels se présentaient les quartiers des officiers du roi, résidences ou bureaux.

Des demeures semblables mais de taille plus réduite parsemaient toute l'aire de la capitale, et les objets variés qu'elles renfermaient indiquent la diversité de leur utilisation : habitations, ateliers d'artisans ou dépôts de matériel. A côté, une multitude de petites fosses servaient de réserves à grains, de resserres pour les os oraculaires ou bien de simples décharges.

Plan de la ville et couches archéologiques restent difficiles à lire car, pendant des siècles, les hommes vécurent au même endroit, bouleversant le même sol. C'est ainsi que l'on construisit nombre de temples ancestraux sur de vieilles fosses préalablement comblées. Ces temples, plus encore que les palais royaux, recelaient dans leur sous-sol les victimes d'implacables rites de fondation : des chiens, du bétail, mais aussi des hommes et notamment des petits enfants y avaient été sacrifiés, afin que leur souffle vital animât la nouvelle demeure dont ils devenaient les esprits protecteurs. Ces procédés indiquent le développement, dès cette époque, d'une notion qui se retrouvera plus tard, modifiée et affinée, dans divers courants de la philosophie chinoise : celle de la valeur universelle, cosmique, du souffle vital capable d'animer toute matière, humaine ou non.

Dans ce monde, l'au-delà, conçu à l'image de l'existence terrestre, revêtait une importance particulière, si l'on en juge par la richesse des tombes fort nombreuses que livrèrent les sites du fleuve Jaune, telle cette extraordinaire tombe de Fou Hao — une reine chamane — découverte en 1977 (Yin-hiu, tombe n° 5) ou dans des régions plus lointaines, le site de Kouang-Han au Sseutch'ouan où l'on trouva (1986) un ensemble encore jamais vu de têtes et statues de bronze. Elles comportaient une chambre funéraire rectangulaire, plaquée de bois, que des rampes en pente plus ou moins raide et des escaliers reliaient à la surface du sol. Au centre, un puits rectangulaire recevait le cercueil sous lequel était ménagée une autre petite fosse *(yao-k'eng)*; un chien psychopompe porteur d'une clochette de bronze ou bien un homme s'y tenait, face contre terre, les membres repliés. Le défunt reposait entouré d'un ensemble d'objets posés sur des banquettes de terre, et parfois d'individus dont la présence défiait la solitude et l'horreur matérielle de la mort.

Les plus spectaculaires des tombes chang-yin sont sans conteste les douze tombes royales découvertes à An-yang. Certaines atteignaient dix mètres de largeur et plus de quarante mètres de longueur totale. Le mobilier funéraire, largement pillé au cours des siècles, comportait des feuilles d'or, de la vaisselle et des armes de bronze, des sculptures de jade et de pierres diverses, des céramiques, des objets façonnés à partir de coquillages, des « pierres musicales » sur lesquelles on frappait lors des cérémonies. Toute une faune exotique s'y rencontrait aussi : tortues des pays chauds, léopards ou éléphants, ours de l'Oussouri, castors ou antilopes. La tombe constituait à elle seule un royaume; celle de Wou-kouan-ts'ouen par exemple, qui n'est pas des plus grandes, contenait des cadavres de cinquante-deux oiseaux et animaux et les ossements de soixante dix-neuf victimes humaines — quarante-cinq squelettes complets et trente-quatre crânes. L'une des tombes de Ta-sseu-k'ong-ts'ouen, enfin, renfermait un chariot entier avec les deux chevaux et l'aurige.

La construction de ces mausolées imposants se déroulait selon un rituel plein de solennité. Tentons donc d'évoquer l'aménagement d'une sépulture grandiose, celle de Heou-kia-tchouang, fouillée en 1935.

Tout commence par le creusement d'une fosse quadrangulaire d'une vingtaine de mètres de côté, pourvue de quatre accès et atteignant jusqu'à douze ou treize mètres de profondeur. Les esclaves dament et égalisent le fond de la tombe dans laquelle ils creusent encore une petite niche : un guerrier y descend puis s'agenouille; il porte une hallebarde en jade et a pour compagnon un chien. Tous deux sont rapidement assommés, puis soigneusement enveloppés de terre bien tassée. A ce moment, les hommes font glisser le sarcophage, encore vide, le long de la rampe en pente douce située au sud, tandis que la garde rend les honneurs, dressée sur les trois escaliers à hauts gradins qui s'élèvent sur les trois autres faces du tombeau. Il faut encore creuser des fosses pour les huit postes de garde — un sur les côtés, un à chaque angle — où se placent les sentinelles. Alors seulement le cercueil portant la dépouille royale est descendu. Les officiants en scellent le couvercle puis engagent la décapitation des gardes dont les armures, les casques, les poignards, les épées, les boucliers s'alignent à mesure de chaque côté de leur défunt maître.

Dans les accès, ornés de pierres blanches aux motifs de tigres et de dragons, on dispose leurs têtes, par lignes régulières de dix; on y ajoute le mobilier funéraire, rangeant en bon ordre vases de bronze, sculptures de pierre ou de jade, objets précieux et instruments de musique. Un quadrige attelé s'avance sur la

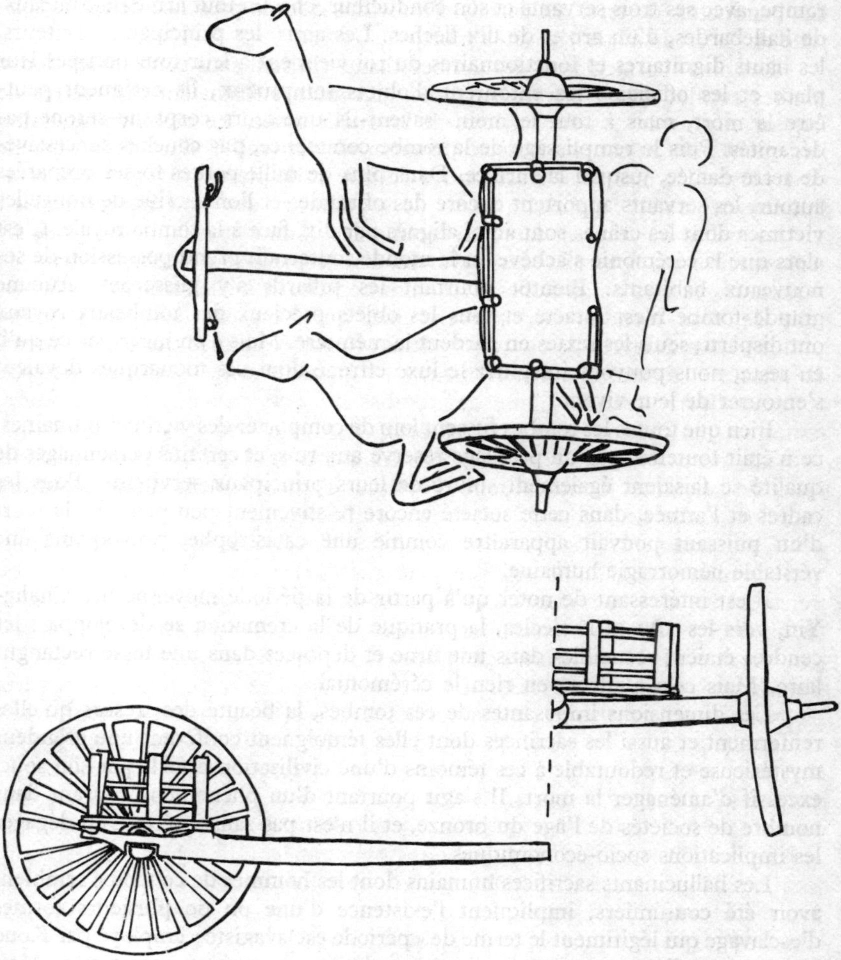

6. UN CHAR DE L'ÉPOQUE CHANG-YIN
Découvert en 1972 à An-yang.

rampe, avec ses trois servants et son conducteur, chacun tout armé de couteaux, de hallebardes, d'un arc et de dix flèches. Les amis, les principaux serviteurs, les hauts dignitaires et fonctionnaires du roi viennent à leur tour occuper leur place et les officiants les entourent d'objets somptueux; ils craignent peut-être la mort, mais à tout le moins savent-ils que leurs corps ne seront pas décapités. Puis le remplissage de la tombe commence, par couches successives de terre damée, jusqu'à la surface. Dans plus de mille petites fosses préparées autour, les servants apportent encore des offrandes et l'on sacrifie de nouvelles victimes dont les crânes sont aussi alignés par dix, face à la tombe royale. C'est alors que la cérémonie s'achève, et le monde souterrain prend possession de ses nouveaux habitants. Bientôt pourtant les pillards s'y glisseront. Aucune grande tombe n'est intacte et tous les objets précieux des tombeaux royaux ont disparu; seuls les textes en gardent la mémoire. Mais à en juger par ce qu'il en reste, nous pouvons imaginer le luxe effréné dont ces monarques devaient s'entourer de leur vivant.

Bien que toutes les tombes fussent loin de comporter des victimes humaines, ce n'était toutefois pas un privilège réservé aux rois, et certains personnages de qualité se faisaient également suivre de leurs principaux serviteurs. Pour les cadres et l'armée, dans cette société encore relativement peu peuplée, la mort d'un puissant pouvait apparaître comme une catastrophe, provoquant une véritable hémorragie humaine.

Il est intéressant de noter qu'à partir de la période moyenne des Chang-Yin, vers les XIVe-XIIIe siècles, la pratique de la crémation se développa : les cendres étaient recueillies dans une urne et déposées dans une fosse rectangulaire. Mais cela n'affecta en rien le cérémonial.

Les dimensions imposantes de ces tombes, la beauté des trésors qu'elles renferment et aussi les sacrifices dont elles témoignent confèrent une grandeur mystérieuse et redoutable à ces témoins d'une civilisation cruelle par son souci excessif d'aménager la mort. Il s'agit pourtant d'un phénomène courant dans nombre de sociétés de l'âge du bronze, et il n'est pas sans intérêt d'en dégager les implications socio-économiques.

Les hallucinants sacrifices humains dont les hommes de ce temps semblent avoir été coutumiers, impliquent l'existence d'une ou de plusieurs formes d'esclavage qui légitiment le terme de « période esclavagiste » employé par Kouo Mo-jo ou relèvent tout au moins de relations humaines coercitives. Mais peut-être faut-il nuancer la part prise par ces « esclaves » à l'activité économique de leur temps, et ne pas les assimiler hâtivement à leurs congénères du monde occidental.

En effet, les termes qui les désignent dans les inscriptions oraculaires, tels que *Kiang*, *Yang*, *Si*, sont des expressions géographiques. Elles indiquent que tels habitants de telles régions ont été faits prisonniers, puis choisis pour victimes expiatoires des différents sacrifices. Ainsi l'analyse attentive des inscriptions ne révèle pas autre chose que l'existence de prisonniers de guerre dénommés par le nom de leur tribu — ces tribus n'étant pas systématiquement affectées à une oblation particulière. Tout ce passe donc comme si les prisonniers de guerre constituaient moins des esclaves qu'une main-d'œuvre domestique et le réservoir des hommes sacrifiés pour suivre dans l'autre monde le dignitaire, ses amis et ses servants.

Les textes chang-yin, hormis ceux qui traitent des grandes chasses et des expéditions militaires, opérations limitées dans le temps et relevant les unes comme les autres de l'organisation régalienne de la guerre, ne parlent jamais d'esclaves, pas plus que du travail forcé des vaincus condamnés aux travaux des champs ou de l'artisanat. Il n'y est fait non plus aucune mention d'individus susceptibles d'être vendus ou achetés; tout au plus apprend-on que les vaincus comme les terres conquises demeuraient globalement dans la main du roi, représentant du dieu clanique. Toutefois le nombre fort élevé des prisonniers de guerre rend peu convainquante l'hypothèse qu'ils n'auraient servi qu'aux sacrifices : selon les époques, leur nombre s'éleva d'une dizaine à quelques milliers, et atteignit parfois jusqu'à vingt-cinq mille et même trente mille hommes. Quel était donc leur sort?

Sur le plan humain, il apparaît fort cruel et notre sensibilité actuelle nous empêche d'admettre que des individus voués à l'immolation aient eu un autre statut que celui d'esclave. Il est peu crédible, en l'occurrence, que ces victimes aient obéi à une véritable soif de martyre; et pourtant il semble que certaines croyances ne considèrent pas la mort brutale comme une chose horrible. De l'autre côté du Pacifique, en Amérique précolombienne, des tribus qui ne sont pas sans lien avec les vieilles populations de l'Extrême-Orient, ne cherchaient-elles pas aussi l'honneur d'être sacrifiées?

Ces hommes étaient certes esclaves de leurs convictions, mais leur statut relevait plus d'un État despotique que d'un État esclavagiste. L'esclavage, atteinte irrémédiable à la liberté et à la dignité des êtres, n'apparaîtra véritablement en Chine qu'un millénaire plus tard.

Il semble plus vraisemblable, à la lumière des études comparatives avec d'autres civilisations anciennes, que l'organisation du travail et des rapports humains sous les Chang-Yin ait été fondée sur une répartition des tâches entre plusieurs clans principaux groupés en pyramide. Au sommet se trouvait le roi *(wang)*. Il incarnait l'homme par excellence et formait pivot entre Ciel et Terre; de sa conduite, de sa régularité à exécuter le premier, et en temps voulu, les actes fondamentaux de l'existence, dépendaient la bonne marche du monde, le cours régulier des saisons qui, dans une société largement agraire comme l'était devenue celle de la Chine d'alors, constituait la condition de toute subsistance.

Autour de lui se pressait sa nombreuse famille, épouses, enfants multiples, frères *(heou)* ; ces derniers étaient appelés à lui succéder. Les gouverneurs du territoire *(pan-po)*, les précepteurs *(tche-jang)*, les devins *(pou)*, les scribes *(che)*, les sorciers *(wou)*, les prêtres *(tchou)* et les fonctionnaires appartenaient également au clan royal. Les plus importants au sein de cette hiérarchie furent sans doute les devins, scribes et prêtres qui, responsables de toutes les affaires de l'État, constituaient le lien avec la divinité suprême et ses assesseurs.

Le clan des Chang-Yin ainsi constitué en un « Grand Clan » *(Ta tsong)* trouvait appui et obéissance auprès d'autres groupements du royaume, moins puissants, les « Petits Clans » *(Siao tsong)*. Tous formaient une communauté sédentaire, agraire et civilisée, et s'opposaient à une couronne de tribus barbares *(yi)*. Celles-ci constituaient un péril croissant : les inscriptions oraculaires se font inlassablement l'écho d'un phénomène d'enserrement qui ne cessera jamais de peser lourdement sur le destin de la Chine.

Les reliefs des repas rituels qui accompagnaient les cérémonies de fondation ou d'inhumation fournissent de nombreuses indications sur les ressources vivrières de la société des Chang-Yin. Le bétail, si l'on en juge par le nombre de bêtes sacrifiées — cinq cents têtes parfois — ne manquait pas. Il était en outre varié : bovins, ovins, porcins, cervidés, ainsi que des chiens dont naguère encore on mangeait couramment la chair en Chine. N'étant pas encore déboisé sous l'effet de la pression démographique, chaud et bien arrosé, le bassin moyen et inférieur du fleuve devait être giboyeux et favorisait un genre de vie complexe, alimenté à la fois par l'agriculture et la chasse pratiquée dans la steppe forestière proche, au nord, et les piémonts boisés à l'est. Elle constituait un appoint appréciable aux ressources des champs. Les chasses royales, véritables manœuvres militaires, étaient si fructueuses qu'une inscription du règne de Wou-ting porte à son tableau, pour une seule d'entre elles, un tigre, quarante cerfs, cent cinquante-neuf biches et cent soixante-quatre renards.

L'existence d'un important cheptel laisse de plus supposer la présence de pasteurs qui vaguaient sans doute d'un pacage à l'autre. Ces tribus de bergers demeuraient distinctes des agriculteurs qui, comme le fait remarquer Owen Lattimore, méprisèrent toujours en Chine l'usage du lait et de ses dérivés.

Pourtant, placés dans un milieu climatique et économique favorables, ces éleveurs résistèrent de moins en moins à l'emprise des exploitants sédentaires. Ainsi, une profonde mutation ethnique et économique dut s'effectuer.

Pour lointains qu'apparaissent aujourd'hui les hommes de ces âges, leurs joies ou leurs peines ne nous sont pas inconnues et leurs ombres s'animent à travers l'un des premiers monuments de la littérature chinoise : le « Canon des poèmes » *(Che king)*. Il comporte environ trois cents poésies que Confucius, à l'époque des Printemps et des Automnes, aurait choisies et réunies à partir d'anthologies plus anciennes. Même si cette tradition relève de la légende, aucune raison ne permet de mettre en doute l'authenticité des poésies elles-mêmes. Ces dernières remontent vraisemblablement à la fin des Chang-Yin et aux premiers âges des Tcheou. Une version plus ancienne que celles que l'on connaissait en fut découverte (1978 et 1984) à Fuyang (Anhui) dans une tombe du début des Han occidentaux : quelle émotion dans le monde de la philologie. Mais, aujourd'hui comme hier, les poèmes évoquent la vie des deux groupes humains qui constituaient la société d'alors : patriciens et plébéiens. Les paysans y chantent les douceurs de l'amour, s'inquiètent des rigueurs de l'hiver ou se désolent de la dureté des seigneurs. Ce sont les charmants « airs des pays » *(kouo fong)* où le lecteur moderne croit parfois sentir quelque vague parenté avec les *Negro spirituals* :

« Gros rat, gros rat,
Ne mange pas mon millet!
Pendant trois années je t'ai servi,
Mais peu te chaut de moi.
Je m'en vais te quitter
Pour aller au paradis;
Au paradis, au paradis,
Où je trouverai ma place.

Ainsi chantaient au temps jadis les villageois de la Wei, pressurés par les agents du fisc.

La vie paysanne, étroitement communautaire, séparait hommes et femmes par une stricte répartition des tâches : le tissage, la culture des vers à soie, la fabrication de l'alcool étaient impartis aux femmes tandis que les hommes se livraient à la chasse, à la pêche, aux travaux des champs.

« Je cueille les roseaux tout le matin,
Sans emplir le creux de mes mains!
Voilà mes cheveux tout défaits!
Allons! Retournons nous laver!

Je cueille l'indigo tout le matin;
Sans emplir le creux de mes jupes!
Le cinquième jour était le terme :
Au sixième, il ne paraît pas!

Lorsque tu iras à la chasse,
Je mettrai ton arc dans l'étui!
Lorsque tu iras à la pêche,
Je ferai la corde de ta ligne!

Qu'est-ce que tu as pris à la pêche?
Ce sont des brêmes et des perches!
Ce sont des brêmes et des perches!
Allons! Allons! Qu'il y en a. »

La division du travail selon laquelle la femme accomplit un labeur qui la retient à la maison suppose l'application déjà ancienne du système patriarcal, et cela malgré la liberté passagère des mœurs qui permettait aux filles, lors des grandes réjouissances de printemps, de faire des avances aux garçons. Elle est liée au principe dualiste du *yin* (féminin) et du *yang* (masculin) dont la complémentarité, l'alternance, saisies dans leur développement cyclique, allaient inspirer toutes les théories de la science et de la philosophie chinoises.

Jeunes gens et jeunes filles se rencontraient à la saison nouvelle, au moment des grandes fêtes agraires. Ils échangeaient des chants d'amour dialogués, selon une pratique encore en usage chez certaines ethnies de l'Asie du Sud-Est :

« La Tchen avec la Wei
viennent à déborder!

Les gars avec les filles
viennent aux orchidées!
Les filles les invitent :
— Là-bas, si nous allions?
Et les gars de répondre :
— Déjà nous en venons!
— Voire donc mais encore
là-bas, si nous allions,
car, la Wei traversée,
s'étend un beau gazon!
Lors les gars et les filles
ensemble font leurs jeux;
et puis elles reçoivent
le gage d'une fleur!

La Tchen avec la Wei
d'eaux claires sont gonflées!
Les gars avec les filles
nombreux sont assemblés! »

Les nobles qui, seuls, rendaient un culte aux ancêtres, chantaient au cours des cérémonies qui rythmaient leur vie; ils saluaient la grandeur des fondateurs de dynastie; ils priaient les disparus de leur envoyer des ressources abondantes pour l'année à venir ou encore les remerciaient d'avoir fertilisé la terre et permis de bonnes récoltes :

« Riche est l'année, abondants sont le millet et le riz;
Et nous avons de hautes granges
Avec des centaines et des milliers et des millions de gerbes.
Nous faisons du vin et des alcools doux
Et nous les offrons à nos ancêtres, hommes ou femmes,
De façon à exécuter tous les rites
Et attirer sur nous des bénédictions en quantité. »

La survie s'avérait encore trop incertaine pour que la plus grande exaltation traduisît en effet autre chose que la joie simple de la possession :

« Nous montons — elles sont à nous! — sur leurs montagnes!

Ils ne tiennent pas — elles sont à nous ! — sur leurs collines !
A nous sont les collines ! A nous sont les monts !
Ils ne boivent plus — elles sont à nous ! — à leurs sources !
A nous sont les sources ! A nous sont les lacs ! »

Ainsi chantèrent les Tcheou après avoir vaincu les Chang-Yin.

LES TCHEOU

Les Tcheou, hommes de la vallée de la Wei, restaurateurs de l'équilibre cosmique et maîtres de la civilisation face aux étendues barbares, ne cessèrent, pas plus que les Chang-Yin, de guerroyer en de rudes combats mentionnés dans les longues inscriptions dont commençaient alors à s'orner les vases de bronze cérémoniels.

Ils disposaient d'une armée puissante. Outre la piétaille *(kou)* formée notamment par la paysannerie, elle comportait de nombreuses unités de cinq chars et des formations de vingt-cinq chars, ainsi qu'il en existait dès l'époque des Chang-Yin. Le char portait, en plus du cocher, un archer et un lancier qui se battaient sur le véhicule même, à la différence du héros homérique qui en descendait pour engager le combat.

L'ouverture et la clôture de la guerre donnaient lieu à d'importantes cérémonies qui traduisent bien l'état ancien de cultes agraires auxquels les souverains chinois sacrifieront jusqu'à l'âge de la république. Ces cérémonies soulignent l'importance alors primordiale du courage militaire dans une civilisation qui, par la suite, en minimisera officiellement la valeur.

Le roi se rendait au temple des ancêtres ; invoquant le dieu du Sol et celui de la Moisson, il chargeait le général de sauver l'État menacé. Puis, au jour recommandé par les augures, le général venait lui-même au temple ancestral pour y recevoir hache et hallebarde et faire offrande de sa vie pour la victoire. Les officiants se rendaient alors au tertre où l'on honorait le dieu du Sol pour procéder à des sacrifices. Enfin le général recevait un tambour de bronze, toujours gardé en temps de paix dans le temple ancestral. Pour lui donner toute sa valeur, on l'avait préalablement frotté de sang, celui d'un animal ou, souvent, celui d'un homme. Tout au long de la campagne, on honorait le dieu du Sol représenté par une tablette qui suivait le convoi militaire, tout comme la tablette symbolisant le père du souverain régnant. Les dieux étaient toujours informés du développement de la campagne : chaque fois que le roi changeait de principauté, on allumait un grand feu afin d'en prévenir le Ciel. Au retour, si le sort des armes lui avait été favorable, l'armée, conduite par le Directeur des Chevaux qui faisait office de ministre de la guerre, entrait en triomphe dans la capitale du royaume. La tablette du dieu du Sol reprenait solennellement sa place; on lui immolait souvent quelques prisonniers, puis on allait porter aux ancêtres et brûler dans leur temple les têtes des ennemis tués. Lorsque l'armée rentrait vaincue, il n'y avait point de sacrifice et il convenait de prendre le deuil pour annoncer la défaite aux ancêtres, puis, avec une simple offrande, de ranger les tablettes à leur place.

Les effectifs engagés semblent avoir été extrêmement importants, puisqu'une inscription sur bronze, relatant une expédition lancée contre des populations barbares du Nord-Ouest, mentionne la capture de 13 081 ennemis et la prise d'un gigantesque butin de chevaux, de bœufs, de moutons et d'armes diverses. Les souverains se comportaient eux-mêmes en grands guerriers et n'hésitaient pas à prendre les armes pour étendre leur Empire. Le roi Tchao aurait ainsi traversé vingt-six pays, accomplissant à chaque fois les rites d'audience impériale. Il mourut à la tâche, noyé par traîtrise dans les flots tumultueux de la rivière Han, au Houpei, alors qu'il venait de « parcourir ses possessions du Sud » : les terres situées entre fleuve Jaune et fleuve Bleu. Si les détails du récit — selon lequel il se serait embarqué sur un bateau assemblé à la colle qui se disloqua au milieu du courant — demeurent sujets à caution, les inscriptions sur bronze confirment la réalité de l'expédition militaire. La diffusion de la culture des Tcheou dans les régions du Houpei, de l'Anhouei, du Kiangsou et du Tchökiang, attestée par des bronzes trouvés précisément dans le lit de la rivière Han, en est une autre preuve, lourde de conséquences culturelles.

Pourtant les Tcheou, quels qu'eussent été leurs talents guerriers et leur puissance morale, n'établirent pas leur pouvoir en un jour. Sans doute ne formaient-ils pas, dans la riche Chine de la pleine époque du bronze, un clan aussi nettement dominant que ne l'avait été celui des Chang-Yin à l'origine. Il leur fallut attendre l'extension lente des rapports familiaux entre le clan vainqueur du « duc de Tcheou » et des groupes de parentèles dont les membres essaimaient et partaient s'installer au cœur des régions non encore contrôlées. Ils y bâtissaient de jeunes cités, enclos fortifiés, englobant jardins et pâturages, qui devenaient les sièges locaux du gouvernement et de l'administration. Au fil des ans et des règnes, chaque « client » de la dynastie régnante se vit accorder la charge religieuse et militaire d'un nouveau domaine. On désignait ce dernier par le terme de *fong* qui s'appliquait, à l'origine, aux levées de terre qui en marquaient les confins. Six principautés naquirent, dit-on, formées à partir des clans que les Chang-Yin avaient directement dominés : par exemple le pays de Lou, au pied du T'ai-chan, confié au duc de Tcheou, le frère du roi Wou; ou bien le pays de Song, dans l'entre-deux fleuves, qui demeurait aux descendants des Chang-Yin; les Tcheou ne songèrent pas à les exterminer mais les tinrent confinés dans la partie méridionale de leur ancien royaume. Une partie cependant du clan vaincu dut s'enfuir et trouver sans doute refuge en Sibérie méridionale, contribuant à féconder la culture locale de Qarasuk. Dans les régions éloignées du fleuve Jaune, d'autres pays géographiquement et ethniquement différents se développaient aussi, comme celui de Tch'ou qui devait prendre plus tard une grande importance culturelle et historique. Mais seul un lien d'allégeance assez vague reliait ces derniers à la dynastie régnante à laquelle ne les rattachait aucune obligation clanique.

Les représentants de la dynastie prenaient possession de leur territoire après une cérémonie d'investiture qui, célébrée à la capitale, revêtait une grande solennité. Ainsi lorsque Po-k'in, fils du duc de Tcheou, partit pour son domaine de Lou, il monta dans une voiture royale, une bannière ornée de dragons flottant au vent. Il portait sur lui un talisman : la pierre précieuse des princes de Hia; il brandissait l'arc *Fang-jo* de Fong-fan. Une suite nombreuse l'accompagnait : des experts dans l'art d'aménager les champs, habiles à fixer les bornages et à répartir les cultures; des agriculteurs pour mener à bien les récoltes; des devins, en même temps sages conseillers de son gouvernement. Son train comportait encore d'innombrables ustensiles, des documents et des objets de culte offerts par le souverain.

Possédant arcs et flèches de laque vermillon et de laque noir, administrant avec l'aide de conseillers des terres peuplées d'une main-d'œuvre suffisante, le seigneur était véritablement roi en son domaine. La simple description de ce cortège montre assez que ces installations dans des pays éloignés de la terre originelle des Tcheou semblent avoir pris parfois l'aspect d'un transfert autoritaire de populations. Que l'implantation des nouveaux venus se fît avec difficultés, les nouveaux maîtres déplaçaient ou, le cas échéant, exterminaient les exploitants anciennement en place. Plus fréquemment cependant, les arrivants mettaient en culture des essarts, favorisant le défrichement et l'exploitation de vastes espaces conquis sur la végétation initiale; ils évitaient ainsi les mouvements d'humeur d'une population locale qui risquait de demeurer longtemps méfiante, sinon franchement hostile. Toute l'histoire des Tcheou réside là, dans l'homogénéisation de groupes humains que le hasard des alliances royales avaient forcés à cohabiter. Ce fut finalement un bien, car il s'en dégagea les premiers éléments d'une certaine unité culturelle.

Le terme de féodalité dont on caractérise, en lui donnant un sens marxiste, cet âge de la société chinoise, se révèle à l'étude assez impropre. Le roi des Tcheou, en effet, entretenait avec ses seigneurs des rapports fondés sur un réseau de liens claniques, donc de consanguinité; ces rapports ne mettaient pas en jeu la notion médiévale européenne de protection personnelle demandée d'une part et consentie de l'autre en échange d'une terre ou d'un service. C'est pourquoi les points où se concentrait l'autorité en Chine étaient et demeurèrent les villes, antennes du pouvoir central. Cette situation était inverse de celle qui existait en Occident, où les cités abritèrent la révolution communale, car la « protection » du seigneur européen s'exerçait sur les isolés, sur les paysans disséminés à travers la campagne, liés personnellement ou par l'intermédiaire de la terre qu'ils cultivaient, sur tous ceux pour qui la « liberté » signifiait pratiquement la mort.

La société des Tcheou, hétérogène, donc instable et perpétuellement gênée par ses voisins barbares contre lesquels elle ne cessait de lutter, semble précisément, à cause de ces formes de désintégration, avoir connu le développement d'un droit sévère, marqué par l'établissement d'un système pénal rigoureux. Ce dernier était appliqué soit par des administrateurs jugeant des affaires criminelles, soit par des juges ambulants qui se rendaient de village en village afin de trancher les délits mineurs. Les mêmes hommes exerçaient des fonctions d'administration, de justice, de protection, et les manquements au bon droit devaient être réprimés avec la sévérité volontiers cruelle dont on usait tant dans les sacrifices du culte que dans les vendettas familiales. C'est dans cette prédominance de la force — pourtant bien adoucie si l'on s'en réfère à la grandeur sanguinaire qui inspirait les cérémonies chang-yin — que Sseu-ma Ts'ien, notamment, verra l'une des causes principales de l'affaiblissement de la dynastie et, d'une façon plus générale, de la monarchie.

Les Tcheou occidentaux

Les Tcheou, originaires de la Chine de l'Ouest, disséminés à travers la Grande Plaine, ne dédaignèrent pas les territoires situés sur leur flanc ouest où des populations, plus proches du néolithique, continuaient à vivre de chasse et de pêche. Les légendes abondent qui rapportent les merveilles et les dangers fabuleux dont leur imagination parait ces pays encore sauvages : ainsi le conte des « Quatre loups blancs et des quatre cerfs blancs », ou bien celui de la « Mère, reine de l'Occident », déesse des épidémies commandant aux démons de la peste. Ils soulignent l'intérêt mêlé de crainte que les sédentaires portaient à ces contrées dont dépendait la quiétude du monde civilisé. L'économie de ces régions évoluait et c'est précisément dans les territoires occidentaux de l'Asie que se développa, aux environs du premier millénaire avant notre ère, la monte du cheval qui allait bouleverser la tactique militaire tant barbare que chinoise et rendre encore plus menaçantes les attaques barbares.

Ces barbares représentaient un danger bien réel, à la fois extérieur et intérieur, car leur appui favorisa le coup de main des grands seigneurs qui, en 771 avant J.-C., déposèrent et tuèrent le roi Yeou, dernier des Tcheou installé dans l'Ouest chinois. Ils établirent l'un de ses fils à Tcheng-tcheou, ancienne métropole chang-yin demeurée capitale secondaire, près de l'actuelle Lo-yang, tandis qu'un second groupe rebelle choisissait pour roi un autre fils de Yeou et l'installait à Houei, près de Si-an-fou.

La légende s'empara aussitôt de la ruine de Hao, la belle capitale des Tcheou, et de la fin tragique du roi Yeou. On dit que les barbares avaient justement mis un terme à son inconduite car, tout entier à l'amour d'une femme aussi belle qu'inquiétante, il avait négligé le gouvernement et s'était attiré le mépris de ses seigneurs. D'aucuns parlèrent de cataclysme et la coïncidence n'est certes pas à exclure complètement. Un tremblement de terre secoua dit-on, à ce même moment, le Chensi, jeta bas les montagnes et tarit les cours d'eau. Aux conséquences matérielles s'ajouta l'indicible terreur que des phénomènes aussi redoutables faisaient naître dans l'esprit des hommes de ce temps si attentifs aux signes naturels. Le monde cosmique sanctionnait la décadence. « Lorsque les montagnes s'écroulent et que des cours d'eau se dessèchent, c'est un présage de la ruine de l'État », dira Sseu-ma Ts'ien.

L'importance du bouleversement apparaît d'autant plus grande que les récentes fouilles ont davantage mis en évidence la prospérité et la richesse des cités de l'époque. Si les habitations n'avaient guère changé dans leur conception générale depuis les Chang-Yin, elles étaient en revanche couvertes de toits de tuiles dont l'emploi semble alors s'être instauré et rapidement répandu. On connaissait aussi l'usage du puits à eau que les Tcheou innovèrent en Extrême-Orient.

Moins tributaire que par le passé des aléas du climat ou du sol, la société chinoise de ce temps, étendue aux quatre orients de la riche plaine Jaune, entrait dans l'âge des cités. Les souverains, comme le feront périodiquement leurs successeurs en des moments difficiles, transportèrent le gouvernement à l'est, au cœur accueillant de la Grande Plaine. Leur prestige en pâtit pourtant. Réfugiés sur le site de Lo-yang, à l'abri du péril immédiat des barbares, les rois tcheou régnèrent encore plus de cinq cents ans, laissant s'épanouir les richesses morales et matérielles d'un pays dont ils ne cherchaient plus à gérer les destinées d'une manière autoritaire.

Les Tcheou orientaux

La faiblesse morale et politique des derniers souverains tcheou occidentaux avait entraîné le déclin irréversible du pouvoir régalien. Chaque pays — on serait tenté de dire chaque terroir *(kouo)* — se dégagea peu à peu de la tutelle matérielle du roi et celui-ci ne conserva bientôt plus que son autorité toute morale de premier prêtre. Fait beaucoup plus grave encore, dans le temps précis où la notion de culte royal ancestral s'affaiblissait, le nombre des médiums entre ce monde et l'autre ne cessait de se multiplier. Il arriva un moment où chaque chef de principauté, convaincu de sa supériorité de fait, trouva tout naturel de s'arroger la puissance religieuse attachée à l'idée de souveraineté. L'ambition et le développement économique aidant, chaque chef d'un terroir prétendit imposer aux autres son hégémonie. La fragmentation du culte royal fut ainsi à l'origine d'une course effrénée au pouvoir.

En quittant la vallée de la Wei, le roi tcheou croyait peut-être se réfugier en terre amie, dans la Grande Plaine où prospérait sa parenté clanique, les descendants des compagnons d'armes de ses ancêtres et la lointaine progéniture de ses aïeux. Mais il trouva en face de lui une multitude de seigneurs jaloux de leur autonomie et qui n'évoquaient leurs liens avec les Tcheou que pour mieux tenir en mains le peuple. Les cousins s'étaient mués en potentats et douze d'entre eux, particulièrement puissants, se partageaient le bassin inférieur du fleuve Jaune où grandissaient ces multiples cellules qui tendaient à l'autonomie.

Chacune se composait d'une ville — ou plutôt d'un gros bourg muré où résidaient administrateurs et chefs locaux — entourée de la campagne environnante. Ce schéma, certes fort ancien, se trouvait en pleine évolution. La « ville » commençait à perdre le caractère agricole qu'elle avait conservé depuis le néolithique et tendait à devenir un centre de plus en plus administratif et de moins en moins productif. Chaque cité devait donc étendre à l'extérieur les surfaces cultivables qui permettaient son approvisionnement. Si cela se réalisait sans grandes difficultés lorsqu'on pouvait mettre en culture de nouveaux essarts, il n'en allait pas de même lorsque la population, même de faible densité, occupait l'ensemble des terres disponibles. La cité devait alors, sous peine d'asphyxie, s'étendre aux dépens de sa voisine, ce qui engageait tôt ou tard l'usage de la force.

Dans le même temps, les rapports humains de gouvernants à gouvernés se modifiaient. Les premiers durent faire preuve d'un certain sens de l'équilibre afin de suivre la voie « correcte », car ils ne pouvaient attendre ni abondance matérielle en temps de paix, ni ardeur au combat en temps de guerre, d'un peuple écrasé par les impositions, les corvées et les mauvais traitements. Et par-delà la solidarité humaine engendrée par toute situation dangereuse, on sentait sourdre une vague notion de fraternité régionale et non plus seulement clanique à mesure que les progrès de la démographie faisaient planer l'effroi d'une relative raréfaction des ressources.

Mais l'âge du bronze touchait à sa fin et avec lui les craintes secrètes des civilisations qui voient disparaître leurs sources d'énergie. Au IVe siècle avant notre ère, une large exploitation du procédé de la fonte du fer, procédé développé sous l'influence de la longue et brillante expérience du bronze, allait permettre en même temps qu'une multiplication de l'armement et des outils de qualité, bien des bouleversements matériels ou sociaux.

L'agriculture connut des perfectionnements importants : de bons outils tranchants produits par moulage et en grande quantité; une certaine amélioration des méthodes d'irrigation; l'invention de la charrue à laquelle on attela des bœufs. Le rendement plus élevé des récoltes résolvait ainsi pour un temps les difficultés causées par l'accroissement démographique en même temps qu'il engageait les débuts d'une économie monétaire qui allait se répandre largement.

La multiplicité politique, technique, commerciale de la Chine d'alors, loin d'être un obstacle à l'épanouissement de la civilisation, se révéla un puissant ferment de maturité intellectuelle. Le plus grand mal dont souffrît jamais la Chine fut d'être par trop souvent unifiée, solide, monolithique, privée d'un étranger assez avancé lui-même pour l'obliger à se surpasser. Les plus fines fleurs de son esprit s'épanouirent peut-être quand chaque région put, communiquant avec ses voisines proches et lointaines, affiner ses propres traditions. Tel était précisément le mouvement qui se développa à l'époque des Printemps et des Automnes (770-473 av. J.-C.), puis des Royaumes combattants (473-221 av. J.-C.), lorsque l'équilibre et le nombre des forces en présence entraînèrent le triomphe du talent et non plus seulement celui de la violence.

L'ÉPOQUE DES PRINTEMPS ET DES AUTOMNES ET L'ÉPOQUE DES ROYAUMES COMBATTANTS

Suivre pas à pas l'évolution des principautés chinoises à cette époque est chose ardue, que rend plus difficile encore le caractère pour nous peu familier des noms patronymiques ou toponymiques. Selon Sseu-ma Ts'ien, l'État de Ts'i, situé au pied des monts du Chantong, à l'embouchure du fleuve Jaune,

7. VASES TCHEOU →

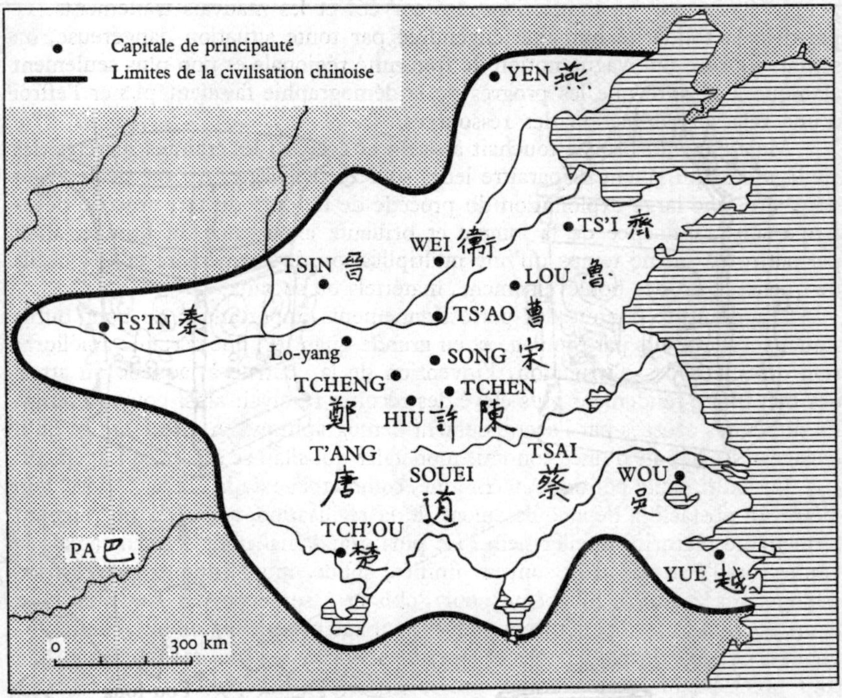

8. LES PRINCIPAUTÉS A L'ÉPOQUE DES PRINTEMPS ET DES AUTOMNES

fut le premier à secouer la tutelle des Tcheou, sous l'égide de l'un de ses chefs, le duc Houan (685-643). L'apparat dont on entoura sa mort permet d'évoquer la magnificence du personnage : dans sa tombe, parée des habituels tributs matériels et humains, on avait ménagé un petit lac de mercure, selon une formule qui sera reprise plus tard pour le tombeau du Premier Empereur à la fin du IIIe siècle avant notre ère. Il est vrai que la puissance du Ts'i remontait à une époque ancienne et se fondait sur de solides assises économiques : dans ce pays fertile et ouvert sur la mer, les habitants, outre l'agriculture, pratiquaient la pêche et vivaient du commerce du sel qu'ils traitaient eux-mêmes. Bientôt l'élevage des vers à soie et le tissage étaient venus accroître ces ressources, si bien que le Ts'i fut le premier de tous les États de son temps à se constituer

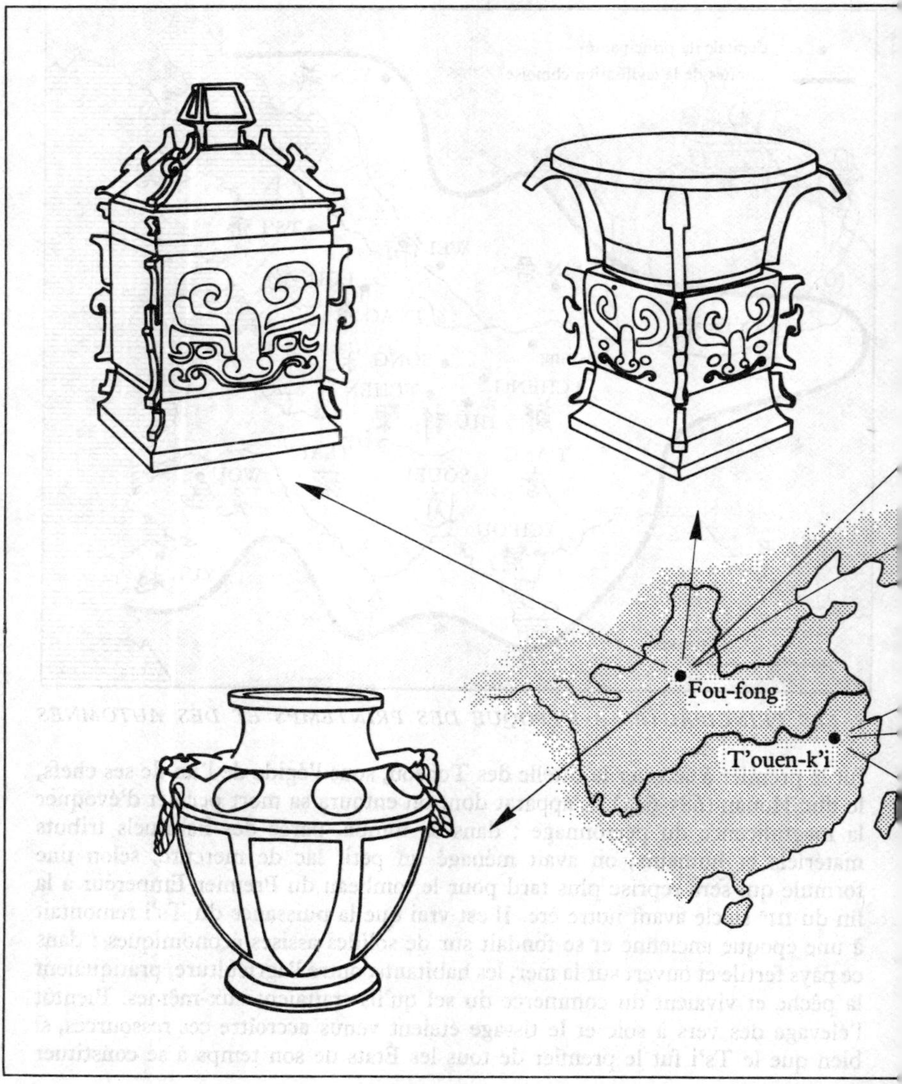
Fou-fong
T'ouen-k'i

une armée puissante, instrument de protection et de conquêtes. Cette armée comportait huit cents chars de guerre, ce qui, si l'on y ajoute les servants et la piétaille, devait représenter une troupe d'environ quarante mille hommes.

A l'autre extrémité, occidentale, du monde civilisé, croissait le petit État de Tsin, anciennement constitué dans la vallée de la Fen. Sa situation géographique en faisait le voisin immédiat des populations barbares et lui conféra, après des débuts difficiles, le rôle important de protecteur des marches nord-occidentales du royaume. L'un de ses chefs, le duc Hien (676-651), usa, pour gagner l'alliance des chefs nomades, de jeux d'unions semblables à celles qui avaient permis aux Tcheou de s'étendre dans les plaines du fleuve Jaune et de la Chine centrale. C'est la politique des mariages que les empereurs chinois ne cesseront de pratiquer afin d'apaiser et de s'allier les barbares. Plus illustre encore que le duc Hien se révéla son fils le duc Wen (636-626) qui, en 633 avant notre ère, s'en fut au secours du pays de Song.

De la principauté de Song, située au sud du fleuve Jaune, émanait une aura de puissance toute morale. Fondée par les descendants du clan des Chang-Yin dès le début de la royauté des Tcheou, elle s'enorgueillissait de ses origines très anciennes et très nobles. L'un de ses ducs, Siang (650-637), demeura célèbre car il fut le seul, dit-on, à faire montre d'une relative humanité *(jen)* à une époque réputée peu soucieuse d'élégance et d'honneur. Mais il s'agit là d'une reconstitution *a posteriori* destinée à mieux mettre en valeur l'idéologie du jour. L'enjeu historique, s'il se joua véritablement au pays de Song, dépendait de sa position géographique médiane entre deux mondes : celui du Nord, de la vieille Chine des bronzes et des rois, et celui du Sud qui commençait à émerger d'une longue période durant laquelle il avait accusé un léger retard.

Des rives boueuses du fleuve Bleu jusqu'au méridional Viêt-nam dont les découvertes archéologiques récentes soulignent l'antique originalité culturelle, ce vaste pays d'eaux et de monts apparaît comme un creuset, un gigantesque fourneau civilisateur, alliant au goût des armes à motifs animaliers et propre au monde barbare celui des matières nobles et des grands raffinements techniques que seule permettait la longue évolution de l'artisanat chinois. Car plus divers, plus verdoyants que les vastes horizons septentrionaux, les pays de la Chine du Sud semblaient, malgré les barrières montagneuses, avoir mieux reçu l'écho des diverses civilisations de l'Asie moyenne et méridionale. Ils se montraient aussi peut-être, à cause de leur ouverture sur la mer, mieux à même que le Nord de transmettre à l'étranger les valeurs multiples et civilisatrices de la Grande Plaine mère. Lorsque, au sud de l'embouchure du fleuve Bleu, naquirent les États de Wou et de Yue, ils étaient encore trop faibles pour modifier l'équilibre des forces en Chine même. Ils jouèrent en revanche un grand rôle à l'étranger, constituant par exemple pour le Japon d'importants relais culturels, divers et tout aussi riches que celui, septentrional, de la Corée.

Au long du cours moyen du fleuve Bleu s'étendait le riche pays de Tch'ou dont l'un des centres, l'actuelle Tch'ang-cha, fouillée systématiquement depuis une dizaine d'années, livre peu à peu les trésors. A la différence du Nord, austère, intellectuel même dans les arts les plus délibérément décoratifs, le Tch'ou aimait l'exubérance, la couleur, les oppositions hardies du jade et de l'or, de la turquoise et du bronze, la matière légère et l'éclat bariolé, enfin le velouté du laque, auquel tous les objets usuels empruntaient leur douceur.

Fortunés et puissants, les rois de Tch'ou tentaient sans relâche d'annexer les principautés de l'entre-deux fleuves qui ne cessèrent d'être l'objet de convoitises et le théâtre d'interminables combats. Attirés ou effrayés par les pôles du midi et du septentrion, les petits États dont des fouilles spectaculaires restituent aujourd'hui les splendeurs oubliées oscillaient, liant et déliant des serments d'alliance *(meng)* qui traduisaient sur un plan religieux un état instable de fraternité ou d'hostilité.

En 473 avant notre ère, le pays de Yue remportait une victoire décisive sur son voisin, le pays de Wou : les historiens y voient le *terminus a quo* de l'époque dite des Royaumes combattants (473-221 av. J.-C.) durant lesquels les derniers Tcheou régnèrent de façon toute nominale, jusqu'à l'unification des terroirs et la création de l'Empire. En même temps que le Wou disparaissait de la carte politique du sol chinois, les royaumes de Tchao, de Han, de Wei se formaient, au nord, à partir de l'éclatement du Tsin.

L'ubiquité et la répétition des combats constituèrent dès lors un vigoureux stimulant des techniques comme de la pensée, et inversement l'évolution matérielle et psychologique modifia le déroulement même de la guerre.

D'année en année, le monde civilisé éclatait, bouillonnait, et sans doute évoquait-on encore l'image des chaudrons sacrés, symboles antiques de la puissance royale, mais le brouet du sorcier maléfique y avait remplacé les libations des prêtres. C'est en effet à cette époque de morcellement du vaste territoire chinois que l'on place traditionnellement l'incident légendaire dit de l'alourdissement et de l'ébullition des chaudrons sacrés, signe de l'affaiblissement alors irréversible de la dynastie des Tcheou :

« Yu fit fondre les neuf trépieds. Cinq, afin de répondre à la loi du Yang, quatre afin de figurer le nombre du Yin. Il ordonna aux experts de faire les trépieds yin avec du métal femelle et les trépieds yang avec du métal mâle. Les trépieds étaient toujours remplis pour permettre de prédire le caractère faste ou néfaste des circonstances. Au temps de Kie des Hia, l'eau, dans les trépieds, se mit à bouillir brusquement. Lorsque les Tcheou touchèrent à leur fin, les neuf trépieds furent tous agités de tremblement, ce qui est toujours présage de ruine. »

Les États dirigés par un chef habile supplantèrent rapidement leurs voisins moins heureux, avant de disparaître parfois à leur tour. Chaque principauté retranchait les centres vitaux de son économie et de son administration au sein de villes murées, à l'abri des attaques des autres seigneuries ou de celles, combien redoutées, des barbares. Ces cités constituèrent ainsi des pôles qui attiraient hommes et richesses des campagnes ou des autres pays environnants. Les États trop pauvres pour résister au coût fabuleux de la concentration urbaine s'affaiblissaient rapidement. Au début du règne des Tcheou on dénombrait environ huit cents principautés territoriales; au début des Printemps et des Automnes on n'en comptait guère plus de cent quarante; à la fin de cette période, il n'en subsistait plus qu'une quarantaine, d'où émergèrent les principaux acteurs des « Royaumes combattants ». Aux trois royaumes nés de l'éclatement du Tsin s'ajoutèrent le nouvel État de Yen, au nord, et les deux grands rivaux qui tentaient l'un et l'autre de dominer la Chine : le Tch'ou au sud, et le Ts'in aux confins occidentaux. Les autres périclitèrent peu à peu.

L'État de Ts'in, presque homophone mais non pas homographe de son voisin malchanceux le Tsin, s'était développé au cœur de la vallée de la Wei, berceau de la première civilisation des Tcheou et, plus anciennement encore, des premières communautés agraires chinoises. Situé lui aussi aux lisières des terres civilisées, sur des sols riches en minerais, le Ts'in s'était acquis une gloire durable en écrasant les barbares qui avaient pillé la capitale tcheou et aidé à mettre à mort le roi Yeou. Au Ts'in, les peuples de la plaine devaient une sorte de dette de survie.

Rapidement, le Ts'in tendit à assurer sa supériorité sur tous les autres États du Nord, jouant un jeu d'alliances instables avec les États périphériques pour dominer ceux du centre. La royauté, déjà toute nominale des Tcheou, s'effaça de fait lorsqu'en 335 avant J.-C., le prince Houei de Wei et le prince Siuan de Ts'i se reconnurent mutuellement le titre de roi *(wang)* : au cœur même de la Grande Plaine, les Tcheou avaient perdu jusqu'à leur vertu religieuse. A la fin du IVe siècle avant notre ère, le Ts'in en revanche étendait sa domination sur les barbares du haut cours de la Wei et, en 316, faisait la conquête du pays de Chou, établi dans le bassin de l'actuel Sseutch'ouan, au pied des hauts massifs himalayens qui s'élèvent jusqu'au Tibet.

9. ÉPOQUE DES PRINTEMPS ET DES AUTOMNES →

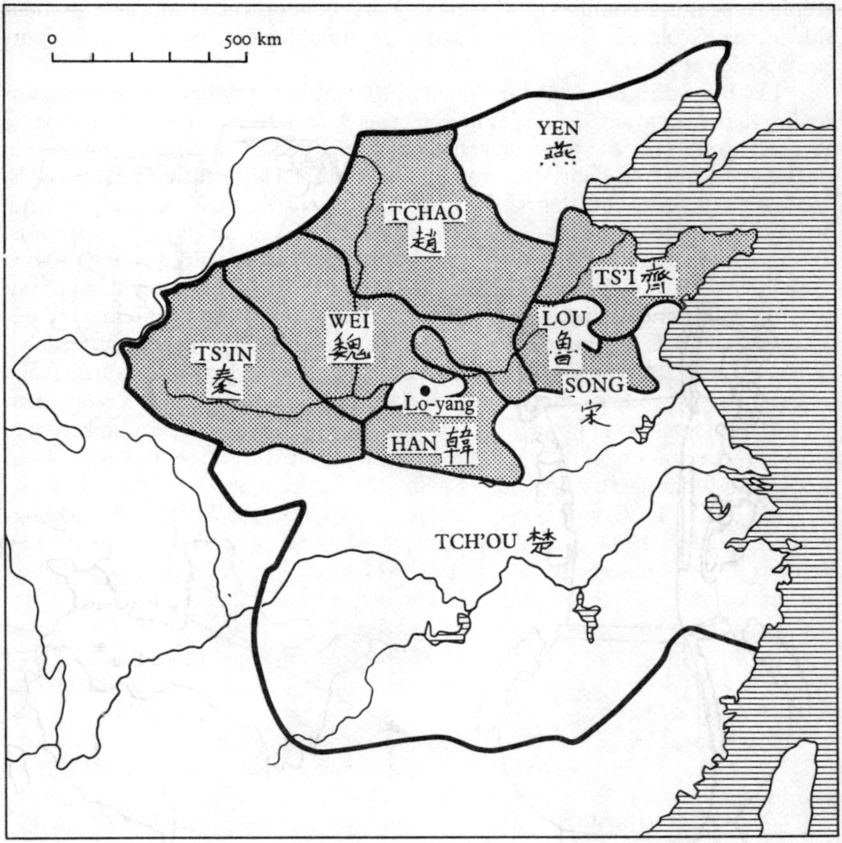

10. LES « SEPT HÉROS » DES ROYAUMES COMBATTANTS

Le triomphe des armes consacrait l'œuvre d'une aristocratie combative, dont l'austérité évoque en Chine notre Lacédémone. Seul ce pays dur, sévère, peu favorisé par les grâces de la nature, pouvait élaborer sans doute la théorie rigide du pouvoir qui lui assurerait la domination de tous les États policés. Fondée sur une vision pessimiste du monde, elle tirait les conséquences pra-

Heou-ma
Cheou-hien

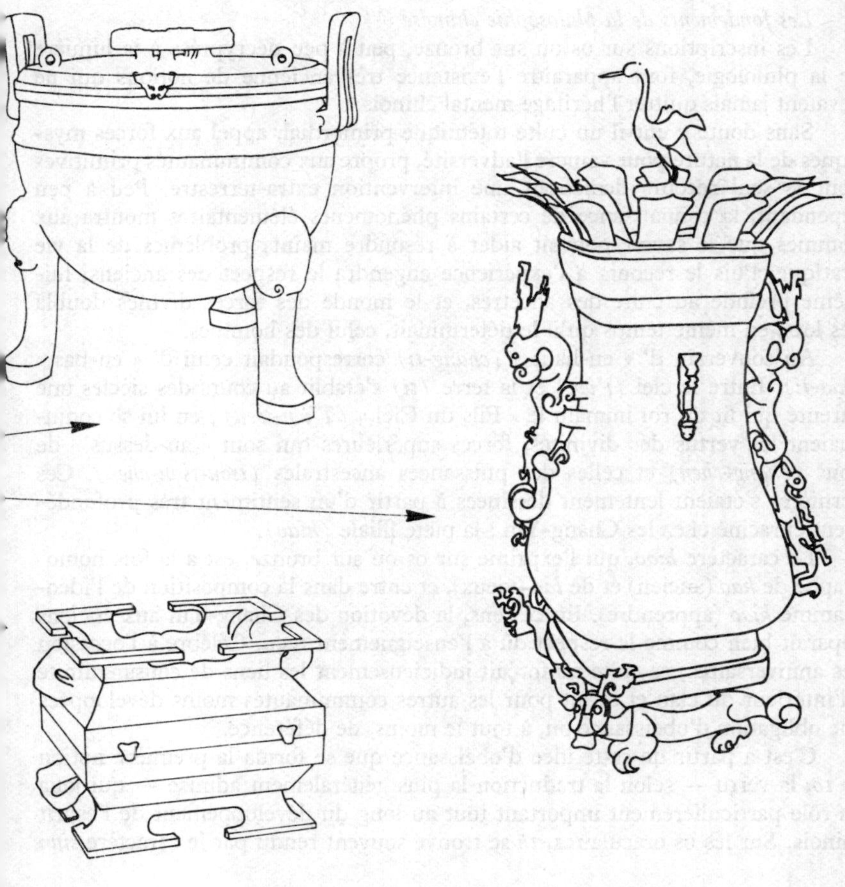

tiques de plus d'un millénaire de réflexion et d'expérience sociale. Elle constitue la nouvelle manière d'être, pragmatique, d'un peuple dont les notions cosmiques commençaient à se rationaliser. Ce sont elles qu'il nous faut maintenant évoquer.

LES PHILOSOPHIES DE L'ANTIQUITÉ

Les fondements de la philosophie chinoise

Les inscriptions sur os ou sur bronze, peu à peu décryptées à la lumière de la philologie, font apparaître l'existence très ancienne de notions qui ne devaient jamais quitter l'héritage mental chinois.

Sans doute y eut-il un culte totémique primordial, appel aux forces mystiques de la nature pour vaincre l'adversité, propre aux communautés primitives dont le seul recours demeurait une intervention extra-terrestre. Peu à peu cependant, la connaissance de certains phénomènes élémentaires montra aux hommes que le savoir pouvait aider à résoudre maints problèmes de la vie pratique. Puis le recours à l'expérience engendra le respect des anciens, lui-même prélude au culte des ancêtres, et le monde des forces divines doubla dès lors, en même temps qu'il le déterminait, celui des hommes.

Au souverain d' « en-haut » *(chang-ti)* correspondait celui d' « en-bas » *(hia-ti)*. Entre le ciel *(t'ien)* et la terre *(ti)* s'établit au cours des siècles une parenté qui fit du roi humain le « Fils du Ciel » *(T'ien-tseu)* ; en lui se conjuguaient les vertus des divinités, forces supérieures qui sont « au-dessus » de nous *(chang-chen)* et celles des puissances ancestrales *(tsou-tsou-chen)*. Ces dernières s'étaient lentement dessinées à partir d'un sentiment très profondément enraciné chez les Chang-Yin : la piété filiale *(hiao)*.

Le caractère *hiao*, qui l'exprime sur os ou sur bronze, est à la fois homographe de *kao* (ancien) et de *lao* (vieux), et entre dans la composition de l'idéogramme *kiao* (apprendre). En ce sens, la dévotion des Chang-Yin aux anciens apparaît bien comme le respect dû à l'enseignement reçu. Célébré à l'occasion des anniversaires, ce culte renforçait judicieusement les liens de consanguinité à l'intérieur du clan et créait pour les autres communautés moins développées une obligation d'obéissance ou, à tout le moins, de déférence.

C'est à partir de cette idée d'obéissance que se forma la première notion de *tö*, la vertu — selon la traduction la plus généralement admise — qui joua un rôle particulièrement important tout au long du développement de l'esprit chinois. Sur les os oraculaires, *tö* se trouve souvent rendu par le caractère *siun*

11. ÉPOQUE DES ROYAUMES COMBATTANTS →

(suivre, obéir), lui-même confondu avec le caractère *tche* (droit, juste). *Tö* comporte donc la valeur de « ce qui convient », « ce qui est bien ». A l'époque des Chang-Yin, *tö* exprime la qualité fondamentale par laquelle se règlent les rapports entre les hommes, l'essence de ce qui existe dans l'humain. La notion de *li* en découle, qui sera, elle aussi, l'une des constantes de la pensée chinoise. Les os oraculaires représentent le *li* par un pictogramme évoquant des jades placés dans un vase; c'est l'instrument de l'offrande, le rituel, la norme de conduite, les « bons usages ». Il y est souvent précisé que l'offrande n'a nul besoin d'être riche et, bien plus tard, Sseu-ma Ts'ien le rappellera, signifiant clairement que la manière de donner vaut mieux que ce que l'on donne.

En fonction de ce *tö* et de ce *li*, les souverains chang-yin, soucieux de découvrir une légitimation suprême à leur puissance, fondèrent leur gouvernement sur deux règles essentielles : l'essence de l'humain justifie les règles de conduite *(tö-tche)* ; les règles de conduite permettent de réaliser l'essence de l'humain *(li-tche)*. Ils n'acceptaient point d'autre jugement, point d'autre limite à leur souveraineté que celle du souverain d'en-haut *(chang-ti)*, dieu-maître du monde et divinité ancestrale du clan.

Dès lors, toutes les données à partir desquelles aurait pu naître une grande religion nationale semblaient acquises. Mais il n'en alla pas ainsi. Les hommes de ces âges connurent des impulsions religieuses manifestes, nourrirent des croyances animistes à l'égard des divinités les plus diverses. Pourtant, le besoin de religion ne se fit jamais sentir impérativement et collectivement car, à travers de multiples vicissitudes, le culte des ancêtres demeura toujours au centre de la pensée chinoise. Depuis les Chang-Yin jusqu'au XXe siècle de notre ère, il lia indéfectiblement le fils à son père, l'élève à son maître, le fonctionnaire à l'empereur. Il transcende la civilisation chinoise de part et d'autre de son être historique. Aucune religion ne pourra apporter aussi directement, et aussi simplement, cette même tendresse à la base et cette même légitimation au sommet.

C'est en s'appuyant sur ces principes que les Chang-Yin régnèrent durant un demi-millénaire. A mesure que le temps passait cependant, et que la décadence politique du groupe royal s'accélérait, l'édifice religieux se trouvait de plus en plus menacé. Lorsque les Tcheou prirent le pouvoir au XIe siècle avant notre ère, il leur fallut renouveler les fondements du monde chinois, puisque le clan d'essence divine ne régnait plus.

Le « souverain d'en-haut » perdit son infaillibilité; les hommes du clan régnant le considérèrent comme irresponsable, mais il servit à effaroucher des groupes moins puissants qui vénéraient toujours en lui le maître des punitions

TSIN
TS'I
WEI
TCH'OU
YUE

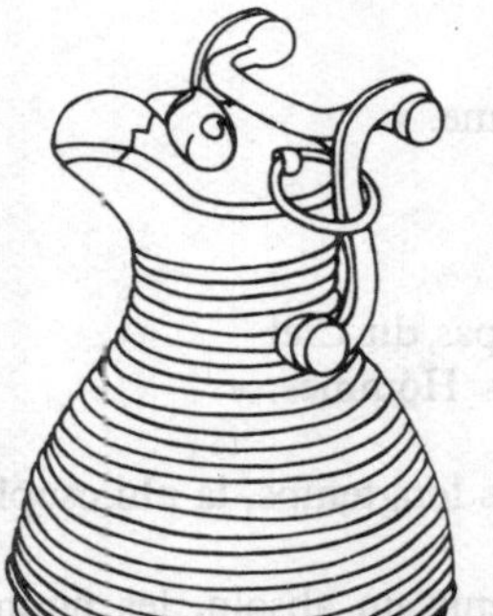

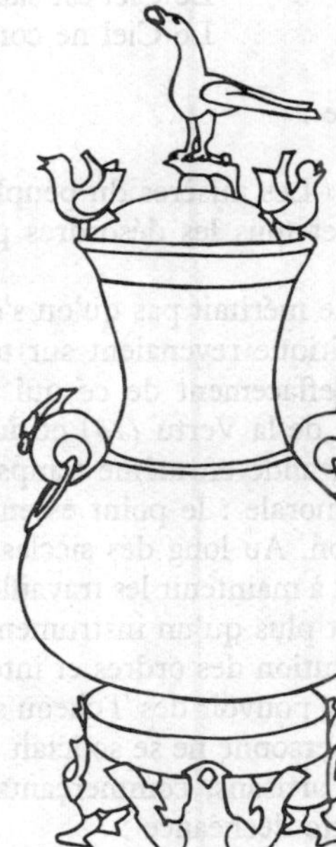

et des récompenses. La porte était ouverte à tous les doutes. Les textes conservés dans le « Canon des poèmes » s'en font parfois l'écho :

> « Le Ciel est injuste
> Le Ciel est sans merci
> Le Ciel est sans sympathie
> Le Ciel ne compatit à personne. »

ou bien encore :

> « Les misères du peuple ne viennent pas du Ciel
> et tous les désordres proviennent des Hommes. »

Le Ciel ne méritait pas qu'on s'en occupât plus longtemps, la philosophie comme la politique revenaient sur terre.

Devant l'effacement de ce qui aurait pu devenir un absolu, les notions fondamentales de la Vertu *(tö)* et du Rituel *(li)* acquirent une importance de plus en plus grande en même temps qu'elles glissaient du plan de la religion à celui de la morale : le point essentiel du *tö* devint l'éducation; celui du *li*, la normalisation. Au long des siècles, la philosophie céda le pas à la politique. La vertu servit à maintenir les travailleurs dans le calme et à asservir les vaincus; le rituel n'était plus qu'un instrument du gouvernement, protégeant l'autorité, assurant l'exécution des ordres et interdisant l'égarement.

Lorsque le pouvoir des Tcheou s'affaiblit à son tour, éclaté, divisé en multiples unités, personne ne se souciait plus de qualité suprême. Cadres administratifs locaux, artisans, commerçants, œuvraient dans le quotidien. Le poète fait état de cette déchéance :

> « La Vertu est rejetée, tout est à vau-l'eau
> et la joie n'est que dans le vin. »

Entre patriciens et plébéiens, un fossé profond séparait les notions-références. Les premiers s'efforçaient de définir les acceptions diverses et nouvelles du *li* : à côté du cérémonial *(yi)* antique, ils distinguèrent l'étiquette *(li)*, ensemble de règles générales de conduite qui, à la veille du ve siècle avant notre ère, déboucha sur l'idée de loi *(fa)*, à laquelle s'attachèrent tout particulièrement les dirigeants du pays de Ts'in.

L'homme du peuple en revanche, ou plus généralement les non-gouvernants, sentaient le *tö* plus qu'ils ne le concevaient, imprégné de bienveillance, de générosité. Le « Canon des poèmes » chante ainsi :

« Il faut relever votre vertu
pour qu'il y ait de la bonté et de la reconnaissance. »

Un personnage du VIIIe siècle avant notre ère, si l'on en croit les « Annales des Printemps et des Automnes », attachait au *tö* les qualités de respect *(jang)*, de loyauté *(tchong)*, de sincérité *(sin)*, de modestie *(pi)*. Au VIe siècle avant notre ère l'équité, l'utilité, l'honnêteté s'y ajoutèrent : le concept repris par Confucius se trouve déjà constitué dans toute sa richesse.

La religion des rois avait failli, mais celle de leurs sujets avait poursuivi lentement son chemin. L'âge des philosophes pouvait commencer.

Les données des cultes primitifs, la puissance fécondante mais tyrannique des ancêtres, les mystères de la divination, la notion de participation somatique à l'équilibre cosmique hérités des âges précédents ne servaient plus à rien, dès lors que chaque potentat opposait sans subordination sa propre magie à celle des autres, et ses propres ancêtres à ceux de ses voisins. Si l'on en croit Sseu-ma Ts'ien, les derniers des Tcheou eux-mêmes donnèrent l'exemple des pratiques extravagantes et vides de sens auxquelles pouvait conduire cet esprit d'archaïsme :

« A peu près à l'époque de Confucius (551-479 av. J.-C.) vivait un certain Tch'ang Hong qui servait King Ling, de la dynastie des Tcheou, en qualité de magicien. A ce moment, plus aucun des seigneurs ne se donnait plus la peine de faire le voyage à la Cour pour rendre leurs respects et le pouvoir des Tcheou s'était déplorablement affaibli. C'est alors que Tch'ang Hong fit au roi tout un exposé touchant aux esprits et le persuada de prendre la tête d'un chat sauvage et d'en faire une cible pour le tir à l'arc. La tête du chat sauvage symbolisait le fait que les seigneurs ne venaient pas à la Cour et Tch'ang Hong espérait ainsi, par l'usage de cet étrange objet, engager les seigneurs à venir. Les seigneurs, cependant, ne furent en rien persuadés par cette invention et plus tard, les hommes de Tsin capturèrent Tch'ang Hong et le tuèrent. »

Cette histoire révélatrice dépeint bien l'époque. Autour de chaque maître d'un terroir *(kouo)*, les vendeurs de recettes en tout genre formaient légion, car les puissants du moment aimaient à entretenir une clientèle de gens propres aux tâches les plus diverses, de l'administration de la cité jusqu'à l'amusement ou le bien-être du prince. Les plus habiles et les plus éloquents de ces personnages attiraient dans leur ombre une cohorte d'élèves et d'admirateurs plus ou moins intéressés. Ils allaient, au gré des événements et des alliances, proposer leurs services à qui savait le mieux les apprécier ou récompenser et, si curieuses qu'apparaissent parfois leurs figures, ils furent pourtant les pères de la pensée chinoise.

Paradoxalement, ces sages prétendus ou véritables innovèrent peu, mais ils tentèrent d'établir à partir du vieux substrat national une hiérarchie nouvelle des valeurs dans une société qui, devenue trop nombreuse et fragmentée, cherchait vainement le sens de la vie et la légitimité des rapports sociaux. Ils s'efforcèrent de sauver la notion vacillante de sacré, tout en simplifiant la conduite quotidienne des hommes. Dans un monde où la force matérielle, militaire, semblait primer tout, ils rappelèrent l'existence d'un pouvoir spirituel qu'aucune primauté des armes ne saurait acheter.

Confucius, son legs, sa postérité

Le premier de ces grands régulateurs fut maître K'ong, K'ong-tseu, ou K'ong Fou-tseu. Le nom latinisé de Confucius sous lequel les missionnaires, rédigeant leurs ouvrages en latin, le présentèrent tout d'abord à l'Europe nous est plus familier.

Il naquit en 551 avant notre ère, dans la principauté de Lou. Ce petit État, situé entre le puissant Ts'i au nord et le Wou au sud, s'étendait au pied des massifs du Chantong. Glissant vers la mer et quelque peu à l'écart des grands courants de la civilisation du moment, il s'enorgueillissait cependant d'avoir été fondé jadis (xe siècle av. J.-C.) par Po-k'in, le propre fils du duc de Tcheou.

Le père du philosophe — emporté quand le jeune K'ong n'était encore qu'un enfant — appartenait à la petite aristocratie et s'était illustré par sa bravoure au cœur des combats où ses fonctions d'officier subalterne l'avaient conduit; mais s'il se prévalait d'une ascendance royale, il ne s'en trouvait pas moins ruiné à l'époque.

L'orphelin connut donc une enfance pauvre et les impératifs de survie l'engagèrent très tôt dans les combats du siècle où il découvrit l'incroyable chaos mental dans lequel s'agitaient ses contemporains. Parvenu à l'âge d'homme, sa tâche était tracée : il devait, de la masse des richesses transmises depuis l'antiquité, dégager un ordre du monde conforme à la sagesse jadis incarnée par les souverains qui avaient jeté les fondements de la civilisation. Son existence entière — il mourut en 479 avant J.-C. — se passa à chercher vainement un prince qui accepterait d'entendre et de mettre en pratique son enseignement. Sseu-ma Ts'ien rapporte ainsi sa quête tragi-comique d'une oreille attentive, sa recherche toujours déçue d'une tâche politique que l'on voudrait bien lui laisser accomplir :

« Avec les rois Yu et Li, le pouvoir de la dynastie des Tcheou commença à s'évanouir, et les rites et la musique tombèrent en désuétude; les seigneurs féodaux se conduisirent comme bon leur sembla et la véritable régie de l'Empire passa aux mains des puissants États féodaux. Confucius était attristé de ce que la voie des anciens rois avait été abandonnée tandis que les chemins du mal étaient florissants. C'est pourquoi il édita, tout en en faisant la critique, le *Canon des poèmes* et le *Canon des documents* et travailla à faire revivre les rites et la musique... Mais c'était un âge de confusion et de tourmente et personne ne voulait utiliser Confucius. C'est ainsi que, bien qu'il se fût proposé à plus de soixante-dix chefs de principautés, il ne put être accueilli nulle part. "Si quelqu'un m'employait, remarquait-il, je pourrais accomplir quelque chose d'utile en une seule année."»

Il exerça pourtant quelque pouvoir en son pays natal, mais ses succès, bien que brillants, semble-t-il, furent de courte durée. Il dut suivre à Ts'i son duc que de pénibles intrigues de clans réduisaient à l'exil, puis, à l'âge de cinquante-cinq ans, il le quitta pour toujours, désespérant de pouvoir jamais venir à bout de la futilité du prince. Il alla de principauté en principauté, suivant la marche vagabonde des philosophes de son temps. A travers les vicissitudes d'une faveur capricieuse, sa carrière politique se terminait par un échec complet. Trop rigide pour plaire aux puissants, Confucius attira en revanche près de lui nombre d'élèves enthousiastes, qui lui étaient profondément dévoués. La personnalité du maître, sans doute rayonnante, se révèle aujourd'hui bien difficile à cerner, car des siècles de vénération parfois aveugle, d'exégèse, de glose et surtout l'usure du triomphe politique ont tissé autour de l'homme un voile de vertu excessive, étouffante.

Tout en essayant de se dégager des déviations aberrantes de la magie, Confucius s'est apparemment soumis avec dévotion aux hiérarchies et aux rites hérités de l'ancien temps. Il croyait d'autant plus fermement à un Age d'or que ses origines familiales et ses goûts le liaient au milieu archaïsant des scribes et des annalistes, à tous ceux qui détenaient la puissance du verbe et les secrets du passé.

Son but ne fut jamais une révolution philosophique, mais le partage entre les bons rites et ceux qui, à des époques récentes, s'étaient dégradés, voire complètement abâtardis. Ce fut aussi la révision et la fixation du vocabulaire, afin que les hommes pussent, au sens le plus profond du terme, communiquer.

Mais, dès lors que la critique s'imposait, il lui fallait une mesure, une référence suprême : au lieu de choisir l'oracle, le recours aux ancêtres trop souvent trahis par les charlatans, Confucius prit pour guide la morale. Celle-ci s'incarnait dans la personne idéale du prince *(kiun-tseu)*, placé suffisamment au-dessus des contraintes de la vie matérielle pour discerner clairement le correct agencement des choses, le bon et le mauvais, le suprême équilibre. Force lui fut de constater que la fonction ne faisait pas toujours le sage, et que le caractère primait bien souvent la naissance. Le remède serait donc de donner à des jeunes gens d'une intelligence vive mais parfois de moindre origine, les connaissances qui leur permettraient d'exercer un jugement correct et d'être à même de gérer convenablement les affaires sociales et politiques. C'était là une grande nouveauté qui ne cessa de jouer un rôle fondamental dans l'histoire chinoise : Confucius croyait au progrès, au perfectionnement possible de l'homme à travers le savoir. La figure de l'homme de savoir *(wen-jen)* se hissait, dans la hiérarchie, à la hauteur de celle du prince ; il ne faut cependant pas oublier que, pour Confucius, tout homme ouvert à la culture ne pouvait être, par définition, qu'aristocrate. L'ordre social demeurait strictement vertical, et le maître n'envisagea jamais une quelconque lutte des classes. Il concevait les rapports des différents groupes sociaux à l'image de ceux qui présidaient aux relations familiales entre parents et enfants. Le peuple laborieux devait se montrer soumis et travailleur ; l'État, en contrepartie, devait lui accorder soin et protection. Ainsi la société demeurait en ordre, donc conforme aux volontés d'un au-delà dont Confucius préférait ne pas parler, car il avouait en ignorer tout.

Les libres penseurs de notre XVIIIe siècle ont voulu voir dans ce silence l'expression raisonnable d'un scepticisme religieux. Mais les raisons profondes de Confucius peuvent bien avoir été, à l'inverse, celles d'un respect plein de vénération pour le Secret Suprême, l'Inaccessible. Cela, plus conforme à l'esprit général de son temps, semble confirmé par un passage de Sseu-ma Ts'ien relatif aux très importants sacrifices au Ciel et à la Terre :

« ... Lorsque Confucius enseignait et transmettait les [...] Classiques, on rapporte qu'il dit quelque chose sur le fait qu'il y avait eu plus de soixante-dix souverains dans le passé qui, prenant de nouveaux noms et devenant rois, avaient effectué le sacrifice Fong au Mont T'ai et le Chan à Liang-fou. Il ajouta cependant que les détails des rituels qu'ils suivaient étaient loin d'être clairs et qu'il était impossible d'en dire grand-chose. Lorsque quelqu'un lui demanda quelle était la signification du Grand Sacrifice aux ancêtres du souverain, Confucius répondit : "Je ne sais pas. Si quelqu'un connaissait la signification du Grand Sacrifice, il lui semblerait aussi aisé de gouverner l'Empire que de regarder la paume de sa main."»

Confucius ne refusait pas l'au-delà; il avouait n'en rien connaître. Pour l'homme conscient de son ignorance profonde du mystère de la vie, les divinités, l'âme des ancêtres errant aux sources d'un autre monde se révélaient de peu de secours car, à mesure que la vie matérielle s'améliorait, il perdait confiance dans les chamans dont la présence s'avérait de moins en moins nécessaire quotidiennement. Et lorsque plus personne ne sut parler aux esprits, la source de la morale suprême devint le *jen*, l'humaine bienveillance, le juste équilibre, le juste milieu *(tchong-yong)* des meilleures vertus humaines. Certes, ces dernières ne possédaient pas d'existence absolue; mais elles étaient faites de bon sens, de réciprocité *(pao)*; elles étaient à l'origine d'une vie sociale harmonieuse et résultaient d'un constant effort personnel de maîtrise de soi.

Les « Entretiens » réunis par les élèves du maître rapportent ainsi que « Fan Tch'e interrogea [le maître] sur le sujet de l'humanité; Confucius répondit : "C'est aimer les hommes." Tseu Tchang interrogea Confucius sur le sujet de l'humanité; Confucius dit : "Être capable de pratiquer les cinq vertus partout dans le monde constitue l'humaine bienveillance." Tseu Tchang implora de savoir quelles étaient ces cinq vertus. Confucius répondit : "La courtoisie, la magnanimité, la bonne foi, la diligence et la bonté. Celui qui est courtois n'est pas humilié, celui qui est magnanime gagne la multitude, celui qui est de bonne foi est honoré de la confiance du peuple, celui qui est diligent atteint son but et celui qui est bon peut obtenir des services du peuple."

« Confucius dit : "Sans l'humaine bienveillance, un homme ne peut ni endurer longtemps l'adversité ni jouir longtemps de la prospérité. L'humain repose dans le *jen*; le sage le trouve bénéfique..."»

Cet enseignement qui, malgré heurs et malheurs, inspirera pendant plus de deux millénaires les principaux courants de pensée, la morale et le gouvernement de la Chine, cherchait à façonner un « homme social » dont la prolifération permettrait de coordonner et d'organiser pour une vie meilleure les forces innombrables et brillantes qui s'épanouissaient alors sur le vaste sol chinois.

Mais le ritualisme rigide, le prosaïsme excessif du maître appartenaient peut-être déjà au passé. Mo-tseu (470-391 av. J.-C.), le premier des grands disciples que la postérité allait lui donner, insuffla à la pensée du mentor chinois une notion étrangère aux grandes civilisations de l'âge du bronze : celle de l'amour, celle de la tendresse de l'empereur pour ses sujets, du professeur pour ses élèves, du père pour ses fils. Peu sensible à l'accueil plus ou moins favorable que les puissants lui réservaient, il prêchait partout son amour profond de l'humanité, son désir de la satisfaire dans ses joies les plus immédiates. Persuadé de l'absolue fraternité des hommes à l'intérieur de cadres sociaux stricts, il condamnait résolument la guerre :

« Les humains s'efforcent d'obtenir des biens et d'éliminer les calamités. Mais, de toutes les calamités courantes, quelles sont les pires ? Je dis, moi, que l'attaque de petits États par de grands États, les empiétements des grandes maisons dans les petites maisons, le pillage des faibles par les forts, l'oppression de la minorité par la majorité, la tromperie du simple par la ruse, le dédain du noble pour l'humble sont quelques-unes des calamités du monde. »

Il y ajoutait, suivant une hiérarchie dont il affirmait l'implacable nécessité et qu'il appliquait avec rigueur à ses disciples enrôlés, paradoxalement, dans des unités de type militaire, l'indispensable primauté de la « charité » sur la force :

« Les hommes du peuple ne peuvent choisir la règle qui leur plaît; les gens instruits sont là pour la leur donner. Les gens instruits ne peuvent choisir la règle qui leur plaît ; les ministres sont là pour la leur donner. Les ministres ne peuvent choisir la règle qui leur plaît ; les féodaux sont là pour la leur donner. Les féodaux ne peuvent choisir la règle qui leur plaît ; les trois ministres sont là pour la leur donner. Les trois ministres ne peuvent choisir la règle qui leur plaît ; le Fils du Ciel est là pour la leur donner. Le Fils du Ciel ne peut choisir la règle qui lui plaît ; le Ciel est là pour la lui donner...

« A quelle loi du Ciel obéirons-nous ? A celle d'aimer tous les hommes universellement. Comment saurons-nous que c'est aimer tous les hommes universellement ? Parce que [le Ciel] accepte des sacrifices de tous. Comment saurons-nous que le Ciel accepte des sacrifices de tous ? Parce que de l'antiquité jusqu'à nos jours il n'est point de contrée distante ou isolée qui n'ait engraissé bœufs, moutons, chiens et porcs, préparé des gâteaux purs et du vin pour offrir avec révérence sacrifice au Seigneur d'en Haut, aux esprits des montagnes et des rivières. Ainsi, nous voyons que le Ciel accepte des sacrifices de tous. Acceptant des sacrifices de tous, le Ciel doit tous les aimer...

« Les hommes éclairés qui désirent pratiquer la rectitude n'ont d'autre recours que d'obéir à la volonté du Ciel. Celui qui obéit à la volonté du Ciel pratiquera l'amour universel; celui qui s'oppose à la volonté du Ciel pratiquera l'amour particulier. Selon la doctrine de l'universalité, la règle de conduite est la rectitude; selon la doctrine du particulier, la règle de conduite est la force. Qu'en est-il lorsque la rectitude est la règle de conduite ? Les grands n'attaquent pas les petits, les forts ne pillent pas les faibles, la multitude n'oppresse pas la minorité, le retors ne trompe pas le simple, le noble ne méprise pas l'humble, le riche ne raille pas le pauvre, le jeune n'empiète pas sur le vieux. Et les États dans l'Empire ne se feront pas de mal, que ce fût au moyen de l'eau, du feu, du poison ou des armes. Un tel régime sera favorable au Ciel, au-dessus; aux esprits, dans le monde intermédiaire; et au peuple en bas. Étant favorable aux trois, il sera bénéfique à tous. C'est ce qu'on appelle la disposition du Ciel. Celui qui la suit est intelligent et sage, humain et droit, maître plein de bonté et ministre plein de loyauté, père aimant et fils plein de piété filiale... Pourquoi ? Parce qu'une telle conduite est en accord avec la volonté du Ciel. »

Mais, si moderne que ce philosophe nous paraisse à travers son vocabulaire et ses structures mentales propres à l'antiquité féodale, le mépris des conventions, l'indifférence aux rebuffades, la tendresse profonde de maître Mo pour l'homme ne modifièrent sans doute guère l'esprit des seigneurs du temps.

Quelques décennies plus tard, Mong-tseu (372-289 av. J.-C.), natif de l'État de Ts'i, reprenait à son compte, avec une grande précision dans l'analyse des rouages idéaux du pouvoir, les idées et le long pèlerinage des confucéens à la recherche d'un prince capable d'écouter leurs conseils.

Il réfutait sans fin les théories de l'école de Mo-tseu dont il dénonçait la rigidité dogmatique. Pour lui, la « rectitude » demeurait étroitement liée à une notion très personnelle, donc variable suivant les individus, d'obligation morale. Il proclamait, animé d'une spiritualité presque mystique, que chacun devait, rejetant les scories de la vie, retrouver son cœur d'enfant, naturellement bon : « La tendance de la nature humaine à faire le bien est comme celle de l'eau à couler vers le bas. Il n'est pas un homme qui ne tende au bien; il n'est pas une eau qui ne coule vers le bas. Cependant, on peut frapper l'eau et s'en faire éclabousser le front, ou bien on peut même la propulser en haut des collines. Mais cela est-il dans la nature de l'eau ? C'est naturellement dû à la contrainte des circonstances. De la même manière, l'homme peut être amené à faire le mal... »

Œuvrant à l'ombre du grand Confucius, il s'attira beaucoup d'élèves. Ses propos rassemblés par eux dans un ouvrage d'une excellente valeur littéraire — le *Mong-tseu* — devait connaître plus tard une notoriété d'autant plus étendue que les philosophies antiques occupèrent une place plus importante dans les examens conduisant au pouvoir.

L'époque cependant se montrait moins que jamais favorable à l'épanouissement des rêves heureux des philosophes, et Mong-tseu ne recueillit qu'une audience encore plus restreinte, s'il est possible, que Confucius.

L'école des lois

Le Ts'in s'affermissait d'année en année, et à travers lui, une nouvelle vision des choses tendait à s'imposer. Sa prospérité ne se fondait pas sur le seul talent passager de chefs guerriers aimés des dieux. Elle était le fruit d'une politique appliquée avec conscience sitôt que l'idée de loi *(fa)* s'était dégagée des notions anciennes d'étiquette *(li)* : Chang Yang (mort en 330 av. J.-C.) en avait été l'initiateur. Han Fei (280-233 av. J.-C.), élève du grand Siun-tseu, devait en être le théoricien.

Siun-tseu (315-236 av. J.-C.) mena comme les autres la vie errante des grands politiques de ce temps. Il exerça de hautes charges au pays de Ts'i, au Chantong, puis au pays de Tch'ou, dans les terres du Sud. Il admirait la philosophie de Confucius mais ne partageait ni l'amour de Mo-tseu, ni l'enthousiasme de Mong-tseu, pas même la confiance du maître dans le *jen*, dans la possibilité d'un équilibre régulateur de la nature humaine. Les temps avaient bien changé depuis trois siècles. Il ne voyait plus autour de lui un ensemble relativement équilibré de petites principautés dont les chefs avaient besoin qu'on leur enseignât les vrais principes et les vrais rites de la religion primitive. Il considérait avec tristesse l'existence d'un petit nombre d'États voraces et brutaux qui, depuis plus d'un siècle, détruisaient tout l'ordre ancien.

La royauté fantomatique des Tcheou avait éclaté. L'heure n'était plus aux contes mythologiques, aux rêves d'un Age d'or. Le monde semblait échapper à l'homme, fruit d'un processus d'actions et de réactions purement mécaniques :

« Le Ciel opère avec une constante régularité. Il ne triomphe pas à cause [de la sagesse] de Yao; pas plus qu'il ne cesse de triompher à cause [d'un tyran comme] Kie. Bien gouverner et le vénérer donnera de bons résultats; mal gouverner et jouer de malchance donnera aussi de bons résultats. Si les fondements de la vie sont bien construits et utilisés avec économie, le Ciel ne pourra pas appauvrir le pays; si l'on pourvoit à la subsistance du peuple et si son énergie est employée conformément aux saisons, le Ciel ne peut affliger le peuple. Si l'on suit la Voie et si l'on n'en dévie pas, le Ciel ne peut pas envoyer l'infortune. Dans de telles circonstances, l'inondation ou la sécheresse ne peuvent causer la famine ; l'extrême froid ou l'extrême chaleur ne peuvent causer aucune maladie et les apparitions surnaturelles ne peuvent causer de désastre. »

Mais, plus que du règne surnaturel, Siun-tseu se méfiait de l'homme :

« C'est seulement sous l'influence des professeurs et des lois et avec le guide des règles du décorum et de la rectitude que la courtoisie sera observée, l'étiquette respectée et l'ordre restauré. De tout cela il ressort que la nature humaine est mauvaise et que sa bonté est acquise. »

Tout était dit ; le philosophe, cependant, ne renonçait pas complètement à l'espoir : lui aussi croyait à la possibilité d'un progrès, mais conquis difficilement à partir d'une nature qui l'entrave.

Lorsque Han Fei mit en pratique l'enseignement de Siun-tseu, il lui apparut que l'État devenait une sorte de point géométrique de l'ordre cosmique. La morale qui en découlait était la nécessité du triomphe absolu de l'État, assuré, dans le quotidien, par un système pénal des plus rigides :

« Réellement, on ne peut se fier davantage à l'intelligence du peuple qu'à l'esprit d'un bébé... Le bébé ne comprend pas que souffrir une petite peine est le moyen d'obtenir un grand bénéfice.

« Maintenant, le souverain presse le labourage de la terre et la culture des pâtures dans le but d'accroître la production pour le peuple, mais celui-ci pense que le souverain est cruel. Le souverain règle les peines et accroît les châtiments dans le but de réprimer les méchants, mais le peuple pense que le souverain est sévère. Il lève des taxes en monnaie et en grains pour remplir les greniers et le trésor afin d'éviter la famine et d'approvisionner l'armée, mais le peuple pense que le souverain est cupide. Enfin, il met l'accent sur l'entraînement militaire universel, sans favoritisme personnel, et il presse ses forces de combattre durement afin de capturer l'ennemi, mais le peuple pense que le souverain est violent. Ces quatre mesures donnent les moyens d'atteindre l'ordre et de maintenir la paix, mais le peuple est trop ignorant pour les apprécier. »

L' « école des lois » *(Fa-kia)*, appelée aussi « école des légistes », vers laquelle les dirigeants chinois se tournèrent toujours dans les cas difficiles, était constituée. Contrairement à une opinion couramment admise qui lui prête volontiers des buts machiavéliques, elle se fondait sur une éthique extrêmement sévère. La morale de ces philosophes était celle de l'énergie, de l'essentiel; elle faisait d'eux, par rapport à la cité antique, de grands contestataires : au clan, à la famille, ils substituaient l'État; à l'équilibre naturel, ils opposaient l'ordre supérieur né de la rigueur et de la coercition; aux joies de l'abondance générale, ils préféraient les bénéfices à leurs yeux plus durables de la frugalité; ils ne cherchaient pas la joie de vivre mais la réussite. Certes, à longue échéance, la vie des peuples semble bien une longue oscillation entre chacun de ces pôles. Les légistes, plutôt que de s'opposer à la pensée confucéenne, voulaient la pousser plus avant afin de modifier les cadres vivaces de l'égoïsme clanique. Il fallait donc détruire la *gens* ou, plus exactement, permettre à ses membres de voir au-delà. Il n'était point de salut si l'on ne modelait un nouvel individu. Le problème, cependant, demeurait entier car tous, ainsi qu'il est habituel en de telles circonstances, ne lui prêtaient pas les mêmes traits.

Au cœur même du Ts'in, le puissant Lu Pou-wei, par exemple, contemporain de Han Fei et personnage trouble de marchand devenu politicien, tentait de résoudre différemment les difficiles rapports de l'homme avec la nature. Entouré d'un groupe d'érudits et de philosophes itinérants, il s'efforçait d'organiser rationnellement l'univers cosmique, politique et moral, qu'une pratique rigoureuse et adéquate des rites contribuait à maintenir en équilibre. Leurs écrits, groupés par la suite en un ouvrage intitulé « les Printemps et les Automnes de Maître Lu » *(Lu-che tch'ouen-tsieou)*, en hommage à leur dynamique chef de file, prônaient en fait un retour affectif à la religion primitive :

« En toutes choses, on ne doit ni transgresser la voie du Ciel ni détruire les principes de la Terre, ni apporter la confusion aux lois des hommes.

« Si, au premier mois du printemps, le souverain exerce des pratiques convenables à l'été, le vent et la pluie ne viendront pas en leur saison, l'herbe et les arbres aussitôt se flétriront et se dessécheront, et les nations seront dans un grand effroi.

« S'il exerce des pratiques convenables à l'automne, une grande pestilence frappera le peuple, des vents violents et des pluies torrentielles viendront en abondance et les mauvaises herbes s'élèveront ensemble.

« S'il exerce des pratiques convenables à l'hiver, les pluies et les inondations causeront de grands dommages, le gel et la neige produiront des ravages et les premières graines semées ne germeront pas. »

Le Ciel semblait retrouver sa susceptibilité comme au temps où la magie dominait seule les hommes.

Le taoïsme

L'emprise ultérieure de la pensée confucéenne, son arrière-goût morose ou du moins sérieux, son effort de régulation et l'idée selon laquelle nul ne peut, philosophiquement ou socialement, échapper à sa condition, ne doivent pas faire oublier l'autre volet de l'esprit chinois, les extases de folie mystique ou dionysiaque qui éclataient depuis l'antiquité lors des sacrifices ou des grandes fêtes agraires. L'élan vers l'inconnu, l'amour du paradoxe, de l'irrationnel, l'admiration pour le flux éternel de la vie dont le secret demeure quelque part, au cœur de l' « esprit dans l'esprit », au bout d'un chemin qui amène à concevoir l'absolue relativité des choses suivant que l'on passe d'un registre à l'autre, du mesurable au non-mesurable : tout cela vivait aussi au cœur des hommes de ce temps. Les vieux concepts du *yin* et du *yang*, composantes complémentaires et opposées de tout ce qui existe, entretenaient de manière égale la vie, battement d'un immense cœur cosmique où l'on n'envisageait pas, comme les zoroastriens, la lutte du Bien et du Mal, mais le processus tout simple de création par complémentarité. Pour trouver le bonheur, l'homme devait en suivre le chemin, le *tao*, terme à partir duquel fut forgé au XIXe siècle le mot « taoïsme ».

Les traditions rapportent que l'Empereur Jaune révéla le premier l'enseignement taoïste. Nous serions quant à nous tentés de dire que cette pensée nous semble si ancienne qu'elle remonte au déluge. L'Empereur Jaune possède à la fois la réalité psychologique et l'inconsistance historique des vieux mythes. En fait, deux textes constituent les plus anciennes expressions connues de ce courant de pensée, qui est plus encore un sentiment, une manière d'être.

Le plus célèbre, le *Tao tö king*, « La Voie et sa vertu », est attribué à Lao-tseu, littéralement le « vieux maître », ou maître Lao, qui aurait été contemporain de Confucius. Si le personnage semble lui aussi appartenir à la catégorie des figures imaginaires peu à peu incarnées au fil des générations, il vaut beaucoup par les récits féeriques — créateurs d'une iconographie innombrable — qui rapportent sa vie, puis la manière dont il quitta le monde, chevauchant un buffle et s'engageant au-delà des Passes pour se rendre au lointain Occident, dans le paradis des Immortels.

Le texte du *Tao tö king*, qu'il laissa, dit-on, en quittant la Chine, est composite, fait de morceaux de prose, de poésie, de commentaires dans lesquels semblent s'insérer de vieux adages ou même des formules magiques.

La découverte d'une version antérieure à celle des Han — la seule connue, traditionnellement — faite en 1973-1974 au célèbre site de Ma-wang-touei (Hopei) relance aujourd'hui vers des voies nouvelles le débat sur l'historique et le message de cet amalgame mystérieux.

Nous en citerons quelques extraits dans une récente traduction française :

Mais c'est le vide médian

« Trente rayons convergent au moyeu
Mais c'est le vide médian
Qui fait marcher le char.

On façonne l'argile pour en faire des vases,
Mais c'est du vide interne
Que dépend leur usage.

Une maison est percée de portes et de fenêtres,
C'est encore le vide
Qui permet l'habitat.

●

L'Être donne des possibilités
C'est par le non-être qu'on les utilise. »

« Le grand Tao s'épand comme un flot,
Il est capable d'aller à droite et à gauche.

Tous les êtres sont nés de lui
Sans qu'il en soit l'auteur.
Il accomplit ses œuvres — mais il ne se les approprie pas.

Il protège et nourrit tous les êtres
Sans qu'il en soit le maître,
Ainsi il peut s'appeler grandeur.

C'est parce qu'il ne connaît pas sa grandeur
Que sa grandeur se parachève. »

●

« Lorsqu'un esprit supérieur entend le Tao,
Il le pratique avec zèle.
Lorsqu'un esprit moyen entend le Tao,
Tantôt il le conserve, tantôt il le perd.

Lorsqu'un esprit inférieur entend le Tao,
Il en rit aux éclats;
S'il n'en riait pas,
Le Tao ne serait plus le Tao.

Le grand carré n'a pas d'angles.
Le grand vase est lent à parfaire.
La grande musique n'a guère de sons.
La grande image n'a pas de forme.

Le Tao caché n'a pas de nom.
Et pourtant c'est lui seul
Qui soutient et parachève tous les êtres. »

On a, en fait, tout lieu de croire que cette rédaction est beaucoup plus récente que ne le dit la légende; cependant, même s'il est vrai qu'elle contient des parties ne remontant pas au-delà du milieu du IIIe siècle avant notre ère, date à laquelle les concepts de *yin* et de *yang* apparaissent enfin rationnellement exprimés, le *Tao tö king* n'en formerait pas moins le réceptacle de concepts religieux aussi anciens que la civilisation chinoise elle-même.

Il en va tout différemment pour le très beau texte de Tchouang-tseu (369-286 av. J.-C.), dont l'articulation témoigne d'une véritable démarche de la réflexion, car deux siècles après les figures-références de Confucius et de Lao-tseu, la pensée chinoise avait créé ses structures de classification et les écoles se multipliaient.

Tchouang-tseu était originaire du pays de Song, au sud-est de la Grande Plaine. Il exerça un temps une petite charge officielle, mais préféra passer la plus grande partie de son existence loin des agitations du siècle. Il en méprisait les contraintes qui lui semblaient autant de péchés contre l'humanité et contre la création en général :

« Yang Tseu-kiu était allé voir Lao Tan (Tchouang-tseu) et lui demanda :

— S'il existe ici un homme dont le tempérament est vif et hardi et dont l'intelligence est claire et pénétrante et qui ne se fatigue pas d'apprendre, un tel homme pourra-t-il être l'égal d'un roi éclairé?

— Un tel homme, aux yeux du saint, ne représente qu'un serviteur et un artisan accablés de travail et rongés de soucis...

— Veuillez alors me dire comment gouverne un roi éclairé? demanda respectueusement Yang Tseu-kiu.

— Le roi éclairé, dit Lao Tan, étend partout ses bienfaits, mais il ne fait pas sentir qu'il en est l'auteur. Il aide et améliore tous les êtres sans que ceux-ci sentent qu'ils sont sous sa dépendance. Le monde ignore son nom et chacun est content de soi. Ses actes sont imprévisibles et il s'identifie avec le néant. »

Ce « néant » des taoïstes, et son corollaire, le célèbre parti-pris du non-agir *(wou-wei)*, ne doivent pas être entendus comme une recette facile de paresse. Il est au contraire une source d'efforts perpétuels, une recherche de constante adaptation aux courants profonds de l'univers, une garantie de la liberté et de l'épanouissement des individus. La mort elle-même, dans cette perspective, apparaît comme la face complémentaire de la vie, une transformation nécessaire de l'être au sein des mutations cosmiques :

« La femme de Tchouang-tseu étant morte, Houei-tseu s'en fut lui offrir ses condoléances. Il trouva Tchouang-tseu assis, les jambes écartées en forme de van [ce qui montrait une grande désinvolture, peu compatible avec la gravité du deuil] et chantant en battant la mesure sur une écuelle. Houei-tseu lui dit :

— Que vous ne pleuriez pas la mort de celle qui fut la compagne de votre vie et qui éleva vos enfants, c'est déjà assez, mais que vous chantiez en battant l'écuelle, c'est trop fort!

— Du tout, dit Tchouang-tseu; au moment de sa mort, je fus naturellement affecté un instant, mais réfléchissant sur le commencement, je découvris qu'à l'origine elle n'avait pas de vie; non seulement elle n'avait pas de vie, mais pas même de forme, non seulement pas de forme mais pas même de souffle. Quelque chose de fuyant et d'insaisissable se transforme en souffle, le souffle en forme, la forme en vie, et maintenant voici que la vie se transforme en mort. Tout cela ressemble à la succession des quatre saisons de l'année. En ce moment, ma femme est couchée tranquillement dans la grande maison [le Ciel et la Terre]. Si je me lamentais en sanglotant bruyamment, cela signifierait que je ne comprends pas le cours du Destin. C'est pourquoi je m'abstiens. »

Embrassant globalement la Vie, rejetant les arguments de l'intelligence ordinaire, source de partialité donc de tout mal, le sage se laisse bercer par le rêve d'étreindre physiquement la création dans son ensemble; c'est le thème du voyage chamanique au cours duquel l'homme inspiré se transporte aux confins de l'univers :

« L'homme parfait, il est surnaturel!... L'embrasement de la plaine ne peut pas faire qu'il éprouve la chaleur; la congélation des fleuves ne peut pas faire qu'il sente le froid; la foudre qui fend la montagne, l'ouragan qui soulève la mer ne peuvent l'épouvanter. C'est ainsi qu'il domine les nuages, chevauche le soleil et la lune et voyage en dehors des quatre mers. La mort et la vie lui sont indifférentes. »

La pensée de Tchouang-tseu s'exprime ainsi, portée par une belle langue, en une succession de comparaisons, d'assimilations par analogie, d'allégories d'autant plus audacieuses que les intellectuels ne répugnèrent jamais à user du paradoxe, alors même qu'ils en dénonçaient, à l'occasion, les effets.

Une tradition, fort incertaine dans les faits mais vraisemblable dans l'esprit, lie Tchouang-tseu au groupe de philosophes dialecticiens comme Houei Che (380-300 av. J.-C.) et Kong-souen Long (320-250 av. J.-C.) dont il aurait déploré les excès exhibitionnistes :

« Les dialecticiens du genre de Houan T'ouan et de Kong-souen Long faussent l'esprit des gens et altèrent leurs idées. Ils parviennent à leur fermer la bouche sans pouvoir obtenir l'adhésion de leur esprit. C'est là le cercle borné des dialecticiens. Houei Che passe ses journées à disputer avec ses interlocuteurs et se spécialise dans la fabrication de paradoxes déconcertant les dialecticiens du monde entier... Contredire les gens était son fort; il se glorifiait de confondre ses interlocuteurs... Il s'est insatiablement dispersé dans les choses et n'a finalement acquis que le renom d'habile rhéteur, quel dommage! Houei Che, avec tous ses dons, s'est éparpillé dans les choses sans aboutir à rien, les poursuivant sans jamais revenir. C'est vouloir faire taire les échos en criant; c'est vouloir courir plus vite que son ombre. Quelle tristesse! »

L'école des noms

Car le véritable problème auquel se heurtèrent tous les penseurs de ces temps féconds des Royaumes combattants, qu'ils se fussent rattachés au groupe social de Confucius ou à celui, individualiste, du taoïsme, restait celui du langage. La difficile question de la langue devait demeurer une constante de l'histoire chinoise. De même qu'il semble malaisé parfois de se comprendre de génération à génération, ou de métier à métier, car, d'un groupe à l'autre, les mots n'ont pas le même sens, les philosophes chinois passèrent leur temps à vouloir exprimer des choses différentes au moyen de mots semblables. Si nous pouvons, quant à nous, recourir aux racines grecques ou latines, et si les Japonais font appel aux innombrables racines chinoises, en spécifiant bien, par la prononciation, à quelle époque ils empruntent le mot, donc dans quelle acception ils l'entendent, la Chine, mère des civilisations de l'Extrême-Asie, se trouve, elle, privée de tels recours. De là les gloses interminables et les confusions perpétuelles qui, d'une école à l'autre, brouillent les cartes. La non-différenciation du singulier et du pluriel, l'absence d'expression claire du temps, le manque de ponctuation enfin dans les textes où s'alignent les individualités carrées des caractères contribuaient à rendre ambiguë une langue fondée sur le rythme chantant de la phrase, alors que dans la majorité des cas, celle-ci était faite pour être simplement lue des yeux.

Ce problème de l'expression et de la communication s'est posé avec une acuité particulière aux philosophes dès les IVe-IIe siècles avant notre ère, lorsqu'ils s'avisèrent qu'ils employaient des mots aussi vieux que la civilisation chinoise elle-même, qui s'étaient chargés, au cours des siècles, de connotations multiples, voire contradictoires.

L'utilisation dialectique des paradoxes fut le moyen qui leur permit de pratiquer le doute systématique, d'analyser les idées reçues mot par mot : c'est pourquoi la tradition désigne leur groupe sous le vocable d' « école des noms » *(Ming-kia)*, que l'on traduirait plus exactement par « école de sémantique ».

En s'attachant à préciser le sens exact des termes, les philosophes du *Ming-kia* touchaient seuls au fond du problème. Tous les autres se lançaient à la tête des mots auxquels ils donnaient chacun un sens différent.

Si les dialecticiens avaient été un peu plus sages et s'ils s'étaient un peu moins laissé aller aux joies de l'éloquence, à laquelle la langue chinoise se prête d'ailleurs moins qu'à l'expression écrite, tout l'avenir intellectuel du pays eût pu en être changé; car si les bases théoriques de la logique étaient venues consolider le développement matériel considérable de la Chine à cette époque, il lui eût sans doute été donné d'engager, bien avant l'Europe, le monde entier sur les voies de l'évolution technologique.

CHAPITRE III

LE PREMIER EMPEREUR ET LA DYNASTIE DES HAN

Au cours du IIIe siècle avant notre ère — était-ce l'effet de l'exploitation du fer ? — le niveau économique des divers terroirs chinois, bien que s'appuyant sur des ressources souvent différentes, tendit à s'égaliser. Chacun finit par combler, bon an, mal an, le retard éventuel qui le séparait de ses voisins plus évolués. La population s'accrut, rendant d'autant plus pressant le difficile problème de la définition des zones frontières. Force fut d'envisager la vie au-delà des limites de la petite communauté villageoise du temps jadis, au-delà également du simple cadre urbain, de plus en plus tributaire de l'arrière-pays. Dans la vie de tous les jours, cet essor se traduisait par deux faits : les objets circulaient et, avec eux, les idées; les individus, de plus, voyaient leur condition évoluer.

Au sommet de l'échelle sociale, il y avait longtemps que les cultes des anciennes grandes familles issues des clans royaux étaient tombés en désuétude, et ceux des hégémons subissaient la même décadence, au rythme d'une évolution qui semblait irréversible.

Dans le peuple, les transformations paraissaient en revanche avoir été beaucoup plus sensibles et perturbatrices. Les marchands prenaient une importance sans cesse croissante et, à l'intérieur même des collectivités paysannes, un fossé se creusait : à côté des riches exploitants terriens, les simples agriculteurs allaient toujours s'appauvrissant. Ces derniers ne possédaient pas de bons outils de fer et devaient, en s'endettant, les emprunter à plus puissants qu'eux. Ils payaient en engageant leurs récoltes, et même peu à peu leurs terres. L'antique idée que le sol appartenait à l'État sombrait.

Par ailleurs, le spectre du danger barbare entretenait le sentiment que la prospérité des pays de la Grande Plaine, bien qu'évidente, demeurait aléatoire. Les États septentrionaux — le Ts'in, le Tchao, le Yen — ne résistaient qu'avec peine aux pressions des tribus proto-turques hiong-nou amassées en nombre grandissant aux confins de l'actuelle Mongolie. Protégés par un relief relativement bas mais dense et chaotique, les Hiong-nou lançaient des razzias dans les riches campagnes chinoises puis disparaissaient, se cachant au cœur de vallonnements inextricables. C'est alors que l'opinion s'affermit, chez les sédentaires, qu'il leur fallait défendre une civilisation commune, menacée par un ennemi prédateur sans pitié.

Obsédés par les cataclysmes naturels, philosophes et techniciens cherchaient à remédier aux méfaits du morcellement. Alors que les jeux de la guerre et du commerce favorisaient la circulation d'État à État, ces cataclysmes apparaissaient dans leurs dimensions continentales, et l'idée naquit qu'un État isolé et réduit à ses seules forces ne saurait jamais endiguer le débordement de cours d'eau aussi puissants que le fleuve Jaune ou le fleuve Bleu.

C'est dans ce climat de crainte généralisée que le Ts'in, riche en céréales et en métaux, put apparaître comme l'agent du destin, celui qui, grâce à un subtil jeu d'alliances « longitudinales » ou « transversales » — selon qu'elles liaient des pays situés sur un axe nord-sud ou est-ouest —, grâce aussi à sa puissance militaire, se trouvait le récipiendaire d'un « mandat du Ciel » dont les dynasties royales avilies n'avaient pas su conserver la charge.

Son jeune roi, Tcheng (259 ?-210 av. J.-C.), allait réaliser le rêve d'étendre au continent chinois les limites de son royaume, au point que, dans le lointain Occident, le nom de Ts'in (notre « Chine ») servit à désigner l'ensemble du monde sinisé.

TS'IN CHE HOUANG-TI ET L'AVÈNEMENT DES HAN

Le créateur de l'Empire chinois s'est mué depuis longtemps en un personnage de légende, une entité qui porte en elle les germes de l'avenir ou leur antithèse ; au cours des siècles, les souverains n'ont cessé de se référer à cette image, de s'y reconnaître et d'y retrouver à la fois le meilleur et le pire d'eux-mêmes.

Lorsqu'en 221 avant notre ère, le jeune roi de Ts'in prit le nom de Che houang-ti, « Premier Empereur », il posait, à travers ce néologisme, le problème de l'essence philosophique du pouvoir.

Tcheng, rappelons-le, n'était à l'origine que le roi *(wang)* du seul État de Ts'in. Il portait donc un titre dont d'autres se jugeaient investis avec d'autant plus de légitimité que le culte royal, jadis concentré dans l'être d'un seul souverain, s'était fragmenté, multiplié pour être assumé par les hégémons à mesure que s'effaçait la vertu politique et religieuse des Tcheou. Or, l'unification des principautés, leur alignement sur un modèle unique et leur soumission à un chef suprême assignaient à ce dernier un rôle cosmogonique plein dont on avait perdu la notion. Par référence à la vieille mythologie selon laquelle avaient jadis régné trois « augustes » *(houang)* et cinq « souverains » *(ti)*, les sages composèrent alors le terme de *houang-ti :* celui que nous traduisons couramment par « empereur », encore qu'il soit beaucoup plus précisément l'équivalent du *Cæsar Augustus* des Romains. Faisant fonction, dans une certaine mesure, d'invocation, *houang-ti* exprimait l'ubiquité et la puissance de ce souverain, maître de l'ensemble du monde civilisé.

C'est dès lors, avec le souci de ne pas compromettre l'équilibre de la terre entière — les limites du monde se confondant avec celles de la *pax sinica* —, que l'on détermina avec précision les rites impériaux ainsi que les noms les désignant. Les uns comme les autres furent frappés d'interdit et le secret devint principe de gouvernement afin que le prince, libre de toute influence humaine, pût se conformer pleinement à la Voie. Investi comme les souverains antiques d'un double rôle, administratif et religieux, il s'élevait seul au-dessus des pyramides sociales auxquelles aucun lien ne le rattachait plus. La Chine avait ainsi concrétisé sa thèse originale d'une souveraineté de droit divin.

Dépouillée d'une partie de la magie primitive et vêtue de l'habit légaliste, la silhouette des rois de jadis réapparaissait. Mais alors qu'elle avait, sous les Tcheou, œuvré à un aménagement des communautés qu'elle englobait et assimilait, elle jouait désormais un rôle différent : elle abolissait la concurrence et refusait la pluralité des mondes.

L'empereur croyait, comme ses contemporains, aux correspondances liant les cinq éléments — eau, bois, terre, feu, métal —, corps simples dont la combinaison engendre la création. Autour de ces conceptions aussi anciennes que la civilisation chinoise elle-même, s'était développé tout un système de corrélations attribué plus particulièrement au philosophe Tseou Yen (c. 350-270 av. J.-C.), du pays de Ts'i. L'empereur s'en inspira pour placer sa dynastie sous le signe de l'eau dont la régulation constituait de toute antiquité la tâche fondamentale des chefs d'État. Suivant le jeu traditionnel des correspondances cosmogoniques, l'hiver, saison de l'eau, fut associé à sa lignée ainsi que la couleur noire et le nombre six. Il convenait donc que les bannières et les vêtements impériaux fussent noirs, tandis que l'on créait, pour désigner la masse innombrable des paysans, l'expression de « têtes noires ». On normalisa à partir du chiffre six les mesures — un pied valut six pouces —; les moyeux et l'attelage des chars furent conçus de façon à comporter six chevaux. On souligna enfin que la vertu de l'eau était de nature *yin*, c'est-à-dire féminine, appartenant à l'ombre, à l'ubac. Il convenait donc d'administrer le pays avec toute la rigueur froide des lois.

Le personnage qui marqua le plus cette époque charnière fut sans doute Li Sseu, nommé Premier ministre de l'Empire en 214 et mort en 208 avant notre ère. Il était originaire du Tch'ou mais, ancien féal de Lu Pou-wei, il contribua largement à assurer le triomphe de sa nouvelle patrie. C'est lui qui engagea l'inévitable et totale abolition des hiérarchies féodales locales, ainsi que la suppression des privilèges qui y étaient attachés : il procéda au désarmement de tous les sujets de l'Empire, désormais placés sous l'étroit contrôle du gouvernement central. Certes, une mesure semblable, appliquée à un territoire aussi vaste, risquait de demeurer lettre morte. Mais il semble bien qu'elle ait été suivie d'effet, et Sseu-ma Ts'ien raconte que, lorsque le peuple se rebella pour mettre fin à la tyrannie des Ts'in, il abattit et tailla des arbres afin d'en faire des armes. Toutes les armes anciennes, dit-il, avaient été apportées à l'empereur qui avait ordonné qu'on les fît fondre pour créer douze statues anthropomorphes.

Abandonnant les vieux codes d'antan, chargés de droit local coutumier, les juges appliquèrent les mêmes lois en chaque point de l'Empire. Celui-ci fit l'objet d'un découpage en trente-six — six fois six — provinces *(kiun)*, elles-mêmes subdivisées en préfectures *(hien)*, arrondissements *(siang)*, cantons *(ting)* et villages *(li)*. L'ensemble de l'Empire se trouvait ainsi soumis au système administratif expérimenté et appliqué de façon autoritaire dans le Ts'in à partir de 350 avant J.-C. Les gens de Ts'in l'avaient eux-mêmes vraisemblablement emprunté à ceux de Tch'ou, car la structure familiale, moins rigide là-bas que dans le Nord, y avait favorisé la création relativement précoce de cadres administratifs supérieurs à la *gens*.

Un Premier ministre *(siang-siang)* et un général *(t'ai-wei)* servaient l'empereur respectivement dans les domaines civil et militaire; ils commandaient à la masse des fonctionnaires de robe et d'épée dont la hiérarchie s'étendait jusqu'aux confins du monde organisé. Munis d'insignes doubles, symboles de l'autorité que l'empereur leur avait déléguée, les commis de l'État veillaient au bon rendement du peuple, multitude de paysans et d'artisans. La diligence ou plutôt la productivité de ces derniers était strictement contrôlée : les scribes des *scriptoria* impériales n'avaient droit au repos journalier qu'après avoir couvert de signes environ trente de nos kilogrammes de planchettes de bois ou

12. LA PREMIÈRE ORGANISATION ADMINISTRATIVE DE L'EMPIRE →

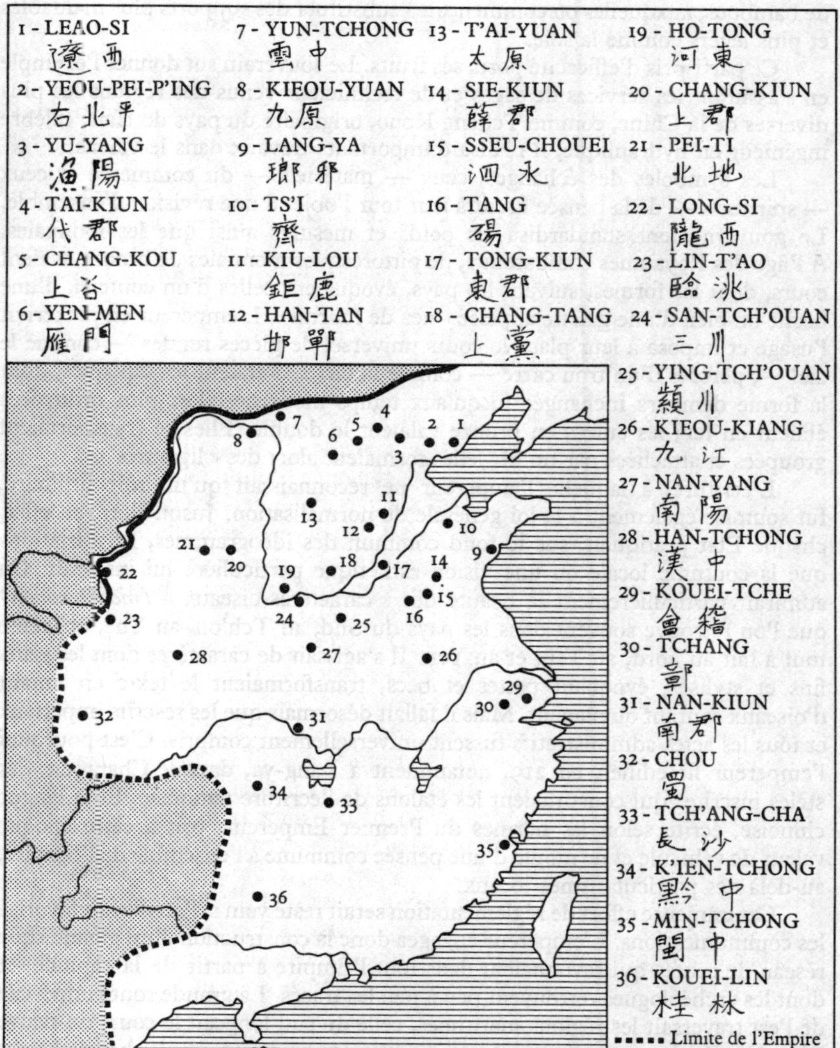
1 - LEAO-SI 遼西
2 - YEOU-PEI-P'ING 右北平
3 - YU-YANG 漁陽
4 - TAI-KIUN 代郡
5 - CHANG-KOU 上谷
6 - YEN-MEN 雁門
7 - YUN-TCHONG 雲中
8 - KIEOU-YUAN 九原
9 - LANG-YA 琅邪
10 - TS'I 齊
11 - KIU-LOU 鉅鹿
12 - HAN-TAN 邯鄲
13 - T'AI-YUAN 太原
14 - SIE-KIUN 薛郡
15 - SSEU-CHOUEI 泗水
16 - TANG 碭
17 - TONG-KIUN 東郡
18 - CHANG-TANG 上黨
19 - HO-TONG 河東
20 - CHANG-KIUN 上郡
21 - PEI-TI 北地
22 - LONG-SI 隴西
23 - LIN-T'AO 臨洮
24 - SAN-TCH'OUAN 三川
25 - YING-TCH'OUAN 潁川
26 - KIEOU-KIANG 九江
27 - NAN-YANG 南陽
28 - HAN-TCHONG 漢中
29 - KOUEI-TCHE 會稽
30 - TCHANG 鄣
31 - NAN-KIUN 南郡
32 - CHOU 蜀
33 - TCH'ANG-CHA 長沙
34 - K'IEN-TCHONG 黔中
35 - MIN-TCHONG 閩中
36 - KOUEI-LIN 桂林
Limite de l'Empire
Grande Muraille

de bambous, auxquelles on commençait à substituer des supports plus maniables et plus légers comme la soie.

Ce parti pris d'efficacité porta ses fruits. Le souverain sut donner l'exemple en s'assurant les services de sages et de techniciens venus des régions les plus diverses de la Chine, comme Tcheng Kouo, originaire du pays de Han; célèbre ingénieur en hydraulique, il réalisa d'importants travaux dans le Chensi.

Les symboles des échanges, ceux — matériels — du commerce et ceux — spirituels — de la pensée firent à leur tour l'objet d'une révision d'ensemble. Le gouvernement standardisa les poids et mesures ainsi que les monnaies. A l'âge des Royaumes combattants, de pittoresques monnaies de bronze avaient cours, dont les formes, suivant les pays, évoquaient celles d'un couteau, d'une bêche ou bien d'une galette appelée « nez de fourmi ». L'empereur en proscrivit l'usage et imposa à leur place le cours universel de pièces rondes — comme le ciel —, percées d'un trou carré — comme la terre. C'étaient les sapèques, dont la forme demeura inchangée jusqu'aux temps modernes. Les plus ordinaires étaient en fer; les autres en bronze valaient le double. Elles se transportaient groupées et attachées par un fil; elles formaient alors des « ligatures ».

L'écriture, à laquelle l'empereur ne reconnaissait qu'un rôle utilitaire, fut soumise également à la loi générale de normalisation. Jusqu'alors, en effet, chaque État pratiquait, sur le fond commun des idéogrammes, les variations que la coutume locale ou une vision esthétique particulière lui inspirait. On admirait particulièrement la beauté des « caractères-oiseaux » *(niao-tchouan)* que l'on retrouve souvent dans les pays du Sud, au Tch'ou, au Yue, et même tout à fait au nord, au Tsin et au Yen. Il s'agissait de caractères dont les traits fins et stylisés, évoquant pattes et becs, transformaient le texte en autant d'oiseaux courant ou planant. Mais il fallait désormais que les rescrits impériaux et tous les actes administratifs fussent universellement compris. C'est pourquoi l'empereur fit édifier, en 219, notamment à Lang-ya, dans le Chantong, des stèles inscrites qui constituaient les étalons de l'écriture nationale. Et la langue chinoise, écrite selon les normes du Premier Empereur, prit à cette époque valeur de véhicule et de moule d'une pensée commune à l'ensemble de l'Empire, au-delà des particularismes locaux.

Cet immense effort de réglementation serait resté vain si l'on n'avait favorisé les communications. L'empereur engagea donc la construction d'un gigantesque réseau de routes qui rayonnaient dans tout l'Empire à partir de la capitale, et dont les archéologues retrouvent peu à peu les tracés. La grande route impériale de l'est traversait les régions maritimes, celle du sud longeait le cours du fleuve Bleu et celle du nord parvenait aux marches de l'Empire, là où chevauchaient les barbares. Solidement construites sur des remblais de terre, elles permettaient le passage des voitures de hauts fonctionnaires, celui des chariots des marchands ou bien des convois militaires qui assuraient la police intérieure ou menaient des campagnes de conquêtes. Elles évoquent inévitablement les voies que Rome, à la même époque, lançait à travers les territoires qu'elle contrôlait.

De cette paix, de cette uniformisation, de ces dispositions générales propices au commerce, il convient pourtant de ne pas conclure à l'avènement politique d'une classe bourgeoise de marchands. Les légistes les tenaient en grande méfiance. Ils les accusaient d'accaparer des bénéfices qui auraient dû revenir à l'État. Par ailleurs, comme les confucianistes les traitaient avec mépris de gens de profit, et non pas d'esprit ni de labeur, les commerçants se trouvèrent universellement décriés, peut-être précisément parce qu'ils tenaient en mains les clefs de la vie économique du pays. Ils ne parvinrent jamais, jusqu'au XXe siècle, à faire oublier les railleries du premier des empereurs et demeurèrent, malgré leur faste, au plus bas de l'échelle sociale.

Des conflits d'une même importance dressèrent les intellectuels contre le gouvernement. Chacun avait conservé de l'âge précédent l'habitude de dire son avis, et Li Sseu appréciait peu les critiques que ses réformes ne manquaient pas de soulever. Il finit par se fâcher et prit des mesures draconiennes, dictées par la fureur :

« Jadis, l'Empire se désintégra et tomba dans le désordre et il n'y avait personne qui fût capable d'en faire l'unité. Alors les féodaux vinrent au pouvoir. Dans leurs discours, ils chantaient tous les louanges du passé afin de déprécier le présent et disaient de belles paroles vides afin de cacher la vérité. Chacun chérissait son école philosophique favorite et critiquait ce qui avait été institué par les autorités. A présent, en revanche, Votre Majesté possède un Empire unifié; elle a distingué le blanc du noir et a fermement établi sa suprématie. Pourtant, ces écoles indépendantes s'unissent pour critiquer les codes des lois et des ordonnances. Dès la promulgation d'un décret, elles le critiquent, chacune de son propre point de vue... Si une telle licence n'est pas interdite, le pouvoir souverain, en haut, déclinera et les factions partisanes, en bas, se formeront... Votre serviteur suggère que tous les livres, dans les archives impériales, excepté les « Mémoires du Ts'in », soient brûlés. Tous ceux qui, dans l'Empire — excepté les membres de l'Académie des Lettrés — sont en possession du « Canon des poèmes », du « Canon de l'histoire » et des discours des cent philosophes, les porteront chez les gouverneurs locaux et les feront brûler sans discrimination. Ceux qui oseront parler entre eux du « Canon des poèmes » et du « Canon de l'histoire » seront exécutés et leurs corps exposés sur la place du marché. Quiconque, se référant au passé, critiquera le présent, sera mis à mort avec tous les membres de sa famille. Les fonctionnaires qui manqueront à rapporter les cas de leur ressort seront coupables de la même façon. Ceux qui, trente jours après la promulgation du décret, n'auront pas détruit leurs livres, seront marqués au fer rouge et envoyés pour construire la Grande Muraille. Les livres que l'on ne doit pas détruire sont ceux qui traitent de la médecine et de la pharmacie, de la divination par l'écaille de tortue et l'achillée, de l'agriculture et de l'arboriculture. Les personnes désireuses de poursuivre des études prendront pour professeurs des fonctionnaires. »

Les intellectuels ne devaient point tirer avantage de leur science pour s'élever au-dessus des autres classes sociales. De même que l'on démantelait les murailles des anciennes principautés, que l'on supprimait la hiérarchie et les privilèges féodaux, que l'on déplaçait des communautés entières de paysans mécontents, les lettrés à la manière ancienne et leur savoir, source d'irrésolution, devaient disparaître. Aux yeux de l'empereur, suivant en cela les légistes, il n'était point d'exception à la règle de l'alignement et de l'obéissance.

Il est difficile d'évaluer *a posteriori* le coût effectif, en hommes et en trésors détruits, d'une semblable décision. Sans doute le total des pertes réelles fut-il beaucoup moins élevé que les historiens officiels, d'obédience confucéenne, ne le prétendirent par la suite. Mais ce spectaculaire geste de défi, dont l'empereur cherchait davantage l'effet psychologique que l'efficacité matérielle, valut au fondateur de l'Empire la haine et le mépris tenace des générations ultérieures, qui virent en lui une caricature scandaleuse et ridicule du bon souverain. L'idée d'unité, pourtant, triompha, tout au long de l'histoire chinoise, des nombreuses forces de désagrégation.

Cette idée d'unité s'appuyait sur une restauration grandiose des cultes agraires de l'antiquité : le respect de ces derniers donnait tout leur sens aux mesures autoritaires dans lesquelles nous ne voyons, nous, que le fruit d'une sage administration. Le Premier Empereur prit bien soin que l'on rendît sacrifices non seulement au Ciel et à la Terre mais aussi aux montagnes imposantes, aux grands cours d'eau et, plus généralement, à toutes les déités honorées dans le passé. Monts et rivières où seraient accomplis les rituels firent l'objet d'un choix attentif. Le souverain ordonna la construction d'une centaine de temples consacrés au soleil, à la lune, aux étoiles, à chacune des planètes connues, aux divinités des routes ou des champs, au seigneur du vent, au maître des pluies, aux quatre mers qui bordaient le monde, et chaque liturgie fut accomplie selon une périodicité propre.

L'importance des cultes cosmiques définit bien les assises profondes du légisme : école juridique — comme l'évoquent à première vue le terme de *fa*, la loi, et la rigueur de ses dispositions pénales —, il se fondait en fait sur une forme de « non-agir », le respect et l'aménagement des panthéons antiques.

Héros initiateur d'une ère nouvelle, le Premier Empereur désira imposer par le luxe de son train et de sa Cour l'éclat de sa gloire. Il bâtit à Hien-yang, sur la rive nord de la Wei dans laquelle elle se reflétait, une résidence somptueuse, ainsi doublée par la magie de l'eau. Gentilshommes, dames de la Cour, baladins et chanteuses se pressaient dans les vastes palais. Le souverain s'y rendait en empruntant une route réservée, construite à son intention et bordée de hautes levées de terre afin que nul ne puisse voir passer le Fils du Ciel.

Lorsqu'en 212 avant J.-C. les bâtiments situés au nord de la rivière se révélèrent trop petits, la Cour s'étendit sur la rive méridionale où des palais luxueux, répliques exactes des demeures royales de chacun des anciens hégémons, se dressèrent au milieu du parc Chan-lin-yuan. Le plus beau d'entre eux était le palais A-fang, palais impérial qui, d'est en ouest, mesurait près de sept cents mètres et, du nord au sud, environ cent vingt mètres. Dix mille personnes y tenaient à l'aise. Les toits s'élevaient, vertigineux. Dans le grand hall du rez-de-chaussée, se dressait à l'occasion une bannière de soixante pieds (environ dix-huit mètres). Le parc, ceint d'une galerie couverte, s'ouvrait au sud par une porte d'où l'on gagnait les montagnes environnantes.

La dernière demeure de l'empereur avait, elle aussi, été conçue, dit-on, à la mesure de ses ambitions et de son œuvre. A Lin-t'ong, au Chensi, à l'est de Si-an, sa silhouette massive barre, aujourd'hui encore, l'horizon. Le tumulus, carré de plus de cinq cents mètres de côté, est entouré de deux enceintes rectangulaires dont la plus grande mesure environ deux kilomètres sur un. Nulle fouille, en dehors du pillage clandestin des siècles anciens, ne permettait jusqu'à ces derniers temps d'en définir précisément les dispositions. La découverte de quelques pièces de terre cuite, provenant avec certitude de l'enclos funéraire, évoque le mûrissement intellectuel et artistique de cette société en cours de transformation. Plus encore, celle (à partir de 1974) des célèbres guerriers en terre cuite, grandeur nature et porteurs d'armes véritables, auxquels s'ajoutèrent en 1981 deux chars en bronze incrusté d'or et d'argent (modèles réduits à moitié de ceux dont usaient l'empereur) vint à nouveau attester la splendeur du tombeau du Premier Empereur. A la lumière de ces merveilles,

13. LES ROUTES AU DÉBUT DE L'EMPIRE →

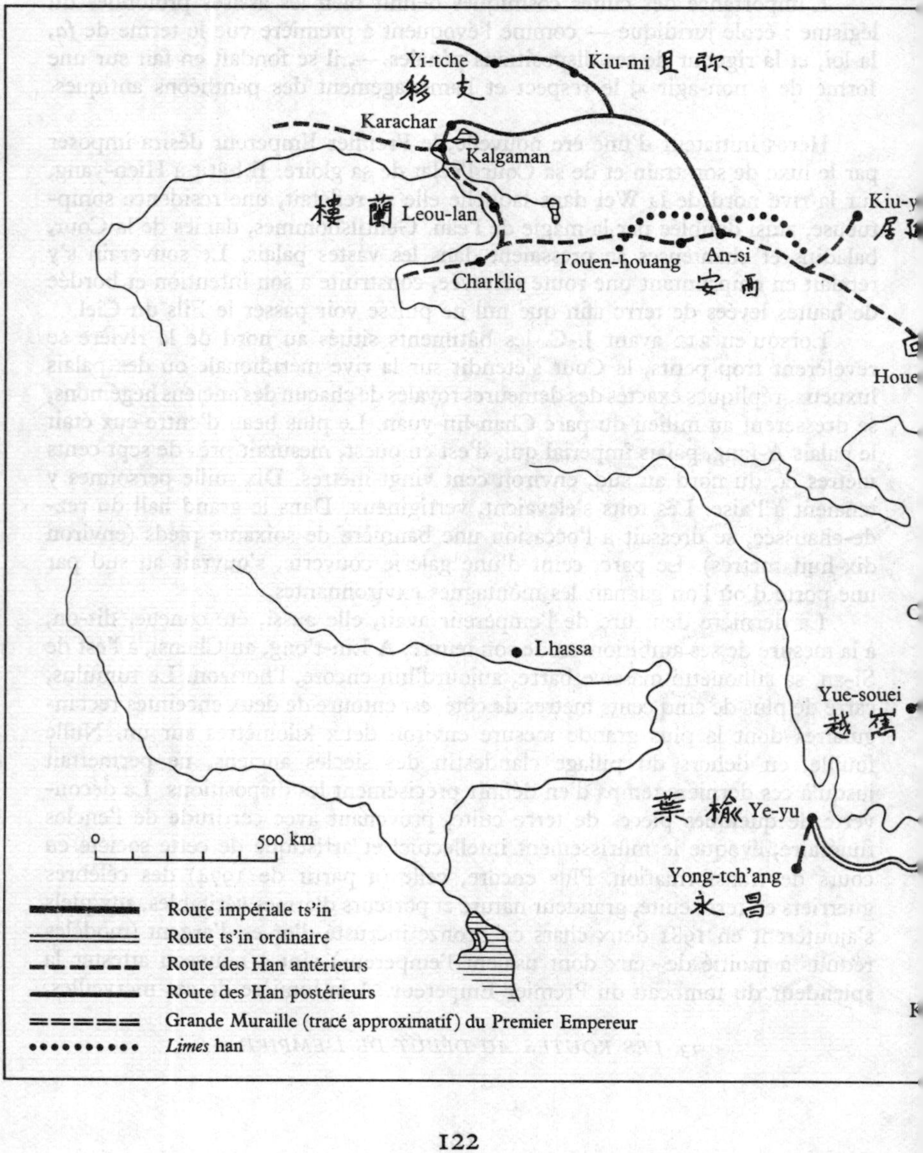
Yi-tche
移支
Kiu-mi 且弥
Karachar
Kalgaman
樓蘭 Leou-lan
Touen-houang
An-si
安西
Charkliq
Lhassa
Yue-souei
越嶲
葉榆 Ye-yu
Yong-tch'ang
永昌
0
500 km
Route impériale ts'in
Route ts'in ordinaire
Route des Han antérieurs
Route des Han postérieurs
Grande Muraille (tracé approximatif) du Premier Empereur
Limes han

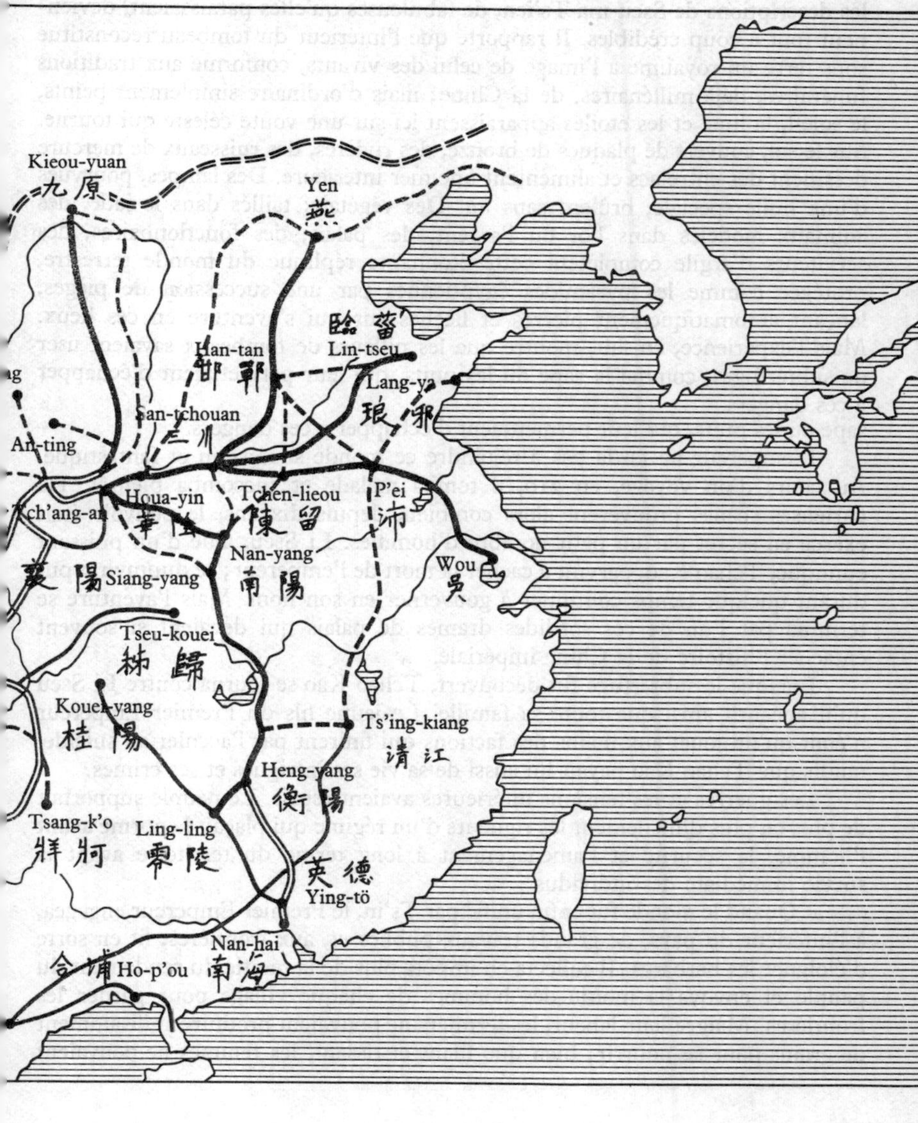
Kieou-yuan 九原
Yen 燕
Han-tan 邯鄲
臨菑 Lin-tseu
Lang-ya 琅邪
San-tchouan 三川
An-ting
Houa-yin 華陰
Tch'ang-an
Tchen-lieou 陳留
P'ei 沛
Nan-yang 南陽
Wou 吳
襄陽 Siang-yang
Tseu-kouei 秭歸
Kouei-yang 桂陽
Ts'ing-kiang 清江
Heng-yang 衡陽
Tsang-k'o 牂牁
Ling-ling 零陵
英德 Ying-tö
Nan-hai 南海
合浦 Ho-p'ou

les descriptions de Sseu-ma Ts'ien, de fabuleuses qu'elles paraissaient, deviennent tout à coup crédibles. Il rapporte que l'intérieur du tombeau reconstitue sous terre un royaume à l'image de celui des vivants, conforme aux traditions funéraires, déjà millénaires, de la Chine; mais d'ordinaire simplement peints, le soleil, la lune et les étoiles apparaissent ici sur une voûte céleste qui tourne. Sur le sol, couvert de plaques de bronze, des rivières, des ruisseaux de mercure dessinent des entrelacs et alimentent une mer intérieure. Des lampes, pourvues d'une huile spéciale, brûlent sans fin. Des végétaux taillés dans le jade, des animaux modelés dans l'or ou l'argent, des palais, des fonctionnaires, des serviteurs d'argile complètent cette étonnante réplique du monde terrestre, protégée comme les pyramides égyptiennes par une succession de pièges, lançant automatiquement pierres et flèches sur qui s'aventure en ces lieux. Mais l'expérience, en fait, montre que les pilleurs de tombeaux savaient user de subterfuges, comme la sape ou les puits, qui leur permettaient d'échapper à ces dangers.
sape ou les puits, qui leur permettaient d'échapper à ces dangers.

L'empereur ne tarda pas à rejoindre ce monde souterrain et fantastique. Au cours d'un voyage, en 210, il tomba malade et succomba bientôt. De curieuses scènes prouvèrent alors combien, depuis dix ans, le pouvoir était exercé en secret par un petit nombre d'hommes. Li Sseu, aidé d'un puissant eunuque, Tchao Kao, parvint à cacher la mort de l'empereur; ce duumvirat put durant quelque temps continuer à gouverner en son nom. Mais l'aventure se termina par l'un de ces sordides drames de palais qui devaient si souvent entacher l'histoire de la Chine impériale.

Lorsque le subterfuge fut découvert, Tchao Kao se tourna contre Li Sseu qu'il anéantit ainsi que toute sa famille. Le jeune fils du Premier Empereur n'était qu'un jouet aux mains des factions qui finirent par l'acculer au suicide, tandis que Tchao Kao payait lui aussi de sa vie ses intrigues et ses crimes.

Les guerres et les tensions intérieures avaient repris. Le peuple supportait de plus en plus difficilement les rigueurs d'un régime qui plaçait la norme avant l'homme, la sécurité et l'aménagement à long terme du territoire avant la survie immédiate des individus :

« Quand le monde fut enfin unifié par Ts'in, le Premier Empereur engagea, à l'intérieur du pays, de grands travaux publics et, aux frontières, fit en sorte d'éloigner les barbares. Il collecta en impôts plus de la moitié du rendement du peuple et envoya la moitié des hommes de chaque village pour garder les frontières. Malgré leur labeur, les fermiers ne pouvaient produire suffisamment de grains pour se nourrir; bien que filant et tissant, les femmes ne pouvaient produire assez de vêtements. L'empereur épuisa les ressources de l'Empire pour approvisionner son gouvernement et pourtant elles ne suffirent pas encore à ses désirs. Tous, à l'intérieur des mers, se désolaient et étaient si en colère qu'à la fin ils s'enfuyaient ou se révoltaient. »

C'est alors qu'apparut Hiang Yu (232-202 av. J.-C.), un homme du fier pays de Tch'ou, parangon du héros militaire dont la figure tragique et humaine s'est chargée, au cours des siècles, de signification symbolique.

Au fantôme décrié mais redouté du Premier Empereur s'opposent les individualités rayonnantes des grands rebelles, Hiang Yu et Lieou Pang. L'histoire, appuyée par la littérature, en a fait des archétypes : le soldat valeureux mais inconséquent et le révolté au grand cœur, hors-la-loi protecteur des faibles, détenteur véritable du mandat céleste quand le souverain en titre s'est abandonné aux errements de la débauche ou de la tyrannie.

Hiang Yu, dit la légende, habile aux combinaisons savantes de la stratégie, était grand et si fort qu'il pouvait à lui seul soulever un lourd chaudron de bronze. Quand les pays du Sud, éloignés du pouvoir central et forts d'une originalité culturelle qu'ils ne perdirent jamais, se révoltèrent contre la tyrannie de l'empereur, Hiang Yu se mit à la disposition de leur chef, Hiang Liang, et conduisit avec talent les rebelles jusqu'à l'anéantissement des armées ts'in. En 207 avant notre ère, il pillait la capitale et violait la tombe du Premier Empereur. Ces actes de profanation lui attirèrent l'adoration craintive des foules qui virent en lui le fondateur tout désigné d'une nouvelle dynastie. Ses amis le pressèrent de s'installer dans les riches possessions du Premier Empereur : il refusa, arguant que « devenir riche et célèbre et ne pas retourner chez soi revient à mettre un manteau brodé pour sortir dans la nuit ». Un conseiller eut l'audace de remarquer : « Maintenant je sais pourquoi les gens disent que les hommes de Tch'ou ne sont rien d'autre que des singes portant chapeau. » Bien mal lui en prit car Hiang Yu ordonna de le faire bouillir vivant afin de lui faire passer, ainsi qu'à ses pairs, le goût de l'insolence.

Tous commencèrent à le craindre et, bien qu'il récompensât richement ses compagnons d'armes, leur distribuant fiefs et titres nobiliaires, il devint, comme tous les grands conquérants, exposé à la trahison. Celle-ci vint de Lieou Pang, que Hiang Yu avait fait prince de l'État de Han et qui sut dresser contre le maître ses amis d'hier. Des combats héroïques s'engagèrent et la victoire abandonna Hiang Yu. Fidèle à son personnage hors du commun, il se trancha la gorge devant un général ennemi à qui il fit ainsi l'hommage de sa mort :

« Je sais que les Han ont mis à prix ma tête pour mille catties d'or et un fief de dix mille feux. Je vous ferai cette faveur. »

A cette figure puissante mais violente et tyrannique de héros « décepteur », Sseu-ma Ts'ien oppose la personnalité vertueuse, puisque triomphante, de Lieou Pang : vertu toute relative, fondée sur la trahison de son bienfaiteur. Mais les siècles ultérieurs ne virent ou ne voulurent voir en Lieou Pang (202-195 av. J.-C.) que le restaurateur de l'Empire et de la grandeur chinoise. Après sa victoire que plus personne n'osait contester, il prit le nom dynastique de Han, celui du petit État qui avait assuré son triomphe. La cérémonie d'investiture eut lieu en février 202, dans la partie occidentale du Chantong, au nord de la rivière Han. Le révolté l'emportait, l'ancien aubergiste qui, disait-on, ne dédaignait dans sa jeunesse ni les femmes ni l'alcool, et qui, devenu chef de village, avait pris le parti des forçats et des opprimés contre la tyrannie du Ts'in.

Investi du mandat céleste, il établit sa capitale dans l'Ouest chinois, à Tch'ang-an, près de l'actuelle Si-an-fou. Comme le Premier Empereur, il craignait sans doute les desseins redoutables des forces supra-humaines, et les prêtres officiels ne lui semblaient pas investis d'une puissance suffisante pour consolider sa dynastie. Sseu-ma Ts'ien rapporte qu'il fit appel à toutes les sorcières, toutes les femmes chamans dont le savoir magique assurait la communication avec les dieux :

« Les chamans de la région de Leang vénéraient le Ciel et la Terre, l'Autel céleste, l'Eau céleste, l'Intérieur de la Maison et l'Intérieur du Hall. Celles de la région de Ts'in vénéraient les Cinq Empereurs, le Seigneur de l'Est, le Seigneur des Nuages, l'Arbitre du Destin, l'Autel des chamans, les Parents des chamans, Celui qui rapporte le feu. Celles de Ts'in vénéraient le Seigneur de l'Autel, le Protecteur des chamans, la Famille emprisonnée. Les chamans de Ts'ing vénéraient les déités d'En-dessous le Hall, l'Ancêtre des chamans, l'Arbitre du Destin et le Donneur de gruau. D'autres chamanes commises spécialement à cet office vénéraient les Neuf Ciels... Tous ces sacrifices étaient effectués à la saison et au mois dits. »

Chaque région de l'Empire contribuait ainsi à assurer l'équilibre de l'univers civilisé. Celui-ci en avait grand besoin car, aux frontières, les nomades se montraient de plus en plus redoutables.

LES BARBARES : REJET OU ASSIMILATION

Si le Premier Empereur avait provoqué bien des bouleversements et orienté définitivement la Chine vers de nouvelles voies, le temps lui avait manqué pour régler véritablement nombre de problèmes importants, parmi lesquels celui des barbares apparaissait le plus pressant.

Il avait certes engagé des mesures spectaculaires, ordonnant que l'on consolidât et terminât les remparts fragmentaires que les pays de marche — le Yen, le Tchao ou le Ts'in lui-même — avaient commencé d'élever face à la steppe pour assurer leur sauvegarde. C'est ainsi que naquit la célèbre Grande Muraille *(wan li tch'ang tch'eng)* dont le tracé chaotique suit presque sans biaiser les lignes de faîte. Long ruban lancé dans l'immensité tourmentée du relief, la muraille devait agir comme une digue, souvent efficace; mais elle conjurait le mal dans ses effets et non dans sa racine. Cette protection elle-même fut payée de bien des souffrances. Hommes de petite condition, travailleurs de force et condamnés de toutes sortes se virent déportés massivement aux frontières. La plupart moururent à la tâche tandis que d'autres étaient ensevelis à même les murs, sacrifiés aux vieilles croyances dans le transfert de la puissance vitale. Pendant des siècles, le souvenir des peines des premiers bâtisseurs et la fatigue engendrée par des réparations toujours recommencées hanteront les esprits :

« Que la muraille est immense!
Elle s'allonge sur trois mille li.
Aux frontières nombreux viennent les hommes jeunes et robustes
Nombreuses aussi seront les veuves à la maison...
Il ne faut point élever de fils
Et n'allaiter que des filles.
Ne vois-tu pas au pied de la Muraille
S'entasser les os et les cadavres des morts ? »

Les travaux, menés avec autorité, avancèrent rondement. En 214 de notre ère, la Grande Muraille s'étendait du Leaotong à l'est jusqu'aux régions du Lin-t'iao dans le Kansou, à l'ouest, en suivant un tracé différent de celui d'aujourd'hui, plus septentrional. Un réseau de routes militaires la desservait et des garnisons de soldats-laboureurs peuplaient ces régions que le peuple fuyait avec effroi.

C'est précisément à cette époque que les Hiong-nou, vainqueurs d'autres tribus barbares moins puissantes, prirent la tête d'une confédération qui constitua une grave menace pour les pays chinois. Après des lustres d'existence et une série d'apparitions plus ou moins fulgurantes au sein des communautés agraires qui avaient fini par en prendre leur parti, les Hiong-nou se montraient tout à coup organisés et inquiétants. Leur chef, le *chan-yu*, porté au pouvoir sur le seul critère de ses qualités d'homme d'action, commandait une pyramide de vingt-quatre administrateurs civils ou militaires répartis en deux hiérarchies. Seuls les membres de trois familles, composant l'aristocratie de la nation, exerçaient ces hautes charges devenues héréditaires. L'influence du grand voisin chinois devenait manifeste dans l'ensemble des institutions, conformes aux principes cosmogoniques en usage dans l'Empire : le *chan-yu* résidait dans les régions septentrionales, la face tournée vers le Sud; la hiérarchie de gauche — par rapport au souverain — occupait le secteur oriental des pays contrôlés, et la hiérarchie de droite le secteur occidental.

A l'aube, le *chan-yu* révérait le soleil et, le soir, adorait la lune. Les Hiong-nou se montraient très attentifs aux mouvements des planètes dont ils consultaient les positions en toute occasion importante. Le premier mois de l'année, les hauts fonctionnaires se rendaient à la Cour afin d'y célébrer des sacrifices; au cinquième mois, ils se rassemblaient à Long-tch'eng pour y honorer les ancêtres, les dieux, le Ciel et la Terre. A l'automne, saison où les chevaux sont gras, la population se rassemblait dans la forêt de Tai où l'on procédait à un recensement des hommes et des bêtes. Quand un monarque mourait, ministres et concubines devaient le suivre dans l'au-delà. Ils reposaient au milieu d'un mobilier funéraire composé d'objets en or, en argent, de fourrures, de vêtements, simplement ensevelis dans des fosses, car les Hiong-nou n'avaient point encore coutume d'y élever des tumuli.

Leur justice était rapide et expéditive : aucun prévenu n'attendait en prison plus de dix jours la sentence qui, selon les délits, le condamnait à une peine plus ou moins grave de flagellation ou à la mort.

Dans cette société fondée sur la réussite matérielle, les classes sociales semblaient moins importantes que les tranches d'âge : les hommes jeunes et forts prenaient le meilleur de la nourriture et des vêtements; les vieux et les faibles se partageaient les restes. Mais la prééminence de la force entraînait un certain nombre d'obligations : le fils dormait sous la même tente que son père et devait prendre en charge belles-mères et belles-sœurs devenues veuves.

Ainsi, les Hiong-nou étaient manifestement civilisés, mais s'ils se montraient sensibles au rayonnement et au faste de leurs voisins chinois, ils n'en restaient pas moins irréductibles à leur culture. Les Chinois, de leur côté, ne comprenaient pas ces gens étranges qui n'avaient jamais souhaité la sédentarisation ni connu l'écriture et pour qui toutes les notions sur lesquelles se fondait la société agraire — la propriété par exemple — n'avait aucun sens. Les procédés militaires des Hiong-nou, pour qui la fuite au combat était une esquive stratégique et non pas un acte honteux, ne manquaient pas non plus de plonger les Chinois dans la perplexité. Habitués aux lourds combats de chars, aux charges d'infanterie ou bien aux assauts de villes fortifiées, ils concevaient mal la tactique des nomades. Les Hiong-nou avaient coutume de lancer leurs attaques quand la lune était pleine et de se retirer quand elle décroissait; ils emmenaient leurs prisonniers qui devenaient aussitôt les esclaves de ceux qui les avaient capturés. Les Chinois ne cesseront pas de redouter cet ennemi insaisissable :

« Ils sont très habiles à leurrer leurs adversaires, les attirant dans des pièges. Dès qu'ils aperçoivent l'ennemi, ils s'abattent dessus comme un vol d'oiseaux, avides de butin; mais quand ils se sentent eux-mêmes talonnés et vaincus, ils se dispersent et disparaissent comme le brouillard. »

Il appartint au grand empereur Wou (141-87 av. J.-C.) des Han — le « Guerrier » — d'envisager d'une manière nouvelle les rapports que la Chine entretenait avec les barbares et de repousser les limites du monde connu. Au début de son long règne, les troupes chinoises ramenèrent au palais quelques prisonniers hiong-nou. Ces derniers vantaient sans cesse la puissance de leur peuple. Ils racontaient comment ils avaient défait le roi des Yue-tche, peuple indo-scythe de l'Asie centrale, poussant la dérision jusqu'à prendre son crâne pour en faire un vase à boire. Ils faisaient des gorges chaudes de la fuite éperdue des malheureux vaincus qui, depuis, s'étaient mis en quête d'un allié capable de les venger, mais cela bien en vain, car les Hiong-nou terrorisaient la steppe et nul n'aurait osé se risquer, parmi les nomades, à s'armer contre eux. Ces propos inspirèrent à l'empereur l'idée d'entrer en relation avec les Yue-tche qui, forts de l'appui chinois, pourraient prendre les Hiong-nou à revers. Il fallait donc leur dépêcher un envoyé, assez habile pour traverser sans encombre les territoires contrôlés par l'ennemi. On choisit un jeune attaché au palais, Tchang K'ien, qui partit accompagné d'une escorte et guidé par un esclave barbare. Ils n'allèrent pas loin : les nomades les capturèrent et les amenèrent devant le *chan-yu* qui refusa de les laisser poursuivre plus avant.

Tchang K'ien resta plus de dix ans prisonnier. Il fut cependant bien traité et les Hiong-nou lui donnèrent une épouse de leur sang dont il eut un fils. Au bout de cette décennie, il profita d'un relâchement de la surveillance pour s'échapper avec ses compagnons et reprendre son chemin vers le lointain pays des Yue-tche. Après vingt ou trente jours de marche, il parvint auprès du roi du *Ta-yuan* — le Ferghâna — qui l'accueillit avec honneur et lui fournit guides et interprètes pour le conduire vers la Transoxiane *(K'ang-kiu)*, puis la Bactriane *(Ta-hia)*. Il y trouva enfin les Yue-tche; mais ces derniers vivaient heureux, dans une sécurité relative, si bien que, touchant au but, Tchang K'ien dut

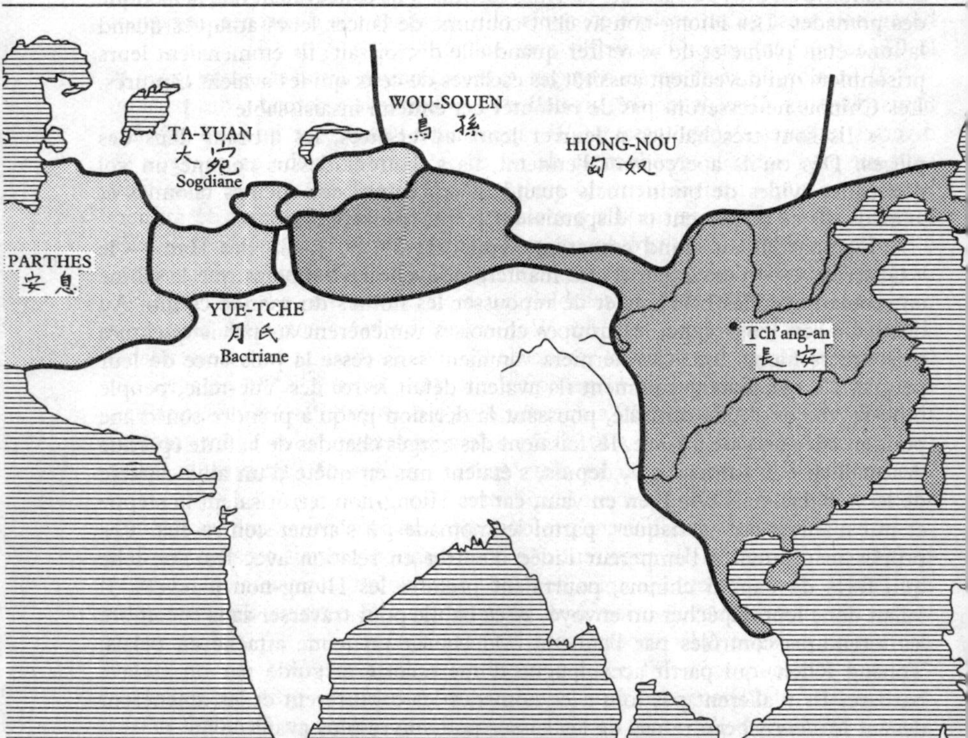

14. L'EXPANSION CHINOISE A L'ÉPOQUE DE L'EMPEREUR WOU DES HAN (141-87 AV. J.-C.)

renoncer à sa mission. Les Yue-tche ne se laissèrent nullement séduire par les propositions et les espoirs de revanche que Tchang K'ien leur faisait miroiter.

Au bout d'un an, Tchang K'ien tenta de regagner la Chine par la route méridionale des Nan-chan. Une nouvelle fois il tomba aux mains des Hiong-nou. Une année passa encore et, tout à coup, la mort du *chan-yu* et les désordres qui s'ensuivirent lui permirent de s'échapper. Il emmenait avec lui son épouse hiong-nou ainsi qu'un esclave et, après plus de vingt ans d'absence, regagnait la Chine où l'empereur l'accueillit avec solennité.

Il fit alors le récit de ses voyages extraordinaires à travers montagnes et hauts plateaux. Il avait trouvé, au-delà de la « barbarie » nomade, des pays où diverses cultures s'épanouissaient. Il rapportait à l'empereur que le Ferghâna était un pays agricole, producteur de riz et de froment, riche en chevaux de bonne race qui « transpiraient du sang ». On y buvait du vin tiré d'un fruit inconnu en Chine, le raisin. La population — plusieurs centaines de milliers d'hommes — habitait des cités fortifiées. La Transoxiane, petite contrée peuplée de nomades, possédait de remarquables archers. La vie en Bactriane en revanche, pays de champs et de cités, ressemblait par bien des côtés à celle du Ferghâna. Tchang K'ien parla également des Wou-souen, barbares aux yeux bleus et à la barbe rousse qui hantaient la région de l'Ili. Ils se disaient les « descendants des oiseaux » et élevaient de magnifiques chevaux. Tchang K'ien en avait fait parvenir un certain nombre à l'empereur Wou qui, émerveillé, les avait qualifiés de « chevaux célestes » *(t'ien-ma)*. Il avait de plus découvert les chaînes montagneuses des K'ouen-louen où les deux grandes artères de l'Empire, le fleuve Jaune et le fleuve Bleu, prennent leur source.

Ces découvertes modifièrent profondément la conception que les Chinois se faisaient du monde. Ils apprirent que la civilisation pouvait renaître, au-delà des Passes, chez les petits peuples de l'Asie centrale qui connaissaient les merveilles du monde moyen-oriental et avaient assimilé certains éléments de la civilisation grecque jadis apportés par l'avance d'Alexandre. C'est ainsi que la Chine, à son tour, accueillit peu à peu ces nouvelles richesses.

Ce furent d'abord des tapis, des pierres précieuses, puis des animaux, comme certaines belles races de chevaux, ou l'âne, apparu en Occident et que les Hiong-nou introduisirent en Chine, ou bien encore les chameaux de Bactriane. Ce furent les techniques de monte ou d'attelage, comme l'usage de la bricole de poitrail. Ce furent enfin des cultures : la luzerne et le trèfle qui fournissaient la nourriture des troupeaux, ou bien des fruits comme le raisin, les noix, les grenades. Tchang K'ien le diplomate, le soldat, l'explorateur, fut donc aussi celui qui relia la Chine à la fameuse « Route de la Soie ». On aurait pu la nommer plus justement « Route des Chevaux » car c'était bien pour obtenir les précieux coursiers que la Cour inondait de soieries et d'objets en fer les Hiong-nou qui, de ce fait, s'armaient et renforçaient leur puissance.

La réforme de l'armée chinoise

La pression grandissante des peuples de la steppe aux frontières du monde chinois engendra une série de transformations profondes, à la fois matérielles et psychologiques. Si le sentiment de la supériorité chinoise n'en parut pas altéré, l'idée naquit pourtant qu'il fallait dans certains cas se mettre à l'école des barbares. Les dirigeants chinois se trouvèrent dès lors confrontés à un dilemme insoluble : se cultiver et périr ou se barbariser et vaincre. La paix intérieure ne pouvait plus se concevoir sans une réforme complète de la protection des frontières. Celle-ci à son tour impliquait la constitution d'une armée d'un type entièrement nouveau, calqué sur celui des pelotons, si redoutés, des nomades. A travers les longs chemins montueux du centre asiatique, le char de combat de plaine perdait toute son utilité. L'infanterie paysanne, de son côté, ne pouvait y parvenir qu'épuisée. La cavalerie, en revanche, qui avait fait de timides débuts à l'aube des Royaumes combattants, devait former la masse active et mobile des armées.

Cela supposait une révolution dans l'armement : aux hallebardes et aux lances, armes lourdes, appropriées au combat à pied, il fallait substituer l'épée et l'arbalète. L'invention de cette dernière remplissait d'orgueil les Chinois qui, depuis la fin du ve siècle avant J.-C., tentaient d'en garder le secret; il s'agissait en effet d'une arme très meurtrière : on sait que le concile du Latran, en 1179, en proscrivit pour cette raison l'usage dans la chrétienté.

La constitution de la nouvelle armée chinoise exigeait aussi la mise au point d'une importante infrastructure économique. Non seulement il fallait prévoir la nourriture d'une grande masse d'hommes, ce qui n'était certes pas nouveau, mais il fallait aussi entretenir un nombre considérable de chevaux, tâche d'autant plus difficile que les combats se déroulaient aux confins des déserts. Seul l'empereur jouissait de l'autorité suffisante pour faire aménager les vastes pâturages nécessaires à l'entretien des montures et, en ce sens, la lutte contre les nomades pouvait permettre la consolidation définitive de l'unité nationale. Fort judicieusement, le Nord-Ouest chinois, moins peuplé et plus proche des terrains d'opération, fut choisi pour servir de « terre à chevaux ».

Enfin cette modernisation de l'armée chinoise engagea des modifications d'ordre social. Les vieilles hiérarchies militaires remontant à l'époque des Royaumes combattants, les théoriciens de l'ancienne stratégie appropriée aux batailles classiques entre cités ou petits États ne servaient plus à rien. Seule la personnalité, le génie individuel capable de s'adapter rapidement aux circonstances, à l'ennemi mal connu et au terrain pourraient sauver l'Empire.

L'histoire de la lutte des Han contre les Hiong-nou confirma point par point tous ces faits. C'est toujours en fonction du talent particulier des hommes que l'empereur décida de poursuivre ou non ses campagnes de police ou d'expansion militaire; bien lui en prit, car il n'y eut de francs succès qu'à l'époque des brillants généraux Wei Ts'ing et Houo K'iu-ping.

Les campagnes militaires

Wei Ts'ing, frère d'une impératrice, chevaucha sa vie durant sur les pistes des régions frontalières. En 127 avant J.-C., il s'enfonça tout au nord, au-delà de la boucle des Ordos, dans cette région lointaine et alors mal connue que l'on appelait, avec une nuance péjorative, le « pays de l'Ouest », le *Si-yu*. Il en refoula les Hiong-nou, si bien qu'en 114 avant J.-C. il fut possible de pourvoir la région de cadres administratifs. Il usa largement des conseils de Tchang K'ien qui trouva ainsi la légitimation de ses longues années d'exil et sauva plus d'une fois l'armée impériale de la faim et de la soif.

La gloire et le talent de Wei Ts'ing devaient se perpétuer en son neveu Houo K'iu-ping qui, en 121 et en 119 avant notre ère, infligea aux Hiong-nou deux très lourdes défaites en lesquelles l'empereur crut voir le gage d'une paix durable :

« Le renom [des] nombreux exploits militaires [de Houo K'iu-ping] s'est étendu jusqu'aux frontières le long du fleuve Jaune et nous [l'empereur] pouvons espérer que désormais [ces pays] seront débarrassés du péril et pourront jouir d'une paix durable. »

Si l'on peut admirer le courage et la ténacité de Houo K'iu-ping, il convient surtout de souligner sa clairvoyance qui fit de lui le principal instigateur de la politique expansionniste des Han. Il démontra l'utilité d'employer l'arme même de l'ennemi, la cavalerie légère, mobile, et souffla à l'empereur qu'il fallait s'enfoncer loin au cœur des terres occidentales, pour atteindre les pays fournisseurs de bons chevaux dont la possession assurerait en retour la protection de l'Empire.

C'est en reconnaissance des immenses services rendus par Houo K'iu-ping que, lorsque celui-ci mourut en 117 avant J.-C., l'empereur fit venir à la capitale des pelotons hiong-nou. Chaque barbare, porteur d'une arme en fer, se planta sur le bord du chemin funèbre, et les cavaliers de la steppe, alignés en une file humaine immobile, conduisirent ainsi le grand vainqueur à son tombeau.

En 1914, Victor Segalen devait retrouver l'une des sculptures qui marquaient l'entrée du tumulus de ce héros national. Par cette découverte, il rappelait au monde moderne la force oubliée de la sculpture lapidaire antique.

Les rapports des expéditions militaires, soigneusement consignés dans le

Che ki ou le *Han chou*, ne cessent d'étonner. Le butin de ces campagnes — quand elles se terminaient par une victoire — consistait en de fabuleuses caravanes d'esclaves, de chevaux, de bétail qui apportaient en terre chinoise leur travail, leur énergie. En 124 avant J.-C., les hommes du général Wei Ts'ing capturèrent plus de quinze mille Hiong-nou et plus d'un million d'animaux domestiques; les massacres des populations de la steppe atteignaient les mêmes proportions. Mais à l'inverse, en cas d'infortune, les pertes chinoises pouvaient être catastrophiques. En 99 avant J.-C., par exemple, le général Li Kouang-li perdit les deux tiers de son armée de trente mille cavaliers. Deux autres généraux, Li Ling et Sou Wou, furent, dans diverses circonstances, capturés par les Hiong-nou avec leur escorte. A cette nouvelle, l'empereur Wou entra en fureur et fit assassiner toute la famille de Li Ling qu'il accusa de lâcheté, voire de trahison. Sou Wou qui, dit-on, avait tenté de se donner la mort au moment d'être fait prisonnier, évita les foudres impériales, mais resta dix-neuf ans captif des barbares. Les Hiong-nou proposèrent alors la liberté aux deux prisonniers : Sou Wou partit aussitôt, tandis que son compagnon, sans doute par crainte des représailles, préféra demeurer en territoire ennemi. Des fouilles viennent de mettre au jour les vestiges du palais qui abrita la captivité de Li Ling. Cet exil sans retour est devenu légendaire et inspira plus tard des poèmes édifiants sur le thème mélancolique de l'inexorable séparation.

Même si l'on admet que ces chiffres doivent beaucoup à l'hyperbole littéraire — ou oratoire —, il fallait tout de même que la démographie de la Chine fût prospère pour supporter de telles saignées.

L'étude des documents relatifs aux campagnes de Han Wou-ti permet par ailleurs de déterminer que, contrairement aux idées reçues, fort peu de barbares servaient, à l'époque, dans l'armée impériale. Certes, quelques Hiong-nou gagnés à la cause chinoise faisaient office de guides : c'est ainsi que Houo K'iu-ping ne se perdit jamais, même lorsqu'il s'avança très profondément en pays hiong-nou. On remarque encore un Hiong-nou devenu général dans l'armée chinoise : sitôt vaincu par ses compatriotes, il se hâta cependant de regagner leurs rangs. Restent deux autres généraux d'origine barbare, mais tous deux avaient été élevés en Chine où leur famille résidait depuis plusieurs générations. La véritable fusion ne se fera que plus tard, au IVe siècle de notre ère.

D'une façon générale, il est permis de se demander si la Chine a véritablement aussi bien assimilé les barbares qu'on aime à le souligner parfois, sans préciser assez les lieux, les circonstances, les époques. La Chine, foyer de pensée, de savoir-faire, a simplement attiré vers elle les barbares, comme l'ont fait tous les grands centres d'une civilisation sédentaire par rapport à leurs voisins moins évolués, ceux qui méconnaissaient encore les notions d'héritage, de pérennité, de hiérarchie des âges et des biens. On trouve à Rome, par exemple, des phénomènes de fusion tout aussi spectaculaires, sinon plus.

Nous touchons ici au problème général de l'absorption des cultures périphériques. Dans le cas précis de la Chine, on a l'habitude d'opposer la barbarie, l'imperméabilité sauvage des peuples du Nord et du Nord-Ouest chinois à l'ouverture, à l'osmose propres aux pays du Sud. Ce jugement mérite d'être nuancé. Il convient d'abord de s'entendre sur ce que l'on appelle « pays du Sud ». La perméabilité est en effet manifeste jusqu'aux régions de l'actuelle Canton; mais il s'agit là d'anciens royaumes aussi largement évolués que le Wou, le Yue, le Tch'ou, qui appartenaient depuis les origines à ce que l'on pourrait, par analogie avec l'Occident, appeler la *sinicia*, à laquelle ils donnèrent eux-mêmes d'importants éléments de pensée ou d'art.

Le mode de vie agricole, sédentaire, qui s'était développé dès l'antiquité dans les régions méridionales privilégiées par l'orographie et le climat, favorisait les possibilités d'emprunts d'une culture à l'autre. Mais ces pays du Sud n'en possédèrent pas moins, jusqu'à l'époque des Han, une originalité puissante et l'art qu'ils créèrent prenait ses sources loin de la seule Chine, aux multiples bassins de l'Eurasie.

Le Premier Empereur avait déjà tenté de les soumettre à sa domination. Il avait lancé ses armées — cinq cent mille hommes — bien au sud du fleuve Bleu, contre les Yue, ancêtres des actuels peuples du Viêt-nam. La guerre s'étendit alors dans les gorges boisées du Li-nan, propices aux maquis, et les combats se prolongèrent plus de huit ans avant que le Fils du Ciel ne pût assurer son autorité en ces régions qu'il divisa en trois circonscriptions.

L'empereur Wou, plus habile, devait rallier définitivement à l'Empire ces contrées qui lui apportèrent une civilisation différente de celle des pays du centre et qui semblait plonger directement ses racines dans celle de l'époque des Royaumes combattants. En 334 avant notre ère, un roi de l'État de Tch'ou avait lancé un corps expéditionnaire dans la région du lac Tien-tch'e. C'était sous-estimer la puissance du Ts'in qui, coupant la retraite de l'armée du Tch'ou, l'obligea à rester dans ses conquêtes. Le général encerclé y fonda un État, le royaume de Tien, dont il se proclama le souverain. L'épisode n'aurait pu constituer que l'une des péripéties de l'histoire tourmentée des Royaumes combattants, mais l'art de cet original et éphémère royaume, révélé par la découverte et la fouille (1955-1960) des tombes de Che-tchai-chan, au Yunnan, traduit les étonnantes rencontres qui purent, dans ces pays montagneux et d'accès réputé difficile, se révéler créatrices.

Certaines pièces, contemporaines des Han antérieurs, évoquent la vie des populations aborigènes du Sud-Ouest chinois et, d'une façon plus générale, du Sud-Est asiatique. Des coffrets de bronze, destinés à contenir les cauris qui tenaient lieu de monnaie, prennent ainsi la forme des tambours caractéristiques des cultures de l'Asie sud-orientale. Mais aux simples dessins linéaires du répertoire traditionnel, les artisans du royaume de Tien ajoutèrent, sur la face supérieure de l'objet, un monde de petits personnages modelés en ronde-bosse, tissant, filant, vaquant aux travaux quotidiens ou rendant hommage à un personnage — souvent une femme assise sur un trône, peut-être une souveraine.

Plus étonnantes encore, les sculptures animalières ornant les plaques de ceintures ou têtes de hampes indiquent des liens très précis avec les cultures pourtant si lointaines des steppes. Ces beaux bronzes, rudes et spontanés, réintroduisaient une vision depuis longtemps trahie dans la grammaire des images chinoises par le ritualisme gouvernemental et mortuaire : celle d'une tendresse particulière et attentive propre au chasseur pour le monde animal, la fascination de l'envol des oiseaux, l'effroi sublimé devant les scènes de lutte entre les fauves de la forêt ou la paix des grands bovidés, figures familières au milieu des champs.

Ces peuples des pays du Sud intriguaient tant l'empereur Wou qu'il leur dépêcha un envoyé, T'ang Mong. Celui-ci partit en 134 ou 133 avant notre ère vers les régions de Pa et de Chou — l'actuel Sseutch'ouan. La richesse de ces contrées et le faste des cérémonies qui s'y déroulaient ne laissèrent pas de le surprendre : le roi allait jusqu'à se promener, comme le Fils du Ciel, dans un char couvert d'un dais jaune, orné sur le côté gauche d'un panache de plumes.

Les autochtones lui témoignèrent peu d'enthousiasme, car ils gardaient un souvenir cuisant du passé. Le Premier Empereur, en effet, avait déjà fait pénétrer ses représentants, pour lesquels il avait fallu ouvrir la « route large de cinq pieds » — environ un mètre cinquante —, taillée à force de labeur dans le rocher des montagnes. Et voici qu'à son tour T'ang Mong arrivait, suivi d'un long cortège de dix mille hommes chargés de présents pour les chefs barbares ainsi que de vivres pour la troupe. Un convoi aussi considérable ne pouvait passer entièrement par l'ancienne route. Les habitants se virent donc, comme leurs grands-parents, contraints de percer des voies et l'entreprise, tout pacifiques qu'en eussent été les buts initiaux, se transforma pour les peuples des pays traversés en un odieux fardeau. La situation se détériora rapidement :

« T'ang Mong [...] avait enrôlé, dans les commanderies de Pa et de Chou, un millier de petits fonctionnaires et de soldats. Dans les commanderies, on leva encore dans ce but plus de dix mille hommes pour les transports par terre et par eau. T'ang Mong avait utilisé la loi sur les réquisitions militaires pour exécuter les chefs de tribus. Les populations du Pa et du Chou furent dans une grande frayeur. »

La catastrophe fut évitée de justesse grâce à l'intervention chaleureuse d'un poète, Sseu-ma Siang-jou (179?-117 av. J.-C.), enfant de ce lointain pays. Son savoir et son talent littéraire l'avaient élevé à la Cour au rang d'un personnage important; sa plaidoirie en faveur de ses compatriotes n'en prit que plus de poids. Afin de prouver l'excellence de ses intentions, l'empereur Wou fit, en 109 avant notre ère, remettre un sceau de « roi de Tien » au chef du petit État dont il reconnaissait ainsi l'existence. Tout en conservant sa propre dignité de seul maître politique et religieux de l'Empire, il assimilait l'autre au cœur du grand ensemble chinois et entérinait l'existence et la validité des cultes royaux locaux : le titre de *houang-ti* avait justement été inventé pour pallier la multiplication de celui de *wang*.

Cette avancée vers le Sud se révéla lourde de conséquences culturelles et économiques. Les objets et les techniques circulèrent plus que jamais, unissant les deux moitiés de l'Empire. Dans ces régions à l'hydrographie foisonnante, une voie d'eau s'établit, préfigurant dans son principe le futur Grand Canal. Du cours supérieur du Siang-kiang (Hounan) au nord, jusqu'au cours supérieur du Kouei-kiang (Kouangsi) au sud, se constitua peu à peu un itinéraire qui relie aujourd'hui encore, le bassin du fleuve Bleu à celui de la rivière des Perles, la Chine de la plaine à celle des gorges, des collines ravinées et des cours d'eau enchevêtrés, partout navigables.

Plus brutale devait être l'intervention de l'empereur Wou au-delà des frontières imprécises du Nord-Est. L'année même où il donnait son investiture à l'État de Tien, il lançait ses troupes sur mer à la conquête de la Corée, bientôt partagée en quatre commanderies. C'était l'aboutissement d'une lente poussée chinoise qui remontait à l'époque des Royaumes combattants. Elle allait porter ses fruits, puisque les côtes occidentales de la Corée restèrent chinoises jusqu'au IVe siècle de notre ère et contribuèrent ainsi très largement à transmettre au jeune et lointain Japon l'ensemble des données culturelles du continent.

Ces luttes toujours remises en question, ces longs voyages, ces affirmations de puissance plus ou moins suivies d'effets témoignent d'une constante : l'attitude du pouvoir chinois vis-à-vis des autres, les barbares, les moins civilisés, les étrangers, n'obéit jamais à la rigueur d'un dogme. L'empereur usa tantôt de la pure violence, tantôt de la simple menace ou bien, au contraire,

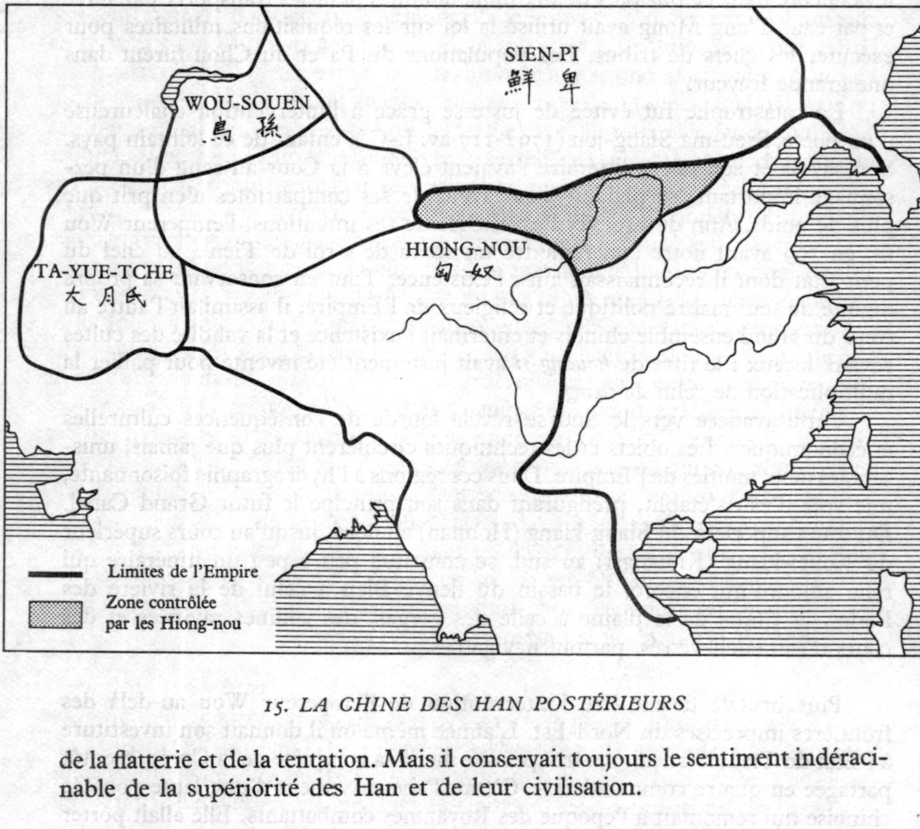

15. LA CHINE DES HAN POSTÉRIEURS

de la flatterie et de la tentation. Mais il conservait toujours le sentiment indéracinable de la supériorité des Han et de leur civilisation.

HIÉRARCHIE SOCIALE ET ÉCONOMIE

A l'intérieur de la Chine-mère, l'aménagement et la stabilisation de l'Empire avaient profondément modifié les rapports qui liaient les différents corps sociaux.

L'opinion générale reconnaissait l'existence inéluctable, depuis la plus haute antiquité, d'une sorte de binôme. Au peuple gouvernant s'opposait le peuple gouverné; notion instable, s'il en fut, dans ses applications, car les membres du premier groupe étaient issus du second ou y rentraient eux-mêmes suivant les circonstances : retraite, dégradation, ou position relative des uns et des autres au sein de l'échelle des hiérarchies selon qu'on la considérait d'en bas ou d'en haut. On rangeait néanmoins sans conteste parmi les gouvernants les princes féodaux *(kiun)*, bien que ceux-ci eussent perdu dès le Ier siècle avant J.-C. tout pouvoir territorial, les ministres d'État *(kiu-ts'ing)*, les hauts membres du gouvernement *(ta-fou)*, les lettrés *(che)* dont le savoir et les vertus civiques avaient éclipsé l'ancienne valeur militaire des paladins que ce terme de *che* désignait au début du Ier millénaire avant notre ère.

La masse des gouvernés, en revanche, s'était considérablement fragmentée. Elle formait un ensemble mouvant et hétérogène que les écoles philosophiques s'efforçaient de considérer ou de classer sous des angles divers. A la distinction en catégories de paysans, d'artisans et de marchands, remontant à Confucius, s'ajoutait une vision globale du « peuple nombreux » *(li-min)* ou « peuple aux têtes noires », selon l'expression forgée à l'époque du Premier Empereur. C'étaient là les deux notions les plus courantes, n'englobant que des groupes sociaux. Pourtant l'idée de personne semblait parfois se faire jour dans des expressions comme *jen-jen*, « tous les hommes » : le peuple devenait alors un groupement d'individus. D'autres termes moins fréquemment employés faisaient de la plèbe un conglomérat de clans aux « cent noms » *(po-sing)* ou bien encore les « enfants innombrables du maître » *(yuan-yuan)*.

Il ne faut cependant point se leurrer : seule était prise en considération la productivité des hommes, sous tous ses aspects, car celle-ci conditionnait l'équilibre et la survie de la nation.

Les artisans

Dans l'antiquité, les occupations diverses du peuple avaient elles aussi été réparties en catégories. Le « Rituel des Tcheou » *(Tcheou-li)*, ouvrage de composition tardive mais véhicule d'idées et de faits fort anciens, en comptait neuf : les fermiers, les jardiniers, les forestiers et gardiens des montagnes, cours d'eau ou marais, les éleveurs d'animaux domestiques, les artisans, les négociants et les marchands, les femmes chargées de tisser la soie ou le chanvre, le menu peuple des glaneurs d'herbes, de racines ou de ceux qui mettent à sécher les légumes; enfin les vagabonds : dépourvus d'occupation ou de poste permanent, ils erraient à la recherche d'un travail qu'ils abandonnaient selon les saisons et leur humeur. Cette dernière catégorie se recrutait aussi bien chez les riches que chez les pauvres, l'original repu ou le nanti en rupture de société rejoignant le chemineau famélique sur les routes de l'aventure. A ces neuf groupes on ajoutait deux catégories d'esclaves, suivant que les individus entraient en service à la suite d'une condamnation sanctionnant une faute ou bien, en période de famine, après une vente.

L'un des faits les plus saillants de l'histoire des Han fut la création, au sein de cet ensemble ancien, d'un statut particulier aux artisans enrôlés massivement dans les ateliers d'État. Il existait ainsi dans la capitale trois fabriques officielles placées spécialement au service de la famille impériale. Le *K'ao-kong-che* fabriquait des meubles; le *Tong-yuan-kiang* modelait et peignait les *ming-k'i*, célèbres statuettes funéraires que l'on se plaît à comparer aux tanagras; enfin, le *Chang-fang* produisait des objets de la vie courante d'une qualité d'exécution exceptionnelle. Vers la fin de la dynastie, ce dernier fut partagé en trois sections : l'une fabriquait des miroirs, les deux autres des tissus. Par ailleurs, certains groupes sociaux, chargés, notamment, de fonctions religieuses, entretenaient comme l'État leurs propres corps d'artisans.

Un système comparable avait cours dans chacune des provinces. Six centres, un au Hopei, deux au Honan, deux au Chantong, un dans l'Anhouei, étaient plus spécialement chargés de confectionner des armes; deux fabriques de tissus existaient au Chantong et au Honan; au Sseutch'ouan, deux ateliers étaient spécialisés dans le travail de l'or et de l'argent, et l'État encourageait la production des laques dont la haute qualité faisait l'orgueil des pays méridionaux.

Les monopoles

Malgré la prospérité certaine que prouvent à la fois la quantité et la qualité des productions han, les dirigeants se trouvèrent confrontés à de très graves difficultés qu'ils tentèrent de résoudre par l'équilibre, la combinaison et la succession de politiques diverses.

Pendant la trentaine d'années qui suivit l'avènement de la dynastie (206-175 av. J.-C.), l'empereur reprit à son compte les principes austères et légistes des hommes de Ts'in : transfert de populations afin d'éviter toutes collusions ou rivalités de clans; encadrement strict des masses paysannes; contrôle des profits des négociants qui tendaient à monopoliser monnaie et pouvoir; l'âge demeurait à la simplicité, la frugalité. Mais sitôt la paix revenue et le danger barbare écarté, de 175 à 154 avant J.-C., une libéralisation générale se fit sentir. La réaction s'engagea même avec une telle force qu'elle se traduisit sur le plan politique par la rébellion de « sept pays » du Sud auxquels les Han avaient rendu une sorte d'autonomie féodale, car ils étaient les berceaux de la nouvelle famille régnante.

Les révoltes rapidement écrasées, le règne de l'empereur Wou marqua l'apogée d'une société qui tendait à la centralisation et où les activités du commerce et de l'industrie battaient leur plein.

La plus grande inquiétude de l'empereur Wou en matière d'économie vint précisément d'une prospérité si grande qu'elle favorisa l'épanouissement de puissances industrielles privées, nées de l'exploitation des mines de sel ou de fer. L'extraction et le traitement de ces matières premières exigeaient une main-d'œuvre nombreuse et une bonne coordination des différentes opérations; l'activité commerciale qui en découlait entraînait le développement d'une importante économie monétaire. Or, le gouvernement s'avisa que les particuliers s'y enrichissaient et non l'État, ce qui nuisait à son prestige et risquait en outre de conduire les finances impériales à la faillite. L'empereur Wou pallia ces menaces par une nationalisation massive des grandes entreprises : pour l'ensemble du pays, quelque soixante-seize centres furent seuls chargés de produire et de vendre, sous contrôle et au profit des finances publiques, le sel et le fer, monopoles nationaux soumis à l'administration de K'ong Tsin et de Tong-kouo Sien-yang, auxquels s'ajouta celui de l'alcool. Justifiées dans l'optique légiste des dirigeants, ces mesures coercitives, assorties d'une sévère répression fiscale, entraînèrent à longue échéance la lente dégradation économique qui, malgré des regains de prospérité, aboutit trois siècles plus tard à l'effondrement du monde han.

La cause première en était que les intentions de l'empereur ne relevaient pas entièrement de la morale. De même qu'il se mit à vendre charges et titres, brisant ainsi les cadres de l'administration, de même il cherchait moins à défendre le principe de la toute puissance de l'État s'opposant au capital qu'à faire verser dans ses coffres les revenus que se procuraient industriels et négociants. L'expansion en pays barbare, en effet, coûtait cher.

Il n'en demeure pas moins vrai que la constitution de monopoles d'État se fondait aussi sur d'excellentes raisons de salubrité économique générale. La métallurgie, surtout, constituait une part essentielle de la vie matérielle de la nation, puisqu'elle impliquait la possibilité de fondre des monnaies. De 120 à 81 avant notre ère, l'État s'efforça de taxer, réduire et confisquer les entreprises privées en ce domaine. Le résultat de ces mesures se fit sentir très rapidement, puisqu'on relève dès 115 avant notre ère un ralentissement progressif des activités privées. Trois ans plus tard, en 112 avant notre ère, l'État pouvait se targuer de contrôler effectivement la frappe des monnaies.

Il est curieux de constater qu'en cette occurrence, l'empereur Wou, par ailleurs fervent partisan et restaurateur du confucianisme foncièrement optimiste et libéral, suivit la ligne politique du pays de Ts'in et s'assura les services d'hommes manifestement légistes. C'est là un bon exemple du dualisme qui, en des proportions diverses et souvent difficiles à définir précisément, inspira toujours les décisions des dirigeants chinois.

Pour lutter contre les spéculateurs, l'empereur encouragea encore (110 av. J.-C.), sur les conseils de Sang Hong-yang, la création d'un bureau dit d' « Égalisation et de standardisation » : véritable « Balance du commerce » *(P'ing-tchouen)*, son rôle consistait à lever les taxes en nature ainsi qu'à acheter à bas prix des marchandises qu'il revendait dans d'autres régions, ou bien qu'il remettait sur le marché à un moment propice et à un tarif avantageux. Le but officiel de ce bureau était de protéger le menu peuple des exactions commises par les accapareurs. En fait, la conduite de l'État ne semble pas, ici non plus, avoir été dictée par des considérations de pure humanité, et les confucianistes ne se faisaient pas faute de le dire.

Quelques années après la mort de l'empereur Wou, en 81 avant J.-C., on organisa à la Cour un important « débat sur le sel et le fer » dont nous conservons un rapport, le *Yen-t'ie-louen*. La polémique opposait des légistes, que menait le Grand Secrétaire de l'État, à un groupe de savants confucéens. Chantant les louanges de la paix et les vertus de l'antique société chinoise, ces derniers fulminaient :

« Jamais le profit matériel ne devrait apparaître comme un motif de gouvernement. [Celui-ci consiste] à faire régner la moralité et à réformer les coutumes du peuple. Mais maintenant dans les provinces, les monopoles du sel, du fer et de l'alcool, et le système du marché équitable ont été établis pour concurrencer le profit du peuple, dépréciant la générosité rustique et enseignant au peuple l'avarice. C'est pourquoi ceux qui ont une activité primaire [l'agriculture] sont devenus peu nombreux et ceux qui ont une activité secondaire [le commerce] nombreux... Chang Yang a fait des lourds châtiments et des lois cruelles le fondement de l'État de Ts'in et cela, avec le Second Empereur, fut détruit. Non satisfait de la sévérité des lois, il a institué le système de la responsabilité mutuelle, fait un crime de critiquer le gouvernement et accru les châtiments corporels jusqu'à ce que le peuple fût si terrifié qu'il ne savait pas où mettre ses mains et ses pieds. Non content des innombrables taxes et prélèvements, il a interdit au peuple d'utiliser les ressources des forêts et des rivières et a fait d'innombrables profits à partir du stockage des disponibilités, tandis que l'on ne donnait pas au peuple la chance d'élever la plus petite objection. Une telle vénération du profit, un tel manque d'égards envers ce qui est droit, une telle exaltation du pouvoir et de la réussite conduisit, il est vrai, à l'expansion du pays et à l'acquisition de territoires. Mais c'était comme verser encore de l'eau sur des gens qui souffrent déjà de l'inondation et cela ne faisait qu'accroître leur détresse. »

Le problème agraire et l'esclavage

Si les protestations et les sarcasmes des légistes fusèrent contre les confucianistes, ces derniers finirent pourtant par obtenir gain de cause.

L'empereur Wou, il est vrai, avait déjà prêté aux confucéens une oreille favorable et s'était efforcé de pallier la fuite de la main-d'œuvre paysanne vers des professions plus rémunératrices en promulguant, en 90 avant J.-C., une série de réformes destinées à ramener des bras à l'agriculture. Mais l'intervention renouvelée des confucéens et les aménagements qui s'ensuivirent faillirent conduire à la catastrophe inverse : en 62 avant J.-C., les paysans produisaient trop et leurs produits ne se vendaient plus. Dès lors, l'État engagea jusqu'en 44 avant J.-C. une action qui devait équilibrer les aléas des récoltes et résoudre en partie le difficile problème des transports. Près de Tch'ang-an, la capitale construite à la fin du deuxième siècle avant notre ère, on encouragea la culture de céréales destinées au gouvernement, tandis que l'on établissait aux frontières des réserves de grains (54-44 av. J.-C.) : elles serviraient à nourrir sur place les garnisons qui protégeaient l'Empire. C'était en revenir au protectionnisme des légistes.

En fait, de grands changements intervenaient dans la conception même de l'agriculture. Elle s'élargissait à tous les métiers annexes, comme la sériciculture et le tissage. Elle finit par englober d'une façon générale parmi les « paysans » *(nong)* tous les individus qui tiraient du travail de la terre la matière première de leur activité. Et ce n'est pas un hasard si le ministre de l'agriculture veillait en même temps au commerce et à la santé des finances du gouvernement.

Cette importance donnée au sol, devenu le dénominateur commun d'une vaste partie de la population et que les riches accaparèrent d'autant plus qu'il valait davantage, se révéla lourde de conséquences : l'esclavage prit des proportions importantes, ce qui n'avait jamais été le cas auparavant. Le grand philosophe Tong Tchong-chou (179?-104? av. J.-C.) en démontait ainsi le mécanisme :

« Les anciens avaient installé des maisons et des puits avec huit familles par unité [un puits et 900 *mou*]. Mari et femme cultivaient cent *mou* de terre, remettant en guise de taxe un dixième de leur production [à l'État ou ses représentants]. Mais les Ts'in n'avaient aucun principe et accrurent les levées et les taxes pour leur propre usage, épuisant la force du peuple par leurs désirs désordonnés. On abolit le système *tsing-t'ien* [le système du puits] et les gens furent autorisés à vendre et acheter de la terre. Les riches achetèrent tellement de terres que leurs champs se tenaient tout au long des routes nord-sud et des routes est-ouest, tandis que les pauvres n'avaient même pas suffisamment de terre pour y planter un bâton. De plus ils organisèrent des marchés d'esclaves où les hommes étaient parqués comme du bétail et des chevaux. Envers les gens du commun et leurs serviteurs, ils usurpèrent le droit de punir même par la mort. Des hommes vils et tyranniques, mus par le seul profit, allèrent jusqu'à enlever et vendre des hommes et leurs femmes et enfants, profanant la volonté du Ciel, détruisant les relations humaines et pervertissant le principe que l'homme est la plus noble création du Ciel et de la Terre. »

Alors qu'on ne connaît aucune intervention ancienne de l'État pour diminuer le nombre des serfs dans les maisons privées — car ceux-ci étaient sans doute relativement peu nombreux —, la lutte de l'empereur Wou contre les monopoles particuliers se traduisit notamment par des confiscations d'esclaves que le gouvernement eut d'ailleurs beaucoup de mal à intégrer dans ses propres rouages. Le fait que les esclaves effectuaient en majorité des tâches domestiques, alors que la terre, estimait-on, manquait de bras, provoquait les protestations indignées des économistes qui s'ajoutaient à celles des hommes de bien.

Le commerce de la terre créait ainsi une classe de pauvres irrécupérables qui avaient irrémédiablement perdu tout espoir d'amélioration de leur condition et même toute dignité humaine. Le problème agraire, fondement de l'aliénation individuelle, était déjà semblable à celui qui allait se poser à l'aube du XXe siècle.

Le gouffre ouvert dans les finances publiques par les campagnes militaires aggravait ici aussi la situation. En 127 avant notre ère, celle-ci devint si catastrophique que l'État se trouva dans l'impossibilité de payer ses employés. Le gouvernement décida alors de les remplacer par des hommes et des femmes auxquels il proposait un certain nombre d'avantages, à condition qu'ils acceptent la condition servile qui, naturellement, excluait tout payement. Comme en matière de finances, l'État en revenait à développer le mal qu'il avait lui-même dénoncé.

La production agricole consistait essentiellement en « cinq grains » *(wou-kou)* qui relevaient, en fait, de trois sortes principales de céréales : le froment, le millet et les légumes à gousses. Il convient d'y ajouter le riz, au moins pour la Chine du Sud, encore qu'il ait été connu également dès une époque très ancienne dans la région du Kansou. Ces « cinq grains » constituaient le véritable nerf économique de l'État.

Les documents connus ou exploités sont encore trop fragmentaires pour permettre de comprendre dans son ensemble le mécanisme de la circulation des céréales durant ces siècles; mais on connaît le système des silos qui fonctionna toujours, quels qu'eussent été les buts et les convictions des hommes au pouvoir.

En 200 avant notre ère, on avait construit à Tch'ang-an un grand grenier *(t'ai-ts'ang)* afin de constituer une réserve de grains en cas de famine. Il servit plus tard à assurer chaque année en théorie la stabilité des prix, les bonnes saisons permettant de compenser les mauvaises et d'équilibrer les marchés. Des établissements semblables furent construits en province. D'après Yen Che-kou (581-645), il y avait aussi des sortes de greniers publics *(ts'ang* ou *lin)*, où l'on entreposait les céréales déjà battues qui servaient à payer les fonctionnaires préfectoraux et gouvernementaux ainsi que les grains destinés au secours des malheureux ou des sinistrés en cas de pénurie. Il existait encore des emplacements non couverts *(yu)* où l'on déposait les céréales en attendant de les transporter à destination par voie fluviale.

La situation de la terre, au long de l'époque han, demeura aussi incertaine que celle des hommes car toutes deux se trouvaient inéluctablement liées. Les confucianistes lançaient périodiquement leurs lamentations sur l'abandon du système des neuf parcelles *(tsing-t'ien)*, répétant que jadis les familles étaient groupées sur des terres dont la propriété et une partie du revenu demeuraient à l'État. Mais rien ne changea jusqu'en 48 avant notre ère, année où des inondations catastrophiques ravagèrent le pays. La famine s'installa et les confucéens jugèrent le moment venu d'imposer, au-delà des simples tentatives d'équilibrage, de profondes réformes qui provoquèrent, sans que l'on puisse en saisir précisément les causes, une succession de périodes tantôt fastes, tantôt difficiles. Elles se suivirent alternativement jusqu'à la révolte de Wang Mang (né en 33 avant J.-C., mort en 23 après J.-C.) qui, en l'an 9 de notre ère, tenta d'établir une nouvelle dynastie. Il faillit bien réussir sans même coup férir.

Son programme politique et social comportait le retour au fameux système des « neuf parcelles » et l'abolition de la propriété privée des biens fonciers. En même temps, il remettait en usage tous les anciens monopoles impériaux établis par l'empereur Wou et qu'un siècle d'incertitude économique avait permis d'entamer : il semblait donc que la révolution se faisait dans le sens de la volonté du Ciel et que la morale dût enfin l'emporter sur le profit.

Mais aussitôt les prix montèrent et la qualité des marchandises se détériora. Les lourdes taxes imposées aux artisans, la baisse autoritaire du salaire des fonctionnaires dans les années difficiles, l'émission d'une nouvelle monnaie causèrent, malgré les intentions louables qui avaient inspiré ces mesures, le chaos général. Les lettrés-fonctionnaires qui avaient d'abord appuyé Wang Mang perdirent toute confiance en lui et l'abandonnèrent. On parvint à un tel degré de confusion que « les gens ne pouvaient pas bouger la main sans violer quelque interdit... Les riches n'avaient aucun moyen de se protéger et le pauvre aucune façon de rester en vie. Ils se soulevaient et devenaient voleurs et bandits, infestant les collines et les marais, et les officiels, incapables de les saisir, s'efforçaient au contraire de cacher leur présence, si bien qu'ils grandissaient en force de jour en jour... Famines et épidémies faisaient rage et les gens se mangeaient entre eux, de telle sorte que, avant que Wang Mang fût finalement puni, la moitié de la population de l'Empire avait péri. »

En 17 après J.-C., la bande dite des « Sourcils rouges » *(Tsi mei)* — ainsi dénommés à cause de leur maquillage — sillonnait la campagne du Chantong, menée par une sorte de sorcière, la « mère Lu ». Les débordements du fleuve Jaune vinrent accentuer la misère générale; ce fut alors toute la plaine centrale qui bascula dans la rébellion. Un grand effroi saisit le pays :

« La grande ville de l'Ouest [Tch'ang-an] sombre dans le chaos,
Tigres et loups voici venus les ravageurs...
De nouveau c'est l'exil, il faut sortir de Chine
Et passer sous le joug, au pays des Barbares.

Mes parents sur mes yeux lèvent leurs yeux en larmes;
Les mains de mes amis se crispent sur mes mains...
Je quitte la maison. Il n'est âme qui vive;
Des ossements blanchis recouvrent seuls la plaine. »

Wang Mang s'évanouit lui aussi, incapable de résoudre les problèmes de l'heure. Le règne de Kouang Wou-ti (25-57) consacra la restauration des Han que le peuple réclamait à grands cris. Tout recommença comme par le passé, n'était le transfert de la capitale à Lo-yang, loin des barbares que les gestes belliqueux de Wang Mang avaient profondément mécontentés et rendus dangereux. Pour les plus favorisés, la vie reprit, brillante et joyeuse :

« Hâtons notre voiture, fouettons la haridelle,

Allons nous amuser à Nan-yang, à Lo-yang.
Dans la ville de Lo, grande est l'animation.
On voit les officiers se poursuivre à l'envi.
Croisée des avenues, branchement des ruelles,
Des princes, des marquis, nombreux sont les hôtels.
De loin les deux palais l'un l'autre se contemplent,
Les deux tours de l'entrée dépassent les cent pieds. »

Mais les Han, usés par le pouvoir, s'épuisèrent de nouveau et durant cent cinquante ans la Chine connut des fortunes diverses. Le chaos social à l'intérieur, les chevauchées barbares aux frontières, la concentration des richesses aux mains d'un petit nombre d'hommes habiles à exploiter les autres provoquèrent finalement jacqueries et rébellions.

En 184, année dramatique, deux foyers d'insurrection éclataient aux confins opposés de la Chine, inspirés et entretenus par les idéaux taoïstes. A l'orient de la Grande Plaine, les partisans de la « Grande Paix » *(T'ai-p'ing)* arboraient des turbans de couleur jaune : celle de la Terre, dont la domination cyclique devait à leurs yeux succéder à celle du Feu, élément symbolique des Han. Le cycle naturel se trouverait ainsi restauré dans son développement historique : Eau du Premier Empereur, Feu des Han, et Terre de la Grande Paix.

Malgré la mort précoce de leur chef, Tchang Kiue, en 184, les « Turbans jaunes », ainsi qu'ils se nommaient, demeuraient redoutables, tandis qu'au Sseutch'ouan florissait la secte révolutionnaire dite des « Cinq boisseaux de riz ». Les vastes étendues centrales ne connaissaient plus que la désolation :

« Je sors et suis des yeux la route illimitée;
Il n'est sur le chemin ni char ni cavalier.

J'ai gravi les hauteurs, j'ai vu les neuf provinces
Et la fuite infinie des âpres solitudes... »

Le pouvoir n'existait plus. Les chefs d'armée virent rapidement quel parti ils pourraient tirer d'une telle situation. En 189, le général Tong Tchö pillait la capitale. Le monde han disparaissait. Confusion économique, hésitations du gouvernement entre autorité et libéralisme, crise agraire profonde, mouvements de rébellion paysanne — nés dans les régions périphériques, rapidement organisés et dotés d'un programme politique et d'un cadre administratif —, transfert du mandat céleste par l'intermédiaire de l'intervention populaire, réaménagement de l'Empire considéré comme le rétablissement d'un ordre ancien injustement perturbé : pendant deux mille ans, des Han à nos jours, l'histoire chinoise, plus qu'aucune autre peut-être, sembla répéter le cycle de ses antiques grandeurs et de ses affaiblissements dramatiques.

LA VIE CHINOISE DURANT LES PREMIERS SIÈCLES DE L'EMPIRE

L'évolution du fragile édifice économique montre que, durant les quatre siècles du règne des Han, les empereurs surent maintenir un équilibre entre les différentes écoles de gouvernement et que jamais ils n'accordèrent à l'une ou à l'autre une prépondérance absolue. Au fil des ans, il semble même que les tendances philosophiques, que l'on parlât de légisme ou de confucianisme, se soient effacées devant la résurgence d'un vieux fond d'idées cosmogoniques élaborées dès la plus haute antiquité et auxquelles les tempéraments particuliers réagissaient avec plus ou moins d'optimisme, plus ou moins de rigueur ou de laxisme.

La seule véritable nouveauté, l'originalité de la pensée han, fut le souci de la hiérarchisation et des groupements d'ensemble, la recherche d'un système qui ne laisserait au dehors aucun point de vue, aucun des éléments de la vie.

C'est dans cette perspective que l'on peut, dans une large mesure, expliquer le succès politique des confucéens. Opposés à tout dogmatisme outrancier, ils possédaient une sorte de souplesse qui leur permit de combler les vides. Soit parce que l'on se méfiait de l'emprise redoutée des légistes, soit parce que les féodaux avaient perdu tout crédit et se voyaient privés des charges qu'ils avaient jadis exercées par tradition, les confucéens finirent par se ménager avec habileté les postes qui, pour ces différentes raisons, demeuraient vacants. Loin d'être des bâtisseurs, ils se glissaient dans un système, celui que les légistes avaient tiré du vieil enseignement de Siun-tseu, lui-même pétri des doctrines de maître K'ong : si l'on regarde les choses avec quelque recul, la boucle semble ainsi se refermer, le positif et le négatif se rejoindre.

Le rayonnement du confucianisme

La rentrée en grâce des lettrés honnis par le Premier Empereur et la faveur dont l'empereur Wou gratifia le confucianisme eurent, au-delà des grandes orientations gestionnaires, de profondes répercussions intellectuelles et humaines.

A l'instigation de Tong Tchong-chou — celui qui souleva le scandale de l'esclavage — l'empereur institua, en 124 avant J.-C., une université impériale destinée à former, en une année d'études, de bons administrateurs. Cette nouveauté connut un succès éclatant : à la fin du Ier siècle avant notre ère, l'université comptait trois mille étudiants, et dix fois plus à l'époque des Han postérieurs. Pour deux mille ans, les rouages de l'Empire se trouvaient placés entre les mains d'hommes formés à la fois pour la science pure et pour le gouvernement, ce dernier étant en théorie étroitement solidaire de la première. Le personnage du philosophe confucéen, l'homme de savoir, le « lettré », prenait contour et définition en même temps qu'il s'élevait sans conteste au-dessus de la masse de ses administrés, les diverses gens s'adonnant aux travaux agricoles et mécaniques : hiérarchie indiscutable, puisqu'elle était fondée non sur la force ou la naissance des individus mais sur leur talent. Tong Tchong-chou recommandait ainsi que « les marquis, les gouverneurs de commanderies et les officiels d'un salaire de deux mille piculs [de riz] choisissent les gens de valeur parmi les officiels et le commun peuple et envoient chacun une fois l'an à la capitale deux hommes qui y seraient hébergés et pris en charge... De cette façon, tous feront de leur mieux pour trouver des hommes de valeur, et l'on pourra avoir des lettrés de l'Empire, leur donner des postes officiels et les utiliser au gouvernement. »

On ne pouvait mieux exprimer le principe de l'égalité de tous devant la connaissance ni mieux définir les fondements de l'ascension sociale; le seul problème — et il n'était pas négligeable — demeurait le choix des critères qui devaient déterminer ces promotions. Il faudra plusieurs siècles encore pour mettre au point un ensemble cohérent d'épreuves et d'examens qui devaient en théorie accorder la primauté au seul mérite. De plus, l'apparition relativement brusque d'une masse toujours croissante de diplômés allait placer les dirigeants de l'Empire devant le très difficile problème de l'emploi de compétences élevées mais pléthoriques. C'est là cependant une question qui ne se posa pas encore de façon pressante sous les Han.

La montée des confucianistes toutefois ne s'explique pas par le seul mécanisme de postes à pourvoir, ni même par une éventuelle vacuité philosophique à combler.

Plus qu'à une école saisie dans son abstraction, l'empereur Wou s'était d'abord rallié au rayonnement d'un homme, celui, précisément, de Tong Tchong-chou. Il était l'auteur d'un traité sur la « Signification profonde des Annales des Printemps et des Automnes » *(Tch'ouen-ts'ieou fan lou)* dans lequel il exposait sa vision synthétique des rouages politiques au sein du mouvement cosmologique. Son système avait pour fondement le mystère et la toute-puissance du chef qui incarne l'Action sans pour autant se commettre à en devenir l'exécutant, car le propre du maître est de savoir déléguer ses pouvoirs :

« Le Ciel est haut et dispense ses bénédictions; il cache sa forme et projette au loin sa lumière... Celui qui agit comme le chef des hommes imite le chemin du Ciel, se cachant loin du monde afin d'être sacré et regardant largement au loin afin d'être éclairé. Il emploie une foule d'hommes de talent afin de jouir du succès, mais ne se mêle pas lui-même de la conduite des affaires afin que l'on continue à l'exalter... Il est assis sur le trône du non-agir et chevauche la perfection de ses officiels. Ses pieds ne bougent pas mais sont conduits par ses ministres; sa bouche ne profère aucun mot mais ses chambellans expriment ses avis; son esprit ne conçoit pas mais ses ministres effectuent ce qui est convenable. C'est pourquoi personne ne le voit agir et pourtant il parvient au succès. C'est ainsi que le souverain imite la Voie du Ciel. »

Le monarque mène le monde à ses fins, car le Ciel produit la Vie que nourrit la Terre. Mais seul l'homme les conduit à l'épanouissement car il passe à travers eux et les joint tous les trois, de même que la barre verticale du caractère *wang* 王, le roi , en unit les trois traits horizontaux.

Ce globalisme qui reprenait en les systématisant les principes mis à l'honneur par le Premier Empereur, cette fascination cosmique traversent la pensée chinoise, depuis les anciennes idéologies royales unitaires jusqu'aux travaux de Tseou Yen (c. 350-270 av. J.-C.) qui jouissait depuis les débuts de l'Empire d'un prestige considérable. Il se fondait sur le sentiment qu'il existe des concordances étranges entre les nombres et les cinq éléments dont la fusion, selon les rythmes alternés et complémentaires du *yin* et du *yang*, se trouvait à la source des mystères de la vie.

On s'était mis à traquer ces derniers jusque dans les arcanes de la magie et de l'astrologie. L'importance accordée aux phénomènes naturels avait pris une telle ampleur que l'apparition inopinée d'une comète, par exemple, pouvait entraîner une réforme complète du système de gouvernement, et Tong Tchong-chou en exprimait si clairement le mécanisme que ce déroulement semblait raisonnable:

« Les créatures du Ciel et de la Terre connaissent parfois des changements inhabituels que l'on appelle des prodiges. Ceux de moindre importance sont les présages de mauvais augure. Les présages viennent toujours d'abord et sont suivis par les prodiges. Les présages sont les avertissements du Ciel tandis que les prodiges sont les menaces du Ciel. Le Ciel envoie d'abord des avertissements et, si les hommes ne comprennent pas, il envoie des prodiges pour les terrifier. C'est ce que le Canon des poèmes signifie quand il dit : "Nous tremblons de terreur et de crainte du Ciel!" La genèse de tels présages et prodiges est un résultat direct des erreurs dans l'État. Quand les premières marques d'erreur commencent à apparaître dans l'État, le Ciel envoie des présages de mauvais augure et des calamités pour avertir les hommes et annoncer la chose. Si, en dépit de ces avertissements et de ces annonces, les hommes ne comprennent pas encore comment ils se sont trompés, le Ciel leur envoie des prodiges pour les terrifier. Si, après ces terreurs, les hommes ne connaissent pas encore la frayeur ou la peur, calamités et infortunes les visitent. En conséquence, nous pouvons voir que la volonté du Ciel est bienveillante, car il n'a pas le désir de prendre au piège ou de trahir l'humanité. »

Les recherches du taoïsme

Ces notions subtiles se traduisaient dans la mentalité populaire par des images simples. Même si, en se référant au vocabulaire ésotérique mais fascinant des taoïstes, on disait que la Voie — le *Tao* — produisait la Vie et que la Vertu — le *Tö* — l'entretenait, il n'existait pour le commun des mortels que l'affolante conscience d'un destin inconnu; et les hommes ne trouvaient consolation que dans la recherche éperdue des mirages de l'immortalité. Celle-ci devint bientôt le lieu géométrique de toute une société, un point fabuleux vers lequel convergeaient les pensées des êtres les plus divers, qui crurent un temps pouvoir sauvegarder sans fin leur être matériel.

Les souverains donnèrent eux-mêmes l'exemple, demandant à l'alchimie de leur procurer toutes les drogues susceptibles de préserver l'intégrité de leur corps. Cela devint presque une obsession et les conquêtes occidentales de l'empereur Wou s'expliquent en partie par son désir d'atteindre les régions merveilleuses de l'Ouest : les mythes anciens disaient en effet que la « Mère Reine d'Occident » *(Si Wang-mou)* y habitait au milieu d'une cour paradisiaque; et l'on avait pris l'habitude de qualifier de « céleste » tout ce qui venait du Couchant : les fameux chevaux du Ferghâna par exemple, ce trésor qui bouleversait la stratégie chinoise.

Parallèlement cependant, un fort courant spiritualiste se développait et murmurait au cœur des hommes l'incompatibilité de la condition humaine et de l'immortalité. Force était donc d'envisager cette dernière sous une autre forme. C'est ainsi que la puissante figure de l'empereur Wou tenta sa vie durant de devenir un *hien*, créature féerique capable de monter au Ciel, aux côtés du légendaire Empereur Jaune.

Quelque temps après sa mort, la littérature en fit la matière d'une histoire romancée qui connut des siècles de célébrité, l' « Histoire intime de l'empereur Wou des Han » *(Han Wou-ti nei-tchouan)*. Dans le roman, pas plus que dans la vie, l'empereur ne semble parvenir à ses fins. Le rêve d'immortalité recule toujours aux confins de l'imaginaire, réalité hors du temps et de l'agitation quotidienne :

« La raison pour laquelle le monde ne croit pas que l'immortalité puisse être atteinte par l'étude et n'admet pas que l'on puisse prolonger la vie est justement que Ts'in Che houang-ti et Han Wou-ti l'ont cherchée, mais ne l'ont pas obtenue et que Li Chao-kiun et Louan Ta en pratiquaient la méthode mais sans résultat... Que ces deux princes et ces deux sujets aient cherché en vain est dû au fait ou bien qu'ils ont commencé avec zèle mais ont fini par se relâcher, ou bien qu'ils n'ont pas rencontré de maître éclairé. Mais comment un fait semblable pourrait-il suffire à établir que dans le monde il n'y a pas d'immortels ? Pour chercher la Longue-Vie et pratiquer le Tao suprême, l'essentiel est la détermination et non la richesse ni la noblesse. Si l'on n'est pas l'homme-qu'il-faut, une haute position ou une grande fortune ne sont que des gênes supplémentaires : pourquoi ? Parce que l'ascèse de l'immortalité consiste à désirer obtenir la quiétude et l'indifférence d'esprit... Mais comment le prince peut-il fermer les yeux et se boucher les oreilles, ajuster ses viscères et compter sa respiration, s'abstenir de nourriture et se tenir pur pendant une longue période, entretenir personnellement le feu sous le chaudron alchimique, se lever tôt et se coucher tard ?... Les règles de l'obtention de l'immortalité sont des exigences de calme et de non-action, l'évacuation de la notion de corps matériel, tandis que le prince fait sonner des cloches énormes et fait battre le tambour du Tonnerre, boum-boum ! bang-bang ! Ce qui épouvante son âme et fait divaguer son cœur... »

En même temps, un sentiment profond de la solidarité humaine nuançait d'une tonalité sentimentale cette poursuite inlassable de la survie. Chacun souhaitait pouvoir se transporter au royaume des immortels avec famille, amis et biens matériels afin d'y jouir de la douceur d'un ciel où le temps ne comptait plus.

Les sociologues voient dans l'épanouissement de cette charité la preuve d'un nouveau renforcement des liens familiaux que l'abolition de la société féodale antique avait contribué un temps à relâcher. Peut-être est-il permis d'y discerner aussi une profonde tendresse humaine équilibrant la confiance en la matière d'une époque où sciences et techniques semblaient, comme en nos âges modernes des débuts de l'industrie, conduire sans détour l'humanité vers un progrès sans fin.

La vie quotidienne

Si l'éveil matériel de la Chine des rois a pu devoir quelque chose aux apports du monde méditerranéen, en revanche, le nouvel Empire atteignit à son tour un niveau de maturité technique d'une qualité telle que, pendant plus de mille ans, le courant devait s'inverser. L'on sait quelles merveilles orientales les croisés allèrent chercher au relais arabe.

L'invention du moulin à eau — à roue horizontale — et la vulgarisation de la bricole de poitrail amélioraient les tâches difficiles du traitement et du transport des marchandises. De nouvelles matières premières modifiaient l'environnement; on commençait à façonner du verre qui offrait de merveilleux substituts aux objets de jade. Le perfectionnement du tissage assurait un meilleur confort dans les domaines de l'habillement et de la décoration; le Sseutch'ouan s'était rendu maître de cette technique depuis l'époque des Royaumes combattants. Les ateliers impériaux reproduisaient des dessins divers et complexes, comme les nuages, tissés ou bien peints à même le tissu. Le nombre des possibilités était tel qu'un « Traité des robes de cérémonies » *(Yu-fou tche)* définissait tous les costumes, soigneusement différenciés, que les fonctionnaires devaient porter à l'occasion de leurs diverses fonctions. L'industrie du brocart avait atteint une telle expansion que les Romains voyaient d'abord dans la Chine le « pays de la soie ».

La création du papier, fabriqué en Chine dès ce moment, apportait le support bon marché et peu encombrant indispensable au développement et au maintien de l'administration centralisée, exercée à l'échelle d'un aussi vaste territoire. La civilisation chinoise, civilisation de l'écrit s'il en fut, trouva là sans nul doute le véhicule idéal de son savoir, de sa réflexion et de ses créations picturales.

La curiosité d'esprit des Han ne connaissait pas de frontières et s'appliquait avec succès à l'observation des phénomènes de la nature dont l'organisation nourrissait la méditation des philosophes. Les astronomes avaient remarqué depuis très longtemps déjà la présence de taches solaires; à partir de 28 avant notre ère, ils commencèrent à les noter systématiquement, tandis que divers instruments — armille équatoriale du Ier siècle avant J.-C. et sphère armillaire inventée par Tchang Heng en 124 — favorisaient une meilleure interprétation des mouvements célestes. Le même Tchang Heng se rendit célèbre en construisant, en 132, le premier sismographe du monde : il comportait une grande jarre recélant en ses flancs un système de balancier maintenu en équilibre sur les bords du vase par deux balles d'un poids égal. Les mouvements du sol, agitant le fléau, faisaient tomber l'une ou l'autre boule dans de petits réceptacles en forme de crapauds placés, la gueule béante, au pied du dispositif. Tchang Heng put ainsi, dit-on, détecter un tremblement de terre qui s'était produit au Kansou.

A l'esprit d'invention s'ajoutait la grande finesse d'observation qui caractérisa toujours les hommes de science chinois. Dès le IVe siècle avant notre ère, les naturalistes avaient remarqué le système hexagonal des cristaux de neige : l'étude de ces innombrables figures régulières favorisa le développement d'un certain sens de la représentation géométrique.

Tout ce savoir accumulé modifiait l'aménagement de l'univers quotidien : les artisans, par exemple, disposaient de pieds à coulisse gradués, ce qui leur permettait de travailler avec grande précision.

Par l'intermédiaire des œuvres d'art qu'elle fit naître, l'époque des Han apparaît, avec le recul des temps, comme une ère de luxe, de commerce florissant. Peintures murales, pierres gravées et briques moulées évoquent la vie quotidienne de ces âges, au long des tombes dont elles sont l'ornement. Vision captivante d'un monde grouillant où la vigueur du trait, l'absence de profondeur de champ, l'emploi hardi de perspectives aériennes multiples, la juxtaposition étroite des formes à la manière des bas-reliefs assyriens, créent le mouvement d'êtres sans doute chargés d'un message symbolique mais qui, pour nous, racontent simplement l'écoulement des jours; ceux des riches, dont les occupations élégantes se prêtent au traitement décoratif; ceux des pauvres aussi, dont les mille travaux inspirèrent les premiers témoins, simples mais pleins de verve, de la peinture chinoise.

La demeure paracheva sa disposition héritée des Tcheou : succession de bâtiments — colonnes de bois verni rouge et cloisons de briques blanchies à la chaux — que séparent des cours propres à l'aménagement de jardins. Les constructions de qualité comportaient fréquemment, outre le rez-de-chaussée, deux et parfois trois étages reliés les uns aux autres par des escaliers raides, souvent extérieurs.

Tracée en fonction de la géomancie, la maison possédait une orientation noble — elle était tournée vers l'ouest et plus particulièrement vers le sud-ouest —, tandis que son extrémité nord-est, vulgaire, servait de resserre à provisions. Le troisième étage semble avoir été la plupart du temps constitué d'un petit pavillon ou belvédère accroché au faîte du toit, d'où l'on jouissait d'une vue agréable sur l'ensemble des bâtiments et les jardins environnants.

Le décor des maisons comportait des peintures ou des sculptures : supports de toits ou poutres intérieures habilement travaillées. Sur les murs d'entrecolonnements, des brocarts, des tentures brodées de motifs géométriques ou végétaux complexes, patiemment dessinés au point de chaînette, jouaient un rôle presque architectural, comparable à celui de nos tapisseries.

Les jardins des riches propriétés étaient agrémentés de petits lacs. Des kiosques s'élevaient au milieu des arbres ou de l'eau et l'on pouvait ainsi, à l'abri des caprices du ciel, admirer la nature. Sur les pièces d'eau couraient des barques, dirigées au moyen d'avirons, ou voguaient de grands bateaux-dragons manœuvrés à la godille.

Les banquets de la haute société donnaient lieu à un grand déploiement de fastes. Jongleurs, musiciens, baladins et équilibristes venaient charmer les convives assis sur un coussin ou un siège bas. Ils se devaient d'y paraître arborant un maintien et un costume exactement conformes à leur rang. La cuisine était située au rez-de-chaussée et des bas-reliefs montrent avec esprit la mine affairée et réjouie des maîtres queux et des marmitons.

L'usage était que les hommes festoient au premier étage — considéré comme noble —, tandis que les femmes se divertissaient et mangeaient au second. Les mets, préalablement découpés, étaient présentés dans de multiples petits plats et bols de laque disposés sur des plateaux ou des tables basses, ainsi qu'on le pratique toujours au Japon. Les grands festins, dont les menus comportaient bouillon, bœuf, mouton, porc, poisson et gibier accompagnés de céréales et arrosés de boissons fermentées à base de millet, étaient strictement réglementés par la loi. Le Code des Han *(Han lu)* en fixait les dates et interdisait d'inviter en temps normal plus de trois personnes à la fois.

A l'entrée de la maison, dont la façade s'ornait de baroques figures d'atlantes soutenant le toit ou les poutres de l'étage supérieur, un grand chien veillait, attaché près de la porte à deux vantaux. A côté, était suspendu un tambour, cylindre sur lequel on avait tendu deux peaux de bête. Un jeune homme, usant de baguettes, le faisait résonner pour annoncer l'arrivée d'un équipage. Les habitants se pressaient alors à la rencontre du visiteur, les mains haut jointes dans leurs manches et le corps incliné. Telle n'était pas l'entrée d'un personnage ordinaire. Le quidam se contentait, lui, d'annoncer sa présence en frappant quelques grands coups de heurtoir à l'entrée de la cour précédant le pavillon principal.

Ainsi les belles résidences prenaient véritablement l'aspect de demeures féeriques. Des oiseaux d'agrément comme les paons ou les grues volaient librement autour des bâtiments, apportant aux architectures la grâce colorée de leur plumage. Mais la plus grande beauté de ces constructions naissait des pentes complexes de leurs toits multiples. L'édifice se composait d'éléments

16. SCÈNES DE LA VIE QUOTIDIENNE (DÉBUT DU IIIe SIÈCLE)
D'après les peintures d'une tombe de Kia-yu-kouan au Kansou.

superposés qui s'élevaient en retrait les uns par rapport aux autres et étaient soutenus par des colonnes renforcées d'étais — les corbeaux — que l'on commençait à remplacer par d'élégantes consoles.

Plus qu'aucun autre, le palais de l'empereur servait de cadre à d'imposantes cérémonies qui devaient être une fête pour les yeux. Le long cortège des porteurs d'offrandes, venus des quatre horizons, se déroulait : légers chars à deux roues que tiraient un ou plusieurs chevaux piaffant, dignes cavaliers montés, jambes tendues, sur des chevaux de Bactriane, voiturettes de quelques hauts dignitaires tirées par des hommes, hallebardiers à pied entre lesquels s'intercalaient danseurs, jongleurs, funambules en tout genre, tandis que surgissaient des animaux aux formes cocasses comme des éléphants ou des chameaux. Un char passait, lourdement chargé de musiciens jouant du flageolet, de l'orgue à bouche ou bien frappant gongs et carillons : la musique, partie intégrante du rituel et privilège du pouvoir, n'avait rien perdu de l'importance qui était la sienne dans la société chinoise antique.

Parfois, au retour d'expéditions militaires, des scènes cruelles se déroulaient au cœur des réjouissances générales : corps d'ennemis ligotés à des fléaux et portés par deux hommes, prisonniers marchant, bousculés par chiens et geôliers.

En ville comme dans les champs, la vie de labeur continuait : le laboureur traçait son sillon, le serviteur tirait de l'eau au puits à l'aide d'un système de contrepoids, le cuisinier vaquait à ses fourneaux ou pendait à ses crochets chairs et poissons pêchés dans l'étang proche ou la rivière où erraient des gélinottes.

Si l'on en juge par la fréquence de ses représentations, la chasse constituait comme par le passé l'un des principaux passe-temps de la classe aisée. Le gibier était abondant, surtout dans le méridional pays de Tch'ou où les marais, source de vie, baignent le pied des collines. Sseu-ma Siang-jou (179?-117 av. J.-C.) ne se lasse pas d'en chanter la joie et les fastes :

« Grâce à ses coursiers rapides comme le vent, le roi vise les "k'i" vaga-[bonds :
Il a la rapidité du clin d'œil, du torrent qui coule,
du tonnerre qui roule et d'une rafale qui survient;
glissement d'étoile, il s'abat comme l'éclair.
L'arc ne lance jamais sa flèche en vain,
droit sur la cible elle atteint sans le manquer le coin de l'œil,
traverse la poitrine et parvient à l'aisselle,

ou bien tranche les attaches du cœur.
Les prises sont aussi nombreuses que des gouttes de pluie :
elles cachent l'herbe et couvrent le col.
Et voilà que le roi de Tch'ou réduit le train pour prendre un peu
de promenade... On intercepte les animaux fatigués, on s'empare
de ceux qui sont à bout de forces et le roi examine les changements
d'aspect de tous ces êtres. Puis voilà les femmes du pays
de Tcheng, les belles épouses...
Valses tourbillonnantes, danses gracieuses...
On prend au filet le martin-pêcheur,
on tire le faisan doré...
La flèche atteint le cygne blanc
et rejoint l'oie sauvage.
Un couple de grues noires tombe
et la grue cendrée s'y ajoute.
Quand se fait sentir la fatigue, on va se promener sur l'étang
aux eaux limpides...
On prend au filet des carets,
on pêche à l'hameçon des cauries pourpres.
Les uns frappent la cloche et le tambour,
d'autres soufflent dans la flûte sonore.
Le chef des rameurs chante,
sa voix s'étire en un sanglot.
Les habitants de l'eau s'effrayent
et la vague se soulève et bouillonne...
Pour faire s'arrêter les chasseurs
quelqu'un bat le tambour des sacrifices
et on élève les signaux d'alarme.
Alors les chars se rangent en bon ordre,
les cavaliers forment leurs escadrons.
Ils vont en rangs serrés, comme une eau qui s'écoule,
et se dispersent, ourlant au loin l'horizon.
Puis voilà que le roi de Tch'ou
monte vers la terrasse de Yang-yun.
Il est amarré dans le non-agir,
comme une eau calme, dans le contrôle de soi.
En harmonisant les cinq saveurs, on prépare les mets :
c'est après seulement qu'on les présente au roi. »

Évocation de la mort

Lorsque la mort survenait, le même apparat entourait l'existence souterraine du défunt. Durant l'époque des Royaumes combattants, les hégémons avaient adopté la coutume de bâtir eux-mêmes, de leur vivant, leurs propres tombeaux. Ces derniers, composés d'architectures de briques sur assises de bois, suivaient un plan à peu près identique qui, à l'époque des Han, se fixa selon un rituel bien défini. Le « Livre des Han postérieurs » *(Heou Han-chou)* en décrit les phases successives de construction.

Il convenait de bâtir une maison souterraine, chambre funéraire, en général en brique, d'où rayonnaient, dans les quatre directions, des galeries conduisant à une issue. Le long de ces couloirs s'entassaient les provisions placées à la disposition du mort. Elles constituent aujourd'hui de précieux indices sur les modes de vie d'antan. La dernière étape consistait à recouvrir le tombeau d'un tumulus de plan rond ou carré constitué d'un mélange de terre, de sable, de pierres et de fibres végétales. Un mur épais, percé d'une porte aux quatre points cardinaux, maintenait l'ensemble. Sur le sommet ainsi que devant chaque entrée, un autel ou un oratoire permettait de célébrer les cérémonies.

Le « chemin des âmes » *(chen-tao)* qui, selon une tradition très ancienne, conduisait de l'un des autels à l'entrée principale du tombeau, était, sous les Han, dallé. Une porte en pierre, figurant une tour à trois étages, l'ouvrait; des sculptures, hommes ou animaux de pierre, cortège figé pour l'éternité, ainsi qu'une stèle portant mention de l'identité et de la qualité du défunt, en faisaient une voie triomphale. Au-delà de la tour enfin, une seconde porte indiquait la limite de l'espace funéraire proprement dit : lorsqu'il s'agissait d'une tombe impériale, les fonctionnaires pouvaient, selon leur rang, être inhumés à l'intérieur ou à l'extérieur du champ sacré.

Les splendeurs de ces tombeaux et la minutie avec laquelle les historiens en parlent traduisent bien l'une des caractéristiques de la philosophie qui en inspira la construction : la difficulté persistante d'envisager la mort autrement que sous la forme d'une prolongation en négatif de la vie.

Comme les Égyptiens — mais ceux-ci y trouvèrent une voie vers le monothéisme, car la notion de survie peu à peu se spiritualisa —, les Chinois cherchèrent à prolonger indéfiniment la survie des corps. De ce souci, les fouilles récentes ont donné sans doute le plus bel exemple que l'on puisse jamais imaginer : le hasard fit découvrir à Man-tch'eng, dans le Hopei, en 1968, les tombes de l'un des frères de l'empereur Wou (141-87 av. J.-C.) et de son épouse. Chaque défunt, déposé dans un vaste ensemble souterrain, reposait au milieu de trésors : brûle-parfums en forme de montagne où errent des animaux, symbole de l'Ile des Immortels Bienheureux, paradis des taoïstes; lampes à volets permettant de régler la lumière, portées par une suivante de bronze doré, à la dignité recueillie; vases de bronze incrustés d'or et d'argent, récipients contenant des aliments, mesures, sceaux, ainsi que les accessoires du peintre ou du calligraphe. Puis apparaissait, au fond du sarcophage placé dans la chambrette funéraire, l'étrange volume d'un linceul de jade, formé de plus de deux mille pièces rassemblées par des liens d'or. Chaque linceul épousait grossièrement les formes du mort, l'enserrant d'une carapace qui devait empêcher, croyait-on, la désagrégation des chairs. En fait, il ne restait plus que cendres et plaquettes démontées, éparpillées au fond du cercueil de bois laqué rouge, incrusté de jade et de turquoises.

Certes, les histoires dynastiques parlaient de semblables habits protecteurs, mais les vestiges, limités dans le temps à l'époque des Han occidentaux n'en ont été révélés que depuis une vingtaine d'années.

« A la mort d'un empereur, on faisait usage d'un contenant en jade *(yu-hia)* dont la forme était celle d'une armure *(k'ai-kia)* et dont les liens étaient en fil d'or. » Le texte continuait, décrivant la hiérarchie d'autres armures aux liens d'argent ou de bronze, suivant l'importance des personnages.

Depuis bien longtemps, les Chinois attribuaient au jade la propriété de protéger les chairs de la destruction. L'habitude s'était d'abord répandue de l'utiliser pour boucher les orifices du corps après l'envol du souffle vital : des poissons obstruaient les yeux, une cigale la bouche, et l'on retrouve là le bestiaire cher à la Chine antique. Plus tard, on cousut sur un voile recouvrant le visage du défunt des plaquettes ainsi que des ornements qui formaient une sorte de masque : les archéologues en reconstituèrent un à partir des découvertes faites à Tchong-tcheou-lou, site de la célèbre Lo-yang.

Les fouilles systématiques de ces dernières années, enfin, permirent de définir aussi les liens évidents entre la facture des armures de cuir des hommes d'armes et ces carapaces de jadis. Celles-ci n'ont plus aujourd'hui d'autre vertu que la magie glauque de leur couleur ou la géométrie simple de leurs formes grossières. Mais elles parlent à notre imagination, traduisant les fastes, les espoirs et les vanités de cet âge révolu, celui du premier classicisme chinois.

CHAPITRE IV

LE MORCELLEMENT DE L'EMPIRE ET L'ÉMERGENCE DU SUD

La disparition des Han dans l'embrasement général provoqué par les Turbans jaunes marquait moins le terme d'une dynastie que la rupture d'un équilibre, la fin d'un type de civilisation. L'Empire se partageait en vastes cellules géographiques et économiques, moindres unités, patries aux dimensions plus compréhensibles et plus aimables au cœur des petites gens. L'idéologie unitaire pourtant semblait survivre et chacun prétendait la servir à son heure. Ce fut l'âge d'or des aventuriers et des généraux, grands propriétaires terriens mués en chefs de région qui, tour à tour, tentaient de redonner vie au fantôme d'un Empire sur lequel chacun rêvait de régner seul.

DES TROIS ROYAUMES AUX SIX DYNASTIES

Le Chou

Seul l'un des prétendants au pouvoir pouvait arguer de quelques raisons légitimes. Il s'appelait Lieou Pei et descendait de Lieou Cheng, qui était lui-même l'arrière-arrière petit-fils de l'empereur King des Han et avait reçu un fief à l'époque de l'empereur Wou. Accusé du grave délit d'avoir détourné l'argent destiné à payer les libations aux esprits, il fut chassé de la Cour et disparut sur les chemins de l'exil. C'est ainsi que l'on retrouve au Sseutch'ouan son descendant, orphelin dès le jeune âge; l'imagination populaire se plaît à évoquer l'image émouvante du dernier rejeton des grands Han tressant, pour assurer sa propre subsistance et celle de sa vieille mère, des nattes et des sandales de paille.

Lorsque éclata la révolte des Turbans jaunes (184), Lieou Pei y vit un

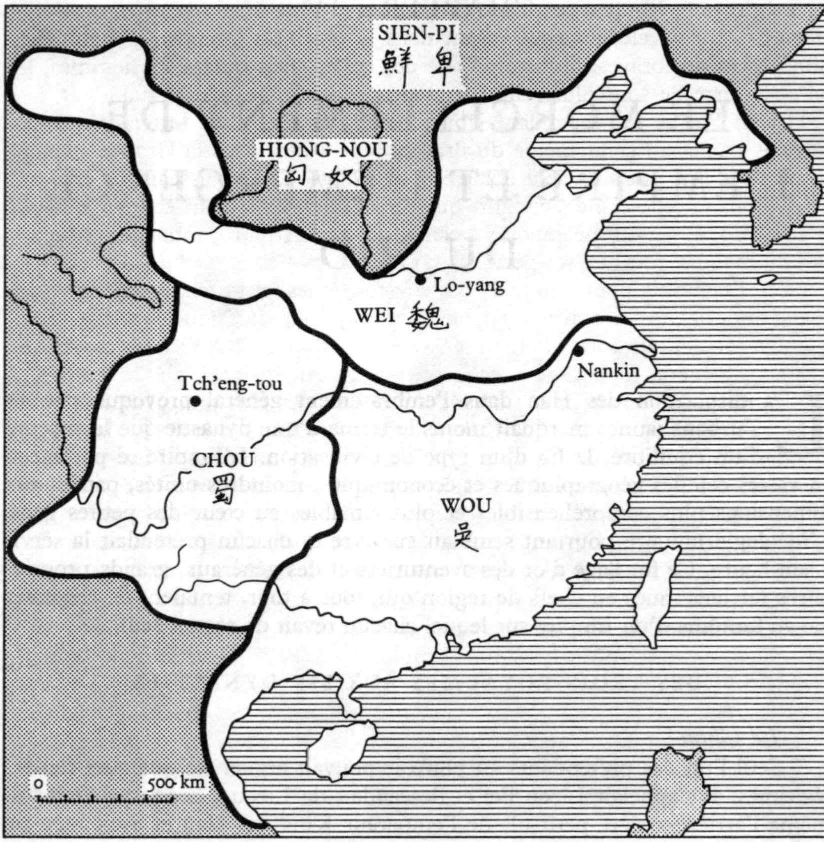

17. LES TROIS ROYAUMES (VERS 220 APRÈS J.-C.)

signe du Ciel et demanda aux fonctionnaires locaux l'honneur de recevoir des armes pour combattre le rebelle et restaurer la dynastie de ses ancêtres. Il partit, flanqué de ses deux amis Tchang Fei (mort en 220) et Kouan Yu (162-219), plus tard vénéré comme un dieu de la guerre. L'amitié sacrée des trois compagnons allait devenir légendaire : peints en des couleurs généreuses par le passionnant « Roman des Trois Royaumes » *(San-kouo-tche)*, composé au milieu du XIVe siècle, ils symbolisent dans la tradition littéraire et populaire l'abnégation des braves, la juste révolte des cœurs purs quand les hommes, le ciel et la terre ne sont plus reliés par l'indispensable pivot impérial.

Lieou Pei ne fut cependant jamais assez puissant pour lutter contre les Turbans jaunes au cœur même du drame, c'est-à-dire dans la Grande Plaine, pas plus qu'il ne put à lui seul abattre la secte des « Cinq boisseaux de riz » au Sseutch'ouan; celle-ci ne s'éteignit qu'après l'intervention du célèbre général Ts'ao Ts'ao. Il parvint néanmoins à constituer en 221 un royaume qui se réclamait du mandat dévolu à ses pères.

Cet État avait pour capitale Tch'eng-tou et les historiens, pour évoquer le sang impérial de son maître, l'appelèrent le royaume de Chou-Han (221-263). Le gouvernement de Lieou Pei se révéla sage et efficace; il avait pour conseiller le fameux général Tchou-ko Leang (181-234) qui dirigea seul le royaume après la mort du souverain et fut sans doute l'un des plus grands génies politiques et militaires de son temps. Son ingéniosité devint même rapidement si légendaire que, dès la fin de sa vie, le bruit courut qu'il était l'inventeur de la brouette — le « bœuf de bois » — bien que la représentation de celle-ci sur les bas-reliefs apparaisse antérieurement, dès le premier siècle de notre ère.

L'État de Chou, centralisé, possédait une forte organisation militaire; il était bâti selon les principes du légisme, conformément à la tradition impériale. L'esprit de clan y était prépondérant et tous les postes clés de l'administration étaient attribués à des hommes de Chine centrale, berceau des Han; les autochtones n'occupaient que des emplois inférieurs. Cette situation paraît exemplaire d'un état d'esprit général au IIIe siècle : tout se passe comme si les vastes régions dont le sort suivait la course au pouvoir des grands aventuriers n'avaient constitué que des terres d'élection, choisies à des fins toutes personnelles par des hommes venus d'ailleurs qui surent habilement exploiter les particularismes afin de mener à bien leurs desseins politiques.

Le Wou

Tandis que le Sseutch'ouan abritait le dernier bastion de la puissance han, les bassins moyen et inférieur du fleuve Bleu formaient eux aussi — et par la force contraignante des données naturelles — un vaste ensemble distinct du reste de la Chine. Son relief accentué et complexe en avait fait de toute antiquité le refuge des hors-la-loi et avait considérablement favorisé une vigoureuse tendance à l'autonomie. C'était un pays de terres riches où prospéraient de grandes propriétés foncières exploitées à la manière de vastes plantations coloniales. A côté d'une population de type chinois, les montagnes abritaient tout un peuple d'aborigènes, toujours prêts à prendre les armes, et qui constituaient à l'occasion de redoutables soldats, protection efficace contre les indésirables. Enfin, par bien des aspects, la civilisation artistique du Sud égalait ou dépassait celle de la Grande Plaine et, des deux régions, l'une, *mutatis mutandis*, évoquait les douceurs attiques et l'autre la rigueur romaine. C'est en raison de ces données que le général Souen K'iuan (185-252) put constituer un royaume dit de Wou.

Il eut pour capitale Wou-tch'ang, mais le roi et sa Cour préférèrent bientôt se replier à l'est, à l'emplacement de l'actuelle Nankin, mieux protégée par les marais environnants et plus éloignée des champs de bataille.

Le Wei

C'est selon le même processus que les provinces septentrionales de l'Empire passèrent aux mains du bouillant général Ts'ao Ts'ao, immortalisé dans la littérature par ses talents de poète comme dans l'histoire par son savoir-faire militaire et l'intelligence de sa gestion civile.

Ts'ao Ts'ao (155-220) était le petit-fils adoptif d'un « Mandarin serviteur ordinaire de l'empereur », c'est-à-dire d'un grand eunuque du service intérieur du palais; en 135, les eunuques avaient été autorisés à adopter des fils afin que leur mémoire pût être honorée après leur mort. Ts'ao Ts'ao n'avait donc aucun lien avec l'aristocratie de la fin des Han. Sa parenté légale avec un eunuque ne pouvait même que le desservir car les grandes familles du palais, exaspérées par les pouvoirs excessifs qu'avaient acquis ces fonctionnaires de basse extraction, s'étaient révoltés en 189 et en avaient massacré plus de deux mille. Ts'ao Ts'ao ne dut donc qu'à son esprit d'aventure et à son génie de devenir en 196 le bras droit tout puissant de Sien, dernier empereur han, au nom duquel il exerça un pouvoir absolu. Il ne franchit pourtant jamais lui-même le pas décisif et maintint jusqu'à sa propre mort la fiction de la survie morale de la dynastie. Il laissa de ce fait à son fils Ts'ao Pei (187-225), connu dans la littérature comme un poète raffiné, le soin de fonder en 220 le royaume dit de Wei qui recouvrait tout le berceau septentrionnal de la civilisation chinoise.

Ts'ao Pei, élevé au rang de fondateur de dynastie sous le nom de Wen-ti, l'Empereur « lettré », régna sur un pays calme, que l'administration efficace de son père avait à nouveau fécondé.

Toujours les armes à la main (il lui fallut attendre 215 pour écraser les révoltés du Sseutch'ouan), Ts'ao Ts'ao avait en effet soumis le Nord chinois à un régime calqué sur l'armée, sévère mais efficace. Ainsi qu'il était d'usage depuis la fondation de l'Empire, Ts'ao Ts'ao se conformait aux principes légistes de gouvernement, dont la rigueur s'accordait à la gravité de l'heure.

Des bandes de révoltés, les « familles errantes » *(lieou li kia)*, rôdaient à travers le pays : d'un domaine à l'autre, elles cherchaient à se fixer en tant que « protégés » *(yin jen)* — ce qui était une forme de servage —, afin de retrouver un mode de vie qui soit celui du temps de paix. Le danger était grand de voir ainsi la puissance des propriétaires fonciers — qu'ils le fussent de droit ou de fait — se renforcer indûment jusqu'à favoriser comme jadis l'éclatement en de multiples principautés rivales.

Ts'ao Ts'ao conçut l'idée ingénieuse de canaliser au service de l'État la puissance de travail de la masse des déracinés. Il songea donc à les enrôler dans des colonies de soldats-laboureurs *(t'ouen-t'ien)*, comme cela se pratiquait depuis la fondation de l'Empire, pour défendre, peupler et approvisionner les régions frontalières. L'originalité de Ts'ao Ts'ao fut de les implanter en plein pays chinois, au cœur de la Grande Plaine, et d'étendre ainsi le système ancien à l'ensemble du royaume, sans en limiter la portée aux régions de marche.

L'État finit par diriger militairement des communautés entières de paysans déplacés auxquels il fournissait outils aratoires et animaux de labour. Les colons, en échange, devaient verser une rente foncière *(tsou)* beaucoup plus lourde que celle incombant aux agriculteurs ordinaires; ils se voyaient en revanche dispensés des corvées et services exigés des villageois : ils échappaient au ressort de l'administration courante.

L'agriculture, menée avec une discipline que permettait seule la réduction de l'espace contrôlé par le gouvernement, connut peu à peu un regain d'activité qui vint à point nommé amorcer l'indispensable relèvement du pays ravagé.

La misère matérielle pourtant ne fut pas la seule difficulté à laquelle dut faire face Ts'ao Ts'ao. Comme toujours durant les périodes de faiblesse de l'Empire, les nomades redevenaient menaçants aux frontières. Ts'ao Ts'ao, fidèle à sa méthode de commandement qui consistait à placer les gens en état de subordonnés directs afin de mieux les tenir en main, s'efforça d'enrôler massivement les nomades dans les rangs de l'armée impériale. C'était aussi le moyen de rassembler des troupes entièrement dévouées à sa personne et sur lesquelles il comptait faire reposer tout l'édifice de l'État. Il institua dans ce but des familles d'hommes de guerre *(che-kia)*, souches d'une sorte de noblesse d'épée : si le régime créé par Ts'ao Ts'ao avait duré, la hiérarchie sociale confucéenne, refusant tout prestige à l'état militaire, en eût été bouleversée, et peut-être aurait-on vu naître en Chine une société de type féodal à la japonaise.

Les difficultés des temps imposaient une reprise en main vigoureuse dans tous les domaines. Afin de lutter contre le relâchement des mœurs et les désordres qui accompagnent les changements de dynastie, Ts'ao Ts'ao institua un régime pénal extrêmement sévère, doublé cependant de dispositions à caractère social et humanitaire. Pour ce faire, il ordonna que l'on accomplît la synthèse des législations engagées empiriquement tout au long des Han. Ainsi naquit le « Nouveau Code » *(Sin-lu)* des Wei, dont les articles passèrent plus tard dans l'important code des T'ang.

Pour mener à bien le redressement de son État, il lui fallait des hommes nouveaux, et donc rendre au gouvernement central la liberté du choix des fonctionnaires. Sous les Han, ce dernier était pratiqué par des juges locaux : Ts'ao Ts'ao supprima leurs fonctions afin de briser les chaînes anciennes de recommandations et de reconnaissances. Là encore, Ts'ao Ts'ao n'innovait pas complètement. Il reprit personnellement en main le système des promotions en « neuf catégories » *(kieou-p'in)* inventé par Tch'en K'ouan, savant lettré du pays de Wou, venu au service des Han.

Le principe consistait à attribuer des postes plus ou moins importants aux fonctionnaires débutants, selon un classement effectué par des magistrats spécialement affectés à cette tâche : les *tchong-tcheng* et les *siang-p'in*. Ces derniers fondaient leur jugement sur l'étude des personnalités, la caractérologie considérée comme un élément déterminant du destin des hommes, thème d'étude déjà à la mode sous les Han et qui fut particulièrement apprécié au IIIe siècle. On peut résumer grossièrement le principe de ces conceptions en disant que le bon ordre social et la marche correcte de l'État dépendent du fait que chacun occupe dans la société une place conforme à sa personnalité et à ses aptitudes.

Le but de Ts'ao Ts'ao n'était pas de bouleverser la continuité politique et idéologique de l'Empire, mais d'en changer les rouages toujours faillibles : les hommes.

Dans le même temps, Ts'ao Ts'ao tentait de résoudre un problème grave, aussi vieux que l'Empire : le transfert des troupes et des marchandises, l'irrigation militaire et économique de l'État. En 204, il établit un vaste réseau navigable qui permit de transporter au Honan ravagé les récoltes du Chantong fertile. Encouragés par ce succès, les bateliers réussirent, les années suivantes, à faire remonter les embarcations jusqu'au Chansi : les troupes, bien ravitaillées, remportèrent de ce fait une brillante victoire au nord (207) sur les barbares Wou-houan, groupe tribal soumis aux Hiong-nou. Peu après, les régions du Chensi furent à leur tour ouvertes à la navigation. Le lourd impôt en grains put alors sans difficulté parvenir à la capitale pour être aussitôt distribué aux innombrables fonctionnaires et soldats dont il constituait la rémunération.

C'est au grand général Sseu-ma Yi (mort en 251), auteur en 249 d'un coup d'État qui marqua l'évincement des Ts'ao et la montée au pouvoir de la famille des Sseu-ma, que l'on attribue la réalisation de ces importants travaux. Évitant de s'engager en des combats incertains — il redoutait particulièrement les talents de Tchou-ko Leang —, Sseu-ma Yi avait imaginé une course au triomphe économique, une victoire qui vouerait l'adversaire à la dérision.

Il fit creuser des canaux et des réservoirs d'eau, dévier le cours des rivières à la limite des frontières ennemies, si bien qu'il accéléra la puissance de l'État de Wei et s'efforça d'affirmer sa suprématie de fait. Il alla jusqu'à s'allier momentanément à l'État de Wou, dont il favorisa les aménagements agricoles et développa les ressources. Il démontrait par contraste l'irréversible faiblesse du Chou, perdu dans ses montagnes, en dehors des grands chemins de la prospérité. Puis, fort de son avancée en Corée (238 et 246), Sseu-ma Yi se retourna contre le Wou dont l'alliance n'avait été qu'une feinte tactique.

Progrès économique et triomphe militaire allèrent de pair, plus que jamais. Les antagonistes concentrèrent aux frontières des troupes importantes auxquelles ils confièrent la double tâche de protéger le territoire et de récolter leur propre nourriture. Il incombait particulièrement aux soldats de réparer et d'élargir les voies navigables afin d'assurer un meilleur transport des renforts venant de l'arrière. Dès 241, la vallée de la Houai, au pays de Wei, devint le théâtre d'importants travaux qui devaient faire d'elle, en quelques années, la région la mieux irriguée de la Chine. Sans doute cette politique fut-elle efficace car, malgré l'échec d'une offensive contre le Wou en 252, le pays de Wei écrasa définitivement le Chou en 263. Deux ans plus tard, en 265, Sseu-ma Yen fondait à Lo-yang, capitale traditionnelle, la dynastie des Tsin. Il lui fallut encore quinze ans pour conquérir Nankin, mais le royaume de Wou disparaissait enfin en 280 et le vieil Empire semblait renaître comme jadis.

Écrivains et conteurs allaient inlassablement puiser dans ces époques troublées des images d'épopée, des échos de batailles héroïques comme le célèbre combat de la « Falaise rouge » (208) sur le fleuve Bleu : par magie, dit-on, Tchou-ko Leang sut faire souffler en plein hiver le vent d'été, entraînant la perte de la puissante armée de Ts'ao Ts'ao.

De ce dernier, la tradition populaire devait conserver l'image d'une figure légendaire et trouble qui, selon la version légitimiste du « Roman des Trois Royaumes », « dès l'âge tendre révèle l'astuce profonde de son caractère ». La littérature y trouve aussi un poète puissant et original, visage inattendu de l'aventurier qui tenta de rendre au Nord chinois discipline et santé économique :

« Devant le vin, on doit chanter
Combien de temps dure la vie humaine?
Elle ressemble à la rosée matinale;
Les jours passés sont trop nombreux!
Bien que mon énergie défie la mélancolie,
Je ne puis la chasser... »

Au-delà pourtant des épisodes romanesques où s'exprima sans doute le meilleur comme le pire des passions humaines, ces années difficiles marquèrent un moment très important de l'histoire chinoise. Le partage de l'Empire en trois remettait complètement en question l'idée d'un pouvoir central. Sur ces espaces rétrécis par rapport à l'Empire, mais encore très vastes si l'on se réfère à l'échelle géographique européenne, une administration diversifiée, bien adaptée aux problèmes locaux, se faisait possible. L'idée d'unité fondamentale des pays chinois n'en disparaissait pas pour autant.

Le ravitaillement de l'armée et de la population posait à chacun des trois États un grave problème; les souverains des pays de Wou et de Chou eurent recours, comme Ts'ao Ts'ao mais à des degrés divers, à l'établissement autoritaire de colonies para-militaires. Une véritable amélioration des conditions de vie impliquait partout l'aménagement des cours d'eau. Et l'on ne sait pas, en l'occurrence, lequel des deux facteurs, économique ou militaire, fut le plus décisif.

Chaque gouvernement s'appliqua avec succès à consolider les bases économiques existantes, seule source de puissance. Ces idées n'étaient certes pas nouvelles et remontaient à l'époque des Royaumes combattants. Mais l'importance des moyens engagés, l'effort grandiose de planification mis en œuvre ainsi que l'emploi de dispositions d'ordre psychologique — toutes mesures destinées à assurer la prospérité de chaque royaume au détriment du voisin — causèrent de profondes transformations. L'éphémère Empire unitaire des Tsin (265-317) sembla pour un temps en tirer bénéfice.

Ce fut pourtant une victoire à la Pyrrhus. La Chine de l'entre-deux fleuves, qui semblait devoir à l'économie de guerre un moment de prospérité, se trouva ruinée; les contemporains avaient le sentiment d'être décimés, estimant, à la fin du IIIe siècle, qu'en quelques décennies la Chine avait perdu les neuf dixièmes de sa population. L'« Histoire des Song », dynastie « insurrec-

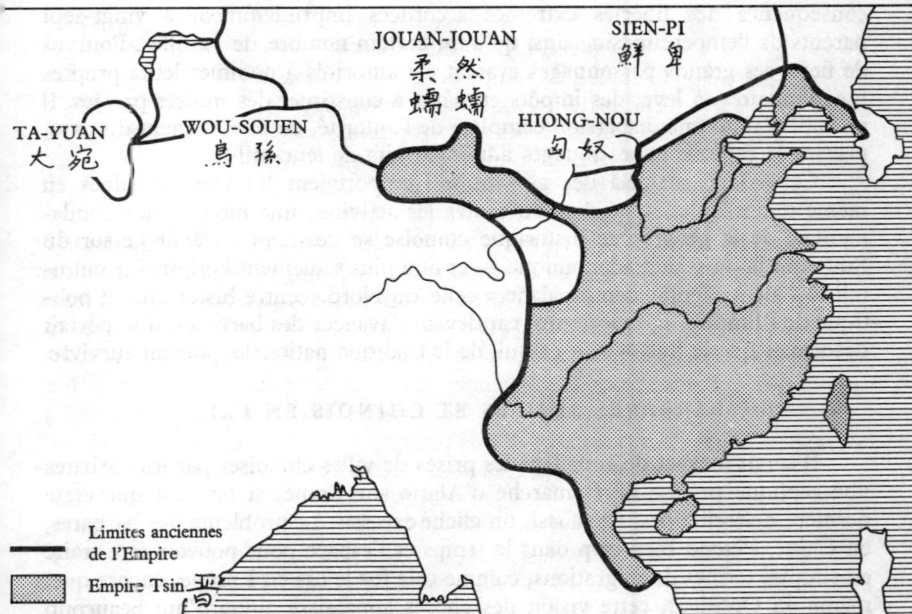

18. LA BRÈVE RÉUNIFICATION DES TSIN

tionnelle » qui régna au sud de 420 à 479, en gardait encore la mémoire : « Pendant la période des Trois Royaumes, la région située entre le Yang-tseu et la rivière Houai fut un champ de bataille... et plusieurs centaines de villages étaient vides de tout habitant... Ce fut seulement après que le Wou fût conquis que les gens revinrent à leurs demeures. »

Mais quand le Sud émergea enfin du malheur, les Hiong-nou, au nord, prenaient Lo-yang en 311, puis Tch'ang-an en 316. Le Nord chinois, loin d'être prêt à la résistance, apparaissait en pleine décadence politique. Les guerres avaient trop duré. Les familles parvenues à la puissance s'étaient empressées de supprimer les sages mesures prises par Ts'ao Ts'ao afin d'assurer la liberté et la solidité de l'État. Ce faisant, elles avaient elles-mêmes ouvert le gouffre où elles allaient sombrer. La rébellion de huit princes de la lignée impériale (291-305), chacun luttant pour affirmer son autonomie, apparut comme la conséquence des libertés extrêmes accordées imprudemment à vingt-sept parents de l'empereur tsin, ainsi qu'à un certain nombre de familles. Pourvus de fiefs, ces grands personnages avaient été autorisés à nommer leurs propres fonctionnaires, à lever des impôts et même à constituer des milices privées. Il en était résulté une dispersion complète de l'autorité, un émiettement du pays, privant la capitale et ses rouages administratifs de leur utilité.

Cependant, au-delà des guerres qui emportaient les vies humaines en même temps qu'elles stérilisaient toutes les activités, une modification fondamentale de la géographie historique chinoise se dessinait : c'était l'essor du Sud dont la puissance économique — et non plus seulement l'originalité culturelle — allait bientôt contrebalancer celle du Nord, centre historique et politique de l'Empire. Il était temps, car devant l'avancée des barbares, il importait désormais que le Sud sauvât ce qui, de la tradition nationale, pouvait survivre.

BARBARES SINISÉS ET CHINOIS EN EXIL

Il serait inexact de voir dans les prises de villes chinoises par les barbares une réplique précise de la marche d'Alaric sur Rome, si tant est que cette dernière ne forme pas, elle aussi, un cliché excessif. Le problème des barbares, en Chine, s'étend bien trop dans le temps et l'espace pour pouvoir être traité en simples termes de migrations, comme cela fut le cas en Europe, encore que, même en Occident, cette vision des choses apparaisse aujourd'hui beaucoup trop simpliste.

Au moment où l'Empire des Han s'effritait, nombre de tribus barbares vivaient aux portes de la Chine depuis des siècles et beaucoup d'entre elles avaient sans doute déjà modifié plus ou moins profondément leurs anciens modes de vie. Au IVe siècle, en outre, un phénomène inverse se produisit : des groupes de populations chinoises allèrent chercher fortune dans les territoires qu'occupaient, au nord du fleuve Jaune, Wou-houan et Sien-pi. Ces éléments han, perdant leur identité culturelle, finirent par s'unir aux peuples locaux et revinrent avec eux pour envahir le Nord chinois. L'extrême hybridation des types raciaux et des attitudes de pensée explique que la domination de la Chine du Nord par les barbares n'ait alors représenté, par bien des côtés, qu'un transfert de l'autorité en des mains presque fraternelles, un simple glissement du pouvoir.

Une certaine inadaptation des hommes au sol semble être la cause primordiale de ces mouvements divers qui, tous, partaient de la steppe pour aboutir aux plaines fertiles du centre chinois. Vers les débuts de l'ère chrétienne, et sous l'effet de conditions économiques et politiques très complexes, les populations qui ne participaient pas directement à la prospérité des grands centres culturels eurent tendance, d'un bout à l'autre de l'Eurasie, à se nomadiser selon un processus très différent de celui du nomadisme primitif des antiques sociétés de chasseurs-pêcheurs. Chez les peuples plus récents, le nomadisme apparaît comme un retour en arrière, une forme dégradée de l'économie, une sorte de remède à l'échec de l'agriculture et de la vie organisée qu'elle implique.

Or, jusqu'au traité de Nertchinsk (1689) qui fit, pour le meilleur ou pour le pire, se jouxter les frontières des empires russe et chinois, le centre de l'Asie demeura un *no man's land*, une zone retirée, située bien à l'écart des grands centres européens ou asiatiques qui ne tentèrent jamais d'y imposer durablement leur domination et, partant, leur mode de vie.

On comprend dès lors le drame qui se joua perpétuellement aux frontières chinoises : les groupes nomades ne cessèrent de vivre, mourir et renaître aux portes de l'Empire, en ces régions où les souverainetés, quand elles s'affirmaient, n'étaient plus que nominales. La quête des nomades à la recherche de nouveaux pâturages et d'une main-d'œuvre bon marché — les prisonniers réduits en esclavage —, leur souci d'acquérir des richesses propres à rehausser les cours des innombrables chefs de clans rivalisant de faste, expliquent les multiples péripéties des relations extérieures chinoises. Et pour comprendre l'attrait que l'Empire exerçait sur les barbares, il n'est que d'évoquer la fascination des épices et des sortilèges de l'Orient sur les hommes de notre moyen âge, qui engageaient volontiers leur vie, voire leur âme, sur les chemins du Levant.

L'appartenance raciale de ces diverses tribus qui jouxtaient les terres chinoises semble parfois difficile à déterminer. Les historiens chinois les mentionnent bien souvent sous des noms qui n'ont aucun rapport avec ceux que les nomades se donnaient eux-mêmes. De plus, ces termes recouvrent à l'occasion des communautés linguistiques et non politiques, ou bien évoquent le seul nom du clan dirigeant.

Aux III-IVe siècles, quatre branches se dessinaient néanmoins grossièrement : les Proto-Turks, les Proto-Mongols, les Toungouses et les Tibétains, ethnies qui, toutes, prendront à un moment donné de l'histoire une forme bien spécifique. Mais des phénomènes déjà anciens de brassages par mariages ainsi qu'un certain décalage culturel faisaient apparaître ces groupes, aux yeux d'un Chinois, comme un ensemble de peuples difficiles à différencier, plus ou moins liés par des mœurs ou un sang commun.

Le problème le plus grave cependant, fut que l'accès d'importants groupes nomades aux riches plaines chinoises et leur relative assimilation n'arrêtèrent jamais le déferlement des masses étrangères. A mesure que les barbares pénétraient en Chine et s'y implantaient, adoptant peu à peu les coutumes et le savoir-faire des sédentaires, ils se trouvaient confrontés à leur tour aux difficultés rencontrées par les dirigeants chinois qu'ils avaient chassés : les territoires d'Asie centrale, laissés vides par un peuple, étaient aussitôt occupés par d'autres. Ces derniers y menaient leurs troupeaux et y pratiquaient quelques cultures sur brûlis, méthode qui épuisait vite le sol et donnait aux barbares d'Europe ou d'Asie le sentiment de toujours manquer de terre. C'est pourquoi, à nouveau, ils venaient immanquablement se heurter aux *limes* chinois, attirés par les éternelles tentations de la richesse.

Les dynasties barbares dans le Nord

Par contrecoup, au Ve siècle, toute la Chine du Nord, ployant sous les barbares, fut soumise au tourbillon de seize royaumes éphémères.

Les Sien-pi — jusqu'aux environs de l'an 400 — puis les Jouan-jouan s'installèrent en maîtres dans la steppe. Certains royaumes comme celui des Leang antérieurs (313-376) dans l'Occident chinois, celui des Leang occidentaux qui se forma environ cent ans plus tard (401-421) ou bien encore celui de Yen, situé au nord-est de la Chine (409-436), furent créés par de simples dissidents chinois. Il ne se posait en ce cas que le problème de la légitimité et non pas celui de la race.

Il en allait différemment des treize autres royaumes, fondés successivement ou simultanément par les « cinq barbares » *(Wou hou)* dont parlent les historiens chinois. Tandis que les Man régnèrent un temps (dynastie des Tcheng, 302-347) dans les régions du Sseutch'ouan, des peuples proto-turks (les Tchao antérieurs, 304-329; les Tchao postérieurs, 330-351) se partageaient la Chine du Nord où vivaient aussi des groupes mal déterminés de Turko-Mongols. Brusquement, un Tibétain, Fou Kien (357-385), surgit et parvint à unifier le Nord chinois et le Sseutch'ouan sous le nom de royaume des Ts'in antérieurs (351-394). Mais il se heurta sans succès à la résistance du Sud (383); après lui, la gloire tibétaine déclina peu à peu, maintenue seulement dans les petits royaumes des Ts'in postérieurs (384-417) et des Leang postérieurs (386-403), situés respectivement en Chine centrale et occidentale. Partout ailleurs, des barbares proto-mongols fondaient de précaires dynasties : celles des Yen antérieurs (337-370), des Ts'in occidentaux (385-431), des Yen postérieurs (385-409), des Leang méridionaux (397-414) et des Yen méridionaux (398-410).

Deux royaumes proto-turks s'y ajoutèrent : celui des Leang septentrionaux (397-439) et celui des Hia (407-431).

Cette liste, longue et rébarbative, témoigne du souci principal qui hantait l'esprit de ces parvenus du pouvoir : s'intégrer au cadre préexistant dans la mesure où il signifiait la puissance; s'assimiler magiquement l'autorité cosmogonique des souverains sédentaires. C'est pourquoi les nouveaux venus s'attribuèrent tous des noms déjà portés par d'autres familles régnantes au cours de la longue histoire chinoise. Ce phénomène ne facilite, certes, ni l'énoncé ni la compréhension des événements.

Les Wei du Nord

C'est sur cet ensemble hétérogène que déferlèrent à la fin du IVe siècle les T'o-pa, groupe turko-mongol, dont on sait seulement qu'ils avaient établi en Chine centrale un éphémère royaume de Tai (338-376), puis étaient restés quelque temps soumis au royaume des Ts'in antérieurs (351-394) créé par Fou Kien. En 386, ils fondèrent un État qui s'affermit lentement. Au terme d'une longue conquête qui dura soixante-dix ans, ils parvinrent à soumettre tout le Septentrion chinois et à contrôler les plus proches étapes de la Route de la Soie (431-439). En 445 et 448, ils pénétraient dans le bassin du Tarim, suivant en cela le chemin des antiques armées han. Ainsi naquit la célèbre dynastie des Wei du Nord (386-534), sous laquelle la Chine allait atteindre l'un des sommets de son art et de sa pensée. Pourtant, suivant un paradoxe fréquent dans l'histoire, la jeune lignée s'imposa d'abord par la terreur.

En Chine proprement dite, l'organisation de type barbare dura jusqu'au règne de l'empereur Hiao-wen (471-499). Le problème de l'assimilation des barbares en effet, non résolu sous les Han malgré les apparences, se posait désormais d'une façon particulièrement urgente. Le premier souci des nouveaux maîtres wei de la Chine du Nord fut d'accroître les troupeaux : rêve fabuleux réalisé à la mesure des pâturages immenses que la Grande Plaine semblait leur offrir, mais sans tenir compte ni des avis, ni du genre de vie de la population locale qui en subissait les conséquences. L'insouciance et l'incompréhension des nomades à l'égard de l'agriculture aboutirent bien vite à l'accaparement des terres par de grands propriétaires qui s'organisèrent aussitôt de façon à lever eux-mêmes l'impôt sans rien en transmettre aux autorités, en même temps qu'ils se ménageaient pour eux seuls une classe de « protégés ». L'antagonisme entre éleveurs et agriculteurs compliquait les rapports; la masse démographique croissante des cultivateurs du Honan, du Hopei et du Chantong se trouvait de plus en plus à l'étroit sur ses terres, tandis que des zones immenses étaient réservées, plus à l'ouest, à la prairie. L'économie générale se détériorait de jour en jour; des déportations arbitraires d'artisans enfermés dans leurs ateliers comme dans des camps affolaient les masses. La mentalité des T'o-pa, cependant, de plus en plus liée à la vie sédentaire, changeait.

En 493, l'empereur Hiao-wen quitta Ta-t'ong, sa capitale située aux confins de la steppe au nord du Chansi. Il se transporta, lui et sa Cour, au vieux centre historique de Lo-yang (493). L'équilibre aléatoire qui avait jusqu'alors prévalu entre un appareil civil chinois chargé de l'administration quotidienne et celui, militaire, des T'o-pa auxquels incombaient les grands problèmes, laissait place à une politique nettement affirmée de sinisation. Il s'agissait sans doute beaucoup moins d'une adhésion de cœur que d'une nécessité : les officiers barbares, chargés de l'administration et de la gestion de la politique agraire, s'étaient révélés incapables de comprendre les questions complexes de l'économie chinoise. Les caisses de l'État se vidaient et force était bien de recourir à d'autres talents que ceux forgés dans la tradition barbare. C'est en ce sens que peu à peu les T'o-pa comprirent la magie du signe *(wen)*, secret divin détenu par les lettrés thaumaturges. L'idée chemina lentement que les Chinois possesseurs d'archives relatant l'existence de leurs lointains ancêtres, versés dans la connaissance des correspondances cosmogoniques, des saisons, des constellations qui engageaient la maîtrise du Ciel et des récoltes, étaient détenteurs d'une fabuleuse recette de puissance. Alors Hiao-wen, basculant dans un monde nouveau, tenta l'adoption des principes chinois de gouvernement. En 494, soit un an après l'établissement de la capitale à Lo-yang, les Wei abandonnaient leur costume national, adoptant celui des sujets de l'Empire. L'année suivante, le chinois fut institué langue nationale. Un peu plus tard, la maison impériale choisit d'être dénommée par le caractère *Yuan*, « l'Origine », et l'on enjoignit aux six frères de l'empereur de prendre des fiancées chinoises.

Tous les problèmes ne se trouvèrent pas résolus pour autant. Si l'empereur wei y gagna l'alliance des notables chinois dont l'influence s'accrut spectaculairement à la Cour, un clivage se produisit au sein de la société des T'o-pa. Les gens de Cour et tous ceux qui, de près ou de loin, profitaient de la sinisation, excitèrent les critiques et la jalousie de ceux qui constituaient l'ancienne noblesse tribale : devenue provinciale et frustrée des honneurs du pouvoir, elle se posa en dépositaire de l'esprit de la race face aux souverains corrompus par les délices d'un luxe tentateur. La révolte des « Six garnisons » (523) qui, onze ans plus tard (534), emporta la dynastie, apparaît ainsi, outre la lutte de soldats-pasteurs rendus oisifs par la paix des frontières, comme celle d'un monde tombé en disgrâce. Elle fut une guerre sans merci, la manifestation d'un dualisme irréductible : même l'assimilation des barbares par l'appareil chinois se révélait impuissante à pacifier la steppe. Les pasteurs gaspillaient en des luttes inutiles leurs aptitudes au combat, sans pour autant gagner les qualités propres aux agriculteurs, voués à la patience et à un inlassable labeur.

Les émigrés en Chine du Sud

La civilisation chinoise survivait pourtant, dans le bassin protégé du bas Yang-tseu, où les Ts'in dits orientaux, surgeons de l'Empire unitaire (265-317), s'établirent en 317, chassés du Nord par les Hiong-nou. L'évolution engagée à l'époque des Trois Royaumes trouvait sa justification; le Sud reprenait le flambeau des Han que le Nord, dévasté ou conquis à d'autres valeurs, laissait éteindre car les groupes chinois, mêlés aux barbares, perdaient peu à peu leur identité. Ce fut une culture menacée, vivant sur elle-même. Les grandes routes de l'Asie centrale s'étaient fermées : seule la dynastie des Leang (502-556) parvint à conserver quelques débouchés sur la Route de la Soie. Les révoltes périphériques — comme celles du Sseutch'ouan, appuyées par les T'o-pa — contribuèrent encore à confiner le noyau persistant du monde chinois dans un seul refuge : le bassin inférieur du fleuve Bleu. Ainsi le règne de ces nombreuses dynasties du Nord et du Sud *(Nan-pei-tchao)* semblait devoir se traduire dans l'histoire de la Chine du Sud par un long vide : étape néanmoins nécessaire car le pays, rejetant ou bouleversant l'acquis, y forgea les éléments d'un nouveau classicisme. Par un mouvement inverse, la Chine du Nord, barbarisée, vit venir à elle des ambassades de Perse, de Sogdiane, de Boukhara, de Koutcha. La fabuleuse civilisation t'ang allait naître de la conjonction de ces deux ferments : le ferment chinois des riantes plaines méridionales et les germes étrangers recueillis à travers les austères étendues septentrionales.

Mais pendant ce temps, les riches Chinois effrayés par l'avancée barbare dans la plaine Jaune, préféraient émigrer. Les uns fuyaient au nord vers la Mandchourie méridionale; les autres, plus nombreux, se portaient vers les rives du bas ou moyen Yang-tseu, le Yunnan et le bassin du fleuve Rouge. On estime qu'à la fin du Ve siècle, environ un million de « Nordistes » s'étaient établis dans le Sud. Cet important repli de la Chine du Nord ne fut pas sans poser de graves problèmes. Les émigrés n'arrivaient pas dans un pays vide mais sur des terres où, depuis des siècles, des familles de colons avaient développé de vastes exploitations qui leur donnaient prospérité et puissance. Il s'ensuivit une profonde rivalité, inévitable, ainsi qu'une tendance prononcée des deux parties à user de l'autre à son profit. Les grands propriétaires et négociants du Sud s'efforçaient d'exploiter au maximum les talents et la solvabilité des nouveaux venus; les gens du Nord, de leur côté, tentaient, comme tous les émigrés du monde, d'utiliser les forces du Sud pour intriguer au Nord; les deux groupes se perdirent en rivalités intestines qui firent reculer sans fin l'éventualité d'une reconquête.

Han-k'eou — ville coloniale — et Kien-k'ang (l'actuelle Nankin) — capitale impériale — constituaient les bastions des deux aristocraties. Les empereurs protégèrent soigneusement l'une comme l'autre, les dispensant de l'impôt et des corvées. Ils leur accordèrent également les plus hauts grades sur la foi de généalogies *(kia-p'ou)* bien souvent douteuses, voire forgées de toutes pièces. Les mariages entre nobles et roturiers furent interdits, ce qui aboutit au gel des classes sociales. Il en découla une rapide sclérose de la noblesse endogame, condamnée à ne pas déroger, tandis que les classes moyennes s'efforçaient par tous les moyens de s'élever jusqu'à elle et que les plus pauvres des émigrés devenaient esclaves dans les propriétés des riches colons.

Enfin, l'arrivée des gens du Nord modifia profondément l'organisation du peuplement. Il leur était en général difficile de s'intégrer aux villages existants, unités agricoles sans doute ceintes de palissades, comme les actuels villages des minorités ethniques miao; les émigrés s'installèrent donc sur des terres vierges. Ils y fondèrent des communautés dont les dénominations montrent bien qu'elles demeuraient étrangères aux groupes locaux : si l'on disait parfois simplement « jardins fermiers » *(tchouang-yuan)*, on parlait bien souvent de « fermes séparées » *(pie-tchouang)* ou de « groupements séparés » *(pie-ye)*. Parmi ces *villae* à la romaine, des relais *(tch'ouang)* ou de simples auberges *(ti)* devinrent rapidement d'importants lieux de passage qui favorisèrent l'artisanat et le commerce. Cette mise en valeur du Sud, épanouie en dehors de toute réglementation systématique et par le jeu naturel des circonstances, contribua très largement à développer en Chine méridionale un commerce libre et sain qui permit, plus tard, les premiers et fructueux rapports avec l'Europe des temps modernes.

L'autonomie des communautés bourgeoises, gagnée de fait grâce à leur savoir-faire, n'est pas sans évoquer le puissant ferment du mouvement communal dans l'Occident médiéval.

L'accumulation des richesses, cependant, n'aurait jamais suffi à sauver la Chine du Sud de l'avancée barbare si les conditions géographiques ne s'y étaient prêtées : ce pays de montagnes et de forêts, abrité par le massif des Ts'in-ling et les chaînes de Houai-yang, était largement irrigué; des marais s'étendaient au pied des hauteurs. Cette situation empêchait le déploiement de la cavalerie nomade qui risquait de s'embourber, et donnait l'avantage à l'infanterie, corps principal des armées chinoises. C'est pourquoi, malgré la piètre valeur politique de ses souverains, le Sud se maintint indépendant jusqu'au triomphe des Souei qui surent réunifier la Chine (589).

Pays fertile, le Sud pouvait aussi, par de nouvelles routes, s'ouvrir aux échanges. Ses côtes accueillantes, où la population tirait de la mer la majeure partie de sa subsistance, aidèrent aux mouvements commerciaux qui s'amorçaient à l'intérieur des terres. De nombreux marchands de l'Asie du Sud-Est, de l'Inde, de l'Iran, commencèrent dès la fin du ve siècle à aborder aux rivages chinois. Cette ouverture sur le monde vint favoriser la transformation des esprits. La Cour méridionale inaugura à ce moment une tradition brillante d'art et d'étude qui ne devait jamais se démentir, illustrée par les poésies de T'ao Yuan-ming (365-427), les calligraphies de Wang Hi-tche (307-365) et de Wang Hien-tche (344-388), et les peintures de Kou K'ai-tche (345-411).

LES ASPIRATIONS PHILOSOPHIQUES DE LA POÉSIE

De cette longue crise qui aurait pu lui être fatale, la Chine devait sortir enrichie. Elle lui fut l'occasion d'exprimer et d'explorer les effets du malaise intellectuel ainsi que les causes du désordre sentimental qui, depuis les environs de notre ère, agitaient les esprits : selon les tempéraments, cette inquiétude les portait sans mesure tantôt à déplorer l'oubli de l'antique simplicité, tantôt à fustiger l'incapacité des gouvernants à se renouveler, ou bien encore à chercher la paix dans un mépris total des affaires politiques, comme Tchong-tch'ang T'ong (né en 180), le conseiller de Ts'ao Ts'ao qui disait sans ambage :

> « Depuis toujours la pensée tourne et tourne
> Tortueuse, sinueuse, ennuyeuse.
> A quoi bon toutes les pensées,
> La suprême importance est en moi. »

La littérature, reproduisant sans fin les formes et les images des Classiques, semblait morose. Il n'était de prose que philosophique et morale : elle se confondait avec les discours des hommes d'État. Aussi n'est-ce pas d'elle que vint la renaissance, aux IIe-IIIe siècles, mais de conversations, élégamment nommées « causeries pures » *(ts'ing-t'an)*, qui jouèrent à la fin des Han, toutes proportions gardées, le rôle de nos salons littéraires au XVIIIe siècle.

L'initiateur en fut Kouo T'ai (128-169), autour de qui se réunissait un cercle d'amis. Ils partageaient la joie de contester fondements philosophiques et personnages importants de l'Empire, témoignant du nihilisme qui, depuis le début du IIe siècle, régnait dans les sphères intellectuelles. Ils donnèrent ainsi le branle et, lorsque la révolte des Turbans jaunes vint appuyer par le glaive les bouleversements que les causeurs, de plus en plus nombreux, désespéraient d'entreprendre, ce fut, au-delà même des transformations politiques, le problème fondamental de la nature et de l'existence de l'homme qui se trouva remis en cause. Si l'insurrection engendra d'innombrables actes de banditisme, elle traduisait aussi un désespoir intense. Ses liens complexes avec les doctrines du taoïsme, qui doutait de tout sauf de la valeur de l'individu, commencèrent à exercer une influence profonde.

Le vide religieux que ne remplissait pas la quête de l'immortalité, l'affolement des hommes devant l'écroulement d'un monde familier allaient ouvrir le cœur de tout un peuple à deux sentiments qu'il n'avait fait jusqu'alors qu'effleurer : le lyrisme et la ferveur religieuse.

Certes, les hommes avaient de tout temps traduit, au rythme des poèmes accompagnés ou non de musique, les joies et les peines de leurs vies brèves. Le « Canon des poèmes » *(Che king)*, détruit comme tous les Classiques lors du grand autodafé ordonné par le Premier Empereur, se perpétuait dans les mémoires, porté par la cadence de ses vers de quatre ou cinq syllabes. Il fut réédité, au temps des Han, sous la forme de diverses compilations dont il ne reste aujourd'hui que celle dite de Mao Tchang. On chantait aussi les élégies de K'iu Yuan (343-277? avant notre ère), l'homme du Tch'ou qui dénonça jusqu'à la mort l'horreur de la calomnie : la légende disait que, injustement banni et désespérant de jamais rentrer en grâce, il s'était jeté, au cinquième jour de la cinquième lune, dans la rivière, près du lac Tong-t'ing; chaque année, des joutes de bateaux-dragons rappelaient les tortures morales de celui que l'on tenait pour le plus grand barde de l'antiquité.

Mais les Han pressentaient que ces chants anciens étaient morts avec la royauté, laissant place à la sécheresse des hommes modernes, sujets d'un État admirable mais sévère. L'empereur Wou s'ennuyait à la Cour et désespérait de la poésie officielle, fleur flétrie des siècles enfuis. Vers 120 avant notre ère, il institua un Conservatoire de musique *(Yue-fou)* chargé de recueillir chansons et mélodies des terroirs, par lesquelles il comptait étendre et rénover le répertoire figé de la musique de Cour trop étroitement liée aux anciens cultes royaux. Les lettrés travaillèrent la cadence de ces chants agrestes; aux environs du Ier siècle de notre ère, ils étaient parvenus à établir les règles d'un rythme bref en cinq pieds *(wou-yen)* qui devait durer autant que la poésie chinoise.

Les esprits archaïsants, toutefois, jugeaient avec sévérité l'introduction de mélodies — musicales et poétiques — autres que celles liées aux vieux rituels. Ils finirent par obtenir gain de cause et firent supprimer, en 7 avant notre ère, le *Yue-fou*.

Il reste assez peu de cette poésie han, très raffinée, bien qu'elle plongeât ses racines au cœur des hommes simples. Un joyau pourtant subsiste : l'étincelle mélancolique des « Dix-neuf poèmes anciens », disant les peines de la séparation et de la mort, moment isolés au sein d'une durée humaine dont on n'entend plus les cris, prémices des épanouissements ultérieurs, voix émouvantes d'un monde qui se sait condamné, désabusé, puisqu'il ne croit même plus à l'élixir de l'alchimie taoïste :

« Ma voiture a franchi la Porte du Nord-Est
Et de loin je contemple, au nord des murs, les tombes :
Peupliers blancs, tout bruissants dans le vent,
Pins et cyprès, le long des avenues.
Dessous, les trépassés du temps jadis,
Enténébrés, pris dans la longue nuit.
Plongés dans leur sommeil, au fond des Sources Jaunes,
Ils passeront mille ans sans s'éveiller jamais.
En un courant sans fin *yin* et *yang* se relaient,
Notre lot dure autant que rosée du matin.
La vie de l'homme : une halte rapide,
Ses jours résistent moins que pierre ou que métal.
Toujours, à tour de rôle, on s'escorte à la tombe,
Ni saint ni sage, nul ne peut échapper.
Pour se rendre immortel, on absorbe des drogues,
Mais l'élixir a fait maintes erreurs.
Mieux vaut encore boire un vin délicat,
Et se vêtir de fine et blanche soie. »

Les Ts'ao et les poètes de l'ère Kien-an

C'est cette veine, où l'ampleur lyrique des élégies de Tch'ou illustrée par K'iu Yuan s'alliait à la rigueur philosophique des milieux intellectuels qui, revivifiant les vieux modèles populaires, permit à la poésie chinoise d'échapper aux cadres étouffants de l'expression littéraire officielle, rituelle et conventionnelle. C'est elle encore qui, l'Empire éclaté, la Chine bouleversée, fournit à l'inspiration renouvelée des hommes de ce temps une prosodie suffisamment souple pour y verser sans peine le meilleur de leurs préoccupations.

Celles-ci relevaient de deux ordres très différents : la réflexion politique et le lyrisme métaphysique, volontiers désespéré dans son fond. La première tendance se développa autour du brillant chef de la Chine du Nord, Ts'ao Ts'ao, et de ses fils, rivalisant d'esprit : elle aboutit à une tournure littéraire « engagée » dont le ton général était celui d'une indignation vertueuse, généreuse *(k'ang-k'ai)*, à la vue des malheurs des temps. Ce sentiment, tempéré chez Ts'ao Ts'ao par une confiance certaine en sa propre vigueur et l'efficacité de son action, se nuança, chez ses fils, de couleurs plus sombres.

Dans le cénacle qu'ils animaient et que l'on désigna plus tard sous le nom des « Sept poètes de l'ère Kien-an » (196-220), la littérature devint un subtil jeu d'éloquence, une science du discours qui, habilement utilisée, pouvait à l'occasion modifier le cours social des choses et des situations. Le procédé consistait à reprendre les thèmes émouvants de l'amour, de la séparation et de la mort, traités sous la forme d'allégories politiques. Écoutons par exemple Ts'ao Tche (192-232), troisième fils de Ts'ao Ts'ao, et sans doute le plus grand poète de son temps :

« Aux fières tours les vents tristes affluent
Le bois du Nord brille aux feux du matin;
Et lui, là-bas, il erre à mille stades!
Fleuves et lacs, si profonds, si lointains...

Sur quelle barque atteindre à ces rivages?
Qu'on souffre mal l'ennui d'être esseulée!
Volant au Sud, voici qu'une oie sauvage
Jette au passage un long cri désolé...

Et vers l'absent, mon regret suit sa trace...
Puisse, en son cri, lui clamer ma douleur
L'oiseau, déjà disparu dans l'espace,
Dont l'aile fuit en déchirant mon cœur!

En fait, sous le masque mélancolique de l'épouse esseulée, il faut reconnaître le poète, homme d'action meurtri par la disgrâce politique en laquelle le tenait son père, jaloux de ses talents. Il ne s'agissait plus d'une élégie mais d'un placet.

Le groupe des Ts'ao se réunissait pour banqueter, rimer et parler sans fin, jouant avec les concepts, ne désespérant jamais de réorganiser l'Empire, de l'affranchir des philosophies du passé, d'y discerner des talents nouveaux. Son activité, particulièrement intense de 212 à 217, à la fin du règne nominal des Han, fut soudain interrompue par une vague d'épidémies qui décima le groupe d'amis.

En ces temps où le refus du conformisme social et la recherche de nouvelles normes favorisaient l'avènement de l'expression personnelle, la poésie devenait aussi un refuge. Elle traduisait alors une très puissante réaction des individualités contre l'uniformisation qu'impliquaient dans la pratique, sinon toujours dans les théories, les idéologies du pouvoir ; et ces années dures et agitées favorisèrent, à côté de ces subtils discours politiques, l'épanouissement de la poésie lyrique. Ses thèmes constants évoquaient la mélancolie de la fuite du temps, l'amertume des désillusions, le poids de la fatalité et la tragédie inéluctable de la mort que tempérait seule une ardeur à goûter le moment présent, proche de notre *carpe diem* :

« Mais un noir tourbillon emporte les beaux jours ;
Effrayés, nous voyons le temps fuir sans retour.
Les saisons de bonheur jamais ne se répètent ;
Même après cent années, c'est soudain que l'on part.

Des vies ont beau passer dans les palais de pourpre :
Leurs débris épars vont aux sépulcres des monts.
Qui, des Anciens, a pu ne pas mourir ? Sachons
Notre destin : dès lors, de quoi nous mettre en peine ? »

C'était traduire en termes élégants le fond épicurien mais pessimiste des philosophes de ce temps, exprimé dans le « Vrai classique du vide parfait », ouvrage du IIIe siècle qu'une tradition apocryphe faisait remonter à Lie Yu-k'ao (450-375 av. J.-C.) :

« Hélas, le bonheur est d'une rencontre difficile ici-bas, mais la mort est facile [à obtenir]. Changer ce rare bonheur de vivre pour une mort facile à obtenir, quelle idée serait-ce là. »

Les Sept sages de la forêt de bambous

Le refus du siècle, le goût de l'érémitisme qui en découlait accédèrent bientôt au rang d'une philosophie officielle, mise en pratique par le groupe fameux dit des « Sept sages de la forêt de bambous », petit bois situé au nord de Lo-yang. Les sept compagnons avaient l'habitude de s'y réunir, vivant selon leur désir, affichant un mépris total pour les règles sociales ou les idées acquises. Ils n'attendaient rien du monde, trouvaient tout en eux-mêmes et manifestaient un goût quelque peu ostentatoire pour la paresse. La légende se plaît à représenter leur chef de file, Hi K'ang (223-262), errant dans la montagne, occupé à cueillir des simples tout en devisant avec son ami Wang Lie, un ermite âgé de deux cent trente-huit ans.

La vérité est à la fois plus brillante et plus triste. Hi K'ang était un homme du monde, dans tous les sens du terme : frère cadet d'un officier de Sseu-ma Yen qui usurpa le pouvoir des Ts'ao au pays de Wei, il avait, de plus, épousé une princesse impériale. Si, pourvu de prébendes, il se trouvait donc à l'abri des nécessités matérielles, ses liens avec la bonne société n'en entraînèrent pas moins sa perte, car il refusa toujours de jouer le jeu social propre à son rang :

« Le monde vulgaire s'éveille difficilement;
Il ne s'arrête jamais dans sa poursuite des choses matérielles.
Mais l'homme parfait regarde au loin;
Il retourne à la nature.

Tous les êtres sont Un;
L'Univers est ma demeure.
Je la partage avec les autres;
Qu'ai-je donc à regretter ?

La vie est comme un gîte flottant;
Elle apparaît un instant et soudain s'achève.
Les affaires du monde sont désordonnées et confuses;
Rejetons-les aux extrémités de la terre.

Même affamé, le faisan des marais
Ne souhaite pas les parcs.
Comment pourrais-je servir,
Fatiguer mon corps ou faire peiner mon cœur ?

Car le corps est à estimer, le vain nom à mépriser.
La gloire et le déshonneur n'existent pas.

L'important est de laisser aller sa volonté
Et de libérer son cœur sans repentirs. »

A mesure qu'il progressait sur les chemins difficiles de la pensée mystique, il apparaissait davantage comme un scandale vivant. Son attitude ridiculisait les manières d'être et les goûts des milieux officiels. Une difficile affaire de famille fournit aux confucianistes le prétexte de sa condamnation (262). Contre lui, ses ennemis écrivirent un réquisitoire dont la violence prouve bien qu'ils visaient moins l'homme qu'une philosophie et moins la philosophie que le genre de vie asociale qu'elle impliquait :

« [Hi K'ang] ne travaille pas pour les princes et les seigneurs. Il méprise son époque, il traite de rien le monde; il n'est d'aucune utilité pour les autres êtres. Inutile pour notre temps, il corrompt nos mœurs. Autrefois [...] Confucius mit à mort Mao le *chao-tcheng* parce que ces hommes, si orgueilleux de leurs talents, répandaient le désordre dans la société et le trouble dans les masses. Si maintenant Hi K'ang n'est pas exécuté, il n'y aura plus moyen de purifier le Tao royal. »

Hi K'ang, assumant sa mort avec sérénité et compassion face au monde aveugle qui le rejetait, entra très vite dans la légende :

« Hi K'ang fut jugé et enfermé en prison. A l'approche de son exécution, ses frères et sa famille vinrent tous lui faire leurs adieux. Hi K'ang ne changea pas de mine. Il demanda à son frère : "As-tu apporté ma cithare ?" Son frère dit : "Oui, je l'ai apportée." Hi K'ang la prit et l'accorda et il joua la mélodie "La Grande paix". Quant il eut fini, il dit en soupirant : "La Grande Paix meurt avec moi!" »

Au-delà des impératifs de l'ordre établi, c'était une certaine forme de fatalité qui triomphait : celle de la mort physique qui finit toujours par vous emporter d'une manière ou d'une autre, l'impossibilité de refuser sa condition, la nécessité pour chacun de se résigner à subir et accepter son lot *(fen)* ainsi que l'enseignaient les confucéens. L'impérissable rêve taoïste de l'évasion, de la survie, de la joie, de l'harmonie avec la nature s'estompait plus que jamais. La vanité de cette recherche éperdue du bonheur chantait tristement à travers les vers de Jouan Tsi (210-263), le plus célèbre, avec Hi K'ang, des Sages de la forêt de bambous :

« A l'abri des beaux troncs se dessine un sentier;
Au jardin du Levant sont pêchers et pruniers.
Mais les graines ailées volent au vent d'automne :

Voici venu le temps des déclins et des chutes.

Comme les fleurs fanées le bonheur se flétrit;
Ronces et liserons se croisent au palais.
Je fouette mon cheval; loin de tout je m'en vais.
M'en vais chercher un gîte au pied des Monts de l'Ouest.

Qui ne peut se défendre soi-même,
Lui serait-il permis d'aimer femme et enfant?
Vêtue de givre dur, l'herbe folle se fige.
Voici le soir, l'année s'achève, tout est dit... »

La répression officielle se révélait impuissante à changer le cours des choses. Plus les combats sévissaient, plus l'incertitude du lendemain grandissait et plus encore les cœurs purs sentaient ce besoin de folie, de sincérité. Ce fut, moment privilégié, la naissance de la véritable poésie lyrique chinoise, faite d'équilibre entre la profondeur des sentiments et la beauté de la forme, parfait accord de la sonorité avec le sens et la perfection esthétique du caractère :

« Le temps ne peut revenir sur ses pas,
La fleur ne peut refleurir à nouveau,
La marsilée ne fleurit qu'au printemps,
Le gardénia ne fleurit qu'en automne.

C'est triste qu'il y ait peu de jours à venir,
C'est triste qu'il y ait tant de jours écoulés;
Le présent ne donne aucune joie,
J'écoute chanter le grillon.
....
Mon vin a beau être bon,
Le festin a beau être exquis,
Je termine ma brève chanson,
La longue nuit est sans fin. »

Ce n'était point l'expression d'un sévère anachorète, mais celle d'un homme à la vie brillante et agitée : Lou Ki (261-303), fils d'un fonctionnaire du royaume de Wou, fougueux général qui paya de sa tête une défaite dont on le rendit responsable, témoin de la polyvalence traditionnelle de l'honnête homme chinois maniant l'épée aussi bien que le pinceau, portant les espoirs du pays en même temps qu'il contribuait à orienter vers de nouvelles voies les formes et le fond de la poésie chinoise.

T'ao Yuan-ming

Celle-ci dut au Sud de l'Empire, comme aux temps lointains de K'iu Yuan (343-277? av. J.-C.), les plus belles fleurs de son épanouissement. Les puissances de la nature, les forces exubérantes de la vie y créaient des sortilèges qu'ignorait le Nord raisonneur. C'est sans doute pourquoi T'ao Ts'ien (ou T'ao Yuan-ming, ou T'ao Yuan-leang, 365-427) marqua si profondément les époques ultérieures.

Amant impénitent de la vie simple, de la campagne, chantre des chrysanthèmes et des pourpris mélancoliques, T'ao Yuan-ming était originaire de la province du Kiangsi et son enfance s'écoula dans un village, au pied du mont Lou dont la beauté suscitait l'enthousiasme des artistes. Si sa famille avait autrefois occupé de hautes fonctions à la Cour, ses aïeuls avaient préféré la vie tranquille des résidences agrestes aux grandeurs et aux précipices du pouvoir. T'ao Ts'ien lui-même accepta dans sa jeunesse une charge afin d'améliorer ses revenus trop précaires, mais l'abandonna bientôt, malgré la nombreuse famille — enfants et neveux — qu'il devait faire vivre. Sa maison devint un point de rencontre de la société de son temps, car T'ao Ts'ien, haut fonctionnaire mué en simple exploitant, avait pour amis des personnages venant des horizons les plus divers : gens en place, prêtres bouddhistes, originaux taoïstes ou villageois.

Ses œuvres reflètent ainsi les principales tendances de son époque. Il innova en choisissant des termes simples, sans fioriture, empruntés au vocabulaire quotidien. Il mourut inconnu, mais cent ans plus tard il figurait dans le *Wen-hiuan*, anthologie officielle des meilleurs poètes de l'Empire, car les générations nouvelles admiraient en lui celui qui avait su reverser dans le moule poétique le courant, les eaux profondes de la vie.

La chaleur du vin l'y aidait souvent et, seul, face à son ombre, il trouvait dans l'ivresse — refuge ultime, en Orient, de la sincérité — le courage nécessaire pour regarder le néant vers lequel semblait glisser toute vie :

« Il y a des milliers et des centaines de milliers de manières de se conduire.
Qui sait ce qui est bien, ce qui est mal ?
Le bien et le mal ne valent que par leur relativité;
Dire du mal, dire du bien

C'est comme les roulements du tonnerre.
Il y en a eu beaucoup
A la fin des Trois Dynasties.
L'homme d'esprit libre ne s'en soucie pas.

....

Tout seul, je me mets à boire.
Quand la coupe est vide, le flacon s'incline de lui-même.
Quand le soleil descend, toutes les activités cessent
Et les oiseaux rentrent, chantant dans la forêt.

....

Je soulève ma fiole de vin et, appuyé contre une branche froide,
Je regarde au loin;
Je vis dans l'illusion d'un rêve.
Pourquoi serais-je lié par le monde ?

Tôt le matin, j'ai entendu frapper à ma porte.
Jetant sur moi mes habits pour aller ouvrir
J'ai demandé qui était là.
Il dit qu'il était un fermier plein de bonnes intentions
Et qu'il avait apporté un flacon de vin.
Il imaginait que j'étais étranger au monde.
Il dit : "Un homme vivant sous le chaume, en guenilles,
N'est en rien un ermite à l'esprit élevé.
Et puisque le monde se conforme aux mêmes normes
Vous feriez mieux de les suivre aussi."
Je fus profondément touché par ses paroles.
Je dis : "Bien que je ne prenne aucun plaisir à la vie de cour,
Je pourrais apprendre à suivre ce chemin.
Mais aller contre moi-même ne ferait que me faire perdre mon chemin.
Soyons heureux en buvant;
Je ne peux pas changer ma route."

Il exprimait, en termes ordinaires mais agencés avec art, les leçons de la sagesse populaire. Intimement imprégné de confucianisme, il vénérait les sages de l'antiquité. Un sens profond de la famille l'habitait et il demeura toujours respectueux de la maison régnante — celle des Tsin orientaux (317-420). Du taoïsme, il retint surtout le sens de la spontanéité, en même temps que l'art d'accepter les choses telles qu'elles sont. Il trouvait dans l'exercice poétique sa légitimation et sa fin. Jamais il ne chercha à mener plus avant la quête extatique de l'accord avec l'univers, pas plus qu'il ne montra de curiosité pour le bouddhisme qui, depuis l'époque des Han déjà, cheminait lentement le long de la Route de la Soie.

L'ESPRIT BOUDDHIQUE ET SES CONSÉQUENCES ARTISTIQUES

En quelque lieu, en quelque jour que l'on s'attache à la vie de ces années troublées, apparaît l'opposition entre l'agitation des affaires politiques, la brutalité des règlements de compte de groupe à groupe et le goût insatiable de sérénité, de spiritualité, voire de véritable ferveur mystique propre aux individus. Cela ne résultait ni du hasard ni de l'effet d'une loi élémentaire de compensation psychologique entre le vacarme extérieur et le calme intérieur, mais d'un véritable appel, interrogation sans fin sur le pourquoi des choses :

« Vois les arbres qui poussent sur la butte :
Ils ont chacun leur cœur particulier.
Vois les oiseaux qui chantent dans le bois :
Ils ont chacun leur propre mélodie.
Vois les poissons qui nagent dans le fleuve :
Celui-ci flotte et l'autre plonge.
Vertigineuse est là hauteur des monts,
Insondable la profondeur des eaux!
L'apparence des choses est facile à voir;
Mais leur principe est d'une quête ardue. »

C'est à ce besoin profond que répondit le bouddhisme. La tradition fait remonter au début de notre ère l'introduction officielle du bouddhisme en Chine. Le premier texte en aurait été apporté dans l'Empire par les Yue-tche, ces barbares que Tchang K'ien avait vainement tenté de soulever contre les Hiong-nou. Cent cinquante ans plus tard, en 144, un prince arsacide, dynastie parthe qui régnait sur la Perse (250 av. J.-C. - 227 ap. J.-C.), An Che-kao vint à Lo-yang où il créa une école de traductions qui œuvra sans relâche jusqu'à la chute des Han en 220. L'indifférence religieuse des Ts'ao, les souverains-poètes, et des Sseu-ma, leurs continuateurs, fit que les successeurs d'An Che-kao poursuivirent sans dommage leur long travail et l'un d'entre eux, Tche K'ien, s'en fut prêcher au milieu du IIIe siècle dans la région de Nankin. Ses sermons

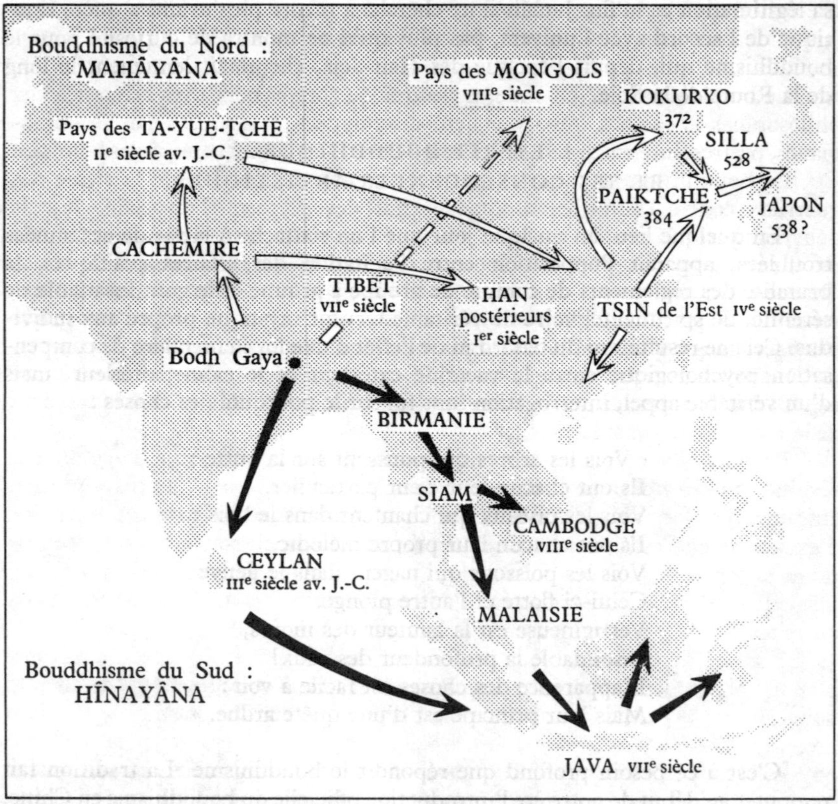

19. L'EXPANSION DU BOUDDHISME EN ASIE

ne reçurent pas le succès escompté, mais la dynastie des Tsin qui réussit pour une cinquantaine d'années (265-317) la réunification de l'Empire se montra favorable à la nouvelle foi. Lorsque l'Empire sombra à nouveau sous la pression des nomades, les dynasties barbares, établies dans le Nord de la Chine, se montrèrent d'abord réticentes à l'égard d'une pensée qui plaçait les livres étrangers au-dessus des Classiques locaux; puis à partir de 335, ils autorisèrent l'étude de cette religion tout aussi nouvelle pour les Chinois que pour eux.

L'éclosion du bouddhisme chinois commençait. Porté par les marchands, il se faisait chaque jour plus présent dans l'Empire.

Le bouddhisme, né en Inde, ne saurait se comprendre sans référence aux philosophies anciennes qui s'y étaient développées, transmises par les brahmanes, prêtres, intermédiaires nécessaires entre Dieu, infini et un, et les hommes.

Le bouddhisme apparaît socialement comme la réaction de la classe des guerriers contre l'autorité absolue de celle des prêtres. Il proclame que la délivrance est à la portée de tous et que chacun, brahmane ou pas, peut trouver un chemin pour échapper à la douleur. Car le principe fondamental du bouddhisme est que la vie est douloureuse, tiraillés que nous sommes entre la présence de ce qui nous déplaît et l'absence de ce qui nous plaît. Tout n'est que passager, même l'âme dont les philosophies anciennes admettaient l'immortalité, bientôt battue en brèche, aux environs du premier millénaire avant notre ère, par la conception nouvelle de la deuxième mort, puis le développement de la théorie de la métempsycose.

Le bouddhisme admet la transmigration : il conçoit le monde comme le résultat d'une vibration d'éléments premiers, les *dharmas*. Cette vibration entraîne des formations continuelles dont l'ensemble constitue une chaîne d'existences successives et momentanées; chacune cependant se trouvant conditionnée par la formation précédente : cette qualité, phénomène proche du magnétisme, est le *karma;* il donne à toute existence nouvelle les fruits, bons ou mauvais, des actes de la précédente.

L'image de la flamme, à laquelle il est classiquement fait recours, illustre bien le phénomène. D'instant en instant, la flamme brûle un combustible nouveau, car ce qui est consumé ne peut brûler encore. Brûlant un combustible nouveau, elle est donc théoriquement différente; or, c'est une même flamme qui brûle continûment. Ainsi en va-t-il des *dharmas* qui, tout en se renouvelant perpétuellement, assurent la continuité des existences. Très tôt enfin dans le bouddhisme, le *karma* et son essence magnétique engendrèrent une conception comparable à notre âme : ce fut le *vijnâna*, le savoir. Matérialisant les qualités du *karma*, il se réincarne à chaque union nouvelle. Telle est la première vérité bouddhique qui enseigne donc l'impermanence de toute existence, soumise, en contrepoint, à la rétribution des actes. La seconde vérité est que l'origine de la douleur réside dans la joie, dans la jouissance, dans la soif d'exister. La troisième vérité annonce la suppression de cette soif par la suppression de la convoitise. La quatrième vérité enseigne la suppression de cette convoitise par la pratique du sentier à huit branches : la foi juste, la résolution juste, la parole juste, l'action juste, la vie juste, la tendance juste, la pensée juste, la méditation juste.

Cette longue chaîne de causalité fut lentement précisée et analysée selon le schéma suivant : les *dharmas* subissent l'attraction du *karma* et se transforment; c'est alors que naît le savoir-*vijnâna*, ou germe de la personnalité; il s'en dégage les six sens; ces derniers entrent en contact avec le monde extérieur; la sensation et la soif de vivre donnent naissance à un nouveau *karma ;* la vie entraîne mort et réincarnation, les actes lancent le jeu de la rétribution et le cycle douloureux se poursuit à l'infini.

Le bouddhisme enseigne l'art d'échapper à cet engrenage : il faut pour cèla remonter le fil du lien de causalité. Le sujet pratiquera d'abord une vie morale, puis une vie méditative tendant à lui faire perdre successivement la notion des objets, puis la sensation, et enfin la perception; la soif de vie se trouvera éteinte, aucune existence ne pourra, dès lors, se reformer. C'est le *nirvâna*, mot couramment traduit par néant, mais qui recouvre en fait l'état de repos des éléments premiers.

Après la mort du Bouddha, trois conciles constituèrent en corps de doctrine son enseignement oral. Le plus célèbre est celui de Pâtaliputra qui se réunit vers 245 avant J.-C. au temps de l'empereur Ashoka (272-232). Il établit les « trois corbeilles » du canon *pâli :* celle de la « discipline », celle de l' « exposé de la doctrine » et celle de la « métaphysique ». Peu à peu cependant, l'idée se répandit que le Bouddha, trop en avance sur son temps, n'avait pas tout révélé, que d'autres voies étaient à trouver, que le salut enseigné par les premiers fidèles était trop égoïste et qu'il convenait d'élargir le salut personnel du bouddhisme primitif en un salut de la communauté. Ce mouvement reçut, une centaine d'années avant notre ère, le nom de *Mahâyâna* ou Grand Véhicule tandis que le bouddhisme primitif, par opposition, devenait le *Hînayâna* ou Petit Véhicule.

Le pratiquant du *Mahâyâna* ne cherchait pas à devenir un *arhat* — un saint — ni à entrer en *nirvâna.* Il voulait être, à l'image du généreux fondateur, un saint militant et, avant d'être sauvé, un sauveur.

Si pessimiste qu'eût été l'enseignement du bouddhisme, il apportait une solution au difficile problème des fins dernières de l'homme, qu'aucune idéologie chinoise n'expliquait sous une forme véritablement cohérente. Philosophies et cultes de l'Empire usaient de notions remontant aux plus anciennes dynasties et auxquelles le temps, les bouleversements économiques, les hommes enfin, avec leurs tendances et leurs goûts contradictoires, avaient ôté contenu et force de conviction, malgré les efforts d'esprits attirés par la transcendance et l'insondable.

L'école des Arcanes *(Hiuan-hiue)*, illustrée par des penseurs comme Wang Pi (226-249), Ho Yen (mort en 249) et Kouo Siang (mort en 312), avait tenté une synthèse du mysticisme des taoïstes et du sens social des confucéens; mais sans doute leurs travaux restèrent-ils trop abscons ou bien fallait-il, pour tout renouveler, le mystérieux prestige de ce qui vient de l'étranger. L'entrée lente du bouddhisme dans le monde des concepts chinois ne se fit cependant pas sans de multiples tâtonnements : il y eut moins prédication qu'un long transfert d'idées et de textes, de bouche à oreille et de mains en mains.

Le bouddhisme lui-même, coupé de ses racines indiennes et porté par des étrangers — Parthes et Koutchéens — fut contraint, pour pénétrer dans la vie chinoise, de revoir nombre de ses positions. La notion de *nirvâna* entrait en résonance avec celle de Grand Faîte *(T'ai-k'i)*, le point suprême vers la compréhension duquel tendait toute la pensée taoïste. Celle de rétribution, propre au bouddhisme compatissant, trouvait écho dans l'évocation du paradis taoïste dont le rêve avait hanté, par exemple, l'empereur Wou des Han.

Alors qu'en bien des contrées étrangères, au Tibet par exemple, le bouddhisme apportait avec lui l'écriture, l'art, une vision cohérente et salvatrice du monde qui effaçait quelque peu la peur de la mort et libérait les peuples de l'obsession de la magie, il en allait tout autrement en Chine, éprise de logique et rompue aux exercices de la pensée. Il devait résister aux comparaisons et aux analyses d'un peuple conscient de s'être éveillé depuis deux mille ans aux lumières de la culture. C'est la raison pour laquelle, et quels que dussent être bientôt ses succès populaires, le bouddhisme s'implanta d'abord en Chine dans les milieux savants.

Au IVe siècle, les salons de la vivante Chine méridionale étaient en pleine effervescence et tentaient d'interpréter les idées nouvelles. Mais ils se heurtaient aux écueils que les jésuites devaient rencontrer, par un juste retour des choses, lorsqu'ils employèrent au Japon le langage du bouddhisme pour transmettre l'idée chrétienne : les sages chinois du IVe siècle étaient quelque peu prisonniers de leur propre système de pensée. L'agencement trop formel du système de pensée indien ne leur permettait pas de déboucher sur le vaste jeu nuancé des correspondances chinoises.

Il se dégagea pourtant de ces dialogues, de ces réflexions nourries d'une longue habitude de la méditation intellectuelle, l'idée qu'il fallait recourir aux textes originaux indiens, poursuivre l'effort de traduction, et que la langue han ne constituait plus la seule clé du savoir. Quelle qu'irrévérencieuse que pût apparaître cette conception, le recours aux textes n'avait rien de choquant dans une civilisation si anciennement et si profondément attachée aux vertus de l'écrit, au pouvoir probatoire des archives, à la sacralité des livres. Et si le bouddhisme importait en Chine la pratique jusqu'alors inconnue de la vie monacale — hors des circuits normaux de la société —, la désaffection pour les affaires publiques avait depuis longtemps répandu le goût, voire la mode, de l'érémitisme.

Au ve siècle, les milieux éclairés de cette même Chine du Sud ne se cachaient plus les limites de leur propre tradition, jugée parfaitement compatible avec les apports extérieurs :

« Les archives et les enseignements des Cinq Classiques ne contiennent pas tout. Même si le Bouddha n'y est pas mentionné, quelles raisons y a-t-il pour douter ?... »

« Le Commentaire dit : “L'Étoile polaire est située au centre du Ciel et au nord de l'homme.” On peut donc voir que le pays chinois n'est pas nécessairement situé sous le centre du ciel. Selon les écritures bouddhiques, au-dessus, au-dessous et tout autour, tous les êtres en lesquels coulent du sang appartiennent au clan du Bouddha. C'est pourquoi je révère et j'étudie ces écritures. Pourquoi rejetterais-je la Voie de Yao, de Chouen, de Confucius, du duc de Tcheou ? L'or et le jade ne se nuisent pas l'un à l'autre, le cristal et l'ambre ne se déprécient pas l'un l'autre. Vous dites qu'autrui est dans l'erreur quand c'est vous-mêmes qui vous trompez. »

En d'autres termes, on pouvait être à la fois bon Chinois et bon bouddhiste. Nous trouvons là la clé du syncrétisme quelque peu terre à terre et intéressé que les voyageurs se plurent à relever au cœur des masses chinoises. Il est plus généreux et tout aussi exact d'y voir la source de la tolérance religieuse qui fut toujours de mise en Chine lorsque les régimes n'y voyaient pas un danger d'affaiblissement politique. Le bouddhisme, certes, risquait fort de troubler l'équilibre précaire des pays chinois. Comme en Occident le christianisme, il apportait avec lui une indifférence absolue aux hiérarchies en place, un irrespect qui constituait en fait un puissant élément révolutionnaire, un de ceux qui avait causé sa perte en Inde.

La création d'un clergé bouddhiste chinois s'effectua dans le Nord, sans qu'il se heurtât trop violemment aux rois barbares détenteurs du pouvoir. Lorsqu'en 440 la dynastie t'o-pa des Wei du Nord (386-534) s'assura l'accès direct de la route d'Asie centrale, le bouddhisme déferla à la Cour : malgré une persécution passagère en 446, il devint une religion nationale sans que disparût pour autant l'esprit toujours vivant du taoïsme et du confucianisme.

Il en allait différemment dans le Sud où les grandes familles, les vigoureux et indépendants chefs de manoirs ou de propriétés soutenaient les progrès de la nouvelle pensée; et l'on sait quelles rivalités opposaient souvent la Cour et les immigrants aux hobereaux locaux. Ces derniers ne manquaient pas une occasion de renforcer leur position. Les choses faillirent se détériorer losqu'un ministre, Houan Hiun (369-404), évoquant le problème des préséances et du protocole, s'entendit répondre sans ambages par le moine Houei Yuan (334-417) que si le commun des fidèles était autorisé à observer l'étiquette de mise à la Cour, le religieux, pour sa part, échappait complètement aux exigences sociales de révérence. Les maîtres de *latifundia* qui protégeaient les moines jouissaient d'une telle puissance que Houan Hiuan se laissa convaincre et prescrivit que, désormais, les religieux ne seraient plus dans l'obligation de se prosterner devant l'empereur. Pour tirer avantage de cet état de fait et bien affirmer sa position, Houei Yuan écrivit peu après un traité intitulé « Un moine ne se prosterne pas devant un empereur ». Le souverain n'était donc plus le premier des prêtres. Les fondements cosmiques de son pouvoir s'en allaient en fumée.

Au rythme des traductions, ou bien autour de fortes personnalités, de nombreuses sectes se développaient, fondées chacune sur l'étude plus particulière d'un texte choisi pour la vision, l'accent spécifique qu'il accordait à la pensée générale de la doctrine. Ces sectes — une dizaine en tout et partagées en deux grands groupes selon qu'elles relevaient du Petit ou du Grand Véhicule — sont pour la plupart aujourd'hui encore vivantes au Japon qui les accueillit, y puisant, au VIIIe siècle, le ferment de sa vie intellectuelle.

Dans la Chine nouvellement touchée par le bouddhisme, les problèmes se posaient, nombreux, car dans l'ignorance du développement historique, philosophique et philologique des textes indiens, les Chinois, avec la plus grande générosité, considéraient comme parole de Bouddha tout ce qui, pêle-mêle, leur venait de l'Inde à travers l'Asie centrale, assemblage hétéroclite de pensers et de cultes divers.

Les hommes de ce temps, cependant, conservaient de l'époque des Han une tendance, un goût profond pour le syncrétisme et l'agencement des ensembles. C'est pourquoi leur soin constant fut de trouver le dénominateur commun des éléments divers, et parfois contradictoires, qui leur parvenaient. Ils se lançaient ainsi sur le chemin des mahâyânistes qui, sans renier l'apport initial du *Hînayâna*, y voyaient un premier état, une première révélation de l'inépuisable doctrine du Bouddha. C'est donc à juste titre et dans la parfaite tradition indienne qu'un puissant mouvement de réflexion philosophique et de classement des textes connus occupa dès lors une grande partie de l'élite intellectuelle de l'Empire.

Trois personnalités marquèrent particulièrement ce développement de la pensée chinoise religieuse. Kumârajîva (344-413), T'an-louan (476-542), enfin Tche-k'ai (538-597).

Kumârajîva, d'origine sino-indienne, naquit à Koutcha, puis étudia au Cachemire. Parfaitement bilingue, il constitua grâce à la protection d'un souverain barbare un Bureau de traduction, selon une formule qui sera reprise périodiquement jusqu'au VIIIe siècle. Il fut le premier à avoir traduit en chinois les « Trois traités » *(San-louen* en chinois, *Sanron* en japonais*)* fondamentaux de l'école indienne *Mâdhyamika* de Nâgârjuna (c. 100-200).

L'école *Mâdhyamika* s'efforçait de démontrer le caractère purement imaginaire de nos perceptions, de nos contacts avec le monde extérieur. Elle aimait à évoquer la parabole du moine qui, affecté d'une mauvaise vue, croit voir des mouches s'agiter dans son bol à aumône : simple mirage, mais que l'on ne peut refuser sans nuances car l'illusion, elle, est bien réelle. Toute la démarche intellectuelle de l'école *Mâdhyamika* se fondait sur cette négation de la réalité des choses conjuguée à la présence de l'illusion. La vie, changement perpétuel, ne possédait aucune réalité. Mais le vide, la vacuité constituait bien un absolu, absolument vrai et absolument existant.

Nâgârjuna, lui, allait plus loin. Tout, dans le monde, n'était qu'apparences : les concepts, les penseurs et l'acte même de la pensée, dont celui de la perception de l'irréalité. Il en déduisait l'absurdité des efforts intellectuels et aboutissait à un nihilisme absolu.

Des travaux de Kumârajîva, les philosophes chinois retinrent essentiellement l'importante distinction qu'il convenait, selon l'école *Mâdhyamika*, d'observer entre la « vérité commune » qui prenait en considération les données de la perception, et la « vérité supérieure » que l'on atteignait par étapes en méditant les huit négations : il n'y a ni production, ni extinction, ni annihilation, ni permanence, ni unité, ni diversité, ni arrivée, ni départ.

Sur le long chemin de l'illumination — envisagée comme la négation absolue de tout ce qui est — cette école soulignait l'importante distinction qu'il convient d'observer entre la « vérité commune » ou relative et la « vérité supérieure » ou absolue. A la fin du VIe siècle, soit environ deux cents ans plus tard, Tsi-tsang (549-623), né d'un père parthe et d'une mère chinoise, allait poursuivre en les systématisant les travaux de Kumârajîva :

« Le Grand Sage a prêché la Loi du Vide

Afin d'écarter [les hommes] de toute vue [positive].
Celui qui pense encore que le Vide "existe"
Celui-là même les Bouddhas ne peuvent le transformer. »

Or pour les Chinois, le néant lui-même avait toujours conservé quelque réalité. Toutes les brillantes dissertations taoïstes des salons si animés de la Chine méridionale s'en trouvaient balayées d'un coup. Ponts entre les deux Orients, les sang-mêlé apportaient à la Chine la révélation perturbatrice des limites de la langue et des pensers de l'Empire ; il fallait créer un vocabulaire où la combinaison de caractères simples constituerait des éléments nouveaux quant à leur sens et à leur prononciation.

Le nihilisme pessimiste de l'école de Kumârajîva ne pouvait toutefois satisfaire tout un peuple. S'il favorisa chez les intellectuels l'ouverture à d'autres systèmes de réflexion, il demeurait incompréhensible au commun des mortels qui s'attachaient, eux, aux vivantes révélations des voyageurs. L'histoire garde mémoire des plus heureux d'entre eux.

Dès 260, Tchou Che-sing avait atteint Khotan, métropole commerciale et culturelle du centre asiatique. Presque un siècle et demi plus tard, Fa-hien engageait à son tour un long périple : parti de Tch'ang-an en 399, il se rendit en Inde et ne rejoignit la Chine qu'en 412, à Canton. Il lui avait fallu traverser le désert de Gobi, franchir les chaînes de l'Hindou-kouch, pénétrer en Inde jusqu'au delta du Gange, prendre la mer jusqu'à Ceylan et, de là, naviguant toujours, contourner Sumatra, laissant à main droite Java puis Bornéo, et continuer sans fin le long des côtes de l'Indochine et de la Chine. Il rejoignit Nankin en 414. Il y passa le reste de ses jours, occupé à traduire, aidé d'un moine indien qui l'avait suivi, les textes qu'il rapportait. Il rédigea aussi le récit de ses quinze années de vagabondage — commencées alors qu'il avait déjà dépassé la soixantaine —, seul ouvrage du genre qui nous soit parvenu intégralement. S'il exista, en ces âges de découverte spirituelle et de ferveur, un grand nombre d'autres penseurs qui s'engagèrent sur le chemin malaisé de la quête des Écritures, Fa-hien demeure le seul dont nous saisissions quelque souvenir humain, partageant ses étonnements, sa fatigue et ses joies.

A côté de la description minutieuse de l'architecture des temples, de la vie monacale et des divers rituels dont la relation occupe la plus grande partie du livre, Fa-hien fournit aussi des notations intéressantes sur l'aspect, le climat, les coutumes des pays traversés — autant de renseignements aujourd'hui très précieux pour l'histoire de l'Asie médiévale :

« Au sud, se trouve le pays que l'on appelle le Royaume du Milieu [des brahmanes]. Il a un climat tempéré, sans gelée ni neige ; le peuple est prospère et heureux ; il n'est pas recensé et ne connaît pas les contraintes officielles. Seuls ceux qui labourent les terres du roi ont à payer quelque chose sur le profit qu'ils font. Ceux qui veulent s'en aller peuvent partir ; ceux qui veulent s'installer peuvent le faire. Le roi, dans son administration, n'use pas de châtiments corporels ; les criminels sont simplement mis à l'amende en fonction de la gravité de leurs méfaits. Même pour une seconde tentative de rébellion, la punition consiste à perdre la main droite. Les hommes de la garde personnelle du roi reçoivent tous un salaire fixe. D'un bout à l'autre du pays, personne ne tue le moindre être vivant, ni ne boit du vin, ni ne mange des oignons ou de l'ail ; mais les *chandâlas* sont séparés. *Chandâla* est le nom qu'ils donnent aux hommes pollués [les lépreux]. Ces derniers se tiennent à l'écart des autres ; et quand ils approchent d'une ville ou d'un marché, ils battent une pièce de bois afin de s'annoncer. Les gens savent qui ils sont et évitent d'entrer en contact avec eux.

« Dans ce pays, ils ne gardent pas de porcs ou de volailles, ils n'élèvent pas de bétail ; il n'y a ni boucheries ni distilleries sur leurs marchés. En guise de monnaie ils usent de cauries. Seuls les *chandâlas* vont à la chasse et s'occupent de la viande. »

Le seul énoncé de ces faits évoque à quel point la découverte de la nouvelle foi se traduisait aussi par celle d'un monde extraordinaire, où les vieux principes chinois perdaient toute valeur.

Le fruit de ces voyages, sources de nouvelles émotions religieuses, sentimentales, humaines, fut immense. Le besoin croissant de traductions fit naître un grand nombre de néologismes et apporta de nombreuses nuances à l'antique langue chinoise qui, comme l'avaient déjà souligné les paradoxes et les plaisanteries des sophistes, restait enfermée dans un monde figé de concepts.

Des aventures et des peines de ces hardis et infatigables voyageurs, un patriarche, T'an Louan (476-542), apprit l'espoir immense de la doctrine de la « vie éternelle » ou de la lumière éternelle : l'amidisme. La tradition rapporte que jadis le moine Dharmakara retarda volontairement son accession au *nirvâna* afin de venir en aide à tous ses congénères encore plongés dans la souffrance. Il s'y attacha bien vite la notion tout humaine de paradis et de renaissance dans un monde meilleur :

« Si nous examinons les Écritures du Bouddha de la Vie sans fin, prêchées à Râjagrha, nous voyons que le Bouddha a annoncé à Ananda : "Les Bouddhas, ceux à venir des dix directions, aussi nombreux que les grains de sable du Gange, exalteront tous ensemble la divinité incommensurablement sacrée et le mérite du Bouddha de la Vie sans Fin. Alors, si tous les êtres qui existent, en entendant son nom, se réjouissent d'un cœur croyant, ne serait-ce qu'un simple moment de conscience, et souhaitent, dans leur esprit, renaître dans son Pays, alors ils seront immédiatement capables d'y aller et d'y renaître et d'y rester sans retour. Seuls en seront exclus ceux qui auront commis les Cinq Violations [patricide, matricide, meurtre d'un *arhat*, action de semer la zizanie dans une communauté monastique, frapper un Bouddha] et diffamé la Vraie Loi." Ainsi, nous voyons que le plus commun des hommes pourra aller y renaître. »

Cette religion de compassion et de salut devait prendre au Japon une extension considérable. En Chine cependant, on accorda une attention encore plus grande aux enseignements du « Sûtra du Lotus de la loi merveilleuse » *(Saddharma pundarîka sûtra)* professant que, dans ce monde d'apparences, chacun peut en pratiquant la miséricorde parvenir à la bouddhéité. A partir de ce texte et des commentaires qu'en fit le grand moine Tche-k'ai (538-597) naquit la secte T'ien-t'ai.

Le nom de T'ien-t'ai, littéralement la « Terrasse du Ciel », était le toponyme d'une montagne du Tchökiang où Tche-k'ai avait coutume de prêcher. Le son de sa prédication s'étendait si loin qu'elle fut reçue au Japon bien avant l'enseignement de l'amidisme pur qui, en Chine, lui était antérieur. Tche-k'ai ne s'en tenait pas à la simple explication des textes sacrés. Il conçut du bouddhisme, divers dans ses aspects mais unique dans son principe, une notion syncrétique à l'image de ce qu'était la Chine elle-même, multiple dans ses rouages politiques, ses pensers, mais une dans sa communauté historique de culture, creuset où les particularismes avaient peu à peu mêlé leurs vertus. Il voulait unir à la discipline du bouddhisme clérical développé dans le Nord, sous l'influence des dynasties barbares, le dynamisme mystique des écoles du Sud. Le même esprit d'union l'habitait sur le plan intellectuel. Il avait hérité de son maître Houei Sseu (514-577), un homme du Nord, une puissante tendance à la synthèse. Il tirait des nombreux textes qu'il connaissait une foi fondamentale dans le salut universel, profondément imprégnée des vues altruistes du *Mahâyâna* :

« Convertir tous les êtres
Et leur permettre d'entrer sur le chemin du Bouddha,
Bien que je prêche le Nirvâna,

Ce n'est pas la véritable extinction...
    Quiconque parmi les êtres vivants
Aura été en contact avec d'anciens Bouddhas,
    Quiconque a étudié la Loi et pratiqué la charité
Ou s'est soumis à la discipline, endurant patience et humiliation,
    Ou a fait des efforts sérieux pour se concentrer et comprendre,
Et cultivé diverses sortes de bénédictions et de sagesse,
    Tous ces gens
Ont atteint le niveau de la Bouddhéité.
....
Les gens qui, au nom du Bouddha,
    Ont installé des images
Ou les ont fait sculpter
    Ont atteint le niveau de la Bouddhéité.
....
Ceux qui, dans un heureux état d'esprit,
    Ont chanté la gloire du Bouddha
Même d'une très faible voix
    Ou ont vénéré
Ou ont même seulement joint leurs mains
    Ou ont prononcé un "Namo"
Tous ont atteint le niveau de la Bouddhéité.
    Les Bouddhas du passé
— après qu'ils eussent quitté ce monde —
    Ils ont entendu la Loi
Et ont tous atteint le niveau de la Bouddhéité.
    Quant aux Bouddhas du futur,
Leur nombre sera infini.
    Tous ces Tathâgatas
Prêcheront la Loi par tous les moyens convenables.
    Tous ces Bouddhas
Avec un nombre infini de moyens convenables,
    Sauveront tous les êtres vivants
Et leur permettront de s'installer dans la Pure Sagesse du Bouddha. »

La vieille idée chinoise de réciprocité *(pao)*, de rétribution d'homme à homme et de l'homme à la divinité s'en trouvait confortée. Par ce biais, le bouddhisme s'infiltrait dans les eaux profondes du subconscient historique chinois.

La sculpture et la peinture bouddhiques

La chaleur de la foi suscita tout à coup un grand élan créateur et fut à l'origine d'un éblouissant épanouissement de la statuaire chinoise qu'inspirait une nouvelle légitimation. Le plus beau fleuron en fut peut-être l'ensemble de Yun-kang, œuvre monumentale longtemps abandonnée, perdue dans l'âpreté des montagnes où seuls vivaient quelques pauvres villages. L'exploration systématique de ces lieux redécouverts sous K'ang Hi, puis révélés au monde occidental par Édouard Chavannes en 1909-1918, fut poursuivie en pleine tourmente de la Seconde Guerre mondiale, lorsque les Japonais en entreprirent le déblaiement, de 1939 à 1945, sous la direction des professeurs Mizuno Seiichi et Nagahiro Toshio, et parachevée récemment par l'institut de Pékin.

Le paysage environnant est austère; les points d'eau manquent; lorsque les archéologues s'y rendirent, seuls des pavots poussaient aux abords des sources et l'agriculture végétait, étroitement tributaire des pluies. Mais la désolation, la beauté sauvage de ces contrées sans eau où le roc domine, où l'hydrographie posa de tous temps des problèmes difficiles, contribuèrent sans doute à faire de ces espaces grandioses l'habitacle ancestral de divinités redoutées.

On sait qu'au temps des Wei du Nord, les empereurs se rendirent souvent près de cette plaine déshéritée afin de prier pour obtenir la pluie, car il est vraisemblable que le bouddhisme s'assimila, comme souvent dans l'histoire des religions, un ensemble divers de croyances et de cultes agraires hérité des âges d'avant l'histoire. On s'y remémorait aussi le souvenir des barbares qui avaient en ces parages imposé une défaite cuisante à l'empereur Kao-tsou (206-195 av. J.-C.) des Han. Sans doute les victoires de l'empereur Wou (141-87 av. J.-C.) avaient-elles contribué à faire oublier ce drame, sans doute aussi le paysage d'aujourd'hui est-il beaucoup plus désolé qu'au temps des Han ou des Wei du Nord; mais ce lieu écarté, aux confins nord-est de la boucle du fleuve Jaune, sur le chemin des caravanes qui contournaient les espaces mal connus des solitudes du Gobi, évoquait le sortilège d'un point de contact, étape sur la route de l'inconnu : c'est là que s'établit et grandit le cœur civilisé des Wei du Nord dont les racines nomades étaient trop vivantes pour s'avancer d'emblée dans la plaine des agriculteurs.

Ils avaient bâti leur capitale à P'ing-tch'eng, non loin de l'actuelle Ta-t'ong. Barbares admirateurs du luxe déployé par les Ts'ao, fondateurs de l'ancien royaume de Wei, ils s'efforçaient d'égaler en splendeur leurs grands prédécesseurs. Les architectes avaient utilisé au mieux les cours d'eau naturels et tenté de faire de la ville une sorte de résumé du monde. Palais aux portes monumentales, vastes jardins, enclos où l'on cultivait les plantes médicinales, parc zoologique où vivaient des tigres, égalaient en beauté et en curiosité les édifices religieux qui magnifiaient le triomphe de la nouvelle foi. La pagode à sept étages du temple Yong-ming-sseu, seul élément vertical au cœur d'une architecture de type horizontal, étonnait particulièrement.

Autour du palais et de la capitale s'étendaient divers terrains : des espaces affectés à une Académie de lettrés, des chasses, un camp pour l'entraînement des soldats. Sur une colline, au nord de la ville, se dressait le temple de l'empereur Tao-wou (386-408), fondateur de la dynastie; on y élevait peu à peu d'autres mausolées impériaux ornés de sculptures taillées dans la pierre de la région, un grès de couleur gris bleuté. Des allées bordées de cyprès ajoutaient à la solennité des lieux. Aujourd'hui, presque tout a disparu. Il ne reste plus que l'uniformité sombre du basalte qui affleure et, à l'ouest de Ta-t'ong, le monde fourmillant des grottes et des niches innombrables où, au cours d'un moment unique de leur histoire intellectuelle, moines, fidèles et sculpteurs chinois exprimèrent la puissance et la sérénité de leur foi.

C'est à la demande de la maison impériale, désireuse de canaliser au profit de l'empereur un important facteur religieux populaire, que le travail commença à Yun-kang en 460, sous la direction d'un prêtre, T'an-yao, qui en avait suggéré l'idée à l'empereur. Lorsque les premières grottes furent achevées dix-sept ans plus tard, le souverain engagea, en 477, la construction de deux nouvelles cavités jumelles. Ce labeur gigantesque progressa rapidement, puisque dès 483, l'empereur Hiao-wen put y effectuer une visite — sa troisième pour l'ensemble de l'œuvre. Il ordonna alors l'aménagement d'une grotte supplémentaire; mais le brusque transfert de la capitale à Lo-yang (494) fit que, tout à coup, le silence s'étendit sur le chantier. On abandonnait les temples qui, « pourvus de salles dans la montagne aussi bien qu'au bord de la rivière, se faisaient face, remplis de brume. Bosquets et petits lacs formaient comme un miroir richement travaillé. » L'usure du vent et l'irrégularité des eaux capricieuses reprenaient leurs droits.

La décision de transporter la capitale à Lo-yang mettait fin à la tâche des moines sculpteurs de Yun-kang; toutefois elle ne changeait en rien la faveur des souverains envers l'Église bouddhique telle qu'on la trouve définie dans le traité du « Livre des Wei » *(Wei-chou)* relatif au bouddhisme et au taoïsme :

« Nous commandons maintenant aux diverses provinces, préfectures et sous-préfectures, partout où les multitudes habitent, de permettre la construction d'un reliquaire *(stûpa)* et de tolérer la dépense sans y mettre de limite. A ceux qui aiment la Voie et la Loi et souhaitent devenir des *sramanas*, jeunes ou vieux, s'ils viennent d'une bonne famille, si leur nature et leur conduite ont toujours été sincères, si on ne les suspecte pas d'indécence et si leurs villages d'origine

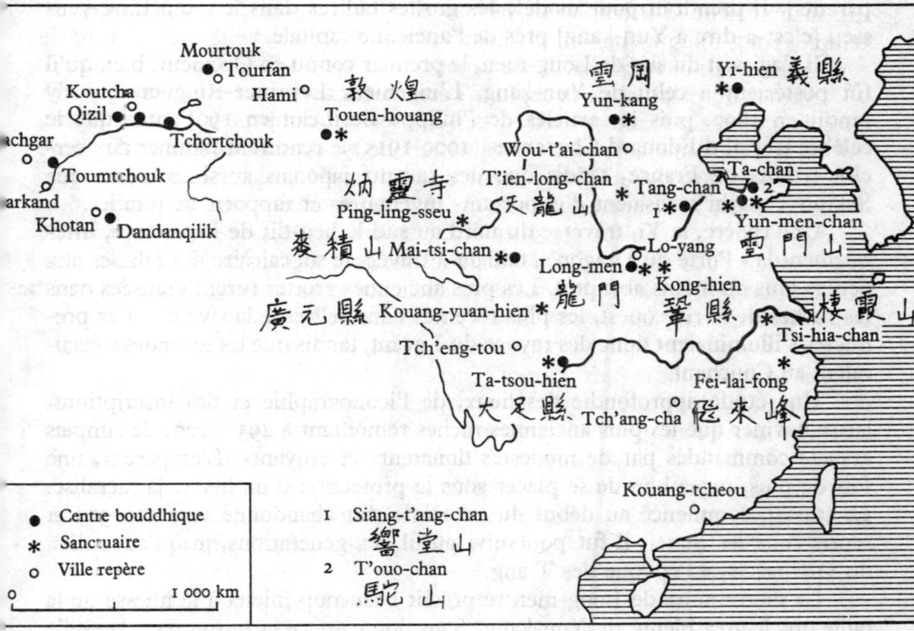

20. PRINCIPAUX CENTRES BOUDDHIQUES D'ASIE CENTRALE ET DE CHINE

répondent d'eux, il leur sera permis de quitter la vie de famille, selon la règle [le nombre] de cinquante dans les grandes provinces, quarante dans les petites provinces et dix dans les préfectures loin de la capitale... »

Les congrégations de Chine trouvaient là leur reconnaissance officielle. A Yun-kang, des milliers de Bouddhas, tout en rondeur et en douceur, les yeux morts, sourire tourné vers la paix intérieure, demeuraient, chantant les rêves d'un siècle nourri d'espoir spirituel. Pourtant, les voleurs ne tardèrent pas à venir piller les lieux, violant même les mausolées impériaux. Artisans et mécènes cependant avaient suivi la Cour ; il ne leur fut pas difficile de trouver un autre lieu pour exprimer leur âme :

« Au début de l'ère King-ming [500-503], Hiuan-wou commanda au chef de la Justice, Pai Tcheng, de faire tailler deux grottes dans le roc du Mont Yikiue, [une douzaine de kilomètres] au sud de Lo-yang, en l'honneur de [ses parents]. Il prendrait pour modèle les grottes taillées dans le roc à Ling-yen-sseu [c'est-à-dire à Yun-kang] près de l'ancienne capitale. »

Il s'agissait du site de Long-men, le premier connu en Occident, bien qu'il fût postérieur à celui de Yun-kang. L'ingénieur Leprince-Ringuet, qui s'y rendit en 1899, puis les articles de Philippe Berthelot en 1905 ainsi que le célèbre travail d'Édouard Chavannes (1909-1915) le rendirent familier aux cercles érudits de France, tandis que des savants japonais aussi éminents que Sekino Tadashi réalisaient d'importants inventaires et rapports de fouilles.

Une rivière, la Yi, traverse du nord au sud le lieu-dit de Long-men, littéralement la « Porte du Dragon », taillant à travers le sol calcaire des falaises aux pentes plus ou moins abruptes. Les plus anciennes grottes furent creusées dans les roches de la rive ouest, les plus récentes dans celles de la rive est. Les premières s'illuminaient donc des rayons du Levant, tandis que les secondes s'éclairaient au Couchant.

Une étude approfondie des lieux, de l'iconographie et des inscriptions, laisse deviner que les plus anciennes niches remontant à 495 furent de simples *ex-voto* commandés par de modestes donateurs et croyants. L'empereur, une fois de plus, jugea bon de se placer sous la protection d'un lieu déjà sacralisé. Le travail, commencé au début du VIe siècle, fut abandonné vers 516-519 et repris sous les Souei; il fut poursuivi au fil des générations, jusqu'au milieu du VIIIe siècle, à l'époque des T'ang.

La pierre noire de Long-men se prêtait beaucoup mieux à la finesse de la taille que le grès bleuté de Yun-kang. Sans doute est-ce la raison pour laquelle artistes et artisans déployèrent une maîtrise technique encore supérieure à celle qui fait la grandeur de Yun-kang. D'une façon générale, on peut caractériser l'art de Long-men par le souci du détail et l'extrême qualité des fonds qui deviennent parfois aussi importants que le sujet principal. Répertoires et styles, eux aussi, se sinisent car on sentait moins, en ce cœur profond de la plaine Jaune, les influences intellectuelles ou artistiques venues d'Occident. Les douceurs voluptueuses, les volumes pleins, les plissés mouillés de Yun-kang, directement hérités de l'art gréco-bouddhique du Gandhâra, disparaissent ici et laissent place à une stylisation grandiose, rigide et hiératique, dont les lignes fermes et anguleuses évoquent la vivacité de la calligraphie ou le tracé des bas-reliefs han.

C'est encore ce monde han qu'évoque le sanctuaire de Mai-tsi-chan, découvert en 1952, perdu au sud-est du Kansou, non loin des chemins d'où venait

21. ÉVOLUTION DU TRAITEMENT DES FIGURES SACRÉES DANS LA SCULPTURE DE YUN-KANG ET DE LONG-MEN

Au style tout en rondeur, encore influencé par l'art du Gandhâra, des premières grottes de Yun-kang, succéda, dès le début du VIe *siècle, une manière différente, usant de lignes verticales, d'angles aigus et d'une symétrie rigoureuse, particulièrement visibles dans le traitement des plicatures qui fournissent le meilleur critère de datation des pièces : dans le style de Long-men, la plicature tendit ainsi à devenir un jeu de lignes verticales, scandées par des replis ondulés, tandis que sous les T'ang, cette manière laissa place à un ensemble de lignes souples, tantôt recherchant des effets de drapés, tantôt traduisant la nature du tissu à moins que, sous l'influence indienne, on ne cherchât le rendu des draperies mouillées. A partir du VII*[e] *siècle en effet prévalut sous les T'ang un traitement plus réaliste, plus théâtral aussi, jouant à l'infini de la maîtrise technique des artistes de ce temps. L'esprit, cependant, n'y était plus et la figure divine prit peu à peu l'aspect d'un empereur, puis celui d'un fonctionnaire — rouage prestigieux du nouvel Empire unitaire — tout à la fois administrateur et juge. (Dessins d'après Mizuno Seiichi,* Chinese stone sculpture, *Tôkyô, Mayuyama, 1950.)*

la nouvelle parole. Un moine fondateur s'y installa aux environs de 420. De Touen-houang (353) à Mai-tsi-chan (420) puis à Yun-kang (460) et enfin à Long-men (495), tout se passe donc comme si la progression du bouddhisme en Chine se lisait, ainsi qu'en Asie centrale, de falaise en falaise, à l'image des statues géantes de Bâmiyân au nord de Kaboul, merveilles de l'actuel Afghânistân, étranges répliques religieuses des grands reliefs rupestres qui, dans l'Iran sassanide, glorifiaient les triomphes royaux.

A côté des statues taillées dans la pierre apparaissent à Mai-tsi-chan des œuvres d'argile, formes gracieuses, filles des figurines funéraires *(ming-k'i)* des débuts de l'Empire. Elles nous permettent d'entrevoir peut-être l'un des points les plus importants de l'art chinois : au-delà des éléments innombrables, parfois envahissants et encombrants d'une iconographie née à l'étranger, le bouddhisme redonnait une vie, un sens nouveau à la sculpture.

Celle-ci, de toute antiquité — bas-relief, statues jalonnant le long chemin des « âmes », ou bien sujets funéraires peuplant le tombeau — se trouvait la plupart du temps en liaison avec la mort, à l'exception du cheval de bronze que l'empereur Wou, fasciné par les beaux coursiers d'Asie centrale, avait fait ériger à l'entrée de son palais. Loin d'une transposition, d'une évocation plaisante ou grandiose de la vie, elle lui était un substitut, un simulacre pour les rivages inconnus où l'âme elle-même se faisait incertaine. Ces êtres d'argile ou de matières précieuses côtoyaient la putréfaction, amulettes jetées pour amuser un fantôme : sans doute cette utilité obscure, négative de la sculpture joua-t-elle un rôle dans le mépris qui devint celui des lettrés, hommes pragmatiques, à son égard.

L'éclosion plastique de la joie de vivre han n'en apparaît que plus étonnante. Elle avait atteint un classicisme qui, de la longue création chinoise, est l'un de ceux qui nous touchent le plus : peut-être à cause d'une certaine similitude fortuite dans les effets ou les buts recherchés avec nos propres habitudes visuelles; peut-être aussi parce que le rayonnement de la Grèce, comme celui des centres chinois, n'exclut pas, à la faveur des chevauchées guerrières ou de l'avance marchande, la formation de liens de parenté vagues, ténus, mais suffisants pour évoquer, dans notre conscience ancestrale de l'art, des visions qui nous sont familières. Ainsi en est-il de ces chevaux ou lions ailés saisis en plein mouvement, dont les silhouettes vigoureuses ravirent Victor Segalen qui contribua tant à nous les faire connaître.

L'art bouddhique, puisant largement aux sources hellénistiques et iraniennes, apporta à la statuaire chinoise un second souffle créateur de visages sereins, imprégnés de la plus haute spiritualité, et de bêtes vibrantes de force.

Mais peu à peu les souverains s'identifièrent aux dieux et les images sacrées ne montrèrent plus que visages compassés ou mondains, plus souvent masques de magistrats que de créatures célestes. Les animaux des allées funéraires devinrent aussi plus mornes et plus lourds.

Lorsque les moines à leur tour se muèrent en propriétaires et en usuriers, l'État frappa l'Église bouddhique d'ostracisme : de ce jour, la sculpture entra sans retour en décadence. Tendant à reproduire les joies terre à terre du quotidien, elle retourna au monde funéraire, coupée de la vie, abandonnée aux seuls bons exécutants, que n'animait plus aucune foi.

En ce pays pauvre en pierre enfin et soumis pendant un millénaire à des invasions dévastatrices, la sculpture constituait un moyen d'expression malaisé. De plus, chaque exode entraînait l'abandon ou la casse de ces pièces lourdes, encombrantes, fragiles. La peinture en revanche, apposée sur tous les supports, y compris les plus légers comme le papier ou la soie, se transportait aisément; l'exilé l'emportait avec lui, tel un trésor, reflet de la patrie perdue. Par le biais des signes calligraphiques, elle possédait en outre de profondes et vivantes racines nationales. Le bouddhisme lui apporta un élan créateur, des théories ou des procédés dont l'influence ne se perdit jamais, car ils furent adaptés à des expressions autres que celles de la foi pure.

A partir du IIIe siècle, la peinture religieuse, en plein développement, devint une sorte de monopole des ateliers de monastères qui illustraient, à des fins didactiques, la légende dorée des sages et des saints.

Les sanctuaires, résumés symboliques du monde, comportaient un très grand nombre d'images qui couvraient les murs de scènes historiées. On y reconnaissait les Bodhisattvas chevauchant un lion ou un éléphant; Manjusrî aux cinq têtes, symboles des cinq sortes de sagesse, et ses mille bras tendant mille bols à aumône; des pères de l'Église bouddhique; des moines se livrant à la circumambulation, rite important du bouddhisme; des divinités musiciennes; des scènes d'enfer ou bien la tentation du Bouddha lorsque, assis sous l'arbre de la Bodhi, il allait atteindre l'Illumination; d'innombrables illustrations des *sûtras* dont les thèmes traduisent les divers épisodes de la vie du Bouddha et des sages; des scènes du *nirvâna*, enfin, où l'on voyait Sâkyamuni, allongé sur un lit de triomphe, quitter doucement ce monde d'illusions au milieu de ses amis et de ses proches en pleurs. Avalokitesvara, le Bouddha de la compassion, apparaissait également, ainsi que Maitreya, le Bouddha de l'Avenir. Des paysages, des évocations symboliques ou décoratives du monde animal — puisque selon les doctrines de la métempsycose, tout être inférieur peut abriter une âme égarée —, des portraits d'empereurs ou d'impératrices — les fondateurs, les donateurs — rappelaient la terre des vivants; puis lorsque se développa l'amidisme, des visions bienheureuses du paradis de la Terre Pure offrirent aux esprits troublés une image plus souriante de l'au-delà que celle du seul anéantissement. A côté, figuraient des visions symboliques et géométriques de l'univers, comme celles des *mandalas :* des paysages en reliaient habilement les éléments, ainsi qu'on le voit encore à Touen-houang d'où vint, d'une façon générale, la vaste iconographie bouddhique et ses divers traitements.

Il n'était pas jusqu'au confucianisme envisagé comme l'une des voies possibles sur le long chemin de la sagesse qui, par imitation, n'entraînât le développement d'une riche iconographie, propre à favoriser le culte des ancêtres. Les textes rapportent en effet que le rite de « boire avec les aïeux » dans le temple familial du prince de Tch'ou consistait à vider autant de coupes qu'il fallait pour avoir l'impression, lorsqu'on regardait le portrait de l'ancêtre, que celui-ci, les joues bien colorées, avait bu aussi.

Lorsque l'élan bouddhique tarit, avec lui moururent ces effigies redoutables ou apaisantes dont moines et pèlerins avaient porté les canons iconographiques depuis l'Inde jusqu'aux confins orientaux de l'Asie.

La répression de 845 ne devait laisser subsister que quelques temples dans les préfectures dites « de première classe » et « éminentes », ainsi que dans chacune des deux capitales historiques de la Chine : Tch'ang-an et Lo-yang.

Les exécutants du décret impérial, toutefois, œuvrèrent sans haine et prirent soin de rassembler dans les sanctuaires subsistant les pièces de première importance qui, sans cette mesure de sauvegarde, auraient disparu en même temps que les lieux de culte dont elles contribuaient à créer l'âme. L'inventaire des biens ainsi recueillis constitue des documents précieux; celui d'un temple, le Kan-lou-sseu par exemple, au sud-ouest du Kiangsou, équivaut à une énumération des meilleurs peintres de la grande époque du bouddhisme chinois :

« Un Vimalakirti peint par Kou K'ai-tche... Un Manjusrî par Tai An-tao [IVe siècle]... Un Bodhisattva par Lou T'an-wei [seconde moitié du Ve siècle]... Six [sections de] murs avec des Bodhisattvas par Sie Ling-yun [385-433]... Une divinité par Tchang Seng-yeou [début du VIe siècle]... Deux sections de murs avec des Bodhisattvas par Tchan Tseu-ts'ien [?]... Quatre [sections de] murs avec des moines circumambulants par Han Kan [c. 720-780]... Quatre [sections de] murs avec des moines circumambulants par Lou Yao... Les dix vertus et les dix vices par T'ang Ts'eou [?]... Deux moines par Wou Tao-tseu [VIIIe siècle]. Le mont Sumeru dans les eaux de l'océan par Wang T'o-tseu. »

De beaucoup d'entre eux, la postérité ne connut bien vite que les noms car, déjà sous les Song, leurs œuvres étaient perdues. Tout, aujourd'hui, demeure plus que jamais dans l'imaginaire. Naguère encore les fresques du *kondô* (bâtiment principal) du Hôryûji, à Nara, traduisait la plus orientale des représentations sacrées : Bodhisattvas compatissants, bruns et verts sur fond blanc, aux visages arrondis, souples mais cernés d'un ferme et sensuel trait noir, écharpes en volutes et divinités volantes reproduisaient les images de la grande foi qui, de Touen-houang au Japon, contribua à unir un temps l'Orient des caractères. L'incendie, pourtant, embrasé au moment précis où l'on entamait les restaurations nécessaires (1949), emportait, pâlissait ou ternissait d'un voile d'ombre les figures qui entraient, à leur tour, comme les hommes et toutes les illusions de la terre, dans le cycle de l'anéantissement.

Seule la longue crise qui sépara le monde des Han de celui des T'ang fournit un moment à l'art chinois le germe de ces excursions grandioses hors des chemins qui lui étaient plus spécifiques, et que dès lors il ne quittera plus.

Pendant ce temps, les États passaient, éphémères. Plus encore que les cultes, la notion de spiritualité se renforçait ainsi que celle d'unité culturelle chinoise transcendant les royaumes barbares. Les esprits, lassés des aléas de la vie publique, cherchèrent le sens profond de l'existence dans les quêtes difficiles de l'art pur.

LA PEINTURE : DE L'IMAGE AU SYMBOLE

La beauté impérissable des bronzes antiques, le charme simple des statuettes funéraires, la vie linéaire des bas-reliefs han, l'éclosion de la sculpture bouddhique, rejettent dans l'ombre, pour cette période ancienne, toute autre forme d'expression artistique. Certes, la peinture résiste mal à l'usure du temps qui en fane les couleurs et en estompe les contours. Pourtant, si l'on en croit les textes, elle connut, très tôt, un développement presque comparable à celui de la gravure ou de la sculpture.

Une légende raconte que Wou-ting (1339-1281 av. J.-C.), souverain des Chang-Yin vit un jour, en rêve, un personnage; cette vision le hantait tellement qu'il demanda qu'on en reproduisît l'image, selon ses indications. Le résultat l'enchanta et le souverain éleva au rang de ministre l'habile artisan qui avait su traduire ses songes.

A l'époque des Tcheou, l'emploi de la peinture semble s'être quelque peu répandu et l'on orna les portes de palais de narrations ou de portraits comme ceux des grands Yao et Chouen. Outre sa gaîté décorative, la peinture possédait une valeur pédagogique et moralisatrice. La fable veut ainsi que Confucius ait admiré certaines représentations qui manifestaient à ses yeux la grandeur des Tcheou.

Les maisons nobiliaires imitèrent sans doute peu à peu la Cour et, à l'époque des Royaumes combattants, tombeaux, temples et lieux saints du riche pays de Tch'ou s'ornaient de portraits de sages, tandis que sur les murs des palais apparaissaient des animaux ou des êtres fantastiques comme les dragons.

Un récit, peut-être légendaire lui aussi, relate que le Premier Empereur, une fois encore, innova. Il fit venir un étranger, Lie Yi du pays de K'ien Siao, en Asie centrale. Si, à partir des environs de notre ère, l'influence de la Chine devint prépondérante sur ses voisins occidentaux, ces derniers, depuis toujours, n'en apportaient pas moins leur contribution à toutes les réalisations chinoises. Il existait un jeu subtil d'échanges à la fois continus et ténus, éléments extérieurs qui fécondaient la culture de l'Empire. L'artiste nouvellement venu ne manqua pas d'étonner la Cour par l'étrangeté de sa technique : il emplissait sa bouche de couleur qu'il crachait ensuite sur le mur. Il peignit ainsi un dragon.

Un récit légendaire encore nous apporte, en même temps qu'un écho des premières manifestations du bouddhisme sous les Han, un exemple du prix que l'on pouvait alors attribuer à l'image peinte. Un jour, l'empereur Ming des Han (57-75) eut un songe. Il vit, dressée devant lui, une divinité : elle mesurait au moins vingt pieds de haut et semblait toute dorée, tandis qu'un halo solaire illuminait la couronne posée sur sa tête. Lorsqu'il rapporta sa vision à ses courtisans, ces derniers lui suggérèrent qu'il s'agissait sans doute du Bouddha que l'on honorait dans les contrées de l'Ouest. Il dépêcha alors vers l'Inde des envoyés qui lui rapportèrent des textes et une image. L'histoire continue :

« Quand le premier envoyé, Ts'ai Yin, rapportant de l'Ouest [l'enseignement de] Kasyapa et Matanga présenta au trône une image *yi* de Sâkyamuni qui avait été peinte pour le roi Udyâna, l'empereur la considéra avec grand respect, la trouvant absolument semblable à son rêve. Il ordonna à ses peintres d'en faire plusieurs copies afin que l'on puisse les adorer sur la terrasse Ts'ing-ling du Palais du Sud, et sur les points les plus élevés de la porte K'ai-yang et sur le mausolée Hien-k'ie. De plus, au Pai-ma-sseu, les murs furent peints de mille chariots et de dix mille cavaliers en une triple procession autour de la pagode... »

Ainsi les Han pratiquaient la peinture. On dit qu'à partir du règne de l'empereur Ho (89-106) — qui coïncide sommairement avec le développement du papier, support préféré des peintres chinois —, les œuvres devinrent assez nombreuses pour que l'on en constituât des collections et pour que l'on nommât un peintre rétribué par l'État. On dit encore qu'à Lo-yang, la mode des portraits fit fureur au point que l'épouse de l'empereur Chouen (126-144) fit orner sa chambre des effigies de femmes célèbres pour leur loyauté et leur fidélité. De tous ces trésors, il ne reste qu'une extraordinaire peinture sur soie et quelques fragments de peintures murales — celles par exemple conservées au musée de Boston — ou bien les amusantes scènes domestiques révélées par les récentes fouilles de tombeaux. Dans tous les cas sont ménagés des fonds clairs sur lesquels évoluent, en un monde abstrait traité en trois couleurs — vert, brun, rouge — personnages et animaux. La disposition habile des sujets se mouvant dans des directions différentes élargit l'espace en le multipliant; le peintre avait donc déjà conçu sous les Han les grands principes de la peinture extrême-orientale : l'utilisation du vide et la mobilité de l'œil du spectateur.

Mais ce que l'on connaît de ces peintures han représentait des personnages, les épisodes solennels ou familiers de leur aventure terrestre. L'arbre ou l'animal qui accompagnaient leur image avaient surtout la valeur d'un faire-valoir, signe indiquant le lieu de l'action ou bien sobre décor. Or, à la fin du IIIe siècle, tout changea : le bouddhisme tirait l'homme hors de lui-même et l'engageait à regarder d'un œil neuf les innombrables aspects du monde, éphémères mais toujours porteurs d'âmes.

La peinture chinoise, art du pinceau à l'égal de la calligraphie, exprime, comme l'écriture, des concepts plus que des corps, l'essence des êtres plus que leur silhouette, même si elle s'attache à en reproduire fidèlement les grandes lignes. Dans notre Méditerranée, la peinture surgit de l'admiration de l'homme pour les corps, pour les formes du monde sensuel et matériel. En Chine, elle naquit des signes mnémotechniques des devins. C'est pourquoi peinture et calligraphie se trouvèrent, dans le « monde des caractères », soumises au même critère essentiel : celui de la ligne, du signe symbolique, et les deux arts demeurèrent toujours étroitement imbriqués. Tchang Yen-yuan notera ainsi dans son fameux « Mémoire des peintres célèbres de l'histoire » *(Li tai ming houa ki)*, en 847, que les hommes cultivés exprimaient leurs idées tantôt par le moyen de la peinture, tantôt par celui de l'écriture, selon que l'une ou l'autre expression traduisait mieux leur pensée.

Pour juger des qualités d'une peinture comme d'une calligraphie, il convient donc d'envisager quatre facteurs essentiels : la structure *(kou-fa)*, mot à mot les « os »; la « chair » *(jeou-fa)*, c'est-à-dire l'épaisseur ou la minceur du trait; le « nerf » ou le « muscle » *(kin-fa)*, c'est-à-dire la manière dont les traits se lient entre eux, leur cohésion; enfin le *k'i*, c'est-à-dire l'esprit, l'inspiration, le rendu même de la vie que l'artiste ne peut atteindre qu'en laissant son cœur battre au rythme général du monde.

Les mêmes matériaux servent dans l'un et l'autre cas : support de chanvre ou de soie puis, plus tard, de papier. La légèreté de ces matières fit que la peinture quitta peu à peu le seul monde des tombeaux et des palais; de décor, elle devint moyen d'expression personnel, le plus aisé qui soit, puisqu'il n'exigeait qu'un nombre réduit d'objets aisément transportables — les « Quatre trésors du studio d'un lettré » *(Wen fang sseu pao)* — : le papier, dont l'invention est attestée dès les Han occidentaux, l'encre, le pinceau et la pierre à encre.

Il existait plusieurs types d'encres. Le célèbre poète Ts'ao Tche (192-232) rapporte qu'à son époque on en fabriquait à partir de la suie d'une qualité particulière de bois de pin; pour obtenir certains effets, on la mêlait à de la colle extraite de peaux d'ânes. C'était d'ailleurs une règle générale que d'encoller légèrement les pigments végétaux délayés à l'eau. Ce procédé donnait des coloris sobres, riches en nuances selon qu'on les diluait plus ou moins, mais peu aptes à représenter l'épaisseur, les modelés de la forme. C'est pourquoi, dans une peinture chinoise, les dégradés des couleurs expriment l'échelonnement des plans dans l'espace, et non les ombres qui sont extrêmement rares.

La tradition veut aussi que les peintres des temps anciens aient parfois ajouté à l'encre de la poudre de perles ou de jade, ou bien encore du camphre, afin d'obtenir un éclat particulier.

Le pinceau — succédant au calame — constituait l'outil principal de l'artiste. De nombreuses et antiques variantes durent exister jusqu'à l'invention, attribuée au ministre Mong T'ien (mort en 209 av. J.-C.), de celui qu'il appela *p'i* et qui ne devait pas changer jusqu'à nos jours. Plus ou moins encré, il est tenu dans la position verticale sans que, jamais, la main ne touche le papier. Le mouvement ne vient ni des doigts, ni du seul poignet, mais de l'avant-bras, voire de tout le corps dans les cas où l'on recherche une puissance d'expression particulière.

Toujours semblable dans sa forme bien que variable dans ses dimensions, il peut être constitué des matériaux les plus divers : à l'habituel manche de bambou, l'artisan substitua parfois, au gré des temps et des modes, des matières plus nobles comme l'ivoire, le bronze, le jade, l'émail cloisonné sur champ de cuivre ou même, dans les cas extrêmes, l'or. Mais ce ne sont là qu'amusements d'esthètes, et, aussi, de riches.

Le type de poil utilisé était beaucoup plus important, car sa nature conditionnait celle du trait. Les recettes varièrent au cours des siècles, recommandant, suivant les cas, l'usage de poils de lièvre, de blaireau, de belette, de daim, de cheval ou même de porc. Si l'on voulait obtenir les effets d'un bon encrage humide, il convenait d'utiliser des poils de lapin ou de chèvre; les lignes les plus fines, en revanche, s'obtenaient à l'aide de poils de loup ou même de moustaches de souris.

Le paysage

Le père des calligraphes chinois, Wang Hi-tche (307-365), vécut sous le règne de la dynastie nationale des Tsin orientaux (317-420) réfugiés dans les terres accueillantes du Sud. On sait peu de choses de sa vie, sinon qu'en 353, il réunit quarante de ses amis lettrés afin de célébrer sous les arbres, assis aux rives d'un ruisseau sinueux, la fin langoureuse du printemps. La scène se passait dans l'actuel Tchökiang; la gloire méridionale du décor donnait un caractère particulièrement impressionnant à cette fête, en fait celle de la Purification printanière. La vie, la mort, l'éternel devenir du monde devaient inspirer à Wang Hi-tche l'un des plus beaux textes de la littérature chinoise, connu sous le nom de préface du « Pavillon des Orchidées » *(Lan-ting)*.

« La neuvième année Yong-ho [353], au début du dernier mois du printemps, nous nous sommes réunis au Pavillon des Orchidées, à Chang-yin, pour y accomplir les rites de purification du printemps. Jeunes et vieux, tous les sages s'y sont réunis.

« Il y a, à Chang-yin, de hauts pics et des cimes élevées, des forêts verdoyantes et des touffes de sveltes bambous; il y a aussi des cours d'eau qui, limpides, courent en bouillonnant et scintillent de tous côtés.

« Nous avons aménagé un petit ruisseau circulaire pour y laver nos coupes et tout le monde s'assit en ordre...

« Le ciel était lumineux ce jour-là et l'air était pur, un vent doux soufflait légèrement...

« Lorsque les hommes devisent ensemble de leur temps, les uns... parlent de leur seule maison, les autres... discourent librement sur les événements qui leur sont extérieurs... Bien que ces attitudes soient opposées... ils sont tous momentanément satisfaits. Ils sont heureux et ne songent plus que la vieillesse est là qui les guette...

« Ce qui nous attirait auparavant, en un clin d'œil n'est plus qu'un vestige du passé; et pourtant, nous ne pouvons nous empêcher d'éprouver de l'émotion en y songeant. Long et bref, tout change et tout a son terme dans l'anéantissement...

« ...Je n'ai jamais lu d'ouvrage ancien sans soupirer tristement, sans que je m'explique cette émotion profonde. Je sais au fond de moi-même que prétendre unifier la vie et la mort ne sont que vaines paroles, qu'unir dans une même conception la longévité et la mort prématurée n'est qu'un discours mensonger. Et la postérité considérera notre époque tout comme nous considérons les temps passés. C'est triste.

« Voici pourquoi j'ai mis en ordre les œuvres de mes contemporains que j'ai recopiées. Bien que les époques varient et que les conditions changent, ce qui soulève l'émotion humaine reste foncièrement identique. Et je sais que les lecteurs des siècles à venir éprouveront devant ces écrits la même émotion. »

Ce message de tendresse et de solidarité humaines, lancé à travers les siècles, méditation sur la pérennité insaisissable du vécu et le thème du divertissement, ne cessera d'être le phare des lettrés chinois, évoquant toujours la figure du « saint de la calligraphie », assis au bord de la mare qu'il affectionnait, y lavant son pinceau avant de reprendre de l'encre.

C'est dans le même esprit qu'une certaine vision taoïste fortement imprégnée de bouddhisme et magnifiée aux yeux des gens du Nord par la beauté et la luxuriance des paysages méridionaux, semblait offrir les jalons d'un chemin conduisant à un bonheur sans mélange. Au-delà de la forme passagère et périssable de la figure humaine, de l'élan d'un oiseau, de la course d'un cheval, apparaissait la puissance du paysage : il comportait un ensemble d'éléments immuables dans leurs grandes lignes, invitant à l'abstraction, et que l'on pouvait aisément transposer en termes philosophiques d'éternité et de relativité.

Peu à peu, les représentations se modifièrent, le paysage grandit, puis devint égal à l'homme qu'il finit par englober, lui rendant sa taille exacte de roseau au cœur de la nature immense. Dès lors la peinture put traduire les vieux systèmes de relations entre le Ciel, la Terre et les hommes, qu'exprimaient les philosophies anciennes. Plus qu'un état d'âme, le paysage chinois devint un parti pris philosophique. Il connut ses spécialistes, dont les œuvres, hélas, sont aujourd'hui perdues : Tsong Ping (375-443) et Wang Wei (415-443) que nous appellerons l'Ancien pour le distinguer de son homophone, mais non pas homographe, du VIIIe siècle.

Tsong Ping donnait une définition précise de la perspective, clef du symbolisme pictural :

« Étant donné que les monts K'ouen-louen sont très grands et que la pupille est très petite, si l'on amène la montagne à un pouce de mes yeux, je ne peux voir sa forme; mais si on la recule de plusieurs milles, elle peut tenir dans la pupille de mes yeux. Car il est vrai que plus loin est l'objet, plus petit il devient. Maintenant, quand j'étends la soie pour refléter un paysage lointain, la forme des monts K'ouen-louen et Lang peut être contenue dans l'espace d'un pouce carré. Un trait vertical de trois pouces égale une hauteur de plusieurs milliers de pieds et un trait horizontal de quelques pieds donne corps à une étendue de cent milles. C'est pourquoi, lorsqu'on regarde les peintures, on doit conserver présent à l'esprit le fait que la représentation est sans talent si sa petitesse gâche la ressemblance car c'est une condition naturelle que la proportion préserve la ressemblance. »

De Wang Wei, paysagiste, musicien, littérateur et médecin — tant était vaste la compétence de l'honnête homme de ces âges —, on ne possède même pas le titre des œuvres. Mais on connaît sa définition de la peinture qui consiste en une succession de points de vue. Elle traduit donc une évolution continue dans l'espace, alors que nous, Occidentaux, cadrons un paysage en fonction de l'œil immobile du spectateur; le paysage classique occidental suppose que le temps s'arrête et se fige afin d'en saisir un élément de son devenir. Pour Wang Wei l'Ancien, il en allait tout autrement :

« Quand ils parlent de peinture, les gens se concentrent surtout sur les aspects extérieurs et les effets de structure. Les hommes des anciens temps, pourtant, n'avaient pas seulement pour propos de rapporter fidèlement le cadre des cités, de délimiter les districts, de tracer les limites des villes et des villages ni de représenter le cours des rivières. Les apparences physiques sont fondées sur des formes physiques, mais l'esprit est changeant et toujours en action. Mais l'esprit est invisible et c'est pourquoi ce en quoi il entre ne bouge pas. L'œil est limité en portée, et c'est pourquoi ce qu'il voit ne couvre pas tout. Ainsi, en usant d'un seul petit pinceau, je dessine la vacuité infinie et en employant la vision claire de mes petites pupilles [à discerner] les limites, je peins un grand corps. D'une ligne courbe je représente les chaînes des monts Song. D'une ligne amusante je représente le Fang-chang [montagne mythique]. Un trait doux sera suffisant pour le mont T'ai-houa et quelques points irréguliers montreront le nez d'un dragon. [Pour ce dernier] les sourcils, le front et les joues évoqueront ensemble un sourire serein et [dans le cas des montagnes] la seule falaise est si luxuriante et sublime qu'elle semble faire naître des nuages. Avec des changements et des variations dans toutes les directions, on crée le mouvement et, en appliquant les proportions et la mesure, on révèle l'esprit. Après cela, on groupe selon le sujet des choses comme temples et sanctuaires, bateaux et voitures et l'on distingue selon leur forme les êtres vivants comme les chiens, les chevaux, les oiseaux et les poissons. C'est là la phase ultime de la peinture.

« En fixant les nuages de l'automne, mon esprit prend des ailes et plane.

En rencontrant la brise du printemps, mes pensées coulent comme un grand et puissant courant. Même la musique des instruments de métal et de pierre et le trésor de jades sans prix ne peuvent [égaler ce plaisir]. Je déroule les peintures et examine les documents, je compare et distingue les montagnes et les mers. Le vent s'élève de la forêt verte et l'eau [rugissante] se précipite dans le courant. Hélas! On ne peut accomplir de telles peintures par les mouvements physiques des doigts et de la main, mais seulement par l'esprit qui entre en eux. Telle est la nature de la peinture. »

Le temps, l'espace, tout est aboli : c'est la définition même de l'éternité.

Le développement du bouddhisme donna une résonance nouvelle aux œuvres des peintres que transportaient dès lors l'enthousiasme et la finalité d'une conviction religieuse. Ts'ao Pou-hing (222-277) par exemple, que l'on vantait pour l'excellence de ses sujets animés, dragons, animaux ou barbares, se convertit au bouddhisme vers 247.

La peinture connut en ces temps une vogue particulière si l'on en juge par le nombre des artistes que les Annales se plaisent à énumérer. Le plus célèbre d'entre eux demeure sans conteste Kou K'ai-tche (345-411). Il habitait la capitale du Sud où se perpétuaient les plus beaux joyaux de la civilisation han; il s'intéressait davantage aux hommes qu'aux choses et cherchait en tout sujet l'âme et une notion morale plutôt que les formes extérieures. De ses œuvres subsistent les titres transmis par le *Li tai ming houa ki*, des copies d'un tableau intitulé « La nymphe de la rivière Lo », ainsi qu'un important rouleau, conservé au British Museum de Londres, « Les conseils de la monitrice aux dames du palais » : il illustrait un texte du poète Tchang Houa (232-300) et se composait de neuf scènes accompagnées de quelques lignes de texte calligraphiées. Le fameux rouleau de Kou K'ai-tche apparaît à l'origine de cet art dynamique du *volumen* enluminé que les Japonais, sous le terme d'*emaki*, devaient traiter plus tard avec un bonheur particulier.

Peignant sur soie fine, Kou K'ai-tche utilisa des nuances délicates de rouge, noir, mauve, orange, vert, gris; il posait soigneusement les couleurs dans les limites marquées par le dessin qui conservait la netteté simplificatrice mais néanmoins précise des œuvres han. Il est le père de la peinture chinoise, porteur de deux courants, l'un, inspiré par la calligraphie et l'autre, qui s'en éloignera, plein de vie et de fraîcheur.

Le premier traité complet d'esthétique relatif à la peinture chinoise fut écrit par Sie Ho, célèbre portraitiste de la dynastie des Ts'i du Sud (479-501). Il avait longuement pratiqué les grands maîtres qu'il s'attachait à copier soigneusement afin d'en acquérir la technique et, autant que faire se peut, en assimiler l'esprit. Il écrivit une savante étude, le *Houa-p'in*, où il soulignait la nécessité de classer les tableaux en fonction de leurs qualités mais aussi de leurs défauts, car une œuvre ne peut rester indifférente : la puissance de l'image, en bien comme en mal, ne s'épuise jamais.

Un grand peintre, selon Sie Ho, devait respecter six principes qu'à dire vrai, bien peu d'artistes étaient capables d'appliquer à la fois.

Le premier, *k'i yun cheng tong*, consistait à chercher « dans l'harmonie du souffle ou du fluide, le mouvement de l'esprit », car le rythme vital *(k'i-yun)* est la source du mouvement. Par le biais de la calligraphie, cette notion rythmique propre à la philologie et à la prosodie se trouvait ainsi transposée dans la peinture édifiante et surtout celle des personnages.

Le second, *kou fa yong p'i*, prescrivait, en reprenant l'ancienne terminologie des Han, que le pinceau traçât avant tout les « os », les lignes essentielles du sujet représenté.

Le troisième, *ying wou siang hing*, ordonnait de dessiner la forme conformément à l'objet représenté.

Le quatrième, *souei lei fou ts'ai*, enseignait à appliquer les couleurs conformément à la nature des objets.

Le cinquième, *king ying wei tche*, engageait à tracer le plan et poser les objets selon leur rang : c'est la définition même de la composition.

Le sixième et dernier principe, *tchouan ts'ai mo sie*, recommandait de copier inlassablement les modèles pour en assimiler les qualités.

Tout au long des siècles, les fameux canons de Sie Ho, adoptés avec enthousiasme par les portraitistes et les animaliers de la Cour, puis adaptés au paysage, demeureront une référence suprême. Chaque génération, chaque groupe d'artistes pourtant les lira, suivant sa formation et ses tendances, d'un œil différent. Les uns y verront la recherche d'une reproduction minutieuse et réaliste de la nature. Les autres n'y entendront qu'un hymne à la quête de l'esprit, au choix exact du symbole. Ces deux tendances ne cesseront de croître, de s'opposer et, parfois, de fusionner.

Dans le monde divisé qui précéda la réunification de l'Empire sous les Souei et les T'ang, des générations entières de lettrés durent renoncer au pouvoir, passé aux mains des barbares. Ce fut sans doute un bien, car une importante fraction intellectuelle du pays, écartée des besognes de l'administration, chercha un refuge dans l'art. La Chine, affaiblie et morcelée, certes, mais libérée du carcan unitaire, pouvait s'élever vers les hautes sphères de la pensée humaniste et de la beauté.

CHAPITRE V

LA FONDATION DU SECOND CLASSICISME

Si aisément perceptible en matière de culture où l'écriture atténuait la diversité des langues, où les échanges et les confrontations facilitaient constamment une meilleure compréhension, le rêve unitaire subissait par intermittence la poussée de ses chimères politiques. Tôt ou tard, l'idée revenait qu'il fallait renoncer à la pluralité des pouvoirs pour rejoindre l'unité nationale des grands moments de l'histoire.

Adoptant ce qui leur venait de tous lieux et de tous âges, deux dynasties successives, celle des Souei (581-618) et celle des T'ang (618-907), fondèrent un nouvel Empire dont l'ombre s'étendit presque aussitôt sur les peuples avoisinants. Les historiens japonais contemporains y voient volontiers la traduction extrême-orientale et presque contemporaine des espoirs soulevés en Occident par la « renaissance » carolingienne. Il est significatif qu'au Japon par exemple, le seul nom de dynastie « T'ang » — lu *Tô* ou *Kara* en japonais — ait pris la signification globale de « Chine » ou, plus précisément, de « culture chinoise », sous ses multiples formes.

Ce nouveau classicisme chinois se fondait certes sur des bases ethniques, économiques, intellectuelles, artistiques beaucoup plus larges que celui des Han, ce qui explique sans doute son immense diffusion à travers l'Asie : que ce fût par conquête ou par le simple jeu des voisinages et des influences, la Chine avait alors un tel goût de la diversité que tout et tous pouvaient communier en elle. Mais, après trois siècles, par une rupture d'équilibre inéluctable, et alors que sa prodigieuse avance technologique et économique la conduisait presque à l'orée de l'âge moderne, la Chine, perdant la foi bouddhique et en proie à un scepticisme général, ne fut plus consciente que de l'épouvantable chaos économique où l'avaient conduite la cupidité des mauvais prêtres et l'âpreté des égoïsmes particuliers. A nouveau, au xe siècle, elle éclatait et devenait la proie des barbares. Si les temps étaient durs, les hommes en revanche échappaient à la toute-puissance redoutable de la norme bureaucratique, au poids écrasant d'une administration proliférante comme un cancer social.

Cet aspect implacable de la machine politique chinoise a sans doute modelé en un relief particulier quelques-unes des figures hors du commun qui marquèrent ces temps.

LES SOUEI

Deux empereurs souei, purs autocrates imbus de leur tâche, soucieux de faste impérial mais aussi de justice, d'égalité, de prospérité populaires, inaugurèrent l'ère nouvelle.

Conformément à la tradition chinoise, qui veut que tout changement de dynastie traduise la juste disparition d'un régime gangrené au profit d'un vertueux fondateur, Yang Kien, ministre de la dynastie des Tcheou septentrionaux (556-581), ne pouvait apparaître dans les Histoires que paré des hautes qualités morales propres au bon souverain. Pacificateur de l'Empire, il prit le nom dynastique de Souei et reçut après sa mort l'appellation de Wen-ti, « l'Empereur lettré ». Il entreprit une tâche immense de réunification, d'assainissement des affaires publiques :

« La première lune de la troisième année K'ai-houang [29 janvier-27 février 583] l'empereur fit son entrée dans le palais neuf [la nouvelle capitale, Tch'angan]. Une ordonnance établit pour la première fois que les hommes de l'armée et les gens du peuple atteindraient l'âge adulte à vingt et un ans, que les douze tours [de corvée militaire] seraient réduits à vingt jours de corvée par an et que les contributions seraient diminuées d'un rouleau [40 pieds] de soie à vingt pieds de soie.

« Auparavant, par la suite de la décadence survenue à la fin des Tcheou, l'État avait ouvert des débits de vin dont il encaissait les profits ; il était interdit au peuple de prélever du sel dans les salines des lacs et les puits à sel. On ferma alors les débits de vin et on laissa le peuple accéder librement aux salines et aux puits, partageant avec lui [les bénéfices]. De la capitale jusqu'aux régions les plus éloignées, on s'en réjouit beaucoup. »

Les rédacteurs de l'« Histoire des Souei » *(Souei-chou)* s'étendent encore avec complaisance sur la frugalité et la modestie du maître qui, « sauf à l'occasion de grands banquets, ne mangeait qu'un seul plat de viande et rien de plus ».

Ils ajoutent aussi que « puisque l'empereur en personne observait une stricte économie, toutes [les dames des] Six Palais [du harem] mettaient des robes lavées et nettoyées [au lieu de vêtements neufs] ».

Cette notation permet d'imaginer le gaspillage qui régnait habituellement et la détresse qui dut alors s'emparer des serviteurs et petites gens qui vivaient des fantastiques surplus de la Cour. Mais au même moment, la capitale n'en commençait pas moins à ressembler à un immense entrepôt, si l'on en croit toujours le *Souei-chou :*

« Les produits des contributions de toutes les préfectures qui, chaque année, affluaient vers la capitale, venant du Honan via la passe T'ong-kouan et du Hopei en passant par P'ou-fan, se succédaient sur les routes nuit et jour, sans discontinuer pendant des mois. »

L'empereur Wen des Souei, modèle du maître, inaugurait effectivement, par delà les flatteries de l'histoire officielle, un nouvel équilibre qui n'était pas sans rappeler la grandeur des temps anciens. Gestionnaire de l'humanité, il reprit un à un les problèmes les plus importants de l'Empire, et donc en premier lieu, celui de la distribution des terres. Cette question, aussi vieille que la société chinoise, lui semblait appeler une solution conforme aux dispositions passées. Il remit en vigueur la « loi de distribution équitable des terres », promulguée un siècle plus tôt (485) par le fameux empereur Hiao-wen des Wei du Nord, qui avait transporté sa capitale de Ta-t'ong à Lo-yang, et sinisé de façon autoritaire ses sujets t'o-pa.

La loi établie sur le conseil d'experts chinois afin de remédier à la désolante incurie des nomades en matière d'agriculture, répondait à tous les espoirs des « physiocrates », comme l'affirme solennellement le prologue du traité économique du *Souei-chou :*

« ... nourriture et valeurs d'échange étaient la base même de la vie des premiers hommes. Les Rois Sages allotirent les terres bâties pour que le peuple eût une occupation; ils firent circuler valeurs et biens afin de l'enrichir. L'ayant enrichi, ils l'enseignèrent et c'est ainsi que le respect de l'homme et l'Équité fleurirent. Si le peuple est pauvre, il devient voleur, et ni châtiment ni peines ne peuvent l'arrêter. »

Ce système agraire — le *tsing-t'ien* ou *tsing-t'ou* — que la tradition se plaît à faire remonter à l'Age d'or, se fondait sur la distribution de lots cultivables, répartis selon un plan ayant la forme du caractère « puits » 井 ; sans doute, à l'origine, les champs étaient-ils regroupés en fonction des points d'eau potable. Tong Tchong-chou et son groupe avaient longuement déploré la « disparition » à l'époque des Han de ce système en fait resté théorique.

Mis en application en 485, le modèle ancien fut sagement réinterprété, faisant la part des impératifs de l'agriculture et du besoin inné de propriété. Partageant les terres en deux catégories, l'État alloua aux individus des lots héréditaires *(yong-ye)* — qui présentaient *de facto*, sinon *de jure*, les caractères d'une propriété véritable reconnue à chacun des sujets et de ses ayants droit — ainsi que des lots précaires *(k'eou-fen)*. On réservait les lots héréditaires à la culture des arbres fruitiers et des mûriers — dont les profits ne peuvent naître et se développer que sur plusieurs années —, tandis que les lots précaires étaient consacrés aux labours et aux récoltes annuelles de légumes et de céréales, c'est-à-dire, comme l'évoque le sens même de *k'eou-fen*, à la nourriture quotidienne. A la mort de l'exploitant, ou bien lorsque celui-ci avait dépassé l'âge de soixante-dix ans et se trouvait donc dans l'impossibilité physique de cultiver lui-même son champ, le lot précaire retournait à la masse commune pour être à nouveau attribué en fonction des besoins de la population.

Chaque individu mâle recevait à sa majorité — celle-ci varia plusieurs fois au cours de l'histoire et oscilla, selon les cas, de quinze à vingt et un ans —, quarante *mou* de terre précaire; au fil des années, s'y ajoutait, selon le jeu des successions, tout ou partie des vingt *mou* de terres héréditaires que l'on avait accordées, au moment de la réforme, à tous les adultes. Les femmes touchaient aussi leur part, quoique réduite à un peu moins de la moitié de celle des hommes. Les calculs, sujets à variations, auraient abouti généralement, à la fin du ve siècle, à l'allocation d'environ vingt-cinq hectares, soit quatre cent soixante-cinq *mou* de terre, pour une famille type comprenant le père, la mère, quatre enfants, quatre esclaves hommes, quatre esclaves femmes et vingt bœufs. Mais en 564, les Ts'i du Nord modifièrent la norme et prirent pour base une famille composée de trois adultes, deux enfants et possédant un bœuf : elle recevait alors quinze hectares. Cette modification dans l'estimation de la famille moyenne traduit-elle un appauvrissement général ou bien, au contraire, l'accès à la condition libre de nombreux individus jadis réduits en esclavage? Dans l'état actuel des connaissances, nous manquons d'études démographiques précises qui permettraient d'établir une sorte d'image type de la famille chinoise moyenne à cette époque et de ses fluctuations.

De plus, l'application de ces principes variait en fonction de la densité de la population : on distinguait les « cantons au large » et les « cantons à l'étroit » suivant qu'ils étaient peu ou très peuplés. La méthode consistait à diviser les ressources — la surface cultivable — par le nombre d'habitants. On corrigeait ce partage simple en faisant entrer également en ligne de compte la qualité des terres : leur médiocrité pouvait, suivant les cas, entraîner le doublement ou même le triplement des superficies accordées et l'impôt variait lui aussi en fonction de la valeur et de la quantité des récoltes. Les T'ang appliqueront à leur tour un nouveau règlement : ils « feront tourner les terres », les redistribuant au bout d'un laps de temps plus ou moins court — par exemple trois, cinq ou douze années.

Certes, cette organisation complexe où s'imbriquaient étroitement systèmes agraire et fiscal n'était pas sans soulever nombre de difficultés : pour les imaginer, il n'est qu'à se reporter à nos très contemporaines questions de remembrement. Chacun tentait de se montrer plus malin que son voisin. On vit ainsi des hommes en pleine force de l'âge se faire inscrire, moyennant « pots de vin » divers, dans la catégorie des bébés ou dans celle des vieillards : la diminution de l'allocation terrienne qui en résultait se trouvait alors compensée par la suppression des impôts et des corvées. Ces pratiques frauduleuses font l'objet, dans le traité économique du *Souei-chou*, de narrations scandalisées, suivies d'esquisses de solutions :

« Telle était l'opinion de Kao Kiong [conseiller de l'empereur Wen] (555 ?-607) : "malgré l'existence de parts fixes à payer par le peuple comme redevances, il y a chaque année des exactions et des modifications, et des modifications continuelles des rôles par radiation ou nouvelles inscriptions. Les fonctionnaires locaux fabriquent et font disparaître selon leur bon plaisir les registres de sorte qu'il n'y a plus de comptabilité fixe, alors qu'il est difficile d'établir [les catégories de contribuables] d'après des supputations. Je propose donc de faire des modèles fixes des registres de contribution et de donner à toutes les préfectures l'ordre suivant : chaque année, le 5e jour de la 1re lune, des inspecteurs envoyés par les sous-préfets procéderont, selon l'opportunité et les facilités du lieu, à l'unification en un seul groupe de cinq ou de trois associations familiales et classeront d'après les modèles [les normes] les catégories supérieures et inférieures des familles". L'empereur accepta cette proposition et, à partir de ce moment, les fraudes ne furent plus possibles. »

Cette importante contribution à l'assainissement des finances publiques ne protégea pas pour autant Kao Kiong qui mourut, exécuté en 607, pour avoir osé critiquer le gouvernement de Yang-ti, le second et dernier empereur souei.

Le régime fiscal ne dut sa véritable efficacité qu'à l'existence d'un important réseau de délateurs :

« Lorsque les nouvelles ordonnances furent promulguées, il fut établi que [dans l'enceinte du territoire de la capitale] cinq familles formeraient un groupe de garantie; le groupe de garantie avait son chef; cinq groupes de garantie [ou vingt-cinq familles] formaient un hameau et quarante hameaux [ou cent familles] un clan; tous deux avaient leurs directeurs. A l'extérieur du territoire de la capitale furent installés des directeurs de village, assimilés aux directeurs de hameaux, et des chefs d'association, assimilés aux directeurs de clan, afin qu'ils se surveillassent mutuellement. »

La loi affichait ainsi une grande sévérité de propos et un ferme égalitarisme de principe. Les chefs de famille devaient verser un impôt foncier s'élevant à soixante livres — trois *che* — de grains par ménage, ainsi que des contributions en soie fine et grossière, et en toile de chanvre. Les célibataires, comme les domestiques, ne payaient qu'un demi-impôt, ce qui était justice, puisqu'il ne leur était alloué que peu de terres. Ceux qui, pour une raison quelconque, n'en avaient pas reçu, étaient dispensés de toute contribution. Un peu plus loin, pourtant, le même texte montrait comment dans la pratique tous les passe-droits étaient possibles :

« Ceux qui avaient un grade [et appartenaient à l'une des neuf classes de fonctionnaires] ou une dignité [titre de noblesse], les fils pieux, les petits-fils obéissants, les époux équitables et les épouses chastes étaient tous exemptés de redevances et de corvée. »

En d'autres termes, la moralité affichée constituait un excellent moyen de s'enrichir.

Wen-ti n'en demeurait pas moins hanté par le problème des céréales, source du bon équilibre économique de l'Empire. Il apporta une attention particulière au maintien et à la construction de silos (585) — à raison d'un par province — formant réserves et surnommés « greniers d'équité »; aussi vieux dans leur principe que l'Empire lui-même, ils permettaient d'atténuer les conséquences dramatiques des inondations et des sécheresses. Il reprit enfin à son compte la politique élaborée en 535 par le ministre Sou Tch'o, et veilla, comme le Premier Empereur, à l'unification de la monnaie, afin que l'on pût élargir tous les marchés à l'échelle du continent chinois.

Wen-ti apparaît ainsi comme un administrateur, un puissant gestionnaire dont le mérite fut d'appliquer des règlements pour la plupart anciens et excellents mais tombés en désuétude. Cependant, comme tous les chefs de corps politiques trop vastes, il ne pouvait œuvrer seul. Il dut laisser aux fonctionnaires en place une grande latitude qui ouvrait la porte à tous les abus. Il interdit le prêt officiel à un taux usuraire, mais permit en revanche « aux services publics de tous les offices, aussi bien dans la capitale qu'en province, de trafiquer [de leurs fonds] au marché, ainsi que de faire multiplier [leurs denrées et leur cheptel] en tout endroit. » Le vocabulaire traditionnel de l'égalité, de la justice, servait à couvrir les opérations les plus douteuses, pourvu qu'elles fussent rentables.

S'étant efforcé de distribuer les terres, les impôts et les tâches de chacun dans l'immense édifice social, Wen-ti paracheva son œuvre par la rédaction d'un code complexe, comprenant cinq cents articles, qui parut en 583. Depuis le code élaboré sous les Han, lui-même augmenté de trois sections par le grand juge Siao Ho (mort en 193 avant notre ère), les textes législatifs avaient proliféré. Postérieur au fameux code de Ts'ao Ts'ao, au pays de Wei, celui des Tsin (268) comptait déjà mille cinq cent vingt-deux articles; celui des Leang, promulgué en 503, en comprenait mille de plus. Le code de Wen-ti, qui brassa à nouveau toutes ces législations ainsi que celle des Tcheou du Nord (564), opéra donc un choix sévère et judicieux à travers l'extraordinaire abondance des règlements jusque-là en cours.

Comme ceux qui l'avaient précédé, il ne comportait aucune disposition de droit civil, mais un ensemble de menaces, de punitions, de châtiments : le droit chinois traditionnel fut et demeura toujours uniquement un droit pénal. La valeur préventive et curative de la crainte, de la terreur prônée par les légistes d'une part, le rappel incessant de la morale, de ce qui est convenable, de « ce qui se fait », lancé par les confucéens d'autre part, en marquaient les deux tendances extrêmes. La seule question qui divisât véritablement à cette époque les esprits était celle de l'égalité de tous devant la loi; les légistes s'estimaient eux-mêmes engagés et soumis aux règles qu'ils édictaient, tandis que les confucéens se targuaient d'une sorte d'immunité ou estimaient tout au moins jouir d'un régime particulier. Ce conflit ne fera que s'exacerber, particulièrement lors de l'élaboration de l'important code des T'ang (653), celui-là même qui restera en vigueur en Chine du VIIe au XXe siècle, sans qu'on y apportât aucun changement important:

« Régler le destin et décider de la vie et de la mort; distinguer entre les bons et les méchants et préciser leurs mobiles; supprimer le désordre, exterminer la violence, "interdire aux hommes de commettre des actes répréhensibles", voilà [à quoi servent] les châtiments... Les châtiments, ce sont les armes [une expédition punitive contre un rebelle]; ce sont la hachette et la hache d'armes [entendez la décapitation]; ce sont le couteau et la scie [l'amputation], le foret et le ciseau [la mutilation], le fouet et le bâton, les férules et les verges. Les [châtiés] sont étalés en rase campagne ou exposés au marché et à la cour. L'origine de ces châtiments remonte bien loin. »

Sécurité publique, responsabilité familiale, hiérarchie des délits et des crimes, gradation des châtiments, usage de la torture pour obtenir des aveux, importance du respect des procédures : ces discussions venues du fond des âges et que le goût des archives, le sens de l'histoire et le prodigieux développement de la bureaucratie chinoise nous transmettent encore de manière fort vivante, nous ramènent à la relativité du temps, nous rappellent que l'histoire qui nous paraît s'accélérer — alors que Sseu-ma Ts'ien ressentait exactement la même impression il y a deux mille ans — se déroule en fait à l'échelle de l'infiniment grand.

A l'empereur Wen succéda la figure non moins vigoureuse de l'empereur Yang (604-618), second et dernier empereur de la dynastie des Souei. Mais il s'attira, à mesure que s'écoulaient les ans, la haine de ses contemporains, sentiment dont les accusations furieuses des histoires officielles se font l'écho : le rôle de ces dernières ne consistait-il pas, précisément, à justifier l'avènement des nouvelles dynasties en soulignant, par contraste, la déchéance des anciennes ?

Il est certain, pourtant, que la personnalité de l'empereur Yang apparaît extravagante et même meurtrière, puisqu'il fut responsable de la mort de son père l'empereur Wen (604). Certes, le monde fermé du sérail se prêtait à ces drames sordides : la vie, le pouvoir, les affaires politiques de l'Empire se trouvaient favorisés ou trahis par l'intrigue d'un eunuque, le charme d'un visage, la naissance ou le meurtre d'un héritier présomptif. Peut-être aussi Yang-ti reprenait-il à son compte l'ancien usage des T'o-pa selon lequel on mettait à mort le souverain régnant quand son fils aîné atteignait l'âge de la majorité, de même que l'on tuait, dès l'accouchement, la mère du fils du monarque, pour couper court à l'agitation des cognats. Les Histoires, sans se soucier des raisons de ce crime, n'en retinrent que les conséquences. Le traité juridique du *Souei-chou* décrit avec dégoût les excès et la violence qui conduisirent Yang-ti à sa perte, au bord de la démence :

« ... Les règles légales furent abandonnées et la corruption se pratiqua publiquement. Les pauvres, qui n'avaient personne à qui ils pussent recourir, se réunirent en bandes comme voleurs et brigands... Lorsque Yang Hiuan-kan se révolta (en 613), l'empereur le persécuta ainsi que les neuf branches [de sa famille]. Ceux qui furent le plus gravement punis durent subir les châtiments de l'écartèlement et de l'exposition de la tête [coupée] sur une perche, ou furent démembrés, percés de flèches. L'empereur intima aux grands dignitaires l'ordre d'avaler morceau par morceau la chair des victimes. »

Pourtant, il avait, au début de son règne, tenté de ramener à une dimension plus humaine les mesures que son inflexible père avait prises afin de conduire le peuple dans le droit chemin. Mais Yang-ti était aussi un grand conquérant. Les expéditions militaires que le souverain lança au Lin-yi — le Champâ — ou bien contre les K'i-tan dans le Nord-Est (605), aux îles Ryûkyû (607), au Kansou (609) et, surtout, à partir de 611, contre la Corée, épuisèrent les forces morales et physiques de l'Empire. En même temps, elles usaient la patience du souverain avide de réussite rapide; or les campagnes de Corée n'aboutirent pas. Le prestige impérial déclinait et le peuple supportait de plus en plus mal l'enrôlement forcé.

Les Chroniques lui reprochent aussi son goût effréné du luxe. Pour reconstruire et orner Lo-yang où il transporta la capitale, Yang-ti exigea qu'on lui envoyât, de tout l'Empire, des plantes étranges ou décoratives, des oiseaux, des animaux extraordinaires. Il fit dériver le cours de deux affluents du fleuve Jaune afin que le parc du palais fût traversé d'un « canal impérial », bordé d'une digue plantée de saules et aménagée en chaussée. On alla chercher au sud du fleuve Bleu — le Nord commençait à se déboiser — des troncs d'arbres suffisamment longs pour construire des bateaux : « des bateaux-dragons, des vaisseaux-phénix, des [bateaux ornés de] dragons jaunes, des navires rouges, des embarcations à étages, des barques jumelées de bambou ». L'immense flotte impériale appareilla un jour (605) sur les eaux calmes des canaux nouvellement percés ou aménagés pour se rendre à l'actuelle Yang-tcheou que l'on appelait alors Kiang-tou. Les responsables des préfectures et sous-préfectures traversées devaient préparer des provisions et accueillir dignement le cortège : l'avancement, la déchéance, voire la vie des fonctionnaires en poste dépendaient de leur plus ou moins grand empressement à fêter leur hôte impérial.

Ce fabuleux cortège, ce « camp du drap d'or » flottant frappa tellement les imaginations qu'il est resté un symbole des vices abjects de l'empereur Yang, ou, d'une façon générale, de son amour exacerbé du luxe et de l'ostentation.

En fait, l'empereur Yang n'innovait pas. Son père aussi, l'empereur Wen, avait naguère (584) ordonné à l'ingénieur Yu Wen-k'ai (555-612) d'aménager le cours tumultueux de la Wei, artère historique de la vieille Chine dont le débit irrégulier rendait difficile l'approvisionnement de Tch'ang-an que Wen-ti avait choisie pour capitale :

« L'emplacement de la capitale est le lieu de convergence des cinq régions. Des cols puissants la barrent de quatre côtés, elle est difficilement accessible par terre et par eau. Les flots du courant du Grand Fleuve coulent vers l'est et toutes les rivières et les côtes de la mer communiquent entre elles par cette voie sur dix mille lieues. Bien qu'aux Trois Portes [du rapide Ti-tchou] il y ait quelquefois des endroits périlleux, si l'on effectue le transport par terre de

Siao P'ing-lou jusqu'à Chan où on suit de nouveau le fleuve Jaune pour entrer dans la rivière Wei, et qu'en même temps on tire [les chalands] de Fen et de Tsin sur le cours supérieur [du fleuve Jaune], l'alternance des bateaux et des charrettes présente un avantage considérable. Cependant, la force du courant de la rivière Wei est sans régularité et son lit peu profond, [encombré de] hauts bancs de sable, constitue un obstacle; mais la pente ne compte que quelques centaines [de *li*]. On ne peut pas profiter de la force motrice de l'eau et des courants atmosphériques à l'aller et au retour; aussi manœuvrer les bateaux est-il une corvée pénible.

« Nous, le Souverain, Nous tâchons, depuis que Nous avons accédé au pouvoir de l'Empire, d'augmenter les profits et d'éliminer les pertes. Nous avons une profonde compassion pour la détresse publique et privée. C'est pourquoi, partant de T'ong-kouan à l'est et aboutissant dans la rivière Wei à l'ouest, [Nous allons] percer un canal de transport au moyen de la force humaine. Nous avons mesuré les circonstances et pesé les efforts : il est facile d'accomplir la tâche. Déjà Nous avons ordonné aux ingénieurs de parcourir le tracé du canal, d'inspecter la disposition du terrain et d'examiner les méthodes [à employer] pour une œuvre durable. Une fois creusé, ce canal ne sera pas détruit en dix mille générations. Il permettra aux barques carrées et aux grands bateaux appartenant à l'État et aux particuliers de faire le transport fluvial jour et nuit, sans que le trafic s'arrête, ni en amont, ni en aval. Un effort d'une dizaine de jours pourra en épargner des milliards. Nous savons fort bien qu'au moment des chaleurs le travail sera très fatigant. Cependant, sans une peine passagère, comment pourrait-on arriver à un loisir durable ? Nous publions cette proclamation pour que les hommes du commun connaissent Nos intentions ! »

Jamais, sans doute, depuis la construction de la Grande Muraille, le peuple chinois n'avait été soumis à un régime aussi impitoyable de corvées. Il est indéniable que, parmi la longue lignée des empereurs de Chine, c'est au temps de Wen-ti et Yang-ti des Souei qu'apparut dans toute son ampleur et ses incroyables souffrances, la question des grands travaux, ces immenses « entreprises de terre et de bois » *(ta-hing t'ou-mou)*, comme on les nommait. La Chine impériale n'existait dans sa réalité quotidienne que grâce aux efforts d'un peuple qui, bien souvent, n'y trouvait que sa perte. Les mémoires gardèrent, au cours des siècles, le souvenir de cette célèbre « chanson d'un hâleur de l'empereur Yang » :

« Mon frère fit la guerre au Liaotong,
Il y mourut de faim au pied d'une verte montagne.

Aujourd'hui je hâle les barques en forme de dragon,
Et je peine sur la digue du Grand Canal.
Voici la famine venue,
Nous avons peu de vivres de route.
Devant nous encore trois mille li,
Comment préserver ma vie ?

Mes os glacés reposeront sur le sable désolé,
Mon fantôme solitaire pleurera dans l'herbe brumeuse.
Le chagrin flétrira mon épouse,
L'espoir de mes parents sera brisé.
Où trouverai-je un homme de bien
Pour brûler mon cadavre abandonné,
Reconduire mon âme solitaire
Et ramener mes os blanchis ? »

Pourtant, dans une perspective historique, la rudesse des empereurs souei n'a rien qui puisse étonner. Depuis le début de l'Empire — sans remonter jusqu'aux âges reculés des Chang-Yin —, on savait que le gouvernement mettait immédiatement ses projets à exécution en engageant par voie de réquisition des masses ouvrières énormes. Le savant Yang Lien-cheng rappelle ainsi que sept cent mille forçats œuvrèrent pour élever le palais A-pang, puis le mausolée du Premier Empereur. En 192 et en 190 avant notre ère, les souverains han firent enrôler de force environ cent quarante-cinq mille personnes, hommes et femmes, pour bâtir la capitale de Tch'ang-an. Le tort des monarques souei fut sans doute de passer la mesure, ce que la postérité ne leur pardonna pas. Ce sont deux millions d'hommes par mois que Yang-ti fit venir à Lo-yang, soit le double de ce qu'avait exigé le Premier Empereur. Les effectifs commis à l'aménagement du Grand Canal — qui sera l'œuvre maîtresse de Yang-ti — s'accrurent dans les mêmes proportions par rapport aux temps anciens. Chiffres qui restent cependant difficiles à interpréter en l'absence d'études démographiques approfondies.

Les Han, il est vrai, avaient institué un système de recensement qui passe pour avoir été l'un des meilleurs du monde : ce premier dénombrement de la Chine, qui fut aussi le premier connu de toutes les grandes civilisations, eut lieu en l'an 2 de notre ère. Il indiquait une population supérieure à cinquante-sept millions d'habitants et, malgré les guerres qui entraînèrent de nombreux exodes ainsi que des phénomènes locaux de surpeuplement ou de dépeuplement, il est peu vraisemblable que la population dans son ensemble ait notablement décru par la suite. Il est évident, de plus, que toute corvée, fût-elle d'intérêt général, entraînait aussitôt d'innombrables plaintes populaires. Mais le fait que l'on dût, sous Yang-ti, recourir à la main-d'œuvre féminine — rarement employée à cette époque —, faute d'une main-d'œuvre masculine, trop souvent tombée à la tâche, laisse supposer que le besoin de travailleurs s'accrut plus vite que les naissances, en un temps où la mort emportait indifféremment nouveaux-nés, hommes mûrs et vieillards. C'est pourquoi l'on disait, en un jeu de mots difficile à traduire, que l'expression « grands travaux » devrait se lire : « de grandes souffrances viennent ».

Ces travaux n'allaient pas non plus sans entraîner la crainte supertitieuse du malheur. Les ouvriers redoutaient de blesser la terre, de lui « couper les veines » : il en est fait mention dans les « Mémoires historiques » — Sseu-ma Ts'ien condamne d'ailleurs cette mentalité primitive —, et surtout dans le « Canon de la Grande Paix » *(T'ai-p'ing king)*, ouvrage taoïste de l'époque des Han postérieurs. On ne pouvait donc s'engager dans de telles entreprises sans veiller à respecter l'harmonie du *yin* et du *yang*, sans faire appel à la science abstruse des géomanciens. Si toutes les civilisations accordèrent à des degrés divers et reconnaissent toujours au sol un caractère sacré ou émotionnel, l'antique notion de sacrifice à la Terre, entité quasi divine, se perpétua en Chine avec une puissance particulièrement contraignante. La tâche des ingénieurs s'en trouva compliquée d'autant.

Une équipe de travaux publics se composait de deux catégories d'individus : aux gens du peuple légalement corvéables *(tsou)*, soit à titre civil, soit à titre militaire, s'ajoutaient les forçats *(t'ou)* : ces derniers, condamnés de droit commun ayant à répondre de crimes divers, purgeaient des peines s'étendant généralement de trois à cinq ans. Encore leur fallait-il survivre au dur régime du chantier : on a découvert ainsi, dans le Honan, un nombre important de briques funéraires han marquant l'emplacement des tombes de forçats morts à l'ouvrage.

Cependant, les esclaves *(nou* et *pi)*, dont le nombre s'accrut considérablement sous les Han, semblent avoir peu participé aux travaux publics; leurs maîtres et l'État lui-même les employaient en priorité aux tâches domestiques. Le régime demeura le même après les Han, puisque l'on n'a relevé, jusqu'à présent, que deux cas de réquisitions d'esclaves afin d'effectuer d'urgence une œuvre d'intérêt général. Les pouvoirs publics faisaient en revanche très largement appel à la main-d'œuvre militaire, jugée oisive et inutilement payée en temps de paix, mais le recours au génie militaire ne sera véritablement organisé et généralisé que beaucoup plus tard, sous les Song.

Le but de ces travaux publics, tant décriés, relevait pourtant dans la majorité des cas des meilleures intentions. Il s'agissait, conformément à l'enseignement confucéen en matière de finances et d'ouvrages, d'harmoniser *(ho)* et d'égaliser *(kiun)* ; les légistes, d'ailleurs, pensaient de même, malgré leurs méthodes d'exécution plus expéditives : il convenait de donner au peuple, en échange de son travail ou de ses impôts, un moyen d'améliorer sa vie quotidienne. En fait, l'opinion du peuple était loin d'être unanime ; elle variait selon les provinces, les classes sociales, les individus, et la prospérité ou le confort des uns faisait la misère des autres. C'est pourquoi des entreprises d'une ampleur géographique et humaine aussi importante que l'aménagement de la Grande Muraille ou le creusement du Grand Canal ne purent être menées à bien que lorsque la Chine se trouva conduite par de géniaux, mais authentiques dictateurs.

Nous savons l'importance que revêtit de tous temps en Chine l'immense tâche de la régulation des eaux, dont la légende attribue le premier mérite au fabuleux héros Ta Yu, Yu le Grand : au temps de l'antique dynastie des Hia, il aurait, Titan oriental, fixé la place des montagnes et défini le cours des grands fleuves. L'une des conséquences heureuses des campagnes militaires du Premier Empereur, puis de l'empereur Wou des Han, avait conduit, on s'en souvient, à créer de fait une voie batelière qui, utilisant les mille méandres d'un réseau complexe de cours d'eau et de lacs naturels, reliait la Chine du Nord à celle du Sud. Le transport fluvial ne favorisait pas seulement le commerce entre particuliers; il présentait aussi l'avantage d'assurer et d'accélérer le transport vers la capitale — située dans le bassin du fleuve Jaune — des denrées indispensables au fonctionnement de la machine administrative : céréales, sel, métaux venus de tous les points de l'Empire. A la voile, toujours soumise aux caprices des vents instables et parfois impropres à entraîner des barges lourdement chargées, on substituait bien souvent le halage, comme cela se pratique encore de nos jours.

Au fil des ans, responsables et dynastes locaux s'efforcèrent d'aménager, de régulariser ou de modifier les itinéraires qu'offraient les dispositions naturelles des terrains. Déjà, les « Chroniques des Printemps et des Automnes » rapportent qu'on eut l'idée, dès l'époque des Tcheou, de relier par des cours d'eau artificiels les trois lacs qui, situés sur un axe nord-sud, préfiguraient naturellement la liaison du puissant fleuve Bleu avec la Houai qui se jette au sud du Chantong, dans la mer Jaune. Au Ier siècle de notre ère, les techniciens sondaient les voies d'eau et les lacs, afin de choisir ceux dont la profondeur était la plus grande ou le niveau le plus constant. En 350, l'empereur Mou (345-361) des Tsin orientaux fit creuser le canal Ou-yang-tai, au nord-est de la ville d'Yi-tcheng, destiné à rouvrir la route de la Houai, un moment coupée par l'obstruction d'un ancien canal, dit de Kiang-tou. Une quinzaine d'années plus tard, son successeur l'empereur Ai (362-365) des Tsin faisait creuser une déviation qui contournait le lac Tsin et dispensait les bateliers d'affronter la fureur des tempêtes qui s'y déchaînaient souvent.

Tirant la leçon de ces premiers efforts, Yang-ti ordonna la création, entre le fleuve Bleu et la Houai, d'un canal rectiligne *(pien ho)* qui rendait inutile la traversée dangereuse des lacs. Au sud, il fit prolonger jusqu'à Hang-tcheou l'ancienne voie, qui s'arrêtait à Yang-tcheou. Au nord, le canal rejoignait le fleuve Jaune à Jong-yang, à l'est de Lo-yang. De là, un embranchement repartait encore plus au nord jusqu'à un point situé non loin de l'actuelle Pékin, tandis que les barges pouvaient, en remontant le fleuve Jaune et le cours de la Wei, atteindre Tch'ang-an grâce aux aménagements conçus naguère par Wen-ti. Divisé en cinq sections, le canal n'unissait pas seulement le Sud de la Chine au Nord, mais également le Nord-Ouest continental de l'Empire aux régions maritimes du Nord-Est.

De la Houai au fleuve Bleu, le canal était large de quarante pas, ce qui permettait aux bateaux de se croiser; lorsque son lit se rétrécissait, il comportait des portions spécialement conçues pour le croisement des grosses embarcations. Des digues à fascines protégeaient la voie d'eau et l'on disposait, pour curer ses fonds, d'engins de bois garnis de dents métalliques. Pour franchir les dénivellations, les bateaux étaient halés sur des plans inclinés en bois, garnis d'argile mouillée. Sur chaque rive, une route courait, plantée d'ormes et de saules dont les frondaisons apportaient une ombre bienfaisante. De Tch'ang-an à Kiang-tou, s'élevaient plus de quarante relais officiels. La Cour pouvait s'y arrêter lorsque le souverain parcourait ses terres, conformément à la coutume antique dont l'empereur observait le symbolisme, résidant alternativement dans chacun des Orients.

Peut-être le Grand Canal valait-il toutes les peines qu'il causa. Il présentait un immense intérêt économique, répondant de plus à un impératif besoin politique. Au cours des âges troublés des Trois Royaumes, puis de l'implantation des barbares en Chine du Nord, nous avons vu les données historiques se transformer lentement. Le Sud, conservatoire où brûlait toujours la flamme vivante de la pure culture chinoise, acquit une importance que justifiait l'excellence de ses ressources, même s'il demeurait encore techniquement moins évolué en matière d'agriculture. Il pourrait paraître logique que l'immense continent chinois se fût alors sinon véritablement coupé en deux, du moins abandonné au cours des choses, centralisant au Sud toutes ses forces politiques et humaines, tandis qu'au Nord se seraient épanouies des cultures satellites. Or il n'en fut rien. Les dynasties puissantes, quelles qu'eussent été leurs origines sociales ou raciales, retournèrent toujours au berceau historique du fleuve Jaune, de la Grande Plaine où, comme les princes d'antan, elles établissaient leur capitale. Autant qu'à une politique de traditionalisme et d'inertie qui, certes, dut conduire le jugement de bien des hommes d'État jusqu'en 1911, les monarques tenaient à un symbole : ils dressaient en face des barbares, toujours renouvelés, toujours menaçants aux frontières, l'image de leur grandeur, héritée de lignées millénaires et matérialisée par la splendeur de leur Cour. C'est pourquoi le Grand Canal joua, au moins autant que le rôle d'une artère entre les deux grandes aires économiques de la Chine, celui d'un lien entre le cœur méridional de l'Empire et sa tête, politique, stratégique, historique, qui demeurait au Septentrion. Consciente de sa globalité, de l'interdépendance de ses diverses régions, la Chine pouvait entrer alors dans son second classicisme, illustré par l'étonnante dynastie des T'ang.

LES T'ANG

Fondée par Li Yuan et son fils Li Che-min, neveu et petit neveu de l'impératrice Tou-kou, épouse de l'empereur Wen des Souei, la dynastie des T'ang s'épanouit, conduisant la Chine au premier rang des États de son temps, puis disparut trois siècles plus tard, emportée dans un vent de folie.

Li Che-min installa d'abord son père sur le trône, puis il l'évinça afin de régner à sa place, de 626 à 649. Il reçut le nom posthume de T'ai-tsong sous lequel il est connu dans l'histoire. Il s'inventa une généalogie chimérique qui le rattachait à Lao-tseu, tandis qu'il usait de son titre honorifique de « duc de T'ang » pour évoquer une parenté avec les lointains serviteurs des antiques et fabuleuses dynasties. Il œuvra comme tous les grands fondateurs, menant à bien les campagnes militaires que l'empereur Yang, assassiné en 618, n'avait eu que le temps d'entreprendre, et réaffirma la volonté impériale de faire respecter la répartition équitable des terres. Révolté, intrigant, guerrier et administrateur de génie, Li Che-min, quels que soient ses talents, ne présente pas d'originalité vraiment spécifique par rapport aux chefs d'État chinois classiques. Il fut en tout état de cause un autocrate rayonnant de puissance et d'intelligence, et un meneur d'hommes.

Les femmes et le pouvoir

Un problème relativement secondaire jusqu'à cette époque connut en revanche sous les T'ang des développements particuliers : celui des étranges rapports du pouvoir et des femmes. Il s'avéra lourd de conséquences et contribua largement à précipiter la dégradation de la condition féminine en Chine, dégradation qui devait durer jusqu'au XXe siècle.

Les voyageurs européens, attachés aux fondements personnels, sentimentaux de la famille occidentale, s'en firent constamment l'écho et décrivirent souvent avec effroi la vie secrète des maisons chinoises où les femmes demeuraient à l'écart du monde, la hideuse déformation des pieds que l'on imposait aux fillettes de la bourgeoisie et de la noblesse dès l'âge de sept ans, la pratique courante de la polygamie dans les classes moyennes, et chez les grands, la constitution de véritables harems. En même temps, ils découvraient avec étonnement l'autre face de la vie féminine chinoise : les honneurs rendus à la mère du fils aîné d'une famille. Situation enviable et enviée, soutenue par les doctrines confucéennes du culte des ancêtres, mais loin d'être accessible à toutes. Bien des filles, des brus, ne connurent sans doute pas le bonheur sur cette terre, car il fallait que la chance leur sourît, les rendant mères de garçons. Si elles vivaient assez longtemps, elles pouvaient en ce cas devenir douairières et régner à leur tour sur leurs fils, donc sur la maisonnée, puis sur le clan, ce qui les dotait d'une puissance redoutable. La famille chinoise constituait en effet une énorme cellule fermée; elle réglait elle-même et parfois avec dureté ses ennuis internes, mais protégeait par principe tous ses membres des agressions extérieures. C'est pourquoi les femmes, usant de leurs charmes ou de leurs enfants, jouèrent beaucoup plus souvent qu'on le croit parfois un rôle déterminant dans les destinées de l'Empire. L'exemple le plus récent et le plus célèbre est celui de la fameuse Tseu-hi qui parvint à régner trois fois : de 1861 à 1872, de 1874 à 1889 et 1898 à 1908, année de sa mort.

A l'époque lointaine des Chang-Yin, la femme semble avoir connu une position supérieure à celle qui sera plus tard la sienne. La transmission fréquente du pouvoir de frère à frère — ainsi que l'usage, attesté encore à l'époque des premiers Han, de vouer la fille aînée au rôle difficile de prêtresse comme la célèbre reine Fu Hao révélée en 1976 par la découverte de sa tombe, semble indiquer que la société chinoise antique connut, au moins dans le Nord, une certaine forme d'équilibre entre les sexes. D'une façon générale, les femmes de Chine du Nord, vivant au sein de groupes toujours fortement influencés sinon véritablement pénétrés de courants barbares, jouirent sans doute de beaucoup plus de libertés que leurs congénères de Chine du Sud. On recevait au Septentrion les échos à peine assourdis des steppes, des peuples errants aux conditions d'existence difficiles, où la femme, réservoir de vie, portait en elle le flambeau vacillant de la race.

En Chine, le premier règne féminin connu est celui de l'impératrice Lu (188-180 av. J.-C.) de la dynastie des Han antérieurs : personnage talentueux mais sinistre, auteur des plus abominables cruautés, elle inaugurait mal la série des souveraines. Toutes pourtant ne suivirent pas son exemple.
raines. Toutes pourtant ne suivirent pas son exemple.

Plusieurs impératrices exercèrent une simple régence dans l'attente de la majorité de l'héritier impérial : il en fut ainsi de l'impératrice Teou des Han postérieurs dont le fils Ho-ti (88-105) n'avait que dix ans à la mort de son père; de l'impératrice Teng (105-121), mère d'un tout jeune empereur de trois mois; de l'impératrice Leang, mère de Tch'ong-ti (145-146) des seconds Han, placé sur le trône à l'âge de deux ans.

L'impératrice se voyait chargée de la régence en cas d'incapacité notoire de l'empereur : cette situation devait se produire deux fois sous les Song. Enfin l'empereur pouvait, sentant venir la mort, recommander par édit posthume de faire participer son épouse aux affaires de l'État. Mais c'était là chose rare et, malgré quelques exceptions, on respecta, à partir de 222, un édit promulgué par l'empereur Wen des Wei (220-226) : il tenait strictement à l'écart du pouvoir tant l'impératrice douairière que les membres de son clan. Les fonctionnaires du gouvernement, de plus, ne manquèrent jamais une occasion de souligner que la souveraineté résidait en la personne physique et morale de l'empereur, si jeune et si faible soit-il. Cela n'empêcha pas les factions et groupes ennemis de se servir à l'occasion d'une impératrice douairière : son influence réelle ou supposée les aidait, par exemple, à chasser du trône le nouvel empereur afin de mettre à sa place un enfant que l'on pouvait aisément gouverner. Le premier et le plus célèbre de ces cas eut lieu en 74 avant J.-C., lorsque l'impératrice détrôna le prince Tch'ang Yi sur les conseils du puissant général Houo Kouang. Néanmoins, dans toutes ces circonstances, l'impératrice, vouée à un rôle relativement passif, parait au plus pressé, et se laissait en fait manœuvrer.

Il en allait différemment lorsque le pouvoir se trouvait non pas transmis en fonction de liens familiaux étroits, mais délibérément conquis par une femme ambitieuse. L'histoire des T'ang en donne l'exemple le plus spectaculaire, auquel il est fait référence encore aujourd'hui : celui de l'impératrice Wou, épouse de Kao-tsong (649-683), le fils même du grand T'ai-tsong, titre posthume de Li Che-min.

Le règne de Wou Tso-tien

Wou Tsö-tien était originaire des environs de l'actuelle Tai-yuan. Lorsqu'elle atteignit l'âge de quatorze ans, la rumeur publique vantait déjà sa beauté peu commune et le bruit en parvint jusqu'à la Cour. Li Che-min, personnage truculent, la fit venir auprès de lui, en qualité de concubine de quatrième catégorie : c'était là une insigne faveur, puisque la jeune fille entrait d'emblée parmi les quarante premières concubines, alors que le harem — qui pouvait renfermer jusqu'à trois mille épouses — recevait officiellement cent vingt et une femmes, sans compter l'impératrice en titre *(houang-heou)*. Quand T'ai-tsong mourut, une dizaine d'années plus tard, Wou Tsö-tien ainsi que toutes les femmes du défunt furent contraintes de se consacrer à la prière pour le repos de leur impérial époux : la tête rasée, elles entrèrent en religion dans un monastère bouddhique situé près du tombeau de l'illustre souverain. Fort heureusement pour elle, la belle Wou avait eu souvent l'occasion de servir Kao-tsong, fils de Li Che-min, à l'époque où il n'était encore qu'héritier présomptif. Sa fortune allait en découler.

Pourtant le jeune empereur était marié et possédait lui-même un harem d'importance. Mais son épouse officielle se révélait stérile. Cela constituait une source d'agitation à la Cour, car malgré un certain nombre d'enfants nés des concubines et l'adoption de l'un d'entre eux par l'impératrice, le souverain se trouvait privé d'un héritier véritablement légitime, qui coupât court à toutes les intrigues de clans. Les factions complotaient; la chasse au pouvoir commençait.

Ce fut l'impératrice en titre qui engagea son propre malheur : jalouse de la place que la seconde épouse avait acquise dans le cœur de l'empereur, elle fit revenir à la Cour la belle Wou, sachant que le monarque l'avait remarquée un jour qu'il se rendait en dévotions au tombeau de son père. Tout se passa d'abord selon ses prévisions et la belle Wou supplanta aisément la seconde épouse.

Ainsi que le font remarquer certains savants japonais, cette aventure ne se comprendrait pas sans référence aux coutumes des barbares d'Asie du Nord. Pour un pur Chinois, il était parfaitement choquant et proprement incestueux de prendre pour lui la maîtresse de son père décédé; mais c'était un phénomène relativement courant chez les barbares et Sseu-ma Ts'ien relate des faits semblables chez les Hiong-nou.

Ressuscitée au monde, la belle Wou couvrait de cadeaux servantes et eunuques, personnages de second plan mais d'une grande utilité. L'amour du pouvoir devint chez elle une obsession qui ne laissait plus aucune place aux autres sentiments. Elle étouffa elle-même sa propre fille nouvelle née et fit en sorte que le meurtre fût imputé à l'impératrice. Comme l'empereur ne sembla pas s'émouvoir outre mesure et que l'impératrice possédait de solides alliés qui la défendirent, la belle Wou eut recours à un autre statagème : elle fit accuser l'impératrice et la seconde épouse de mener contre l'empereur des pratiques de sorcellerie. L'empereur, cette fois, prit peur et se montra sourd aux remontrances courageuses de son entourage. L'histoire se termina dans l'horreur et à l'instigation de Wou, les deux malheureuses femmes connurent une mort atroce.

La belle Wou se vit élevée au rang d'impératrice et reçut en grande pompe les attributs officiels de sa souveraineté : le sceau ainsi que le cordon. Cela ne l'empêchait pas de se livrer la nuit à des exercices de magie noire afin d'apaiser les spectres redoutables de ceux qu'elle avait fait assassiner.

Si l'empereur avait raison de la juger « apte à le seconder efficacement dans l'administration des affaires », elle demeurait un être étrange, ensemble curieux de génie politique, de cruauté sadique, d'amour obsessionnel du pouvoir mais aussi des hommes, dans le sens le plus charnel du terme, et de terreurs superstitieuses.

Lorsque, en 666, l'empereur se prépara à exécuter les rites antiques des sacrifices *fong* et *chan*, la belle Wou laissa son impérial époux sacrifier au Ciel mais exigea de pratiquer elle-même les rites propres à honorer la Terre. Si l'on s'en tient à la norme philosophique, elle n'avait pas tort : le Ciel est de nature *yang* et la terre de nature *yin*, il était donc compréhensible qu'une femme la servît. Mais on en revenait à la fragmentation du culte, phénomène qui avait entraîné jadis le morcellement et l'émiettement irréversible du pouvoir des Tcheou. De plus, cela ne s'était jamais vu et les plus fins politiques demeuraient désarmés devant ce fait sans précédent, qu'il était délicat de contrer philosophiquement, bien qu'il posât le dangereux principe du dédoublement du pouvoir impérial. En 674, l'impératrice se fit attribuer le titre nouveau d'« impératrice du Ciel » *(T'ien-heou)* et édicta, à cette occasion, son programme politique. S'il proclamait la toute-puissance des taoïstes qui soutenaient la souveraine, il veillait aussi à ce que chacun y trouvât son compte, comme en témoignent ses douze points :

1. encourager l'agriculture et la sériciculture par l'allégement des impôts et des corvées frappant ces catégories de travailleurs;
2. exempter de corvées et du service militaire les trois territoires limitrophes de la capitale;

3. supprimer les activités militaires et les remplacer par une éducation morale propre à transformer l'Empire;
4. s'attacher partout, que ce soit dans le Sud, le Nord ou le Centre, à interdire les raffinements des arts ou d'un luxe inutile et excessif;
5. restreindre l'utilisation abusive de la main-d'œuvre pour les corvées et les constructions publiques somptuaires;
6. ouvrir largement les voies à une libre critique;
7. fermer la bouche aux calomniateurs;
8. entraîner tout le peuple, depuis les princes et les ducs jusqu'aux couches inférieures de la population, à l'étude de Lao-tseu, fondateur du taoïsme;
9. porter le deuil de la mère, même lorsque le père est encore vivant, de manière identique à celui du père, c'est-à-dire en revêtant durant trois années des robes blanches retournées et effilochées;
10. pour les sujets ayant rendu à l'État, antérieurement aux années de l'ère *Chang-yuan* (674-675), des services signalés, et auxquels des brevets de mérites auraient été déjà accordés, ne plus revenir sur leur cas pour réexamen et leur accorder des récompenses qui soient définitives;
11. augmenter les soldes et rétributions en nature des mandarins de la capitale, à partir du huitième degré et au-dessus;
12. pour les fonctionnaires en charge dont la valeur éminente serait depuis longtemps reconnue, mais dont la position demeurerait modeste, les admettre à faire valoir leurs titres à une promotion supérieure.

« L'Empereur, par un Édit général, autorisa l'exécution de toutes ces mesures. »

Ce programme affirmait donc à la fois le respect du peuple auquel étaient accordées d'importantes concessions — comme des remises d'impôt, l'allègement des corvées et l'abolition du service militaire obligatoire —, et le respect de la femme gratifiée des mêmes honneurs rituels que son mari; il soulignait la valeur fondamentale de la doctrine taoïste, et si le gouvernement faisait semblant de s'ouvrir à la critique, l'article relatif aux calomniateurs laissait toute liberté d'exercer la censure. Cette déclaration de principes eut beaucoup plus d'échos que ne le laissent croire les récits officiels : les révoltes menées contre l'impératrice Wou furent toutes le fait des grands, exaspérés par son arrogance, sa cruauté, son népotisme indécent; les petits fonctionnaires, le peuple, eux, ne bougèrent jamais : la belle Wou ne leur semblait pas démériter du mandat céleste.

Pourtant, à la Cour, l'agitation grandissait. A la mort de l'empereur Kao-tsong (683), l'impératrice Wou destitua son propre fils l'empereur Tchong-tsong, certes aussi peu doué d'énergie que son père, et, jetant le vêtement impérial sur les faibles épaules de son autre fils Jouei-tsong, se fit conférer la régence. Dès lors, elle engagea un étrange processus d'élimination de la lignée paternelle, au profit de la seule exaltation de la lignée maternelle. Elle fit bâtir des temples à la mémoire des ancêtres de sa famille; elle s'attribua le cérémonial impérial au point qu'elle donnait audience, comme l'empereur en titre, « derrière un rideau baissé de pourpre sombre »; elle se préparait à fonder sa propre dynastie, à laquelle elle donnera le glorieux nom de Tcheou. Les grands s'affolaient. C'est alors que le fameux Lo Pin-wang (2e moitié du VIIe s.), l'un des quatre meilleurs lettrés du temps, lança une proclamation restée célèbre dans la littérature par la beauté de son style, et dans l'histoire par son courage :

« Je suis un vieux ministre de la Cour impériale, descendant de ducs et de marquis. J'ai vu la succession des œuvres accomplies par les princes anciens, j'ai reçu de la dynastie régnante des bienfaits immenses. Ma douleur est bien légitime, ce n'est pas sans raison que je verse des larmes. Ma colère monte comme le vent qui chasse les nuages, mon ferme désir est de rendre la paix au pays... Membres de la famille impériale régnante, nobles qui habitez la terre chinoise, vous que les ordres de l'empereur ont investis de charges importantes, qui avez entendu au cabinet impérial les dernières recommandations du souverain décédé, ses paroles résonnent encore dans vos oreilles et la fidélité aurait déjà disparu de vos cœurs ? La poignée de terre fraîchement remuée qui recouvre son cadavre n'est pas encore sèche et son fils orphelin n'aurait déjà plus d'appui ?

« Il est encore temps de transformer ces maux en biens, de servir l'empereur défunt en servant le souverain actuel [Tchong-tsong]. Vous devez tous vous soulever pour vous dévouer à la cause du jeune prince, vous ne laisserez pas à l'abandon les dernières volontés du grand Empereur défunt. Que tous les nobles, tous ceux qui ont reçu des fiefs étendent simultanément leur main vers les monts et les fleuves afin de prêter serment.

« Si vous restez trop attachés à vos misérables biens, si vous restez indécis, ne sachant quel parti prendre, si vous méconnaissez les présages et restez inactifs, soyez certains que vous serez punis pour vous être ralliés trop tard à la bonne cause. Ce châtiment, vous l'attirerez vous-mêmes sur vos têtes.

« Je vous prie de considérer une dernière fois quelle est la famille qui doit en définitive régner sur la Chine aujourd'hui. »

Le mouvement se termina par l'écrasement sanglant des révoltés, et l'impératrice réfléchit aux meilleurs moyens qui permettraient d'éviter à l'avenir ce genre d'entreprise. Elle imagina une forme subtile d'espionnage : elle fit installer dans une salle du palais une boîte. Celle-ci comportait quatre cases destinées à recevoir respectivement des prophéties, des billets de doléances, des rapports critiques ou de pures dénonciations. Chacun pouvait ainsi, sous le couvert de l'anonymat, lui faire connaître ses opinions, des plus sincères aux plus mensongères. La souveraine ne s'en trouva pas rassurée pour autant et demeura hantée par l'idée des complots qui se tramaient autour d'elle ou des séditions qui risquaient de se produire en province. Elle décida donc d'offrir des récompenses substantielles aux délateurs dont les fonctionnaires locaux durent faciliter, sous peine de mort, la venue à la capitale : l'effet le plus évident de cette mesure fut d'attirer à la Cour une bonne partie de la pègre de l'Empire.

Non contente de ces dispositions de police, la belle Wou, alors vieillissante, cherchait par tous les moyens, toutes les superstitions, toutes les religions, à déceler les indispensables « signes célestes » probateurs de son « mandat ». Délaissant ses liens anciens avec les milieux taoïstes, elle favorisa ouvertement le bouddhisme dont la puissance temporelle formait déjà un État dans l'État. Les partis bouddhistes conçurent l'idée ingénieuse d'envoyer auprès d'elle un soi-disant bonze, renommé surtout pour ses prouesses d'amant talentueux. L'emprise du bouddhisme sur elle fut bientôt si totale qu'elle se crut elle-même la réincarnation d'un Bodhisattva. Plus rien ne lui résistait : elle profita d'une révolte des princes t'ang (688) pour s'acharner sur les survivants du nom. On dit que la persécution, au cours des années suivantes, atteignit de telles proportions que plus de trois mille familles disparurent.

Pourtant la souveraine, flétrie et malade, luttant contre les ans par l'usage d'un maquillage outrancier, n'avait oublié qu'une chose : l'exemple qu'elle offrait à sa bru, Wei Teou-jen, épouse de l'empereur Tchong-tsong qu'elle avait écarté du trône. Wei Teou-jen lutta avec acharnement contre sa belle-mère et celle-ci mourut en 705, décriée et détrônée. Le titre grandiose qu'elle s'était elle-même accordé : « Impératrice régnante, grande et sainte et conforme à la volonté du Ciel » *(Tsö t'ien ta cheng houang t'ai heou)* lui fut refusé. On lui accorda une appellation posthume moins compromettante et qui jetait un voile pudique sur l'agitation de son règne : « Impératrice grande et sainte conforme au Ciel" *(Tsö t'ien ta cheng heou)*. L'impératrice Wei, alors toute puissante, crut le temps venu de tuer son mari avec l'aide de son amant. Mais son intelligence n'égalait pas celle de la vieille Tsö-t'ien; elle fut à son tour condamnée à mort par le nouvel empereur Hiuan-tsong qui, en 712, ramena le pouvoir en des mains masculines.

Yang Kouei-fei et An Lou-chan

Une trentaine d'années plus tard, Hiuan-tsong remarqua, dans le harem du dix-huitième de ses fils, une jeune fille dont il s'éprit aussitôt et qu'il décida de s'attacher personnellement. Afin de ne pas éveiller les soupçons, il la fit nonne (741) dans un couvent taoïste situé à l'intérieur du palais où il pouvait la rejoindre sans être vu. Quatre ans plus tard (745), la jeune dame Yang — elle avait alors vingt-six ans — entrait officiellement dans le harem impérial en qualité de *kouei-fei*, « épouse-précieuse » : c'était là un rang convoité dans la hiérarchie des épouses impériales, puisqu'il venait immédiatement après celui d'impératrice légitime.

Amour, festins, danse et musique — dont l'empereur vieillissant raffolait —, le temps passait gaîment au palais. La jeune Yang et ses sœurs s'entendaient parfaitement à amuser le maître et profitèrent hardiment de la situation. Le népotisme, les intrigues de toutes sortes fleurirent à nouveau comme aux meilleurs temps de l'impératrice Wou dont la jeune femme ne possédait cependant aucune des qualités politiques. Le souverain ne songeait, semblait-il, qu'aux plaisirs, tandis que l'Empire glissait lentement dans l'anarchie. Les lettrés misogynes dénonçaient l'influence nocive des femmes et la Cour s'emplissait de personnages étranges, drôles ou inquiétants, qui tentaient de s'élever par tous les moyens.

Le plus habile d'entre eux et le plus haut en couleurs était un certain An Lou-chan, fils d'un père sérindien — c'est-à-dire originaire d'Asie centrale — et d'une mère turque. Son physique disgracieux faisait la fable de la Cour : « Je viens de voir que votre ventre tombe presque jusqu'à terre », disait l'empereur en pouffant de rire, puis il lui ordonnait d'exécuter une danse tournante « du pays de Sérinde »; aussitôt, l'homme obèse, qui se traînait plutôt qu'il ne marchait, porté par ses serviteurs, retrouvait la légèreté de sa jeunesse et « devenait rapide comme le vent ». On se moquait de sa difformité, racontant qu'il fallait lui choisir des chevaux d'une puissance particulière et installer des estrades afin qu'il pût monter en selle sans effort, ce qui aurait risqué de tuer net le coursier sous le choc de son poids.

Tôt orphelin, An Lou-chan avait été élevé chez les Turcs et parlait plusieurs des langues propres au minorités barbares incluses dans la Chine et aux peuples frontaliers de l'Empire. La gloire qu'il gagna par sa bravoure, les armes à la main, lui permit de s'élever rapidement dans la hiérarchie des armées impériales — malgré les intrigues et un échec cuisant contre les K'i-tan — jusqu'au poste de « commissaire impérial au commandement de la préfecture de Yeou » — l'actuelle Pékin.

En cette période d'apogée du VIIIe siècle, la Cour continuait à mener une vie de plaisirs, et An Lou-chan s'y donnait à cœur joie, entre deux campagnes. Orgies ou farces enfantines occupaient tout le jour; l'une d'entre elles présente un intérêt particulier, car elle met en scène précisément les deux plus curieux personnages de l'époque :

« ... Pour l'anniversaire [d'An Lou-chan], l'empereur lui offrit toutes sortes d'objets et de vêtements. [Yang Kouei-fei] fit aussi des dons importants... Ce même jour, l'empereur donna encore [à An Lou-chan] des produits provenant de la terre ferme ou de la mer qui étaient tous contenus dans des ustensiles d'or et d'argent, lesquels lui étaient donnés en même temps... Trois jours après, [An] Lou-chan fut invité à venir dans le Palais intérieur. [Yang] Kouei-fei emmaillota [An] Lou-Chan dans des langes brodés. Elle ordonna aux femmes du palais intérieur de le porter sur une litière ornée de soieries de diverses couleurs. Le bruit des rires ébranlait le sol. L'empereur Hiuan-tsong envoya quelqu'un pour demander ce qui se passait. On lui répondit que [Yang] Kouei-fei célébrait pour [An Lou-chan] la fête du lavage de l'enfant, trois jours après sa naissance, et qu'après l'avoir lavé, elle avait emmailloté [An Lou-chan]; c'était là le motif de la joie et des rires.

« L'empereur Hiuan-tsong s'étant approché pour voir cela, s'amusa beaucoup et en profita pour augmenter les cadeaux. Il donna à [Yang] Kouei-fei les bibelots et la monnaie d'or et d'argent pour le lavage de l'enfant. »

Mais pendant ce temps, des personnages s'agitaient et s'inquiétaient des destinées de l'Empire dirigé de fait, de 737 à 752, par le grand ministre Li Lin-fou. Inquiet de l'irrésistible montée des Yang que la jolie concubine plaçait à tous les postes importants, Li Lin-fou songeait à favoriser les généraux barbares, plus faciles à gouverner, pensait-il, que les Chinois, trop ambitieux. An Lou-chan, désigné dès 743 « grand général de la cavalerie hardie », le plus haut des titres honorifiques militaires, apportait témoignages et appui à la politique de Li Lin-fou :

« ... comme militaires, rien n'est supérieur à des généraux barbares. Dès leur naissance, [ces gens] ont un tempérament [très] brave; dès leur enfance, ils sont élevés sur des chevaux; dès qu'ils sont parvenus à l'âge adulte, ils apprennent à combattre leurs ennemis. Ce sont là des dispositions naturelles. Si Votre Majesté encourage [ces gens] en les nommant généraux, il en résultera que ceux-ci seront certainement [prêts à] mourir [pour vous]. Alors en ce qui concerne les barbares, il sera inutile de faire des plans [pour les combattre]. »

Soldat glorieux et compagnon de fête, An Lou-chan acquit une place si importante que malgré dénonciations, complots et intrigues de toutes sortes, l'empereur fit de lui, en 745, le fils adoptif de Yang Kouei-fei.

Faveur plus extraordinaire encore, et plus dangereuse, l'empereur, en 750, lui octroya cinq fours : situés près de l'actuel Yi-hien, au Hopei, ils lui donnaient la possibilité de frapper monnaie. C'était là un privilège exorbitant, contraire au principe même de l'unité impériale, et qui soulignait aux yeux de tous la faiblesse dans laquelle l'empereur était tombé. C'était aussi, paradoxalement, le premier sujet d'inquiétude d'An Lou-chan. A mesure que vieillissait Hiuan-tsong, il voyait son avenir s'assombrir. Il savait s'être montré naguère arrogant envers l'héritier du trône, le futur empereur Sou-tsong (756-762). Il sentait avec effroi venir le temps où il lui faudrait abandonner et payer cher — peut-être de sa vie — les faveurs excessives dont le gratifiait le vieil empereur. De plus, la concurrence des Yang le gênait aussi. Flairant un coup d'État à la manière de ceux qu'avait animés l'impératrice Wou, il s'acquit personnellement la fidélité des troupes qu'il avait entraînées : armées de métier et non pas de conscrits, soldats d'élite payés par le gouvernement mais qui n'hésiteraient pas à trahir pour un butin.

Il fit construire à l'est de l'actuelle Pékin — région dont il assumait officiellement la protection — une ville fortifiée, vaste garnison établie, disait-il, pour parer à toute attaque de barbares ou de bandits. C'était en réalité un réservoir d'hommes entraînés au combat et un immense entrepôt d'armes. La campagne environnante lui permettait d'élever des bœufs, des moutons, pour nourrir son armée, ainsi qu'un grand nombre de chevaux de monte dressés à la bataille.

Il y rencontrait également, en secret, ses compatriotes, les marchands sérindiens, qui lui apportaient des pays étrangers quantité d'objets utiles ou précieux. Il revendait robes, tissus, ornements de toute nature, et l'argent recueilli lui permettait de constituer un trésor de guerre. Il y trouvait de quoi flatter l'empereur auquel il faisait porter toutes sortes d'objets extraordinaires. Son étoile semblait ne devoir jamais pâlir. Au début de l'été 755, il obtint de l'empereur que trente-deux généraux chinois de l'armée fussent remplacés par des généraux barbares. Il plaçait l'armée impériale dans les mains d'une clientèle à sa solde.

Quelques mois plus tard, il entrait en conflit ouvert avec le frère de sa « mère », Yang Kouei-fei et, le 16 décembre, clamait ouvertement sa rébellion. Plus de cent mille soldats barbares d'origines diverses se portèrent vers la capitale; An Lou-chan savait les réconforter, parlant leurs langues, et se les attacher en les couvrant de présents. Les rebelles s'emparèrent de Lo-yang et continuèrent leur marche, entravée toutefois par la résistance de forteresses restées fidèles à l'empereur. Mais An Lou-chan y attachait peu d'importance, puisqu'il disposait déjà de l'une des deux capitales historiques de la Chine. Il usa d'accointances avec les moines taoïstes et bouddhistes pour se faire fictivement prier le 5 février 756, de monter sur le trône. Il nomma *Ta Yen* les territoires qu'il avait conquis et s'attribua à lui-même le titre d' « Auguste empereur guerrier brave » *(Hiong-wou houang-ti)*. Puis les règlements de compte commencèrent ainsi que la mise en place de fonctionnaires gagnés à sa cause.

Pendant ce temps, ses troupes progressaient vers l'Ouest. Elle prirent à revers les bataillons loyalistes et défirent si complètement l'armée impériale que « [les gardiens du Tchao-ling, tombeau de l'empereur T'ai-tsong] firent savoir à l'empereur que ce jour-là les statues de pierre d'hommes et de chevaux [qui se trouvaient] devant la tombe ruisselèrent de sueur. [C'était donc eux qui étaient venus combattre]. »

L'empereur, effrayé, s'enfuit; ce qui restait de l'armée le suivit mais exigea l'extinction du clan malfaisant des Yang et, surtout, la mort de la belle « épouse précieuse », jugée responsable de l'aveuglement et des égarements de l'empereur. Elle accepta la mort sans protester :

« "Ce que vous voulez de moi, vraiment j'y suis résignée; mais permettez-moi [tout d'abord] de saluer le Bouddha". A la suite de cela, elle fut pendue dans la chapelle du Bouddha. On la transporta pour l'exposer dans la grande salle du relais afin que Tch'en Hiuan-li et les autres vinssent la voir. [Tch'en] Hiuan-li et les autres ôtèrent leurs casques pour demander pardon. Les soldats furent ainsi satisfaits. »

Elle avait un peu plus de trente-six ans.

L'histoire dramatique de Yang Kouei-fei fit de tous temps couler beaucoup d'encre : celle des moralistes naturellement, celle des poètes aussi, qui chantèrent la mélancolie d'une existence de rêve tristement terminée. On y voit souvent l'écho oriental de la douloureuse histoire de Titus et Bérénice. L'amour que le vieux Hiuan-tsong portait à sa « brillante épouse » Yang n'était pas compatible avec l'exercice du pouvoir : celui-ci réclame équanimité et modération.

Mais ce drame est en outre fort significatif d'un certain état d'esprit chinois : si, chez nous, un Bossuet ou un Bourdaloue tonnait en chaire contre les frasques du trop bouillant Louis XIV, si des chansons piquantes ou plus amères couraient de bouche à oreille pour stigmatiser les vices ou l'incapacité du souverain, la confiance en la dynastie demeura pendant des siècles ancrée au cœur du peuple. En Chine, sans doute, les rapports de gouvernant à gouvernés relevaient de facteurs tout différents. Le peuple n'y a jamais aimé son maître, figure invisible, symbole religieux ou philosophique, pivot abstrait de l'univers. En revanche, il l'a souvent et sévèrement jugé, puisque la vertu du souverain se manifestait très exactement par la plus ou moins grande prospérité de l'Empire. Il peut donc sembler injuste, au premier abord, que la vindicte des soldats se fût portée davantage contre la jeune Yang que contre l'empereur lui-même. Solidarité, orgueil masculin ? Les raisons véritables naissaient de fondements plus profonds. Les soldats en colère visaient le harem en tant qu'institution, foyer d'une politique de pure concussion, fâcheusement dirigée par les basses intrigues des eunuques qui profitaient de leur proximité du souverain pour diriger en sous-main les affaires de l'Empire. De plus en plus fréquemment, des fonctionnaires offraient des eunuques à la Cour et ceux-ci, à leur tour, aidaient leurs protecteurs à s'élever aux plus hautes dignités. Le mouvement était lancé et la mort de la pauvre Yang ne changea rien à l'affaire. L'influence néfaste des eunuques ne cessa dès lors de grandir.

An Lou-chan, cependant, avançait rapidement vers Tch'ang-an, qu'il prit en 756. Ses troupes œuvraient, portées par l'appât de fructueux pillages :

« Tout d'abord An Lou-chan ne s'était pas attendu au départ de l'empereur Hiuan-tsong vers le Sud [Hiuan-tsong s'enfuit en direction du Sseutch'ouan]; c'est pourquoi il fit avancer ses soldats lentement. A la suite de cela, les pseudo-fonctionnaires et autres personnes, dépendant de [An] Lou-chan, pillèrent entièrement les magasins et les trésors de l'État, les armes et les cuirasses, les objets rituels, les dessins et documents; les rhinocéros, les éléphants et les chevaux dansants *(wou-ma)* des Cours *Yi-tch'ouen* [Palais du charme printanier] et *Yun-chao* [Palais de la splendeur des nuages], les [femmes du Palais] latéral *(Yi-t'ing)* et des Palais postérieurs *(Heou-kong)* furent tous pris.

« An Lou-chan prit des chars et des voitures à bras, des instruments de musique ainsi que les vêtements et les robes servant pour les chants et les danses. Il contraignit les musiciens à conduire et à maîtriser les rhinocéros et les éléphants, et à pousser et emmener de force les chevaux dansants afin de les amener dans la ville de Lo-yang. Là, de nouveau, il répartit [ce butin dans ses palais] au Nord de la Chine. Ainsi les splendeurs des temps passés furent anéanties... Lorsque [An] Lou-chan arriva à la capitale de l'Est [Lo-yang], puisqu'il était un rebelle usurpant [les pouvoirs impériaux], il ordonna de faire préparer des [exécutions] musicales [privilège réservé à l'empereur]. »

L'année suivante pourtant (3 décembre 757), les troupes impériales reprenaient Lo-yang, conduites par Sou-tsong (756-762), que ses soldats avaient proclamé empereur le 12 août 756. Dès lors le peuple, comme aux temps lointains de Wang Mang, se prit à espérer la restauration de la dynastie : cela résolvait à la fois les incertitudes d'obédience et assainissait la gestion des finances des particuliers, éprouvées par les amendes et les extorsions de fonds qu'An Lou-chan faisait pleuvoir sur ses administrés.

Le dictateur, affligé d'une cécité sans cesse croissante, devenait chaque jour plus maussade, plus cruel. La terreur finit par s'installer dans son entourage et le récit de sa mort évoque celle de tous les grands tyrans, assassinés pour s'être montrés trop redoutables. Le fils aîné d'An Lou-chan, An K'ing-siu, peu doué pour régner et menacé d'éviction par la faveur et la maternité d'une épouse secondaire, tendit une oreille favorable aux conseils de Yen Tchouang : c'est ce personnage, ancien président de la Cour des Équipages impériaux *(T'ai-p'ou k'ing)*, qui avait naguère poussé An Lou-chan à la révolte; habile faiseur de souverains, il s'apprêtait maintenant à faire passer la souveraineté dans les mains débiles de son nouveau protégé, qui se laissait plus aisément manœuvrer. L'attentat fut alors soigneusement mis au point et exécuté d'un coup de sabre. Le grand barbare périt à l'âge de cinquante-quatre ans.

Les batailles sanglantes pour le pouvoir n'en continuèrent pas moins. Ce fut véritablement la fin d'une époque, l'extinction, pour une classe privilégiée de la société, d'une inépuisable joie de vivre, d'un goût inlassable pour les merveilles de la civilisation. Des fêtes, du confort, des raffinements passés, il ne restait que la famine, les inondations, tandis que renaissait la crainte des redoutables barbares. Certes, depuis cent cinquante ans, leurs goûts, leurs coutumes alimentaient la mode et, plus profondément, élargissaient le champ de vision et de pensée des individus. Mais le long règne de Hiuan-tsong (712-756), symbole du plus bel épanouissement de la Chine médiévale, apparaissait comme un rêve évanoui à jamais; aveuglés par l'égoïsme, les puissants du jour n'avaient pas su voir de quel prix le peuple payait la grandeur nationale et le poète Tou Fou (712-770) opposait dans un poème célèbre les souffrances des petits au gaspillage de la Cour :

« Les bannières de Tche-yeou remplissent l'air froid des passes.
Les pas des soldats rendent glissants les défilés. [La révolte se prépare.]
Les vapeurs de l'Étang de Jade au ciel s'élèvent;
Les gardes impériaux sont serrés, coude à coude,
Tandis que festoient gaiement le prince et sa cour,
Et qu'au loin en écho résonne la musique.
Seuls les grands mandarins sont admis aux bains chauds;

Nul des invités au festin n'a de tunique courte en bure.
Mais la soie distribuée dans le palais rouge
A été tissée par des femmes misérables,
Dont les maris furent fouettés
Pour leur extorquer le tribut dû au palais.
La faveur impériale et ses nombreux cadeaux
Devraient servir à faire vivre la nation.
Si les ministres négligent ces grands principes,
Pourquoi le prince serait-il si prodigue ?
Parmi tous les lettrés qui encombrent la Cour,
Ceux qui ont le sens de l'humain doivent trembler.
Or j'ai appris que les plats d'or du palais
Émigrent tous chez les Wei et les Ho [les parents de Yang Kouei-fei].
Dans les salles de l'intérieur vivent des déesses ;
Un brouillard parfumé couvre leur corps de jade.
Des fourrures de martre les protègent du froid ;
La flûte plaintive poursuit la cithare limpide.
On offre aux hôtes soupe de pied de chameau,
Mandarine givrée sur orange embaumée...
Aux portes de pourpre pourrissent vin et viande ;
Mais dans les rues gisent les os des morts de froid.
De l'arbre en fleurs à l'arbre mort, la distance est d'un pied...
Le dépit m'arrête d'en dire davantage. »

CHAPITRE VI

L'ADMINISTRATION ET LES ADMINISTRÉS : LA THÉORIE ET LES FAITS

L'ÉPOQUE des T'ang, haute en couleurs, riche de personnalités et de réalisations diverses, offre à travers les siècles et malgré des lustres de souffrances, de révoltes et de guerres, le modèle d'un État équilibré, s'efforçant de faire partager à tous la prospérité qui s'épanouit alors en Chine durant une centaine d'années — du VIIe au VIIIe siècle.

LA MACHINE ADMINISTRATIVE

Si l'on en croit les Histoires dynastiques, cette prospérité eut pour instrument la machine administrative, d'une conception à la fois simple et efficace. Les souverains t'ang ne prétendirent d'ailleurs nullement innover et conservèrent l'essentiel des dispositions précédemment établies par les deux empereurs souei :

« Pour ce qui concerne l'organisation des fonctionnaires [de la dynastie] des T'ang, les dénominations, les traitements et les grades, bien que modifiés dans le cours des temps, restèrent en général, pour tous, les mêmes que sous [la dynastie des] Souei.

« C'est ainsi que les fonctionnaires furent répartis en départements *(cheng)*, en tribunaux *(t'ai)*, en cours *(sseu)*, en directions *(kien)*, en gardes *(wei)* et en administrations *(fou)*.

« Chaque service dirigeait ceux qui dépendaient de lui; par ce moyen, on répartissait les charges et on fixait les emplois.

« Pour établir une distinction entre les gens de haute et de basse condition *(kouei-tsien)* et pour classer les mérites et les capacités, on se servait de "degrés" *(p'in)*, de titres de noblesse *(tsio)*, de titres honorifiques *(hiun)* et de classes *(kiai)*. C'était par des examens périodiques qu'on élevait les gens en dignité ou qu'on les abaissait. C'est ainsi qu'on utilisait tous les talents et qu'on gouvernait toutes choses. Comme procédé, c'était parfait et précis; comme application, c'était simple et pratique. On arrivait à ce résultat parce qu'il y avait une charge déterminée pour chaque emploi et [parce qu'il y avait] un fonctionnaire déterminé pour chaque fonction publique. »

Au sommet de la pyramide administrative se trouvait l'empereur, source de tout pouvoir. Son rôle, central, était de rayonner, de provoquer l'action de ses subordonnés : tel avait été le thème des brillants essais de Tong Tchong-chou (179?-104? av. J.-C.). Tel le décrivait aussi un texte de la même époque rédigé à la Cour de Lieou-an, prince de Houai-nan (mort en 122 av. J.-C.). Cette définition du bon souverain retrouva tout son sens dans la Chine unifiée des T'ang qui connut un ensemble cohérent d'institutions civiles.

« La force du monarque consiste à mener les affaires sans agir et à donner des ordres sans parler. Le monarque reste calme et pur, sans bouger, impartial sans s'agiter. Il délègue volontiers les affaires à ses subordonnés et, sans se troubler lui-même, en obtient le succès. Bien qu'il ait ses propres plans dans son esprit, il permet à ses conseillers de les proclamer; bien que sa bouche puisse parler, il permet à ses administrateurs de parler pour lui; bien que ses pieds puissent marcher, il laisse ses ministres conduire; et bien qu'il ait des oreilles pour entendre, il permet à ses officiels de lui faire des commentaires. Ainsi aucune de ses politiques n'échoue, aucun de ses plans ne va de travers... Quand le monarque tend une oreille aux affaires du gouvernement, il est pur et éclairé et sans illusions. Son esprit est vide et sa volonté faible. Les ministres s'assemblent donc autour de lui pour l'assister et le conseiller et, qu'ils soient stupides ou sages, capables ou incapables, il n'y en a aucun qui ne donne pas le meilleur de lui-même pour lui. C'est alors seulement qu'il peut proclamer les rites qui seront la base de son gouvernement. Ainsi, il conduit le pouvoir de la multitude comme s'il s'agissait de son char, il mène la sagesse de la multitude comme s'il s'agissait de son cheval et, bien qu'il traverse des plaines sombres et des routes escarpées, il ne dévie jamais. Le maître des hommes se cache loin dans les profondeurs pour éviter la chaleur et l'humidité, il habite au-delà de nombreuses portes closes pour échapper aux rebelles et aux méchants. Il ne connaît ni la forme des villages autour de lui ni la forme des collines et des lacs, au loin. Au-delà de ses "rideaux-de-l'État", ses yeux ne voient pas plus loin que dix *li*, ses oreilles n'entendent pas au-delà d'une centaine de pas et pourtant il n'y a rien dans le monde entier qu'il ne comprenne pas, car ceux qui viennent lui faire des rapports sont une foule et ceux qui examinent les choses pour lui sont nombreux. »

La théorie du pouvoir impérial n'évolua pratiquement pas en Chine, depuis l'époque des Han jusqu'à l'aube du XXe siècle. Elle resurgissait à la conscience des hommes chaque fois qu'apparaissait un héros capable de restaurer l'unité. Pilier de l'univers, l'empereur, dans la pratique, ne gouverne pas. Il use d'intermédiaires, il délègue ses pouvoirs. Les compromissions politiques ne le regardent pas; seule lui incombe la lourde tâche d'être lui-même, d'œuvrer à maintenir en lui la vertu, la sagesse, donc le bon équilibre du monde.

En ce sens, il est permis de se demander si les grands fondateurs de dynastie, comme Lieou Pang ou Li Che-min, personnalités fortes, sans cesse par monts et par vaux, bataillant, codifiant, toujours en action, incarnaient véritablement la notion d'un empereur à la chinoise. Leur activité, bénéfique et vantée par tous, s'apparentait davantage à celle des grands démiurges de l'antiquité : ils ne régnaient pas, ils reconstruisaient l'État puis transmettaient à leurs successeurs, en même temps qu'une Chine pacifiée, équilibrée, le mandat du Ciel. C'est en poussant à l'extrême les conséquences de ce principe qu'il convient d'expliciter le reproche fait à Hiuan-tsong d'avoir délaissé les affaires publiques pour s'occuper de la belle Yang Kouei-fei : la machine impériale fonctionnait convenablement depuis plus d'un siècle; il n'y avait qu'à la laisser aller à son rythme. Sa véritable erreur fut moins de s'amuser que de ne pas remarquer l'intrusion excessive au gouvernement du clan des Yang qui accaparait les charges du gouvernement, faussait le jeu nécessaire des diverses tendances et empêchait d'assurer une gestion conforme à la morale. Mais il fut aussi coupable d'avoir laissé aliéner son esprit, accaparé par d'autres soucis que le bien de son peuple, ayant oublié qu'il ne doit jamais relâcher, même dans les joies les plus folles, la concentration de sa pensée.

Dans les faits, la principale tâche politique de l'empereur — et pratiquement la seule — consistait à nommer les grands ministres *(tsai-siang)* qui dirigeaient les trois départements de l'État *(san-cheng)* d'où procédait toute l'administration.

Le premier de ces trois organes administratifs était celui des Affaires d'État *(cheng-chou-cheng)* ; le ministre se faisait aider de deux vice-présidents, l'un de gauche, l'autre de droite, qui dirigeaient six ministères : ceux des fonctionnaires, des finances, des rites, de l'armée, de la justice et des travaux publics.

Le second organisme, celui de la Chancellerie impériale *(men-hia-cheng)*, était, comme il se doit, chargé de la rédaction et de l'expédition de tous les actes relatifs aux affaires de l'État et de l'administration. Ses membres jouissaient d'un très grand crédit grâce à leur connaissance profonde et quotidiennement mise à jour des archives : ils pouvaient à tout moment recourir au texte même des décisions et décrets impériaux. Il leur revenait également la charge de l'éducation des enfants impériaux.

Enfin, la Chancellerie impériale était doublée du Grand Secrétariat impérial, troisième organisme, qui, lui aussi, jouait un rôle de conseil, de contrôle et d'authentification des actes. Trois services en relevaient : la « Bibliothèque du palais où l'on assemble les Sages » *(tsi-hien-tien-chou-yuan)*, le « Collège des annalistes » spécialement rémunérés pour écrire l'histoire officielle, et la « Cour du commissaire aux urnes de dénonciations » *(kouei-che-yuan)*, inquiétant système de délation créé en 685 par la terrible impératrice Wou.

En ce qui concerne la Chancellerie et le Grand Secrétariat, l'un recevait les requêtes et l'autre rédigeait les décrets : ils se devaient de travailler ensemble tout en se surveillant mutuellement.

A côté de ces corps principaux de l'État, d'autres organismes spécialisés comme le « Département du service du Palais intérieur » *(nei-che-cheng)*, chargé d'une manière très générale de la gestion des affaires du palais, et la « Cour suprême de Justice » *(ta-li-sseu)* assumaient à des niveaux divers des tâches particulières, conformes à leurs intitulés. Enfin, un « Tribunal des censeurs » *(yu-che-t'ai)* exerçait la lourde et délicate charge de contrôler et réprimer abus ou fraudes à tous les niveaux de l'administration.

Ce grand appareil théorique ne suffisait pas à régler les innombrables affaires dont était faite, quotidiennement, la vie de l'Empire. Il se bloquait en de multiples occasions car son mécanisme, qui rendait les divers services étroitement solidaires les uns des autres et co-responsables, ne tenait pas compte des faiblesses et de la diversité de la nature humaine.

C'est pourquoi, dans la pratique, un ensemble de services dit des « neuf cours » et des « cinq directions » — en fonction des points cardinaux — assurait, par matières et zones territoriales, l'expédition des affaires courantes. Ils s'occupaient de tout, depuis l'intendance du palais jusqu'à d'importantes questions de justice, d'agriculture ou de relations avec l'étranger.

Les « neuf cours » *(kieou-sseu)* comprenaient la cour des sacrifices impériaux, à laquelle se rattachait l'office de la médecine suprême, chargé de fournir des remèdes soit à l'empereur soit à l'ensemble du personnel vivant au palais; la seconde cour était celle des banquets impériaux; puis venaient celle des insignes impériaux, celle des affaires de la famille impériale, celle des équipages impériaux, la cour suprême de justice à laquelle on pouvait faire appel, en dernier recours, d'une condamnation à mort ou bien à un exil lointain, la cour du cérémonial envers les étrangers, sorte de ministère embryonnaire des affaires étrangères — celui que connurent jusqu'au XXe siècle les voyageurs européens —, la cour de la direction de l'agriculture, la cour du Trésor impérial.

L'héritier du trône ainsi que les autres fils et les frères du souverain possédaient des maisons conçues à l'image de celle de l'empereur, mais plus modestes, servant à régler les seuls problèmes d'intendance.

Au-dessous des ces organismes centraux se trouvait la masse des fonctionnaires des préfectures *(tcheou)* et des sous-préfectures *(hien)*, réparties au sein des dix provinces *(tao)* que l'Empire comptait en 627; les limites de ces dernières variaient constamment et leur nombre s'accrut à mesure que les conquêtes militaires repoussèrent les frontières de l'Empire vers des zones toujours plus occidentales. En 733, la Chine comportait quinze provinces et vingt en 756. Dans les régions frontalières, les préfectures se trouvaient groupées en gouvernements généraux confiés chacun à un « gouverneur général « *(tou-tou)*. Le même rôle, dans les commanderies — garnisons qui occupaient une position avancée en pays barbare —, était dévolu à un « protecteur général » *(tou-hou)*.

L'empereur, enfin, s'il voulait échapper aux rouages de la machine administrative, avait le privilège de désigner à son gré et pour des tâches précises, civiles ou militaires, des commissaires impériaux extraordinaires *(fou-che)* : ces *missi dominici* jouissaient d'un pouvoir important. A partir de la révolte d'An Lou-chan, en 755, ils se trouvèrent investis d'une grande puissance militaire, car il fallait répondre à la violence par la violence. De ce fait, ils supplantèrent les fonctionnaires relevant de la hiérarchie officielle. Ils agirent comme des chefs de principauté indépendants et l'on retrouva le schéma bien connu des périodes d'éclatement géographique et politique de l'Empire.

Les fonctionnaires faisant carrière administrative se partageaient en deux catégories : les « mandarins exerçant des charges » *(tche-che-kouan)* et ceux qui se tenaient « en dehors du courant » *(lieou-wai)*, c'est-à-dire exerçaient de modestes emplois de scribes ou de commis. L'un et l'autre groupes comportaient « neuf degrés » *(kieou-p'in)* hiérarchiques, conformément au système instauré sous les Han et défini d'une façon plus précise par Ts'ao Ts'ao.

Il existait aussi, comme dans nos ministères, une foule de fonctionnaires en disponibilité ou en réserve de l'administration *(san-kouan)*. Des titres nobiliaires tels que prince, duc, marquis, vicomte, baron — vidés de leur contenu politique et foncier propre à la féodalité — ainsi que des titres honorifiques

22. LES PROVINCES SOUS LES T'ANG →

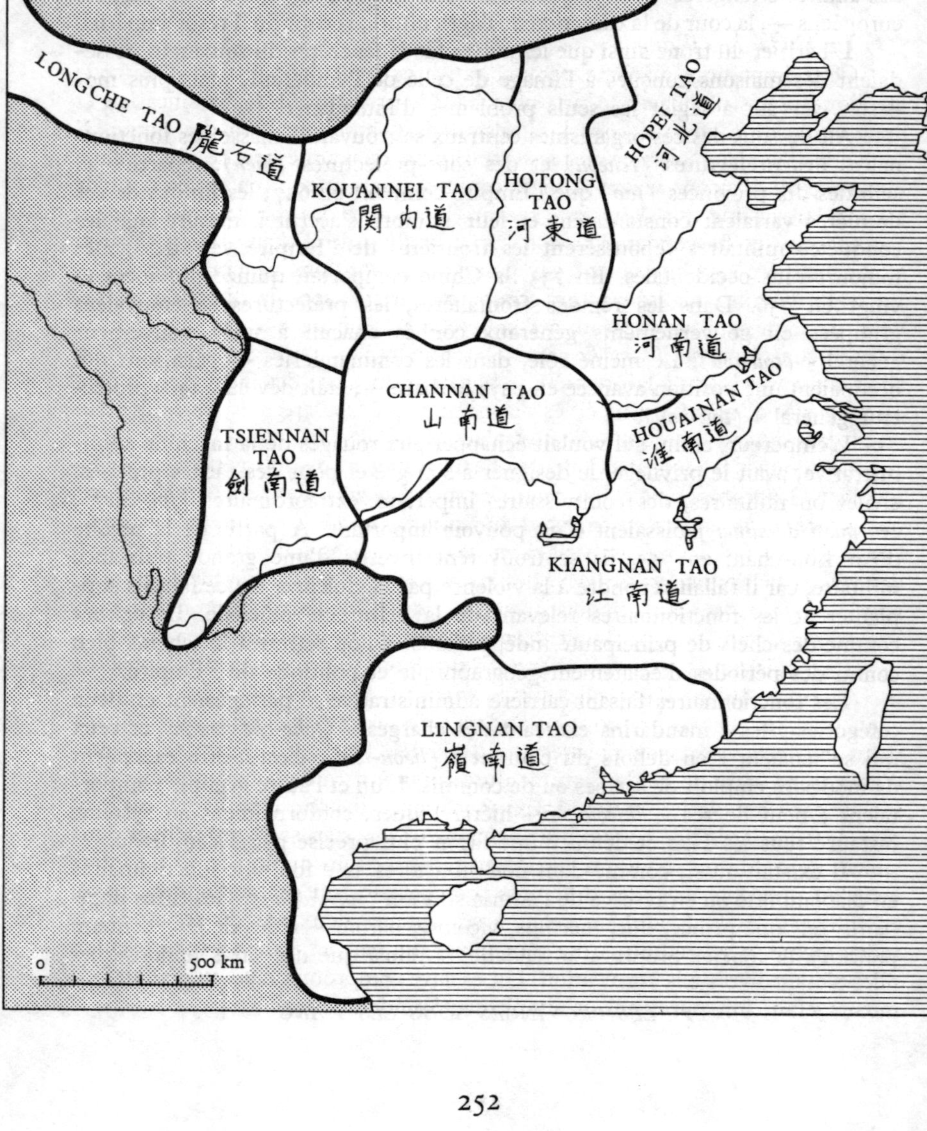
LONGCHE TAO 隴右道
KOUANNEI TAO
関内道
HOTONG
TAO
河東道
HOPEI TAO
河北道
HONAN TAO
河南道
CHANNAN TAO
山南道
HOUAINAN TAO
淮南道
TSIENNAN
TAO
劍南道
KIANGNAN TAO
江南道
LINGNAN TAO
嶺南道
0
500 km

pouvaient être accordés afin de flatter la vanité sociale, récompenser les talents ou célébrer un acte remarquable : ce sont les équivalents de nos décorations.

Le Code des T'ang

Cette imposante machine administrative exigeait l'application d'un code juridique précis. Li Che-min prit pour base le gros travail de classification et de simplification effectué sous l'impulsion de l'empereur Wen des Souei. Il souhaita cependant en aménager les dispositions dans un esprit de plus grande humanité où d'aucuns voient l'influence du bouddhisme : il en confia la tâche à Fang Hiuan-ling qui s'attacha à réduire le nombre des cas de bannissement à perpétuité et de condamnation à mort, tandis que Tchang-souen Wou-ki se vit chargé d'expliciter point par point les dispositions générales du Code. Le texte définitif, réalisé par un groupe de juristes sous la direction de ces deux personnages, fut présenté à l'empereur à la fin de 653 ou au début de 654 : il constituait le *T'ang lu chou yi* et comprenait douze sections que l'on allait conserver jusqu'à la première publication du Code des Ts'ing, au milieu du XVIIe siècle; mais l'esprit et les dispositions particulières des textes demeurèrent en vigueur pratiquement jusqu'au XXe siècle.

Les douzes sections du Code des T'ang traitaient des lois générales *(ming-li)*, de la Garde impériale et des interdictions *(wei-kin)*, des titres des fonctionnaires *(tche-tche)*, du recensement et du mariage *(hou-kouen)*, du Trésor public *(kieou-k'ou)*, des Écuries impériales et des institutions militaires *(chan-hing)*, des vols et brigandages *(tso-tao)*, des rixes et accusations calomnieuses *(teou-song)*, des faux *(tso-wei)*, de lois diverses *(tsa-lu)*, de l'arrestation des fugitifs *(pou-wang)*, enfin des prisonniers en prévention de jugement *(touan-yu)*.

Les législateurs s'étaient efforcés de prévoir toutes les circonstances de la vie : sans qu'on y trouvât véritablement édictées les normes d'un droit civil, puisque chaque prescription apparaissait accompagnée du sévère châtiment encouru en cas de non-respect de la loi, leur œuvre cherchait à être d'abord une sorte de guide pratique du comportement des bons citoyens. Elle réglait par exemple les cas familiaux — mariage, divorce, répudiation ou rupture de fiançailles. Une épouse qui abandonnait son mari se voyait infliger deux années de condition servile; si elle s'était remariée sans qu'un accord fût intervenu au préalable entre les différents protagonistes du drame familial, on lui en infligeait trois. L'adultère valait à ses auteurs deux ans de servitude; la même peine, mais réduite à dix-huit mois, frappait les jeunes gens et jeunes filles s'étant livrés à la fornication. Un esclave compromis dans une affaire de mœurs était, lui, purement et simplement condamné à mort.

Les articles traitant de la « Garde impériale et des interdictions » prévoyaient les cas d'infraction aux règles de la circulation à laquelle on attribuait une priorité absolue : il était interdit de couper une escorte, de même que de se rendre à l'étranger sans permis et cela sous peine de décapitation. Le mariage avec un étranger ou une étrangère entraînait automatiquement l'exil, sauf dans le cas où le mari — un étranger — acceptait de rester en Chine avec son épouse chinoise.

Les vols, les brigandages en tous genres, les rixes pouvaient être diversement punis, mais le Code n'admettait pas le principe du rachat des fautes et de l'esquive du châtiment par le paiement d'une amende; dans la pratique, les législateurs, hommes pragmatiques, acceptaient le pardon des fautes mineures contre le don de deux ou plusieurs — jusqu'à vingt-cinq — buffles. Les dénonciations calomnieuses faisaient retomber sur leur auteur la peine correspondant au délit que ce dernier avait faussement imputé à sa victime. Le Code comprenait encore des dispositions d'ordre très général, telle l'obligation de déclarer la découverte d'objets perdus : les objets rares, anciens ou précieux, devaient être remis à l'État et les autres partagés par moitié entre le propriétaire des biens et l'auteur de la trouvaille.

En matière de châtiment, les législateurs tentèrent d'adoucir la rigueur des condamnations et d'éviter, autant que faire se pouvait, les cruelles pratiques de naguère. Ils soulignèrent et prirent en considération la notion d'intention, afin de ne pas punir l'acte manifestement involontaire. Ils abrogèrent la dure loi qui ordonnait l'inculpation des parents et l'exécution des enfants de rebelles. Ils imposèrent la révision auprès de la Cour suprême de Justice des procès importants et augmentèrent les délais de confirmation pour les exécutions capitales : la condamnation à mort ne serait exécutoire qu'après trois rapports successifs au trône, instruits non seulement par la Cour suprême, mais aussi par le département des Affaires d'État. Dans le chapitre des peines proprement dites, ils bannirent en théorie l'usage du fouet — qui constituait le plus sûr moyen de faire mourir sans difficultés administratives un condamné —, l'exposition de la tête après la décapitation ainsi que la strangulation. Ils établirent enfin une subtile gradation par dizaine des coups de rotin ou de bâton destinés à punir les délits comme les vols, évalués en fonction de la valeur dérobée. La loi permettait à celui qui se livrait avant la découverte de sa faute d'échapper à la condamnation. Elle admettait aussi, de façon libérale, que les litiges entre étrangers se règlent en fonction des lois de leurs pays.

En revanche, tout accusé était présumé coupable jusqu'à la fin des délibérations où l'on décidait de son innocence ou de sa culpabilité; la loi autorisait à user largement de la condamnation aux travaux forcés, afin de recruter la main-d'œuvre nécessaire aux grands travaux de l'Empire.

Avec ses rigueurs de fait et son humanité de principe, le Code des T'ang traitait donc tous les problèmes de la vie quotidienne. Le pouvoir judiciaire appartenait aux préfets et sous-préfets, fonctionnaires investis par ailleurs de l'exécutif. C'était à eux qu'il incombait d'interroger l'accusé et d'en fixer le sort avec ou sans l'aide d'un assistant judiciaire. Cette non-différenciation de pouvoir est un phénomène général que l'on retrouve jusque dans les hautes instances où le ministre de la Justice se réservait la direction du personnel administratif. En revanche, toute application de la peine de mort punissant un meurtre ou l'un des « dix crimes odieux » — de la rébellion à l'insubordination filiale —, ainsi que l'instruction de certains délits graves imputés à de hauts personnages devaient revenir au Tribunal des Censeurs et être déféré à la Cour suprême de Justice.

Les examens

Les choix difficiles qu'impliquait le recrutement de ces fonctionnaires aux multiples attributions aboutit, sous les T'ang, à l'établissement d'un système très complexe d'examens.

Il fallait, en principe, pour briguer une charge, réussir au moins les épreuves du doctorat *(kiu)* dont les sessions avaient lieu à intervalles réguliers d'environ une année. Mais les fils de fonctionnaires, les nobles, les personnes distinguées désignées par la Cour étaient dispensés de ce test éliminatoire et pouvaient se lancer d'office, s'ils le désiraient, dans la course aux honneurs. Il existait aussi des examens particuliers portant sur des points précis et demandés par l'empereur. Leur périodicité était irrégulière, puisqu'ils étaient ouverts sur décret spécial.

Pour obtenir de l'avancement, les fonctionnaires du sixième degré ou d'un degré supérieur, quelles que fussent leurs origines — à ce niveau, on ne prenait plus la naissance en considération — devaient passer les examens « pour le choix » *(siuan)* des fonctionnaires. Chaque année enfin, le chef de service contrôlait le talent et les capacités de ses subordonnés : on appelait cela « procéder à l'examen des mérites » *(k'ao)*.

Ce « jugement » annuel des fonctionnaires faisait l'objet d'une proclamation publique par le plus haut magistrat du lieu qui, devant auditoire, exposait en neuf points les qualités et les défauts de ses collaborateurs. Ce système était dans son principe très dur, tant sur le plan moral que sur le plan matériel. Il n'y allait pas que de l'honneur des gens : tout fonctionnaire classé dans la catégorie « moyenne inférieure » voyait son traitement diminué d'un quart ou davantage, selon la médiocrité de son travail. Celui qui se laissait aller à la paresse était rejeté dans la catégorie « inférieure-inférieure »; il perdait non seulement son traitement mais aussi, mesure plus grave encore, son diplôme de nomination. En revanche, il est vrai, l'acquisition de mérites entraînait automatiquement une augmentation de traitement.

L'examen des mérites des fonctionnaires se faisait en fonction de « quatre qualités » *(sseu-chan)* et de vingt-sept « perfections ». Tout fonctionnaire zélé se devait en effet de montrer au moins l'une des qualités ainsi exprimées : « sa vertu et sa justice sont réputées »; « son intégrité et sa circonspection apparaissent d'une manière éclatante »; « son équité et son impartialité sont dignes d'être louées »; « sa diligence et son activité ne se relâchent jamais ».

Les « perfections » étaient plus faciles à juger, car fondées sur des éléments beaucoup moins subjectifs; il s'agissait de vérifier si le titulaire d'une charge connaissait bien son métier et se trouvait à sa place (nous retrouvons ici la notion de *fen*, lot assigné à chacun dans la société). Ainsi, le responsable du calendrier sait-il observer les astres correctement? Le chef d'un corps de garde s'entend-il à entraîner ses soldats et à nettoyer les armes?

L'État se montrait donc théoriquement intraitable à l'égard des incapables et l'on comprend la grande peur des fonctionnaires qui, d'un bout à l'autre de l'Empire et du haut en bas de la hiérarchie, tremblaient de connaître le rapport-jugement qui serait finalement envoyé au département des Affaires d'État *(cheng-chou-cheng)*. Il paraissait souvent tentant d'acheter une critique favorable, usage qui, dans bien des cas, arrangeait tout le monde : c'est pourquoi, alors que le gouvernement criait bien haut la nécessité de traquer toujours et partout la corruption, il élaborait en même temps un judicieux tarif d'amendes pour racheter les fautes ou les erreurs; le trésor public et les fonctionnaires peu diligents y trouvaient également leur compte. En dernière analyse, obtenir une charge de fonctionnaire demeurait une joie et un honneur pour les individus, tandis qu'en donner était pour le gouvernement une politique de facilité.

Le « Traité des fonctionnaires » dans la « Nouvelle histoire des T'ang » relate pour la condamner l'extravagante multiplication des fonctions à laquelle on aboutit bientôt. Aux sept cent trente fonctionnaires investis de charges par l'empereur T'ai-tsong (626-649) s'ajoutèrent des auxiliaires, puis des auxiliaires d'auxiliaires dont la liste constitue un document cocasse :

« Par la suite il y eut en outre des [fonctionnaires] créés spécialement *(t'ö-tche)* et des fonctionnaires assimilés aux [fonctionnaires] réguliers *(t'ong-tcheng-yuan)*. On en arriva finalement à [des fonctionnaires] tels que les [fonctionnaires] faisant fonction *(kien-kiao)*, les [fonctionnaires] exerçant cumulativement [une charge] *(kien)*, les [fonctionnaires] occupant provisoirement [une charge] *(cheou)*, les [fonctionnaires] dirigeant [une charge] *(p'an)* et les [fonctionnaires] chargés d'une [fonction] *(tche)*. Aucun de ces fonctionnaires ne faisait partie de l'organisation primitive. »

Il est sans doute actuellement extrêmement difficile d'apprécier la portée exacte de l'établissement de tous ces cadres légaux. La lettre des textes servait plus souvent de référence que de base réelle. Certes, on dut en user et abuser pour créer des prébendes dont le fardeau retombait sur le seul peuple producteur. Mais il est permis d'y voir aussi poindre un certain désir de liberté. La création des charges les plus extravagantes permettait en bien des cas de réduire ou d'équilibrer par une nomination hors du cadre administratif normal, des influences politiques ou familiales qui risquaient de fausser les jugements. Cette souplesse réelle derrière la rigueur de façade pouvait donc à l'occasion servir le maintien d'une haute conscience des responsabilités administratives. Souvent, malheureusement, elle favorisa le renforcement des factions où les gens se groupaient non seulement par affinité idéologique, mais encore et surtout par solidarité sociale. La rigueur apparente du cadre administratif n'empêcha en rien la formation de puissances occultes au sein même du gouvernement.

Le Han-lin

C'est dans ce contexte que se situe l'étrange histoire de l'Académie du Han-lin, — littéralement « la Forêt des pinceaux » —, organisme privilégié et corps étranger au sein des rouages ordinaires de l'État.

Le premier corps désigné couramment sous le nom de « Han-lin » avait été créé par Li Che-min. Han-lin désignait un parc, situé près de la porte septentrionale du palais; il renfermait trois bâtiments où les personnalités distinguées par l'empereur pouvaient se réunir. Sous couvert d'une occupation anodine — celle de « discuter les vieux écrits » —, Li Che-min s'était constitué en ces lieux un « Collège des études littéraires » *(Wen-hiue-kouan)* : cette société, purement savante en théorie, formait en fait un conseil privé et secret; l'empereur appelait, sans s'embarrasser de la hiérarchie officielle, qui bon lui semblait.

Les minuties de la diplomatique donnèrent bientôt à cet organisme « parallèle » un relief nouveau. Les documents officiels, rédigés en un style particulier, comme dans toutes les sociétés fondées sur le témoignage irréfutable de l'écrit, se compliquaient et se multipliaient à telle enseigne qu'ils furent bientôt soumis au contrôle de « fonctionnaires chargés de la rédaction des Édits impériaux » *(tche-tche-kao)* : ils jouaient, auprès des « Grands secrétaires du Département du grand secrétariat impérial » *(tchong-chou-chö-jen)*, le rôle délicat de rédacteurs et garants de la qualité comme de l'authenticité du document, si bien que ces experts, souvent recrutés parmi les savants du Han-lin, substituaient leur responsabilité à celle des fonctionnaires ordinaires. La hiérarchie légale se trouvait ainsi débordée de tous côtés.

Lorsque le règne mouvementé de l'impératrice Wou prit fin, l'empereur Hiuan-tsong crut bon d'assainir l'atmosphère étouffante de cabales et de secrets qui planait sur le palais. Pour cela il recruta des hommes nouveaux, spécialistes des arts, de la philosophie, des sciences et de la religion, qu'il fit entrer au Collège des études littéraires, au titre de « Fonctionnaires attendant les ordres au Han-lin » *(Han-lin-tai-tchao)*.

A quelque temps de là, les plus originales, les plus marquantes de ces personnalités reçurent l'appellation nouvelle de « Fonctionnaires se tenant à la disposition de l'Empereur au Han-lin ». Le Han-lin, qui reconstituait en fait l'ancien conseil secret du souverain, comptait à ce moment surtout des moines bouddhistes, soutenus par le groupe important des eunuques, et des prêtres taoïstes *(tao-che)*. Les intellectuels confucéens s'en montrèrent froissés. Mais Hiuan-tsong, comme tout souverain chinois éclairé, s'efforça de maintenir un équilibre subtil entre les forces contraires et complémentaires dont l'agencement formait l'Empire. En 725, il organisa à Lo-yang un banquet solennel pour honorer le groupe confucéen. En 738, il s'engagea encore davantage dans cette voie en créant, afin de mieux refléter l'état social et intellectuel du pays, une « Cour des Lettrés » *(hiue-che-yuan)* de tendance bouddhiste. Elle fusionna plus tard avec l'ensemble des « fonctionnaires se tenant à la disposition de l'empereur au Han-lin »; on prit alors l'habitude de désigner l'ensemble sous le nom d' « Académie du Han-lin ».

Le Han-lin, comme tous les conseils secrets qui jouissent d'une trop grande audience auprès du souverain, acquit très vite mauvaise réputation :

« A la fin du règne de Hiuan-tsong (712-756), on fonda [l'Académie du] Han-lin. Tchang Ki, en raison de ses liens de parenté avec la famille impériale, jouissait de faveurs toutes particulières. Les critiques de l'époque trouvaient que cela n'était pas convenable. Pourtant, son activité se bornait à chanter en chœur (avec l'empereur) des morceaux littéraires et à mettre des annotations en réponse aux adresses à l'empereur et aux rapports... Lorsque Sou-tsong [fils de Hiuan-tsong] se trouvait à Ling-wou et à Fong-siang [pour organiser la résistance contre An Lou-chan], les affaires se faisaient souvent de manière improvisée... Au Han-lin on commença [alors] à s'occuper des lettres officielles *(chou)* et des édits *(tchao)*. On a continué à faire de même et on n'a rien changé;

ainsi [cet état de choses] dure jusqu'à ce jour. Avec le temps [le mal] a empiré et, insensiblement, [les lettrés] en sont venus à excéder leurs fonctions. Les critiques en sont de plus en plus ulcérés et tout le monde appelle les lettrés "les mignons du Fils du Ciel". »

Les intrigues allaient bon train. Les bouddhistes, devenus prépondérants au Han-lin, profitèrent des troubles provoqués par la révolte d'An Lou-chan (755) pour tenter de faire prévaloir leur conception du gouvernement. Ils prônaient la gestion du pays par des spécialistes versés dans les sciences de la divination, de la géomancie, de la médecine. Seuls ces derniers feraient autorité pour choisir les grandes options tandis que les lettrés confucéens, généralistes, se chargeraient de l'expédition des affaires courantes. Il convenait donc de réduire considérablement le nombre des fonctionnaires formés par la simple étude des vieux classiques et de rejeter au second plan la machine administrative dont le poids grandissant affaiblissait l'énergie de l'État.

Dans la seconde moitié du VIIIe siècle et sous l'impulsion de ces nouveaux théoriciens, le rôle du Han-lin prévalut. Il se recrutait lui-même par voie d'examen et intervint dans toutes les affaires importantes, au détriment des bureaux officiels. Du jury des examens au bureau de la Garde des Sceaux, il n'est pas de domaine où ses membres n'eussent peu à peu acquis, en toute discrétion, une position-clé. Ils constituaient l'exécutif de l'empereur et s'adaptaient à toutes les situations, sans se soucier des cadres officiels qui regimbaient. Il fallut attendre l'époque des Song pour que le Han-lin se trouvât ramené dans le pur chemin de l'étude et de l'érudition; il survécut dès lors jusqu'à l'aube du XXe siècle, sans que l'on connaisse la date exacte de sa disparition.

Sous les T'ang, il servit toutes les intrigues qui pouvaient étendre son pouvoir, mais peut-être était-ce le seul remède possible contre le développement de la bureaucratie qui, s'engendrant elle-même, s'asphyxiait et paralysait la vie de l'État, artificiellement maintenue dans des cadres qui n'avaient plus aucun rapport avec la réalité.

LES TRANSFORMATIONS ÉCONOMIQUES

La loi, les règles administratives de la vie chinoise durant les trois siècles t'ang ne changèrent pas plus que ne furent abrogées, dans la France de l'Ancien Régime, les institutions tombées en désuétude. Quels que fussent les aléas de la vie quotidienne, juristes et administrateurs chinois conservèrent prudence et discrétion. Ils craignaient d'entériner des pratiques nouvelles dont le fondement moral leur semblait s'écarter des principes antiques de gouvernement. Était-il, de plus, besoin de faire un éclat ? Tous ceux — y compris l'empereur — qui voulaient pour un temps échapper aux moules trop rigoureux des légistes et des confucianistes trouvaient les ferments d'une pensée moderne auprès des bouddhistes, dont la réussite matérielle démontrait le savoir-faire dans tous les domaines, et qui avaient su judicieusement placer leurs hommes aux postes importants.

Le rôle du bouddhisme

Les bouddhistes jouèrent en effet un rôle capital dans l'amélioration de la prospérité économique chinoise. Fortes de l'énergie et du dévouement de leurs membres, les communautés bouddhiques n'hésitèrent jamais à s'installer à l'écart, en des lieux délaissés de tous et qu'elles mettaient en exploitation. C'était une bonne occasion de « bouddhiser » d'anciens lieux de culte où erraient encore des divinités venues du fond des âges néolithiques. C'était aussi une manière de briser la routine des agriculteurs de la plaine par le judicieux agencement de cultures où voisinaient la forêt — propre à l'exploitation des essences arboricoles —, les pâturages, les taillis odorants où se nourrissent les chèvres, les jardins potagers et les vergers. Les communautés bouddhiques instauraient ainsi la polyculture dans un pays où les exploitants soumis à l'impôt en nature se bornaient à semer des céréales, du chanvre ou bien à planter des mûriers. Ce nouveau type d'exploitation modifia peu à peu l'état d'esprit général. Déjà, sous les Han, l'État reconnaissait le caractère inaliénable des terres hautes où l'on creusait les tombeaux *(ming-t'ien)*. La législation ne tenait aucun compte des terrains situés en altitude et, d'une façon générale, des terrains accidentés, couverts d'arbres et de broussailles : ces surfaces difficiles à emblaver furent abandonnées sans grand regret aux monastères. De plus, si l'on s'en réfère aux récits des envoyés impériaux dans la région des chaînes himalayennes du Tibet, on y découvre, comme le souligne Paul Demiéville, un sentiment que le talent des peintres devait faire oublier à l'étranger : l'horreur du Chinois moyen pour la montagne. Le bouddhisme se trouva ainsi sans difficulté à l'origine de la mise en valeur de sols accidentés dont personne ne voulait : le gouvernement ne pouvait pour sa part lui en demander ni compte ni impôt, puisque, par définition, ces possessions ne valaient rien.

Or, sous les T'ang, le système agraire instauré avec autorité par les souverains souei se détériorait déjà. Faut-il en chercher les causes dans la démographie ? Les recueils de textes ou les histoires dynastiques mentionnent, pour le VIIIe siècle, l'existence d'une population d'environ cinquante trois millions d'habitants, soit un peu moins qu'à l'époque des Han. Ceci va à l'encontre de toutes les idées reçues et pose avec acuité le difficile problème des données chiffrées souvent contradictoires selon les sources. Un fait pourtant demeure réel : à l'époque des T'ang, les terres, surtout dans les régions fertiles où les paysans se concentraient, se raréfièrent et il devint de plus en plus difficile de constituer des lots héréditaires nouveaux. Par ailleurs, le problème de l'héritage, impliquant transferts et partages de propriétés, compliquait encore la situation. La législation demeurait rigoureuse et ne permettait que la passation entre particuliers de terres impropres aux grandes cultures vivrières; mais ce n'était qu'un leurre. Les petits agriculteurs, écrasés par les impôts, étaient souvent dans l'obligation, sous le poids des dettes ou dans l'espoir d'une vie moins dure, de transmettre leurs biens, héréditaires et précaires, à tous ceux dont la puissance matérielle permettait des aménagements avec la loi. C'est par ce biais que les monastères, dont les religieux étaient légalement exonérés d'impôt, s'enrichirent démesurément, accentuant à leur tour la raréfaction des terres. Les sols bas, traversés par un réseau sinueux de canaux d'irrigation et de diguettes, demeurèrent officiellement propriété inaliénable de l'État. Mais celui-ci, jouant sur la subtile distinction entre *possessio* et *proprietas*, semblait en bien des cas s'accommoder aisément de la reconstitution des vastes ensembles de jadis.

Parmi ces *latifundia*, les domaines des monastères présentaient des caractères particuliers qui les faisaient aimer du peuple comme des grands. En promettant à chaque homme une parcelle de bonheur en ce monde et dans l'autre, en pratiquant la médecine avec moins de magie que les taoïstes mais avec une grande science des simples, en apprenant à l'homme à trouver en lui-même la force capable de dominer ses impulsions et ses désirs, le bouddhisme s'était attiré des sympathies sans nombre. A côté des cadres politiques de l'État, ses prêtres avaient su se gagner les faveurs des gynécées impériaux et des eunuques, au point que l'on avait pris l'habitude d'opposer l'éducation bouddhique des femmes à celle, confucéenne, des hommes. Au cœur même de la Cour, les communautés bouddhiques fournissaient des concubines impériales ou bien servaient de refuge aux belles répudiées par la défaveur ou la mort du monarque.

Les dons avaient afflué. Aristocrates, hauts fonctionnaires, et parfois même l'État, avaient, depuis la fin des Wei du Nord, engagé des constructions vastes et audacieuses qui témoignaient de la gloire en même temps que de la foi du donateur. Pour le petit peuple, c'était une aubaine : les artisans y trouvaient une source inépuisable de travail et les paysans venaient offrir leurs bras en échange de nourriture et de protection. Le commerce des objets de piété, enfin, nourrissait une foule de petits fabricants et de marchands ambulants. C'est ainsi que la vie de toute une partie du peuple finit par dépendre de l'Église bouddhique.

La révolte d'An Lou-chan, conduite au jour le jour et sans autre programme politique que le pillage, ne fit qu'accroître la misère. Les terres affluèrent encore davantage entre les mains des puissants qui échappaient à l'impôt.

Les caisses de l'État se vidaient d'autant plus dangereusement que les racines du mal étaient déjà anciennes et multiples. Ainsi, dans ce pays relativement pauvre en pierre et en bois qu'était la Chine, la fonte des cloches et des images nécessaires aux divers cultes bouddhiques s'avéra un gouffre où le souverain voyait s'abîmer la plus grande part de ses ressources en cuivre, réservées en principe à la frappe des monnaies. Li Che-min s'en était ému et, s'élevant contre l'évasion du métal et l'esprit purement mercantile qui présidait au trafic des œuvres d'art, il avait interdit de couler de nouvelles statues.

Cette sévérité initiale évolua pourtant sous la pression des événements. A partir de 755, le gouvernement, abandonnant toute idée de moralité, finit par recourir aux pires subterfuges afin de remplir le trésor public : il vendit n'importe quoi, des ordinations, des fonctions, des titres nobiliaires. Il en sortit plus pauvre qu'avant, à mesure que les contribuables, se libérant de l'impôt, rachetaient une fois pour toutes leur participation aux dépenses de la communauté.

La réorganisation des monopoles

A côté de ces expédients à court terme, les économistes conçurent un projet plus ambitieux : ils souhaitaient remettre en vigueur les monopoles du sel et du fer jadis instaurés, en 117 avant notre ère, par l'empereur Wou des Han; mesures largement impopulaires, car le sentiment général était qu'on ne pouvait interdire à personne l'utilisation des produits du sol, généreusement fournis par la nature.

Mais lorsque, après les longs règnes des impératrices Wou et Wei, Hiuan-tsong reprit le pouvoir, il trouva l'État au bord de la banqueroute, épuisé par les dépenses anarchiques des favoris des impératrices et l'entretien d'une armée de métier, recrutée à mesure que le service civique des milices provinciales tombait en désuétude.

En 721, un premier projet pour le rétablissement du monopole du sel fut remis à l'empereur Hiuan-tsong : il le repoussa au nom de principes humanitaires, tout en sachant que ce plan ne faisait qu'entériner une situation de fait. Depuis plusieurs années, il avait lui-même fait porter sur les listes fiscales les exploitants de mines de sel ou de marais salants : à la place des taxes habituelles, il exigeait d'eux le paiement de l'impôt sous la forme de livraisons de sel à l'État; ce dernier le revendait ensuite au prix qui lui convenait. Il existait aussi une « Commission des marais salants » *(yen-tch'e-che)* chargée de gérer les exploitations organisées par l'État dans la région dite de « l'Est du Fleuve » *(Ho-tong)*, afin de ravitailler les troupes de protection stationnées aux environs de la capitale. Ces organisations complexes cherchaient toutes à draîner vers le trésor public les bénéfices substantiels tirés de ces matières premières indispensables.

Le sel constituait une source de revenus si importants que Yen Tchen-k'ing, par exemple, préfet de P'ing-yuan au Hopei, finança entièrement une campagne loyaliste contre An Lou-chan en s'assurant le monopole des sels du Hopei, l'une des régions les plus productives de Chine. En 758, après la tourmente, on parla à nouveau ouvertement du monopole :

« La première année de l'ère K'ien-yuan [758], Ti Wou-yi fut institué "Secrétaire pour les revenus et les dépenses publics" et nommé à un poste supplémentaire de Vice-président du Censorat. Puis, quand il devint Comissaire pour le Sel et le Fer, il fonda un système de monopole du sel. Toutes les installations côtières pour préparer du sel ainsi que les puits où l'on obtenait par ébullition du sel à partir de la saumure, furent contrôlés par les autorités du monopole de façon à en acheter toute la production. Directorats et succursales furent établis afin que leurs fonctionnaires puissent assumer la vente exclusive du sel. Ceux qui étaient établis en ces lieux comme faiseurs de sel et souhaitaient continuer à exercer leur métier furent placés sous le contrôle du Commissaire pour le Sel et le Fer... La manufacture et la vente clandestine de sel furent soumises à des peines plus ou moins sévères suivant la gravité du manquement commis... »

L'année suivante (759), Lieou Yen procédait à une réforme de l'organisation du monopole qui devait durer jusqu'à la fin de l'époque des Song.

Grâce à un système habile qui permettait le contrôle du sel à la production et assurait sa répartition dans les régions dépourvues de salines par l'intermédiaire de marchands adjudicataires, Lieou Yen faisait participer des particuliers aux rentrées de l'État.

« Lieou Yen pensait que plus grand serait le nombre des officiels à contrôler le monopole de l'administration, plus lourd serait le fardeau des masses qui auraient affaire à eux. C'est pourquoi il conçut que de tels officiels resteraient à demeure seulement dans les régions productrices de sel et que le sel fourni par les officiels serait à tour de rôle vendu à des négociants qui le vendraient au détail. »

Tout le monde y trouvait son compte, le gouvernement comme les marchands qui tirèrent bientôt profit d'autres monopoles comme celui de l'alcool, remis en vigueur en 764, ou celui du thé, créé plus tard en 793; les négociants devenaient ainsi les banquiers de l'État.

Le système économique traditionnel, fondé sur la prééminence de la seule agriculture, s'effritait, à telle enseigne qu'en 780, il fallut recourir à un nouveau système d'imposition.

La fiscalité

L'assiette de l'impôt avait toujours été établie selon un principe très simple : chaque sujet de l'Empire fournissait à l'État des prestations en nature — mesures de céréales, pièces d'étoffe — ainsi que des journées de travail qui permettaient d'entreprendre et de mener à bien des œuvres d'utilité publique. Même si le taux des redevances avait varié, même si l'empereur s'était rarement retenu de pressurer son peuple à la limite du supportable, il semblait acquis que le souverain vivait, régnait et menait au mieux les affaires de l'État, en fonction des ressources que ce dernier pouvait lui fournir.

Yang Yen (727-780) inversa les données du problème. Il calcula quels étaient les besoins du gouvernement central et ceux des administrations locales. Il répartit ensuite la somme ainsi obtenue région par région, au prorata de la richesse des pays considérés et en déduisit le montant des contributions. Cet impôt, levé deux fois l'an, au début de l'été et à l'automne, reçut le nom de *leang-chouei-fa* ou « méthode des impôts en deux fois ». Il était versé, soit en nature, soit en monnaie. Yang Yen tentait ainsi d'introduire deux innovations importantes, celle de la systématisation de l'économie monétaire et celle de la prévision budgétaire :

« La manière de prendre en mains toutes les dépenses du gouvernement et de lever les taxes consiste d'abord à calculer le montant dont on a besoin et, ensuite, à répartir la taxe sur le peuple. De cette façon, le revenu de l'État serait administré en fonction de ses dépenses. Toutes les maisonnées seront enregistrées à l'endroit de leur résidence effective, sans considérer si celles sont originaires du pays ou non. Toutes les personnes seront classées en fonction de leur richesse, sans tenir compte du fait qu'elles soient pleinement adultes [dans la force de l'âge] ou seulement à moitié adultes [adolescentes]. Ceux qui n'ont pas de résidence permanente et commercent comme marchands ambulants seront taxés dans la préfecture ou sous-préfecture où ils se trouveront, au taux d'un trentième [de leur propriété en capital]. On estime que la somme qui leur sera prise sera la même que celle qui sera payée par ceux qui ont un domicile fixe, de façon à ce qu'ils ne puissent pas s'attendre à échapper par hasard à la taxe. La taxe payée par les résidents sera collectée deux fois dans l'année, pendant l'été et l'automne. Toutes les pratiques qui ennuient le peuple devront être corrigées. La taxe séparée sur la terre et le travail et tous les divers services de corvée seront abolis ; mais il faudra continuer à tenir compte des adultes en état de travailler. La taxe sur la surface de la terre sera fondée sur la grandeur des terres cultivées au cours de la quatorzième année de Ta-li [779] et la taxe sera collectée avec équité. La taxe d'été ne sera pas collectée plus tard que le mois de juin et la taxe d'automne pas plus tard que le mois de novembre. A la fin de l'année, les officiels locaux obtiendront de l'avancement ou, au contraire, seront pénalisés en fonction de l'accroissement ou du décroissement du nombre des maisonnées et des recettes de la taxe. Tout sera placé sous le contrôle du Président du Bureau des Revenus et du "chargé des Fonds". »

L'empereur Tö-tsong (779-804) approuva ce système qui demeura en vigueur pendant plusieurs siècles. Cela ne porta guère chance au malheureux Yang Yen : victime d'une cabale, il fut banni l'année suivante puis condamné à se suicider. Les jugements de l'histoire à son égard demeurèrent réservés, car en rendant les fonctionnaires locaux personnellement responsables du haut montant de l'impôt dans leur circonscription — conforme au vieil adage qui voulait que tout gouvernement convenable se traduisît par la prospérité du peuple —, Yang Yen avait engagé sans doute un net accroissement des rentrées, mais il avait aussi créé une source d'injustices innombrables.

L'application de la nouvelle forme de fiscalité se révéla délicate. Elle impliquait de la part du gouvernement un constat d'échec : incapable de faire respecter la loi sur la répartition des terres, l'État reconnaissait, bien qu'avec des réserves de principe, la généralisation de la propriété privée. Il se désintéressait des individus comme de la justice sociale et pressurait sans pitié toutes les couches de la population. Des hommes courageux comme Lou Tche (754-805) usèrent largement, bien que vainement, leur patience à exposer à l'empereur les troubles graves que ces changements profonds dans les habitudes ancestrales risquaient de provoquer. Il souligna à quelles exactions le nouveau système donnait lieu : alors qu'à l'origine la taxe devait remplacer toute autre forme d'imposition, le gouvernement, faisant fi de tout souci d'économie, continuait d'effectuer des levées supplémentaires. Fait plus grave encore, les petits producteurs, qui constituaient la source même des revenus de la nation, étaient les plus durement affectés par la nouvelle fiscalité. Pour payer l'impôt en numéraire, ils devaient vendre leurs marchandises : des négociants peu scrupuleux les leur achetaient au plus bas prix et les leur revendaient, le cas échéant, au plus haut cours, une fois passée la saison de l'impôt. La réorganisation des monopoles et de l'impôt faisait ainsi les beaux jours des changeurs et usuriers de toute espèce qui commencèrent à émettre des certificats de dépôt, ou bien, comme les gros marchands de thé, de la « monnaie volante » *(fei-ts'ien)*, billets de change qui sont les ancêtres de nos billets de banque. L'humble agriculteur se trouvait totalement inadapté à ce type de société.

En outre, les officiels locaux n'hésitaient pas à extorquer au peuple les cadeaux qu'ils devaient, selon la loi, payer de leurs propres deniers à l'empereur. Dans la pratique, le contribuable payait donc deux fois l'impôt à l'État.

Les gouverneurs, de plus, n'enregistraient pas correctement les mouvements de population; ils se contentaient de répartir le montant global de l'impôt demandé entre les exploitants qui restaient, fussent-ils devenus fort peu nombreux et l'année eût-elle été catastrophique. Po Kiu-yi (772-846), censeur à la Cour en même temps que l'un des plus grands poètes chinois, remit au trône, en 808, un courageux mémoire dans lequel il dénonçait ces méfaits. Plus émouvant encore est le long poème dans lequel il décrit avec désespoir l'injuste souffrance du peuple :

« Pour les paysans peu de mois sans travail;
　　Mais au cinquième mois, ils ont double labeur
Pendant la nuit, le vent du Sud se lève;
　　Le blé couvre les pentes de son or.
Épouses et filles, le panier sur l'épaule,
　　Jeunes garçons, les pots de boisson à la main,
En file vont au champ pour porter le repas.
　　Les hommes valides sur les collines du Sud,
Les pieds cuits par les vapeurs de la terre embrasée,
　　Le dos brûlé par les rayons du soleil de feu,
Sont si fourbus qu'ils oublient la chaleur,
　　Mais trouvent encore trop court ce jour d'été.
Voici encore des femmes misérables,
　　Auprès des moissonneurs, un enfant sur le bras;
Leur main droite ramasse les épis tombés,
　　Un panier déchiré pend à l'épaule gauche.
J'ai écouté ce qu'elles disent entre elles :
　　A les entendre, qui n'aurait mal?

"Nos champs familiaux ont été vendus pour payer l'impôt;
    Ma glane devra suffire aux ventres creux."
Et moi, aujourd'hui, par suite de quels mérites
    N'ai-je jamais peiné aux champs ni aux mûriers?
Mon salaire officiel est de trois mille boisseaux,
    Et à la fin de l'an j'ai du grain en surplus.
A cette pensée, la honte me monte au front;
    De tout le jour je ne puis l'oublier. »

Le nouvel impôt, malgré son assiette élargie, ou du moins adaptée à des formes nouvelles d'exploitations publiques ou privées envisagées à l'échelon national, ne parvint pas à combler le déficit grandissant de l'État. Le cycle des rentrées immédiates et des dettes à long terme tendit à s'accélérer de plus en plus.

Pendant ce temps, l'organisation séculière du bouddhisme devenait un État dans l'État, une gigantesque et insolente machine de fraude fiscale, qui permettait d'échapper aux lois du travail ou, comme le soulignaient les confucéens, de la famille. Cela dura jusqu'au moment où le gouvernement, acculé à la faillite, dut prendre des mesures draconiennes. De 842 à 845, il proscrivit, dans une même fureur, le bouddhisme ainsi que toutes les "religions étrangères" qui, comme le nestorianisme, s'étaient introduites en Chine en même temps que les nombreuses modes venues de l'Ouest.

La répression, cependant, ne cherchait pas à atteindre le fond spirituel des doctrines, la religion dans sa pureté. Elle s'attaquait aux œuvres matérielles, aux richesses, aux pratiques ruineuses de cultes trop luxueux, aux monopoles excessifs et aux privilèges économiques que l'on avait peu à peu et trop légèrement accordés aux monastères.

Mais il semble qu'après quatre siècles de ferveur profonde, le peuple chinois, dans son ensemble, se fût détourné rapidement des extases et des enthousiasmes de la foi : ceux-ci demeurèrent propres à des individus mais non pas à des groupes entiers comme c'était encore le cas au moment de la persécution, lorsque le pèlerin japonais Ennin, auteur d'un passionnant *Journal*, voyageait en Chine (838-847). Dans bien des circonstances, le bouddhisme n'avait été utilisé que pour servir des intérêts particuliers : ceux des riches familles, hostiles à l'emprise exclusive et trop « élitique » du confucianisme qui ne reconnaissait que les valeurs culturelles; ceux des eunuques, des femmes du palais, des commerçants enfin, auxquels le bouddhisme rendait leur dignité, contestée par légistes et confucéens. Démantelé dans ses œuvres matérielles, le bouddhisme perdit aussitôt ses appuis de jadis. La société chinoise fut-elle consciente de tout ce qu'il avait indéniablement apporté à l'ensemble de ses institutions : plus de clémence dans la justice, plus de liberté et d'égalité dans les rapports de particulier à particulier ? Elle parut à nouveau indéfectiblement attachée aux anciennes notions sociales, religieuses et rituelles qui l'avaient toujours guidée. Plus que jamais, elle se montrait consciente de sa grandeur.

LE PROBLÈME DES FRONTIÈRES

Il est vrai que son rayonnement ne sembla jamais plus évident qu'à l'époque des T'ang, où il se manifesta par une extraordinaire extension territoriale vers l'Occident. Si les avancées chinoises d'alors, vers le nord en Corée et vers le sud dans la péninsule indochinoise, semblent relativement normales pour qui a suivi le long développement de la civilisation de la Grande Plaine, l'étirement de l'Empire vers l'ouest apparaît en revanche vertigineux au VIIIe siècle quand, influences chinoises et persanes se rencontrant, l'Asie se partageait de façon presque égale sous deux dominations : celle des Chinois et celle des Turcs.

Au moment où les souverains souei façonnaient à nouveau l'unité de l'Empire chinois, le reste de l'Asie appartenait aux T'ou-kiue qui, à plusieurs reprises déjà, étaient intervenus, en Chine même, durant les âges perturbés des dynasties barbares. Dans la seconde moitié du VIe siècle, ces conquérants s'étaient divisés en deux groupes rivaux, selon un partage qui ne faisait que traduire les dissemblances économiques et politiques des régions qu'ils occupaient. Ils subissaient à l'ouest l'attraction de l'Iran, à l'est celle de la Chine. Les Turks occidentaux occupaient en Asie centrale des pays de faible densité où des agglomérations dispersées vivaient d'agriculture et de commerce : ces villes constituaient autant de petits royaumes plus ou moins prospères, trop divisés ou bien indifférents les uns aux autres pour constituer une barrière véritable à l'envahisseur nomade et soutenir une résistance durable. Les Turks orientaux vaguaient, eux, aux portes de la Chine, parcourant des étendues immenses de pâturages sans jamais pouvoir vraiment s'immiscer dans l'Empire dont la densité des communautés établies — barbares ou chinoises — les tenait à l'écart. De plus, les deux groupes ne disposaient pas des mêmes atouts politiques. Les Turks occidentaux avaient trouvé en Byzance un puissant appui pour tenir tête aux maîtres de l'Iran. Les Turks orientaux en revanche ne pouvaient, pour attaquer la Chine, compter que sur leurs propres forces, ou sur des alliances

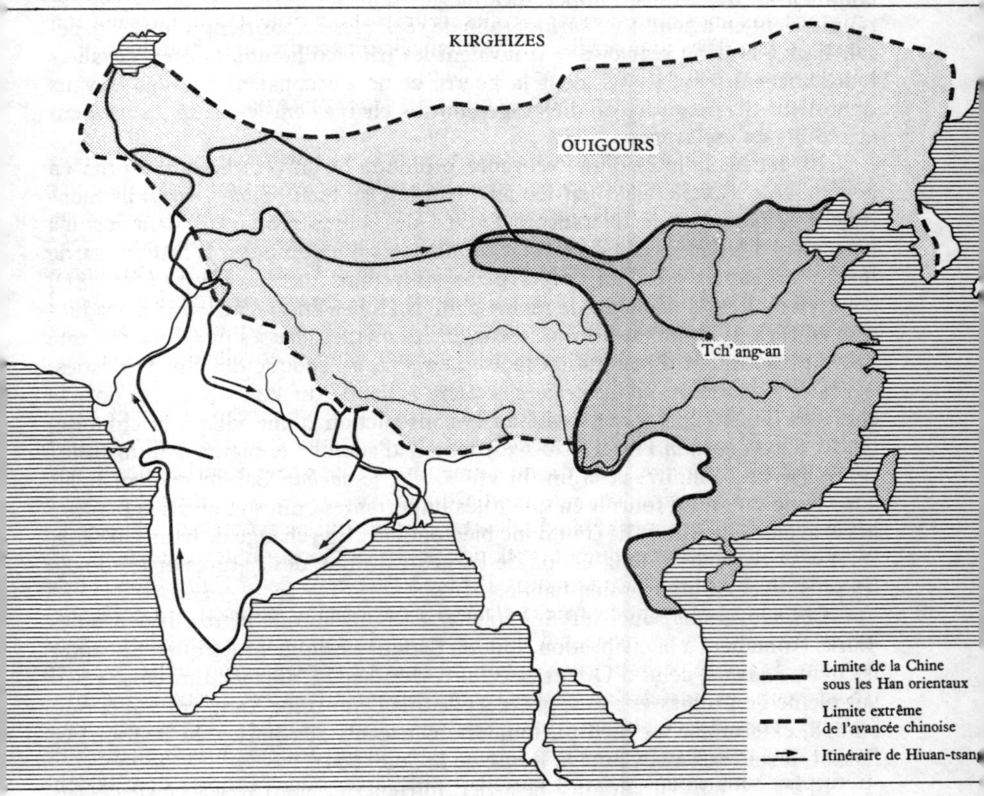

23. L'EXPANSION DE L'EMPIRE AU VIIe SIÈCLE

périphériques comme celle de la Corée. La vie même des Turks commençait à changer sous l'influence des civilisations bordières.

Traditionnellement, ils vivaient de chasse et d'élevage, s'abritaient sous des tentes de feutre et se déplaçaient à cheval ou bien dans des yourtes montées sur des chariots. A la tête de chacune des régions composant leur territoire régnait un prince ou *tegin* dont la succession était assurée par la lignée des frères, de l'aîné au cadet et de ce dernier au premier fils de l'aîné. Chaque prince administrait des tribus d'importance inégale dont les chefs *(beg* ou *buryug)* se réunissaient en assemblée *(kuriltai)* afin de régler les dispositions d'intérêt général. Face à la tribu régnante se trouvaient les tribus d'hommes libres, cavaliers lourdement armés; ils faisaient la guerre et ne s'occupaient pas des travaux quotidiens d'agriculture ou d'élevage dont ils chargeaient les étrangers vaincus et réduits en esclavage.

Ils étaient animés d'une croyance profonde et universelle aux esprits en général et, s'ils vénéraient particulièrement le Ciel bleu *(Kok-tengri)*, ils montraient la plus grande tolérance à l'égard des autres religions, allant jusqu'à patronner des temples ou diverses communautés bouddhiques. L'histoire garde même la mémoire de l'un de ces pieux souverains turks : T'a-po (552-581), converti au bouddhisme par le moine chinois Houei-lin, qui ordonna la traduction en turk du *Nirvâna-sûtra* et accueillit les moines chassés de Chine par une brève proscription d'inspiration taoïste, en 574, à l'époque des Six Dynasties.

Cette évolution civilisatrice s'accéléra à l'aube du VIIe siècle. En 608, le chef des Turks, le *qaghan*, ordonna la construction d'une ville à la chinoise, tandis que le *qaghan* Hie-li (620-630) tentait d'adopter le régime administratif centralisé de l'Empire. A la fin du VIIe siècle, le *qaghan* Bak-tchor demandait à la Chine qu'on lui fournît en quantités importantes grains et outils agricoles : la vie aventureuse de jadis était donc bien oubliée. En échange de leurs chevaux, les Turks recevaient de la Chine de l'argent, du thé, des parures et les objets les plus divers d'un artisanat habile.

Les souverains souei surent exploiter avec ingéniosité cette ouverture des Turks frontaliers à la civilisation, tout en flattant savamment les querelles entre les deux *khanats*, celui d'Orient et celui d'Occident. L'alliance turque se révélait pleine de promesses : c'est grâce à elle que l'empereur Yang des Souei put, en 608, exterminer les Sien-pi, toujours menaçants aux portes du Kansou; ce faisant, il rouvrait à la Chine la Route de la Soie (609).

Si les Chinois surent ainsi négocier, intriguer et guerroyer avec succès, ils se flattèrent trop vite de s'être débarrassés du problème des Turks orientaux, après les avoir écrasés en 630. Moins de trente ans plus tard, les *khanats* resurgissaient, cette fois cruellement menaçants. Le règne de l'impératrice Wou favorisa de plus la création de factions pro-barbares à la Cour, si bien qu'au début du VIIIe siècle, la Chine frémit, pour la quatrième fois, devant l'imminence du péril turk. Mais l'empereur Hiuan-tsong manœuvra en habile stratège, se ménageant l'alliance de tribus voisines, les Basmil et les K'itan, et la paix fut conclue en 721-722.

C'est à ce moment que les Turks s'ouvrirent véritablement à la civilisation et, par le médium de l'écriture, immortalisèrent leur histoire, contenue dans les inscriptions de l'*Orkhon*, le plus vieux monument de leur littérature. Des troubles éclatèrent à nouveau, mais sans lendemain, car les Ouigours, peuple de race turke, triomphèrent et firent fleurir durant tout leur règne (744-840) une culture fortement influencée par la Chine, d'où elle rayonna jusqu'au plus profond du bassin du Tarim.

Manichéens et bouddhistes, créateurs d'une écriture dérivée de l'alphabet sogdien, qui se substitua peu à peu au vieux turk de l'*Orkhon*, les Ouigours étaient rien moins que barbares. Ils possédaient un équipement mental qui leur permettait la traduction et l'assimilation de nombreux textes sanscrits et chinois, ainsi que la création d'une littérature nationale. Jusqu'à leur écrasement, en 840, par des hordes kirghizes venues, après tant d'autres, des hautes terres de l'Altaï, ils se posèrent en éducateurs des peuples turko-mongols. Grâce à eux, la Chine connut alors un siècle de trêve sur ses frontières et, fait rare, elle put traiter ses voisins d'égal à égal. Dans le même temps, le tranquille royaume de Po-hai (né en 713) instaurait une ère de paix sur les terres de l'actuelle Mandchourie.

Le souverain du Po-hai auquel l'empereur conféra le titre de gouverneur général régnait sur un ensemble de quinze préfectures, partagées en soixante-deux districts pourvus de cinq capitales. Le royaume était réputé pour ses élevages de cerfs et de chevaux, ses soieries et son riz. Il envoyait à la Cour chinoise des tributs très appréciés où voisinaient le miel, les fourrures, les statuettes d'or ou d'argent.

Plus à l'ouest et dès le milieu du VIIe siècle, époque où la Chine étendait son ombre civilisatrice sur toute la moitié orientale de l'Asie, les Arabes se lançaient dans la conquête méthodique des petits royaumes du Sud-Ouest centrasiatique. L'avancée et l'occupation arabes en Transoxiane eurent pour principale conséquence, au-delà d'innombrables péripéties, de placer face à face les deux mondes arabe et chinois. Sur la rivière Talas, l'armée chinoise, commandée par le général coréen Kao Sien-tche, attaquée à la fois sur son front et sur ses arrières, subit une sévère défaite, en un point qui marque l'extrémité la plus occidentale jamais atteinte en Eurasie par le monde chinois. C'était en 751, dix-neuf ans après que Charles Martel ait arrêté les Arabes face à la chrétienté. Plus qu'une bataille, le combat du Talas était un double signe : celui d'un partage de l'Asie en sphères d'influences, en même temps que le début d'un grand brassage de cultures où le monde musulman allait peu à peu jouer un rôle déterminant en direction du lointain Occident. De nombreux artisans chinois furent faits prisonniers, les uns à Samarkand, les autres dix ans plus tard, en 762, en Irak, à Kûfa, la capitale des Abbâssides : ils y installèrent des papeteries, mais il faudra encore plusieurs siècles pour que l'invention du papier parvienne en Europe. Les artisans captifs installèrent aussi des métiers à tisser et enseignèrent aux Arabes à fabriquer de la gaze de soie, tandis que les peintres initiaient les artistes locaux aux principes de l'art chinois.

Le VIIIe siècle mit ainsi un terme à la destinée originale des vieilles terres indo-européennes de l'Asie centrale où florissaient les cités et les arts qui puisaient aux doubles sources de l'Inde et de la Grèce. Après avoir connu l'indépendance, puis la protection plus nominale que réelle de la lointaine et puissante Chine, l'Asie centrale fut absorbée par le monde irano-arabe. La frontière de l'Islam se stabilisa, de même que celle du bouddhisme. Ce dernier toutefois se replia à l'intérieur des limites chinoises. Imprégnés durant des siècles de courants iraniens, chinois ou indiens, les mondes divers de l'Asie centrale, du Pamir à la mer Caspienne, suivirent l'Islam au rythme du lent glissement vers l'ouest des peuples turks.

Sous les T'ang, la Chine n'eut pour véritable rival que les Turks, dont l'espace mouvant faisait face aux étendues d'un État anciennement établi et bureaucratique. Ces deux vastes ensembles ne pouvaient que rivaliser de puissance et se heurter ou, dans le meilleur des cas, se partager le monde, à ceci près que la Chine cherchait moins à satisfaire un appétit de puissance qu'à protéger, à l'abri d'immenses distances, les centres les plus anciens et les plus sacrés de sa civilisation.

En matière de politique, cette ouverture à l'étranger se concrétisa par les nombreux mariages que les princesses chinoises contractèrent avec les souverains des peuples amis. Pourtant, derrière cette fraternité de parade, couvait une vieille méfiance. Comme le rappelle Paul Demiéville, « La Chine voulait bien la "grande union", la paix universelle, mais à la condition d'y jouer le premier rôle, de présider à l'embrassade générale. La paix universelle devait être une paix chinoise. »

L'histoire officielle compte, pour l'époque des T'ang, vingt et une princesses impériales données en mariage à des souverains barbares. Mais une étude fort savante a démontré qu'en réalité, seules trois d'entre elles étaient issues du sang impérial. Les autres n'étaient que des jeunes filles de plus basse extraction, filles de concubines ou de fonctionnaires élevées dans le sérail. Toutefois la première de ces trois princesses ne fut octroyée, en 758, au *qaghan* des Ouigours que sous la pression des circonstances : c'est à cette alliance que l'empereur Sou-tsong devait la restauration de son trône vacillant sous les coups d'An Lou-chan.

La Chine n'était jamais définitivement à l'abri des barbares : tandis que l'un s'apaisait, l'autre surgissait, ivre de conquêtes, profitant des difficultés intérieures du pays. Malgré un traité de paix, jadis signé en 641, les Tibétains, montagnards rudes et arriérés, occupèrent pendant deux semaines, en 763, ce qu'il restait de la brillante Tch'ang-an. Ils y firent introniser un empereur fantôme, puis, ne sachant plus que faire de cette conquête imprévue, ils prirent peur et se replièrent en toute hâte vers leurs bases occidentales, pillant au passage les villes naguère opulentes sur la route de la Sérinde : Leang-tcheou (actuellement Wou-wei) au Kansou, Yi-tcheou (Hami) au Sinkiang, Kan-tcheou (Tcheng-yi), Sou-tcheou (Tsieou-ts'iuan), Cha-tcheou enfin, l'actuelle Touen-houang. Cette dernière, fondée sous le règne de l'empereur Wou des Han, était un poste de garde et d'observation situé à l'extrémité alors la plus occidentale de l'Empire. Prise en 787, après avoir résisté durant une dizaine d'années aux incursions tibétaines, Touen-houang ne sera reconquise qu'une soixantaine d'années plus tard, en 849.

Au VIIIe siècle, la puissance tibétaine s'étendait de Khotan à Si-ning, englobant pays ouigours et terres du Népal, et le protocole chinois accordait aux envoyés du Tibet la préséance sur ceux de la Corée, du Japon, ainsi que sur les Arabes.

De plus, les Tibétains semaient la terreur autour d'eux : ils réduisaient en esclavage l'ensemble de la population valide des villes dont ils s'emparaient, ne laissant sur place — quand ils ne les massacraient pas — que les vieillards et les malades ; bien souvent d'ailleurs, ils les mutilaient pour les empêcher de s'enfuir et d'aller chercher du renfort.

Les Chinois finirent par renoncer à l'incertitude des combats pour se tourner vers une forme plus subtile de domination : la conviction idéologique. Il se trouve que le puissant créateur du royaume tibétain manifestait toute l'ardeur des néophytes pour le bouddhisme, auquel il s'était converti. Il invita bientôt un *pandit* indien, réputé dans l'histoire de la pensée bouddhique, Padmasambhava, afin d'exorciser les démons et diverses divinités locales, rendues furieuses par l'intrusion de la nouvelle religion. Ce personnage suscita une controverse qui mettait en jeu l'unité bouddhique, partagée entre les obédiences indienne et chinoise. La Cour impériale envoya des missionnaires chinois qui se rendirent à Lhasa où se tint, à la fin du VIIIe siècle, un concile qui dura deux ans.

Les Chinois y défendirent avec habileté les principes de la secte méditative *tch'an*, la plus incompatible qui fût avec les goûts guerriers du souverain tibétain. A force de patience et malgré des moments dramatiques, les patriarches chinois parvinrent à inculquer aux Tibétains un quiétisme alanguissant qui allait progressivement tempérer ce peuple turbulent et belliqueux. Et l'on vit bientôt ces redoutables montagnards se soumettre tout entiers aux exigences d'un culte difficile où se mêlaient des éléments du bouddhisme sino-indien et des rituels magiques hérités des âges anciens. Les Tibétains, mués en dévôts et tout occupés à leurs rites, ne prêtèrent même aucune attention aux difficultés politiques du bouddhisme à l'intérieur de l'Empire.

En 848, Touen-houang la fidèle se révoltait contre les maîtres du Tibet. Fins psychologues et tribuns opiniâtres, les Chinois avaient gagné par la puissance contraignante de leur idéologie. Beaucoup plus tard, à l'âge moderne, ils devaient de même parvenir à étouffer les dangereuses hordes mongoles.

CHAPITRE VII

ASPECTS DE LA CULTURE T'ANG

Avec le recul du temps, et sur le fond universel de l'insécurité, de la misère des faibles, du cycle irréversible de la grandeur puis de la décadence des puissants, la vie à l'époque des T'ang apparaît comme un fascinant jeu d'ombre et de lumière. Curieux mélange de sérieux académique où s'épanouissent les fleurs nouvelles de la pensée traditionnelle, de foi souvent profonde, raisonnée ou naïve, elle témoigne aussi d'un goût prononcé pour l'exotisme, pour tout ce qui vient d'ailleurs, au moment même où commence à se forger un réel patriotisme chinois. Il serait vain de tenter une répartition sociale des goûts discordants qui se conjuguent parfois encore en Extrême-Orient dans la plus grande harmonie. Ho Tche-tchang (659-744), ami du poète Li Po, concilie la dignité rigide du fonctionnaire et les joies titubantes de l'ivresse ; Po Kiu-yi (772-846), l'un des plus grands écrivains que la Chine ait jamais connu, révèle une personnalité fort complexe : lettré classique mais doué d'un talent très personnel, gestionnaire des affaires de l'État mais sensible aux injustices et aux malheurs des petits, censeur courageux du pouvoir mais défenseur acharné de ses assises, il fait preuve en toutes circonstances d'une inépuisable originalité ; le puissant Han Yu (786-824), rénovateur intransigeant de la prose et de la pensée nationale, ennemi du bouddhisme, chante en des vers pleins de tendresse la douceur sereine des sanctuaires perdus dans la montagne où l'air purifié favorise la méditation sur la vanité des apparences.

Peut-être convient-il de voir précisément dans ce syncrétisme la véritable grandeur du classicisme t'ang : rien d'humain ne lui fut étranger, et les deux capitales de l'Empire constituèrent à ce moment privilégié les véritables carrefours de l'Eurasie.

SCÈNES DE LA VIE NATIONALE

Le cadre de vie

Le prestige de Tch'ang-an — source d'innombrables allusions littéraires — était sans égal. Son aspect frappa tellement les envoyés japonais qui en rapportèrent chez eux des récits émerveillés, que les empereurs nippons décidèrent de faire jaillir des étendues herbeuses du plateau de Nara une métropole conçue à l'image de la capitale chinoise.

Tch'ang-an, la plus grande cité murée que les hommes aient jamais bâtie, était dessinée et partagée en quadrilatères, blocs de bâtiments et de jardins délimités par des rues plantées d'arbres, au nord desquels s'étendaient cité et résidence impériales.

Née avec les Tcheou, c'est sous les T'ang que Tch'ang-an connut son plein épanouissement; elle put alors rivaliser avec les plus beaux rêves des poètes :

« Les hauts étages du grand palais pénètrent dans l'azur;
Des dragons d'or serpentent sur les colonnes sculptées.
A la fenêtre une beauté se grise de soleil,
Tandis que sa main fait chanter les cordes de sa cithare.
Le vent printanier fait tomber en l'oreille du Prince
Les sons de l'air intitulé "Le chant d'apothéose".
Lors, voguant sur le Lac Royal vers les îles magiques,
La nef au château élevé fend les vagues craintives.
Trois mille Dames du Palais chantent en souriant :
Cloches et tambours font un bruit à renverser les murs... »

Ici comme dans bien d'autres domaines, les maîtres t'ang devaient beaucoup au talent bâtisseur des souverains souei.

C'est en effet l'empereur Wen des Souei qui avait ressuscité la grandeur antique de la ville, évanouie à l'époque des Han orientaux. Il avait chargé le célèbre architecte Yu Wen-k'ai (555-612), qui aménagea la branche nord-occidentale du Grand Canal, de construire, légèrement au sud-est de l'ancienne capitale, une cité baptisée « Ville de la Grande Prospérité » (*Ta-hing-tcheng*). A la chute de la dynastie souei, les T'ang s'y installèrent, mais ils rétablirent l'appellation historique de Tch'ang-an.

La cité s'étendait alors sur plus de neuf kilomètres de longueur et plus de huit kilomètres de largeur. Huit portes sur la face nord et trois sur chacune des autres faces perçaient la muraille, élevée en terre battue, comme cela se pratiquait depuis des millénaires.

Si l'on en croit les rôles d'imposition, deux millions d'habitants y vivaient et les nationalités les plus diverses s'y côtoyaient : Turks, Ouigours, Tokhariens, Sogdiens, Arabes, Persans et Indiens. Deux marchés, l'un oriental, le plus élégant, et l'autre occidental, renfermaient d'interminables alignements de boutiques groupées par profession.

Jamais sans doute la cité ne fut aussi belle ni aussi riche qu'au début du règne de Hiuan-tsong. Tous les terroirs y envoyaient leurs produits. En 743, on creusa un bassin de déchargement des bateaux. Les navires purent, des extrémités de l'Empire, remonter le Grand Canal jusqu'à la capitale, lourds de tous les trésors du monde : du Nord, ils apportaient des couvertures de selle en feutre écarlate; du Sud, des mandarines amères; des régions orientales, des pièces de droguet de soie rose; des monts de l'Ouest, de l'alun aux divers usages. A Tch'ang-an, les marchandises étaient rechargées sur des bateaux plus petits, propres à naviguer sur les humbles cours d'eau qui permettaient d'approvisionner les régions éloignées du grand axe fluvial. Avant d'aller se restaurer et s'amuser dans l'une des innombrables « maisons de chanteuses » du quartier de Pei-li, les badauds aimaient à contempler les équipages et regardaient avec curiosité le costume pittoresque des bateliers du fleuve Bleu : chapeau de bambou, sarrau à manches et sandales de paille.

Mais Tch'ang-an, œuvre des T'ang, devait mourir avec eux : à l'époque des Song, on n'y voyait déjà plus, selon les termes d'un historien de l'époque, que « des piliers sales et des terres en friche ». De nos jours, les fouilles du palais principal, le *Ta-ming-kong*, entreprises en 1957, et celles de quelques grands temples permettent d'entrevoir comme un fantôme des merveilles d'antan.

La seconde capitale de l'Empire, Lo-yang, abritait plus d'un million d'habitants. Si elle apparaissait moins puissante que Tch'ang-an, dressée orgueilleusement face aux mondes barbares, on y respirait une atmosphère plus douce d'élégance et de raffinement. Elle était réputée pour la beauté de ses fleurs, la qualité de ses fruits. L'habileté de ses artisans faisait l'admiration générale : qu'ils créent des brocarts aux multiples dessins empruntés à la Perse, de fins crêpes de soie ou bien encore des céramiques, orgueil des potiers t'ang. Le « marché du Sud », s'étendant sur deux quadrilatères, enfermait cent vingt bazars, des ruelles innombrables où s'alignaient les artisans, métier par métier, ainsi que des milliers d'échoppes où l'on vendait de tout.

Si les capitales constituaient comme il se doit les deux plus beaux joyaux de l'urbanisme chinois, il y avait aussi, à travers tout l'Empire, les villes administratives, sièges par délégation de l'autorité souveraine, qui s'étendaient selon la même rigueur géométrique, symbole de l'organisation du monde. C'était un phénomène nouveau pour les Chinois d'alors car, durant les siècles agités qui séparèrent le classicisme han de celui des T'ang, les bourgades prospères qui avaient jusque-là assumé un double rôle de centre économique et administratif, avaient disparu ; la Chine n'était plus alors pour l'essentiel qu'un immense agglomérat de vastes propriétés qui vivaient en autarcie.

La réunification de l'Empire, cependant, impliquait la renaissance des villes, antennes du pouvoir. Celles-ci se formèrent ou reprirent vie dans chaque circonscription, avec pour seule vocation la gestion publique. Le savant japonais Miyazaki Ichisada voit dans cette transformation profonde dont on connaît encore mal l'origine, la conséquence de deux faits importants : l'implantation en sol chinois des populations barbares et la création, dans chacun des Trois Royaumes du IIIe siècle, de colonies militaires (*t'ouen-t'ien*) où l'on fixait les paysans errants. L'organisation de ces colonies en centres purement agricoles avait contribué à effacer la notion ancienne de ville comme centre économique et administratif. Puis le déferlement des barbares en Chine du Nord à l'époque des Six Dynasties avait à son tour causé l'apparition d'un nouveau type d'agglomération : celui de la garnison, militaire et administrative, mais improductive, doublement murée (car les envahisseurs sentirent toujours le besoin de se protéger) par des remparts au sein même de la cité et par une enceinte extérieure. Ainsi serait né le plan de la ville chinoise moderne, possédant une muraille lâche, qui abritait le menu peuple local, et un bastion fortifié, une « cité interdite », où vivaient, à l'abri des émeutes, les conquérants barbares. La conjugaison de ces deux facteurs aurait abouti à la création des villes chinoises médiévales : une évolution encore controversée.

Comme les capitales, les préfectures et sous-préfectures étaient donc protégées à la fois par une muraille intérieure et par une enceinte extérieure. Dans l'espace ainsi délimité, la surface urbaine apparaissait elle-même subdivisée en quadrilatères qui formaient une grille de petits carrés, les *fang*. Ces derniers, villes à l'intérieur de la ville, possédaient eux aussi leurs remparts et leurs postes de guet. Dans chaque cellule couraient des rues auxquelles le bon sens populaire donnait des noms simples comme la « rue-de-derrière » ou la « rue-de-l'Est » : c'est en fonction de ces artères et de ces appellations que l'on exprimait les adresses, en précisant selon quelle orientation, nord-est ou nord-ouest par exemple, il convenait de les chercher. Chaque petite ville à l'intérieur de la grande possédait, à l'image de nos arrondissements parisiens, sa propre administration et son chef, le recteur (*tcheng*).

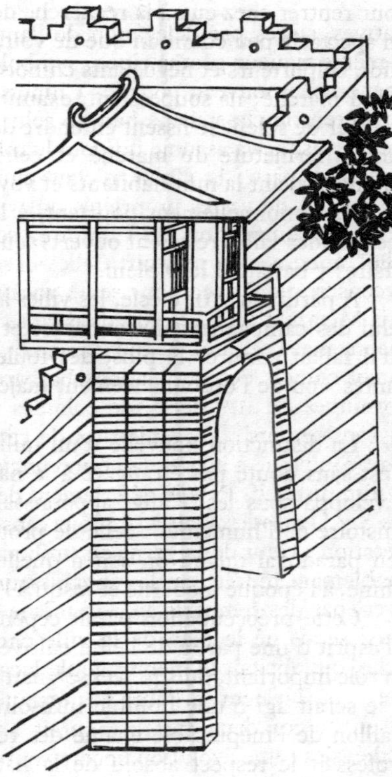

24. MURAILLES ET PORTES

Dans de nombreuses fresques de Touen-houang ainsi que sur des bannières liturgiques retrouvées au même endroit apparaît souvent le thème de la ville murée, phénomène constant en Chine depuis les grosses bourgades du néolithique jusqu'à nos jours. Les nécessités de la croissance économique et le besoin politique actuellement affirmé de rompre avec le passé tendent aujourd'hui à effacer complètement cette vision familière de l'horizon chinois pendant plusieurs millénaires : les murailles de Ta-tou (actuelle Pékin), capitale des Yuan (1271-1368), mises au jour en 1969-1970, furent démantelées sitôt que les archéologues en eurent relevé les plans et les caractéristiques. Le mur proprement dit était, comme ici, monté en terre damée et percé de portes architecturées en briques, surmontées de barbacanes construites à la hâte en 1358 pour résister aux attaques paysannes qui menaçaient la ville. Aux époques ou dans les lieux moins agités, un simple pavillon de garde et de guet, bâti de bois, était, comme ici, érigé sur le sommet de la porte.

Il en allait différemment des villes nées au croisement des routes ou le long des chemins de pèlerinage. Elles s'étendaient sans ordre apparent, selon les lois de la topographie et les exigences du commerce. Certaines, favorisées par les conditions géographiques, commençaient à devenir de véritables carrefours, nationaux ou internationaux. Canton, par exemple, bien que dix fois plus petite que Tch'ang-an, était devenue le principal port du Sud. Elle était renommée pour son quartier étranger : à côté des Arabes, des Persans et des Indiens que l'on retrouvait à travers toute la Chine, y affluaient aussi des Chams, des Khmers, des Japonais, des Cingalais. Les uns s'y implantaient pour exercer un commerce fructueux, tandis que les autres ne faisaient qu'y attendre des vents favorables pour rentrer chez eux à la recherche de nouvelles cargaisons. C'était sans doute un spectacle peu commun que de voir, appelés par les tambours et les gongs de midi, colporteurs et négociants chinois, venus de tout l'Empire, se précipiter au grand marché; ils soupesaient, examinaient, marchandaient jusqu'à ce que, au coucher de soleil, se fissent entendre de nouveau les roulements sonores annonçant la fermeture du marché et celle des différents quartiers que devaient rejoindre avant la nuit habitants et voyageurs, afin d'être protégés des brigands.

Exceptionnellement pourtant, à l'occasion de certaines fêtes, les marchés des grandes villes restaient ouverts toute la nuit : les amusements autant que les affaires y battaient leur plein.

A partir du VIIIe siècle, les villes abritaient ainsi un monde bien distinct de celui des campagnes environnantes et le voyageur ne savait sans doute pas ce qu'il fallait admirer le plus, des foules bigarrées des grandes « plaques tournantes » ou de l'ordonnancement majestueux des cités administratives.

La distinction nouvelle d'un milieu urbain par rapport à un milieu rural n'est sans doute pas étrangère à la naissance d'une notion intéressante qui se développa sous les T'ang, apparaissant peut-être pour la première fois dans l'histoire de l'humanité : celle de protection de la nature. Ceci semble quelque peu paradoxal quand on sait à quelles catastrophes écologiques conduisit en Chine, à l'époque moderne et jusqu'à l'âge contemporain, l'oubli de ce principe.

Cette préoccupation paraît cependant avoir été, sous les T'ang, présente à l'esprit d'une partie de l'élite cultivée. Le bouddhisme joua dans ce domaine un rôle important, puisqu'il enseignait à épargner toute vie — quand bien même il se serait agi d'une humble infusoire —, chaque atome créé constituant un maillon de l'inépuisable chaîne des réincarnations. Mais le taoïsme lui-même professait le respect absolu de la nature : toute action humaine risquait de briser les pulsions et le devenir du souffle cosmique qui animait et régissait l'univers. Le confucianisme enfin rejoignait lui aussi ce grand courant de pensée par le biais de la vénération due aux ancêtres, à leurs tombeaux, aux monts et aux fleuves dont l'agencement constituait l'œuvre inégalable des Sages du passé.

L'empereur Hiuan-tsong, esprit raffiné, apporta une attention toute particulière à la préservation de ce que nous nommons aujourd'hui l' « environnement ».

Il fit rééditer, en le mettant à jour, un chapitre du vieux « Classique des Rites » (*Li ki*), le *Yue-ling* — littéralement les « ordonnances des lunaisons » — : c'était une sorte d'almanach du bon agriculteur.

Il prôna non seulement, comme cela se faisait depuis la plus haute antiquité, l'aménagement de réservoirs et de réseaux d'irrigation, mais il recommanda aussi le respect des lignes naturelles de partage des eaux afin de ne pas rompre inutilement, par une intervention malencontreuse, l'équilibre de la distribution des fleuves.

Il condamna officiellement l'incendie volontaire de forêts — première phase habituelle du défrichement des terres incultes — et encouragea les particuliers à replanter arbres et mûriers. Ces mesures, pourtant, ne connurent qu'une portée limitée : la construction des maisons, aux armatures de madriers et de poutres, la fabrication massive du charbon de bois utilisé tant pour les besoins du chauffage que pour la confection de l'encre, conduisirent inexorablement à un déboisement important de la plus grande partie de la Chine.

L'empereur tenta aussi d'arrêter le massacre inutile des animaux qui peuplaient bosquets et fourrés; mais l'interdiction de la chasse ne put être appliquée que de manière sporadique. Si louable qu'en eût été le principe, de semblables recommandations perdaient aux yeux du peuple toute valeur dès l'instant que les conditions de vie se faisaient plus dures, dès que les aléas du climat faisaient planer le spectre de la disette. Seuls les esprits éclairés des classes privilégiées pouvaient concevoir la nécessité vitale de protéger la nature.

De la grandeur et de la vie quotidienne de cette Chine des T'ang qui, au IXe siècle encore et malgré les signes avant-coureurs de sa chute, demeurait puissante et sûre d'elle-même, nous possédons un vivant témoignage, celui du célèbre pèlerin japonais Ennin qui, de 838 à 847, soit pendant dix ans, sillonna la Chine à la recherche des saintes Écritures, avant d'être chassé par la proscription. A côté des phénomènes religieux qui l'intéressaient au premier chef, il rapporte l'étonnant sentiment de sécurité que procurait au voyageur ce vaste Empire. Tous les deux ou trois kilomètres, des bornes jalonnaient les routes impériales auxquelles les bandits osaient d'autant moins s'attaquer qu'il existait des barrières gardées, où l'on devait montrer son passeport. Ennin s'étonne d'avoir même pu traverser sans dommage des régions que la famine ravageait.

Le pays était pourvu d'établissements hôteliers dont certains avaient été spécialement aménagés pour la réception des ambassades étrangères; la toponymie actuelle souligne qu'autour de ces « auberges » *(kouan* ou *yi)*, officielles ou non, se formèrent nombre de petites villes commerçantes. Il existait de plus, près des ponts ou des barrières, d'autres sortes de relais où les voyageurs trouvaient chambres ou dortoirs. D'une façon générale, il apparaît qu'il était alors assez aisé de voyager, que le réseau hôtelier était de bonne qualité et que, hormis les lieux où sévissaient les épidémies, il était toujours possible de trouver chez l'habitant un gîte convenable. La dignité ecclésiastique — avant la proscription — ou bien un sauf-conduit officiel pouvait assurer aux hôtes de marque la gratuité du transport, du logement et de la nourriture.

Les seules régions qui inspirèrent une certaine crainte à Ennin furent les landes et les montagnes du Chantong, peu habitées sinon véritablement désertes. Cela corrobore les données de l'archéologie et de l'histoire ancienne : les États comme le Lou, le Ts'i, qui se formèrent au pied du massif du Chantong, regardaient tous, tournant le dos à la mer, vers la Grande Plaine. Ennin fut néanmoins fort intéressé par le spectacle des fabriques de charbon de bois qui exportaient leur production à travers toute la Chine. Il découvrit à cette occasion tout un peuple de caboteurs — beaucoup étaient des Coréens — qui emportaient le combustible vers les plaines déboisées du Kiangsou.

D'après Ennin, la répression du bouddhisme, comme celle des autres religions venues de l'étranger, semble s'être effectuée avec une certaine douceur : chassé de Chine, il put cependant faire des visites d'adieu à ses amis et emporter tous les cadeaux dont ces derniers le chargèrent. L'État réglait donc ses comptes avec les communautés mais ne portait pas atteinte à la personne des étrangers ; jamais sans doute autant que sous les T'ang le cosmopolitisme ne fut à la mode.

La Chine apparaissait en effet reliée à l'Occident par un cordon ombilical, celui que nous nommons la Route de la Soie : les guerres que mena Li Che-min visaient autant à protéger ces itinéraires vers l'Ouest que l'Empire lui-même.

La longue route terrestre des caravanes suivait un fil ténu de pistes qui se croisaient en Bactriane, et que les voyageurs parcouraient par étapes. Certains, particulièrement hardis, tentaient la grande aventure et allaient jusquau bout du chemin. La plupart se contentaient de convoyer d'une ville à l'autre, en suivant toujours le même parcours, les marchandises que d'autres relais, humains et animaux, avaient portées jusqu'à eux. Un point était célèbre, dans le Pamir, sur la route du haut Oxus : le lieu-dit la « Tour de pierre », que l'on hésite de nos jours à localiser avec précision, où caravaniers bactriens, sodgiens et chinois procédaient à l'échange de leurs marchandises.

En fait, il n'existait pas une mais quantité de routes qui reliaient la Chine au reste de l'Eurasie et de l'Inde.

L'une, venant de Corée et de Mandchourie, traversait la région dite du Pohai où vivaient des peuples toungouses et proto-mongols. L'embranchement nord-ouest longeait la frange du désert de Gobi. Elle était particulièrement redoutable entre Touen-houang et Tourfan, car elle s'engageait sur les croûtes salées laissées par l'ancien lac du Lob-nor. On racontait à son propos des choses tout à fait effrayantes ; on disait par exemple que pour trouver son chemin, il n'y avait qu'à suivre les squelettes des hommes et des bêtes morts en route, ou bien que la dureté des conditions naturelles favorisait l'apparition d'esprits malfaisants.

Une voie méridionale semblait plus engageante : elle suivait les monts du K'ouen-louen. Les Chinois connaissaient très mal cette région, mais la sagesse consistait à se laisser guider par les chameaux de Bactriane qui savaient flairer les sources souterraines et pressentir les tempêtes de sable.

Il existait encore, vers l'Inde et l'Occident, la vieille route de Birmanie qui, partant du Sseutch'ouan, s'engageait à travers monts et précipices de l'Irraouadi. Mais elle resta fermée aux Chinois de l'époque des T'ang, longtemps arrêtés par la résistance des populations du Yunnan, puis par la naissance, au VIIIe siècle, de l'État du Nan-tchao, favorable aux Tibétains. Quand les troupes chinoises parvinrent enfin, en 863, à rouvrir la route, l'Empire était en pleine décadence et cette victoire ne servit à rien.

Le prestige légendaire de ces voies de terre fait parfois oublier l'existence des routes maritimes où les Chinois, certes, n'étaient pas les maîtres.

Au nord, la mer appartenait aux hardis navigateurs coréens. Ils devinrent particulièrement puissants après 660, quand le Silla eût dominé les autres États de la péninsule. Ils longeaient les côtes septentrionales de la mer Jaune et mouillaient dans les ports du Chantong. C'est aussi l'une des routes que suivirent les navires japonais : bravant tempêtes et naufrages, ils vinrent, jusqu'à la fin du IXe siècle (894), rendre hommage à l'empereur t'ang et chercher les merveilles matérielles ou spirituelles de la civilisation continentale.

Beaucoup plus important encore apparaît le commerce qui se développa dans la partie méridionale de la mer de Chine et dans l'océan Indien. Les vaisseaux devaient suivre le rythme des moussons. Ils quittaient Canton à la fin de l'automne ou en hiver et revenaient avec les vents d'été. Du VIIe au IXe siècle, bâtiments arabes, persans et chinois ne cessèrent ainsi de naviguer au gré des mouvements du Ciel. En fait, il était peu courant qu'à cette époque les Chinois fabriquent eux-mêmes des navires assez puissants et assez solides pour résister à ces périples en haute mer. De hardis marchands de l'Empire achetaient ou affrétaient des bâtiments fabriqués en dehors de Chine : les plus beaux provenaient de Ceylan; ils mesuraient deux cents pieds de longueur et pouvaient porter six ou sept cents hommes.

L'exotisme

Ainsi la Chine se trouvait de toutes parts amenée à côtoyer des étrangers — matelots, marchands et artisans qui convergeaient vers les villes-carrefours. Les statuettes funéraires illustrent avec humour ces visiteurs aux grands nez — visages sémitiques ou aryens — qui, parés des fourrures et des costumes les plus divers, avaient introduit au sein de l'Empire leurs silhouettes pittoresques.

La Cour finit par devenir aussi cosmopolite qu'un caravansérail. Le Département de la musique, florissant jusqu'à la révolte d'An Lou-chan et dont les membres se produisaient à l'élégant « Jardin des poiriers », ne comportait que deux troupes autochtones pour huit étrangères : c'est à ces dernières qu'allait la faveur du souverain, charmé par les danses virevoltantes d'Asie centrale, d'Inde ou de Corée.

On aimait à pratiquer des jeux nouveaux, comme le polo, vraisemblablement introduit à la Cour en 709 par une ambassade tibétaine — les Tibétains l'ayant eux-mêmes appris des Perses. L'empereur Hiuan-tsong y porta un tel intérêt qu'il organisa un match entre Chinois et Tibétains, et toute la bonne société suivit l'exemple avec enthousiasme. En 1956, les archéologues découvrirent à Si-an — emplacement de l'ancienne Tch'ang-an — la pierre de fondation, datée de 813, d'un stade prévu pour le jeu de polo dont la vogue fut longue, puisqu'elle dura jusqu'à la fin de la dynastie des Ming (1644).

Dans les deux capitales de l'Empire, il était souvent de mode de s'habiller à la manière des Turks ou bien des Perses orientaux. Hommes et femmes ne partaient jamais en voyage sans leur « chapeau barbare » — lequel était enveloppé, quand il était porté par les femmes, d'un voile plus ou moins long et volumineux suivant les époques. Au VIIe siècle, des jeunes filles, particulièrement audacieuses, n'hésitaient pas à chevaucher à travers la ville, tête nue, à la mode barbare, et en habits masculins. Des hommes arboraient des coiffures en peau de léopard et poussaient l'amour de l'exotisme jusqu'à vivre sous une tente, au beau milieu de la cité richement bâtie. Le plus célèbre de ces originaux fut sans doute le poète Po Kiu-yi qui abritait ses invités sous deux tentes de feutre bleu ciel dressées dans son jardin : il entendait faire éprouver ainsi aux sédentaires quelle protection efficace contre le vent d'hiver assurait la yourte des steppes. Il est vrai que Po Kiu-yi ne faisait que suivre des exemples prestigieux : le propre fils de l'empereur T'ai-tsong, Li Tch'eng-k'ien, avait vécu à la turque, refusant de parler chinois, portant l'habit du Khan et recevant assis sous l'enseigne totémique de la tête de loup.

Dans les cabarets des quartiers d'amusement, glissaient les silhouettes élégantes des jeunes filles barbares :

« La cithare joue “Les paulownias verts à la Porte du Dragon”,
Le vin délicieux, dans son flacon de jade, est aussi clair que le ciel.
Tout en pinçant les cordes et en effleurant les touches, je boirai pour vous,
[Monseigneur;
Le vermillon semblera vert comme le prase d'émeraude quand nos visages
[commenceront à rougir.
Cette Houri occidentale aux traits semblables à une fleur,
Elle se tient près du fourneau où l'on réchauffe le vin et rit, souffle de printemps,
Elle rit, souffle de printemps,
Elle danse dans une robe de gaze!
Irez-vous ailleurs, Monseigneur, tout de suite, avant d'être ivre ? »

Parmi les innombrables compagnes de ces joyeuses soirées brillait le charme exotique des serveuses étrangères auxquelles on appliquait la dénomination très générale de *hou*, barbare.

Celles qui avaient vu le jour dans les steppes nordiques se trouvaient, comme leurs consœurs chinoises et pour des raisons similaires, sacrifiées à la politique des mariages qui garantissaient la pérennité d'alliances vitales pour la paix immédiate de l'Empire; prisonnières des intrigues politiques, elles ne quittaient point les palais et, habituellement, les Chinois avaient peu de goût pour elles.

Il n'en allait pas de même des beautés venues de Sogdiane. D'origine iranienne ou, plus généralement, indo-européenne, elles émouvaient les cœurs par la nuance bleu-vert — comparable à celle du jade — de leurs yeux et les reflets roux de leurs cheveux bouclés. On rencontrait aussi des jeunes hommes du même type : tous et toutes se montraient habiles acrobates, danseurs ou musiciens.

Pourtant, la « barbarisation » de la Cour chinoise aux VIIe et VIIIe siècles peut, dans une certaine mesure, être comparée à son « occidentalisation » au début du XXe siècle : l'enveloppe séduisait plus que la réalité des choses. L'étranger amusait, mais il restait un être subalterne que l'on pouvait plier aux caprices de sa volonté. Il apparaissait surtout comme une source de profit; même le traditionnel échange de « tributs » et de cadeaux entre les peuples périphériques et la Cour de Chine constituait, autant que la traduction d'un jeu diplomatique, une forme cachée de commerce. Les étrangers subissaient parfois des brimades lourdes de conséquences, comme cet édit de 714 qui leur interdisait d'exporter de Chine soies, brocarts, perles, broderies, or, fer, en un mot tout ce qui pouvait rentabiliser le coût très élevé d'un voyage entrepris sur les rives lointaines de l'Arabie et même de l'Afrique où les musulmans allaient chercher des esclaves noirs dont les Chinois appréciaient la robustesse. Au VIIIe siècle, le gouvernement installa à Canton un « Délégué aux flottes commerciales » chargé d'assurer l'achat et la vente des produits étrangers : procédé certes beaucoup plus lucratif pour l'État que pour les négociants étrangers qui virent à l'occasion jusqu'à un tiers de leur cargaison saisie sans autre forme de procès par les agents de la « douane » chinoise. Parfois, des « accommodements avec le ciel » étaient possibles, mais jamais aucune assurance n'était définitivement acquise.

De plus, la loi, rappelons-le, veillait à ce que les rapports avec l'extérieur restent de nature strictement commerciale ou protocolaire; c'est ainsi que l'étranger qui épousait une Chinoise ne pouvait plus jamais quitter l'Empire en compagnie de sa femme.

Il semble bien qu'à partir des T'ang — surtout après la révolte d'An Lou-chan —, au-delà des particularismes provinciaux de nature plus sentimentale que politique, un profond attachement pour la patrie chinoise se fût partout manifesté. Cela paraît au moins évident dans le milieu des lettrés — le seul qui, par définition, pût écrire — et s'exprimait avec force dans les régions de marche où barbares et Chinois se mêlaient bien souvent contre leur gré.

Yuan Tchen (779-831), ami intime de Po Kiu-yi, évoquait ainsi le drame des habitants chinois de Touen-houang, tombée aux mains des Tibétains :

« Voilà cinquante ou soixante ans qu'ils sont privés de toute nouvelle,
Et les traités jurés depuis lors n'ont servi qu'à rendre plus féroces [les Tibétains].
Leurs yeux percent le soleil qui se lève à l'Est, pour apercevoir les nuages [du pays] de Yao;
Et, le matin du Jour de l'An [le seul jour de l'année où cela leur soit permis par les conquérants], les entrailles déchirées, ils peignent leurs cheveux à la mode des Han.
Mais déjà ceux dont la pensée reste ainsi fidèle à la Chine,
Sont des vieillards ou des malades, ou bien leurs os sont enterrés.
Ils continuent à enseigner à leurs petits-fils et à leurs fils les phonèmes du vieux pays,
Et à leur parler des villes et des passes fortifiées dans leur splendeur [du temps passé]... »

Touen-houang la fidèle se révolta en 848 contre les Tibétains et revint à l'Empire en 851. L'oasis où de nombreux soldats venus de Chine centrale avaient fait souche, brilla comme un îlot han en terre barbare, fleur miraculeuse de la politique des colonies militaires, perdue sur la longue route des caravanes, témoin de l'avènement, à l'époque des T'ang, d'un véritable sens national chinois, né peut-être des excès de l'exotisme.

La diversité des religions

Dans tous les domaines, l'époque des T'ang apparaît comme un feu d'artifice générateur de myriades d'étincelles qui, au IXe siècle, retombèrent pour rejoindre en y mourant les eaux profondes de la civilisation chinoise où roulaient toujours les notions héritées des premiers âges de l'humanité.

L'un de ces épanouissements les plus curieux fut sans doute celui de multiples religions indo-européennes qui, persécutées ou triomphantes dans leurs terres d'origine, vinrent en Chine chercher asile ou confirmation de leur puissance.

Des nestoriens arrivèrent de Sogdiane et reçurent en 628 l'autorisation d'élever une église. Les Chinois appréciaient le talent avec lequel ils traduisaient les textes bouddhiques. Par ailleurs, les nestoriens transcrirent en caractères chinois une trentaine d'œuvres témoignant de leur propre foi; l'une d'entre elles, l' « Éloge de la Sainte Trinité », fut découverte par Paul Pelliot à Touen-houang parmi d'autres manuscrits. Ils érigèrent la célèbre stèle de Si-an-fou dont le texte chinois et syriaque publié par Athanase Kircher devait, au XVIIe siècle, bouleverser l'Europe pensante.

Les mazdéens s'installèrent par prédilection au Kansou. Ils devinrent bientôt si nombreux qu'ils possédèrent au moins un temple dans la capitale — les textes mentionnent sa reconstruction en 631 — et un bureau spécial *(Sa-pao)* qui fut institué à la Cour afin de gérer leurs intérêts.

Les manichéens étaient aussi venus en Chine chercher un refuge contre les persécutions de l'Islam. Arrivés vers la fin du VIIe siècle — ils exposèrent leur doctrine à la Cour en 694 —, ils devinrent en une centaine d'années suffisamment puissants pour convertir les Ouigours et faire de Tourfan leur centre religieux.

Les musulmans enfin, vainqueurs à la bataille de la rivière Talas (751), mais conscients de leur incapacité à étendre davantage leurs conquêtes, envoyèrent leurs missionnaires. Ces derniers s'implantèrent dans l'Ouest chinois qu'ils gagnèrent à leur foi, et ceci jusqu'au XXe siècle.

Le plus grand éclectisme intellectuel et religieux régnait à la Cour aussi bien que dans le pays. Il paraît certes tentant de lier chaque mode de pensée à un groupe social particulier : le confucianisme aux lettrés, le taoïsme à la noblesse, le bouddhisme aux masses populaires, les religions venues de Perse aux minorités ethniques ou géographiques. La réalité est plus confuse. Au gré des ans ou des circonstances, les idéologies se côtoyaient, s'unissaient ou se combattaient au sein des mêmes groupes sociaux, voire dans le cœur des mêmes hommes.

Les Chinois, de plus, ne demeuraient pas indifférents à ces ouvertures et tentaient eux-mêmes de grandes expériences. Le célèbre pèlerin Hiuan-tsang (602-664) parcourut inlassablement les routes de l'Inde, de 629 à 645, afin d'en rapporter témoignages et Écritures saintes. A son retour, Li Chemin lui réserva un accueil triomphal et en fit le prêtre le plus respecté de son temps. Hiuan-tsang passa dès lors le reste de ses jours à traduire les mille trois cent trente-huit chapitres des soixante-quatorze textes qu'il donna au bouddhisme chinois, ainsi qu'à rédiger une « Relation des pays de l'Ouest » *(Si-yeou-ki)*, pieux récit de voyage, parodié au XVIe siècle par un roman-fleuve d'un comique toujours actuel.

Quelque temps plus tard, le pèlerin Yi-tsing (635-713) partait à son tour. Il passa dix ans à Nâlandâ, la plus grande université bouddhique de l'Inde, afin d'étudier les règles monastiques, les pratiques disciplinaires orthodoxes, tout ce qui formait le cadre humain de la doctrine. Il revint en 695, chargé de quatre cents manuscrits.

Ce mouvement de curiosité se montra bénéfique à plus d'un titre. Par le biais de sa « bouddhisation », la Chine procédait aussi à son indianisation. En 684, l'impératrice Wou introduisait à la Cour le calendrier indien. Ce simple événement, que l'on évoque comme un phénomène abstrait, aurait pu modifier la vie quotidienne des Chinois : habitués à compter les jours par cinq — comme les points cardinaux —, ou par dix, multiple de cinq, ils auraient dû, si la réforme avait duré, régler leur vie en fonction d'une semaine de sept jours.

En 721, Yi-hing (683-727) rapporta d'Inde de nouvelles méthodes de calcul et des échanges s'établirent peu à peu entre les deux cultures, jusqu'au voyage du prêtre Wou K'ong en 751. Mais la Chine des T'ang, qui commençait alors à connaître son déclin, fut trop absorbée par ses problèmes intérieurs pour s'intéresser aux différents mondes qui l'environnaient.

Il est un sentiment, pourtant, qui même en ce VIIIe siècle agité, semblait devoir durer toujours : la ferveur religieuse.

Sans doute est-il difficile aujourd'hui — même en se référant au Japon où le bouddhisme du *Mahâyâna* continue à vivre sous les formes les plus diverses et à se renouveler dans le cœur et l'esprit des fidèles — d'imaginer son étonnante et universelle présence dans la Chine des T'ang. Pèlerinages, processions, fêtes chômées rythmaient l'écoulement des jours. Ennin rapporte qu'il compta à Tch'ang-an quelque trois cents temples du Bouddha, un grand nombre de monastères et trente-trois petits sanctuaires. Dans toutes les villes de Chine, de grande ou de moindre importance, moines et nonnes se comptaient par centaines sinon par milliers.

A la Cour, au sein même de la Cité impériale, deux groupes de sept moines demeuraient constamment en prière afin de conjurer les mauvaises influences qui risquaient de troubler l'exercice d'une sage administration. Il existait aussi un groupe de « Prêtres de Cour » *(Nei-kong-feng)* attachés au palais, que l'empereur nommait et renvoyait selon son bon plaisir. D'une façon générale, moines et monastères de la capitale se trouvaient à la disposition constante du souverain qui ne manquait jamais de recourir à leurs oraisons ou de leur demander des actions de grâce pour tout événement bénéfique.

Une piété semblable animait les campagnes : même les villages les plus reculés possédaient un petit ensemble conventuel qui abritait une dizaine de moines. Le peuple respectait scrupuleusement les innombrables festivités. Chacun était libre d'organiser des « fêtes maigres » comme celles que l'on célébrait le jour de l'anniversaire de l'empereur : Ennin relate plusieurs de ces pittoresques banquets végétariens, précédés, et parfois suivis, d'un service religieux plus ou moins long. Il existait aussi des cultes propres à chaque ville, ou bien des cérémonies qui revêtaient une solennité particulière.

A Yang-tcheou, on illuminait la cité et l'on récitait des prières à l'occasion de la venue du printemps, tandis que le quinzième jour du septième mois, on célébrait aussi par des illuminations le retour éphémère des âmes des morts parmi les vivants. Cette coutume est toujours respectée au Japon où les flammes des bougies brûlent au début et à la fin des fêtes du *Bon* (la fête des lanternes), pour guider le cheminement invisible des défunts.

L'une des cérémonies les plus populaires, à Tch'ang-an, était la fête dite de la « dent du Bouddha ». Quatre monastères de la ville prétendaient posséder l'une des dents du Bouddha : l'une provenait du Khotan, l'autre du Tibet, la troisième de l'Inde et la dernière du Ciel. La liturgie était généralement accomplie entre le huitième et le quinzième jour de la troisième lune (c'est-à-dire durant le mois de mars). Ennin en décrit ainsi le déroulement :

« ... Les divers monastères y prenaient part, chacun arrangeant de belles offrandes. Toutes sortes de médicaments et de nourritures, des fruits rares et des fleurs, ainsi que de nombreuses sortes d'encens étaient préparés soigneusement et offerts à la dent du Bouddha. Elles étaient répandues, innombrables,

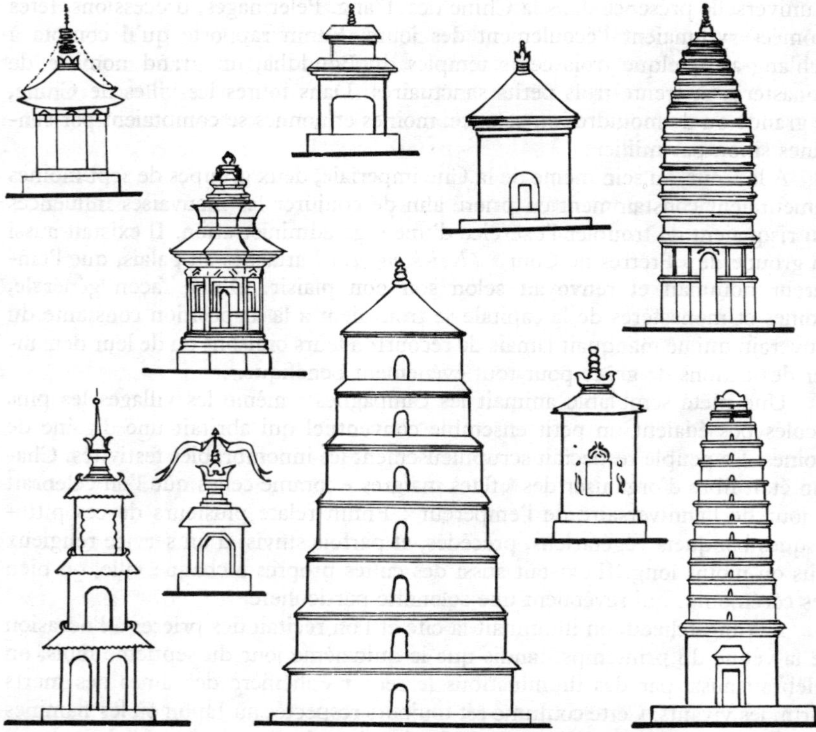

25. DIVERSES FORMES DE PAGODES

De la fin du IVe siècle jusqu'au plein épanouissement des T'ang, l'évolution du stupa-reliquaire connut en Chine tous les développements, du simple petit pavillon de plain-pied à la tour à étages multiples. Les drames internes et les invasions étrangères qui secouèrent la Chine firent disparaître la plupart de ces créations de la grande architecture bouddhique, conservée dans tout son esprit au Japon. En Chine ont seuls subsisté quelques édifices de briques ou de pierres, comme les deux célèbres pagodes de Tch'ang-an, derniers témoins de la splendide capitale t'ang qui, déjà sous les Song, n'était plus que ruines et ronces.

dans la galerie autour du bâtiment d'offrande à étage. La dent du Bouddha était [...] dans le bâtiment à étage. Tous les Révérends de la ville se trouvaient dans le bâtiment à étage, en train de l'adorer et de dire des prières. La cité tout entière venait faire ses dévotions et ses offrandes. Un homme donna cent boisseaux de riz non glutineux et vingt boisseaux de millet. Un autre fournit des biscuits en abondance et sans restriction. Un autre fit don d'assez d'argent pour les divers besoins des repas sans restriction. Un autre fournit des gâteaux minces sans restriction et un autre fit des dons suffisants pour les repas des Révérends et des moines vénérables des divers monastères. De cette manière, chacun fit ses vœux et offrit ses aumônes, rendant glorieuse la fête de la dent du Bouddha. Les gens jetaient de l'argent comme de la pluie, vers le bâtiment à étage de la dent du Bouddha. »

Outre les légendes, les miracles et les cultes qu'il rapporte, Ennin décrit les merveilles découvertes dans les monastères. Elles témoignent de l'extraordinaire prospérité de ces derniers, comme ces seuils et marches de lapis-lazuli dont le bleu profond faisait l'orgueil du Li-k'iuan-sseu, à l'ouest de Ts'ing-tcheou.

Il se rendit aussi au monastère dit des « Enfants », car un moine pieux y avait eu un jour la vision d'un nuage étincelant où quatre enfants jouaient, assis sur des lotus verts. La piété populaire avait, depuis, fait tailler dans la falaise une image géante d'Amida assis, flanqué des Bodhisattvas Kouan-yin et Ta-che-tche. Au moment où Ennin s'y rendit, la foule se pressait, car un miracle, disait-on, venait à nouveau de se produire.

Mais c'est au mont Wou-t'ai, au nord-est du Chansi, qu'il ressentit sans doute l'émotion la plus profonde. L'aspect sauvage du site s'accordait particulièrement bien avec l'ésotérisme qui entourait le culte du Bodhisattva Wen-chou, adoré en ce lieu : une gigantesque image de bronze le représentait assis sur un lion. L'ascension des « Cinq terrasses » — sens originel de Wou-t'ai —, c'est-à-dire des cinq montagnes, lui laissa en mémoire la senteur enivrante de la flore alpestre qui couvrait les pentes ainsi que l'odeur âcre des poireaux sauvages, inutilisés dans la cuisine bouddhique à cause de leur saveur violente. Le plus saisissant fut l'escalade des sommets qui, selon la cosmogonie chinoise, représentaient les cinq points cardinaux (ceux de la Rose des vents et le centre) : trois d'entre eux retenaient l'eau de petits lacs montagnards où se mirait le ciel et que l'on appelait les « lacs du dragon ».

La grande flamme bouddhique s'éteignit pourtant brutalement et seuls survécurent les éléments d'un culte populaire tenace. Après deux siècles de vie spirituelle intense, les esprits cultivés refusaient les certitudes et les doutes de la religion; les âmes bien trempées cherchaient dans la vie taoïsante le réconfort de la contestation et le petit peuple se laissait bercer, de terreur en espoir, au gré des superstitions de toutes origines. Seul, le savoir demeurait l'objet d'une vénération nationale.

Les examens

On sait que, au moins depuis les Han, le personnage du savant, versé dans la compréhension des textes de l'antiquité, était entouré d'un respect unanime. Les idéaux du confucianisme se prêtaient particulièrement aux découpages, aux codifications et aux hiérarchisations; aussi servirent-ils de normes pour le recrutement des fonctionnaires. Depuis Tong Tchong-chou, la Chine se livrait périodiquement à une immense campagne d'examens portant sur les connaissances acquises dans l'étude des Classiques. Encore fallait-il que les circonstances politiques le permettent : les deux souverains souei s'y employèrent.

Wen-ti avait réuni une commission spéciale, chargée de réviser les Classiques; il avait également ouvert de nouvelles écoles confucéennes et rétabli l'université impériale *(Kouo-tseu-hiue)*, disparue dans la tourmente qui suivit les Han. Mais la nouvelle université, conçue contrairement à l'idéologie primitive comme un rouage uniquement administratif, se trouvait réservée aux seuls fils de la noblesse. Si l'on s'en tenait à un problème d'emploi et si l'on envisageait les possibilités de carrières effectivement offertes à chacun, ce parti-pris conforme à la réalité pratique semblait légitime; mais par rapport au recrutement très large recommandé par Tong Tchong-chou et repris après lui par les Wei septentrionaux, cela représentait une faillite de l'égalitarisme primitif dont les T'ang s'efforceront de restaurer le principe.

Le premier objectif des examens n'était nullement d'assurer l'entrée automatique de l'individu dans les carrières administratives. Il consistait à former des hommes cultivés, doués de sens moral et efficaces dans toutes les situations, à tous les niveaux. Le programme reposait sur une connaissance profonde des Classiques, des interprétations que l'on en avait faites ou que l'on pouvait en faire, ainsi que sur leur utilisation pour résoudre les problèmes d'actualité.

Cet enseignement, fondé sur l'étude et la critique textuelles, exigeait donc le maniement élégant de la langue écrite, qui devait être pure et concise — ce système fit tomber en désuétude l'antique talent des orateurs —, le choix judicieux des citations ainsi que leur ponctuation correcte — alors que les textes n'en comportaient pratiquement aucune; il impliquait enfin une indispensable habileté calligraphique.

Toutes ces exigences entraînaient des études longues et coûteuses que seules pouvaient payer les couches supérieures de la société, bien que l'on vît plus d'une fois des villages entiers se cotiser pour envoyer à l'école préfectorale ou sous-préfectorale le plus doué de leurs rejetons.

Les premiers examens donnant accès aux fonctions officielles eurent lieu dans la capitale en 587, sous le règne de Wen-ti des Souei. Par la suite se développa, tout au long des T'ang, un système complet de cours et d'épreuves sanctionnant les connaissances acquises.

Les candidats d'origine roturière commençaient par étudier chez eux, seuls ou sous la férule d'un maître local, souvent un religieux. Puis ils se présentaient aux examens de la sous-préfecture et de la préfecture qui pouvaient leur permettre soit d'occuper un poste subalterne, soit de s'élever peu à peu jusqu'aux grandes écoles de l'Empire où ils rejoignaient les fils des grandes familles.

Au sommet de la hiérarchie scolaire, la Chine comptait en effet deux universités impériales, situées l'une et l'autre dans chacune des deux capitales de l'Empire, Tch'ang-an et Lo-yang. Chaque établissement comportait à la fin du VIIIe siècle quatre sections où les élèves se répartissaient en fonction du grade de leurs parents. Trois d'entre elles étaient réservées aux fils de nobles et de hauts fonctionnaires : c'étaient la section des Fils de l'État *(kouo-tseu-hiue)*, la section supérieure *(t'ai-hiue)* et, à partir de 790, la section pour la Propagation de la littérature *(kouang-wen-kouan)*. Mais la dernière section, dite des « Quatre Portes » *(sseu-men-kouan)*, s'ouvrit aussi à partir de 733 à des étudiants de moindre origine, dès lors qu'ils avaient satisfait aux épreuves de « lettré distingué » *(tsin-che)*. De plus, un certain brassage social se produisait dans les sections techniques, réservées à l'étude du droit *(lu-hiue)*, de l'écriture *(chou-hiue)* et des mathématiques *(souan-hiue)* : elles conduisaient à un emploi spécialisé, socialement moins prestigieux que celui du « généraliste ».

En marge des grands collèges de l'université, il existait encore un « Collège pour le développement de la littérature » *(Hong-wen-kouan)* et un « Collège pour l'exaltation de la littérature » *(Tch'ong-wen-kouan)* : ils recueillaient des étudiants appartenant aux classes supérieures de la société, membres de la famille impériale ou fils de très hauts fonctionnaires.

Les universités groupaient chacune environ une vingtaine de chaires. Chaque maître-titulaire, aidé d'un ou deux assistants, rassemblait, suivant les époques, de cinq cents à mille étudiants. Les rapports entre professeurs et élèves demeuraient conformes aux pratiques jadis en usage, quand on allait librement solliciter l'honneur de suivre les cours d'un sage. Le postulant, muni d'un panier contenant des rouleaux de soie, une flasque de vin et de la viande séchée, se présentait respectueusement au maître en posant la question rituelle : « Comme tous ceux qui sollicitent un enseignement, puis-je me permettre de rencontrer mon maître ? » Une fois admis, les élèves, tous internes, obéissaient à une discipline sévère qui sanctionnait durement dissipation et nonchalance.

Le programme des études était constitué par l'explication des Classiques, répartis en trois catégories : le « Livre des Rites » *(Li ki)*, par exemple, appartenait à la série des Grands Classiques; le « Canon des Poèmes » *(Che king)*, à celle des Moyens Classiques, le « Canon de l'Histoire » *(Chou king)* à celle des Petits Classiques. Ces études, que l'étudiant pouvait commencer entre treize et dix-huit ans, ne devaient pas durer plus de neuf ans, quelle que fût la combinaison ou la difficulté des cours choisis.

En face de ces universités entièrement consacrées à l'étude des textes confucéens, l'empereur Hiuan-tsong fonda en 741 une École d'études taoïstes *(tchong-hiuan-hiue)*. Elle groupa une centaine d'étudiants auxquels elle fut chargée d'enseigner, outre les œuvres de maîtres tels Lao-tseu, Tchouang-tseu, Lie-tseu, les sciences et techniques médicales, depuis la médecine générale, l'acupuncture, les massages, jusqu'aux exorcismes (ce qui montre bien l'esprit du temps qui ne faisait pas le départ entre science et magie).

L'année scolaire était divisée en semestres et décades. Chaque décade comprenait un jour de congé à la veille duquel les élèves passaient un examen de contrôle, préfiguration du grand examen de fin d'année. De plus, « chaque année, à la cinquième lune, il y avait les vacances pour la culture des champs *(t'ien-kia)*. A la neuvième lune, il y avait les vacances pour aller chercher les vêtements d'hiver *(cheou-yi-kia)*. Ceux qui allaient en vacances à plus de deux cents *li* recevaient un titre de congé *(tch'eng)*. On renvoyait de l'école ceux qui ne pouvaient pas suivre les enseignements et ceux qui, pendant l'année, transgressaient leur titre de congé, [c'est-à-dire] ceux qui revenaient avec plus de trente jours de retard, ceux qui, ayant un motif, revenaient avec plus de cent jours de retard, et ceux qui, à cause de la maladie de leurs parents, revenaient avec plus de deux cents jours de retard. »

Cet enseignement où, rappelons-le, la parole avait peu d'importance, si l'on omet la récitation des sentences que l'on devait savoir par cœur, impliquait une grande diffusion des textes, inlassablement recopiés jusqu'à former des cahiers semblables à ceux écrits en *pecia* que louaient et se passaient nos étudiants du moyen âge.

Les examens sanctionnant les connaissances acquises dans ces établissements supérieurs consistaient en cinq « doctorats », tous créés au début ou dans le cours du VIIe siècle, à mesure que se manifestait au gouvernement une certaine spécialisation des charges administratives. Le doctorat de droit *(ming-fa)*, celui de calligraphie *(ming-tseu)*, celui enfin de mathématiques *(ming-souan)* correspondaient à cette demande. Mais les doctorats les plus appréciés demeuraient ceux de « lettré accompli » *(tsin-che)* et de docteur ès Classiques *(ming-king)*, car ils portaient sur des connaissances générales et consacraient l'équilibre du jugement et de l'érudition.

L'examen du doctorat de « lettré accompli » comportait trois épreuves écrites. La première, celle des citations, consistait à compléter et rectifier dans sa pureté un texte classique présenté sous une forme tronquée et altérée *(t'ie)*; il fallait ensuite rédiger deux compositions littéraires *(tsa-wen)*, puis cinq dissertations en réponse à des questions *(ts'e)*. Nous citerons, parmi ces dernières, un exemple traduit par Robert des Rotours, extrait des questions pour l' « examen de lettré accompli de la seizième année de l'ère *Tchen-yuan* (800 de notre ère) » :

« Les enseignements transmis par la sagesse des saints sont exposés d'une manière obscure mais ont un sens profond :

1. Pour ce qui est des rites et de la musique qui maintiennent l'harmonie *(t'ong)* dans le ciel *(t'ien)* et sur la terre *(ti)*;
2. et pour ce qui est de la facilité *(yi)* et de l'aisance *(kien)* qu'on rencontre dans les œuvres du Ciel *(k'ien)* et de la Terre *(k'ouen)*, d'après quels textes peut-on les étudier, d'après quels signes peut-on les prouver?
3. [Lao-tseu a dit] : Renoncez à toute science et vous serez libre de tout souci;
4. comment [alors] Lou, comte de Yuan, fut-il [par son mépris de l'étude] près de périr?
5. [Mong-tseu a dit] : les gens [qui pratiquent la vertu de] Bonté *(jen)* ne s'enrichissent pas;
6. comment [alors] Kong-tseu King disait-il [après s'être enrichi] : c'est presque parfait.
7. Sur l'éléococca du versant oriental, les phénix viennent voler.
8. Les mûres des arbres du gymnase peuvent changer le chant du hibou.
9. La supériorité reste au coq de bois;
10. et l'habileté appartient toujours à celui qui ne désire qu'une tuile.

Toutes ces phrases n'ont pas encore été comprises; nous désirons entendre vos explications. »

Les autres doctorats, comportant le même type d'épreuves, comprenaient en outre des interrogations orales *(k'eou che)*.

Les succès étaient célébrés avec pompe. Durant la première moitié du VIIIe siècle, au temps de la splendeur de Tch'ang-an, il firent l'objet de fêtes magnifiques : banquets au bord de l'eau, cérémonies de réception, démocratiques pourrait-on dire, puisque l'enseignement, grâce aux « Quatre Portes » et aux sections techniques, s'ouvrait à des couches sociales relativement larges. Sans doute chaque jeune garçon, ânonnant les Classiques auprès de son maître campagnard, rêvait-il de se trouver un jour, lui aussi, dans le cadre exaltant de K'iu-kiang (étang-promenade de Tch'ang-an) pour fêter l'inscription solennelle de son nom sur la liste des candidats reçus au prestigieux doctorat de « lettré accompli ».

L'ÉVOLUTION SPIRITUELLE

Au-delà du cadre étroit des examens, l'époque des T'ang marque une étape fondamentale dans l'évolution de la pensée chinoise. Alors que la philosophie han s'était efforcée d'accumuler et de classer les expériences, d'assimiler le monde progressivement mieux connu grâce au développement des sciences et des voyages, l'histoire intellectuelle des T'ang révèle une longue réflexion méthodique en quête des meilleurs moyens d'accéder à la connaissance.

Le tch'an

Depuis le IVe siècle, la pénétration bouddhique et par ce biais, indienne, avait amené les penseurs chinois à entrevoir la notion qui orientait la démarche des philosophes indo-européens — celle de l'Absolu, de l' « ainsité » mahâyâniste ou de l' « un » néo-platonicien.

Tche Touen (314-366), brillant moine, ami du calligraphe Wang Hi-tche, et bon connaisseur de la pensée taoïste, avait tenté de l'expliciter en chinois. Mais la langue han, imprécise dans l'expression du temps et largement pragmatique, se prêtait mal à suivre les méandres d'une réflexion qui mène du concret à l'abstrait. Tche Touen avait donc dû recourir, une fois de plus, à la vieille notion de *li* qu'il transcenda en un pôle lointain où toute parole est abolie et que seule l'extase permet d'atteindre. Mais à ce niveau abstrait de la définition des concepts, il était bien difficile de sortir des cadres d'une pensée qui s'exprimait à l'aide des mêmes termes depuis plusieurs millénaires.

Or, au même moment, l'introduction de la secte indienne du *dhyâna* (en chinois *tch'an)*, c'est-à-dire de la Méditation, permit, en s'interrogeant d'une façon purement pratique sur la méthode à suivre pour atteindre la sagesse, d'aborder la question de l'absolu, tout en conservant un mode d'expression chinois. Le traducteur Tao-an (314-395) fit, le premier, connaître en Chine l'histoire légendaire de Bodhidharma, fondateur de la secte, qui resta assis, dit-on, neuf ans devant un mur blanc, plongé en méditation, jusqu'à ce que ses pieds ne fussent plus que des moignons atrophiés. Le fruit de ce long séjour aux rives de la philosophie avait été la découverte de l'appréhension possible et immédiate de la vérité, car, disait Bodhidharma, chacun possède en lui la nature de Bouddha; il suffit de la retrouver, voire de la faire sourdre brusquement par n'importe quel moyen, aussi inattendu fût-il.

Cette doctrine du *dhyâna* connut en Chine, sous le nom de *tch'an*, une faveur extraordinaire; quelques siècles plus tard elle s'étendait au Japon : on sait quel prix les samouraï attachèrent au *tch'an* (*zen* en japonais). Les raisons de ce succès étaient simples; le *tch'an* faisait appel aux mêmes penchants que le taoïsme : érémitisme, simplicité rustique, concentration, voyage mystique à la recherche des dieux intérieurs. Elle constituait donc une ouverture sur un monde nouveau par l'intermédiaire de concepts familiers; elle mettait moins en relief le but à atteindre que les manières d'y parvenir.

Les maîtres du *tch'an* rappelaient en effet que l'on pouvait accéder à la vérité de deux façons : soit en procédant par intuition, attendant l'étincelle d'où jaillirait la compréhension — c'était la méthode qualifiée de subite (*touen*) —, soit en recourant à des exercices multiples et progressifs qui amèneraient peu à peu l'esprit à la découverte — c'était la méthode graduelle (*kien*).

Ces deux techniques impliquaient deux conceptions différentes de la vérité métaphysique. Le « subit » aboutissait à envisager l'absolu comme unique, total. A la limite, et si l'on traduit ces notions sur le plan politique — ce qui fut toujours la tendance chinoise dans le jeu général des correspondances —, le « subitisme » débouchait sur l'absolutisme et le totalitarisme.

Le « graduel » en revanche conduisait à une vision de pluralité, d'accumulation, d'orientation aussi, puisqu'il s'agissait d'une démarche et non pas d'une mutation brutale; il impliquait durée temporelle et parcours dans l'espace, alors que, chez les subitistes, ces deux idées se mêlaient dans un concept qui englobait toutes les époques et toutes les galaxies. Si on envisage à nouveau son aspect politique, le gradualisme menait à la reconnaissance d'un pluralisme — même s'il était hiérarchisé — et donc d'un certain libéralisme.

Des esprits syncrétistes comme le moine Tchou Tao-cheng (365-434) et son ami Sie Ling-yun (385-433) avaient cherché à voir dans ces deux techniques les expressions spécifiques de tempéraments différents — l'indien et le chinois — face à une doctrine commune. En fait, il s'agit de deux pôles permanents de l'esprit chinois, pôles matérialisés par les illuminations du taoïsme et les efforts didactiques du confucianisme. La querelle du subitisme et du gradualisme, née en principe d'une pensée étrangère et donc jetant hors de ses chemins habituels la philosophie chinoise, ne faisait qu'actualiser et approfondir la vieille et fructueuse dispute nationale.

Cette controverse s'apaisa durant un certain temps, effacée par les drames et les difficultés intérieures. Mais, dès le calme revenu et l'unité impériale restaurée, le *tch'an* s'épanouit sous l'influence de deux grandes personnalités : Chen-hieou (mort en 706) et Houei-neng (638-713).

Le premier croyait à l'Esprit universel, le second au « rien foncier » *(wou)*. Il en résulta une scission philosophique : l'école du Nord suivit Chen-hieou; l'école du Sud, qui devint bientôt l'école par excellence du *dhyâna* chinois, demeura dans la lignée de Houei-neng.

Le premier principe de l'école du Sud était donc le *wou*, la négation : indéfinissable, inexprimable, puisque chaque terme dresse des barrières, alors que le *wou* est infini; rien d'autre que le silence ne peut l'évoquer. Pour atteindre le *wou*, la culture elle-même est inutile car elle implique l'effort et, de ce fait, engendre inexorablement un mouvement et ne sert qu'à faire tourner indéfiniment la Roue de la naissance et de la mort. Il convient donc de s'abstenir de tout effort « polarisé », de tenir son esprit vide de toute intention, y compris de la tentation de l'ignorance : le paradis du *tch'an*, pas plus que celui du taoïsme, n'appartient aux pauvres d'esprit.

Il est un dépassement de soi qui, seul, peut conduire à l'Illumination et cette dernière, à son tour, amène le sage à accepter son lot, à vivre paisiblement et sans orgueil sa vie mortelle; pour le sage ne comptent plus ni honneur ni humilité, ni vie ni mort, car il a déjà transcendé ce binôme existentiel, accident inéluctable sur le chemin du devenir cosmique.

Mais au moment même où s'affirmait au VIIIe siècle le triomphe du subitisme, dont certains ne voulaient voir que les antécédents indiens, une réaction nationale, littéraire et confucéenne relançait la valeur du gradualisme, c'est-à-dire de l'éducation et de l'effort, en même temps que celle des vieux types de pensée et d'expression autochtones.

Han Yu

Depuis les Han, on aimait en Chine à écrire sous forme de sentences parallèles *(p'ien-li-wen)*, bien cadencées, s'agençant deux par deux et donnant un effet de prose rythmée, à mi-chemin entre le dicton populaire et nos alexandrins. Cette forme linguistique prévalait partout, même chez les philosophes, et le *tch'an* peut, de ce fait, être considéré comme une tentative pour réformer ce qui était devenu routine, pour briser le rythme berceur qui finissait par canaliser et enfermer à l'extrême la pensée dans le jeu étroit des thèses, antithèses sans synthèses et raisonnements par assimilation. Une autre forme de réaction fut celle que personnifia Han Yu, pamphlétaire puissant et chantre du savoir national, maître du « style ancien » *(kou-wen)*, libre et elliptique.

Han Yu (786-824) représente le type même du lettré rigoriste et archaïsant, au point que le confucianisme triomphant en fera, dès le xe siècle, son patron. Mais au-delà de cette figure polémique et rigide transparaît une sorte d'incarnation de la pensée chinoise de toujours, du sentiment national qui prévalait, malgré la vogue plus ou moins durable mais superficielle de l'exotisme.

Han Yu s'opposait non seulement à toute forme possible de synthèse avec le bouddhisme, mais combattait aussi, au sein de sa propre culture, l'esprit irrationnel du taoïsme dont le courant avait servi de médiateur à l'introduction des idées étrangères. Face à l'école pourtant bien chinoise mais spiritualiste et subitiste du *tch'an*, il fait figure de Voltaire chinois, ennemi de l'esprit de ferveur qui, depuis les Han, avait insufflé aux arts et à la pensée du pays une vie nouvelle. Han Yu savait être convaincant : après lui les philosophes confucéens et, dans leur sillage, les étrangers, ne cesseront de dénoncer ce « corps étranger », cette « aliénation » que constitua l'éclosion bouddhique en Chine.

La greffe pourtant aurait pu prendre, comme elle le fit au Japon. Mais il aurait fallu pour cela que la nouvelle religion modifiât les structures administratives de l'État, ce qui ne se produisit pas. Aussi, quand le gouvernement s'estima lésé par la religion, il put l'évincer sans difficulté : ce faisant, il assainissait le pays, il menait une lutte louable contre la corruption. Pour le commun des mortels, la proscription allait dans le sens de l'ordre social chinois, puisqu'on rendait à la terre les bras des moines et des nonnes chassés de leurs établissements ; on restaurait l'État, la famille, la hiérarchie confucéenne.

Le projet d'exposer à l'adoration des fidèles, dans le palais impérial, une prétendue relique du Bouddha, inspira à Han Yu un pamphlet d'une telle violence que son auteur échappa de peu à la mort et se vit condamné à l'exil dans les confins méridionaux de la Chine :

« Votre serviteur implore la liberté de dire que le bouddhisme n'est rien d'autre qu'un culte des peuples barbares qui se répandit en Chine à l'époque des Han postérieurs. Il n'existait pas ici dans les temps anciens...

« Bouddha était un barbare qui ne parlait pas le langage de la Chine et portait des habits différents. Ses dires ne concernaient en rien les manières d'être des anciens rois, pas plus que ses manières ou ses vêtements n'étaient conformes à leurs lois. Il ne comprenait ni les devoirs qui lient souverain et sujet, ni les relations affectives entre père et fils. S'il était encore vivant de nos jours, et s'il venait à notre Cour par ordre de son maître, Votre Majesté condescendrait à le recevoir mais cela n'irait pas au-delà d'une audience dans la salle Hiuan-tcheng, d'un banquet au Bureau pour la Réception des invités, de l'offrande d'un costume, puis il serait alors escorté jusqu'aux frontières de la nation, renvoyé, et on lui interdirait de tromper les masses. Comment maintenant, alors qu'il est mort depuis longtemps, peut-on admettre légitimement au Palais ses os pourris, les restes nauséabonds et maléfiques de son corps? Confucius a dit : "Respectez les fantômes et les esprits, mais tenez-les à distance!" C'est pourquoi, lorsque les princes des anciens temps allaient présenter les condoléances à des funérailles dans leur État, ils envoyaient devant des exorcistes maniant des bâtons de bois de pêcher pour chasser le mal et c'est alors seulement qu'ils [les princes] avançaient. Et voilà que, sans raison, Votre Majesté a fait apporter cette chose répugnante, avec l'intention d'aller personnellement la voir. On n'a envoyé aucun exorciste ni employé les bâtons en bois de pêcher... Votre serviteur, plein de honte, supplie que cet os soit remis aux autorités responsables afin de le jeter dans le feu et l'eau, que ce mal soit déraciné, le monde libéré de son erreur, et que soit épargnée aux générations futures cette illusion... »

Une idée importante apparaît dans ce texte : c'est la peur de la pollution que l'on allie justement, mais peut-être trop exclusivement, au shintoïsme japonais; en fait, les civilisations de l'Extrême-Orient dans leur ensemble attachent sans doute, mais de manière à peine consciente, une importance aussi grande que nos cultures de l'Orient méditerranéen aux notions élémentaires de pur et d'impur.

Nationaliste convaincu, Han Yu n'en jugeait pas moins avec rigueur son propre pays. S'il attaquait le bouddhisme, il dénonçait avec la même sévérité le système confucéen des études tel qu'il était établi afin de satisfaire aux examens. Il y voyait le contraire de l'humanisme, une école du trucage, du vieillissement de l'esprit, de l'arrivisme vulgaire, alors qu'une vie entière ne suffit pas à parfaire ses connaissances sur le long chemin du vrai savoir. Au nom de la science, Han Yu se trouvait finalement conduit à remettre totalement en cause le jeu des structures sociales, à imaginer, en même temps que le traditionnel retour à l'âge d'or, un renversement possible des rapports de jeunes à vieux et de faibles à puissants :

« Ceux qui aiment leurs enfants leur choisissent des instituteurs pour les enseigner. Mais lorsqu'il s'agit d'eux-mêmes, ils ont honte de suivre un enseignement. Quelle aberration! Cet instituteur d'enfants leur donne des livres et leur explique la grammaire; ce n'est pas quelqu'un qui puisse leur transmettre la voie à suivre, ni dissiper leurs erreurs de conduite. Ainsi, d'une part, il y a la grammaire qu'on ignore, d'autre part, il y a les erreurs qui ne sont pas dissipées. On prend un maître pour l'un, on n'en prend pas pour l'autre; on étudie ce qui n'est que peu de chose et on délaisse ce qui est essentiel. Je ne crois pas que ce soit une manière de procéder bien sage.

« Les devins, les médecins, les musiciens, les artisans divers n'ont aucune honte à s'instruire auprès des maîtres. Mais il suffit que devant le clan des lettrés et des fonctionnaires on prononce les mots de maître et disciple pour que tous ensemble se moquent de vous. Si on leur en demande la raison, ils disent : " Tel et tel sont à peu près du même âge, leur position est à peu près équivalente ". Si le rang du maître est inférieur, cela suffit pour le faire mépriser, si ses fonctions officielles sont importantes, on craint que cela ne paraisse une flatterie. Hélas, avec cette façon de voir, on ne pourra plus jamais restaurer l'institution des maîtres.

« Ceux qui font profession de sagesse méprisent les devins et les médecins, les musiciens et les artisans. Mais maintenant toute leur sagesse ne peut arriver à égaler ces hommes : n'est-ce pas étrange ?

« Le sage n'a pas de précepteur attitré. Confucius disait : "Lorsque je vois venir trois hommes, il y a certainement parmi eux un maître pour moi." On voit de là qu'il n'est pas indispensable que le disciple soit inférieur au maître ni que le maître soit plus sage que le disciple. Il suffit qu'il y ait des différences dans la pratique de la voie à suivre et des connaissances spéciales dans chaque étude et doctrine. »

On ne peut imaginer hymne plus vibrant à l' « authenticité », à l'universalité de la culture, de la valeur humaine, par-delà les conventions sociales. Par bien des aspects de sa pensée, toujours pétrie d'enthousiasme et de sincérité, le champion de l'orthodoxie nationale et de la règle confucéenne rejoint le vagabond taoïste :

« Avoir une demeure modeste, habiter la campagne ; monter sur une hauteur pour regarder au loin, s'asseoir sous des arbres touffus pour finir sa journée, faire ses ablutions dans les eaux d'une source limpide ; trouver des choses excellentes à manger en errant dans les montagnes, prendre du poisson frais et succulent en pêchant dans les rivières ; ne pas avoir d'heures fixes ni pour se lever ni pour se coucher, suivre en tout sa seule commodité ; préférer ne pas être blâmé derrière son dos plutôt que de s'entendre louanger en sa présence ; préférer ne pas avoir de soucis dans son cœur plutôt que de se procurer des plaisirs pour son corps ; ne pas être suivi de chars ni de robes d'apparat, mais aussi se trouver hors de la portée du sabre du bourreau ; ne pas se préoccuper du bon ordre ni des troubles, n'entendre parler ni de disgrâce ni de promotions — voilà la manière d'être un grand homme qui n'est pas reconnu par son siècle. Je suis cette manière d'être.

« Des hommes qui attendent aux portes des hauts fonctionnaires et des ministres, qui courent après les hommes au pouvoir, qui, sur le point d'avancer, ne savent pas s'ils doivent avancer ou non, qui, sur le point d'ouvrir la bouche pour parler, hésitent s'ils doivent parler ou se taire, qui pataugent dans l'ordure sans en éprouver nulle honte, qui enfreignent constamment les lois pénales et subissent les exécutions alors qu'ils n'ont qu'une chance sur mille d'arriver aux honneurs, mais qui ne cessent leur activité que lorsqu'ils meurent de vieillesse, — si l'on veut se demander si la manière d'être de ces hommes est celle de sages ou d'hommes de peu, que trouvera-t-on ?

« Moi, Han Yu, j'ai entendu ces propos et je les ai pleinement approuvés. Je lui ai offert du vin et j'ai composé pour lui une chanson. »

Le cercle semble se refermer. L'exemple du sévère Han Yu atteste encore une fois qu'au sein d'une même civilisation la véritable spécificité des êtres réside moins dans les partis-pris doctrinaires que dans la manière d'être; peut-être se souvenait-il de Sie Ling-yun (385-433) qui soulignait jadis que tout relevait d'une simple question de tempérament.

L'historiographie

Chaque société qui s'élabore en un tout cohérent est hantée par l'image de son propre passé. Sseu-ma Ts'ien avait jadis déroulé le long écheveau des dynasties antiques qui menèrent la Chine à l'aube de son premier classicisme; Pan Kou et sa famille avaient prolongé son œuvre, accordant un intérêt particulier aux difficiles problèmes matériels. Puis l'histoire acquit ses lettres de noblesse par le biais de la bibliographie, lorsque, au milieu du IIIe siècle de notre ère, Tcheng Mo reconnut l'existence de quatre catégories de livres : les Classiques, les écrits philosophiques, les livres d'histoire et les œuvres purement littéraires.

Depuis, l'histoire était devenue peu à peu un instrument politique; si les compilations s'accumulaient, artificielles et sans âme, on n'y sentait plus vivre, prudente et effacée, mais médiatrice indispensable, la personnalité de l'historien, humble et subtile machine à restituer les échos assourdis que les vivants n'entendent plus.

Tous les érudits pourtant n'admettaient pas sans protester cette dégradation de la discipline historique, et le VIIIe siècle vit à nouveau fleurir, au-delà des tracasseries officielles, le sentiment d'une certaine vérité due au passé.

Le plus ancien traité d'historiographie actuellement connu date du début du VIIIe siècle. Il était l'œuvre de Lieou Tche-ki (661-721) qui se targuait de descendre de la prestigieuse lignée des Han; un cousin de son grand-père avait été investi d'une charge d'historiographe au début des T'ang, charge à laquelle

Lieou Tche-ki s'éleva aussi à force de patience, au moment trouble où le pouvoir s'échappait des mains de l'impératrice Wei.

Lieou Tche-ki ne tarda pas à manifester sa mauvaise humeur contre tout ce qui, dans son métier, n'avait aucun sens : travailler en équipe, ce qui excluait la possibilité d'une synthèse intelligente; se voir interdire l'accès aux documents que, paradoxalement, on cachait à l'archiviste; se trouver, du fait du travail collectif et du nouveau droit de regard que s'accordait le gouvernement, dans l'impossibilité d'écrire sans risque ce qu'il pensait; devoir se plier aux plans et aux instructions imposées par les autorités politiques; enfin, se voir écarté lorsque son honnêteté devenait gênante. Sachant que ses idées comme ses méthodes n'obtiendraient pas la faveur de ses collègues, encore moins celle de ses supérieurs qui n'en tiendraient aucun compte, Lieou Tche-ki exposa son point de vue dans son « Étude exhaustive de l'histoire » *(Che t'ong)*, terminée en 710.

Certes, Lieou Tche-ki concevait son métier d'historien d'une façon très conforme, dans son fondement, à la ligne officielle : c'est, disait-il, à l'État qu'il appartient de veiller à la rédaction d'une histoire correcte, source d'exemples pour la postérité. De même, s'il prônait la suppression des longues listes de prodiges que l'on consignait naguère avec soin, la raison n'en était nullement un scepticisme à l'égard des miracles, auxquels il croyait fermement, mais un parti pris : les catalogues bibliographiques, tout comme les observations astronomiques, lui semblaient inutiles dans la mesure où ils ne servaient pas à développer le raisonnement moral.

Pourtant l'« Étude exhaustive de l'histoire » contenait un certain nombre de propositions révolutionnaires. Elle proclamait par exemple le lien de l'homme à son terroir d'origine — sorte de déterminisme à la manière de Madame de Staël. Lieou Tche-ki, longtemps oublié, remis à l'honneur sous les Yuan, apparaît légitimement comme le père de la critique textuelle chinoise. Il enseignait la nécessité de transcrire correctement les paroles prononcées, « afin que l'on puisse presque s'appuyer sur les hommes du passé »; il exposait l'obligation de rappeler le mauvais comme le bon, fût-ce au sujet de son propre père et quoi que Confucius eût paru en penser. Cette méfiance à l'endroit des écrits des grands maîtres de jadis peut déjà se lire chez Mong-tseu; mais Lieou Tche-ki apportait un élément nouveau, un espoir de solution trouvée dans l'étude approfondie du texte, la vérification de son homogénéité intérieure, de sa vraisemblance, enfin sa collation avec d'autres sources. Poussant jusqu'au bout sa méthode, il allait jusqu'à rejeter les assises les plus sacrées de sa civilisation, niant l'existence du « décret céleste » qui, selon Sseu-ma Ts'ien, avait engendré la création de l'Empire; niant enfin la sacralité des Classiques qu'il sondait, jaugeait et interrogeait comme des documents ordinaires. Pour mieux évaluer la portée intellectuelle de cet esprit critique, il n'est qu'à évoquer les bouleversements que, quelques siècles plus tard, les progrès de l'exégèse biblique causèrent en Europe. Malheureusement, les principes de Lieou Tche-ki restèrent longtemps lettre morte et l'historien aujourd'hui ne peut user qu'avec prudence des histoires rédigées à l'époque des T'ang.

D'une façon générale, l'étude de cette époque révèle un décalage permanent entre la théorie et la pratique. Cela s'explique largement par le fait que les contemporains eux-mêmes se laissèrent prendre au vertige du raisonnement coupé de ses bases matérielles et l'histoire de l'administration t'ang peut, dans une certaine mesure, apparaître comme celle d'une inadaptation constante de l'édifice théorique aux réalisations pratiques. Le problème de la régulation des eaux en donne un bon exemple.

Les voies navigables et leur aménagement — chef-d'œuvre des empereurs souei — furent confiés, sous les T'ang, à deux départements administratifs spécialisés au sein du gouvernement central : le « Département des eaux » *(Chouei-pou)* et le « Directorat des canaux » *(Tou-chou-kien)*. Or, les recherches historiques actuelles tendent à prouver que ce bel appareil ne servait à rien, ou presque. A mesure que l'on s'éloignait davantage de la capitale, l'irrigation des provinces était de moins en moins prise en charge par les administrations locales, et de plus en plus par les riches exploitants. Tout se passait comme si l'on revenait à l'équilibre qui, bon an, mal an, avait prévalu à l'époque des Trois Royaumes quand, par-delà l'incertitude des combats, la Chine unitaire s'était cassée puis reconstituée d'elle-même en groupes géographiques cohérents. Le déchiffrement de ces textes t'ang non officiels porte ainsi un coup très rude à la théorie impériale unitaire selon laquelle seul un gouvernement central puissant, voire despotique, pouvait disposer des moyens nécessaires pour assurer le contrôle des cours d'eau.

La seconde difficulté que rencontre l'historien actuel provient de ce que la découverte et l'éclairage de ces discordances entre les principes et l'humble réalité quotidienne sont choses lentes et difficiles. L'existence de tabous inattendus explique en effet bien des silences et souligne combien il est aventureux de dégager prématurément des directions historiques qui ne semblent évidentes que dans la mesure où l'on manque d'informations.

Il en va ainsi de la connaissance réelle des villes et des communautés populaires. Les hommes de la bonne société, par exemple, ne devaient en aucun cas se rendre au marché, lieu vulgaire et polluant. C'est pourquoi, les personnages de condition étant les seuls à savoir écrire et décrire, on ne connaît qu'un unique récit sur ce thème, « En regardant le marché » *(Kouan che)*. Il ne dut qu'au hasard de naître, en 808, sous le pinceau de Lieou Yu-hi (772-842), qui vit un beau jour les étalages s'installer non loin de ses fenêtres, à Lang-tcheou, au Hounan. On avait déplacé le marché pour tenter d'apaiser le dieu de la sécheresse qui sévissait alors dans la région. Sans cet événement, bouchers et poissonniers, marchands de vin et trafiquants d'esclaves ne seraient sans doute jamais entrés si tôt dans la littérature et, à travers elle, dans l'histoire.

LA SENSIBILITÉ LYRIQUE

Les seules personnes du commun qui échappèrent à la règle de l'anonymat furent les serveuses et surtout les chanteuses dont les poètes aimaient à évoquer les silhouettes gracieuses et la vie insolite :

« Du vin de vigne,
Des coupes d'or,
Une fille de Wou de quize ans venue sur un cheval fin.
Ses sourcils sont peints de noir, ses bottes sont de satin rouge.
Elle trébuche sur les mots mais chante d'une voix câline.
Au riche festin elle se grise dans mes bras.
Que ferai-je de toi sous les rideaux couleur d'hibiscus ? »

Ombres joyeuses des folles réunions citadines, elles jouèrent dans la culture chinoise un rôle plus important que ne le laisseraient supposer l'humilité de leur condition ainsi que leurs portraits rimés, gracieux mais quelque peu stéréotypés. Qui se serait avisé sous les T'ang qu'elles opéraient à leur insu un renouvellement profond de la musique, aimée et développée hors du cercle étroit de la Cour où elle était demeurée, pour sa meilleure part, confinée ?

Le tournoiement des fêtes, le passage ininterrompu des voyageurs qui venaient chercher à la ville affaires et plaisirs entraînèrent l'avènement d'une musique populaire professionnelle — musique de chambre douce, moins bruyante que par le passé, apte à traduire les mouvements du cœur portés par la richesse des accords du *p'i-pa* — luth venu de l'Iran sassanide — ou le raffinement du chant soliste.

Il existait alors, dans les grandes villes, des quartiers entiers de « maisons de chanteuses » *(ki-kouan)* — dont le plus célèbre était celui de Pei-li à Tch'ang-an —, ce qui prouve à quel point les hommes de ce temps raffolaient de musique.

Une hiérarchie extrêmement subtile définissait les talents des artistes et compagnes de festins. Comme de nos jours au Japon — et bien que la tradition s'y perde peu à peu —, ces jeunes femmes dont la vie pouvait certes connaître les joies de l'amour, ne se confondaient en aucun cas avec les prostituées.

Les filles de Tch'ang-an, dit-on, l'emportaient de loin sur toutes les autres, même sur leurs compagnes de Lo-yang. Elles étaient l'étincelle de joie, d'esprit ou de grâce, l'ornement des banquets offerts par de riches personnages d'un goût parfois extrêmement raffiné.

La Cour possédait ses chanteuses, de même que les membres de l'administration. Ces dernières recevaient à l'occasion l'autorisation de se produire chez quelques hôtes distingués. Cette pratique semble être devenue si courante, donc si rentable, que l'État forma son propre groupe de chanteuses dont il louait les services à qui le souhaitait. De simples particuliers possédèrent bientôt également leurs artistes que chacun pouvait appeler.

En dépit de ses aspects pittoresques, ce monde du plaisir devait marquer profondément l'évolution de certains arts. Le chant, la musique, la danse, le mime — prémices du théâtre encore à naître — évoluèrent beaucoup plus rapidement en ces lieux d'amusement qu'à la Cour où, après la révolte d'An Lou-chan, le groupe des musiciens si vivants à l'époque de Hiuan-tsong, déclina rapidement aussi bien en nombre qu'en qualité.

Ce goût profond pour la musique et l'expression lyrique, le souci de clarification et de réglementation qui présida à l'épanouissement de la culture t'ang, enfin l'établissement des examens qui comportaient une épreuve de versification, provoquèrent une grande explosion poétique et aboutirent rapidement à l'établissement de nouvelles règles prosodiques.

Au ve siècle déjà, un historien et philosophe de talent, Chen Yue (441-513), avait préconisé le respect d'un moule poétique strict *(lu-che)* qui, par ses contraintes mêmes, devait exprimer en le magnifiant le souffle des passions humaines. De lui, on aime à citer ces vers sur le thème éternel de la séparation :

« Dans la vie, aux jours de la jeunesse,
    Quand on se quitte, on croit aisé de se revoir.
Mais aujourd'hui que, toi et moi, flétris, nous vieillissons,
    Nous ne retrouverons plus nos adieux d'autrefois.

Ne dis pas : " Ce n'est rien qu'une coupe de vin ",
    Car demain pourrons-nous la tenir à nouveau ?

Dans nos rêves, ignorant le chemin l'un de l'autre,
    Comment nous consoler de nos regrets? »

Au VIIe siècle, les règles furent nettement définies, sinon pour les examens — car les difficultés auraient été trop grandes — du moins pour ceux que tentait la dure loi de l'expression poétique. Tout poème devait comporter huit vers de cinq à sept caractères, des rimes de même ton et la césure placée au même endroit.

Au même moment, les chants psalmodiés d'autrefois, les *fou*, se perdaient. Les musiques étrangères berçaient d'un charme plus grand les oreilles chinoises. Peu à peu, on adapta des paroles anciennes à des airs neufs, créant ainsi de nouvelles chansons. Vers l'an 800 apparut aussi un genre, jailli spontanément, celui des *ts'eu :* poèmes à chanter aux rythmes variés et souples qui, tous, portaient le nom d'un air musical connu, cité en référence; ils admettaient, à la différence des anciennes poésies *(che)*, l'introduction de parties parlées.

Cet assouplissement, cette liberté de la musique populaire conjuguée aux règles subtiles et variées de la prosodie savante, furent sans doute à l'origine de l'âge d'or que connut alors la poésie. Pure et lyrique, ou bien sociale et engagée, elle suivit les courants les plus divers, mettant en scène les hommes et les idées et rappelant sans cesse l'usure irréversible du pouvoir.

L'étincelle jaillit peut-être pour la première fois avec Mong Hao-jan (689-740), doux visionnaire, chantre de l'amour éternel du poète extrême-oriental pour la nature; il ne sut pourtant ni réussir aux examens officiels ni plaire à l'empereur quand, par l'intermédiaire de son ami, Wang Wei, l'occasion s'en présenta :

« Près de l'îlot brumeux, on met à l'ancre le bateau;
    Au coucher du soleil, se renouvelle l'émoi du voyageur.
Immense est la campagne : le ciel s'abaisse vers les arbres;
    Limpide est la rivière : la lune s'approche des hommes. »

C'est une vision plus précise, plus picturale que donne Wang Wei (699-759), dont le talent littéraire n'eut d'égal que son génie de peintre :

« Du vallon broussailleux, des rochers blancs émergent;
    Épars dans le ciel froid, quelques feuillages rouges...
Sur le sentier de la montagne, il n'a pas plu;
    Mais l'azur de l'espace inonde mes habits. »

Wang Wei était aussi musicien et devint maître-assistant à la Cour de musique en 721. Sa carrière, brillante, connut les aléas de ceux qui avaient approché de trop près le soleil impérial. Pris de force dans la suite d'An Lou-chan, il fut jeté en prison (756), mais l'empereur lui accorda finalement l'amnistie. Il vieillit alors, retiré et estimé, cultivant un esthétisme méditatif, porté par la foi bouddhique qui, depuis la mort de sa femme, en 730, soutenait ses pensées.

Li Po (ou Li T'ai-po) (701-762), en revanche, possède le visage pittoresque du bohème plein d'une spontanéité toute taoïste. Sa truculence pourtant se nuance d'une mélancolie hantée par la mort :

« Ami, croyez-moi, n'écartez point cette coupe!
Le vent printanier arrive tout souriant.
Pêchers et pruniers, telles de vieilles connaissances,
Inclinent leurs fleurs et vers nous les entrouvrent.
Les gais loriots chantent dans les arbres verts;
La lune brillante observe nos coupes d'or.
Nous étions hier des jeunes gens au teint rose;
Voici qu'aujourd'hui les cheveux blancs nous vieillissent.
La ronce envahit le palais du roi de Tchao;
Les cerfs vont paissant la terrasse de Kou-sou [palais antiques et ruinés].
Dans ces vieux palais des empereurs et des princes,
Les portes à étages n'enferment plus que poussière!
Pourquoi refuser de boire cette liqueur?
Où sont maintenant les hommes du passé? »

Pas plus que Wang Wei, il n'évita la compromission avec An Lou-chan. Exilé au Yunnan, il bénéficia lui aussi de la grâce impériale mais mourut noyé, dit la légende, pour avoir voulu attraper la lune dont, égaré par les brouillards de l'alcool, il voyait le reflet miroiter dans les eaux du fleuve Bleu.

Son contemporain et ami Tou Fou (712-770), dont la gloire égale la sienne, ne connut ni la vie douce de Li Po ni les faveurs de la Cour. Il vécut les dramatiques événements qui assombrirent la fin du règne de Hiuan-tsong et marquèrent le début de la décadence de la dynastie. Comme il avait échoué aux examens officiels, il rencontra toutes les vicissitudes auxquelles le condamnait son état de modeste employé : disgrâces, insuccès que vinrent encore dramatiser des deuils cruels. Il connut ainsi une vie errante et difficile, proche du petit peuple dont il partageait la misère. Sa poésie, qui n'aurait pu être — comme elle l'est effectivement parfois — qu'un jeu aimable et subtil où dominent la gaieté et la bonne humeur, devint un instrument de lutte morale et sociale, un cri déchirant contre la guerre et l'injustice :

« Un soir je logeais au village de Che Hao
Et la nuit un recruteur vint prendre les gens.
Un vieillard s'enfuit par-dessus le mur,
Sa vieille femme sortit à la rencontre du recruteur.
Comme celui-ci criait de colère!
Comme la vieille pleurait avec amertume!
Écoutez les paroles de celle qui s'avance, dit-elle.
Mes trois fils tenaient garnison à Ye.
L'un d'eux m'a écrit que les deux autres
Venaient de périr dans les batailles.
Maintenant nous avons honte de survivre
Et les morts sont morts à jamais.
Il n'est plus de garçon chez nous,
Que mon petit-fils qui s'allaite.
Sa mère est encore ici
Et ses jupes sont en haillons.
Toute vieille et faible que je sois,
Je vous suivrai ce soir même.
J'irai servir à Ho-yang,
Je pourrai au moins préparer le repas matinal.
Dans la nuit profonde les paroles se turent,
Mais je crus entendre des sanglots indistincts.
A l'aube quand je repris ma route,
Le vieillard seul me dit adieu. »

C'est en systématisant, en apportant une profonde réflexion intellectuelle à ce qui était chez Tou Fou le cri d'un cœur blessé, que Po Kiu-yi (772-846), dont nous avons déjà évoqué la personnalité puissante et pittoresque, bâtit son œuvre. Au meilleur de sa création, presque deux générations avaient vécu et souffert depuis la première floraison de la poésie t'ang qui, de Mong Hao-jan à Tou Fou, s'était développée selon un continuum qui évoquait, avec une verve, une liberté toute taoïste chez Li Po, un labeur, une rigueur toute confucéenne chez Tou Fou, la gamme sans fin des joies et des tristesses humaines.

Avec Po Kiu-yi, tout changea. Comme aux temps lointains du cercle des Ts'ao, au IIIe siècle, la poésie, enrichie de mètres nouveaux, devint un moyen d'expression politique. Po Kiu-yi allait jusqu'à y voir un outil d'information propre à guider la réflexion des hommes au pouvoir. Il n'était pas en effet un poète ordinaire; il occupait les fonctions importantes de censeur à la Cour et son œuvre ne peut pleinement se comprendre qu'en fonction des hautes charges qu'il occupait au gouvernement.

Les manœuvres financières de l'État, qui se traduisaient par une paupérisation générale des petits exploitants, étaient à ses yeux un scandale honteux :

« J'ai entendu dire qu'en raison de l'excellence de la récolte cette année, les autorités ont demandé que fût rendu un ordre impérial d'harmonisation des grains dans le district de la capitale et ailleurs, afin que l'on achetât aux fermiers le grain bon marché, ce qui serait pour eux un bénéfice [un secours]. Autant que je puisse le voir, de tels achats signifient seulement des pertes pour les fermiers et ne leur profite en rien. Pourquoi en est-il ainsi?

« L'harmonisation des grains signifie que le gouvernement donne de l'argent et que les fermiers donnent leurs grains. Ils marchandent et procèdent à l'échange après agrément mutuel [sur le prix]. Ces dernières années l'harmonisation des grains n'a pas été menée de cette façon. Les préfectures et les districts ont été autorisés à taxer chaque foyer — en fonction du nombre de ses membres — d'une certaine quantité de grains, à fixer les termes et la date de la livraison. S'il y avait quelque retard, les mesures punitives d'emprisonnement et de flagellation imposées aux contrevenants étaient encore pires que celles dont on usait habituellement dans la collecte des impôts. Bien que cela s'appelle l'harmonisation des grains, dans la réalité, cela fait du tort aux fermiers. Si ces nouveaux achats sont pratiqués de la manière qui est devenue habituelle, je dis que les fermiers ne feront que souffrir une perte et ne gagneront absolument rien... »

Ce rapport officiel sur un sujet que Po Kiu-yi connaissait bien, puisqu'il l'avait traité dès sa jeunesse avec brio lors des examens de « lettré accompli », éclaire d'une lumière particulière sa poésie et aide à lui rendre toute sa portée sociale, au-delà de la douce et élégante chanson des mots :

« Le vieux charbonnier!
Sur les Monts du Sud [de Tch'ang-an] il abat du bois, le brûle et en fait du charbon;
Son visage est couvert de poussière et de cendre, couleur de suie et de feu.
Tout gris les cheveux à ses tempes et ses dix doigts sont noirs.
Le charbon qu'il vend, à quoi lui sert-il?
Aux habits pour son corps, aux vivres pour sa bouche.

Pauvre de lui! Alors que ses vêtements sont si minces,
Craignant le bas prix du charbon, il souhaite un temps froid!
Cette nuit, hors les murs de la ville, il est tombé un pied de neige;
Dès l'aube il attelle sa charrette, qui roule cahin-caha dans les ornières gelées.
Les bœufs sont las et l'homme a faim, quand le soleil est déjà haut;
A la porte du Sud, dans la boue ils s'arrêtent.
Mais quels sont ces deux cavaliers qui s'en viennent si fringants?
Un commissaire en habit jaune, un garçon en chemise blanche.
Document officiel en main, ils crient : "Par ordre impérial!"
Et, gourmandant les bœufs, ils font retourner la charrette et l'entraînent vers le [Nord.
Dans la charrette, il y avait mille livres et plus, de charbon;
Le commissaire du palais le réquisitionne; à quoi bon se plaindre,
Une demi-pièce de gaze rouge et dix pieds de soie à fleur,
Attachés aux cornes des bœufs, sont tout le prix du charbon! »

Ce qui caractérise peut-être ces trois grands auteurs et les rend proches de nous, c'est leur compassion, leur inquiétude constante devant les malheurs des humbles, l'œil quelque peu méprisant dont ils regardent les plaisirs des riches, l'intérêt qu'ils portent à la gestion publique. Sans aucun doute faut-il y voir l'un des avantages de l'enseignement d'alors qui, tout en imposant à tous le même moule, inculquait aussi à chacun le souci du bien commun et le goût de la réflexion politique:

« Ne vous faites pas marchand,
Vous ignorez ses soucis et ses craintes.
Près des frontières du Nord, il chemine sous la neige et le givre,
Au sud du fleuve il couche dans le vent et la pluie.
S'il entasse des milliers d'once d'or,
Maints de ses bateaux finissent par sombrer.
Mieux vaut boire avec moi,
Nous nous enivrerons joyeusement.

Ne vous faites pas paysan,
Il suffit de le voir pour le plaindre.
Au printemps, il laboure sa maigre terre,
Chaque soir il nourrit son bœuf efflanqué.
Les impôts du mandarin reviennent souvent,

Les bonnes années sont rares.
    Mieux vaut boire avec moi,
Nous serons ivres et gais de compagnie. »

L'éclat, l'humanité universelle de ces trois géants qui illustrent chacun une facette du génie t'ang, font parfois injustement oublier le talent de leurs émules du IXe siècle qui, délaissant le combat dans un monde dont l'évolution semblait leur échapper, finirent par retrouver, au couchant du classicisme t'ang, les visions lumineuses et tendres de son aurore.

Tou Mou (803-852), brillant et haut fonctionnaire, reçut, malgré une réussite sociale évidente, le surnom de « Tou le mineur » en souvenir du grand Tou Fou, poète de la souffrance, de la difficulté de survivre et d'écrire. Oeuvrant lui aussi dans un style travaillé, il créait des œuvres scintillantes et calmes :

« Toujours plus loin, plus haut, sur la montagne froide, sur le sentier pierreux...
Au plus épais des nuées blanches, surgit une maison.
Ma voiture à l'arrêt, je contemple, amoureux, les bois d'érables à la brune :
Plus rouges, leurs feuilles givrées, que ne sont fleurs de mars ! »

Son contemporain, Li Chang-yin (813-858), membre de la célèbre et parfois ténébreuse Académie du Han-lin, ciselait des vers d'un lyrisme raffiné, variations sur le thème éternel de la fuite du temps :

« Le soleil du printemps, à l'horizon...
    A l'horizon, le soleil déjà penche.
Le loriot chante, et c'est comme une larme
    Qui ruisselle sur la plus haute fleur. »

Wen T'ing-yun (actif c. 860), aux poèmes voluptueux et suggestifs, bercés par le rythme libre du *ts'eu*, éclaire de la même nuance tendre et humaine cette époque où partout brûlait la flamme des révolutions :

« La rosée est abondante, la brume épaisse, l'herbe grasse ;
Les arbres se mirent dans la balustrade, les saules essuient la digue.
Les fleurs tombées jonchent la cour ; seuls manquent les hôtes et leur ivresse.
A la cinquième veille, sous la lune qui décroît, chante le loriot.

O destins embaumés ! A les imaginer, quelle émotion sans fin...

Le belvédère ancien n'est plus que ruines et le chemin s'efface.
Le paysage est le même, ce sont les hommes qui ont changé;
Quand je passe devant l'allée d'entrée, mon cheval hennit longuement. »

Les mêmes thèmes reviennent toujours, portés par les vagues émotives d'un bouddhisme de moins en moins abstrait, de plus en plus sinisé : face à nos morts et à nos résurrections, face à nos combats entre Hadès et la lumière, les poètes chinois ont chanté un autre humanisme dont les seuls vrais problèmes sont le combat quotidien, terre à terre, de la vie individuelle, et la méditation sur le thème de l'impermanence. La poésie chinoise connut sans doute à l'époque des T'ang l'un de ses moments privilégiés : l'anthologie des poètes de ce temps, compilée au XVIIIe siècle, comprend près de cinquante mille poèmes et deux mille trois cents auteurs répertoriés!

CHAPITRE VIII

L'ART DES T'ANG

Plus qu'aucun autre peut-être, le classicisme t'ang sollicite et flatte les regards car, au-delà des mouvements subtils de sa pensée toujours difficiles à saisir dans leurs nuances changeantes et vivantes, il fut aussi l'âge d'or de l'objet, du confort familier, rendu de jour en jour plus raffiné, plus élégant grâce au talent légendaire des artisans chinois, talent qu'affinaient encore les innombrables ferments venus d'Occident ou des petits États satellites de la Chine mère.

LES ARTS DÉCORATIFS

Le sol chinois lui-même regorgeait de richesses. Il renfermait en grande quantité des métaux comme le cuivre, l'étain, le fer. Cette abondance n'était pas sans susciter une certaine convoitise chez les voisins plus démunis. Aussi, ceux-ci tentèrent-ils par tous les moyens de se procurer monnaies et bijoux chinois, ce qui obligea le gouvernement à prendre des mesures périodiques pour empêcher la sortie des métaux. En fait, seul l'or, utilisé sous forme d'incrustation dès les Royaumes combattants, manquait véritablement, encore que l'on en trouvât parfois dans les dépôts alluvionnaires du Sseutch'ouan. Il fallait le faire venir de l'Annam, d'où provenait aussi l'argent. Ces importations suffirent en tout cas à entretenir le long épanouissement des arts décoratifs, favorisé par un certain nombre de progrès techniques.

C'est ainsi que les métaux rares entrèrent largement dans la composition d'objets de luxe; aux prouesses ingénieuses exigées par la pénurie succédèrent les facilités offertes par l'abondance. Les méthodes anciennes, comme celle de

26. LE TRAITEMENT DU MINERAI DE PLOMB ARGENTIFÈRE

Les orfèvres t'ang, stimulés par les apports de l'Iran sassanide, produisirent des pièces de haute qualité, renouant ainsi avec la tradition des métallurgistes de l'antiquité et des premiers âges de l'Empire. Ils furent, en même temps, servis par un certain nombre d'innovations techniques comme celle-ci, illustrée dans un traité datant de l'époque des Ming, mais remontant en fait à celle des T'ang, moment où la technique de réduction par le feu commença à supplanter celle du lavage du minerai. On remarquera le soufflet de forge chinois, très différent de son homologue occidental : il s'agit d'une boîte percée de deux trous permettant de déplacer à l'intérieur un panneau mobile dont le mouvement crée le vent. Souvent aussi, au lieu d'utiliser le soufflet de forge, on usait de simples éventails.

l'incrustation de petits motifs d'or ou d'argent à la surface d'une masse de bronze coulé, ne disparurent pas. Mais la venue probable d'artisans persans, réfugiés en Chine pour fuir l'avance arabe, transforma profondément les méthodes locales de travail. Les émigrés apprirent à leurs compagnons chinois comment battre les métaux à la feuille. De cette pratique naquirent des objets élégants, aux parois fines, ornés de motifs persans — vigne ou rosettes — souvent œuvrés en repoussé.

Grâce au verre, connu en Chine depuis la fin des Tcheou, mais dont la qualité avait été récemment améliorée, les hommes crurent pouvoir reproduire les nuances et l'éclat magique des gemmes naturelles. Deux sortes de verre existaient en Chine : l'une *(lieou-li)* translucide, voire opaque, se composait d'une pâte colorée d'où naissaient d'agréables contrefaçons des pierres précieuses ou semi-précieuses. L'autre *(po-li)*, en revanche, était transparente : laissée incolore, elle évoquait le cristal de roche; on y ajoutait parfois un pigment afin d'obtenir du verre teinté. Sous les T'ang, la mode naquit d'en tirer des récipients soufflés. Ceux-ci, pourtant, demeurèrent rares et les Chinois n'y voyaient généralement que des trésors importés d'Occident, comme les verres bleus du Ferghana, les roses et bleus de Boukhara, les rouges et verts de Rome. En matière d'art décoratif, ces confusions entre fabrication locale et productions étrangères sont alors choses courantes; elles ne revêtent qu'une importance secondaire. Le fait majeur est que le décor t'ang, qu'il jouât ou non d'exotisme, fut celui de la couleur.

Les joailliers

Bien avant les T'ang, l'histoire des Wei du Nord rapporte que, dans les faubourgs de Lo-yang se trouvait une « salle de la persévérance éternelle » richement décorée :

« Les quatre piliers de l'avant-toit de la façade sont faits de pierre noire, choisie dans la vallée des Huit-Vents à Lo-yang : ils sont sculptés en bas-reliefs, avec de l'or et de l'argent pour séparer les sculptures de nuages, si bien que l'effet est celui d'un brocart... Il y a un écran de pierre bleue, bordé de marbre, lui aussi sculpté en bas-relief, aux figures de la loyauté et de l'amour filial, et inscrit des noms de [personnages] vertueux et obéissants. En face du temple, il y a une stèle et des animaux sculptés; la pierre de la stèle est très belle... En face de la porte [du palais impérial] se trouve le Hall de la Sincérité impériale. Sur ses quatre faces sont peints des portraits de sages, de ministres loyaux, d'officiers braves, pourvus d'inscriptions pour les identifier... »

Tout le décor de la Chine médiévale paraît richement rehaussé de couleurs, de pierres rares, animé d'un monde figuré où l'on ne sait encore ce qui, du volume, du trait ou du pigment, a le plus d'importance. Le goût général est à la splendeur, à une magnificence digne de Versailles.

L'époque des T'ang devait exalter à son plus haut niveau cette passion pour les couleurs; une riche maison, en ces temps, devait évoquer une fête bigarrée. S'il n'était pas encore très fréquent de tailler les « pierres dures » qui nous sont familières — la mode de ces objets gracieux et contournés ne se développera vraiment qu'à partir du xe siècle —, les roches colorées, en revanche, entraient fréquemment dans le cadre quotidien sous la forme de plaques ornementales ou d'incrustations, sur fond d'or ou bien d'argent.

Hiuan-tsong éprouvait une attirance particulière pour le lapis-lazuli, matériau préféré des joailliers extrême-orientaux. Dans sa résidence d'hiver, située sur les collines boisées qui avoisinaient Tch'ang-an, à l'est, il avait fait aménager, au milieu d'un petit lac de montagne, une minuscule île de lapis-lazuli : elle émergeait des eaux claires comme un pic tout bleu; les dames de la Cour, vêtues de soies chatoyantes, tournaient autour, menant à la godille de légères embarcations de bois de santal et de laque.

Ces richesses se répandaient aussi parfois dans la rue. La coutume s'était peu à peu développée, au moins depuis le VIe siècle, de fêter la nouvelle année en accrochant à sa porte, par une nuit de pleine lune, une lampe élégante et brillante au point que son éclat effaçât celui de la lune. C'était l'occasion de lever le couvre-feu habituel dans les grandes cités, de chanter et de s'amuser jusqu'au petit jour. Chaque ville, chaque temple, chaque particulier rivalisaient de faste. En cet honneur, Tch'ang-an s'illuminait de cinquante mille feux qui dansaient dans des bols qu'alimentaient mille jeunes femmes aux cheveux ornés d'épingles fleuries, cheminant le long des rues pavoisées de broderies et de bannières métalliques. A Lo-yang, des chandelles brûlaient partout, tandis qu'en de nombreux points s'élevaient des « tours lumineuses » aux attaches d'or, d'argent, de pierre précieuses, et décorées de soieries ; elles atteignaient cent cinquante pieds de haut (environ quarante-cinq mètres) et portaient des lampes aux formes bondissantes de dragons, de phénix, de tigres, de léopards. On avait aussi coulé un arbre lumineux en bronze, si beau que l'empereur le fit voyager à travers les provinces afin que chacun pût l'admirer. Mais le plus étrange sans doute demeurait celui que le fils du roi de Boukhara avait apporté à la capitale au milieu du VIIe siècle : il comportait sept branches auxquelles pendaient des lampes d'agate. En Chine même, la ville de Yang-tcheou acquit la réputation, à l'époque de Hiuan-tsong, de fabriquer les plus belles lanternes de l'Empire. Un siècle plus tard, en 839, Ennin les y admirait.

La matière la plus couramment utilisée par la joaillerie chinoise était le jade — en fait de la néphrite, car l'usage de la jadéite ne se répandit qu'à l'époque moderne. Malheureusement, l'imprécision des termes chinois rend difficile l'appréciation des matériaux, donc du travail réel du sculpteur. Le caractère ordinairement traduit par « jade » n'a bien souvent que le sens vague de « pierre décorative » et peut aussi désigner certaines qualités de marbre, de stéatite, de pyrophyllite ou de serpentine. Le jade véritable, dont le traitement semble aussi vieux que la civilisation chinoise, ne se trouvait pas en Chine. Il fallait, comme le lapis-lazuli, le faire venir de Khotan, sur la route méridionale de la soie, où il apparaissait dans le lit de deux rivières qui confluent près de la cité caravanière.

Toutes les élégantes possédaient néanmoins d'innombrables vases et boîtes aux formes curieuses, parfois archaïsantes, taillées dans tous les dérivés possibles du jade : elles y enfermaient herbes aromatiques et fards.

Coiffures et vêtements s'ornaient de pendentifs rehaussés à l'occasion d'or et d'argent; la mode se répandit même, au VIIe siècle, de porter des ceintures formées de plaques de jade. C'est enfin dans la même matière que l'on taillait mille bibelots gracieux, comme les statuettes représentant les chevaux préférés de Hiuan-tsong. Pour ce faire, les ateliers impériaux usaient d'un secret : ils faisaient venir d'Asie centrale ou, plus simplement, obtenaient de leurs voisins ouigours, des pointes de diamants, outils précieux du joaillier puisqu'ils servaient aussi à percer les perles. Mais ces raffinements techniques et le succès remporté par ces objets auprès d'une classe aisée élargie créèrent une relative pénurie du vrai jade, à telle enseigne que Hiuan-tsong veilla personnellement à ce que les objets du culte fussent bien taillés dans du jade véritable — le seul doté de vertus surnaturelles — dût-on pour cela réduire leurs dimensions.

En fait, les pierres rares et les gemmes connues à Tch'ang-an étaient innombrables, car elles servaient de cadeaux de bon voisinage et traduisaient l'existence de relations diplomatiques courtoises avec les États proches ou lointains. Le diamant, utilisé par les artisans, possédait le mystère d'une pierre que l'on croyait née au cœur d'un bloc d'or. Il symbolisait le corps du Bouddha qui, après avoir atteint l'Illumination, demeura assis sur un trône étincelant. Il est révélateur que, sous les T'ang, le plus populaire des *sûtras* fut sans conteste celui du « Diamant », un condensé du *Prajñâpâramitâ-sûtra* traduit jadis par Kumârajîva. A cette pierre éblouissante et trop rare, on substituait volontiers le cristal de roche pur qui, lui aussi, venait de l'étranger : du Japon ou de Samarkand. Les amateurs appréciaient sa transparence et son doux scintillement qu'ils comparaient volontiers à l'éclat tamisé des étoiles.

Les « globes de feu », boules de cristal provenant du Cachemire ou bien les yeux des baleines, naturellement phosphorescents, exerçaient la même séduction. Décomposant ou concentrant la lumière, ces sphères lumineuses symbolisèrent bientôt l'enseignement du Bouddha qui illuminait le monde : dès le VIIe siècle, on en fabriquait des répliques courantes en bronze; bientôt, celles-ci surmontèrent le toit des pagodes comme autant de jalons visibles de la vérité suprême.

La perle, objet rond, donc parfait, aux reflets irisés et luisant sans excès, ne cessa de fasciner les imaginations. On lui attribuait mille vertus extraordinaires : elle permettait de trouver les points d'eau dans les déserts et de découvrir, au fond des océans, le trésor des rois-dragons. Le grand centre chinois de production de perles était la vieille province dite de Ho-p'ou (dans la partie sud-ouest de l'actuelle Kouangtong). Cette région sauvage avait connu sous les Han une brusque prospérité grâce à ses perles; mais leur exploitation se fit à une cadence trop élevée et sans souci de protection du milieu naturel; aussi, leur réserve fut rapidement épuisée, jusqu'au jour où l'on parvint, sous les Han postérieurs, à rétablir l'équilibre en modérant l'activité des pêcheurs ainsi qu'en veillant au contrôle et à la conservation des huîtres. L'événement du « retour des perles » frappa à ce point les mémoires qu'il était devenu, au VIIe siècle, une manière d'évoquer, *a contrario*, les ravages prédateurs et les effets néfastes d'une trop grande âpreté au gain. Sous les T'ang, la pêche semble avoir été florissante, puisque les premiers empereurs ordonnèrent l'envoi de perles à la Cour en guise de tribut; l'ordre fut rapporté en 655, puis remis en vigueur, et jusqu'à la fin de la dynastie, il y eut alternance entre les périodes d'exploitation et de repos. En-dehors du Ho-p'ou, on trouvait aussi des perles au Sseutch'ouan, produites par un coquillage d'eau douce. Mais jamais les perles chinoises n'égalèrent, aux yeux des amateurs, celles des mers du Sud.

Le décor domestique

Les vêtements, les meubles, les écrans, les rideaux se paraient des ornements les plus divers : outre les perles et les pierres de couleur, on utilisait l'écaille de tortue, venue d'Annam, la nacre, l'ambre, le jais de Sérinde, les défenses de narval de Sibérie, celles de rhinocéros ou bien l'ivoire (dont est faite une « baguette à exaucer les vœux » conservée au Shôsôin de Nara).

Des tapis de haute laine de Boukhara contribuaient encore à réchauffer les demeures élégantes auxquelles le laque apportait comme jadis la légèreté de sa matière et la vivacité de ses couleurs. Si l'usage du laque, coloré par couches successives ou par ponçage, était déjà millénaire en Chine, c'est à ce moment que naquit le laque sculpté dit « rouge sculpté » *(t'i-hong)* : sur une âme de bois ou de métal, l'artisan étendait plusieurs couches de laque qu'il laissait soigneusement sécher avant chaque nouvelle application. Quand il avait obtenu l'épaisseur voulue, il traçait dessus les lignes du motif choisi et commençait alors à champlever doucement la surface lisse et faiblement brillante.

Le goût t'ang était caractérisé, dans ce domaine, par « une simplicité antique et une certaine maladresse pleine de charme ». Sans doute convient-il d'y voir quelque rapport lointain avec le *wabi sabi*, la patine que priseront tant, quelques siècles plus tard, les chevaliers japonais.

Le laque recouvrait, complètement ou partiellement, presque tous les objets mobiliers : tables, coupes pour boire le vin, bols, plateaux, petits autels domestiques, boîtes à fards, peignes, miroirs, ainsi que l'armement — carquois, fourreaux, hampes de flèches ou de lances, arcs, armures — ou bien

27. L'USAGE DU MIROIR

*Le miroir métallique, en vogue depuis l'époque des Royaumes combattants, est un objet le plus souvent rond et parfois lobé, mais qui peut également affecter des formes carrées ou polygonales. L'une des faces en est soigneusement polie et entretenue afin de renvoyer les images; l'autre est en général finement décorée de motifs multiples dont la nature fournit un excellent élément de datation, quand celle-ci ne figure pas déjà dans les inscriptions en couronne — allusions poétiques ou formules de bon augure. Au centre se trouve un bouton percé d'un trou dans lequel on passe un ruban ou un cordon : ce dernier sert soit à tenir le miroir bien en mains soit, comme ici, à l'attacher sur un pied pour obtenir une coiffeuse. L'usage du miroir à manche — bien que connu — ne se répandra qu'à l'époque moderne, celui du miroir de verre — venu d'Occident — plus tard encore, à la fin du XIX*e *siècle. On voit ici également les multiples et élégants coffrets de laque dans lesquels les belles de ce temps rangeaient leurs objets de toilette et leurs fards.*

encore des figurines funéraires en bois et des écrans peints. Les plus grands centres de production étaient situés dans les régions chaudes et humides du Tchökiang, à Kia-hing, entre Sou-tcheou et Hang-tcheou; on trouvait aussi quelques pièces intéressantes au Yunnan. Le décor ne reproduisait plus le mouvant répertoire des scènes de chasse ou de combat propre à l'époque des Royaume combattants, mais de complexes motifs floraux, éclairés au besoin d'inscrustations d'or ou d'argent. Celles-ci jouissaient d'une grande renommée; mais il existait aussi un procédé, dit *p'ing t'o*, suivant lequel le métal précieux réduit en poudre se mêlait à la résine fermentée, technique largement illustrée par les cadeaux que Hiuan-tsong et Yang Kouei-fei firent à An Lou-chan. Cette pratique devait pourtant se perdre rapidement en Chine mais s'épanouir au Japon, où elle bénéficia du talent des maîtres de l'étincelante culture des Fujiwara (XIe-XIIe siècles).

Les miroirs, dans une certaine mesure, se sécularisèrent. Certes, les taoïstes continuèrent à les considérer comme des amulettes; ils s'en servaient pour soigner les malades ou apaiser l'esprit du malin. Les poètes y voyaient aussi le reflet de la Justice ou celui de l'Amour. Mais c'est une inépuisable joie de vivre, versée tout entière au service de l'art et oublieuse des anciens tabous religieux, que les artisans exprimaient à travers des entrelacs de fleurs, de feuilles, d'oiseaux et de dragons stylisés.

La poterie connut aussi de profonds bouleversements techniques. Les plus spécifiques et les plus séduisantes à nos yeux des pièces t'ang sont les fameuses céramiques « trois-couleurs » *(san-ts'ai)* où se mêlent, en touches bien délimitées ou sous forme de coulures, le blanc, le jaune, le vert, puis le bleu, à la fin de l'ère t'ang. Ces tons joyeux ornaient mille et une pièces de la vaisselle d'outre-tombe ainsi que les statuettes déposées près du mort *(ming-k'i)*. Dans le monde des vivants, la mode des trois couleurs ne se répandit guère que pour l'ornement des tuiles et des briques des palais ou des temples; en outre, elle dura peu, un siècle tout au plus, et à la fin de la dynastie, elle avait perdu toute faveur. Les érudits pensent aujourd'hui que ces céramiques « trois-couleurs » devaient, à l'origine, chercher à surpasser l'éclat discret des pièces peintes par les artistes des Six Dynasties.

Mais les potiers, dont les fours se multipliaient, s'intéressaient à des techniques encore plus étonnantes : ils créaient la proto-porcelaine, revêtue de couvertes à la cendre de bois et placée dans des fours à haute température. On ne sait aujourd'hui si la technique de la porcelaine, dont certains éléments datent de l'époque lointaine des Shang, avait été perdue puis retrouvée peut-être sous les Han, ou au contraire si elle s'était conservée et lentement améliorée au cours des âges, dans les principaux centres chinois. Jusqu'à présent, le hiatus semblait complet et la ressemblance fortuite; mais la richesse des découvertes actuelles oblige à une grande prudence de jugement.

Les fours les plus anciennement célèbres étaient ceux du pays de Yue, dans le Tchökiang. Ils s'étaient développés à l'époque des Tsin (IIIe-IVe siècles) et produisaient des bols qui, disait-on, avaient l'éclat du jade : ce sont les ancêtres des pièces vertes qui connurent leur plus bel épanouissement sous les Song. L'Europe reconnut dans leurs répliques plus récentes, la couleur des rubans que portait le fameux héros de l'Astrée, le berger Céladon. Les bols t'ang se distinguent des véritables céladons propres aux Song par la nuance souvent sombre de leur couverte, due à la haute teneur en fer de la terre employée. Ils furent sans doute extrêmement appréciés à l'étranger, puisqu'on en trouva à Fostat en Égypte, à Samârrâ, jadis califat abasside, à Suse et au Japon où ils constituèrent peut-être les modèles qu'imitèrent les premiers potiers de Seto.

Le Nord de la Chine était également très riche en fours. Le plus fameux était celui de Hing-tcheou, dans le Hopei, mais on ne sait encore le localiser avec certitude. On y faisait une céramique de couleur blanche qui empruntait largement ses formes, non seulement à la tradition chinoise particulièrement enrichie sous les Souei, mais aussi aux modèles métalliques venus d'Iran, aiguières et amphores aux anses élégamment courbées, aux lignes volontiers copiées sur la silhouette des oiseaux. Hing-tcheou cependant était loin de représenter le seul centre de porcelaine blanche. La porcelaine de Tch'ang-an — dont aucun exemple ne subsiste aujourd'hui — était réputée pour imiter le jade blanc. Celle du four de Ta-yi, au Sseutch'ouan, faisait l'admiration de Tou Fou : « La porcelaine du four de Ta-yi est légère et pourtant solide. Quand on la frappe, elle sonne comme un jade et son élégance est célèbre dans toute la ville. Votre maison renferme des bols plus beaux que le givre et la neige. Ayez pitié de moi et envoyez m'en un, vite, à mon studio de chaume. »

La céramique blanche des T'ang, prototype de celle des Song, se distingue par son manque relatif d'éclat, son caractère massif. De plus, le traitement initial de la terre, sa qualité laissaient parfois à désirer et l'on étendait souvent sous couverte une engobe blanche, destinée à masquer l'aspect grisâtre de la pâte. Cela donnait un blanc froid, moins agréable que la chaude nuance ivoire obtenue plus tard par les potiers song. Le décor, relativement sobre, comportait feuillages et fleurs, tantôt incisés sous couverte, tantôt peints comme à Tóng-kouan.

Les « verts » de Yue et les « blancs » du Hopei eurent, dès l'origine, leurs amateurs souvent intransigeants. Lou Yu, auteur d'un « canon du thé » *(Tcha-king)*, vantait ainsi les mérites des « verts » :

« D'aucuns pensent que les céramiques de Hing-tcheou sont supérieures à celles de Yue-tcheou. Il n'en est certainement pas ainsi. La céramique de Hing est semblable à de l'argent, tandis que celle de Yue est semblable à du jade. C'est la première raison pour laquelle Hing est inférieure à Yue. La céramique de Hing est semblable à la neige, tandis que la céramique de Yue est semblable à la glace. C'est la seconde raison pour laquelle Hing est inférieure à Yue. La céramique de Hing est blanche et le thé est brun-rouge, tandis que la céramique de Yue est verte et le thé est vert. C'est la troisième raison pour laquelle Hing est inférieure à Yue. »

Au-delà des goûts qui, certes, peuvent diverger, ce texte rend sensible la querelle qui opposera toujours, en Chine et au Japon, l'austère « goût du thé » et le brillant goût mondain, tant il est vrai que les potiers t'ang inventèrent tous les procédés dont leurs successeurs song devaient tirer des merveilles : la peinture sous couverte, particulièrement développée à Tch'ang-cha; l'usage d'engobes et de couvertes feldspathiques ou phosphatiques, jouant en transparence sous l'effet du feu; le mélange des terres pour obtenir de fins marbrés.

Le talent des artisans chinois s'illustra aussi tout particulièrement dans le domaine du textile. Ils rivalisaient avec leurs confrères persans pour fabriquer les étoffes les plus raffinées, et peut-être les plus belles que l'on ait jamais connues.

Il existait une dizaine de sortes de tissus fabriqués couramment sous les T'ang. Outre les diverses toiles de lin et de laine, les artisans travaillaient avec ingéniosité le meilleur des matériaux : la soie. Pongés, damas, filets, gazes voisinaient avec le satin qui est précisément une invention t'ang. Les motifs décoratifs, d'origine sassanide pour beaucoup, étaient tissés à l'aide de métiers complexes. Délaissant le simple « effet de chaîne » fréquent sous les Han — dans lequel seul le fil de trame sert à composer à l'endroit le dessin —, les tisserands t'ang savaient croiser des fils de trois à cinq couleurs, entrelacés de façon à obtenir un décor aussi visible — quoique en négatif — sur l'envers que sur l'endroit. L'éclat de la polychromie y gagnait en même temps que la finesse des contours et le rendu des sujets représentés.

On pratiqua beaucoup, à partir du VIIIe siècle, la teinture à l'aide de planches de bois travaillées en épargne. Les Chinois semblent en revanche avoir peu sinon pas du tout utilisé à cette époque la méthode d'impression à la cire *(batik)*, courante en Occident et dans les autres pays d'Asie. La teinture toutefois se pratiquait essentiellement sur des tissus de moindre qualité que la soie. La Chine paraît avoir déjà connu largement le coton : il est mentionné couramment dans la langue chinoise à partir du IXe siècle. Il venait du Turkestan, de Qotcho, en Sérinde, qui relevait du territoire chinois, ainsi que de l'actuel Yunnan. Les plus réputés provenaient d'Indochine et des îles du Sud-Est asiatique : Bornéo et Ceylan.

On connaissait aussi les vertus ignifuges de l'asbeste, dont il existait un tissu réputé « lavable au feu » : une anecdote racontait qu'au IIe siècle, un homme avait jeté son vêtement souillé dans les flammes et qu'il l'en avait retiré propre et rafraîchi.

Cette longue liste des merveilles de l'artisanat chinois médiéval implique chez ceux qui les créèrent une connaissance profonde des ressources de la nature. Chacune des matières précieuses qui ornaient toilettes ou demeures élégantes entrait également dans la composition d'innombrables remèdes. A tout ce qui était beau et rare, en effet, la pharmacopée chinoise, pétrie de globalisme taoïste, accordait une vertu curative spécifique. Aujourd'hui, nous en saisissons mal la portée, car le vocabulaire des textes anciens reste incertain, les études philologiques trop peu avancées et les informations relatives aux quantités et aux proportions inexistantes; autant de données qui nous permettraient de faire le départ entre la trouvaille extraordinaire et la simple recette.

La science des Chinois en matière de minéraux avait pour corollaire leur grand talent dans l'art de la falsification : outre qu'ils trompèrent les naïfs de leur temps, les alchimistes de jadis déconcertent encore les savants contemporains.

Mais peut-être convient-il de ne pas se laisser fasciner outre mesure par l'éclat extérieur de ces richesses. Un souci puritain retint toujours les Chinois d'avouer leur passion pour les gemmes et les matières rares. Ils créèrent, afin de décharger leur conscience, la figure pittoresque, secrètement enviée et officiellement ridiculisée du joaillier persan, sorte de bouc émissaire, équivalent extrême-oriental de nos banquiers juifs. Pour l'empereur, les seuls véritables joyaux demeuraient les chevaux, gages de puissance guerrière et de mobilité. Les bijoux, les trésors de toutes sortes, quelle qu'eût été leur rareté, furent parfois repoussés avec un mépris hautain et ostentatoire. Kao-tsou retourna ainsi au Khan des Turks occidentaux une perle étonnamment grosse que ce dernier lui avait offerte : « La perle est véritablement un trésor, mais ce à quoi nous attribuons de l'importance est un cœur pur; nous n'avons que faire d'une perle. »

LES ARTS PLASTIQUES

La calligraphie

Li Che-min accordait une prééminence absolue aux arts du lettré. Il avait une véritable dévotion pour Wang Hi-tche (307-365) et son œuvre, dont il admirait le double caractère artistique et intellectuel. L'amour de la calligraphie devint, chez lui, un culte qui contribua largement au développement des arts du pinceau dans l'Empire. La préface du « Pavillon des Orchidées » *(Lan-t'ing)* représentait un tel trésor à ses yeux qu'il dépêcha un émissaire auprès du vieux moine qui en possédait l'original. Celui-ci prétendit ignorer où il se trouvait. L'envoyé, alors, joua de ruse, séjourna plusieurs mois au monastère, gagna la confiance du religieux en feignant de suivre son enseignement, puis s'enfuit un jour en dérobant la pièce. Dans une proclamation solennelle, il révéla le don magnifique que le monastère avait fait à l'empereur : le patriarche, bienfaiteur de l'Empire malgré lui, n'avait plus qu'à s'incliner devant le fait accompli.

Li Che-min ne se lassa pas, sa vie durant, de répéter et recopier le texte fameux qui lui procurait un double plaisir, celui des yeux et celui de l'esprit.

Lorsqu'il mourut, la calligraphie de Wang Hi-tche fut ensevelie à ses côtés et disparut ainsi dans les brumes de la mort. Aujourd'hui, seules des copies, exécutées avant le décès de l'empereur — qui en faisait l'un de ses cadeaux favoris —, donnent un reflet de la majestueuse élégance de l'original.

Celui-ci était tracé en écriture de type *hing-chou*, « l'écriture qui court », semi-cursive, tellement répandue et appréciée sous les T'ang qu'on la considère couramment comme un pur produit de l'époque. Sous l'influence de Li Chemin, en effet, tout ce que la Chine comptait de lettrés se mit à l'école de Wang Hi-tche afin de codifier l'ensemble des types calligraphiques hérités des âges précédents.

Il y en avait sept sortes. Quatre étaient antérieures aux Han : l'écriture des os oraculaires *(kia-kou-wen)* née sous les Chang, à l'aube de l'histoire; l'écriture dite « ancienne » *(kou-wen)* en usage jusqu'à la fin des Tcheou; deux types d'écritures sigillaires enfin, l'écriture de « grand sceau » *(ta-tchouan)* et celle de « petit sceau » *(siao-tchouan)*. Puis, suivant les règles établies par le Premier Empereur, trois types bien définis s'étaient développés sous les Han : l'écriture « officielle » *(li-chou)*, en usage pour la transcription des affaires criminelles et dont une tombe de Yun-mong (Houpei) a livré, en 1975, un exemple t'sin; l'écriture dite « en huit morceaux » *(pa-fen)*, qui était un dérivé de l'écriture officielle; enfin l'écriture « de minute » *(tchang-ts'ao)*, variante cursive du *pa-fen*.

A partir de ces différents types en cours d'évolution, les lettrés t'ang en déterminèrent trois qui devinrent les grands classiques de la calligraphie. L'écriture « modèle » *(k'ai-chou)*, dont le grand maître fut Yen Tchen-ts'ing (709-785), usait de traits droits et obliques, ainsi que de points fortement travaillés en pleins et déliés, tracés suivant un *ductus* précis afin de remplir, par un habile jeu d'espaces et de vides, les limites géométriques d'un carré. L'écriture « qui court » *(hing-chou)* — celle de la préface du « Pavillon des Orchidées » —, transcrite par Tch'ou Souei-leang (VIIe siècle), n'avait pas la vivacité de la cursive; elle échappait cependant au moule plein de grandeur mais rigide de l'écriture « modèle » *(k'ai-chou)*. Enfin la cursive (dite *ts'ao-chou)*, écriture « d'herbe », théoriquement réservée aux « minutes », fut traitée avec génie par le « saint de l'écriture cursive » (Houai-sou, 725-785) dont on compare souvent le trait aux volutes d'un vigoureux fil d'acier. Cette cursive d'herbe donna elle-même naissance à l'écriture « folle » *(k'ouang-ts'ao)*, développée par Tchang Hiu au VIIIe siècle. Le *k'ouang-ts'ao*, peu apprécié par les contemporains de Tchang Hiu, connut par la suite une faveur grandissante et les lettrés y découvrirent peu à peu l'expression privilégiée de la spontanéité.

Enfin, les inscriptions sur stèles de pierre — courantes depuis la fondation de l'Empire — acquirent une vie et une grâce nouvelles. Les artisans graveurs signèrent leurs travaux et les plus grands maîtres de la calligraphie, choisissant avec soin la qualité de la pierre et le doigté de l'exécutant, n'hésitèrent plus à faire graver leurs œuvres et figurer leurs noms. La calligraphie devenait une forme moins figurative — mais toujours chargée de sens — de peinture dans la pierre et celle-ci, à son tour, se muait en parole, voix matérielle fixée pour l'éternité. C'est alors que se précisa le choix fondamental de l'art chinois : la suprématie de l'abstraction sensible sur le narratif ornemental.

La peinture

Égale mais non supérieure à la calligraphie, la peinture chinoise se présente communément sous trois formes qui commencèrent à se diversifier à l'époque des T'ang : le rouleau horizontal *(kiuan)*, le rouleau vertical *(tcheou)* et l'album *(p'eng)*.

Le plus ancien de tous, le rouleau horizontal, se dévide au rythme de l'action qu'il transpose ou selon l'humeur du contemplateur, bien à plat sur une table.

Le rouleau vertical, destiné à être pendu au mur, constitue le support privilégié d'œuvres plus nettement décoratives, mais ce n'est qu'à l'époque des Ming qu'il deviendra la formule la plus courante. Sous les T'ang, on pratiquait une autre forme de peinture ornementale : la peinture sur écran. Il est ainsi rapporté dans la biographie de l'impératrice Tou-heou, épouse de T'ang Kao-tsou (618-626) que son père, pressentant le destin glorieux de sa fille, fit peindre un grand panneau mobile orné de deux paons : sa fille, disait-il, épouserait celui qui serait capable de toucher les yeux des paons en usant seulement de deux flèches. L'heureux vainqueur fut naturellement le futur fondateur de dynastie. Cette anecdote prouve que le montage des écrans se trouvait déjà suffisamment développé pour que ceux-ci pussent supporter sans tomber l'impact des flèches. Ce genre de décor devait donc apparaître de façon relativement courante dans la maison chinoise d'alors.

Les petites peintures enfin, qui ne se prêtaient ni aux grands effets décoratifs ni à la continuité cinétique du rouleau horizontal, étaient rassemblées pour être montées en album de huit, dix, douze tableaux, voire davantage. Elles constituaient un livre que l'on feuilletait à son gré. Leur surface ne dépassait pas, en général, deux pieds carrés et pouvait affecter des formes rectangulaires, carrées ou rondes.

Ces peintures avaient pour origine des éventails circulaires, fort à la mode dès le règne de l'empereur Tch'eng des Han antérieurs (33-8 av. J.-C.), mais qui ne s'ornèrent de décor qu'à l'époque des T'ang. Lorsque l'éventail perdait de sa fraîcheur et s'usait, on enlevait la soie peinte pour la remonter dans un album : c'est ainsi que devaient être préservés d'innombrables chef-d'œuvres de la peinture song qui allait marquer l'apogée du genre.

Même si l'on ne peut toujours remonter la longue histoire des techniques, il s'avère qu'à l'époque des T'ang les artistes savaient déjà présenter et conserver élégamment les peintures.

La technique de montage de ces feuillets peints était restée peu satisfaisante jusqu'au Ve siècle. Tchang Yen-yuan, célèbre critique du IXe siècle, cite Fan Ye, de la dynastie des premiers Song (420-479), comme lointain précurseur des très habiles lettrés auxquels le grand Li Che-min (626-649) confia livres et tableaux des collections impériales pour les relier et les monter.

Le montage d'un tableau extrême-oriental est une opération qui demande beaucoup de doigté. Le monteur utilise une table laquée de noir et pourvue de lignes vermillon qui servent de repères pour placer et découper correctement les matériaux. L'opération consiste à enduire les feuillets à coller d'une fine mixture de gluten qui imprègne le papier. Tchang Yen-yuan se flatte d'avoir eu, le premier, l'idée d'y incorporer une substance qui écarte le ver du livre tout en rendant plus solide l'adhésion de l'œuvre à son support protecteur : soie ou papier épais et plus ou moins rigide. Une fois découpages et collages terminés, il convient d'appliquer l'un des bords du rouleau obtenu sur un bâton rond, le plus souvent en bois de santal dont l'odeur écarte les insectes. Les extrémités, formant poignées, se prêtent à toutes les applications voulues d'ivoire, de laque, d'écaille de tortue ou de métal précieux. La meilleure époque pour effectuer ce travail qu'on ne saurait mener à bien durant l'été, trop humide, est l'automne.

On savait aussi, dès le IXe siècle, traiter et restaurer les peintures anciennes, assombries et raidies par d'épaisses couches de poussière. Il convenait de les laisser tremper plusieurs nuits dans de l'eau claire où avaient bouilli des haricots de l'espèce *gledischia horrida*. Il suffisait ensuite d'étendre les feuilles sur une table bien lisse pour en faire glisser sans dommage poussières et saletés. Chaque peinture était alors posée sur des claies pour la faire sécher, puis recouverte d'une fine soie rendue transparente par un bain d'huile.

Rappelons que c'est également en usant de papier huilé que les lettrés mettaient en pratique le dernier des principes de Sie Ho : copier et recopier, décalquer sans fin les maîtres du passé. Le plus renommé de ces papiers que l'on passait à la cire était celui de Hiuan-tch'eng-hien, au Anhouei.

Quand le montage était terminé, il fallait encore apposer le cachet — sorte d'*ex-libris* — du collectionneur, particulièrement lorsqu'il s'agissait de la collection impériale. Tchang Yen-yuan rapporte que cette habitude ne remonte pas au-delà du début des T'ang. L'usage prévalait aux époques antérieures d'y faire figurer les signatures de parade *(ya chou)* des amateurs et des experts du temps. Cette coutume se pratiquait encore sous les T'ang et donnait lieu, à l'occasion, à des supercheries qui choquent notre respect de l'autographe :

« Pendant l'ère K'ai-yuan, l'empereur Hiuan-tsong acheta des peintures et des livres à travers tout l'Empire et il ordonna aussi aux connaisseurs de ce temps d'apposer leurs signatures de parade et d'écrire des colophons. Lieou Houai-lin et d'autres découpèrent parfois les noms des dynasties antérieures et les remplacèrent par les leurs. »

Le grand mérite des esthètes et des penseurs de l'époque t'ang est d'avoir poursuivi l'étude théorique de la peinture inaugurée par Sie Ho à la fin du ve siècle et reprise par Yao Tsouei au milieu du VIe siècle. Ce faisant, ils préparèrent et encouragèrent largement la magnifique éclosion artistique des Cinq Dynasties, au Xe siècle.

Yao Tsouei vécut à l'époque de la dernière dynastie du Sud, celle des Tch'en (557-589). Il étudia avec soin une vingtaine de peintres dont l'activité s'étend sur plus de cent ans, de 420 à 557. Il ne prétendait à rien d'autre qu'à poursuivre l'œuvre engagée par Sie Ho, mais contestait toutefois un certain nombre des jugements du vieux maître. Il accordait pour sa part plus d'importance à la chronologie, celle des vies humaines et celle des œuvres, qu'à la définition des classes de mérite établies, hors de toute contingence, par Sie Ho. Il attribuait aussi plus de prix à la vérité intérieure et ne mettait pas en évidence, comme Sie Ho, la nécessité de reproduire la forme extérieure :

« Quand un artiste prépare l'encre et trempe son pinceau dedans, il n'a rien d'autre en l'esprit que des pensers d'application et de révérence; placé en face de l'objet, et bien que la forme soit limitée, il atteint l'illimité en se faisant l'écho de ce qui est au-delà de la forme. L'étincelle jaillit et il va et vient avec l'encre, poursuivant son travail sans repos. Ses yeux ont beau être éblouis par les couleurs brillantes de la soie, il n'est pas encore arrivé au bout de ses idées. En variant légèrement les accents, tantôt les forçant, tantôt les allégeant, il peut modifier l'apparence de son objet, le rendant beau ou laid; en modifiant sa composition d'un cheveu, il peut créer des impressions différentes, de tristesse ou de joie. »

On y reconnaît l'indifférence à l'enveloppe extérieure et les notions de flux et de reflux chères aux taoïstes. Le plus important cependant des textes aujourd'hui connus relatifs à la peinture des premiers siècles de l'Empire fut composé trois cents ans plus tard. C'est le « Mémoire des peintres célèbres à travers l'histoire » *(Li tai ming houa ki)* auquel nous avons déjà fait allusion.

Sur son auteur, Tchang Yen-yuan (c. 810-880), nous savons peu de choses sinon que, reprenant à son compte une vieille tradition familiale, il collectionnait avec passion livres et tableaux. Il pratiquait lui-même les arts complémentaires de la calligraphie et de la peinture. Des traités plus récents assurent que les collections de la famille Tchang égalaient en splendeur celles du palais impérial et que Tchang Yen-yuan était véritablement le plus grand expert de son temps. Plus que de critères précis, il usait surtout de l'intuition qu'il avait sûre, car son œil connaissait, autant que sa main, tous les exercices du pinceau. Il accordait un intérêt particulier au portrait et demeura relativement peu disert au sujet des paysages. Son texte, terminé en 847, constitue un document de première importance car il répertorie et juge d'innombrables œuvres perdues depuis longtemps.

Tchang Yen-yuan confère à la peinture la mission délicate et écrasante de « perfectionner les enseignements civilisateurs [des sages] et d'aider [à maintenir] les relations sociales ». De même que l'histoire et toutes les activités humaines, la peinture apparaît chez lui intégrée à l'édifice confucéen. Encore une fois pourtant, il convient d'aller au-delà des bornes que des siècles de pratique et d'usure ont dressées autour de ces concepts.

Pour Tchang Yen-yuan, de même que pour tous les hommes de la tradition extrême-orientale, la peinture possède une vertu mystérieure : des dragons peints se mettent tout à coup à frémir, provoquant pluies torrentielles et troubles atmosphériques; chaque « ouverture » de l'œil d'un homme ou d'un dragon peint ou sculpté équivaut à faire jaillir l'étincelle, parfois redoutable, de la vie; même les paysages possèdent leurs sortilèges : si le peintre a été visité par l'inspiration, il est possible, en tendant l'oreille, d'entendre le murmure des ruisseaux et le bruissement des feuillages.

Le bon peintre sait comprendre et transmettre un atome du mystère éternel de la vie. C'est pourquoi il ne doit pas travailler au hasard mais s'intégrer au système social, lui-même réplique du rythme cosmique, et représenter, suivant le cycle des saisons, êtres, objets ou scènes propres à chaque moment astronomique.

Cela explique le thème récurrent des saisons qui traverse toute la peinture chinoise : il n'est pratiquement pas un tableau qui, ne fût-ce que par un détail infime, ne se situe par rapport aux pulsions cycliques de la nature. L'art — et c'est un point fondamental que Sie Ho avait déjà exprimé — n'a pas été inventé par l'homme, mais révélé à lui par la Nature. Elle lui lance des messages que, peu à peu, il apprend à déchiffrer. L'univers entier regorge de signes dont seuls quelques-uns d'entre nous saisissent des bribes. Ainsi se trouve posée la difficile question de la communication : l'art réside précisément dans la capacité de saisir ces révélations, puis de les traduire pour les transmettre aux autres hommes.

Il faut, pour ce faire, posséder une technique éprouvée, habile à suivre tous les mouvements de l'âme et qui seule peut permettre de donner à l'image le souffle qui distingue l'œuvre d'art du simple trompe-l'œil :

« ... Quand un ouvrier veut bien faire son travail, il doit d'abord affûter ses outils. [En peinture, ces derniers] sont de la soie légère de Ts'i [Chantong], au tissage serré; de la soie épaisse de Wou [Kiangsou]; de la soie brute glacée et de la soie fine comme la brume, tissée serrée, lustrée et de texture fine...

« Du cinabre [naturel] des puits de Wou-ling [au Hounan] et du cinabre finement moulu; du bleu ciel fait de lapis-lazuli de Yue-souei [au Sseutch'ouan]; de l'azulite de Wei-tcheou et du vert [de malachite] de Wou-tchang [au Hou-pei]; du minium de Chou-kiun [au Sseutch'ouan]; de la cérusite de Che-king [au Kouang-tong], bien moulus et raffinés, purifiés et choisis, profonds et pâles, légers et lourds, fins et grossiers.

« [Il y a aussi] le jaune du Lin-yi [Champa] et des K'ouen-louen. On doit éviter de l'utiliser avec le blanc de plomb des Nan-hai.

« [Quant aux colles] il y a la colle de cerf de Yun-tchong [au Chansi], la colle de poisson de Wou-tchong [au Kiangsou], la colle de bœuf de Tong-a [au Chantong]. Le jus de la *sagina maxima* mélangé à de la colle claire est utilisé pour recouvrir une couleur et la faire plus profonde. Dans les peintures de l'antiquité, le "premier vert" [de malachite] et le "grand bleu" [d'azurite] n'étaient jamais utilisés.

« On doit choisir [seulement] les meilleurs matériaux, les mélanger et les utiliser. Car la colle qui a été gardée cent ans ne bougera pas d'ici un millénaire et chaque trait [obtenu à l'aide] d'un pinceau fait de poils d'[écureuil] mangeur de bambous des [falaises] insondables ressemble à une épée. »

Le travail des couleurs pourtant risquait de sembler décevant. Les pigments n'étaient qu'un substitut, un remède à la faillite de l'imagination. Seule cette dernière pouvait en son monde intérieur recréer les teintes subtiles de la vie. La grande originalité de Tchang Yen-yuan est d'exposer, reprenant les propos de Wang Wei, les possibilités infinies du noir et du blanc : « On peut être considéré comme ayant atteint son but si l'on peut fournir [une peinture] pourvue des cinq couleurs en utilisant [seulement] l'encre. »

L'œil n'a que faire d'une représentation exacte; le bon tableau est celui qui, usant de moyens neutres — l'encre plus ou moins diluée —, laisse errer l'esprit de l'amateur et le conduit à réinventer en lui-même les harmonies colorées de la nature. Dans cette conception toute dynamique, le sommet de la couleur est donc le noir et blanc : c'est le conflit qui oppose, aujourd'hui encore, partisans de l'une et l'autre manière en matière de photographie. Les Chinois, portés vers l'abstraction, optèrent résolument pour les sobres jeux de l'encre : ces derniers, chargés d'une signification générale qu'il appartient à chaque homme d'interpréter, leur parurent, dans la plupart des cas, supérieurs aux séductions faciles des couleurs.

C'est dans le même esprit que Tchang Yen-yuan expose qu'il est maladroit et peu recommandé de chercher l'extrême habileté du « copié », car tout ce qui s'identifie à l'aspect extérieur des choses perd sa valeur de signe. La simple imitation de l'enveloppe des êtres ou des objets n'entraîne aucune réaction, aucune démarche intellectuelle chez celui qui la regarde, et n'est qu'une caricature, une écorce privée de vie.

Qui veut envisager d'une manière globale la peinture à l'époque des T'ang se trouve amené à prendre en considération dès cet âge la division géographique qui finira par caractériser plus tard, aux yeux des lettrés, deux styles, l'école du Nord et l'école du Sud.

L'école du Nord — celle de la Cour et des capitales — se montre plus résolument narrative. Elle transcrit l'existence de personnages, d'animaux, de paysages dans un style décoratif où la couleur posée en aplats permet cependant de rares jeux d'ombres et s'inscrit à l'intérieur d'une surface nettement délimitée par un trait ferme, volontiers géométrique lorsqu'il s'agit d'évoquer des montagnes. Ce style allait inspirer au Japon la riche veine des rouleaux enluminés *(Yamato-e)*. L'école du Sud, en revanche, illustrée sous les T'ang par le grand Wang Wei, sera celle du rêve, de la monochromie, de la liberté et de l'abstraction.

Les récentes découvertes archéologiques viennent confirmer l'ancienneté de ces caractéristiques : les peintures murales septentrionales présentent, dès l'époque des Han, un aspect précis, descriptif, ce qui n'exclut pas la vivacité et même l'humour. De ce même fond commun, le Sud retient surtout le sens de la ligne.

L'école du Nord, narrative, groupe plus spécialement les portraitistes : Tcheou Fang, Yen Li-pen, Fan Tchong et Hou Houan.

Tcheou Fang (actif c. 780-810), natif de Tch'ang-an, est sans doute le plus célèbre car l'on se plut, au long des siècles, à recopier inlassablement ses pittoresques figures de dames de la Cour, beautés souples et épanouies, à la blanche carnation, enveloppées de soies luxueuses et coiffées de chignons aux savantes volutes. On lui attribue ainsi des « Dames jouant au tric-trac » conservées à la Freer Gallery de Washington et dont une réplique douteuse se trouve au Musée national de T'ai-pei. Mais de sa vie on ne sait rien de précis, pas plus que de Fan Tchong et de Hou Houan dont seuls les noms semblent avoir subsisté.

La personnalité de Yen Li-pen (VIIe siècle), en revanche, apparaît avec plus de netteté et déborde largement le statut étroit d'artisan réservé aux peintres à cette époque; il fut en effet honoré des charges les plus hautes à la Cour. Lui-même fils d'un petit fonctionnaire du palais qui avait exercé sa charge sous le règne de Wen-ti des Souei, Yen Li-pen reçut en 656 la Présidence du Ministère des Travaux publics puis, douze ans plus tard, en 668, celle du Grand Secrétariat Impérial; il mourut honoré du titre de dúc. Son talent, hérité sans doute de son père, expert comme lui dans le « travail du rouge et du bleu », comme on disait alors, fut rapidement remarqué et apprécié.

De son œuvre, sans doute très considérable, nous ne possédons plus aujourd'hui avec certitude qu'une peinture, représentant les souverains de l'Empire, depuis Wen-ti (179-157 av. J.-C.) des Han jusqu'à Yang-ti des Souei (604-618).

Les empereurs défilent majestueusement au milieu d'une suite élégante de porte-éventails et de dignitaires aux lourdes robes de soie dont les plis volumineux reposent sur les chaussures aux bouts larges et recourbés. Tous les hommes importants du cortège portent chignon, barbe, moustache, et leurs visages ridés, au long nez, se distinguent, par leur diversité, de la face idéalement ronde et lisse des empereurs.

La tradition attribue encore à Yen Li-pen un rouleau intitulé « Hiao Yi obtient par la ruse le manuscrit du Pavillon des Orchidées » *(Hiao Yi tchouan Lan-t'ing t'ou)* illustrant, à l'encre et en couleurs, le subterfuge par lequel la célèbre calligraphie de Wang Hi-tche passa dans la collection de T'ai-tsong. Il s'agit en fait d'un rouleau peint à la fin du IXe siècle ou au début du Xe dans la tradition du maître. La manière de représenter les vêtements y est encore très proche de celle de Touen-houang, suivant une construction géométrique de lignes relativement épaisses. Cependant une certaine souplesse calligraphique du trait ainsi que le modelé subtil des muscles faciaux indiquent une maîtrise de la technique, une vision humaine des êtres propre à la seconde moitié du IXe siècle. Les portraits plus anciens, en effet, se caractérisent par une certaine rigidité linéaire qui donne l'impression qu'ils ont été taillés dans la pierre.

Le style de Yen Li-pen, brillamment suivi par Wou Tao-tseu au VIIIe siècle, devint peu à peu classique et c'est par rapport à lui que se distinguèrent les peintres song du Sud.

Le célèbre Han Kan (VIIIe siècle) fut aussi un excellent peintre de personnages, mais il portait un tel intérêt aux chevaux que Hiuan-tsong lui confia la tâche immense de représenter les « quarante mille » coursiers qu'il possédait et affectionnait particulièrement. Lorsque les peintres des siècles ultérieurs voulurent peindre des chevaux, ils se reportèrent toujours à l'exemple de Han Kan.

De l'une ou l'autre manière, les peintres t'ang abordèrent ainsi les thèmes les plus divers. Seuls, les thèmes militaires — du combat ou du « triomphe » à la romaine —, si fréquents sur les bas-reliefs han, semblent avoir très vite disparu du répertoire t'ang. Ils s'accordaient certes mal aux idéaux du lettré, que ce dernier fût pétri de confucianisme, de taoïsme, de bouddhisme ou des trois à la fois. La tendance persistera par la suite, si forte et si durable que le célèbre peintre song Mi Fou (1051-1107) constatera avec regret l'abandon de la peinture historique.

En fait, la spécialisation des artistes t'ang demeurait toute relative. Ils étaient avant tout des créateurs de la vie. Yen Li-pen était aussi un peintre animalier à ses heures : c'est à partir de ses tableaux que l'on aurait sculpté, en bas-reliefs, les chevaux qui décorent le mausolée de Li-Che-min. De cette polyvalence, Wou Tao-tseu constitue sans doute le meilleur exemple. Il vécut à l'époque de l'empereur Hiuan-tsong, qu'il admira au point de changer son nom en Wou Tao-hiuan, afin d'évoquer les liens qui l'attachaient au souverain. Il excellait dans les sujets les plus variés : êtres humains, Bouddhas et divinités célestes, animaux, paysages, fabriques, végétaux.

Lorsque, parvenu à l'âge mûr, il fut en pleine possession de son art, il devint, par la fermeté et le mouvement de son trait, à la fois le plus minutieux et le plus puissant des peintres de personnages de son temps. Tous les portraitistes en firent dès lors leur modèle. Tao-hiuan aimait le vin. Il y puisait, dit-on, largement son inspiration qui, sous l'effet du breuvage, l'emportait à peindre d'un seul jet des compositions entières. Son œuvre semble avoir été immense : dans les temples de la capitale, il réalisa plus de trois cents peintures murales, toutes complètement différentes les unes des autres.

Lentement cependant, favorisé plus que jamais par le bouddhisme qui forçait l'homme à s'intéresser toujours davantage à la nature, le paysage se développait en un genre indépendant dont Li-sseu-hiun (651-716) et son fils Li Tchao-tao (670-730) apparaissent comme les initiateurs. Ils s'étaient spécialisés dans la composition de paysages vivement colorés. Sur un premier dessin au trait, ils appliquaient des couches de couleur — essentiellement du vert et du bleu foncé —, puis délimitaient les silhouettes par l'application de points d'or qui donnaient à l'ensemble une grande puissance lumineuse.

On dit que le célèbre tableau représentant le « Voyage de l'empereur t'ang Hiuan-tsong vers Chou » — entendez la dérobade vers le Sseutch'ouan de Hiuan-tsong fuyant An Lou-chan — conservé au Musée national de T'ai-pei, est une copie tardive d'un original dû à cette école des deux Li, le père et le fils. Les personnages se meuvent dans un cadre décoratif et imposant, encore conventionnel, mais où s'effectue déjà le passage du réel à l'imaginaire : hommes, bêtes et arbres sont trop grands par rapport aux montagnes; le sujet demeure l'anecdote, bien qu'on y sente le mouvement qui animera les plus beaux rouleaux horizontaux chinois et japonais.

Mais l'artiste t'ang le plus prestigieux demeure le sublime Wang Wei. Lettré et poète, il apportait à la peinture un esprit nouveau : la liberté de l'amateur, opposée aux contraintes du professionnel. Pour lui, peindre était un exercice de virtuosité plastique et intellectuelle, un plaisir sérieux où la philosophie se conjuguait à l'émotion, le rythme du pinceau traduisant les confidences du cœur. Wang Wei acquit une grande célébrité par ses tableaux de neige où il faisait jouer à l'envi sa technique savante de l'encrage, considérée comme une forme première du *p'o-mo* (littéralement « encre cassée ») : encre éclaboussée ou bien trait effilé qui s'épaissit, puis meurt tout à coup quand le pinceau se lève brusquement, ne laissant qu'une simple traînée.

Un essai, intitulé le « Secret pour étudier la peinture » *(Houa hiue pi kiue)* n'est sans doute qu'un faux, attribué au maître par l'un de ses admirateurs. On ne peut en faire état pour expliquer la peinture de Wang Wei; mais il convient pourtant d'en retenir deux principes, conformes à ceux de Tchang Yen-yuan et dont s'inspirèrent durant des siècles les émules du peintre comme du critique : « pour peindre un paysage, il faut en concevoir l'idée avant de prendre son pinceau » et « dans l'art de la peinture, l'œuvre à l'encre est la meilleure; c'est par elle que l'on peut parfaire les caractéristiques de la nature et compléter les œuvres du Créateur. »

Ainsi, le principe de la monochromie, de l'abstraction, de l'art comme support de l'imagination naquit sous les T'ang. Ce courant devait acquérir à partir des Song une place prépondérante dans la peinture chinoise.

[illegible] l'homme [illegible] est toujours [illegible] la nature, le paysage se [illegible] Cependant, [illegible] (1127-1279) [illegible] ils [illegible] dans la composition, [illegible] au centre [illegible] en [illegible] appliquant des couleurs [illegible] [illegible] points [illegible] dominant à l'ensemble [illegible] humaine.

On dit que le célèbre tableau représentant [illegible] [illegible] la débandade, vers le [illegible] de [illegible] Tchao-tao, conservé au Musée national de Taipei, est une copie tardive d'un original [illegible] école des deux Li, le père et le fils. Les personnages se meuvent dans un cadre décoratif [illegible] encore conventionnel, mais qui [illegible] de la [illegible] à l'imaginaire. Les arbres [illegible] sont trop grands par rapport aux montagnes [illegible] les plus beaux [illegible] naturels et humains.

Mais [illegible] plus [illegible] Wang Wei [illegible] il apporta [illegible] un esprit nouveau [illegible] de l'art [illegible] monochrome [illegible] [illegible] grande [illegible] de [illegible] comme une forme [illegible] le pinceau [illegible] une simple [illegible].

On [illegible] la peinture [illegible] Wang Wei [illegible] [illegible] en [illegible] de [illegible] Ainsi [illegible] de la nature [illegible] [illegible] de la pensée [illegible].

Ainsi, [illegible] de [illegible] [illegible] les [illegible] de la peinture chinoise.

CHAPITRE IX

DES T'ANG AUX SONG : NAISSANCE DE LA CHINE MODERNE

L'EXPANSION lointaine, la prodigieuse richesse culturelle de la Chine des T'ang, rendent plus étonnant encore son irréversible effondrement après la révolte d'An Lou-chan (755). Les causes profondes de cette chute, au-delà des permanentes difficultés économiques, doivent être cherchées dans la grave crise que connut alors l'armée ainsi que dans la résurgence du problème barbare, un moment apaisé grâce à l'hégémonie des Ouigours en Asie centrale.

L'ARMÉE ET L'ÉTAU BARBARE

L'organisation militaire du pays, demeurée extrêmement fluctuante, traduisait bien les incertitudes du peuple chinois face au problème de la cohésion nationale.

Depuis fort longtemps — du moins à partir de la fondation de l'État unitaire —, la Chine avait créé une véritable armée nationale composée de sujets de l'Empire. Sous les T'ang, on les enrôlait en milices *(fou-ping)* un certain nombre de jours par an, système qui fonctionna normalement pendant un siècle, de 622 à 722. Les recrues étaient supposées entrer dans les « Seize gardes de l'Empereur » *(Che-lieou-wei)* où elles recevaient différentes affectations : garde de l'empereur, de l'héritier du trône, garnisons des frontières ou troupes d'intervention pour les expéditions militaires. S'il en était ainsi sur le papier, il est néanmoins vraisemblable que, dans la pratique, les hommes des régions éloignées de la capitale se rendaient plus simplement et plus utilement aussi à la ville proche de leur domicile. Ils pouvaient soit y être enrôlés pour en garder les portes, soit être affectés dans des postes plus lointains.

28. LA GARDE

A Li Cheou, au Chensi, apparut en 1972-1973 une tombe t'ang désormais célèbre pour la qualité de ses peintures murales où s'agite toute une société aux multiples aspects : chevaliers, dames de Cour, paysans, moines ou bien ces gardes, figurant sur la paroi orientale de la chambre funéraire, personnages de la première moitié du VIIe siècle.

La charge du service militaire apparaît, d'après les Histoires des T'ang, assez lourde, puisque chaque homme corvéable donnait en principe à l'armée un mois de service tous les sept mois, soit un mois sur huit. La réalité se révèle beaucoup plus complexe : l'organisation et la composition de l'armée, l'institution même du service militaire considéré comme forme de service national qui pouvait entraîner l'exemption d'autres charges — impôt ou corvée —, semblent avoir obéi aux dispositions les plus contradictoires, suivant que se faisait ou non sentir l'influence des systèmes barbares. Chez ces derniers, en effet, une distinction nette séparait soldats et agriculteurs. La Chine, elle, l'ignorait, ou plus exactement ne souhaitait pas la reconnaître, car ce principe apparaissait contraire au globalisme qui, malgré de nombreuses déviations, représenta toujours et jusqu'à l'époque contemporaine l'idéal de l' « honnête homme » chinois. C'est pourquoi l'histoire de l'armée chinoise dont Robert des Rotours souligne savamment les ombres et les contradictions peut, d'une façon très grossière, se résumer en l'opposition ou la juxtaposition de deux conceptions du combattant : celle du « conscrit » et celle du soldat de métier, simple mercenaire ou guerrier d'élite de type féodal.

Lors de la fondation de la dynastie t'ang, le père de Li Che-min garda auprès de lui trente mille de ses fidèles. Il leur donna des terres, au nord de la capitale, et les honora du titre d' « Armée chargée de la défense de l'empereur et qui suivit l'empereur la première ». Par la suite, les fils succédèrent aux pères pour former l' « Armée héréditaire ». Hiuan-tsong fit de même un siècle plus tard, lorsqu'il groupa en « Armées guerrières comme les dragons de gauche et de droite » les descendants de ceux qui, en 710, l'avaient aidé à empêcher l'usurpation de l'impératrice Wei.

Mais la création de ces troupes d'élite n'excluait pas dans son principe le maintien du service militaire national. Ce dernier était une nécessité, une charge redoutée beaucoup plus qu'un honneur; le Code des T'ang soulignait d'ailleurs l'existence de mauvaises pratiques et précisait que le poids du service ne devait pas retomber sur les plus humbles :

« ...La méthode à suivre dans le recensement doit être la suivante : entre des gens ayant la même fortune, on prend les plus robustes; entre ceux qui sont de force égale, on prend les plus riches. Si les gens sont également robustes et également riches, on choisit ceux qui appartiennent à une famille comptant beaucoup d'adultes. Lorsqu'on ne se conforme pas à ces règles, on agit de manière injuste. »

De semblables règles de bon sens régissaient les fameuses « colonies militaires » affectées à la garde des frontières, et qui avaient fait couler beaucoup d'encre depuis les Han. Les textes se contredisent souvent, tant dans l'énoncé des chiffres que dans celui des activités exigées des soldats. Sans doute est-ce, comme le dit encore le Code des T'ang, parce que « suivant ce qui convient à la région, on décide des cultures à faire » et que, tout compte fait, « c'est en tenant compte de la force des hommes qu'on les dirige. »

Le service des frontières était le plus exécré de tous, car, outre qu'on y était exposé au danger barbare, la longueur des distances à parcourir pour rejoindre son poste et en revenir, ajoutée à une durée d'incorporation de trois ans, faisaient que le conscrit pouvait être retenu loin de son foyer durant plusieurs années. Faute d'un recrutement facile — des hommes valides allaient jusqu'à se mutiler pour être réformés —, on en vint, sous les T'ang comme sous les Han, à remplir les garnisons frontalières de forçats que l'on chargeait suivant les cas de tenir la charrue — ils devenaient alors les aides des mercenaires et des hommes du contingent — ou de manier les armes. Durant toute l'histoire de la Chine, ces condamnés voués à l'exil fondèrent des foyers. A mesure que le temps passait, ils constituèrent sur place des familles de garde-frontières, sorte de caste guerrière d'humble condition. La première véritable armée de métier se trouvait ainsi constituée.

La désaffection pour le service militaire atteignit un tel degré qu'en 722 ou 723, Hiuan-tsong constata l'inefficacité de la conscription et de l'organisation des milices paysannes. Par souci de sécurité, il s'entoura d'une « Garde permanente de l'empereur », à laquelle fut conféré en 725 le nom élégant de « Cavaliers aux arcs tendus » *(K'ouo-k'i)*. Le premier ministre Tchang Yue, qui en était l'organisateur, avait dû, pour rassembler les cent vingt ou cent trente mille hommes nécessaires, promettre sans restriction exemptions de corvées et remises de peines.

La tendance ne fit que s'accentuer; la paix durement gagnée par les conquêtes de Li Che-min avait inspiré peu à peu au peuple chinois un tel sentiment de sécurité qu'en 737, l'empereur fut amené à assouplir le régime général de recrutement des armées :

« Comme dans l'Empire il n'y a pas de sujet d'inquiétude, il convient d'accorder des loisirs aux hommes. A partir de maintenant on établira des garnisons composées de soldats permanents dans les armées et les commanderies militaires, en tenant compte de la tranquillité du pays et de son importance stratégique. Ces soldats seront enrôlés d'une manière permanente parmi les gens de toute sorte qui ont déjà participé à des expéditions et parmi les familles d'étrangers à la localité. On prendra les gens robustes et intelligents qui désireraient être incorporés. Les soldats permanents qui se rendront d'une manière permanente dans les armées des frontières recevront chaque année une allocation supérieure à celle qui leur était donnée précédemment. En outre, on leur accordera des exemptions privilégiées d'impôt de longue durée.

« Si des membres de la famille de ces soldats désirent partir avec eux, ils seront autorisés à se rendre dans la préfecture [où se trouve] l'armée et chaque famille y recevra des champs et une habitation. Les gens profitant de ces avantages maintiendront la paix à l'intérieur et à l'extérieur. Ainsi, à l'avenir, dans les préfectures ou les commanderies, il n'y aura plus à fournir la corvée du service militaire. »

L'État déchargeait ses sujets du fardeau militaire et payait des troupes que seul motivait l'appât d'avantages substantiels. Les censeurs tonnèrent, crièrent à l'immoralité, y virent un fléau, une charge grevant indûment les ressources du pays. Mais c'était déjà un fait contre lequel nul ne pouvait plus réagir.

Enfin la désaffection pour le service militaire s'amplifia à un point tel qu'en 749 le ministre Li Lin-fou crut bon de promulguer un décret qui en constatait la disparition. L'armée des frontières ne devait pas non plus représenter une véritable « puissance de dissuasion » : An Lou-chan la tenait en si piètre estime qu'il recommandait d'enrôler purement et simplement des barbares ralliés. On comprend mieux, devant ce refus général du métier des armes, quels espoirs il pouvait fonder sur sa révolte, quelle panique aussi cette dernière dut susciter au cœur des hommes restés fidèles à la dynastie.

La leçon, sévère, porta quelques fruits. En 757, la sécurité de l'empereur fut renforcée par la création d'un groupe de « Six armées » composées de troupes où servaient les soldats qui « avaient les premiers suivi l'empereur » — le futur Sou-tsong — en 756. En 777, on tenta sans grand succès d'en revenir aux milices paysannes dont le loyalisme ne faisait pas de doute. Dans le même temps, de 765 à 787, l'empereur consolidait ses gardes du Nord par la constitution de « Dix armées » régulières : efficaces, elles causèrent pourtant de grands scandales car leurs généraux — tous eunuques — se livraient à de détestables pratiques, volant et rançonnant les habitants. La rumeur publique s'enfla au point qu'en 770, l'empereur dut tous les remplacer par des généraux non eunuques. Mais si ces derniers avaient de la moralité, ils se révélèrent totalement privés d'efficacité en campagne : en 785, une rébellion chassa l'empereur de la capitale; il y revint l'année suivante, en 786, et remit aussitôt ses armées de protection aux mains des eunuques. Sans doute faisait-il preuve de sagesse : un siècle plus tard, la dynastie ne devait survivre que quatre ans à l'extermination des eunuques perpétrée en 903. A mesure que l'empereur perdait son prestige et ses appuis en province, les gouverneurs locaux recrutaient des troupes personnelles, usant plus ou moins de la coercition et surtout de l'appât du pillage.

De plus, la détérioration des conditions climatiques, au cours du IXe siècle, accéléra la misère et, avec elle, la fréquence des jacqueries. Des révoltes de grande envergure éclatèrent. Bien que l'empereur, en 860, noyât le Tchökiang dans le sang, toute la Chine orientale se rallia en 874 au rebelle Wang Sien-tche, puis à son allié Houang Tch'ao qui lui succéda à la tête des armées paysannes (878). La Cour put être sauvée, en 884, grâce à l'intervention de troupes turques fédérées, les *Cha-t'o*, mais le plus grand désordre régnait dans le pays; chaque province se déclara indépendante, les unes avec un roi, les autres avec un empereur.

En 907, un ancien partisan de Houang Tch'ao se proclamait empereur de la dynastie dite des Leang postérieurs. Ce fut la fin de l'Empire des T'ang et le début de l'époque dite des « Cinq Dynasties et des Dix Royaumes ».

Jusqu'en 960, la Chine vécut fragmentée. Le Sud se partageait en dix royaumes : au Sseutch'ouan, le royaume de Chou (907-923); au Hounan, ceux de Tch'ou (907-951) et de Kingnan (907-963); sur la côte du Tchökiang, celui de Wou-Yue (907-978); au Foukien, celui de Min (909-998); au Kiangsi, celui des T'ang du Sud (937-975); à Canton, celui des Han du Sud (911-971); tous vivaient en vase clos. La paix, paradoxalement, y régnait comme si l'Empire, conformément au rythme consacré par l'histoire, entrait normalement dans

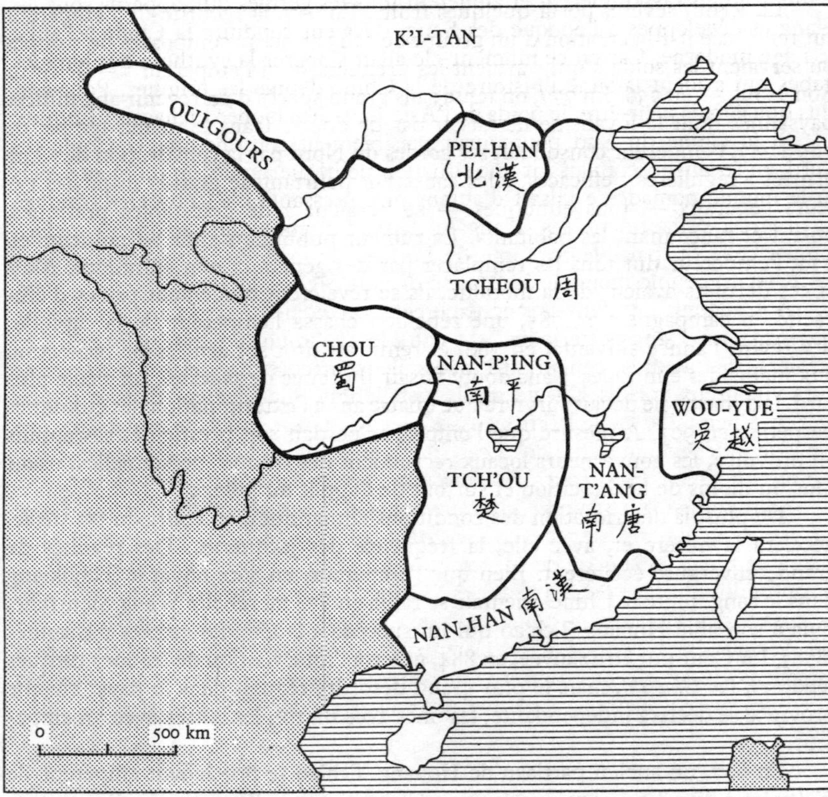

29. UN ÉTAT DU MORCELLEMENT AU Xe SIÈCLE : LA CHINE VERS 955

une nouvelle phase d'indépendance des régions, engagée dès la fin dramatique du règne de Hiuan-tsong, au VIIIe siècle.

Les cours locales protégeaient les artistes. Les artisans cherchaient toujours à améliorer leurs techniques. Les lettrés, pourvus de charges ou chômeurs, subsistaient comme ils pouvaient, richement ou chichement, mais jouissaient du loisir d'approfondir leur réflexion et de contempler la nature, envoûtante et douce. Durant cinquante années politiquement troublées, techniciens, artistes et intellectuels rassemblèrent et affinèrent tous les germes qui, apparus sous les T'ang et développés à l'époque des Song, devaient conduire la Chine à l'aube de l'âge moderne. Car en ce moment-clé allait s'opérer la synthèse des longues étapes qui avaient jalonné l'histoire de la Chine depuis les origines. Pourtant, plus que jamais peut-être, le poids de l'Asie sous-développée menaçait l'Empire.

Si la Chine du Sud poursuivait paisiblement son chemin, la Chine du Nord, en revanche, connaissait une situation politique agitée ; au moment précis où le monde nomade se faisait d'autant plus pressant qu'il s'ouvrait davantage au progrès, l'effacement des T'ang lui laissait augurer des conquêtes faciles, comme celle du paisible royaume de Po-hai, emporté en 927 sous les coups des K'i-tan, peuple mongol sédentarisé dans la région du Jehol.

A K'ai-fong, des dynasties éphémères se succédaient : les Leang postérieurs (907-923), les T'ang postérieurs (923-936), les Ts'in postérieurs (936-946). Ces derniers, mal assurés, conçurent l'idée malencontreuse d'appeler à la rescousse leurs vigoureux voisins K'i-tan qu'ils installèrent officiellement dans la région de Yen-tcheou, l'actuelle Pékin. Aussitôt les K'i-tan se proclamèrent à leur tour dynastie indépendante, dite des Leao (947), et firent de Yen-tcheou leur « capitale méridionale » *(nan-king)*. Ils devaient y rester cent quatre-vingts ans.

Leur nom — K'i-tan ou Khitai suivant les transcriptions chinoise ou arabo-persane — en vint à désigner si couramment la Chine du Nord que le terme était encore en usage à l'époque de Marco Polo. Celui-ci le rapporta en Occident, où se confondirent plusieurs appellations : Cathay pour la Chine du Nord, Mangui — le pays des Mongols — pour la Chine du Sud ; ou bien selon Ptolémée (90-168) Sérique et pays des « Sines ». Lorsqu'à la fin du XVIe siècle, les missionnaires européens découvrirent l'Empire unitaire des Ming, il leur fallut plusieurs décennies pour obtenir la certitude qu'il s'agissait bien là d'un seul et même pays.

Sitôt maîtres de la Chine du Nord, les K'i-tan supprimèrent leur organisation tribale et partagèrent leurs territoires en circonscriptions à la chinoise. L'administration centrale fut scindée en deux départements : l'un gérait les espaces dévolus aux pasteurs mongols, turks ou toungouses, que les rouages adaptés aux sédentaires ne pouvaient absorber ; l'autre gouvernait les territoires chinois. En fait, les autorités locales, entourées de conseillers chinois, calquaient leur organisation sur celle des plus civilisés, les vaincus, et l'on retrouva dans l'État k'i-tan des cours, des ministères, un censorat et un département d'historiographie conformes à l'organisation qui avait prévalu sous les T'ang. Dans l'ensemble, le système demeura cependant peu centralisé et laissa une très grande liberté d'action aux autorités k'i-tan dans le Nord du royaume et aux grands propriétaires chinois dans sa partie méridionale, si bien que chacun conserva sa place : les pasteurs d'un côté, les agriculteurs de l'autre.

Les faits les plus saillants de la vie sous les Leao consistèrent dans les quelques emprunts mutuels que se firent Chinois et barbares. Les nomades découvrirent les techniques de l'agriculture, d'utiles perfectionnements des textiles et l'usage de la monnaie. Les Chinois, de leur côté, apprirent ou réapprirent à se battre « à la nomade ».

De l'évolution des barbares k'i-tan, les fouilles entreprises en Mandchourie par le savant japonais Torii Ryûzô, durant la Seconde Guerre mondiale, donnent d'intéressants témoignages. Ainsi les K'i-tan avaient pris coutume d'enterrer leurs morts, comme les Chinois, dans des tombes monumentales à piliers et consoles; mais, au lieu d'évoquer les structures d'une maison, ces demeures souterraines reproduisaient celles d'une tente. Elles étaient, de plus, sculptées et incisées de thèmes divers, à la fois imitations des pratiques chinoises et reproductions des broderies et tentures qui ornaient et réchauffaient les yourtes des riches nomades. Pleins d'admiration pour les merveilles de la civilisation t'ang, les K'i-tan favorisèrent aussi un art archaïsant : une statuaire qui retournait aux sources de Yun-kang et à celles des Ts'i du Nord (VIe siècle) ainsi qu'une céramique qui développait la manière en « trois couleurs » des T'ang.

La vie intellectuelle et artistique pourtant n'atteignit jamais, dans la Chine des Leao, de grands sommets. La dangereuse tendance — latente sous les T'ang — à rendre héréditaires les charges de l'État s'accentua, à l'inverse de ce qui se passait dans le reste du pays, et entraîna la naissance d'une jeune aristocratie barbare. Les K'i-tan ne comprirent jamais véritablement le fonctionnement et l'intérêt des examens qu'ils rendirent de ce fait inutiles et stériles. Le seul résultat tangible de cette association sino-barbare fut la création d'une écriture k'i-tan dérivée de la chinoise pour les grands caractères et de celle des Ouigours pour les petits : les K'i-tan possédaient dès lors le médium indispensable à leur administration; ils entraient à leur tour dans l'histoire.

Sous leur férule, la vie de l'Empire continua, préservant sa nature, mais n'innovant pratiquement plus.

Dans la plaine Jaune, des dynasties affaiblies — celles des Han postérieurs (947-950) puis des Tcheou postérieurs (951-960) — tentaient d'installer à K'ai-fong des souverains d'origine turque qui disparurent en quelques années. Ce fut un général chinois, Tchao K'ouang-yin (927-976) qui usurpa en 960 le trône des Tcheou échu à un jeune enfant. Il fondait la dynastie des Song. Lorsqu'il mourut, en 976, il avait réunifié l'Empire à l'exception du territoire contrôlé

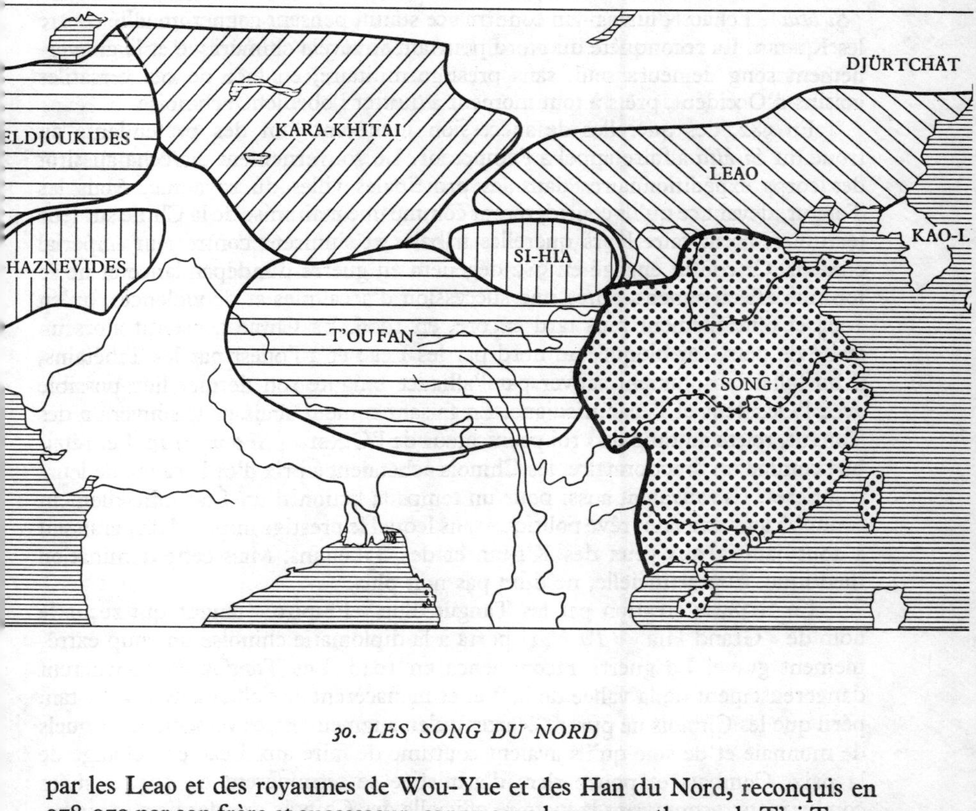

30. LES SONG DU NORD

par les Leao et des royaumes de Wou-Yue et des Han du Nord, reconquis en 978-979 par son frère et successeur, connu sous le nom posthume de T'ai Tsong (976-997).

Mais la survie du jeune Empire réunifié semblait précaire et jamais, sans doute, la hantise des barbares ne fut aussi obsédante.

Au nord, les Leao; à l'ouest, Tibétains et Kirghizes. Tous pesaient lourdement sur l'Empire qu'ils menaçaient de couper du reste de l'Asie. Les maîtres chinois n'eurent plus alors qu'un espoir : maintenir sous leur influence un nouvel État installé dans la région de l'Ordos central, celui des Tangut. Il avait acquis existence légale en 884, lorsque l'empereur t'ang avait conféré à son chef le titre de roi : ainsi avait vu le jour et survécu un royaume du « Hia occidental » *(Si Hia)*. Tchao K'ouang-yin confirma ce statut, pensant gagner un allié contre les K'i-tan. La reconquête du Nord pourtant se révéla chimérique et le gouvernement song demeura seul, sans prestige militaire, en face de ces versatiles voisins d'Occident, prêts à tout moment à quitter l'obédience chinoise.

En 982, des querelles de succession incitèrent l'un des prétendants au trône du *Si Hia* à faire appel à l'empereur. Le gouvernement dépêcha aussitôt des corps expéditionnaires dans les principales villes du royaume. Mais les Tangut, devant ce qu'ils considérèrent comme une mainmise de la Chine sur leur territoire, firent taire leurs querelles tribales et s'unirent contre leur impérial ennemi. Ce conflit engagé en 982 dégénéra en guerre d'indépendance et ne se termina effectivement, après une succession d'accalmies et de violences, qu'en 1004 et officiellement plus tard encore, en 1006. La Chine consentit alors un traité de paix, car bloquée au nord par les Leao et à l'ouest par les Tibétains, il lui fallait absolument sauver par l'alliance tangute son dernier lien possible avec l'Occident et l'Asie médiane. En faisant mine d'abaisser le souverain des Tangut, rejeté au rang de « roi pacificateur de l'Ouest » *(Si p'ing wang)* et rétribué comme un fonctionnaire, les Chinois achetaient à prix d'or le calme de leurs frontières. Ils sauvaient aussi pour un temps la fiction d'un État officiellement soumis à leur autorité : rêve politique sans lequel le prestige impérial disparaissait à tout jamais aux yeux des K'i-tan et des Tibétains. Mais cette domination théorique, trop artificielle, ne dura pas non plus.

En 1038, la création par les Tangut d'un « Empire » tangut qui reçut le nom de « Grand Hia » *(Ta Hia)* porta à la diplomatie chinoise un coup extrêmement grave. La guerre recommença en 1040. Les Tangut s'approchèrent dangereusement de la vallée de la Wei et menacèrent de s'allier avec les K'i-tan, péril que les Chinois ne purent écarter qu'en augmentant les versements annuels de monnaie et de soie qu'ils avaient coutume de faire aux Leao en échange de la paix. Combats et pourparlers d'armistice se terminèrent en 1044 : si les combattants reconnurent la victoire officielle des Chinois, ces derniers se virent, en échange, contraints de verser des prestations exorbitantes. Ils payèrent sur tous les fronts — aux Leao, aux Tangut — des sommes importantes qui déséquilibrèrent leur budget. Fastueusement entretenu, le souverain tangut acceptait de renoncer à son titre impérial. Il ne s'engageait pas pour autant à une soumission totale. De 1070 à 1072, de 1081 à 1086, de 1096 à 1099, de 1102 à 1107 et de 1114 à 1119, troupes chinoises et tangutes se livrèrent, sous le prétexte de contestations territoriales, d'épuisantes guerres de prestige, sanglantes, dévastatrices et peu décisives. Lorsqu'une trêve mit un terme aux affrontements, c'était déjà la fin d'un monde. Moins de dix ans plus tard, d'autres barbares, les Djürtchät, emportaient tout, la Chine des Leao comme la partie septentrionale de celle des Song (1126). Les temps n'étaient plus aux subtils échaffaudages diplomatiques.

Malgré la prise de K'ai-fong et la captivité de l'empereur Houei-tsong (1101-1125), la lignée impériale réussit à regrouper le gouvernement à Hang-tcheou, au sud du fleuve Bleu; ce fut le début de la dynastie des Song du Sud (1127-1279). Du Nord, les riches Chinois fuyant l'invasion barbare ne cessèrent d'affluer, et l'exil commença avec son long cortège de peines et de difficultés. A nouveau, comme à l'époque des Dynasties du Nord et du Sud (v^e^-vi^e^ siècles), regrets et rancœurs animèrent d'interminables querelles où s'opposaient militaristes et pacifistes, partisans de la reconquête et tenants de la sécession. Le général Yue Fei (1103-1141), héros de la résistance nationale, criait son désespoir. La postérité fera de lui un symbole, celui de la flamme souvent contestée, mais invincible, du patriotisme chinois :

« Mes cheveux se dressent sous mon casque
Lorsque, appuyé au balustre [j'entends] cesser le crépitement de la pluie.
Levant les yeux, je jette vers le ciel un long cri strident.
Mon cœur déborde de violence.
J'ai trente ans et pourtant ma gloire et mes mérites ne sont plus que terre et [poussière,
Huit mille lieues, terre de la patrie, ont disparu [englouties] comme la lune sous [les nuages.
Ne nous attardons pas! Faut-il attendre que mes cheveux soient blanchis?
Oh! douleur vaine!
Tant que la honte de l'année Tsing-k'ang [1126] ne sera pas lavée,
Quand pourra s'apaiser ma haine?
Oh! conduire sans fin des chars à travers la passe de Ho-lan!
J'ai le désir féroce de me nourrir de la chair des Hiong-Nou
Et, dans un rire, de me désaltérer au sang des barbares.
Oh! que tout recommence à nouveau!
Que nous puissions reconquérir nos rivières et nos montagnes
Et aller présenter encore une fois nos hommages à la Porte du Ciel! »

Calomnié auprès de l'empereur, sacrifié à la politique de renoncement et d'apaisement du ministre Ts'in Kouei (actif c. 1140), Yue Fei périt assassiné

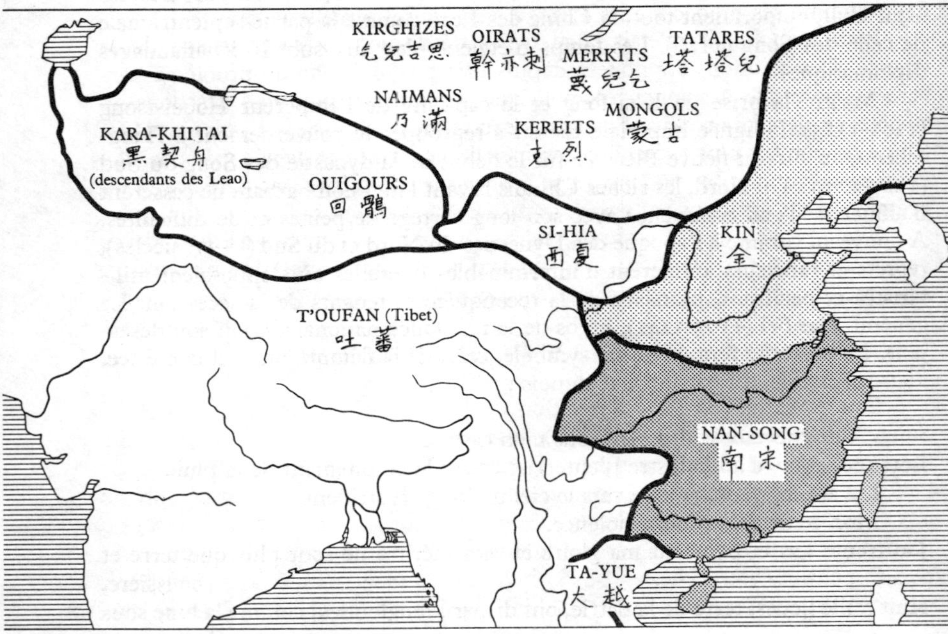

31. LES SONG DU SUD (MILIEU DU XIIe SIÈCLE)

dans sa prison, tandis que l'on exécutait son fils, accusé de complot contre l'État. Avec eux mouraient l'armée chinoise et tout espoir de revanche.

Plus qu'un homme, c'est un esprit que l'on avait tué. Même les historiens chinois, peu enclins, par nature, aux sympathies guerrières, soulignent la gravité du choix qui prévalut alors : de leurs compatriotes militaires ou des barbares, les civils avaient jugé les premiers plus nuisibles. Peut-être cela fut-il bénéfique, puisque la terre chinoise, en dernier ressort, sauvait le plus brillant joyau de l'Empire, ce conservatoire qu'était le Sud.

Le réseau hydrographique foisonnant des zones méridionales, piège pour les cavaliers djürtchät, retint loin au nord la dynastie barbare. Elle en prit son parti et, sous le nom de *Kin* (l'Or), régna au septentrion, installée à partir de 1153, comme ses prédécesseurs Leao, à Yen-king, l'actuelle Pékin.

Pour les Chinois, c'était l'âge de la désillusion, mère peut-être de la sagesse. Des solutions appliquées depuis l'Empire des Han au problème barbare — politique des mariages, politique belliqueuse, politique des dons — aucune ne demeurait efficace; toutes se révélaient illusoires et ruineuses. La Chine ne pouvait plus prétendre dominer l'Asie, armée et développée par elle. Il lui restait, usant de prudence, à se replier sur elle-même et à faire éclore les prémices d'un âge nouveau auquel elle seule pouvait atteindre.

Elle y parvint, par la vertu de ses institutions et le dynamisme de son économie. Des Song du Nord aux Song du Sud, il n'y eut aucune coupure durable, mais modification de tonalité et enrichissement de sensibilité.

LA NOUVELLE ADMINISTRATION

Sur les ruines de l'administration t'ang, le fondateur de la dynastie des Song, Tchao K'ouang-yin (960-976), avait créé de nouveaux organismes que l'empereur tenait mieux en mains. Il en résulta, à long terme, l'abandon de l'antique système agraire et bureaucratique, qui laissait une grande autonomie aux régions malgré les affirmations du gouvernement, en faveur d'un régime hautement centralisé, servi par des hommes coulés au moule implacable d'une pensée politique dont une série d'examens garantissait l'assimilation, condition sine qua non de toute réussite.

Sitôt investi du mandat céleste, Tchao K'ouang-yin eut la sagesse pleine d'ingratitude de briser avec ceux qui l'avaient porté au pouvoir : il plaça ses fidèles généraux à des postes secondaires et, quand ils moururent, les remplaça par des fonctionnaires civils. Il garda près de lui, à la capitale, les meilleures unités de l'armée qu'il regroupa directement sous le contrôle du gouvernement. Il empêchait ainsi tout réarmement et toute sédition des provinces.

Pour discuter des affaires de l'Empire, il s'entoura d'un conseil particulier. Composé de cinq à neuf membres *(tsai-che)*, ce groupe d'hommes avisés ne jouit jamais de très grands pouvoirs et conserva un statut mal défini. Les souverains ne les consultaient pas toujours et, du moins jusqu'au début du XIe siècle, agirent souvent en liaison directe avec les fonctionnaires compétents, financiers ou militaires, sans prendre conseil de ce comité de sages.

Le gouvernement proprement dit se trouvait réduit à quelques rouages simples : un Secrétariat-chancellerie *(Tchong-chou men-hia)*, un Conseil privé ou Bureau des Affaires militaires *(Chou-mi-yuan)*, ainsi qu'une Commission des Finances *(San-sseu)*. Cette dernière constituait un poste important; à l'inverse de ce qui se pratiquait sous les T'ang, le gouvernement song se réserva toujours le contrôle direct des impositions qui, sous la forme triple de monopoles du sel et du fer, de l'impôt foncier et de l'impôt sur le capital, étaient le nerf du gouvernement.

Le *San-sseu*, conçu à l'époque toute proche des Cinq Dynasties afin de ramener aux États les fonds usurpés par les gouverneurs militaires, comportait trois Bureaux *(pou)*. Celui du Sel et du Fer *(Yen-t'ie-sseu)*, d'une façon générale, jouait un rôle d'intendance; il administrait les mines, les monopoles du thé et du sel, gérait les taxes levées sur les marchands, et veillait à l'entretien des cours d'eau. Le Bureau des Fonds *(Tou-tche-sseu)* veillait aux dépenses des troupes et des fonctionnaires, aux transports, au commerce outremer et à la nourriture du bétail, problème délicat en Chine. Le Bureau du Cens *(Hou-pou-sseu)* enfin, gérait les taxes indirectes, le monopole des alcools et l'industrie.

Parmi les multiples sections et sous-sections qui existaient au *San-sseu*, la Division de l'Intendance et des Voies d'eau *(Tcheou-an)* ainsi que la Division de la Construction et des Réparations *(Sieou-tsao an)* se montraient les plus actives, à telle enseigne qu'elles firent plus tard l'objet d'organismes distincts de la Commission des Finances : le « Directorat des voies d'eau », le « Directorat de l'intendance » et le « Directorat de la construction ». L'impôt, comme sous les T'ang, donnait lieu à la remise de reçus et à la tenue de registres officiels, ce qui garantissait — en principe mais malheureusement pas dans la réalité — l'État et les particuliers contre les exactions et les falsifications.

Tchao K'ouang-yin et ses successeurs comprirent enfin qu'aucun régime institutionnel n'assurerait à l'Empire une bonne gestion si l'on n'envisageait d'abord avec soin la qualité des hommes chargés d'appliquer le système.

C'est donc afin d'assainir l'administration que les souverains s'attachèrent à étudier et contrôler le recrutement du personnel, manifestement dégradé à la fin des T'ang et durant les Cinq Dynasties. Il semble moins que les dirigeants song eussent suivi en la matière une idée directrice que manifesté une extrême bonne volonté qui les poussait à appliquer, le moment venu, des solutions de bon sens.

Dès les premières années de la dynastie, l'empereur, inquiet des pouvoirs excessifs de nomination que s'étaient arrogés les fonctionnaires locaux, en réduisit l'exercice au seul gouvernement de K'ai-fong, du moins dans les aires aisément contrôlées à partir de la capitale. Le recrutement fut surtout étroitement soumis aux résultats des examens dont on créa divers niveaux correspondant aux multiples charges de l'État. Les heureux lauréats du difficile doctorat *(tsin-che)* acquirent alors un prestige social et une faveur politique d'autant plus incontestés que les examinateurs accordèrent plus d'importance qu'autrefois, dans leurs jugements, à la qualité du raisonnement et à l'originalité. L'avancement rapide de ces sujets brillants les conduisit aux plus hautes fonctions, qui leur furent bientôt pratiquement réservées. Le titre de lettré, dans ce cadre, représenta une dignité que l'on recherchait comme un honneur rare, à tout âge : certains devenaient docteurs à moins de vingt ans, d'autres à plus de soixante-dix ans; à la fin des Song, l'âge moyen d'un nouveau docteur était de trente-six ans.

La répression des fraudes, sévère, s'exerça sur la personne même du fonctionnaire responsable de la bonne tenue des épreuves. A partir de 1007, le principe de l'anonymat des candidats — brièvement adopté sous les T'ang — fut instauré pour les examens de la capitale, puis étendu aux examens de préfectures en 1033. Les vieux lettrés férus de caractérologie tentèrent un temps de s'y opposer : le réformateur Fan Tchong-yen (990-1053) soulignait l'impossibilité de juger la valeur d'un candidat sans connaître l'homme tout entier et donc son nom. La loi de l'anonymat l'emporta néanmoins.

Afin que l'examinateur ne puisse reconnaître l'écriture du postulant, il fut décrété qu'avant lecture les copies seraient recopiées par un scribe. Chaque composition était ensuite soumise à deux examinateurs dont les notes, consignées dans un pli cacheté, étaient transmises à un troisième; ce dernier servait d'arbitre, confrontant les appréciations et, le cas échéant, les renvoyant pour correction ou vérification.

A partir de 1065 et surtout de 1067, les examens eurent à nouveau lieu régulièrement tous les trois ans, suivant une périodicité qu'ils devaient conserver jusqu'à l'avènement de la République.

Toutes les difficultés ne s'évanouirent pas pour autant. L'historien et homme d'État Sseu-ma Kouang (1019-1086) s'aperçut qu'une forte proportion de docteurs provenaient des régions du Sud-Est, tandis que les provinces de l'Ouest, du Sud et du Nord comptaient beaucoup moins de réussites. Il dénonça la partialité des examinateurs, eux-mêmes souvent originaires des riches plaines du fleuve Bleu, le brillant superficiel de ces hommes au pinceau agile, leur mépris des Classiques. O-yang Sieou (1007-1072), enfant du Kiangsi et président de la Commission des Examens, riposta à cette attaque qui le visait personnellement, arguant de l'impitoyable sélection pratiquée dès les premiers échelons dans ces contrées qui se piquaient de n'envoyer à la capitale que des lettrés de grande classe, et soulignant l'intense vie intellectuelle du Sud.

Il apparaissait ainsi, encore une fois, que le recours aux examens ne pouvait résoudre tous les problèmes. C'est pourquoi, bien que les souverains se fussent efforcés de minimiser le poids du patronage personnel ou politique, contraire aux idéaux du confucianisme, la pratique s'était conservée d'avoir parfois recours au recrutement sur recommandation afin de pourvoir, notamment, certains postes de haute responsabilité. Mais à partir de 1009, les candidats choisis sur recommandation durent officiellement se soumettre aux obligations de deux années d'études ainsi qu'à un examen particulier. Fan Tchong-yen (990-1053) et Sseu-ma Kouang (1019-1086) s'efforcèrent, chacun en leur temps, d'en limiter la portée.

Cette défiance affirmée vis-à-vis de la recommandation et des clientèles politiques qu'elle impliquait n'excluait pourtant pas sa survivance puisque la décision individuelle devait intervenir là où les examens ne pouvaient plus rien : lorsqu'il s'agissait de répartir les candidats heureux entre divers postes d'un échelon égal ou bien lorsqu'il fallait trouver l'homme le mieux adapté à une situation délicate. C'est ainsi que dès 1010, soit un an après que l'on eût limité la pratique de la recommandation, un édit impérial en reconnaissait la nécessité et en fixait les modalités :

« Considérant l'étendue géographique et la complexité administrative [de l'Empire] et supputant comment gagner l'assistance des talents disponibles pour faire avancer le bien de l'État, nous souhaitons la coopération de tous les officiels pour le choix soigneux de la bonne manière d'agir. Les mesures légales n'ont pas été encore complètement mises en vigueur. Si nous élargissons le système des recommandations, les disputes [pour obtenir des patronages] vont se faire encore plus nombreuses; mais si nous supprimons le patronage, nous perdrons des hommes de grand talent. Nous devons donc fixer une ligne de conduite médiane afin d'élaborer un système convenable...

« C'est pourquoi, à la fin de chaque année, les officiels de la Cour du rang d'académicien du Han-lin [...] recommanderont chacun un homme parmi les officiels de la Cour et de la capitale employés ailleurs que dans la capitale, parmi les officiels militaires des trois échelons, les aides civils et parmi les officiers préfectoraux et sub-préfectoraux. Le garant exposera clairement la conduite administrative [du candidat], l'emploi pour lequel il a des dispositions, s'il est bien connu du garant lui-même ou hautement prisé par d'autres en général.

« Au moment voulu, le Bureau de Derrière le Palais et le Censorat en prendront note et presseront [tout garant retardataire de faire sa recommandation]. Si, à la fin de l'année, il y en a qui n'ont pas présenté leurs lettres de recommandation, les faits en seront reportés dans un mémorial. Des amendes leur seront imposées. »

La vigilance officielle dans le choix des recommandations, la qualité des épreuves intellectuelles, jointes aux interdictions qui furent faites aux parents des impératrices de tenir aucun poste important, de même qu'aux officiels d'avoir des proches négociants, donna aux Song des cadres administratifs d'excellente qualité.

L'édifice de Tchao K'ouang-yin se révéla même si solide que plus jamais, après les Song, le trône ne fut usurpé par un grand général ou un membre élevé du régime précédent : du xe au xxe siècle, seules des invasions étrangères ou des révolutions populaires de grande envergure, soutenues, dans notre monde contemporain, par des idéologies et des aides étrangères, mirent fin aux dynasties.

La condition impériale elle-même évolua dès la fin du xe siècle. Bien que le fondateur de la dynastie eût mené l'État de la poigne solide des héros bâtisseurs, il se révéla confucéen sincère et s'efforça toujours d'accepter de bonne grâce suggestions et critiques. Il manifestait, sans doute, la probité d'une nature généreuse mais usait aussi d'une habile manœuvre politique car il s'attirait la bienveillance de la classe éclairée. Or, cette dernière écrivait l'histoire et conduisait, à longue échéance, le sort des révolutions, suivant qu'elle dénonçait, en cas de catastrophe, la scélératesse des paysans révoltés ou, au contraire, l'incurie d'un gouvernement qui avait perdu le mandat céleste.

Tchao K'ouang-yin vit clairement que faire plaisir aux lettrés revenait à se ménager à la fois l'intelligentsia et les cadres, donc à assurer la durée politique de la dynastie. Officiellement, la critique fut plus que jamais libre : tout sujet pouvait adresser à l'empereur une missive d'information, de réclamation ou de doléance. Dans la pratique, c'étaient les membres du gouvernement qui, le plus souvent, remettaient au souverain un placet tandis que l'organe officiel du censorat conservait son rôle traditionnel de juge et de critique des décisions du maître comme de ses ministres.

Les successeurs de Tchao K'ouang-yin, doués de personnalités plus effacées que l'initiateur de la dynastie, se plièrent aisément à ce contrôle perpétuel, si bien que la réalité du pouvoir passa peu à peu aux mains des membres du Conseil. Il convient de souligner tout ce que cette évolution avait d'inéluctable : écrasé par le poids des obligations rituelles et administratives, tout souverain, à l'exception du fondateur révolutionnaire d'une nouvelle lignée, n'avait d'autre alternative que de se lancer lui-même dans une grande campagne de réformes afin d'échapper à l'emprise d'un appareil trop pesant, ou bien de laisser jouer les rouages auxquels il était soumis. A la limite, nul empereur chinois, hormis les héros-fondateurs, n'eut véritablement le temps de gouverner. Tous s'apparentèrent ainsi peu ou prou à l'« empereur-symbole » des Japonais.

De plus, lorsque des groupes puissants — les grandes familles, les eunuques — avaient amené au Conseil et au Censorat un nombre suffisant de leurs féaux, l'empereur se trouvait complètement paralysé, jugeant et tranchant en fonction de fausses informations. Cet écueil grave, commun à tous les gouvernements, fut particulièrement sensible en Chine où nulle puissance redoutable mais équilibrante — une Église, une féodalité pourvue de ses lois et de son code d'honneur — ne se dressait officiellement en face de l'empereur, pontife de fait et théoriquement incontesté.

LA VIE ÉCONOMIQUE

Pendant plus d'un siècle, néanmoins, le gouvernement song conserva sa vitalité conquérante. De l'unité recréée malgré les menaces extérieures naissaient de grands espoirs. Mais à mesure que l'argent se raréfiait — qu'il servît à entretenir ou à combattre les barbares — la société chinoise prenait conscience, en même temps que de sa fragilité, du mauvais emploi de son immense richesse où généraux et diplomates puisaient les gages d'une paix et d'un prestige également précaires.

Les remaniements de Wang An-che

Les esprits s'avisèrent bientôt, une fois de plus, que le gouvernement devait être reconsidéré et rééquilibré, l'épuisement rapide des finances traduisant moins les inconvénients d'une politique que l'accaparement des biens de l'État par des particuliers, ainsi qu'une injuste répartition des charges publiques. Un courant général de gravité et de retour aux Classiques, développé de plus dans le souvenir de la dernière période t'ang, celle de la proscription du bouddhisme, engageait à revoir, en fonction de la sagesse des anciens, les rouages excellemment mais hâtivement mis en place par le fondateur : cinquante ans après le début des Song, il n'était plus question que de réformes.

Le mouvement novateur commença avec Fan Tchong-yen (990-1053), auquel on attribua plus tard le mérite de la paix conclue en 1044 avec les Hia et qui s'acquit un nom dans l'histoire des idées en remettant à l'honneur l'étude des livres canoniques. Élevé au rang de Premier ministre par l'empereur Jen-stong (1022-1063), il se fixa pour but la réalisation d'un programme en dix points. Celui-ci comportait l'élimination des bureaucrates à courtes vues; l'abolition du favoritisme et du népotisme; la réforme des examens; une meilleure gestion des terres d'État afin de pouvoir mieux payer les fonctionnaires et amoindrir ainsi la corruption; la reprise des travaux d'utilité publique en vue d'améliorer la production et le transport des grains; la création de milices locales — c'était la remise en vigueur du système abandonné sous les T'ang — pour assurer à meilleur marché la défense nationale; la diminution des corvées dont la charge retombait toujours sur la couche la plus misérable de la population; l'organisation de « domaines d'équité » *(yi-tchouang)*, terres inaliénables et donc sources de revenus permanents données à des institutions charitables, venant suppléer l'assistance publique prise en charge avant 845 par les monastères bouddhiques.

Il n'y avait là rien que les censeurs n'eussent déjà suggéré depuis des siècles, mais le programme de Fan Tchong-yen s'inscrivait dans un courant général de pensée. En dépit de la disgrâce de son créateur, écarté du pouvoir par d'impitoyables règlements de comptes politiques, le train de réformes fut repris, complété et porté à la célébrité par l'intransigeant Wang An-che; il souleva des tempêtes.

L'ambition de Wang An-che (1021-1086), poète, philosophe et homme politique, avait une tout autre ampleur intellectuelle que celle de Fan Tchong-yen. S'il reprenait à son compte les préceptes d'honnêteté et d'austérité dont la tradition parait d'une façon vague les anciens, la reconstitution de l'âge d'or devenait chez lui, bien plus qu'un lointain modèle, un programme d'action. Il faisait fi des pratiques antiques qu'il jugeait abâtardies au cours des siècles et souhaitait ressusciter la pureté originelle qu'aucune grande figure de l'histoire n'avait, à ses yeux, su respecter. Reçu pour la première fois en 1068 par l'empereur Chen-tsong qui lui demandait son avis sur Li Che-min et sur l'exemple qui en restait après plus de quatre siècles, Wang-An-che répondit orgueilleusement que pas un des héros historiques ne méritait qu'on lui prêtât attention.

Le souverain se montra sans doute séduit par la personnalité ardente de ce défenseur de l'État qui s'attaquait sans crainte à toutes les idées reçues, à toutes les habitudes : « Les cataclysmes naturels, il ne faut pas les craindre; il ne vaut pas la peine de prendre pour modèles les ancêtres et moins encore de considérer ce que disent les gens. »

Chen-tsong lui confia la plus difficile des tâches : celle de réformer et d'assainir les finances de l'État. Wang An-che conçut à cette fin une refonte complète de l'édifice gouvernemental. Il remodelait celui-ci en fonction d'un certain nombre de mesures ou de principes qui, pris séparément, ne représentaient rien de particulièrement original mais constituaient, par leur accumulation et la rigueur de leur mise en application, le bouleversement politique le plus radical que la Chine eût jamais connu, des prémices du Premier Empire à l'avènement du communisme.

Le problème central de l'impôt se révélait fort complexe. Malgré les dispositions officielles de la « double taxe » créée sous les T'ang, il continuait à être largement versé en nature sous la forme de riz de qualité supérieure. Vingt pour cent du grain ainsi obtenu était emmagasiné sur place afin de servir à la nourriture ou au paiement de l'administration locale, tandis que les quatre-vingts pour cent restants étaient envoyés à la capitale et aux postes militaires importants : la redevance prenait alors le nom élégant de « donation ».

Wang An-che jugea l'assiette de l'impôt injuste et tenta de rétablir plus d'équité à l'aide d'une grille d'estimation demeurée fameuse, la « taxe sur les champs carrés » *(fang-t'ien-kiun-chouei-fa)*. Ce système consistait à partager la surface arable de l'Empire en champs carrés d'une superficie de mille *mou*, eux-mêmes classés en cinq catégories selon la qualité du sol. Contrairement aux récriminations des contribuables, il ne s'agissait pas d'une taxation nouvelle substituée ou ajoutée au « double impôt », mais d'une base de calcul pour une évaluation plus juste de ce dernier. Il s'appliquait automatiquement aux terres récemment mises en culture, particulièrement nombreuses au début du XIIe siècle au nord du cours inférieur du fleuve Jaune, région où la pression démographique allait croissante dès que cessaient guerres et famines. Les exploitants n'avaient cependant pas entièrement tort lorsqu'ils protestaient contre l'avidité de l'État et ses injustices : les agents du fisc tentèrent de faire placer sous ce même régime nombre d'anciennes tenures, sans tenir compte des catégories consacrées par le temps ni du rendement réel des terrains ; les falsifications de registres, de plus, continuèrent comme par le passé, si bien que tout le poids des redevances retomba une fois encore sur les plus humbles, tandis que les sous-estimations et les exemptions abusives mettaient les plus forts à l'abri des difficultés.

Toujours afin de faciliter la vie du peuple par les échanges et la stabilisation des prix, Wang An-che remit en usage le système inauguré sous l'empereur Wou des Han, qui consistait à faire acheter par l'État les produits d'une région pour les revendre ailleurs : le bénéfice normalement attribué aux marchands alimentait les caisses du gouvernement. Pour les agriculteurs modestes, il institua des prêts d'État — sous forme de semences ou d'argent — au taux alors extrêmement bas de vingt pour cent d'intérêt : en aidant les plus pauvres des fermiers, il évitait la mainmise des familles puissantes sur les terres et privait les usuriers locaux de leurs bénéfices qui allaient, une fois de plus, remplir les coffres de l'État. Fait important et original : Wang An-che accorda les mêmes facilités aux petites entreprises et contribua ainsi au développement du brillant artisanat song.

Quant aux corvées que les riches ne voulaient pas effectuer, il les transforma en impôts, manière détournée de tirer quelque argent d'une classe sociale qui usait de privilèges pour obtenir l'exonération des charges publiques. Il fit aussi reprendre les travaux d'aménagement du réseau fluvial qui demeuraient, traditionnellement, la raison d'être des corvées et la condition primordiale de toute amélioration de la production agricole.

Il aborda enfin avec le même enthousiasme les questions importantes de l'armée et des examens. Afin d'éviter les lourdes dépenses qu'entraînait l'entretien d'une armée de métier, il remit en vigueur le vieux système de la conscription. Entièrement à la charge des contribuables, elle évoque l'armement, dans notre moyen âge européen, d'un chevalier par un groupe d'hommes libres. Wang An-che reprenait en effet, en l'étendant à l'échelle nationale, un système qui s'était développé spontanément dans les campagnes, à la fin du xe siècle, pour lutter contre le brigandage : celui des milices de villageois-archers. Les chefs de famille, groupés par dix, durent recruter, habiller et équiper un certain nombre de soldats. En théorie, cela n'entraînait aucune difficulté; dans la pratique, le coût des troupes souleva de nombreuses protestations populaires.

La réforme de la cavalerie, si décisive dans la lutte contre les nomades, suivit des voies très différentes. Wang An-che acheta, aux frais de l'État, des chevaux qu'il donna « en pension » à des familles paysannes du Nord de la Chine : un homme de chacune de ces maisons devait, en temps de guerre, rejoindre avec sa monture les rangs de la cavalerie impériale. On tentait donc, une fois de plus, de créer une sorte de caste militaire qui, seule, pourrait avec attention et compétence nourrir les bêtes et décharger au moins partiellement le paysan de la Grande Plaine d'un service militaire qui, depuis la nuit des temps, lui faisait horreur.

L'enseignement, tel qu'il était dispensé depuis les T'ang, attira lui aussi les critiques de Wang An-che : il y voyait accorder trop d'importance aux épreuves littéraires, et cela aux dépens d'un savoir pratique et administratif que le réformateur voulut exiger de tout fonctionnaire. Il multiplia le nombre des écoles d'État pour faire pièce aux académies privées *(chou-yuan)*, devenues majoritaires, où l'on se souciait, disait-il, plus de culture que de grandeur de l'État : le légiste laissait poindre l'oreille.

Son activité dans tous les domaines fit bientôt voir en lui un nouveau Wang Mang, d'autant plus qu'il se réclamait tout comme ce dernier du « Rituel des Tcheou » *(Tcheou-li)*. Or, tous les hommes de savoir prétendaient qu'il ne s'agissait là que d'un faux relativement récent, impropre donc à inspirer une pensée politique conforme à l'antique enseignement des sages. Ce fut un tollé général, et les plus grands personnages de son temps se dressèrent contre lui.

Le brillant poète Sou Tong-p'o (1036-1101) rejetait d'un trait toute la doctrine de Wang An-che. Il terminait son réquisitoire par une péroraison significative pour l'histoire des idées, mais quelque peu outrée pour nos esprits attentifs aux incidences de l'économie :

« La conservation ou la perte d'une nation dépend de la profondeur ou du caractère superficiel de sa vertu et non de sa force ou de sa faiblesse. La durée ou la brièveté de la dynastie dépend de la solidité ou de la fragilité de ses coutumes sociales, non de sa richesse ou de sa pauvreté. Si sa vertu morale est réellement profonde et ses coutumes sociales réellement solides, même si le pays est pauvre et faible, sa pauvreté et sa faiblesse n'affecteront pas sa durée et son existence. Si sa vertu est superficielle et ses coutumes sociales fragiles, même si la nation est riche et puissante, cela ne la sauvera pas d'une fin hâtive. Quand un gouvernement sait cela, il sait ce qui est important et ce qui n'est pas important. Les gouvernements sages des temps anciens n'ont pas abandonné la vertu parce que le pays était faible, ni permis que les coutumes sociales souffrissent parce que le pays était pauvre. »

Le grand historien et érudit Sseu-ma Kouang (1019-1086) protesta à son tour. En 1070, il quitta le gouvernement pour bien marquer son opposition à Wang An-che. Dans ses loisirs forcés, passés à composer sa monumentale « Histoire de Chine », il médita longuement l'œuvre « révolutionnaire » et ses implications diverses. Il dénonçait l'orgueil insensé du réformateur qui n'avait pas su prévoir que ses innovations, faites au nom de la sagesse et de la justice sociale, n'aboutiraient qu'à une exploitation et une misère encore plus atroces du peuple. Avocat, certes, de la société des nantis, Sseu-ma Kouang s'appuyait aussi sur des arguments valables. Il est bien connu que changer l'énorme machinerie chinoise fut de tous temps une œuvre délicate. Wang An-che lui-même partageait ce scepticisme lorsqu'il soulignait — comme Tchao K'ouang-yin — que seule la qualité des hommes, finalement, décide de tout, quelle que soit la teneur des institutions :

« Le plus urgent besoin du temps présent est de se procurer des hommes capables. C'est seulement quand nous serons capables de produire un grand nombre d'hommes de valeur dans l'empire qu'il sera possible de sélectionner un nombre suffisant de personnes qualifiées pour servir le gouvernement. Et c'est seulement quand nous aurons des hommes de valeur au gouvernement qu'il n'y aura plus de difficulté pour évaluer ce qui doit être fait, en fonction du temps, des circonstances, et en prenant en considération la détresse humaine qui pourrait en résulter, pour changer graduellement les lois décadentes de l'empire afin de se rapprocher des idées des anciens rois. »

En 1076, après la mort de l'empereur Chen-tsong qui lui avait accordé son appui, Wang An-che dut se retirer; les partisans de moindres bouleversements, guidés par la voix puissante de Sseu-ma Kouang, commencèrent à défaire l'édifice hâtivement bâti. Il fallu pourtant neuf ans pour que le gouvernement, sous le règne de l'empereur Tche-tsong (1085-1100), décidât d'en abolir l'élément le plus important : l'assiette de l'impôt, aussi peu populaire chez les riches que chez les pauvres. A long terme, les vues de Wang An-che durent, néanmoins, se révéler lucratives pour l'État, puisque, à la fin des Song du Nord, sous le règne de l'empereur Houei-tsong (1101-1125), le Premier ministre Ts'ai-king crut nécessaire d'y recourir à nouveau, quelles que fussent les querelles de doctrine ou d'individus. Après des mesures contradictoires, des oscillations et des hésitations, la « taxe sur les champs carrés » fut définitivement abolie en 1120-1121. Il était temps, car les révoltes populaires grondaient : celle de Fang La au Tchökiang, celle de Song Kiang au Hopei semblaient particulièrement violentes et redoutables.

Mais si la misère soulevait les agriculteurs, les finances publiques ne s'en trouvaient pas moins dans une situation catastrophique. Le parti des eunuques, sous l'égide de Li Yen, tenta un dernier effort pour rendre à l'État, conformément aux normes, les terres en friche ou bien celles qui, cultivées par des fermiers, étaient abandonnées par leurs propriétaires légaux. Devenues « terres publiques » *(kong-t'ien)*, elles furent soumises à de lourds impôts qui retombèrent immanquablement sur ceux qui y vivaient, petits exploitants et métayers. Lentement, l'indigence de ces derniers préparait l'invasion des Kin (Djürtchät) qui n'eurent qu'à prendre la succession des Song décriés. Il est bien connu cependant que les péripéties de l'histoire ne possèdent aucune valeur exemplaire : ce sont les mêmes mesures fâcheuses de nationalisations excessives qui contribueront pour beaucoup à la ruine des Song du Sud.

De l'œuvre de Wang An-che, des polémiques passionnées qu'il avait fait naître, il ne restait plus rien. Le soutien accordé aux faibles — dans le dessein intéressé d'augmenter leur productivité —, le souci de faire passer l'intérêt de l'État avant celui des particuliers, tout cela sombrait. Des hommes, des partis s'étaient heurtés violemment, au point que leurs querelles devinrent légendaires. Mais en réalité, la gent laborieuse n'y pensait plus, occupée qu'elle était aux mille besognes d'une agriculture et d'un artisanat toujours plus industrieux, suffisamment riche malgré la tourmente pour résister aux assauts des barbares qui demeuraient divisés.

La leçon en fut que les grands événements, les grands personnages, n'occupaient plus seuls la scène historique. L'imposant Empire militaire à l'antique n'existait plus; l'Église bouddhique s'était depuis longtemps déconsidérée en s'occupant trop des affaires du siècle; la classe des fonctionnaires lettrés ne faisait que se constituer et la gestion gouvernementale s'avérait incertaine. En revanche, tout un travail populaire s'effectuait en dehors des cadres dictés par l'État.

La question agricole

La condition première de cet épanouissement fut l'important accroissement de la population. Si les calculs ne peuvent être précis dans l'état actuel des dépouillements d'archives, tout laisse néanmoins supposer que la Chine comptait, au début de la dynastie, cent et quelques dizaines de millions d'habitants.

Ceux-ci exerçaient pour la plupart le métier d'agriculteur, mais savaient obtenir des récoltes d'une richesse inconnue de leurs ancêtres. C'était, là encore, l'aboutissement des progrès engagés sous les T'ang : depuis le VIIIe siècle, les terres de Chine du Nord donnaient successivement, étendues sur une période de deux ans, trois récoltes où alternaient le blé et le millet. L'époque des Song vit cette avance de la Chine septentrionale bientôt rattrapée par celle du Sud. Au long de quatre cents ans, du IXe au XIIIe siècle, les paysans des terres méridionales acquirent, grâce à la pratique nouvelle du repiquage des plants, une telle maîtrise de la culture du riz qu'ils purent, selon les régions, tirer du sol jusqu'à deux ou trois récoltes par an.

D'une manière générale, l'agriculture profita largement de l'invention de l'imprimerie, dont l'expansion permit l'édition de précieux traités d'agronomie. Ces derniers diffusaient dans tout l'Empire les principes et les plans des systèmes d'irrigation, des diverses machines agricoles d'usage courant ainsi que la technique des procédés d'engrais.

Le riz, base de l'économie agricole et fiscale, comportait de nombreuses variétés parmi lesquelles les cultivateurs dégageaient patiemment, par élimination, les espèces à la croissance la plus rapide. Sous les Song, cette longue sélection porta ses fruits; la production devint même si abondante et si variée que chacun se mit à choisir, selon ses possibilités financières, la catégorie désirée : le riz tardif et non glutineux, surtout celui de Sou-tcheou, était le plus apprécié. Le riz du Champâ se situait à l'autre extrémité de la gamme. Mais, hâtif et résistant à la sécheresse, il poussait en abondance sur les pentes monta-

32. *LES TRANSPORTS SOUS LES SONG*

La prospérité que connut l'époque des Song malgré les innombrables dangers qui ne cessèrent de menacer la société chinoise, entraîna un grand développement des transports, traduit par la diversité des voitures et charrettes qui apparaissent sur les peintures. Les brouettes, connues dès l'époque des Han comme en témoignent maintes représentations, sont particulièrement étonnantes, composées d'une grande roue à laquelle sont accrochés des paniers. On notera la présence possible d'un animal aidant l'homme à tirer sa charge.

gneuses de la Chine du Centre et du Sud ; d'une qualité très moyenne ou inférieure, il se vendait à vil prix et constituait de ce fait la nourriture de base du petit peuple des villages comme des cités.

Le grenier de l'Empire se situait au Tchökiang et au Kiangsou. Le fameux riz de Sou-tcheou bénéficiait d'une réputation particulière car, outre qu'il était d'une qualité supérieure, il croissait en quantité suffisante pour se prêter largement à l'exportation vers les autres préfectures et même en dehors de la Chine.

Les autres principaux producteurs étaient le Kiangsi, le Hounan et le Houpei, moins avancés techniquement mais dotés des conditions géographiques et climatiques favorables ; ils avaient pour marché principal la ville de Woutch'ang.

La distribution des céréales, base importante d'une nourriture qui, quoi qu'on en eût dit, manqua longtemps de légumes, se faisait, selon les régions, de trois manières différentes.

La plus simple était celle qui prévaut dans toutes les campagnes du monde : les agriculteurs transportaient eux-mêmes leur récolte au bourg ou au marché le plus proche. Il convient cependant de noter la personnalité des acheteurs chinois : que ce fût par effet de la pression sociale ou bien parce que chaque unité familiale cultivait son champ, les clients de l'humble paysan vendeur de riz étaient tous marchands ou membres des grandes familles ; ces chalands avertis menaient un jeu habile qui consistait à s'unir pour faire baisser les prix et n'acheter qu'au cours le plus bas.

Bien souvent, cependant, les exploitants portaient le riz directement, sans passer par le marché, chez le propriétaire terrien ou le négociant : ils payaient ainsi les avances de semences ou d'argent consenties au début de l'année. Ce procédé permettait aux prêteurs de constituer des stocks qu'ils revendaient, le moment venu, au prix de leur convenance. En général, ces notables faisaient aussi office d'usuriers et de marchands de sel. Disposant à la fois des matières premières et de l'argent, ils occupaient une position d'une exceptionnelle puissance.

Dans les régions reculées et peu développées enfin, les marchands allaient au début de l'an proposer aux cultivateurs sel, thé ou toute autre denrée importante dont ils auraient besoin dans l'année. Le paiement, avec intérêt, se faisait à l'automne sous l'espèce de céréales que les créanciers se chargeaient eux-mêmes de véhiculer, engranger et redistribuer.

Des marchés d'un type semblable à ceux du riz, bien que de moindre importance, se développèrent du Xe au XIIIe siècle pour d'innombrables produits qui tous, d'usage domestique ou industriel, provenaient du sol : les huiles de chanvre, d'abricotier, d'indigo, de navet, de colza, de paulownia, de racine d'aconit qui compensaient le manque de graisse animale; les épices; des comestibles particulièrement recherchés comme les graines de lotus, de nénuphar ou le gingembre; des textiles; des plantes tinctoriales comme l'indigo du Foukien; le sucre de canne, cultivé et raffiné dans le Centre et le Sud de la Chine; des fruits rares comme les litchis *(li-tche)* et les citrons; le thé enfin dont la culture, répandue lentement depuis l'époque des Han le long de la vallée du fleuve Bleu, à partir du Sseutch'ouan, était limitée par la nature aux régions chaudes de Chine du Sud.

Même si l'économie nationale, en expansion, reposait donc entièrement sur l'activité des agriculteurs, le fermier cependant ne voyait pratiquement jamais le capital produit par son travail. Ce dernier enrichissait les courtiers qui, fixant de fait le prix des marchandises, jouissaient du privilège quasi dictorial de pouvoir agir à la fois sur le petit peuple et sur le gouvernement. Ces privilèges de plus ou moins mauvais aloi favorisaient en revanche l'accumulation locale de capitaux qui étaient à leur tour réinvestis dans des exploitations diverses, conçues à l'échelon de la région et particulièrement adaptées à la nature des terroirs. L'époque des Song vit ainsi éclater partout le schéma classique de l'exploitation polyvalente qui subvient elle-même à ses propres besoins; et de pays à pays les échanges s'accélérèrent, chacun vendant ce qu'il produisait de meilleur.

A partir de la seconde moitié du XIIe siècle, l'exil des Chinois du Nord fortunés, apportant leurs talents et leurs fonds aux contrées riches et actives du Sud, provoqua la première « explosion économique » de la Chine historique. La concentration des capitaux dans les régions de plus forte production engagea les prémices de l'âge industriel, avec ses spécialisations et ses indispensables réseaux de distribution et d'assurances. A la fin de la dynastie, les marchands du Foukien *(Min-chang)*, du Tchökiang *(Yue-chang)*, du Anhouei *(Houei-chang)* et du Sseutch'ouan *(Chou-chang)* tenaient pratiquement tous les fils de l'économie nationale; évolution que les notables des provinces du Centre et du Nord avaient acceptée, sans tenter de reprendre la première place.

L'épanouissement de l'artisanat

Parfois aussi, l'indépendance et l'initiative, peu appréciées dans le cadre de l'administration, trouvèrent refuge dans les activités du commerce et de l'industrie naissante. Ainsi, les artisans qui, depuis la nuit des temps, partageaient leur activité entre la confection d'ustensiles indispensables à la vie courante et

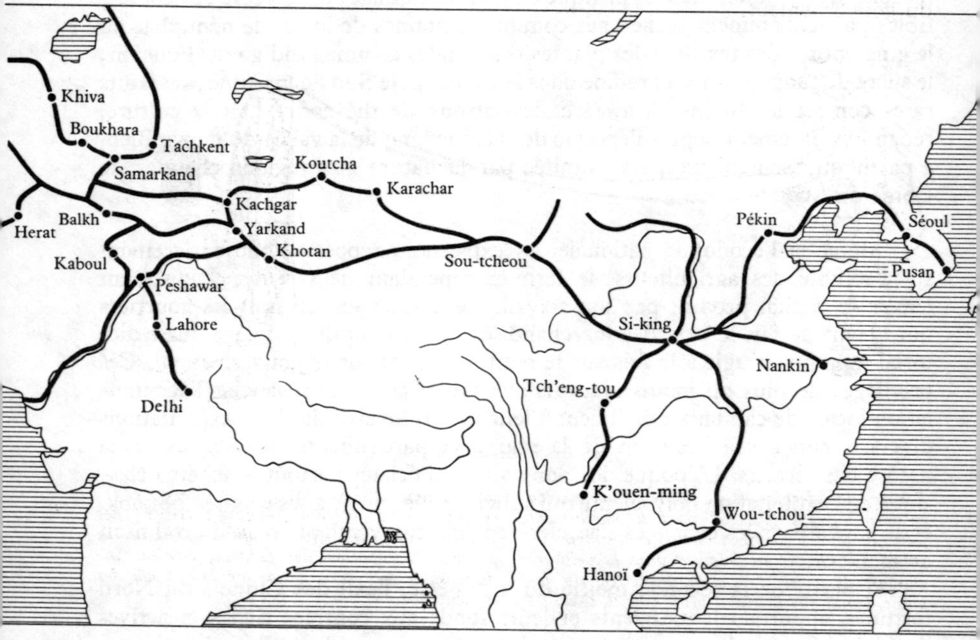

33. ROUTES COMMERCIALES INTERNATIONALES AU XIIIe SIÈCLE

celle d'objets de luxe, découvrirent une voie moyenne dans la création relativement massive de produits simples mais de bonne qualité, agréables aux couches laborieuses mais jouissant d'une certaine aisance.

La prospérité des marchés citadins et campagnards donnait en effet aux hommes entreprenants une aisance et, par voie de conséquence, des ouvertures sur le monde qu'ils n'avaient pas auparavant. Elle engagea en outre l'établissement de relations étroites — pour raisons légales et fiscales — entre villes commerçantes et villes administratives. Ces dernières ne dédaignèrent plus d'accueillir industries, commerces et artisanats divers que faisaient vivre tant la concentration urbaine que la convergence des populations vers l'organe local du gouvernement.

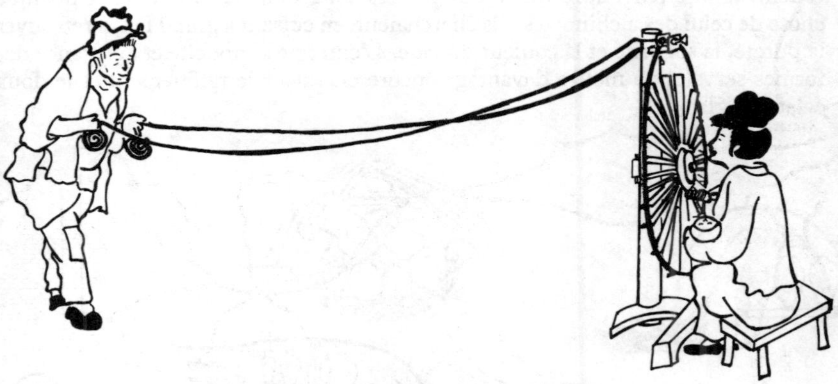

34. LES FILEUSES

Berçant son dernier né, la jeune femme tourne en même temps le rouet dont le mouvement finit par donner au fil la torsion convenable. Le thème des fileuses est fréquent dans la peinture chinoise de genre et possède ses lettres de noblesse depuis que le grand peintre de la dynastie des Yuan, Tchao Mong-fou (1254-1323), le reprit d'un original song. Le travail des textiles était en effet traditionnellement la première occupation des femmes, élément indispensable de l'économie, à côté de la tâche des agriculteurs.

C'est ainsi que les tisserands chinois, qui étaient passés maîtres sous les T'ang dans le traitement et le tissage de la soie, se dégagèrent des liens qui les subordonnaient étroitement à l'agriculture depuis les économistes han. L'État encouragea vivement cette tendance et, à partir du XIe siècle, acheta systématiquement la production des soyeux. Cette mesure *(ho-mai-fa)* accentua la spécialisation et la concentration de la fabrication qui s'étaient dessinées d'elles-mêmes, si bien que chaque ville et sa région environnante se limitèrent à l'élaboration d'un type de tissu ou d'un genre de décor particulier. Le grand artisanat régional des soies chinoises naissait.

La tapisserie apparut aussi, venue d'Occident, mais traitée en Chine à l'aide des brillantes couleurs de la soie. Elle connut une faveur telle qu'un « Bureau des Broderies raffinées » *(Wen-hiu-yuan)* fut créé au temps de l'empereur Houei-tsong (1101-1125); pour le seul usage de la Cour, il employait plus de trois cents artisans.

La céramique

Le grand artisanat de la céramique connut des développements sans précédent, animé par l'âpre quête des potiers song dont le but retenait quelque chose de celui des alchimistes : ils cherchaient, en cuisant à grand feu, à retrouver la pureté, la sonorité et la couleur du jade. L'extrême simplicité et l'élégance des formes servaient à mettre davantage encore en valeur le raffinement et le doux éclat des glaçures.

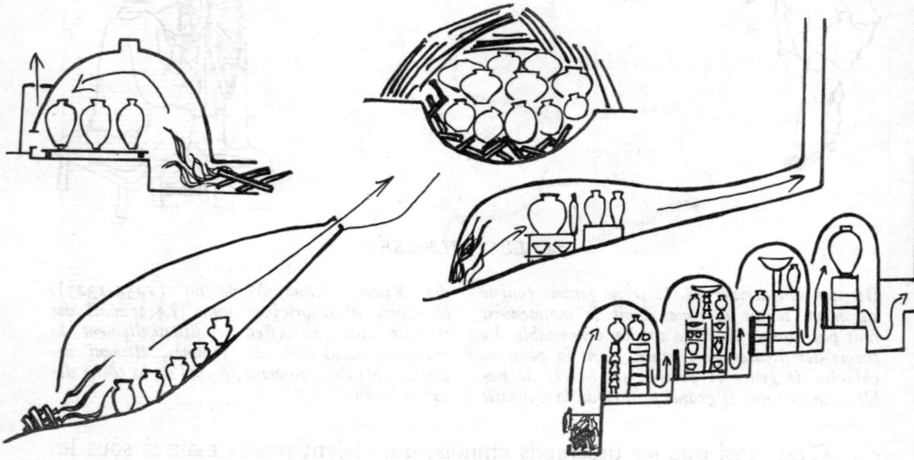

35. PRINCIPALES SORTES DE FOURS DE POTIERS

Toute l'histoire de la poterie peut, grossièrement, se résumer à ces quelques croquis : du simple foyer creusé dans le sol et recouvert de branchages au four complexe en escalier où la circulation de la chaleur, de la fumée et les retombées de cendres provoquent, suivant la présence ou l'absence d'aération, toutes les nuances les plus subtiles d'éclat et de couleur. La qualité du bois — et celle des cendres dont les retombées créèrent les premières couvertes connues —, la puissance du feu qu'il faut entretenir constante plusieurs semaines durant, l'entrée de l'air — dans une cuisson dite « en oxydation » — ou au contraire sa raréfaction — dans une cuisson dite « en réduction » — : autant d'éléments qui modifient la qualité de la pâte et des couches posées par-dessus afin de rendre la pièce imperméable. Le four disposé à flanc de côteau permet une bonne diversification des températures et donc des pièces : les meilleures sont obtenues le plus près du feu. Tout un agencement d'étagères et de petits supports — les pernettes — permettait dès l'époque des Song de cuire un grand nombre de pièces à la fois. Mais seule la moitié de celles-ci — dans le meilleur des cas — pouvaient être jugées d'une qualité suffisante pour être utilisées. (D'après Tamura Kôichi, Tôgei no gihô *(« Technique de la céramique »), Tôkyô, Oyamakaku, 1973, in-8°, 219 p.)*

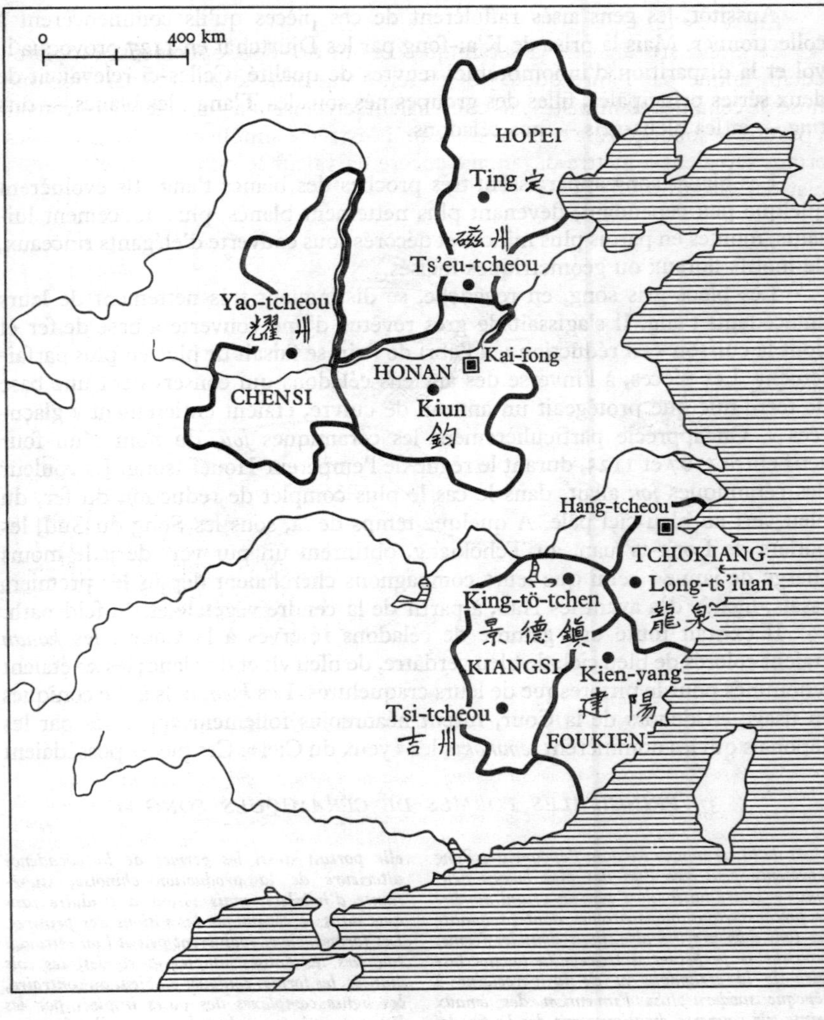

36. PRINCIPAUX FOURS SONG

Aussitôt, les gens aisés raffolèrent de ces pièces qu'ils commencèrent à collectionner. Mais la prise de K'ai-fong par les Djürtchät en 1127 provoqua le vol et la disparition d'innombrables œuvres de qualité. Celles-ci relevaient de deux séries principales, filles des groupes nés sous les T'ang : les blancs — dits *ting* — et les bleus-gris — nos céladons.

Les blancs song apparaissent très proches des blancs t'ang. Ils évoluèrent quelque peu cependant, devenant plus nettement blancs, plus doucement luisants, montés en parois plus minces et décorés sous couverte d'élégants rinceaux, de motifs floraux ou géométriques incisés.

Les bleus-gris song, en revanche, se distinguent très nettement de leurs antécédents t'ang. Il s'agissait de grès revêtus d'une couverte à base de fer et dont la cuisson « en réduction », à l'abri de l'air, se faisait de plus en plus parfaitement. Les pièces, à l'inverse des anciens céladons qui conservaient une base de terre nue que protégeait un anneau de cuivre, étaient entièrement « glaçurées ». On apprécie particulièrement les céramiques *jou*, du nom d'un four actif entre 1107 et 1125, durant le règne de l'empereur Houei-tsong. La couleur des céramiques *jou* allait, dans le cas le plus complet de réduction du fer, du bleu-vert au bleu ciel pâle. A quelque temps de là, sous les Song du Sud, les potiers de Long-ts'iuan, au Tchökiang, obtinrent un pur vert de jade moins chargé de jaune : celui que leurs compagnons cherchaient depuis les premiers essais, menés dès avant les Han, à partir de la cendre végétale et du feldspath.

Il existait toute une gamme de céladons réservés à la Cour : les *kouan* étaient colorés de bleu ciel, de bleu verdâtre, de bleu vif et de blanc; les *ko* étaient renommés pour le pittoresque de leurs craquelures. Les *kien*, bols à thé coniques en usage en dehors de la Cour, furent néanmoins follement appréciés par les Japonais qui les nommèrent *temmoku*, les « yeux du Ciel ». Ces pièces possédaient

37. PRINCIPALES FORMES DE CÉRAMIQUES SONG →

L'art de la céramique — dont l'époque des Song représente peut-être l'un des plus beaux fleurons — se traduisit alors par un grand nombre de pièces surtout monochromes dont la qualité des tons demeure inégalée, mais dont les formes devaient se perpétuer à travers la longue histoire de la céramique et de la porcelaine à l'époque moderne. Si l'invention des émaux peints sur couverte, pratiquement dès la fin des Song, allait entraîner bientôt la création d'un monde féerique de décors et de couleurs, elle portait aussi les germes de la décadence ultérieure de la production chinoise, stupéfiante d'habileté, mais visant à traduire sans âme dans la céramique les visions des peintres. Les formes, elles, évoluèrent peu et l'on retrouva toujours les panses simples et rondes, les cols élancés, les formes coniques ou bien, au contraire, les lignes complexes des vases inspirés par les bronzes archaïques dont les trouvailles fortuites de l'époque révélèrent aux lettrés et aux artistes song la grandeur antique de leur civilisation.

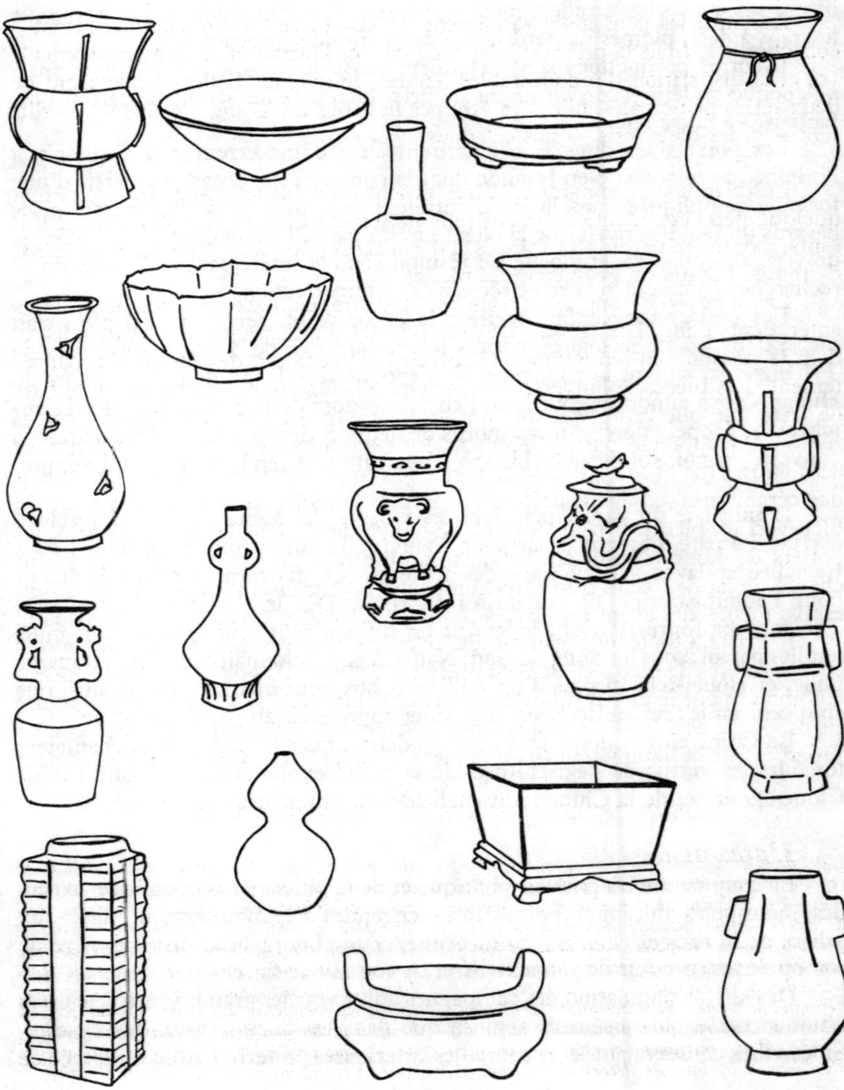

d'épaisses couvertes à reflets métalliques que l'on comparait à des « poils de lièvre », à des « plumes de perdrix », à des « ailes de corbeaux ».

D'autres productions song relevaient aussi du groupe des céladons, mais à l'époque on leur accordait moins de prix, bien qu'elles semblent parfois plus flatteuses à notre œil.

Les porcelaines dites *kiun* naquirent ainsi d'une erreur : il s'agissait, à l'origine, de céladons bleu lavande dont la couleur était obtenue à partir d'une formule compliquée dans laquelle entraient du cuivre et de l'étain; selon les hasards du feu, il arrivait que le bleu se muât partiellement en diverses nuances de vert, de rouge et de violet. Le résultat sembla intéressant et l'on se mit à rechercher comment refaire et réussir ces « imperfections ».

Les potiers song enfin reprirent le décor peint, cerné ou non d'un trait incisé dont les archéologues, depuis les découvertes de T'ong-kouan, près de Tch'ang-sha, situent la naissance dès l'époque des T'ang dans les régions du Hunan. Nous aimons aujourd'hui l'austère beauté de la production de Ts'eu-tcheou au Hopei : de vigoureux motifs de fleurs et de rinceaux se détachent sous couverte, en noir sur l'engobe blanc ou, plus rarement, en blanc sur fond sombre.

L'industrie du papier prit dans les villages de montagne une importance accrue. La pâte, obtenue à partir de chanvre, de mûrier ou de bambou y était travaillée et lavée à l'eau pure des torrents. Le gouvernement en acquérait pour l'administration des quantités énormes. Dès le début de la dynastie, Tch'ang-cha fournissait officiellement un million sept cent quatre-vingt mille feuilles par an; sous les Song du Sud, Nan-tchang en donnait huit cent cinquante mille, et Houei-tcheou plus d'un million quatre cent quarante mille, ainsi que cinq cent mille feuilles destinées à la seule impression du papier monnaie.

La Chine entrait donc dans l'âge moderne; mais les théoriciens chantaient toujours les vertus de l'agriculture, de la petite exploitation. Ce conflit de la Chine agraire et de la Chine industrielle devait durer jusqu'au XXe siècle.

L'urbanisme

La conjonction du pouvoir politique et de la puissance économique au sein des métropoles devenues polyvalentes engendra l'épanouissement, face aux piliers de la société chinoise confucéenne, d'une bourgeoisie urbaine, fière de son opulence, produit de son activité et de son savoir-faire.

Dès lors, la population des campagnes afflua vers les grands centres, sources d'une richesse plus aisément acquise que dans les durs travaux des champs. Si les villes conservaient leurs murailles extérieures en terre battue renforcée de pierres et blanchies tous les mois à la chaux, il fallut à l'intérieur multiplier les habitations. Le plan en damier, déjà peu respecté à l'époque des Cinq Dynasties, s'effaça encore davantage. Les boutiques débordèrent les quartiers qui leur avaient été attribués et s'alignèrent au hasard le long des rues. Les enceintes intérieures perdirent de ce fait leur utilité et disparurent peu à peu, favorisant le brassage social d'une population que ne séparait plus le cloisonnement matériel des classes ou des corporations. Les bâtiments à étages se multiplièrent : Odoric de Pordenone (c. 1265-1331) prétend qu'il en vit de huit à dix étages, mais les voyageurs arabes indiquent, avec plus de vraisemblance, des bâtiments de trois à cinq étages. C'est dans ce milieu que naquit la maison chinoise moderne, abritée de murs épais et pourvue d'un sol dallé, tandis que le Japon conservait et reste encore bien souvent fidèle à la maison ancienne, aux fragiles éléments de terre et de matières végétales.

Les grandes villes song comportaient un égout souterrain qui permettait l'évacuation des eaux. L'efficacité de la voierie faisait l'admiration des visiteurs : éboueurs et vidangeurs passaient chaque jour; les rues, régulièrement balayées, conduisaient à d'innombrables ponts qui enjambaient les canaux, curés tous les ans.

Dans ces cités bâties en bois, le feu constituait un très grave danger et préoccupait fort les autorités locales. La ville de Hang-tcheou était pour cela divisée en secteurs que protégeaient des tours de guet et des postes de garde installés tous les cinq cents mètres. A chacun de ces postes correspondait une équipe de cent pompiers habillés de vêtements ignifugés — déjà sous les T'ang, les Chinois connaissaient les vertus de l'asbeste et de l'amiante —; chaque pompier possédait son attirail de seaux, de haches et de scies.

Toute agglomération de quelque importance comportait en principe un équipement sanitaire composé de dispensaires, d'hôpitaux, d'orphelinats et d'hospices, ainsi que d'établissements de bains où se retrouvaient les fonctionnaires, qui disposaient tous les dix jours d'un congé spécial pour s'y rendre.

En 1098, un édit consacra la création, à travers tout l'Empire, de maisons de charité pour assurer aux veufs, aux veuves, aux orphelins et aux vieillards sans famille, subsistance, soins médicaux et honneurs posthumes. En 1102 apparut une sorte d'assistance médicale pour indigents; deux ans plus tard furent créés des cimetières publics en faveur de ceux qui ne pouvaient engager les frais élevés des funérailles.

Lorsque la Cour se réfugia en Chine du Sud, ces formes d'assistance se développèrent encore, car l'exode augmentait le nombre des déracinés et des nécessiteux. Débordé par la masse des miséreux, le gouvernement fit appel à

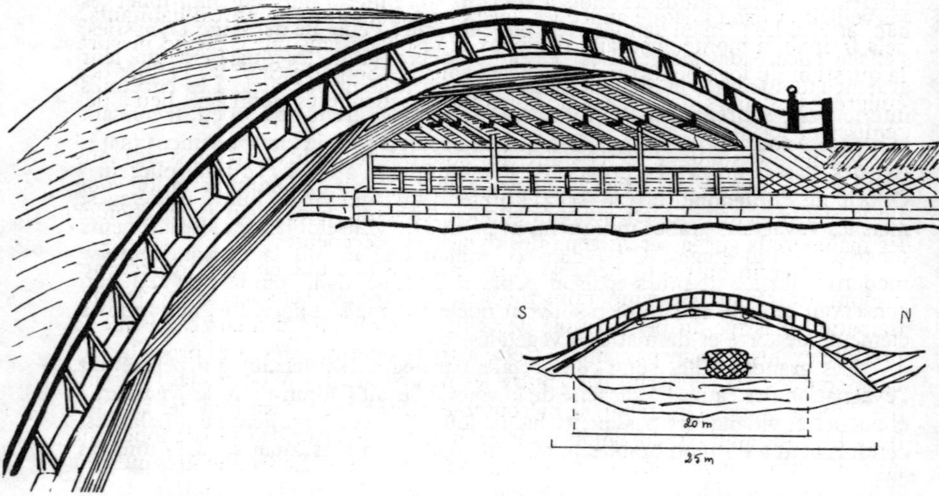

38. LE GRAND PONT DE PIEN-LEANG

De tous temps, les ingénieurs chinois, attentifs aux problèmes généraux de l'hydrographie et des communications, se passionnèrent pour la construction des ponts qui permettaient de relier entre eux différents mondes provinciaux, en ces pays où les fleuves affectent souvent une largeur peu commune. Généralement construits sur piles de bois, les ponts furent aussi parfois, au début du VIIe siècle, simplement suspendus par des chaînes, selon une formule qui allait devenir courante. C'est au début du VIIe siècle (606-618) que l'ingénieur Li Kong bâtit à Tchao-hien au Hopei le premier grand pont de pierre, formé d'une seule grande arche de 40 mètres de portée. A chaque extrémité, deux petites arches évidées entre la grande arche et le tablier déchargeaient le poids de ce dernier et permettaient à l'ensemble de mieux résister à la poussée des eaux en période de crues. C'est un pont encore qui faisait l'une des merveilles de Pien-leang (K'ai-fong), capitale des Song du Nord. Cette dernière nous est connue de façon vivante grâce au rouleau d'un peintre de l'Académie, spécialisé dans la représentation des ponts et des bateaux, le Ts'ing ming chang he t'ou, *dont il existe plusieurs répliques et copies, mais dont la meilleure version est actuellement conservée au musée de Pékin. On y voit entre autres choses le célèbre grand pont de Pien-leang, en dos d'âne, et bâti d'un entrecroisement de poutres aussi ingénieux qu'élégant, sur les berges dûment aménagées par de la terre rapportée, ainsi qu'en témoignent les dernières études des archéologues.*

la solidarité des familles riches qu'il récompensa en leur attribuant, en échange, des postes officiels ou des titres honorifiques. Il existait de plus des cliniques d'accouchement pour les femmes pauvres. Enfin une Direction spéciale surveillait et fixait chaque année les loyers en fonction du nombre d'habitants : cela freinait la montée usuraire des baux et résolvait dans une certaine mesure la question du logement, rendue délicate sous les Song du Sud par l'afflux des émigrés. Les jours de fête ou de solennités particulières donnaient lieu à des remises de location.

Comme le souligne l' « Histoire des Song » (écrite plus tard, en 1345, sous la dynastie mongole des Yuan) : « le principe directeur de l'administration song fut la bienveillance. Ses efforts pour adoucir les souffrances des pauvres et aider les malheureux surpassèrent ceux des dynasties précédentes. »

Il est enfin un phénomène resté inconnu jusqu'à une époque très récente et dont les travaux contemporains révèlent la naissance sous les Song : la participation massive du petit peuple des villes aux révoltes demeurées jusque-là presque exclusivement paysannes. Cette activité politique des cités procédait de deux sources : la solidarité han contre les incursions des K'i-tan, des Tangut, des Tibétains, des Djürtchät; le mécontentement des marchands et des artisans que l'État imposait sans fin tandis qu'il les chargeait — à leurs frais — de fonctions administratives honorifiques *(ya-ts'ien)* mais ruineuses. La fronde urbaine vint donc peu à peu appuyer le désespoir des agriculteurs. La première de ces révoltes où s'unissaient soldats faméliques, citadins et villageois, fut celle que dirigea Wang Tseu en 1047-1048, dans le Sud du Hopei. Finalement écrasée dans le sang, elle constitua néanmoins un signal de détresse que l'empereur sut entendre et favorisa à long terme le développement du mouvement réformateur de Wang An-che.

La cité song, riche, active, ouverte, aurait pu voir naître, comme sa sœur européenne, les germes d'une liberté individuelle ou corporative. Mais les vieilles traditions pesaient si lourd que la propriété terrienne demeura la seule marque valable de respectabilité. Les conséquences en furent désastreuses : tout l'argent acquis par les voies du commerce finit par se geler en achats de terres dont les agriculteurs se virent définitivement dessaisis. Il s'ensuivit une grave dégradation de la condition paysanne ainsi que le relatif immobilisme d'une classe marchande redoutée mais décriée, et qui se dépréciait elle-même en ayant pour seul but son intégration aux deux groupes « honorables » de la société. La vindicte du Premier Empereur ne cessa jamais de peser sur les négociants.

La navigation

Pourtant, l'activité des marchands, mués en voyageurs, ne connaissait pas de frontières. Mais alors que sous les T'ang, l'ouverture à l'étranger se faisait par les chemins sinueux de l'Ouest continental, sous les Song, les grandes voies de la prospérité économique, barrées sur terre par les royaumes barbares, couraient sur mer, à partir des côtes orientales et sud-orientales.

Le port principal, K'iuan-tcheou — le Zayton de Marco Polo — desservait les grandes régions riches en thé et en porcelaine du Foukien. Un « superintendant des vaisseaux marchands » *(che-pou-sseu)* y surveillait le commerce et encaissait taxes et droits de douane. Sa présence affirmait un fait nouveau : le commerce extérieur passait des mains des marchands étrangers qui, naguère,

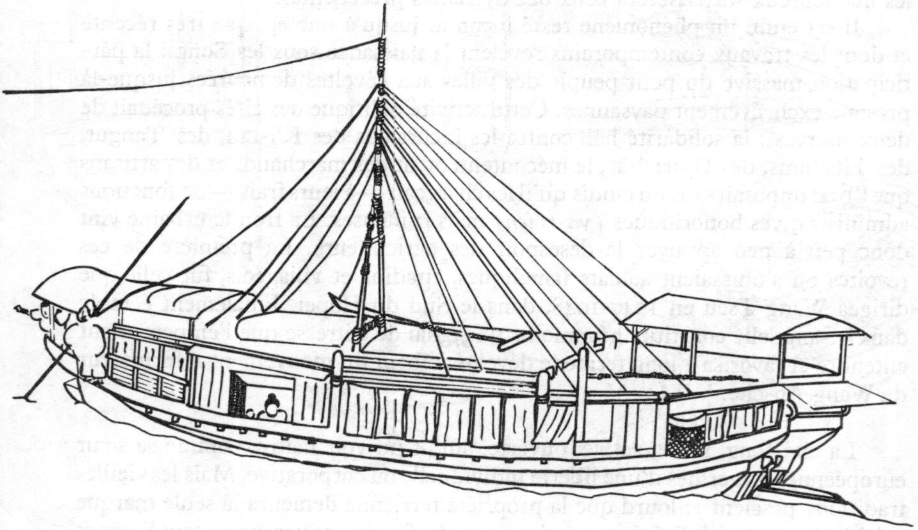

39. LA NAVIGATION SOUS LES SONG →

La circulation par voie d'eau, fluviale ou maritime, connut sous les Song un essor considérable dû aux conditions économiques — la prospérité à l'intérieur de l'Empire et le blocage des routes terrestres vers l'Asie centrale par les puissantes confédérations de tribus barbares —, mais aussi à la généralisation du gouvernail d'étambot. Découvert dès l'époque des T'ang, il permit sous les Song la fabrication de solides navires qui sillonnaient, lourdement chargés, le Grand Canal, et surtout de vaisseaux de haute mer, maniables et perfectionnés, dont les archéologues retrouvent des exemples de plus en plus nombreux le long des côtes chinoises, particulièrement au Foukien. Pour les petites ou moyennes embarcations, on continuait cependant à utiliser la pagaie-gouvernail manœuvrée, pour les lourdes barges, par un grand nombre d'hommes. Enfin, si les navires de mer, ou ceux qui sillonnaient les grands fleuves, étaient pourvus de voiles rectangulaires, la batellerie fluviale courante était hâlée le long des cours d'eau.

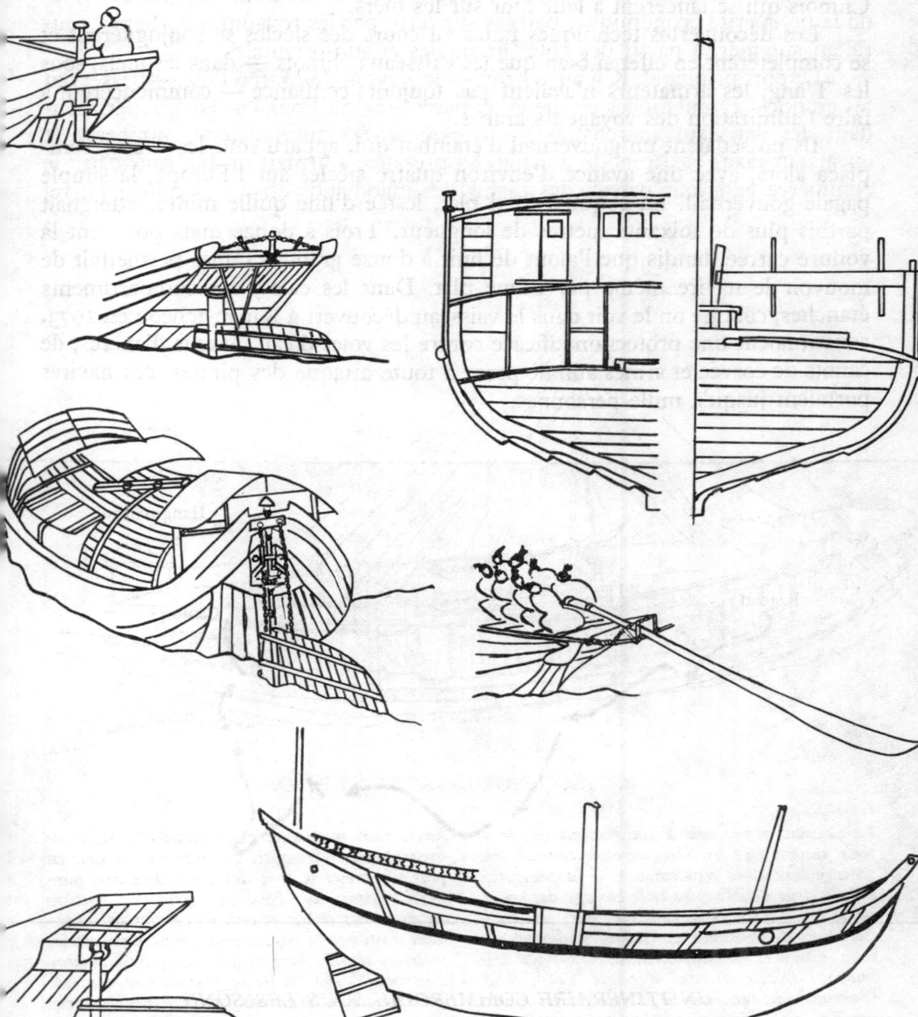

jouissaient dans les ports chinois de privilèges d'extra-territorialité, à celles des Chinois qui se lancèrent à leur tour sur les mers.

Les découvertes techniques faites au cours des siècles se conjuguèrent et se complétèrent en effet si bien que les vaisseaux chinois — dans lesquels, sous les T'ang, les armateurs n'avaient pas toujours confiance — commencèrent à faire l'admiration des voyageurs arabes.

Ils possédaient un gouvernail d'étambot qui, apparu sous les T'ang, remplaça alors, avec une avance d'environ quatre siècles sur l'Europe, la simple pagaie-gouvernail. La coque à fond plat, lestée d'une quille mince, atteignait parfois plus de soixante mètres de longueur. Trois à douze mâts portaient la voilure carrée, tandis que l'ajout de huit à douze grandes rames permettait de mouvoir le navire même par calme plat. Dans les cales, des compartiments étanches, comme on le voit dans le vaisseau découvert à Kiuan-tcheou en 1973, constituaient une protection efficace contre les voies d'eau. Munis d'ancres, de canots de corvée et armés afin de parer à toute attaque des pirates, ces navires portaient jusqu'à mille personnes.

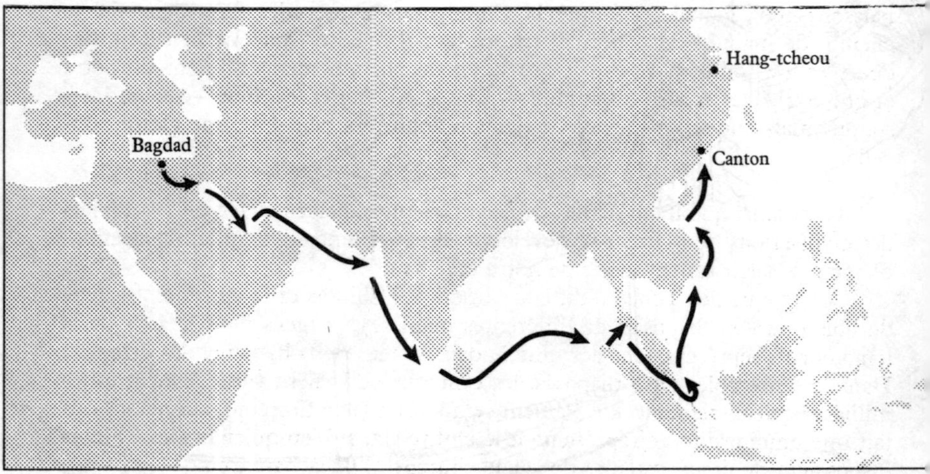

40. UN ITINÉRAIRE COMMERCIAL SOUS LES SONG : LA ROUTE DES PARFUMS

Ils suivaient leur route avec une grande sûreté, guidés par un compas. Le mathématicien Chen Koua (1030-1094), esprit encyclopédique, rapporte que depuis des siècles les géomanciens utilisaient une aiguille aimantée, flottant sur l'eau. Certes, la connaissance des principes du magnétisme n'impliquait pas son application immédiate aux techniques de la navigation; il est même possible que les Arabes — et non les Chinois — aient apporté là des perfectionnements décisifs. Mais dès 1125, un ouvrage attestait l'usage de la boussole marine : l'Europe, qui en prit connaissance en 1190, ne s'en servit que trois siècles plus tard.

LES SCIENCES ET LES TECHNIQUES

La splendeur originale de l'art de la Chine, l'ampleur de sa littérature, l'abondance de ses rhéteurs et la vision politico-religieuse que nous ont transmise voyageurs et missionnaires masquent bien souvent le support scientifique et technique d'une civilisation dont nous admirons les réalisations sans en chercher toujours les fondements théoriques. Tout au plus savons-nous et reconnaissons-nous globalement que la Chine nous a précédés largement sur le chemin de maintes découvertes; encore faut-il préciser quelque peu les grandeurs et les limites d'un esprit qui suivit un cheminement différent du nôtre et qui, après des éclairs fulgurants — sous les T'ang et les Song — parut s'assoupir, mais auquel la science de demain apportera peut-être une gloire nouvelle.

C'est ainsi que les systèmes de calcul les plus anciens et les plus complets des civilisations de l'Orient se développèrent en Chine et en Inde, vraisemblablement à partir du IIIe siècle de notre ère.

A l'époque des Tcheou, dit la tradition, les Chinois utilisaient des jonchets de bois que l'on disposait de différentes manières : alignés dans le sens de la longueur ils représentaient des unités; dans le sens de la hauteur, des dizaines. Dans les ensembles ainsi disposés, les centaines se lisaient verticalement et les milliers horizontalement. Un élément symbolisait le chiffre cinq, auquel s'ajoutait une unité ordinaire représentant le chiffre six, si bien qu'en fait les Chinois disposaient de deux systèmes de calcul courant : l'un à base « cinq » et l'autre à base « dix ». A partir de ces représentations, il était possible de réaliser les quatre opérations dont le procédé se simplifia considérablement sous les Song.

La manipulation relativement malaisée, ou simplement délicate, de ces blocs de calcul en réservait l'usage aux mathématiciens et aux fonctionnaires.

Le petit peuple comptait à l'aide de l'abaque, instrument familier, aujourd'hui encore, de Tôkyô à Moscou. Le boulier des Song demeurait très fruste et, par là même, d'un emploi extrêmement réduit. Il faudra attendre l'époque des Ming (1368-1662) pour qu'il se perfectionne, dans les riches zones commerçantes du fleuve Bleu, au point de se substituer à travers toute la Chine aux blocs de calcul.

L'époque des Song en revanche vit naître les plus grands esprits mathématiques que la Chine ait jamais connus, fils d'une tradition qui remontait à l'époque des Six Dynasties : celle de l'expansion du bouddhisme et des premiers contacts avec l'Inde où il est tentant d'aller chercher des filiations, bien que l'examen minutieux de la chronologie réserve quelques surprises.

Les mérites scientifiques traditionnellement reconnus masquent parfois des légendes ou des injustices. Qui se souvient ainsi que le « Manuel d'arithmétique de Maître Souen » *(Souen-tseu souan king)*, composé vraisemblablement au début du IVe siècle, traita des équations indéterminées avant les recherches des Indiens Aryabhâta (actif vers 476-510) et Brahmagupta (actif vers 598-628) ? C'étaient, en revanche, les travaux du Grec Diophante (actif vers 325-410) que rappelait le manuel de Maître Souen, mais il ne semble pas possible de suivre avec précision ce cheminement mystérieux.

Environ cent cinquante ans plus tard, Tchang K'ieou-kien (actif vers 468-486) composait un « Canon des calculs », commenté cent ans après par Tchen Louan (actif vers 560-580). Il y énonçait le procédé de division des fractions que nous employons toujours et qui consiste à multiplier par l'inverse de la fraction diviseur. Or c'est seulement au IXe siècle, soit trois cents ans plus tard, que l'Indien Mahâvîra devait l'utiliser à son tour.

Contemporain de Tchang K'ieou-kien, Tsou Tch'ong-tche (c. 430-501) calculait la valeur de Π, mentionnée dans un ouvrage curieusement intitulé « Technique de couture » *(Tchouei chou)*, et son fils, Tsou Meng-tche, déterminait le volume de la sphère. Qui pourrait dire s'il n'y eut pas alors, dans ces époques anciennes, influence des mathématiciens chinois sur ceux de l'Inde ?

Mais à partir de l'époque des T'ang, des savants indiens s'étaient rendus à la Cour chinoise et l'un d'entre eux, Gautama Siddhârtha, avait développé, dans un ouvrage intitulé « l'Astronomie de la période K'ai-yuan » *(K'ai-yuan tchan king)*, deux découvertes fondamentales : certains éléments de trigonométrie et l'usage du zéro. Celui-ci, pourtant, ne s'était pas répandu immédiatement; en revanche, la notation décimale s'était généralisée : depuis 660, l'échelle des longueurs se lisait par séries d'unités et de centièmes substituées aux pieds, aux pouces, et plus généralement à toutes les mesures anciennes établies en fonction de la taille ou des mouvements — les pas — du corps humain. Et depuis 662, les mathématiques étaient devenues — consécration officielle — sujet d'examen.

A mesure cependant que l'étoile des T'ang s'était ternie et que les contacts avec l'Inde s'étaient faits plus rares, les mathématiques avaient paru elles aussi stagner, comme si toute vie leur venait d'Occident. Cela dura jusqu'au XIIIe siècle, époque de prodigieuse activité ; en ces quelques décennies de la fin des Song, en effet, apparurent quatre des plus grands mathématiciens de l'humanité : trois vécurent encore à l'époque de Hang-tcheou ; le quatrième exerça sous la dynastie mongole des Yuan.

En 1247, Ts'in Kieou-chao publiait un « Traité mathématique en neuf chapitres » *(Chou chou kieou tchang)* : il y développait les équations indéterminées, apportait la solution des équations du dixième degré et abordait les vertigineux problèmes de la progression arithmétique.

L'année suivante, Li Ye éditait le « Miroir marin de cercles mesurés » *(Ts'ö yuan hai king)* et, onze ans plus tard, de « Nouveaux exercices de calcul » *(Yi kou yen touan)*. Il se consacrait à l'étude des propriétés des cercles inscrits dans un triangle et élaborait de nouvelles solutions pour les équations : il les notait en des tableaux qui utilisaient toujours les jonchets de jadis mais en leur assignant des places déterminées qui facilitaient la lecture de la formule.

En 1261 parurent les « Règles de calcul en neuf chapitres expliqués en détail et reclassés » *(Siang k'iai kieou tchang souan fa houan lei)* de Yang Houei : il y traitait des séries de carrés de nombres entiers ainsi que d'équations à cinq inconnues.

Enfin, au début des Yuan (1280-1368), mais dans le prolongement du puissant essor intellectuel song, Tchou Che-kie étudiait dans l'« Introduction à la science du calcul » *(Souan hiue k'i meng, 1299)* et le « Miroir précieux des quatre éléments » *(Sseu yuan yu kien, 1303)* les coefficients des puissances d'un binôme et présentait avant la lettre le « triangle » de Pascal.

Qui pourrait croire, devant ce triomphe du pur jeu intellectuel, qu'en Chine les mathématiques n'existaient pas ? Telle était pourtant bien la réalité. Seuls quelques esprits, de siècle en siècle, s'étaient montrés attirés par l'abstraction mais, aussi remarquables qu'eussent été leurs travaux, ils échappaient à l'histoire des civilisations de leur temps, trop isolés, inaptes à provoquer un courant d'intérêt ou de pensée. Même sous les Song, les mathématiques demeuraient les filles de l'astronomie ou de la comptabilité : elles servaient à établir le calendrier, à calculer les éclipses et les mouvements planétaires ou à gérer les biens.

L'astronomie

Pourtant, l'astronomie elle-même faillit échapper à l'emprise exclusive du comput et du rituel. Depuis des siècles que le Bureau de l'Astronomie s'attachait à relever toutes les positions et les changements célestes, les savants disposaient d'une masse énorme de renseignements, presque trop nombreux pour un homme privé du secours des machines. De plus, la science indienne apportait une aide considérable. Outre le « Traité des neuf planètes » *(Kieou tche)* de Gautama Siddhârtha, d'inspiration grecque, les Chinois disposaient encore d'un important traité sur les mansions lunaires et les planètes *(Sieou yao king)*, traduit en 759 par un autre Indien, Amoghavajra (Pou-k'ong en chinois). A travers lui, le vocabulaire astronomique chinois s'était enrichi de notions et de termes persans et sogdiens. Forts de ces appuis scientifiques et d'une abondante documentation, les astronomes des Song se trouvèrent à même de composer des encyclopédies ordonnant toutes ces observations, dont l'importance ne cessait de grossir d'année en année.

Lieou Hi-sou (XIe siècle) compila de précieuses « Tables chronologiques » *(Tch'ang chou)*. Chen Koua (1030-1094), esprit universel, proposa l'usage du calendrier solaire : mais les empereurs qui, pourtant, n'utilisèrent pas moins de dix-neuf systèmes astronomiques en l'espace de trois siècles, s'y opposèrent toujours. L'idée de Chen Koua ne devait aboutir, sous l'influence européenne, qu'en 1912. Le savant n'en continua pas moins ses recherches et créa une sphère armillaire extrêmement précise.

Son contemporain Sou Song (1020-1101) reprit le vieux problème de la mesure du temps. Fasciné par l'horloge astronomique à échappement qu'avait inventée le moine Yi-hing (683-727), il construisit lui-même une tour à horloge : un courant d'eau entraînait une roue à godets qu'un système de leviers bloquait tour à tour. Les spécialistes soulignent que cette horloge était moins précise que celle à mercure construite en 979, soit tout au début de la dynastie, par Tchang Sseu-hiun. Sou Song, enfin, conçut des globes célestes perfectionnés, accompagnés de cartes terrestres et célestes à projection cylindrique, figures anticipées de celles que tracera Mercator au XVIe siècle.

Ainsi, au-delà de la vision populaire selon laquelle le ciel était rond et la terre carrée, ceux qu'intéressaient les mouvements des astres admirent de bonne heure l'idée que notre planète se trouvait placée dans l'univers comme le jaune d'œuf dans sa coquille. Ils ne la voyaient pas ronde mais plate, sorte de galette flottante.

Les connaissances physiques

Là s'arrêtent la science et la réflexion abstraite chinoises, que les apports indiens eux-mêmes ne purent durablement contribuer à faire avancer. Peut-être convient-il d'y voir un phénomène de civilisation, sensible également dans les développements de la philosophie ou dans l'échec des diverses religions qui tentèrent, à tour de rôle, de conquérir l'Empire.

Certes, l'avance chinoise en matière scientifique n'était pas un vain mot : des phénomènes difficiles à déceler et à interpréter furent découverts et observés en Chine avec précocité et talent. Les esprits les plus divers tentèrent de percer les mystères du monde : au XIe siècle, Tchang Tsai, philosophe et théoricien de l'amour universel, s'interrogeait sur la nature du son et recourait, pour l'expliquer, à l'image du frottement.

Mais si le principe des choses, le *wou-li*, cherchait, comme notre physique, à établir les lois qui rendent compte des phénomènes matériels, elle s'en tint, jusqu'à l'arrivée des Européens, à un petit nombre de notions : la polarité, l'interaction du *yin* et du *yang*, l'identification des cinq éléments. Cela conduisit les savants chinois à s'intéresser davantage aux phénomènes ondulatoires — ce en quoi ils préfiguraient d'ailleurs les sciences modernes — qu'au système des particules qui hanta le monde occidental. Ils étudièrent toujours les différents cas séparément, portés par le goût de la culture chinoise pour les répertoires, les catalogues. Dans le domaine de l'observation, en revanche, ils obtinrent sur les sujets les plus divers des résultats remarquables que les savants contemporains n'ont peut-être pas fini d'exploiter.

La Chine porta toujours un intérêt particulier au magnétisme, domaine où s'illustrèrent les Song, inventeurs d'une célèbre boussole. A l'époque des T'ang déjà, les savants avaient su déterminer la déclinaison polaire et fabriquer des mobiles aimantés, non plus en les frottant, mais en les laissant simplement refroidir dans l'axe magnétique.

Dès 840, les opticiens connaissaient la chambre obscure. Au Xe siècle, d'après le magicien T'ang K'iao qui vivait à cette époque, ils disposaient de quatre lentilles. Au début du XIIe siècle, ils se servaient de loupes ainsi que de lunettes de soleil : les juges y avaient particulièrement recours afin de masquer, à l'accusé comme au public, leurs émotions qui ne devaient pas entraver la sérénité de leur jugement.

La météorologie offrait aussi aux esprits observateurs un champ presque illimité de recherche : dès la fin des T'ang, on savait établir des tables de marées, tenant compte des décalages des lunes locales ; sous les Song, les relevés des précipitations et des températures devinrent quotidiens pendant l'hiver. Mais l'esprit dans lequel étaient faites ces observations va nous être révélé par un fait significatif : bien qu'ils eussent continué à noter avec une extrême précision le lieu et le temps des « signes célestes » dont les plus effrayants demeuraient les tremblements de terre, les annalistes avaient perdu l'usage et jusqu'à la connaissance du sismographe, pourtant inventé dès le IIe siècle de notre ère. Seule était visée l'utilité pratique et immédiate : toute science fut toujours considérée en Chine non pas dans l'absolu, comme un jalon sur le chemin de la connaissance, mais comme un instrument capable de servir l'État.

Il existe ainsi, dans le cadre des publications utiles au gouvernement, une abondante littérature consacrée à la géographie, à la cartographie et, d'une façon générale, aux sciences de la terre.

Son existence remonte aux Han antérieurs, comme en témoigne la carte découverte en 1971 dans la tombe no 3 de Ma-wang-touei, près de Tch'ang-cha On connaît aussi, au Ier siècle, une « Étude sur l'État de Yue ». Trois siècles plus tard (347), une monographie locale *(fan-tche)* du Sseutch'ouan *(Houa yang kouo che)* marquait l'origine d'une longue tradition consacrée par ordre impérial en 610; dès lors, chaque préfecture rédigea ces descriptions complètes illustrées par des cartes et des diagrammes; soumises à des révisions périodiques, elles constituaient la documentation de base du bon fonctionnaire. Les monographies des Song représentent les plus achevées du genre : « Le passé comme dans un miroir » *(Meng leang lou)*, par exemple, restitue une image fidèle et vivante de la vie quotidienne à Hang-tcheou. Une nette distinction séparait cependant les deux parties — textes et cartes — de ces rapports.

Si les textes pouvaient être diffusés comme des œuvres littéraires, les cartes, elles, faisaient l'objet des soins jaloux des fonctionnaires, civils ou militaires, qui les considéraient comme secrètes. Toutes les cartes anciennes, de plus, disparaissaient au cours des destructions périodiques des archives impériales, brûlées après avoir été exploitées pour écrire l'histoire de la dynastie précédente. Ainsi ne connaît-on que de nom le père de la cartographie chinoise, Pei Siu (224-271) et son lointain émule, Kia Tan (730-805), auteur d'une carte à grande échelle sur quadrillage orthogonal. Le mathématicien Chen Koua (1030-1094) avait exécuté un certain nombre de relevés ainsi que des plans en relief, tous malheureusement perdus. On sait cependant qu'il se servait déjà d'un triangle gradué, le *baculum*, dont l'usage, en Occident, ne semble pas antérieur à 1321.

Ce n'est que cent ans plus tard, au XIIe siècle, que l'usage se développa de graver les cartes sur pierre, comme on le faisait pour les Classiques. Les Song préparaient ainsi la grande carthographie yuan et, par là, celle de toute la Chine moderne. C'est en effet l'« Atlas pour voitures » *(Yu-ti t'ou)* de Tchou Sseu-pen (1273-1337) qui servit jusqu'au XIXe siècle. Fait significatif, pourtant, il n'avait pas été établi à des fins administratives mais religieuses : son auteur, un moine taoïste, voulait dresser une carte des lieux sacrés.

Le même goût du concret explique le développement des sciences naturelles. Les Chinois ne se montrèrent pas moins fascinés que leurs frères occidentaux par le mystère des éventuelles mutations alchimiques : jusqu'à la fin de sa vie, Sou Tong-p'o (1036-1101), le plus grand poète song, chercha la pierre philosophale; et la magie taoïste fut, comme celle des sorciers européens, la mère d'un bon nombre de découvertes — celles de l'arsenic, de la poudre à canon ou, mille trois cents ans avant notre ère, du mercure — que nous classons aujourd'hui sous les rubriques de la géologie, de la botanique, de la zoologie, de la médecine et de la pharmacopée.

La minéralogie connut une faveur particulière, car les Chinois pensaient que les métaux procédaient tous d'une origine commune et qu'il était donc possible de reconstituer en laboratoire certaines roches, phénomène d'ailleurs attesté et utilisé aujourd'hui par les industries de la gemmologie artificielle. C'est sous les Song que le goût et la connaissance des pierres se développèrent particulièrement, et il fut à la mode de décorer jardins et intérieurs de roches contournées et joliment colorées. Le savoir technique bénéficia lui aussi de cet engouement. Au début du XIIe siècle (c. 1115), la « Pharmacopée réarrangée » *(Tcheng lei pen ts'ao)* de Chen Wei mentionnait deux cent quinze espèces de minerais, alors qu'un traité comparable du VIIe siècle n'en citait que quelques-unes. Les artisans ingénieux commençaient en même temps à maîtriser nombre de réactions chimiques, utilisées pour produire des sels ammoniacaux, du salpêtre, de l'alun ainsi que différentes couvertes porcelainières aux teintes rares et nuancées.

Chen Koua rapporte que le connaisseur avait appris à scruter avec tant de précision la montagne que, depuis le VIIIe siècle, il savait interpréter la nature des fossiles et la formation des plissements. Sous les Song, des hommes curieux descendirent au fond des grottes où ils découvrirent le cours imprévu des rivières souterraines ainsi que le rôle des sources pétrifiantes. Chen Koua lui-même se passionnait pour ce genre de recherches : il eut la prescience de recommander l'usage du pétrole — identifié sous les Han mais inexploité — pour lutter contre le déboisement provoqué par l'emploi abusif du bois à brûler. C'est à la même époque des Song enfin, et toujours dans le but de trouver un substitut au bois, que l'on commença véritablement à exploiter le charbon dont l'abondance permettait sans difficulté le traitement du minerai de fer.

La médecine

Ce mouvement de curiosité classificatrice ne pouvait manquer de toucher la médecine et la pharmacopée. La médecine relevait d'un Bureau impérial qui se chargeait de publier et de rééditer les différents codex et traités. Une distinction fondamentale séparait la « Médecine intérieure » *(nei ke)* — notre médecine générale — de la « Médecine extérieure » *(wai ke)* — notre chirurgie — vis-à-vis de laquelle les Chinois se montrèrent toujours fort réticents.

Des Han aux Song, cette tendance ne fit que s'accentuer. Des conceptions cycliques avaient cours, selon lesquelles le rôle du médecin consistait à rétablir l'harmonie momentanément perturbée entre les éléments *yin* et *yang* du corps et la respiration. A cela s'ajoutait encore la théorie des quatre éléments — air, terre, eau, feu — conforme aux visions cosmogoniques chinoises et remise à l'honneur par les apports grecs et indiens du bouddhisme. Dans les cas particulièrement rebelles à tout traitement, le praticien faisait appel aux ressources de l'acupuncture et de la moxibustion, très répandue depuis l'époque des Six Dynasties.

Mais le grand mérite des savants song en matière de médecine fut de répandre la connaissance et les applications pratiques des observations cliniques, déjà remarquables sous les T'ang. Au XIIe siècle ils conçurent, parallèlement aux grands ouvrages anciens comme le « Traité des maladies contractées par le froid » *(Chang han lou)* de Tchang Tchong-king (vers 168) — l'Hippocrate chinois —, une sorte de manuel à l'usage des médecins de campagne *(Ho tche tsiu fang)*. Des spécialisations — comme la gynécologie et la pédiatrie — se développèrent également, en même temps que Song Ts'eu compilait, au milieu du XIIIe siècle, le premier traité de médecine légale *(Si yuan lou)*. Ils répandirent enfin des notions d'hygiène simple : la brosse à dents — préconisée par les spécialistes de la dynastie barbare des Leao — ainsi que le dentifrice étaient connus au XIe siècle. Le plus grand titre de gloire, peut-être, des soigneurs song fut donc d'user, à l'image des penseurs et des réformateurs politiques de ce temps, d'humanité, de commisération pour tous les êtres auxquels ils s'efforcèrent de transmettre des recettes de survie consacrées par les siècles.

De cet état étonnamment brillant des connaissances chinoises à l'aube de l'âge moderne, de leur brutale et décevante stagnation durant les siècles qui suivirent, il est difficile de discerner les causes. D'aucuns tentent d'y parvenir en partant d'une comparaison avec l'Occident. L'agent du renouveau intellectuel de l'Europe moderne fut le besoin de trouver dans les sciences et la raison un nouvel universalisme qui se substituât à celui de la culture latine dont les valeurs perdaient leur sens, emportées par les grandes découvertes et la pluralité des mondes.

En Chine, une telle aspiration ne se fit pas sentir, du moins pas avant le XIXe siècle. La langue chinoise couvrait tous les besoins de la civilisation puisque celle-ci disparaissait, comme par enchantement, aux limites de l'Empire. Il n'était point nécessaire de reconsidérer, de remettre en question l'univers. Il suffisait de se laisser porter par l'acquis d'un passé qui avait déjà proposé une image satisfaisante du macrocosme et qu'aucune donnée nouvelle ne venait battre en brèche.

CHAPITRE X

LA VIE INTELLECTUELLE ET ARTISTIQUE SOUS LES SONG

La civilisation song, édifice le plus beau peut-être, le plus complet, le plus solide de la culture chinoise, naquit de la rencontre de divers facteurs qui, pris isolément, auraient pu provoquer la ruine du vieil Empire, mais qui, conjugués et soutenus par une vie économique prospère, contribuèrent à consolider et magnifier l'acquis des siècles précédents.

Ainsi les Song, enserrés dans un espace toujours plus réduit, ne résolurent pas plus le problème barbare qu'ils n'assurèrent la sécurité des zones frontières toujours en proie aux escarmouches. Il en découla un sentiment de xénophobie qui devait s'avérer prémonitoire : la dynastie mourra (1279) emportée par les Mongols qui déferleront sur l'Empire, modifiant, voire compromettant à tout jamais la vitalité de son antique culture. Le péril barbare devint donc pour cette Chine médiévale, encore plus que pour la Chine antique des Han, un véritable cauchemar.

Mais en prenant l'ampleur d'une fatalité, il nourrit le germe inattendu d'un renouveau; afin d'échapper au sort qui le menaçait, l'Empire consolida ses propres bases. Les temples à Confucius, érigés dans chaque préfecture selon un vœu impérial remontant à 630, accueillirent des foules nouvelles. C'est dans ce courant très ancien de tendresse pour les origines nationales que se développa sous les Song la philosophie que les historiens nommèrent « néo-confucianisme »; elle devait régir l'Empire jusqu'au XXe siècle.

LES PHILOSOPHIES

Les idées répandues et portées par l'invention et le développement rapide de l'imprimerie engagèrent un grand mouvement de réflexion et de classification scientifique. Il en résulta une vie intellectuelle dense et brillante, équilibrée par une sensibilité artistique raffinée, et enrichie par les échanges qui se faisaient non plus avec le monde extérieur, comme sous les T'ang, mais à l'intérieur même de la Chine dont les limites, loin d'enfermer les esprits dans des moules étroits, permettaient au contraire l'assimilation des expériences menées à travers les siècles passés.

Le déclin du bouddhisme

Au moment où la philosophie chinoise connaissait une gloire nouvelle, le bouddhisme, ferment venu d'ailleurs, s'effaçait peu à peu : intégré en ce qu'il avait de plus chinois aux systèmes de pensée nationaux, il sombrait, sous sa forme la plus voyante, dans la superstition.

La spectaculaire persécution de 845, la renaissance confucéenne, le poids de l'administration et, à travers elle, de la classe dite des lettrés-fonctionnaires, font souvent oublier la faveur extrêmement grande dont le bouddhisme, en effet, jouissait encore dans les masses populaires. Les études contemporaines soulignent que, contrairement à toutes les idées reçues, religieux et religieuses furent parfois plus nombreux sous les Song que sous les T'ang : près de quatre cent mille moines et plus de soixante mille nonnes — au total plus de quatre cent cinquante mille individus — peuplaient au XIe siècle les monastères, alors qu'en 845 les agents de l'État n'en avaient recensé qu'un peu plus de quatre cent mille. Les registres monastiques, remis à jour tous les trois ans depuis 729, témoignent ainsi qu'il n'y eut pas véritablement récession, même en tenant compte de l'accroissement général de la population.

Les causes du déclin — pourtant évident — de la foi de jadis, sont donc d'un autre ordre et reflètent dans une large mesure les difficultés qui hantèrent les hommes de ce temps.

Tout d'abord, et à mesure que les contacts avec l'Inde, convertie à l'Islam, se faisaient plus rares, le bouddhisme se perdait de réputation dans l'esprit des intellectuels : ces derniers ne lui empruntaient plus que des notions isolées, aisément assimilables par le substrat chinois. La vieille flamme de jadis survivait dans le seul cœur des gens simples, sous la forme sentimentale de la Terre Pure, ou bien dans celui des contestataires et des illuminés, sous la forme anti-intellectuelle du *tch'an*. Enfin, écueil suprême, le bouddhisme ne pouvait former matière à examen car ses données essentielles s'accordaient mal avec la gestion de la chose publique. Face à la Chine des partis et des options politiques, le bouddhisme ne servait que l'idéologie des opposants, ou devenait le faire-valoir d'individus rivaux des lettrés, dont le seul but était de s'emparer du pouvoir.

L'Église bouddhique ou ce qui en restait était apparue aux yeux du gouvernement, écrasé par un déséquilibre budgétaire perpétuel, comme la source d'une série d'expédients de plus en plus douteux. Le plus rentable se révéla celui de la vente des certificats d'ordination. Cette pratique remontait à l'époque des T'ang (747). Elle avait pour objectif de freiner l'évasion fiscale d'une population qui se réfugiait trop facilement à l'abri des murailles monastiques, loin des agents du fisc, de l'enrôlement militaire et des corvées. Accompagnées d'abord d'un examen des connaissances doctrinales du postulant, ces ordinations devinrent, malgré un redressement passager à la fin du XIe siècle (1067), une mesure aussi déplorable que le commerce des offices sous notre Ancien Régime.

La vente de certificats de complaisance s'accrut dans de telles proportions qu'en 1132 le Bureau des Sacrifices, installé alors à Hang-tcheou, vendit en une année entre cinquante et soixante mille certificats d'ordination dont le nom avait été laissé en blanc. Il s'instaura bientôt une sorte de marché noir de ces pièces que les familles prévoyantes et riches thésaurisaient pour les revendre en temps voulu à bon prix, alors qu'elles les avaient elles-mêmes soustraites au gouvernement à un tarif préférentiel. Après une période d'accalmie coïncidant avec l'exercice du pacificateur Ts'in Kouei dont l'action écarta un moment les menaces barbares sans avoir recours à l'armée, la vente reprit de plus belle dans les années 1160-1170 et continua au rythme des opérations menées contre les Tangut.

Entre temps, le gouvernement avait eu l'idée de créer une taxe spéciale, exigée des nouveaux moines en échange de leur immunité : chacun y trouvait des avantages, immédiats ou à long terme, sans que l'impétrant eût à quitter le moins du monde sa vie de laïc. Le Trésor Public récupéra sans doute son dû, mais la religion y perdit définitivement son cœur; et les hommes du siècle allaient raillant cette masse d'embusqués qu'abritèrent bientôt de façon purement théorique les pseudo-communautés monastiques : « Quand un aveugle voit de l'argent, ses yeux s'ouvrent; quand un moine voit de l'argent, il n'est pas jusqu'aux Écritures sacrées qu'il ne vende. »

L'esprit chinois ne soufflait plus à l'ombre des reliquaires; il vivifiait à nouveau les vieux cadres de la pensée traditionnelle. En un siècle — le XIe — sept philosophes jetèrent les fondements, inchangés jusqu'au XIXe siècle, de la pensée chinoise moderne.

La pensée chinoise moderne, ou le renouveau du confucianisme

Ces hommes de réflexion ne se contentaient plus de la répétition ou de la glose inlassable des Classiques que, périodiquement, l'empereur faisait pompeusement graver dans la pierre. Avant de s'effacer, le bouddhisme avait en effet donné aux Chinois l'habitude de penser en termes métaphysiques, transcendant le pragmatisme des relations familiales ou politiques, bien que les tenants du renouveau national aient refusé d'accorder leur intérêt au monde d'après la mort. De la formation bouddhique, ils ne retenaient que des éléments de sensibilité ou quelques maillons de la longue chaîne de la connaissance cosmique. Tous ces nouveaux philosophes se montraient actifs et influents, personnalités politiques pour qui comptaient en premier lieu la construction, la réforme et l'équilibre de la société; ils se situaient donc bien dans la ligne des penseurs d'autrefois.

Fan Tchong-yen (990-1053) était ainsi général et puissant homme d'État. Sous le règne de Jen-tsong (1022-1063), il reçut la charge de Premier ministre et tenta, nous l'avons vu, une véritable épuration des cadres gouvernementaux. Il préconisait un retour aux institutions bénéfiques des premiers rois, ouvrant le chemin sur lequel Wang An-che (1021-1086), pour le meilleur et pour le pire, devait s'illustrer. Peu soucieux de poésie, à laquelle il assignait un rôle secondaire, il prônait l'histoire et la politique dont il fit des disciplines prioritaires aux examens. Toute sa vie, il conserva la maxime qu'il s'était choisie pour guide au temps de sa jeunesse : « être le premier à s'inquiéter des troubles du monde et le dernier à jouir de ses plaisirs. » Tel fut l'homme qui remit à l'honneur le « Juste Milieu » *(Tchong-yong)* ainsi que le « Canon des Mutations » *(Yi-king)* dont le crédit, immense aux IIIe et IVe siècles dans l'École des Arcanes *(Hiuan-hiue)*, s'était perdu depuis.

Le grand O-yang Sieou (1007-1072) se passionna lui aussi pour le *Yi-king* et fit un pas de plus : en se fondant sur des arguments de vraisemblance historique, il mit en doute que l'ouvrage fût entièrement de Confucius. C'était la première fois qu'on osait ainsi traiter un Classique comme un texte ordinaire. Mais rien n'intimidait le maître qui se situait résolument dans la lignée de Han Yu, lointain ancêtre t'ang du renouveau confucéen des Song.

O-yang Sieou naquit dans une famille de lettrés-fonctionnaires du Kiangsi — honorables mais pauvres. Orphelin de bonne heure, l'enfant connut toutes les difficultés d'une vie obscure et sans argent. Sa première éducation demeura rudimentaire. Il s'initia tout seul aux études littéraires, grâce aux rares ouvrages qu'il put aller lire chez un voisin assez fortuné pour posséder une bibliothèque :

vers, pamphlets et placets de Han Yu (786-824). De cet auteur sévère, entièrement tourné vers le seul passé chinois, écrivain très négligé, pour ne pas dire oublié, le jeune homme fit son maître et en resta marqué sa vie durant, orientant ainsi les nouvelles destinées philosophiques de l'Empire.

En 1030, il réussit les examens et, nommé fonctionnaire, connut dès lors une carrière brillante. Malgré deux disgrâces propres à la vie politique, l'une en 1036, pour s'être opposé au renvoi de Fan Tchong-yen, l'autre une vingtaine d'années plus tard, pour avoir fomenté un climat d'agitation à la Cour, son crédit moral et son parti demeurèrent toujours puissants.

L'empereur Jen-tsong, dont le long règne s'étendit sur plus de quarante ans (1022-1063), le nomma par testament Premier ministre et soutien de son jeune successeur malade, Yin-tsong (1063-1067). Peut-être son rôle ne fut-il pas des plus heureux, puisque sa gestion semble avoir directement suscité les bouleversements que devait faire naître Wang An-che. D'une tout autre portée se révéla l'influence qu'il exerça lorsqu'il se trouva, à plusieurs reprises au cours de sa carrière, élevé au rang de Président de la Commission des examens. La coutume voulait que les candidats reçus, éduqués dans leur famille ou dans les académies par des professeurs relativement obscurs et — défaut suprême — payés, considèrent le Président de la Commission comme leur maître à penser. O-yang Sieou, qui fut précisément Président de la Commission des examens, joua de ce fait, et à maintes reprises, le rôle d'un chef spirituel de la nation : tous les futurs sages passaient entre ses mains; il les jugeait, décidait de leur avancement et parachevait leur formation. Les uns, comme Wang An-che, s'opposèrent violemment à lui, les autres, comme Sou Tong-p'o, lui demeurèrent fidèles. Ils admiraient son érudition, son sens du passé chinois et la forme élégante qu'il savait donner à ses pensées.

O-yang Sieou tirait les conclusions pratiques de ses études érudites et lançait un programme de rénovation nationale. Sa réflexion se fondait sur une vision idéale de la Chine d'avant l'Empire à laquelle il attribuait une vertu vague et globale d'équité démocratique, effacée par les effets pernicieux du légisme qui, telle une faiblesse organique du corps humain, avait permis le commencement de la maladie bouddhique et la dégénérescence intellectuelle qui s'en était suivie :

« Lorsque les Tcheou furent sur leur déclin et que le Ts'in conquit le monde, ce dernier méprisa les méthodes des Trois Dynasties [les Hia, les Yin et les Tcheou] et tourna le dos à la manière des anciens rois. Depuis ce temps, les dirigeants du monde ne furent jamais assez puissants pour restaurer les vieilles méthodes, incapables de perfectionner les leurs ni d'empêcher le peuple d'aller à la dérive. C'est à ce moment que le bouddhisme prit avantage des circonstances pour faire son apparition et, pendant plus de mille ans, le nombre de ses adhérents a grandi chaque jour tandis que nos manières propres sombraient, de jour en jour, dans la ruine. »

S'ils méprisaient les méditations métaphysiques propres au bouddhisme et aux religions venues d'Occident, les philosophes de la nouvelle pensée ne s'en trouvaient pas moins confrontés au difficile problème de l'organisation du monde d'où découlait le sens même de la vie. Ils le cherchèrent dans les vieux livres de la sagesse han.

Tcheou Touen-yi (1017-1073) dégagea, à partir des diagrammes mystiques que préparaient les moines taoïstes versés dans ce « Canon des Mutations » revenu en vogue, la notion de « faîte suprême » (ou « suprême ultime ») *(t'ai k'i t'ou)*. En un court texte, le *T'ai k'i t'ou chouo*, que nous citons longuement à cause de son importance dans l'histoire de la pensée chinoise, il lançait une sorte de manifeste pour une compréhension rationnelle de l'univers, fondement indispensable à la nouvelle philosophie :

« Sans faîte et Faîte suprême!

« Le Faîte suprême se meut et engendre le *yang*. Arrivé au bout de son mouvement, il devient repos. Au stade du repos, il engendre le *yin*. Arrivé au bout de son repos, le mouvement recommence. Ainsi le mouvement et le repos alternent et s'engendrent l'un l'autre, distinguant le *yin* et le *yang* et ainsi les deux modes fondamentaux des êtres apparaissent.

« Le *yang* se transforme, le *yin* s'unit à lui et ils engendrent l'eau, le feu, le bois, le métal et la terre. Lorsque les cinq "énergies-matérielles" *(k'i)* sont harmonieusement réparties, les quatre saisons suivent leur cours.

« Les cinq éléments constituent un ensemble *yin-yang* et le *yin* et le *yang* constituent un "Faîte suprême". Le Faîte suprême est fondamentalement non-définitif. Les cinq éléments se développent, chacun avec leur nature propre.

« Quand la réalité du non-définitif et l'essence du *yin* et du *yang* et les cinq éléments s'unissent, d'une façon mystérieuse, il s'ensuit que tout est complet. Le principe céleste *(k'ien)* constitue l'élément féminin. L'interaction de ces deux "énergies-matérielles" engendre et transforme les myriades d' "existants". Ceux-ci s'engendrent les uns les autres dans une transformation sans fin.

« Seul l'homme reçoit les "énergies-matérielles" à leur plus haute qualité et c'est pourquoi il est le plus intelligent des êtres. Son corps se forme et son esprit développe alors en lui la conscience. Les cinq principes moraux de sa nature — l'humanité, la droiture, la politesse, la sagesse et la foi — sont excités par le monde extérieur auquel ils réagissent et entrent en activité; le bien et le mal se séparent et les affaires humaines commencent.

« Le sage règle ses actes par le juste-milieu, la droiture, la bonté et la justice, mais il place au-dessus de tout la tranquillité. Ainsi il réalise la perfection suprême de l'homme. Ainsi, l'homme est conforme au Ciel et à la Terre par sa vertu; au Soleil et à la Lune par la clarté de son intelligence; aux quatre saisons par la régularité de sa conduite; aux démons et aux esprits par son influence sur le bonheur et le malheur. L'homme noble qui met cela en pratique est heureux; l'homme vulgaire en y contrevenant est malheureux.

« Voilà pourquoi il est dit : "Le *yin* et le *yang* sont dans la nature du ciel; la dureté et la douceur sont dans la nature de la terre; et l'humanité et la droiture sont dans la nature de l'homme". Il est dit encore : "Si l'on remonte le cycle des choses, on pourra comprendre les notions de vie et de mort."

« Grand est le Canon des Mutations! Cela en est la quintessence. »

Tcheou Touen-yi, sensible comme tous ses compatriotes aux polarités et aux mouvements cycliques de la nature, retrouvait dans son expression et sa morale les accents du taoïsme et du *tch'an*, perceptibles dans son goût pour les actions ordinaires, menées dans le calme, loin des tentations comme de l'effort aliénant la spontanéité de réaction que doit manifester l'homme dans toute situation. Il rejoignait l'idéal des contemplatifs : vivre et agir de façon naturelle.

Au même moment, Chao Yong (1011-1077) méditait lui aussi l'enseignement du « Canon des Mutations ». Mais, au lieu d'y relever plus particulièrement la notion de « grand Faîte », il se laissait fasciner par le jeu illimité des nombres. Au-delà de la « base deux » — le *yin* et le *yang* des taoïstes — et de la « base cinq » — les cinq éléments si populaires depuis l'époque des Royaumes combattants (403-221 av. J.-C.), il y redécouvrit la « base quatre » qui, par progression arithmétique, conduisait aux soixante-quatre hexagrammes, composés arithmétiques de lignes continues et brisées qui, depuis la nuit des temps, semblaient transmettre la vision mystérieuse des devins. Ce sont ces mêmes hexagrammes qui devaient faire rêver Leibniz. Ce dernier s'exagérait sans doute leur portée mathématique.

Les mots de notre langage contemporain ne doivent en effet pas faire illusion : ces figures, pour nous abstraites, avaient depuis longtemps en Chine un sens physique, matériel, que les études actuelles poursuivies sur les livres d'alchimie dévoilent peu à peu. Lorsque Chao Yong s'en servait pour figurer la loi universelle d'évolution, l'alternance des saisons, des jours et des nuits, des phases de construction et de destruction, il ne faisait que formuler en termes neufs un thème simple, presque aussi vieux que la culture chinoise elle-même, né de l'observation de la nature.

Sa « Chronologie cosmologique » *(Houang ki king che)* apportait plus d'originalité : il y montrait que l'âge d'or était passé et que, chaque cycle comprenant cent vingt-neuf mille six cents ans, le monde entrait dans sa phase de déclin. Ce dernier lui-même, disait-il, aurait cependant une fin et tout recommencerait, mais sans évoluer, en se répétant inlassablement.

Tchang Tsai (ou Heng-k'iu, 1020-1076), lui, s'attachait moins au cycle qu'au *k'i* tel que Tong Tchong-chou l'avait décrit sous les Han : une substance « limpide, incolore » qui « entoure l'homme comme l'eau un poisson » et, de ce fait, unit en un tout cohérent l'ensemble de la création. Cette vision globaliste débouchait sur une sorte d'amour universel : elle lui inspira un très beau texte qu'il fit inscrire sur le mur occidental de son studio d'études, si bien que la célèbre « inscription de l'Ouest » *(si-ming)* chanta ainsi, de génération en génération, la chaleur qui animait ces philosophes du cœur et de l'esprit, épris de synthèse :

« Le Ciel est mon père et la Terre est ma mère et même une créature aussi petite que moi trouve sa place en leur sein.

« C'est pourquoi, tout ce qui s'étend à travers l'univers, je le considère comme mon corps et ce qui dirige l'univers, je le considère comme ma nature.

« Tous les hommes sont mes frères et mes sœurs, et toutes les choses sont mes compagnons.

« Le grand dirigeant [l'empereur] est le fils aîné de mes parents [le Ciel et la Terre] et les grands ministres sont ses intendants. Avec respect : c'est la manière dont on doit traiter les aînés. Montrer de l'affection envers les orphelins et les faibles : c'est la manière dont on doit traiter les cadets. Le sage modèle son caractère sur celui du Ciel et de la Terre et l'homme vertueux est le meilleur [des enfants du Ciel et de la Terre]. Même ceux qui sont fatigués ou infirmes, estropiés ou malades, ceux qui n'ont ni frères ni enfants, épouses ou maris : tous sont mes frères, qui sont en détresse et n'ont personne vers qui se tourner...

« La richesse, les honneurs, les bénédictions et le profit : ils serviront à l'enrichissement de ma vie; la pauvreté, un rang humble, la peine et les soucis : ils seront mes aides pour son accomplissement.

« Durant ma vie, je suis et sers [le Ciel et la Terre]. Dans la mort, je serai en paix. »

Cette attitude généreuse face à la vie fut reprise et coulée dans un moule plus directement philosophique par deux frères : Tch'eng Hao (1031-1085) et Tch'eng Yi (1032-1107). Tous deux communiaient dans une même pensée, toutefois suffisamment diversifiée pour qu'en pussent naître plus tard les deux principaux courants de ce que les historiens occidentaux allaient appeler le néo-confucianisme.

Parents de Tchang Tsai, ils entretenaient aussi des liens avec Chao Yong et Tcheou Touen-yi, leurs aînés d'une vingtaine d'années. Tch'eng Hao, le plus âgé des deux frères, se montrait particulièrement séduit par la morale de Tchang Tsai dont il résumait les vertus par le terme général de *jen*, l'humanité, la bonté humaine. De la même manière, il discernait aussi un *jen* du Ciel et un *jen* de la Terre qui recouvraient la tendance vers la vie de tout le monde existant.

Tch'eng Yi, plein d'une égale admiration pour le maître, en reprit les idées cosmologiques : mais il croyait tous les êtres nés spontanément par la condensation du *k'i ;* de la même manière, pensait-il, la dispersion provoquait la mort sans espoir de renaissance :

« Quand une chose se désintègre, son *k'i* vient à sa fin et il n'existe aucun principe qui lui permette de retourner à sa source originelle. L'univers est comme un vaste fourneau dans lequel même les objets vivants sont fondus, mis en fusion, jusqu'à ce qu'ils atteignent leur fin. A plus forte raison en est-il ainsi du *k'i* déjà dispersé ! Comment pourrait-il exister une seconde fois ? Comment l'univers pourrait-il user de ce *k'i* déjà dispersé ? Son activité créatrice crée un nouveau *k'i.* »

Il précisa cette vision matérielle du *k'i* en y discernant des états intermédiaires de condensation ou de dispersion, de limpidité ou de trouble qui empêchaient, à l'occasion, la nature originelle de l'homme de se manifester. « Le *k'i* dont l'homme est doté à sa naissance peut être suivant le *li* bon ou mauvais. Cependant, cela ne veut pas dire que ces deux caractères opposés soient présents, à l'origine, dans la nature elle-même. Il est des cas où le bien existe depuis l'enfance, et des cas où le mal existe depuis l'enfance. Le bien, c'est certain, appartient à la nature. Mais on ne peut pas dire que le mal n'appartient pas aussi à la nature [dans la mesure où] l'on appelle nature ce qui existe à la naissance. De ce qui existe avant [que l'homme ne vienne au monde] nous ne pouvons rien dire. Car lorsque nous parlons de nature, ce n'est déjà plus la nature originelle... Tout est comme l'eau. Quelquefois,... elle coule droit à la mer sans stagner, et quand il en est ainsi, quel besoin est-il d'un effort humain ? Mais parfois, elle devient peu à peu trouble avant d'être allée très loin... Ou bien, elle va très loin avant de devenir trouble. Ainsi, elle est parfois plus et parfois moins trouble; mais, quelles que soient les différences de trouble, personne ne peut arguer de ce trouble pour considérer que ce n'est pas de l'eau. S'il en est ainsi, l'homme pourra faire des efforts pour la rendre limpide. Car lorsque l'effort est engagé rapidement et poursuivi, l'eau devient rapidement claire, tandis que lorsque l'effort est mené avec indolence et lenteur, elle ne devient claire que lentement. Une fois devenue claire, cependant, elle n'est en aucune manière différente de l'eau à son origine. »

S'il reconnaissait la limitation des possibilités latentes de chaque individu par les imperfections de son enveloppe corporelle, Tch'eng Yi ne s'en plaçait pas moins dans la lignée optimiste de Mong-tseu. Il pensait que chacun pouvait, en connaissant et en s'efforçant de dépasser sa nature, reculer les limites que lui imposaient les hasards du *k'i*. Sur un plan philosophique, il jugeait excessive la notion de repos, de tranquillité sur laquelle Tcheou Touen-yi avait particulièrement insisté. Dans la conduite des individus, il refusait sa passivité d'inspiration taoïste et bouddhique : chacun devait contribuer à son propre bonheur à travers l'amélioration de son être.

Enfin, fait important pour l'histoire de l'enseignement et de la culture en Chine, Tch'eng Yi choisit les « Quatre Livres » *(Sseu-chou)* qu'il considérait comme les fondements du confucianisme : ce furent les « Entretiens » *(Louen-yu)* de Confucius, l'œuvre de Mong-tseu, ainsi que deux chapitres du « Livre des Rites »: la « Grande Étude » *(Ta-hiue)* et la « Doctrine du Milieu » *(Tchong-yong)*. Ce faisant, Tch'eng Yi définissait le confucianisme tel qu'il fut proposé à l'éducation des jeunes, du XIe au XXe siècle.

Il fallut cent ans, alors que la dynastie renaissait aux rives du fleuve Bleu, pour qu'un grand esprit reprît ces divers travaux et en fît la synthèse : telle fut l'œuvre de Tchou Hi (1130-1200). Les historiens le comparent volontiers à saint Thomas d'Aquin, car sa personnalité comme son importante œuvre où se combinent les éléments anciens et nouveaux de la philosophie chinoise dominent l'ensemble de l'humanisme de son pays, jusqu'à l'introduction massive des doctrines occidentales au XXe siècle.

L'histoire de son cheminement intellectuel illustre bien la polyvalence des hommes de ce temps et la vanité des classifications brutales qui ne s'avéreront véritablement fondées que plus tard.

Dans sa jeunesse, il étudia, sous la direction de son père, les fameux « Quatre Livres » de Tch'eng Yi ainsi que l'ensemble des Classiques. Sa formation ne se limita pas aux textes canoniques. Séduit par la personnalité de maîtres comme Lieou Pai-chouei (1091-1149) et Lieou Ping-chan (1101-1147), il se familiarisa aussi avec l'enseignement du *tch'an* qui exerça sur lui une grande influence. A l'âge de quinze ou seize ans, il rencontra un disciple du maître Ta Houei (1089-1163). Des propos du sage, il retint moins la nécessité d'un entraînement rude qui conduit à l'illumination que la fascination des méditations silencieuses d'où l'on bannit toute pensée. C'est dans cet esprit qu'il écrivit plus tard un poème où l'on sent combien le fondateur de la pensée confucéenne moderne conservait, au fond de son âme, une sensibilité bouddhique et contemplative :

« Tout seul, à la maison, je n'avais rien à faire;
J'en vins à feuilleter un livre sur Çakya.
Aussitôt libéré des distractions de ce monde,
Transcendant ce qui m'entoure, je suis entré en unisson avec la Voie.
La porte du jardin s'est couverte d'un bois de bambous,
On entendait le gazouillement des oiseaux dans les collines après la pluie,
Mais moi, selon la loi de la non-activité,
Et de mon corps et de mon cœur j'atteignais la paix. »

Ce texte est très important car, même parvenu au terme de sa vie, Tchou Hi ne se départit jamais d'une certaine vision proche de celle des mystiques. Il professait pour les méthodes du *tch'an*, illustré au XIe siècle par la figure lumineuse de Fa-yen (mort en 1104), une véritable admiration :

« L'école de Confucius, celle de Lao-tseu, de Tchouang-tseu, n'ont pas laissé de grands successeurs capables de continuer l'œuvre des fondateurs. Mais les bouddhistes *tch'an* savent toujours trouver leurs successeurs, et cela est dû au fait qu'ils courent volontiers le risque de ne rien expliquer trop clairement, de façon à ce que les autres soient amenés à pousser leurs propres réflexions et interrogations et qu'il puisse en résulter une exploitation complète de l'esprit. »

Quelques semaines avant sa mort, Tchou Hi, incapable de quitter son lit, recommandait encore à l'un de ses meilleurs disciples de vagabonder à travers le monde, comme les jeunes novices du *tch'an*, et de frotter son esprit à celui des autres :

« Vous devez maintenant imiter la méthode des moines, dite du "voyage à pied" *(hing-kiao)*. Cela vous permettra de rencontrer les meilleurs esprits de l'Empire, d'observer les choses du pays, de voir les paysages et la topographie des montagnes et des rivières, d'étudier les traces historiques des élévations et des chutes, de la paix et de la guerre, du vrai et du faux, des gouvernements passés et présents. Il n'y a pas d'autre manière pour voir la vérité dans tous ses aspects variés... Il n'y eut jamais un sage ignorant des affaires du monde. Il n'y eut jamais un sage qui ne sût traiter des situations nouvelles et changeantes. Il n'y eut jamais un sage qui demeurât assis en méditation, seul, derrière des portes fermées. »

Lorsqu'il fut nommé fonctionnaire et chargé de régler les affaires quotidiennes d'une circonscription campagnarde, Tchou Hi acquit en effet un sens de l'action et de l'équité sociale que son enfance calme et heureuse n'avait pu lui donner. A ce moment, il rencontra Li Yen-p'ing (1093-1163) qui l'encouragea à adopter des vues plus mondaines.

Li Yen-p'ing développait un enseignement dérivé de Mong-tseu et reprochait à son élève « d'avoir une ample connaissance de beaucoup de principes abstraits mais aucune de la réalité qui se trouvait devant lui ». Mais Li Yen-p'ing mourut, sans avoir pu lui-même résoudre le dilemme qui partageait sa pensée entre le désir de « saisir l'intériorité du monde » et celui de s'attacher à comprendre et étudier le tournoiement des événements quotidiens. Tchou Hi se lia alors avec Tchang An-hiuan dont le père avait été un ami de Ta Houei. Cette nouvelle amitié l'orienta définitivement vers le concret car, disait le maître, la plus prosaïque des besognes pouvait ouvrir l'entendement des « principes célestes ».

Tchou Hi à ce moment avait trente-quatre ans; il était mûr pour l'action politique. Il se rendit à la capitale, Hang-tcheou, pour supplier le gouvernement, comme l'avait fait vingt ans plus tôt le parti de Yue Fei, d'attaquer et de refouler les barbares fondateurs de la dynastie des Kin, au nord. Quelques années plus tard, il luttait, dans son village natal, contre les inondations et la famine et créait des « greniers communautaires », en reprenant l'antique idée des réserves destinées à combler les manques des saisons difficiles. Au cœur des difficultés innombrables, il cherchait autour de lui la trace d'une « humanité » *(jen)* conforme aux « principes célestes ». Mais il ne vit que des nantis et des mourants, séparés par un abîme d'égoïsme. Cette expérience humaine et administrative influença profondément la pensée du philosophe. Tchou Hi représente par excellence le lettré accompli, également à l'aise dans le monde de l'esprit et des réalités concrètes, et pour qui n'existe pas la distinction appauvrissante entre « intellectuel » et « manuel ».

Mais la rigueur de sa morale qui le conduisit à conformer sa vie à ses principes attira bientôt sur lui les foudres officielles : accusé de répandre un enseignement fallacieux, raillé pour la modestie de ses origines sociales, dénoncé comme un dangereux mystificateur du peuple à cause de ses liens avec les partisans de la reconquête, Tchou Hi fut chassé de l'administration. En revanche, il fut à même, dès la quarantaine, de se livrer entièrement à la réflexion et à l'enseignement : son académie de la « Grotte du daim blanc » au Kiangsi, que l'empereur, au-delà des cabales gouvernementales, honora d'un envoi de livres, acquit bien vite la réputation dont elle se révélait digne.

Le mérite philosophique de Tchou Hi fut sans doute, plus que l'originalité, une grande puissance d'analyse. Elle lui permit, moins en s'en tenant à l'étude philologique, traditionnelle depuis les Han, qu'en parcourant à nouveau personnellement le chemin philosophique des anciens penseurs, de préciser les notions maniées par ses prédécesseurs, surtout Tch'eng Yi dont l'enseignement formait le fond de sa réflexion : le *li* ou « principe des êtres », le *k'i* ou « énergie matérielle », le *t'ai k'i* ou « faîte suprême ».

Tchou Hi définissait le *li* comme la nature humaine : inhérente à chaque individu, elle participe de l'ensemble cosmique du « faîte suprême. »

Le *k'i*, en revanche, assurait les dons physiques du sujet considéré : les *k'i* clairs donnaient des sages; les *k'i* troubles des sots et des dégénérés. Il nuançait la doctrine de Mong-tseu sur la bonté de l'homme qui, disait-il, ne se manifestait pleinement que dans la mesure où le même individu jouissait à la fois d'un bon *li* et d'un bon *k'i ;* de l'osmose des deux naît l'esprit, ou plutôt il est mis en évidence, car il préexiste à tout être :

« La nature de l'homme et des choses n'est rien d'autre que le *li* et l'on ne peut én parler en terme d'intégration ou de désintégration. Ce qui s'intègre pour produire la vie et qui se désintègre pour produire la mort, c'est seulement le *k'i* et ce que nous appelons l'esprit, l'âme *(houen-p'o)* et la conscience sont tous des effets du *k'i*. Quand le *k'i* est intégré, ils existent; quand le *k'i* est désintégré, ils n'existent plus. Le *li*, lui, fondamentalement, n'existe pas ou ne cesse pas d'exister en fonction de telles intégrations ou désintégrations. Dans la mesure où une certaine valeur de *li* existe, le *k'i* correspondant existe aussi, et dans la mesure où ce *k'i* s'intègre dans un cas particulier, son *li* est aussi engagé en ce cas. »

Sur ces fondements, la pensée de Tchou Hi connut d'importantes répercussions sociales, car, encore plus que celle des frères Tch'eng, elle engageait une philosophie politique. Le *li* jouait, dans ce dernier cas, le rôle d'un principe de gouvernement : le bon souverain devait se libérer des embarras du *k'i* afin de laisser apparaître le *li*, le principe qui préside au fonctionnement correct de l'État.

Plus tard, l'école de Tch'eng Yi et de Tchou Hi reçut le nom d' « école de la nature humaine et de l'ordre universel » *(hing li hiue) ;* ce sont les missionnaires européens qui lui donnèrent celui de « néo-confucianisme », quand ils la découvrirent au XVIe siècle, déjà sclérosée, monolithique.

A l'époque des Song, son succès apparaissait beaucoup moins évident. Le parti de Wang An-che considérait Tch'eng Yi comme un ennemi redoutable; les malheurs du philosophe ne se terminèrent pas avec la disgrâce du réformateur, puisqu'il fut encore porté sur une liste noire en 1087. Cent ans plus tard, en 1195, Tchou Hi subissait à son tour la vengeance du ministre Han T'o-tcheou (1150-1202), jaloux du crédit considérable que le maître vieillissant avait reconquis à la Cour.

A ces rivalités d'origine politique s'ajoutait la contestation philosophique née de l'extrême diversité des esprits qui honorèrent cette féconde époque des Song.

L'un des meilleurs amis de Tchou Hi, Lou Kieou-yuan (ou Lou Hiang-chan, 1139-1192), rappelait, à la manière des hommes du *tch'an*, l'importance de l'intuition personnelle pour atteindre aux hautes sphères du savoir, et dénonçait le caractère purement verbal des distinctions entre *li* et *k'i :*

« L'esprit est un et le principe est un. La vérité parfaite se réduit à l'unité; le principe essentiel n'est jamais une dualité. L'esprit et le principe ne peuvent jamais être séparés en deux. C'est pourquoi Confucius disait : "Il y a un fil central courant à travers mes doctrines", et Mong-tseu disait : "La Voie est une et seulement une". »

Lou Hiang-chan devenait le père de la doctrine dite de l'« esprit » développée beaucoup plus tard sous la forme d'un quiétisme à la manière confucéenne par le célèbre Wang Yang-min (ou Wang Cheou-jen, 1473-1529).

Ainsi, les penseurs song apparaissent à une charnière de l'évolution chinoise, voire à un faîte : chantres de l'antiquité sans en être les esclaves, porteurs d'un esprit bouddhique sans se laisser enfermer dans le pessimisme d'une philosophie que les Chinois sentirent toujours mal. Peut-être leur message, pourtant, par sa sagesse même, par la modération de ses vues et le verbalisme dont il ne se départit jamais, portait-il en lui les germes d'une rapide destruction que rien ne vint arrêter. Si Tchou Hi fut le saint Thomas d'Aquin de la Chine, il n'y eut pas en ce monde, avant le XXe siècle, de Renaissance.

L'IMPRIMERIE

Tous les éléments matériels propices à la métamorphose des vieux cadres semblaient cependant se trouver réunis et, parmi eux, ce moyen essentiel à la diffusion, à la multiplication des idées qu'est l'imprimerie.

La Chine en a fait la découverte avant tout autre pays : c'est là une vérité bien connue. La première mention incontestable de l'imprimerie en Chine apparaît dans un texte rédigé en 835 par un fonctionnaire du Sseutch'ouan. Il soulevait déjà, sans le savoir, le difficile problème de la liberté d'impression : « ...[le 29 décembre 835]... Fong Sieou [fonctionnaire du Sseutch'ouan oriental] demanda pour son rapport qu'un ordre impérial interdît d'imprimer des planches de calendriers. Les provinces des Deux Tch'ouan du Kiennan et celle du Jouainan impriment toutes des calendriers au moyen de planches et les vendent sur les marchés. Chaque année, avant que le Bureau de l'Astronomie ait fait un rapport au trône pour promulguer le nouveau calendrier, ces calendriers imprimés remplissent déjà l'Empire. Il y a [là quelque chose] de contraire à la règle de remettre respectueusement [le nouveau calendrier approuvé par l'empereur]. C'est pourquoi ordre fut donné d'interdire [ces impressions privées]. »

On ne peut interdire que ce qui existe de façon suffisamment voyante, et l'expression « remplissent déjà l'Empire » n'est certainement pas une simple clause de style. Parmi les manuscrits retrouvés à Touen-houang figure un « Sûtra du diamant », imprimé et daté de 868. Il semble donc que l'imprimerie ait été largement répandue ; mais dans l'état actuel des connaissances, l'obscurité se fait à nouveau pour environ cent ans. Il faut alors revenir au Sseutch'ouan. Si l'on en croit l'historien Sseu-ma Kouang, c'est le souverain du Chou (Sseutch'ouan) qui donna, en 953, soit sept ans avant l'avènement des Song, la première autorisation officielle de graver sur bois et d'imprimer les Classiques : « Depuis la fin des T'ang, les collèges avaient été abandonnés là où il y en avait. Wou Tchao-yi du Chou [Sseutch'ouan] dépensa un million [de sapèques] sur ses propres ressources pour fonder un établissement d'étude. De plus, il demanda [qu'on fît] graver des planches [de bois] pour imprimer les neuf Classiques. Le souverain du Chou donna son approbation. A partir de là, l'étude des lettres fut à nouveau florissante dans le Chou. »

Les travaux récents soulignent l'universalité et l'ampleur du succès de l'imprimerie d'alors. A K'ai-fong aussi, on faisait imprimer les Classiques sur l'ordre de Feng Tao (882-954) ; les fouilles dans la région du fleuve Bleu apportent chaque jour de nouveaux textes imprimés de la même époque. L'activité du Sseutch'ouan néanmoins dut demeurer particulièrement savante. En 931, Mou-k'ieou Kien reproduisait, par le moyen de la xylographie, la célèbre anthologie poétique du *Wen Siuan* ; on y imprimait aussi les premiers dictionnaires ainsi que, entre 972 et 983, le Canon bouddhique. Cent cinquante ans plus tard, l'érudit Wang Ming-ts'ing (1127-1200) constatait encore que

« à présent, [l'imprimerie] est abondamment répandue par tout l'Empire, mais nulle part plus qu'au Chou [Sseutch'ouan] ». Il semble bien que cette région riche, autonome et restée profondément originale au long de l'histoire chinoise, ait véritablement contribué de façon déterminante au développement de l'impression.

Toutefois, il convient de souligner les particularités et les limites locales de cette invention que l'Extrême-Orient et l'Occident semblent avoir conçue dans un esprit différent. Il n'est pas inutile en effet de s'interroger sur le sens exact donné aux mots « imprimerie » et « imprimer ». Ils possèdent deux définitions techniques ; l'une, large, que le Littré énonce ainsi : « imprimer = faire ou laisser une empreinte, une marque, des traits, une figure... sur quelque chose » ; l'autre, restreinte, formulée par le Robert sous la forme suivante : « imprimerie = ensemble des techniques permettant la reproduction d'un texte par impression d'un assemblage de caractères mobiles ». En ce dernier cas, lorsque nous parlons en Europe d'incunables et d'histoire du livre, il n'est point pour nous d'imprimerie sans typographie. Or nous verrons que les Chinois usèrent essentiellement de la xylographie, impression par planches gravées en relief.

Il faut enfin rappeler que l'on imprimait également en Occident, à la fin du moyen âge, à l'aide de planches gravées et d'un frotton, des « Bibles des pauvres » pour tous ceux qui, sachant lire, ne pouvaient engager les frais d'un manuscrit sur vélin. La primauté très évidente des inventeurs chinois n'en est pas pour autant remise en cause et la qualité de leur travail demeure, remarquable d'ancienneté et de perfection, grâce à l'emploi d'une encre quasi indélébile et l'usage d'un support irremplaçable : le papier.

Certes, l'impression peut se faire sur n'importe quel matériau : la fameuse Bible de Quarante-deux lignes de Jean Fust, l'associé de Gutenberg, parut, pour un quart de son tirage — treize exemplaires — sur parchemin ; les Chinois eux-mêmes imprimèrent sur soie. Mais il ne s'agit là que de procédés sans rendement. Et l'on peut dire qu'en matière d'imprimerie, le plus grand et le plus incontestable apport de la Chine à l'humanité fut le papier, qui se répandit en Occident précisément à l'époque des Song.

La tradition — nous l'avons évoquée sous les Han — en attribue l'invention à l'eunuque Ts'ai Louen, au IIe siècle avant notre ère. En fait, ce dernier, directeur des Ateliers impériaux *(chang fang ling)*, dut vraisemblablement écrire un rapport sur la fabrication du papier alors en voie de développement. Il acquit ainsi la paternité d'une découverte en fait aussi anonyme que celle du pinceau, de la porcelaine ou de l'imprimerie elle-même.

Quelques spécimens parvenus jusqu'à nous montrent que le papier se perfectionna lentement : aux papiers jaune clair du ve siècle de notre ère succédèrent d'élégants papiers jaune d'or, aux VIe et VIIe siècles, puis bleus, au VIIIe siècle. Aux Ve et VIe siècles, le papier fut connu en Asie centrale, puis en Inde. En 751, la bataille du Talas qui marqua le terme de l'avancée occidentale des Chinois et celui de la poussée orientale des Arabes, engendra d'importants phénomènes culturels. Les prisonniers chinois emmenés à Samarkand y créèrent des papeteries et la fabrication du papier gagna lentement tout le monde musulman jusqu'au Maghreb, puis jusqu'en Espagne; elle toucha ensuite, au XIIe siècle, le Sud de la France et se propagea dans l'ensemble de l'Europe. Moins de trois cents ans plus tard, paraissaient les premiers livres imprimés. L'imprimerie occidentale semble donc fille de l'imprimerie chinoise : bien que ses techniques en fussent devenues rapidement très différentes, il demeure cependant qu'elle ne pouvait exister sans papier, or le papier est chinois.

L'art de reproduire les textes par un autre procédé que la copie manuscrite a dû naître, par étapes, d'une série de techniques anciennement utilisées pour obtenir la multiplication d'un signe. Plusieurs cheminements — l'estampage, l'usage des sceaux — menaient au même résultat.

Estamper consiste à tamponner d'encre un papier souple légèrement humidifié et séché afin d'épouser les formes d'un objet gravé en creux ou en léger relief : on obtient ainsi une image ou une empreinte directe du motif ou de l'inscription.

Les origines de l'estampage demeurent mal connues. On sait seulement qu'à l'époque de T'ai-tsong des T'ang (626-649), il avait déjà atteint un très haut niveau de qualité. Cela laisse supposer qu'il existait de façon courante, au moins depuis le VIe siècle. Toutefois, les possibilités de l'estampage semblent limitées : s'il permet la reproduction d'une image ou d'un texte, il demande un soin minutieux, donc beaucoup de temps, et ne permet pas de ce fait la multiplication véritable du document original.

Il en va différemment des sceaux qui, exigeant, lorsqu'ils portent des inscriptions, une gravure en caractères inversés, apparaissent comme les antécédents directs de l'imprimerie. Mais, là encore, il convient de préciser les définitions. Car le mot sceau, en français, désigne à la fois la matrice et le matériau tendre qui en reçoit l'empreinte. Nos sceaux-matrices médiévaux sont gravés en creux et à l'envers dans un matériau dur. En Chine, et si l'on exclut quelques archaïsmes, seuls les sceaux-matrices des Han et des Six Dynasties, appliqués sur de la glaise ou de la cire, correspondent à ce type. Par la suite, la pratique de l'encrage se développa et le timbre humide se répandit au détriment du sceau : la couche légère d'encre noire ou vermillon convenait mieux aux fins supports de papier ou de soie que les lourdes marques de cire qui font la gloire de nos parchemins. La matrice en était aussi gravée en creux et l'inscription apparaissait en blanc sur fond rouge. Aux environs de l'an 500, cependant, la gravure en épargne se développa et le cachet, imprégné de cinabre, donna alors une impression en caractères rouges sur fond blanc. De la taille d'épargne pouvait naître l'idée de la xylographie, obtenue par encrage et brossage d'une planche gravée.

Autant qu'il est possible de l'établir, la xylographie fut d'abord imaginée et utilisée pour reproduire des « charmes » taoïstes et bouddhiques : autant d'œuvres pieuses et méritoires dont la vente, de surcroît, offrait aux monastères une inépuisable source de profits. Paul Pelliot cite ainsi un passage de l' « Histoire des Souei » : « De plus, avec du bois, [les prêtres taoïstes] font des charmes *(yin)* sur lesquels ils gravent les constellations, le soleil et la lune. En retenant leur respiration, ils les tiennent en main et les impriment. Beaucoup de malades sont guéris [par là]. »

Enfin, à mi-chemin entre l'estampage et la xylographie, il existe une technique qui consiste à graver sur bois, dans le sens direct, mais en creux, des inscriptions rapidement passées au frotton; on obtient alors un texte blanc sur fond noir.

A la suite de ces procédés relativement simples, se développèrent rapidement les premiers éléments d'une véritable typographie chinoise. Dès les années 1040, Pi Cheng imagina le principe des caractères mobiles : modelés en argile, il les disposait sur une plaque de fer et les encollait d'une matière gluante à base de cire; il serrait le tout dans un cadre métallique et obtenait ainsi une page de texte. Pour récupérer les caractères, il suffisait de chauffer, ce qui faisait fondre la colle : la composition des textes suivants pouvait commencer. Quatre cents ans plus tard, au XVe siècle, les Coréens exploiteront à leur tour des caractères mobiles de plomb, de porcelaine ou de bois. En Chine même, pourtant, ils resteront inusités, jusqu'à l'introduction, au XIXe siècle, des procédés mécaniques de l'Occident.

De ce point de vue, l'imprimerie chinoise demeura en effet fondamentalement différente de sa sœur occidentale, et les imprimeurs de l'Empire continuèrent à graver leurs planches de poirier et de jujubier. Le nombre extrêmement élevé des caractères chinois entraînait une manipulation trop longue et fastidieuse pour que l'emploi de types fût rentable. Il en résulta une technique très simple, qui ne présentait pas les mêmes avantages de diffusion que l'européenne, mais se révélait d'un prix de revient extrêmement bas. Tout se faisait par planches gravées qui pouvaient être mises en réserve et servir jusqu'à l'usure. Le brossage s'effectuait sur papier fin, imprimé d'un seul côté, plié en accordéon et cousu aux arêtes. L'édition chinoise traditionnelle ne comporta ainsi jamais de presse, pas plus qu'elle n'employa notre encre dite « d'imprimerie » au vernis siccatif : l'encre usuelle d'écriture — excellente il est vrai — suffisait. Ce procédé fit que les éditeurs chinois, s'ils n'agirent jamais aussi massivement sur « l'opinion publique » que leurs confrères occidentaux, ne connurent non plus à aucun moment les grandes difficultés de l'imprimerie par presse, les problèmes de l'amortissement du matériel et de la rentabilité du tirage. En peu de temps, ils purent produire sans risque financier des planches destinées à des éditions parfois confidentielles. Aucun texte ne pouvait être multiplié dans de très grandes proportions mais tout pouvait être édité, même si, à la limite, le nombre des lecteurs se réduisait à quelques personnes.

Telle qu'elle était, l'imprimerie se révélait un outil excellemment adapté à la Chine des Song qui lui demandait moins des idées que des procédés. Car à la différence, peut-être, de ce qui se passa en Occident où les humanistes, au XVIe siècle, se firent volontiers imprimeurs et éditeurs, l'imprimerie chinoise semble avoir favorisé, encore plus que la publication d'ouvrages philosophiques ou littéraires, celle de traités scientifiques et techniques dont la parution contribua à améliorer la vie quotidienne en répandant un fond déjà très ancien de connaissances théoriques et pratiques.

Les contemporains eux-mêmes y voyaient un tel trésor que le gouvernement song eut toujours pour règle d'interdire l'exportation des livres imprimés. Mais les marchands ne manquaient pas de contrevenir à l'interdiction lorsqu'ils recevaient d'intéressantes propositions de l'étranger. C'est ainsi que l'on peut suivre le cheminement de l'encyclopédie dite *T'ai-p'ing yu-lan*, comportant mille chapitres (983). Transmise en Corée en 1100, elle gagna de là le Japon au cours des XIIe et XIIIe siècles où elle devint, au milieu du XIIIe siècle, un cadeau apprécié que s'offraient les gens éclairés.

Ainsi, malgré les interdictions officielles, l'art du livre décupla à l'étranger le rayonnement du savoir et de la littérature chinoise.

LA LITTÉRATURE

La littérature song pourtant, dans l'histoire immense des lettres chinoises, occupe une place légèrement en retrait par rapport aux sommets poétiques des T'ang et à la floraison théâtrale et romanesque des Yuan et des Ming. Elle fournit surtout de sérieux ouvrages de référence, truffés de connaissances et remarquables d'intelligence; c'est en cela qu'elle devint la source inépuisable des jaillissements ultérieurs.

La prose

Le xe siècle, âge des gestations politiques et intellectuelles, vit paraître d'importantes compilations dont les plus célèbres sont dues à Li Fang (925-995). Ses œuvres comportent un recueil d'histoires extraordinaires — ce que les sciences chinoises n'ont jamais dédaigné —, imprimé pour la première fois en 981, le « Grand recueil de l'ère T'ai-p'ing » *(T'ai-p'ing kouang-ki)*, ainsi qu'un ouvrage sérieux, somme du savoir contemporain commandée et soigneusement revue par l'empereur T'ai-tsong (976-997), le *T'ai-p'ing yu-lan.* Un siècle plus tard, le « Recueil des propos de l'étang des rêves » *(Meng-k'i pi-t'an)* de l'universel Chen Koua (1030-1094) rassemblait « au fil du pinceau » *(souei-pi)* une série de notes et de réflexions d'ordres divers, littéraires, scientifiques, artistiques, écrites en toute spontanéité. Cent ans plus tard, l'âme de la société song se reflétait encore dans de longs recueils de contes dont le plus vaste, dû au pinceau d'un seul auteur, est le *Yi Kien Tche* de Hong Mai (1123-1202). La curiosité, l'émerveillement propres à cette époque d'expansion économique et de remise en cause philosophique, inspiraient à tous la fascination du savoir encyclopédique, passionnant tant pour l'histoire des sciences que pour celle des mentalités. Ces ouvrages rédigés en belle langue écrite ne s'écartaient pas de la tradition lettrée dont ils représentent une sorte de sommet scientifique et social.

Il n'en allait pas de même des récits bon enfant, plus proches du peuple, auxquels l'âge song doit une grande part de son originalité. Pour la première fois dans l'histoire de l'Empire, la littérature sortit lentement des sentiers battus de la philosophie et de la politique; fait plus important encore, elle changea de milieu social. Elle acquit de ce fait une existence distincte de celle de la pensée. En un mot, elle se popularisa, créant ainsi les germes du roman, bien que la Chine n'eût guère élaboré les grands récits épiques qui constituèrent le berceau d'autres littératures; le conte, la fiction, le roman chinois furent toujours assimilés aux récits intéressant les sciences, elles-mêmes englobées dans le grand genre historique.

Les études contemporaines mettent en relief la pauvreté relative des cycles mythologiques chinois comparés à ceux de la Grèce ou, pour rester en Extrême-Orient, du Japon. Abandonnés sitôt qu'ils n'entraient pas dans le cadre d'une histoire satisfaisante pour l'esprit et la dynastie, laissés de côté par Confucius et dénoncés par son école, les récits merveilleux, sources partout ailleurs des fictions ultérieures, ne survécurent dans l'Empire que sous la forme de superstitions innombrables, méprisées des gens éclairés : ceux-ci n'y voyaient que des anecdotes tout juste bonnes à faire passer le temps, qu'un lettré-fonctionnaire se devait justement de ne pas perdre en billevesées.

Cette sévérité confucéenne n'avait cependant pas étouffé chez les gens simples le goût pour les captivants contes bouddhiques inventés à l'époque des T'ang, afin de vulgariser les dogmes. Les manuscrits de Touen-houang ont livré de longues séries de ces récits, disparus avec la religion dont ils étaient l'expression, et qui mélangeaient la prose à la poésie; nous n'en possédons pas de témoignage écrit complet car ils étaient dits par des conteurs; seules nous en sont parvenues les grandes lignes, sous la forme d'aide-mémoires.

Sous les Song, cependant, les récits d'imagination apparaissent déjà nombreux, partagés en diverses familles, au point que le grand Sou Tong-p'o, à la fin du XIe siècle, recommandait aux parents avisés de ne pas laisser leurs enfants écouter les diseurs d'histoires : le danger était grand qu'ils comprissent de travers et qu'ils admirassent trop le retors Ts'ao Ts'ao dont la vie romancée alimentait sans fin la faconde des récitants. Mong Yuan-lao (Ire moitié du XIIe siècle), dans sa « Description de Pien-leang » (l'actuelle K'ai-fong), la capitale des Song du Nord, rapporte aussi qu'on pouvait y entendre quatre sortes de contes : des romans, broderies imaginaires sur les thèmes de l'amour, de la guerre, intrigues fantastiques ou policières; des récits bouddhiques; des récits historiques inspirés par l'époque lointaine des Trois Royaumes (IIIe siècle) ou celle, proche, des Cinq Dynasties (Xe siècle), toutes deux fort riches en combats héroïques; des fables enfin, qu'inventait le génie de chaque récitant.

L'expansion de l'imprimerie, l'accès à la culture d'une riche classe marchande qui prisait peu la littérature classique jugée difficile et ennuyeuse, aboutirent à l'impression de ces nouvelles, ou du moins de leur trame. La littérature romanesque en langue vulgaire, qui naîtra véritablement sous les Yuan au XIVe siècle et s'épanouira sous les Ming au XVIe, entrait ainsi en gestation sous les Song.

De ces premiers récits, il demeure une « Histoire romancée des Cinq Dynasties » et deux textes qui constituent la source des plus célèbres romans chinois. Le premier, l' « Histoire des Siuan-houo », dont l'action se situe à la fin des Song du Nord, sera repris à l'époque Ming sous la forme du « Roman du bord de l'eau » *(Chouei-hou tchouan)*. Il raconte la vie aventureuse de cent huit bandits au grand cœur, défenseurs des opprimés et rebelles à un gouvernement corrompu. Le second relate le long voyage du pèlerin Hiuan-tsang

(602-664) à la recherche des *sûtras :* narration influencée par la fiction indienne qui deviendra, dûment remaniée et complétée de divers épisodes, le fameux et facétieux « Voyage dans l'Ouest » *(Si-yeou-ki)*, la plus grande œuvre d'imagination qu'ait connue la Chine où ce genre n'est pas courant.

Tous les classicismes chinois en effet, animés par des intellectuels, des gestionnaires, des parangons de moralité pour le peuple qu'ils dirigeaient, furent imprégnés d'une profonde austérité. Tout anticonformisme, toute extravagance venait de l'étranger, comme à l'époque des T'ang, ou bien trouvait refuge dans les courants taoïstes irrationnels et anarchistes, soupape indispensable et universellement consentie d'une société par ailleurs répressive. L'individu ne vivait jamais dans le présent, mais en fonction des générations passées ou de la postérité. De ce fait, le quotidien, l'actualité, l'aventure perdaient tout intérêt. Hong Mai en donne un exemple intéressant lorsqu'il parle de la famille chinoise : l'individu se trouve prisonnier de la *gens ;* celle-ci exige tout de lui, car elle seule pourra assurer son culte après sa mort, condition sine qua non de son bien-être dans l'au-delà.

Sans doute est-ce pourquoi la littérature chinoise raisonneuse, abstraite, à l'exception de l'expression lyrique, n'aborda longtemps les problèmes humains qu'à travers ce miroir des défunts qu'est l'histoire. Celle-ci, à son tour, favorisa l'esprit d'analyse et d'honnêteté intellectuelle mais provoqua peut-être un tarissement précoce de l'imagination, par trop soumise au travail de l'annaliste. En revanche, elle pouvait constituer un incomparable ferment d'esprit critique et scientifique qui, avec la personnalité de Sseu-ma Kouang (1019-1086), s'éleva à des sommets.

Aidé d'un groupe de collaborateurs, ce dernier composa un vaste tableau de l'Empire que l'empereur Chen-tsong — le réformateur — honora du titre de « Miroir général pour aider au gouvernement » *(Tseu-tche t'ong-kien)*.

Pour commencer, Sseu-ma Kouang fit établir une gigantesque « minute », articulée autour d'une table chronologique, au sein de laquelle il insérait monographies déjà existantes et références bibliographiques. Si tous les éléments formaient un ensemble cohérent, un scribe copiait les textes aussi complètement que possible. Quand le sujet semblait n'avoir jamais été traité sous forme de synthèse, les sources utilisables étaient indiquées. Si les sources, enfin, se montraient contradictoires, l'historien devait opérer le choix qui lui paraissait le plus rationnel, à condition toutefois qu'une note en expliquât les raisons.

C'est à partir de cet énorme brouillon qui remplissait, disait-on, deux pièces entières de sa maison à Lo-yang, que Sseu-ma Kouang rédigea son œuvre. Il se livrait à la longue quête des preuves évidentes — comme la chronologie — et des probabilités — le caractère d'un homme, les rapports existant au sein d'une société. De même que tous les historiens chinois, il ne vit pas suffisamment combien les fils les plus divers des êtres et des événements s'enchevêtraient pour former un tout; il ne vérifia pas non plus assez la crédibilité de ses textes. Mais il ressentait le besoin impérieux d'expliciter ses jugements et partis pris; il acceptait de découvrir la vérité pas à pas, en allant du connu vers l'inconnu; il fondait ainsi l'historiographie moderne.

La poésie

Il n'est pas un lettré song qui ne se soit aussi, un jour ou l'autre, exprimé par le truchement du rythme poétique. De génération en génération, les jeunes candidats aux fonctions officielles se formaient longuement à ce jeu rimé de la communication; parvenu à l'âge mûr, l'homme politique traduisait sa pensée aussi librement en vers qu'en prose. C'est pourquoi l'histoire de la poésie song contribue largement à éclairer d'un jour humain celle, globale, de la dynastie. Les compilations des érudits chinois du XVIIIe siècle font apparaître, des T'ang aux Song, un épanouissement que traduit le nombre, presque deux fois plus important, des auteurs dont les siècles ultérieurs devaient garder la mémoire. La lecture des poètes song, pourtant, laisse parfois le sentiment d'une certaine froideur.

Les écrivains de ce temps ne cessèrent de penser en prose, même lorsqu'ils s'exprimaient en vers. Telle est la caractéristique la plus manifeste, peut-être, des auteurs song du milieu du XIe siècle. Raisonnables, rompus au genre sérieux de la dissertation, ils demandaient souvent moins à la poésie de traduire le cri de leur cœur que d'exprimer leur pensée. Rapidement l'habitude se prit, illustrée par la personnalité brillante d'O-yang Sieou (1007-1072), d'exposer en vers ce qui l'eût jadis été en prose; la poésie, devenue narrative, acquérait en intelligence et en sérénité ce qu'elle perdait en émotion. Méditations érudites ou bien tableaux pittoresques de la vie quotidienne fournirent de ce jour au genre élégant de la versification les thèmes sans fin d'un chant que ne soulevaient plus les grandes exaltations de naguère.

Mei Yao-tch'en (1002-1060), lettré-fonctionnaire, originaire du Anhouei, lança le premier le nouvel idéal poétique sous la forme des « slogans » que favorise le monosyllabisme de la langue chinoise : « sérénité et facilité » *(p'ing-tan)*. O-yang Sieou, qui l'admirait vivement, prit feu et flamme :

« Maître Mei prisait ce qui est net et succinct,
Lavant ses dents de pierre dans le courant froid.

Il écrit des poésies depuis trente ans
Et nous regarde comme des écoliers...
Ses poèmes récents sont secs et durs...
A la première lecture, c'est comme lorsqu'on mange des olives
Mais plus vous les sucez, meilleur en est le goût. »

Pour atteindre cette facilité acide, tout pouvait servir, et surtout le langage simple, volontiers argotique. Mei Yao-tch'en, par le truchement d'O-yang Sieou, fit école et les poètes song évitèrent généralement les expressions riches, travaillées, suggestives, propres aux maîtres t'ang. Ils en refusaient également les drames, la tristesse, niant le lien exclusif qui unissait naguère la poésie à la souffrance.

Ils suivaient les règles de bon goût respectées par O-yang Sieou, comme dans cette méditation savante, inspirée par la vue d'une belle lame japonaise :

« Dans un fourreau de bois odorant orné de galuchat,
Le jaune et le blanc mélangés en lui : le cuivre et le bronze.
Cent lingots d'or l'ont apporté dans les mains du collectionneur,
Celui qui le porte peut vaincre tous les maux diaboliques...

J'ai entendu parler de ce pays, là-bas, sur une grande île,
De son sol riche, de ses coutumes bonnes...
Quand Siu Fou [un envoyé du Premier Empereur] fit son voyage
Le Livre des Documents n'avait pas été brûlé,
Aussi ses cent sections, complètes, doivent être conservées au Japon...
Qu'un Classique de nos rois de jadis soit caché chez les barbares
Au-delà d'une immensité de vagues vertes où ne s'ouvre aucun passage !

Cela émeut, cela fait monter les larmes aux yeux.
Quel cœur reste-t-il pour parler d'une petite épée rouillée ? »

Aspect narratif, méditatif, simple, chargé d'émotion, mais sans cris déchirants : les fondements de la poésie song s'y trouvent réunis.

Pour mener plus loin sa tâche, O-yang Sieou mit successivement ses espoirs en deux personnalités : Wang An-che et Sou Tong-p'o. Tous deux, suivant des génies et des chemins divergents, surpassèrent l'un et l'autre le talent de leur maître.

Wang An-che, homme du Kiangsi lui aussi, réussit en 1042 — à vingt et un ans — le redoutable doctorat avec un talent qui attira l'attention d'O-yang Sieou. Le jeune homme, cependant, semblait vouloir se tenir à l'écart des tempêtes de la haute politique : malgré la faveur du maître, il préféra des postes provinciaux jusqu'en 1056. Nommé à la capitale, Wang An-che rencontra alors pour la première fois O-yang Sieou vis-à-vis duquel il conserva toujours ses distances : conduite habile, car la rumeur publique y vit une preuve de son intégrité, malgré une excentricité que ses ennemis ne manquèrent pas d'exploiter lorsque vint son heure de gloire, en 1068.

La célébrité du personnage politique fait souvent oublier aujourd'hui que Wang An-che fut aussi un très grand créateur et théoricien littéraire, à telle enseigne que les historiens chinois ne virent en lui, jusqu'au XXe siècle, qu'un poète.

Wang An-che détestait Han Yu et son langage qu'il jugeait pédant; il admirait Tou Fou qu'il porta, le premier, au pinacle. A la sécheresse des narrateurs, il opposait la chaleur humaine des lyriques t'ang dont il composa un florilège (*T'ang pai-kia che-hiuan*). Si, comme tous les hommes de son temps, il répugnait à montrer trop de mélancolie, la description la plus familière débouchait pourtant toujours chez lui sur la réflexion, voire l'inquiétude :

« Dans la nuit, des nuages — et pas de ciel —
    Encore moins d'étoiles et de lune.
Quand la poussière de la cité obscure est tombée
    Résonne le boum-boum des tambours de veille.
Des chansons dans une pièce en haut : des clients qui boivent encore,
    Assez ivres maintenant pour ne pas craindre la neige.
Des voix pleurnichardes dans l'allée ; d'autres hommes là,
    Le vent apporte leurs cris assourdis.
Dans le désordre et la confusion, chaque homme rencontre son destin;
    Joie ou peine : que priser ?
Vous voilà emporté avec Tchouang-tseu
    Et la manière sauvage dont il rejette les attaches du monde.
Rentré du travail, vous apportez le vin,
    Touchez les cordes du luth, ajustez le chevalet,
Moi je reste assis seul, sans rien faire,
    Devant la lampe bleue qui brûle et s'éteint. »

Jeune rival de Wang An-che, Sou Tong-p'o, lui, était un homme du Sseu-tch'ouan. Reçu docteur à l'âge de vingt ans, la même année que son frère cadet, il consola le vieux maître de ses déboires avec l'intransigeant Wang An-che.

L'hostilité des deux partis devait se révéler lourde de conséquences : en 1079, Wang An-che, alors au pouvoir, relevait Sou Tong-p'o de son poste au Tchökiang et l'envoyait en exil au Houpei. Quelques années plus tard, le sort réunissait dans la disgrâce les deux anciens adversaires. Wang An-che devait mourir rapidement et Sou Tong-p'o prendre la tête du parti conservateur, désorienté depuis la mort de Sseu-ma Kouang (1086). Mais ce retour en faveur ne dura pas; en 1094, les réformes de l'empereur Tche-tsong commencèrent, entraînant le nouvel exil du poète vers l'île lointaine de Hainan. En 1101, alors que la fortune changeait encore, Sou Tong-p'o mourut sur le chemin de la capitale où l'appelait une gloire renaissante.

Ces frères ennemis, en politique et en littérature, illustrent bien les deux tendances des lettrés sous les Song et, au-delà, l'opposition des caractères qui décident si souvent des options d'école. Si Wang An-che se montra en tout l'homme de la difficulté et de la rigueur, Sou Tong-p'o se disait celui de la facilité et de la liberté. Même sa prose, que les milieux éclairés jugeaient celle d'un styliste, naissait à ses yeux comme sous l'effet du hasard :

« Mes écrits sont comme les eaux d'une source intarissable qui s'étendent de tous côtés sur la terre. Au ras du sol, ils se répandent en flots et s'enflent, s'écoulant aisément sur mille stades en un seul jour. Puis, quand ils rencontrent des collines et des roches, ils font un coude et tournent, prennent la forme des choses autour d'eux, sans que je sache comment. Tout ce que je sais est qu'ils vont toujours là où ils doivent aller et s'arrêtent là où ils doivent s'arrêter, c'est tout. Au-delà, moi-même je ne comprends pas. »

Sou Tong-p'o, maître au pinceau facile et à la verve intarissable, demeure ainsi le plus célèbre poète de son époque, par delà les aléas de sa carrière politique. Il renouvela les genres antiques, comme le *fou*, et contribua à assouplir la forme du *ts'eu* traditionnellement réservé aux poèmes d'amour volontiers licencieux. Au fil des vers paisibles, la vie coule doucement :

« Je voyage jour et nuit vers le fleuve Bleu et la mer.
Feuilles d'érables, roseaux, chutes de fleurs : une vision sans fin.
Sur la Houei, large, je ne peux dire si le ciel est proche ou lointain;
Les collines vertes montent et descendent avec le bateau.
Cheou-tcheou : déjà je vois la pagode de pierres blanches,
Bien que les rames courtes ne nous aient pas encore portés autour de la colline
[de l'Herbe Jaune.

Les vagues s'apaisent, le vent s'adoucit — je me prépare à débarquer.
Mes amis sont restés longtemps dans la brume du petit jour. »

Mais ces visions paisibles ne parvenaient pas à faire taire, au cœur du poète, l'angoisse inhérente à toute vie :

« Notre vie ici-bas, à quoi ressemble-t-elle ?
A un vol d'oies qui, venant à poser leurs pattes sur la neige,
Parfois y laissent l'empreinte de leurs griffes.
L'oie envolée part-elle vers l'est, vers l'ouest ? »

La personnalité de Sou Tong-p'o, aujourd'hui encore rayonnante malgré le temps et la mélancolie d'une expression dont il ne reste que la forme écrite, lui attira un grand nombre d'élèves. La tradition honore plus particulièrement quatre grands disciples, dont le plus représentatif est peut-être Ts'in Kouan (seconde moitié du XIe siècle), le chantre des occupations villageoises. Celles-ci, chères jadis à T'ao Yuan-ming (365-427), inspirèrent aux poètes song une série de petites pièces allègres et familières :

« Un coq chante le réveil du village...
Une lumière claire perce la brume lointaine ;
Les cieux du printemps sont frais et gais.
Le magnolia couvre les collines errantes ;
Dans le pré vide, un faisan lisse son plumage de brocart.
Les jeunes sont venus, rapides comme des nuages,
Un vieux comme une chouette reste accroupi, seul, sur ses talons.
La terre jaune scintille de l'averse passée ;
Des nuages de poussière courent devant le vent.
Petit à petit, tout le village s'assemble,
Se saluant d'un champ à l'autre.
L'augure dit que le mois sera bon ;
Au travail, de l'aube au crépuscule ! »

L'étendue, l'entassement et l'incommodité grandissante des villes expliquent dans une certaine mesure ce retour constant au thème ancien de la paix bucolique. Plus que par le passé, sans doute, les hommes de l'époque song sentirent le prix de l'urbanisation. Ts'in Kouan lui-même en vécut la dure expérience : nommé fonctionnaire aux archives de la capitale, il y reçut un bas salaire qui ne lui assurait qu'un mauvais logement ainsi qu'une nourriture insuffisante. Jamais, pourtant, il ne se laissa aller trop loin dans la désespérance. En ces temps de renouveau philosophique, de progrès matériel, les hommes semblent avoir toujours gardé l'espoir dont la flamme légère sert souvent à distinguer, à première lecture, une œuvre song de celles des époques antérieures.

C'est un même apaisement que, cent ans plus tard, chantait encore Lou Yeou (1125-1210), le plus célèbre poète des Song du Sud. Il mena une carrière fantaisiste de fonctionnaire, rêva un temps de reconquêtes et finit par se retirer, trouvant sa joie dans la contemplation de la campagne qu'il goûtait avec une sorte de passion :

« Ne ris point du vin trouble que le paysan prépare pour l'hiver !
Si l'année est prospère, le visiteur trouvera chez lui volaille et porc en suffisance.
Montagne sur montagne, rivière après rivière, tu doutes de trouver un [chemin ;
Ombre des saules, éblouissement des fleurs : voici encore un village.
Une procession aux flûtes et aux tambours : la fête printanière du Dieu [du Sol est proche.

41. LES BELLES DAMES DE L'ÉPOQUE SONG

La vision que nous avons de la femme chinoise d'autrefois — confinée dans sa maison, ignorante des beautés du monde comme de celles de l'esprit — fut certainement imposée aux Européens par leur rencontre avec la Chine des Mandchous au XIXe siècle. Dans la Chine d'avant les Mongols — dont le poids, pour le meilleur et pour le pire, pesa si lourd sur l'Asie — il ne semble pas que la condition féminine ait été à ce point et aussi généralement dégradée qu'elle le fut plus tard, notamment dès les Ming sous l'influence d'une renaissance confucéenne archaïsante et intransigeante. Certes, les peintures t'ang exaltent surtout les qualités et les plaisirs des bonnes épouses, des maîtresses de maison, des dames de la Cour, mais dans la peinture song apparaît le thème de la femme à la fois belle et cultivée. Sur sa table voisinent un miroir, une boîte renfermant ses objets de toilette ainsi que des livres et des peintures, les deux passions des prestigieux lettrés.

Simplicité naïve des vêtements et des coiffures : ce sont encore les mœurs [d'autrefois!

A l'avenir, s'il m'est permis, oisif, de profiter du clair de lune,
Je prendrai mon bâton et, quelle que soit l'heure, j'irai en pleine nuit frapper [à leur porte. »

Le seul auteur du temps qui traduisît tous les degrés de l'affliction est une femme, la plus grande poétesse chinoise, Li Ts'ing-tchao (c. 1084-1140). Elle vécut à l'âge troublé du repli vers le Sud où elle s'enfuit avec son mari, emportant les œuvres d'art qu'ils collectionnaient tous deux. La mort bientôt survenue de son compagnon lui inspira des cris de détresse qu'elle transcrivit dans le mètre sentimental du *ts'eu :*

« En chercheuse recherche, enquête et quête,
Par la froide froidure et la claire clarté,
Mon tourment me tourmente et ma peine me peine.
Tiédeurs soudaines, poussées de froid : moments pénibles,
Les plus durs à passer.

Avec trois coupes, avec deux bols de vin léger,
Comment tenir, ce soir, contre le vent furieux ?
Au passage des oies,
Mon cœur se brise :
Ce sont des amies d'autrefois.

Jonchant le sol, les fleurs jaunes s'entassent,
Flétries, meurtries ;
Car, aujourd'hui, qui se soucie de les cueillir ?
A la fenêtre, sans bouger,
Comment pourrai-je, toute seule, attendre les ténèbres ?
Les sterculiers... et, par surcroît, cette pluie fine...
Qui, dans le crépuscule, tombe, tombe, goutte à goutte...
En cet instant,
Comment chasser ce mot : désespérance ? »

LA PEINTURE

En Chine comme en Occident, les grand thèmes de la poésie et ceux de la peinture se rejoignent souvent; mais en Chine, le caractère nécessairement apparenté des formations écrite et artistique, fondées sur l'usage du pinceau et du pictogramme, lie encore plus étroitement les deux modes d'expression en lesquels tout lettré doit nécessairement, même sans génie, exceller. Cette pérennité des thèmes se trouve encore accentuée par le fait qu'il s'agit d'une symbolique restreinte à un seul groupe social, fier de ses traditions; le peintre occidental, en revanche, fut et demeure une sorte de magicien, aux visions issues des expériences les plus diverses. Poésie et peinture exprimèrent donc en Chine les sentiments d'une classe bien définie qui formait à la fois l'intelligentsia et les cadres administratifs de la nation. C'est pourquoi la littérature et les arts plastiques devaient obéir aux mêmes critères, dont le secret pourtant recule, aussi mystérieux et infini que la vie :

« Celui qui juge d'une peinture en termes de ressemblance formelle
N'a pas plus d'entendement qu'un enfant.
Celui qui compose un poème en fonction d'un modèle précis
Ne saura vraiment jamais rien de la poésie.
Il n'y a qu'une seule règle fondamentale en poésie et en peinture :
Le génie et l'originalité. »

La peinture n'obtint cependant ses lettres de noblesse qu'à l'époque des Song, quand Sou Tong-p'o (1036-1101) inventa le terme de « peinture de lettré » *(che-jen houa)*. Puis, durant l'ère Tcheng-ho (1111-1117), sous le règne de l'empereur Houei-tsong, les membres des Académies de calligraphie et de peinture, dûment remaniées, perdirent leur statut artisanal et reçurent rang, traitement et honneurs de fonctionnaires officiels s'intégrant ainsi à l'élite de la nation. En même temps, le renouveau confucéen et le prestige des personnalités en cause engagèrent, en face de la peinture des professionnels, la naissance d'une très importante peinture d'amateurs : elle représentait à la fois un passe-temps distingué et l'indispensable moyen d'expression personnelle qui permettait de supporter le poids des charges et du décorum officiels.

L'apogée du paysage

La calligraphie évolua relativement peu, mais il n'en fut pas de même de la peinture. Fils spirituels de Wang Wei et de la tradition intellectuelle des T'ang, les maîtres des Cinq Dynasties, dont nous ne possédons aujourd'hui presque aucun original, rassemblèrent tous les germes de la merveilleuse floraison song.

A côté des œuvres aimables d'un peintre comme Tchao Yen (xe siècle), habile à tracer chevaux et personnages aristocratiques, pleins de vivacité, amateurs de vin et de chevauchées, à la manière des T'ang, les paysages visionnaires des grands maîtres constituèrent la source jaillissante où les artistes des Song du Nord, puis des Song du Sud, allaient puiser leur inspiration. Ils possédaient en commun une austérité et une certaine rigueur de style, visibles par exemple chez Li Tch'eng (c. 940-967); au-delà de l'atmosphère subtile, tout en nuances, de ses tableaux, il est resté célèbre pour l'aspect caractéristique de ses pins aux branches tourmentées, tordues, disent les critiques, comme des « pinces de crabe ».

Les principes de composition, les sujets d'inspiration en revanche, révèlent l'existence de deux écoles groupées *a posteriori* sous les noms de leurs plus illustres représentants : celle de King Hao et de Kouan T'ong, source de l'école dite des Song du Nord, et celle de Tong Yuan et de Kiu-jan, d'où naîtra l'école dite des Song du Sud.

King Hao aimait à accumuler des montagnes cahotiques, aux formes accentuées par de profondes crevasses, traitées en traits verticaux, rendues plus inquiétantes encore par le nombre et l'ampleur des précipices. Kouan T'ong, lui, usait d'une composition moins dramatique : au centre, il plaçait une montagne imposante, mais à ses pieds, petites fermes, arbres et ruisseaux sinueux donnaient à l'ensemble une échelle humaine.

De leur côté, Tong Yuan et Kiu-jan, de Nankin, créèrent, dit-on, un autre type de paysage, celui des rives du fleuve Bleu, bordées de montagnes rondes et herbeuses, ou bien encore celui de pics vertigineux, déchiquetés, perdus dans les nuages mais reliés à la plaine paysanne, au rythme des torrents qui couvrent leurs flancs. Dans l'une comme l'autre manière, Tong Yuan et Kiu-jan évitent les traits durs, les contrastes violents entre l'ombre et la lumière. Kiu-jan affectionnait les visions harmonieuses en vues « aériennes » où les pentes glissent doucement vers les terrasses qui montent du sol horizontal.

A leur groupe se rattache encore Tchao Kan, né à Kiang-ning, au Kiangsou, et qui travailla dans une académie de Cour à la fin des Cinq Dynasties. Il évoquait avec amour l'eau, les fleurs, les bambous, les villages étirés le long des rivières et la vie des pêcheurs. Ils sont tous trois les pères du paysage à la manière des Song du Sud.

Sans doute la peinture est-elle l'un des plus vrais miroirs de l'époque song : l'empereur Tchen-tsong (997-1022) ne s'y trompait pas qui, parachevant l'œuvre des deux grands fondateurs de la dynastie, établit des Académies de peinture et de calligraphie. A partir de ce moment, les courants de la peinture se cristallisèrent en fonction d'un certain nombre de thèmes et de genres qui serviront jusqu'au XXe siècle de référence aux artistes. Ces derniers se rattacheront d'eux-mêmes d'une manière plus ou moins fantaisiste à l'une ou l'autre tradition : celle des « réalistes » — ceux du Nord —, des « idéalistes » — ceux du Sud — ou bien, quand on ne saura où les classer, des « extravagants », tandis qu'à côté s'épanouissait une vigoureuse peinture d'amateurs.

Ces qualificatifs, en eux-mêmes, n'ont pas grand sens. Les techniques inventées et agencées sous les Cinq Dynasties et les Song permettront, malgré des canons devenus rapidement assez stricts, des nuances de composition aux variations infinies. Elles assureront le triomphe spirituel et matériel du paysage, conformément aux vues des esthètes t'ang qui en avaient souligné la prééminence sur toute autre forme de peinture.

Écoles réaliste et idéaliste se partagèrent dans le temps en fonction des changements politiques, et sans doute le transfert de la Cour en Chine du Sud influença-t-il et modifia-t-il profondément la vision académique.

Le paysage de l'époque song du Nord trouva son expression caractéristique dans les œuvres de deux maîtres : Fan K'ouan (c. 960-1030) et Kouo Hi (c. 1020-1090). Leur activité, parallèle à celle de Siu Tao-ning (actif vers 1030) et du célèbre amateur Mi Fei (1051-1107), au style tachiste très particulier, mit en place les principaux canons d'un genre auquel les générations ultérieures ne cesseront de se référer. Les austères paysages du Chensi, pays natal de Fan K'ouan, contribuèrent sans doute largement à former son style. Chez lui, dit Mi Fou, « un ruisseau jaillit des profondeurs, la cascade semble avoir une voix ». Kouo Hi, auteur d'un traité intitulé « Le grand message des Forêts et des Courants » *(Lin-ts'iuan kao-tche)* fut, lui, hanté par les montagnes, leur vie secrète, la traduction de leur amoncellement dans un espace qui semble à portée de main, à quelques pas, alors qu'il s'étend en successions interminables de lignes et de rebonds.

La peinture chinoise de l'école du Nord aura donc pour premier thème la montagne. Elle usera des nuances infinies du noir et du blanc avec, pour seule exception, l'emploi de couleurs extrêmement pâles afin de rehausser les formes des figures humaines et des architectures. Ces dernières, représentées en des proportions minuscules, donneront aux faîtes perdus dans le ciel la signification symbolique de l'infiniment grand. Les effets de brume — créés en laissant des parties non peintes ou bien couvertes d'une encre très diluée — permettront de ménager des plans successifs et, à travers eux, hauteur et profondeur. Il convient de souligner que, dans l'école du Nord, nuages et brouillards, toujours employés avec une certaine réserve, ont pour seul rôle de donner au sujet ampleur et, par contraste, netteté : ils n'impliquent aucune mélancolie comme cela sera le cas dans les œuvres propres à l'école du Sud.

Chaque arbre, chaque rocher est, dans la peinture chinoise, le produit d'un traitement particulier, recherché afin de mieux définir sa nature. La tradition veut ainsi que Fan K'ouan ait inventé la manière dite en « points » *(tsouen)* et celle en « gouttes de pluie » *(yu tien)*. Celle-ci consiste à couvrir le support d'innombrables jets d'encre — les « gouttes de pluie » — savamment dosés et se chevauchant habilement afin d'évoquer la texture cristalline des rochers; par contraste, points et brisures des traits rendent les ravinements, les affouillements verticaux de la terre jaune et la nature friable des falaises de loess qui sont représentées, s'élevant brusquement au-dessus des champs qu'elles surplombent de leurs sommets vertigineux où poussent des bouquets d'arbres.

Enfin, l'œil du contemplateur chinois ne suit en rien la perspective « vincéenne » des Occidentaux. Un paysage chinois est une reconstitution, un agencement de points de vue réellement contemplés ou imaginés à partir de hauteurs et d'angles différents. Le procédé permet de représenter des scènes et des aspects qui seraient demeurés cachés si le peintre avait usé de notre vue géométrique à point de fuite unique. La peinture chinoise engage ainsi un mouvement d'ascension continue, quel que soit l'ordre d'exécution des plans : premier plan et second plan apparaissent conventionnellement séparés par un nuage, un bosquet, une fabrique, un rocher; ils n'occupent que le tiers inférieur de la peinture. Il faut ensuite se porter au point le plus élevé du premier plan pour voir plus loin, découvrir une vallée cachée et des sommets nouveaux. Puis, à partir de là, d'autres perspectives se dégagent et le mouvement se poursuit à l'infini.

La manière de l'école du Nord culmina et, en même temps, commença à évoluer avec Li T'ang (c. 1050-1130), personnage fort important, car il constitue la charnière stylistique et historique entre l'école des Song du Nord et celle des Song du Sud.

Né au Honan, il était membre de l'Académie de l'empereur Houei-tsong à Pien-leang (l'actuelle K'ai-fong); un an ou deux après l'exode de la Cour, en 1127, il parvint à gagner la Chine du Sud et à rejoindre le souverain qui le couvrit d'honneurs. Li T'ang avait presque quatre-vingts ans, mais il n'en continua pas moins à dominer la nouvelle Académie à laquelle il avait inculqué son style. C'est à lui que l'on attribue l'invention de diverses hachures propres à rendre les différentes natures de roches, manières qui seront, à partir des Yuan, inventoriées et codifiées. Li T'ang, en fait, demeurait très proche de Fan K'ouan; à la différence de ce dernier cependant, il usait, en chacun de ses « points de vue » successifs, d'une sorte de perspective à l'européenne où l'éloignement était rendu par la diminution graduelle des volumes.

Le transfert de la Cour — et donc de l'Académie — sur les rives du fleuve Bleu modifia profondément la vision chinoise de la nature, de la place qu'y occupait l'homme ainsi que des rapports des divers éléments entre eux. Les brumes matinales ou tardives voilaient toute l'année l'horizon, alors qu'en Chine du Nord la pureté hivernale de l'air permettait la vue à longue distance et le repérage précis des contours. L'eau sans fin, l'horizon illimité de montagnes petites, enveloppées de nuages mais cahotiques, aux formes surprenantes, drôles ou douces, remplacèrent les falaises grandioses des chaînes de l'entre-deux-fleuves. L'activité humaine, de plus, semblait dans ce cadre plus présente, plus attendrissante peut-être; l'humble pêcheur remplaçait l'équipage de l'éternel voyageur errant dans les monts désolés.

La peinture des Song du Sud culmina à l'aube du XIIIe siècle avec les personnalités de Hia Tchao, Hia Kouei et Ma Yuan.

Ma Yuan, lui-même père du talentueux Ma Lin, appartenait à la quatrième génération de la famille des Ma, véritable dynastie de peintres. Ma Yuan et son frère Ma K'ouei naquirent au milieu du XIIe siècle. Ma Yuan entra à l'Académie durant le règne de l'empereur Kouang-tsong (1189-1194). Les caractéristiques les plus célèbres de son style sont ses traits nerveux et surtout ses arbres tordus que, de siècle en siècle, les jardiniers se plurent à imiter en courbant artificiellement les plantes conformément aux visions de l'artiste.

Ils abandonnèrent la composition par points de vue échelonnés sur un axe vertical. La tendance se fit jour de partager l'espace en deux triangles : dans l'un se trouvaient concentrés les éléments « tracés » de la composition, tandis que dans l'autre le vide, le brouillard, l'informulé formaient contrepoids. Ce procédé du triangle — et ses innombrables variations — est si connu que, depuis longtemps, les amateurs ont surnommé familièrement le grand Ma Yuan « Ma dans un coin » *(Ma yi-kiao)* et Hia Kouei « Hia la moitié » *(Hia han pien)*.

Pour un peintre de l'école du Sud, le vide possède au moins autant d'éloquence que le plein, et l'interaction des deux par un habile jeu d'esquisses laisse à l'artiste des possibilités d'expression pratiquement infinies.

Si le paysage acquit dès lors, pour toujours, la faculté d'exprimer par excellence la beauté et l'esprit chinois le plus raffiné, les genres plus narratifs et décoratifs développés sous les T'ang n'en perdirent pas pour autant contenu et faveur.

L'art du portrait par exemple, si vivant sous les T'ang, ne disparut pas, quoi que nous en pensions aujourd'hui, car la plupart de ces œuvres anciennes ont été perdues au cours des temps, des exils et des changements de dynastie. Il en reste cependant quelques beaux exemples : un portrait de Song T'ai-tsong ou bien les fameux « Cinq vieillards de Souei-yang » *(Souei-yang wou-lao t'ou)* dont les effigies, d'une aimable facture artisanale, sont aujourd'hui réparties dans plusieurs collections américaines. A la différence des portraits de l'époque moderne qui, surtout à partir des Ming, devinrent des éléments du rituel funéraire, des abstractions bienséantes représentant ce que le mort aurait dû être, il y a tout lieu de croire que ces cinq honorables vieillards furent portraiturés de leur vivant avec un souci évident de ressemblance. Ces personnages, remarquables par leur réussite sociale et l'amitié qui les lia leur vie durant, impressionnèrent sans doute les contemporains par leur longévité : en effet, ils vécurent tous de quatre-vingts à quatre-vingt-quatorze ans.

Par ce biais, l'art du portrait entrait déjà dans la vaste catégorie des peintures dites de « bon augure ». Ces dernières comprenaient d'innombrables illustrations ou des gravures qui ne feront que se développer jusqu'à nos jours, en fonction des folklores locaux.

Des oiseaux picorant du grain, des grenades juteuses, éclatées et laissant voir leurs graines, évoquaient l'abondance des récoltes. Le daim, à qui l'on attribuait une existence de plus de mille ans, symbolisait la longévité : au bout de quinze cents ans, croyait-on, son pelage blanchissait; à deux mille ans, ses bois noircissaient et l'animal, devenu immortel, ne se nourrissait plus que de champignons. Un cycle de contes du même type enveloppait de mystère la grue : pour l'un comme pour l'autre de ces animaux, la légende se fondait de fait sur une homonymie entre les mots « daim », « grue » et « bonheur ».

Si ce type de peinture répondait à un besoin ancestral et généralisé d'apaisement, de propitiation, il n'en reçut pas moins ses lettres de noblesse que lui donna l'empereur Houei-tsong (1101-1125), celui-là même qui tomba prisonnier aux mains de l'envahisseur, alors que la Cour fuyait vers l'exil accueillant du fleuve Bleu.

Houei-tsong créa un style hautement réaliste, caractérisé par la précision du trait, l'excellence du métier, le fini des formes et le soigné des applications de couleurs lorsqu'il en usait. Sa vie durant, il ne cessa de peindre avec passion plantes et animaux qu'il rendait avec un art égal, en couleurs ou en noir et blanc. Il composait toujours ses œuvres en prévoyant une grande surface libre, ce qui donnait au sujet sa « respiration ». Son style, incisif et plein de vie, fut largement admiré et suivi par les peintres de son temps. Il connut aussi deux filiations également vivantes : la première, extrêmement académique, versera parfois dans le goût excessif du « léché ». Elle se développa dans l'« Institut de Peinture » *(T'ou-houa yuan)*, organisme créé à l'époque des T'ang; Houei-tsong y appelait tous les peintres renommés de l'Empire et jugeait leur capacité à obtenir la « ressemblance extérieure » *(hing-sseu)*. La seconde, résolument anticonformiste, connut une longue postérité, plus authentiquement inspirée par le génie des peintres *tch'an* qui y sentaient un moyen d'approcher le secret de la vie.

Le plus grand d'entre eux vécut au XIIIe siècle et s'appelait Mou K'i (ou encore Fa Tch'ang); il se plaçait dans la lignée de Houei-tsong, bien qu'il ne craignît pas les écarts de pinceau. Comme tous ses frères d'esprit *tch'an*, il attribuait moins d'importance à la fidélité du rendu qu'à la ressemblance née d'un jet de l'encre, porteur du *k'i*, du souffle vital. Ainsi naquit le courant des excentriques qui, par-delà les écoles et le savoir-faire classique, porteront jusqu'au XXe siècle ce que la pensée et la sensibilité chinoises avaient d'irréductible aux catégories traditionnelles. Tous se recommandaient de Mou K'i, de son contemporain le grand Leang K'ai, peintre des taches d'encre devenues par quelques traits identifiables, ou bien de maîtres moins puissants mais tout aussi originaux : Yi Yuan-ki, spécialisé dans la peinture des singes et réputé pour les longs séjours qu'il faisait dans les montagnes du Houpei afin d'étudier la vie des animaux; Yang Pou-tche (XIIe siècle), célèbre pour ses narcisses, ses bambous et ses pierres; Tchao Mong-kien (1199-1295), qui aimait à vivre en reclus au milieu des fleurs, compagnes de ses méditations.

Un autre thème commun à toutes les écoles demeurait celui du bambou. La peinture de ces gracieux feuillages — constamment présents dans les bois et les jardins d'Extrême-Orient — semble aussi vieille que l'Empire, puisqu'elle remonte à l'époque des Han. Élément aisément décoratif, le bambou, feuille virgule, tige rythmée de nœuds, constituait de plus un lien intéressant entre les arts frères de la peinture et de la calligraphie. A l'époque des Song, le flexible bambou devint un élément fondamental de la philosophie esthétique, le plus fréquent, le plus mouvant, le plus fascinant de tous les symboles naturels.

Il inspira à Sou Tong-p'o (1036-1101) un texte devenu rapidement célèbre : « Wen Yu-k'o peignant les bambous courbés de la vallée de Yun-tang ». Pas à pas, il y suivait le lent processus de l'intégration de l'homme à la nature : « Quand je [Wen Yu-k'o] vivais retiré, sur l'adret du mont Tch'ong, j'ai installé ma maison dans un bois de grands bambous; je les ai regardés, je les ai écoutés dans le calme, sans troubler mon esprit. Le matin, les bambous étaient mes amis, le soir, mes compagnons ; je buvais, je mangeais au milieu d'eux, je m'arrêtais et me reposais à leur ombre. Si l'on observe les différents aspects du bambou, ils en ont beaucoup... D'abord je les regardais et y pris plaisir, puis j'y pris plaisir sans en avoir conscience. Subitement, oublieux du pinceau dans ma main et du papier en face de moi, je me dressai et fis des bambous en quantité... »

Houang T'ing-kien (1045-1105), ami de Sou Tong-p'o et l'un des « quatre grands calligraphes des Song du Nord », se faisait le chantre de la spontanéité inspirée par une profonde connaissance du bambou ployé sous les vents contraires et qui défie les rigueurs de l'hiver sans jamais se plaindre. Tong Yu (actif durant le premier quart du XIIe siècle) allait plus loin, pensant que l'artiste devait sentir l'étincelle créatrice et se laisser porter par elle, sans la conscience trop nette de vouloir aboutir à la représentation de « parfaits bambous ». C'est lui qui exprima alors le plus clairement, sur le thème des bambous, la nécessité de la « communion mystique » avec la nature.

La peinture de bambous joua un autre rôle : c'est à travers elle que les thèmes végétaux et animaux glissèrent insensiblement de la simple évocation de « bon augure » au symbole général, porteur d'un important message moral.

Ainsi, à l'époque des Song du Sud, la vénération des fleurs de pruniers vint doubler celle que les hommes des Song du Nord avaient portée au bambou. La fleur de prunier, épanouie au crépuscule de l'hiver, servit à évoquer la maturation tardive mais lourde de promesses de la culture qui se déployait le long du fleuve Bleu, malgré la détresse passagère de l'exode et celle, plus tenace, de l'exil. Elle était aussi une image du lettré aux goûts simples, dont la vie passe sans attirer jamais la renommée, quoique tout entière vouée au travail de l'esprit.

Au XIIe siècle, Fan Tch'eng-ta consacrait un traité aux diverses variétés de fleurs de prunier, tandis que Yang Wan-li en résumait ainsi la signification :

« La fleur de prunier, dans le bois, est comme recluse,
Remplie d'espace, libérée de la poussière du monde. »

En marge de ces courants divers qui évoquent en se complétant les facettes multiples de la sensibilité du temps, il faut faire une place particulière à Mi Fou (1051-1107). Il peignait, et son fils Mi Yeou-jen (1086-1165) continuera comme lui à peindre des paysages soigneusement allusifs où des montagnes coniques, formées de traits horizontaux, émergent du vide immense malgré la petitesse habituelle du format, soigneusement étudié par l'artiste.

Homme des Song du Nord, bien que sa carrière itinérante de fonctionnaire eût fait de lui le peintre par excellence des brumes du Sud, Mi Fou est aussi célèbre pour son œuvre écrite : une « Histoire de la Peinture » *(Houa-che)*, mille fois citée au cours des âges, une « Histoire de la Calligraphie » *(Chou-che)*, et un certain nombre de remarques et de travaux critiques tantôt groupés par lui-même, tantôt réunis par les lettrés des siècles ultérieurs.

Mi Fou se tint toujours en dehors des querelles d'école et n'obéissait à aucune consigne, pas même celles recommandées par l'Académie de Cour ou l'empereur en personne. Fils d'une vieille famille de collectionneurs distingués, il ne se fiait qu'à son goût, à son culte pour la beauté, l'objet rare, porteur d'un message incompréhensible au vulgaire. Son « Histoire de la Peinture » ne décrit pas la longue gestation de l'élan créateur, encore moins l'idéologie qui la sous-tend. Elle relate l'histoire de ces peintures et de ces objets innombrables dont, depuis son enfance, il avait acquis la connaissance que seule donne l'habitude. Son but n'était rien d'autre que d'en transmettre une parcelle à ses descendants : « J'ai raconté ce que j'ai vu au cours de ma vie afin de le faire connaître à mes enfants et à mes petits-enfants. » C'étaient les « mémoires » de sa propre expérience. Jamais il n'eut le propos de reprendre le fameux *Li tai ming houa ki* (« Mémoire des peintres célèbres de l'histoire ») de Tchang Yen-yuan, que continuèrent, à la fin du XIe siècle, Kouo Jo-hiu puis, une trentaine d'années plus tard, Teng Tch'ouen.

Les bibliographes chinois ne s'y sont pas trompés et ont classé l'œuvre de Mi Fou, loin des catalogues, des histoires et des théories de la peinture, dans une catégorie créée pour lui seul : celle qui relève de la « connaissance parfaite de la beauté » *(kien-chang)*.

Mi Fou possédait l'expérience de l'homme de métier, capable de juger de la qualité d'un papier, de l'ancienneté d'une soie, de la solidité d'un montage, des conséquences de la forme d'un encrier sur la nature de l'encrage. C'était aussi l'exemple même de l'esthète aimant à errer seul dans le royaume, si difficile à atteindre, de l'appréciation raffinée de la pure beauté. Il ressentait un goût profond du secret, du joyau caché. Ses amis racontent combien il était difficile d'obtenir qu'il montrât ses trésors. Pourtant, s'il faisait jouer avec talent toutes ses facultés pour détecter les faux, il n'était point mu par le souci de la « valeur marchande » des choses, mais par l'amour de l'authentique, amour célébré avec justesse dans un poème que lui écrivit un jour son ami Lieou-King :

« Les gens du monde, bien souvent, se montrent fort habiles en affaires,
Mais ils n'ont pas pu, jusqu'ici, éviter d'être des grenouilles, [à la vision] définitivement trouble.
Secrets et astucieux, menteurs et faux, chacun d'entre eux est un esclave.
Ils n'ont pas vu encore, dans leur majesté, les rois parmi les peintres. »

Point n'était cependant question de mécénat à la manière occidentale. La société impériale chinoise était trop « démocratique », et la peinture trop liée au cabinet d'étude du savant, pour faire naître officiellement ces ateliers financés et inspirés par un maître. Les lettrés, en revanche, constituaient une classe toute prête de connaisseurs et de collectionneurs ; ils recherchaient peintures et calligraphies qui faisaient l'objet de véritables trocs :

« Wang Tsin-k'ing, jadis, m'a donné à titre d'échange une peinture de Houang Ts'iuan en six panneaux : des pivoines dans le vent. Puis j'ai échangé [cette peinture] avec le fils de Tseu-wong... contre une petite peinture de Tai [Song], [représentant] une vache blanche... Ensuite, cette vache fut échangée contre une calligraphie sur soie par Houai-sou, des copies de calligraphies des Tsin par Lou Ki [261-303], Wei Heng [IIIe siècle] et autres, avec plusieurs espèces [d'œuvres], données à Lieou King... Lorsque Lieou eut acquis la vache blanche, il commença par se réjouir... »

Ces amateurs n'avaient que mépris pour le véritable marché d'œuvres d'art qu'alimentait le désir de paraître des familles riches ou nobles : la noblesse en Chine changeait avec chaque dynastie et n'engageait qu'une puissance sociale sans lien avec la qualité d'âme. Mi Fou se moque ainsi du goût de ces parvenus en quête d'argent ou de titres :

« Les peintures de grandes dimensions que les familles nobles collectionnent actuellement ressemblent à des enseignes d'apothicaires, mais privées de naturel et parfaitement vulgaires. Les arbres sont luxuriants et tourmentés; les troncs des pins sont desséchés, maigres et noueux à l'excès; les arbustes ont l'aspect de fagots et ne donnent pas le sentiment de la vie. »

Il n'y voyait d'ailleurs qu'un juste retour des choses, puisque, pour un lettré, une œuvre ne peut ni s'acheter ni se thésauriser :

« On ne saurait marchander le prix des autographes et des peintures. Les lettrés répugnent à les acquérir pour de l'argent. Aussi la circulation des autographes et des peintures se fait-elle surtout par voie d'échange. C'est un procédé plus élégant. Lorsqu'un homme de notre temps recueille une œuvre de valeur, il la conserve aussi précieusement que sa vie. C'est ridicule! Il est dans l'humaine nature que des objets qui satisfont nos yeux, pour être trop longtemps regardés, [en viennent] à lasser. Il faut alors les échanger contre de nouveaux jouets, qui vont ainsi doublement au-devant de notre désir. Voilà qui est vraiment intelligent! »

Appréciation désintéressée, échange, méditation : le personnage de l'esthète raffiné semble résumer en lui-même toutes les sources du classicisme song.

CONCLUSION

Parvenue avec les Song en son plus bel équilibre peut-être, que ce fût dans les domaines de la philosophie, des sciences ou des arts, la Chine allait désormais vivre et évoluer en fonction de cet acquis fondamental où purent s'enraciner et croître les germes de sensibilités et de perfectionnements nouveaux.

Pourtant, l'obsédante horde barbare, dont la menace, depuis le temps lointain de l'empereur Wou des Han, pesait sur l'Empire, déferla sur l'Asie, emportant tout dans le galop mongol de Gengis Khân (c. 1160-1227). Son petit-fils Khubilai (1215-1294), élevé au trône impérial, prit pour nom dynastique Yuan, l'« Origine » (1271) : c'était la première fois que les nouveaux détenteurs du mandat céleste choisissaient une appellation qui ne fût pas géographique, mais un simple mot doué du sens plein et quasi magique du verbe.

Les barbares réalisaient donc leurs rêves et dominaient enfin toute la terre chinoise, ses richesses et ses hommes. Réinterprétant à leur manière les « quatre classes » de la société confucéenne, ils substituèrent à la prééminence intellectuelle du lettré-fonctionnaire celle, raciale, des peuples cavaliers : les Mongols formaient l'aristocratie du nouvel ordre social; immédiatement inférieurs à eux se trouvaient les peuples non chinois d'Asie centrale — les Ouigours par exemple —; venaient ensuite les Chinois du Nord, naguère soumis aux Djürtchät-Kin, tandis qu'en dernier lieu, à la place des marchands tant décriés, se trouvaient les Chinois du Sud, les véritables porteurs de l'âme nationale.

La vie reprit, d'autant plus riche dans les villes que l'avance militaire des Mongols vers Java, le Champâ, la Birmanie, le Tibet, la Corée, rouvrait au commerce des routes depuis longtemps incertaines. Comme au temps des

T'ang, la Chine redevenait un immense carrefour, un vaste creuset de l'Asie centrale : c'est cette bigarrure civilisée qu'admira Marco Polo dont les récits firent rêver l'Europe pendant plus de trois siècles.

Dans les cités, le goût des peuples de la steppe pour les danses et le mime favorisait la naissance du théâtre. Dans les campagnes, les lettrés chinois, fidèles à leur race, continuaient à méditer, exprimant le fruit de leur réflexion par le truchement de la poésie ou de la peinture. Pendant ce temps, voyageurs et marchands de toutes origines emportaient vers l'Occident le secret des merveilles techniques de la Chine.

Mais la dynastie mongole périt comme les autres, balayée par les débordements catastrophiques du fleuve Jaune (1351) et leurs conséquences, la misère, le déracinement paysans, l'insurrection dite, cette fois, des « Turbans rouges », *Hong kin.* En 1368, un paysan du Anhouei, Tchou Yuan-tchang, reprenait l'Empire en mains et fondait une dynastie nationale à laquelle il donna le nom de Ming, « la Lumière ».

Sous l'égide de ce grand fondateur et de son fils, Yong-lo (1403-1425), la Chine connut l'un de ses plus beaux moments de retour aux pures traditions.

Contre les Mongols repoussés loin vers la steppe, on éleva une nouvelle Grande Muraille, celle qui existe encore aujourd'hui et dont le tracé s'enfonce bien au sud des remparts dressés par le Premier Empereur. La capitale, fixée à Pékin en 1421, s'installa définitivement dans le Nord où les terres abandonnées par les Mongols furent distribuées aux soldats et à la population chinoise. En usant des vieux principes d'organisation et de prévision agricoles, l'abondance revint, préparant de façon durable le fantastique développement démographique qui allait demeurer, jusqu'à l'époque contemporaine, le problème majeur de la politique et de l'économie chinoises.

En même temps, l'empereur Yong-lo lançait sur mer des flottes entières vers l'Asie du Sud-Est, l'océan Indien et les rivages orientaux de l'Afrique, où s'élaborait un fructueux négoce de porcelaines, de soieries, de métaux précieux chinois échangés contre les épices, les parfums, les ivoires des Tropiques.

Ce calme fut de courte durée : à nouveau, l'accaparement des terres par les riches créait chez les paysans affolements et révoltes; à nouveau aussi, l'avance barbare se faisait menaçante. Des descendants des Djürtchät-Kin, les Mandchous, pesaient de plus en plus lourdement aux frontières du Nord-Est. En 1636, leur chef prenait le nom dynastique chinois de Ts'ing, « la Pureté »; en 1644 il achevait la conquête des principales régions de l'Empire : ce fut à nouveau la domination étrangère et brutale, l'organisation autoritaire fondée sur la suprématie raciale des « huit bannières » mandchoues, mais aussi les réformes agraires et le retour au calme.

C'est à ce moment que l'Occident entra largement en contact avec la Chine; la puissance et la sagesse de trois de ses souverains l'étonnèrent particulièrement : K'ang-hi (1662-1722), Yong-tcheng (1723-1736) et Kien-long (1736-1796). Ce fut un moment privilégié, où l'Empire atteignit la plus vaste expansion de son âge moderne et exerça un grand rayonnement dû à la qualité de son artisanat dont les matières, les formes et les couleurs faisaient l'admiration de tous les étrangers.

Aux marches de l'Empire, cependant, la notion de frontière changeait. Les Russes s'avançaient en Sibérie, les Kalmuks de Djoungarie emportaient le Sinkiang (1680-1685), puis la Mongolie (1688), tandis que les populations indigènes du Sud se laissaient difficilement soumettre. Les bornes de l'Empire ne se confondaient plus avec des zones peu peuplées de terres mal civilisées; l'expansion des autres centres mondiaux commençait à contrecarrer celle de la Chine, non plus en l'arrêtant simplement en ses limites extrêmes, comme l'avait fait l'Islam au VIIIe siècle, mais en la repoussant et en l'enfermant à l'intérieur de l'Empire. La Chine entrait dans le « concert des nations » et l'Europe se posait déjà la « question d'Extrême-Orient ».

Depuis le XVIIIe siècle se jouait en France un « drame chinois » dont nous ressentons, aujourd'hui encore, les passions. La Chine secouait les fondements philosophiques et religieux de la société chrétienne traditionnelle : située hors du cercle d'influence chrétienne, et pourtant berceau d'une grande civilisation politique et morale, elle posait dans toute leur ampleur les difficiles problèmes soulevés dès le XVIe siècle par la découverte des « sauvages ». Le renouvellement spirituel, la naissance de l'esprit critique en Europe auraient certes porté leurs fruits sans la Chine, mais celle-ci se trouva néanmoins au cœur du conflit entre l'esprit religieux et la libre pensée.

Pendant tout le moyen âge, la question des civilisations non chrétiennes était demeurée simple. Les autres, les « infidèles » — musulmans ou juifs — participaient aussi de la tradition biblique et le monde se partageait ainsi en deux groupes : celui qui avait accepté la Rédemption par le Christ et celui qui l'avait refusée, les bons et les méchants.

Les « sauvages » en général, mais les Chinois surtout, dont la civilisation émerveillait les missionnaires eux-mêmes, situaient le problème sur un plan nouveau : à moins que le Dieu des chrétiens ne fût obscurément présent sous l'habit mandarin, ils prouvaient la possibilité d'être moralement vertueux en dehors de toute Révélation.

C'est au cœur de ces dangereux émois intellectuels que nos pères découvrirent la Chine, perpétuellement méconnue, éloignée dans un merveilleux géographique, cachée dans les figures mystérieuses de son écriture, projetée vers le ciel par les uns, durement ramenée sur la terre par les autres, Chine sans visage que chacun habillait des oripeaux de sa philosophie. Mais pouvait-il en être autrement ?

Les premiers voyageurs qui se rendirent en Extrême-Orient, missionnaires, négociants ou aventuriers, ne virent que ce qui servait leurs besoins. Sujets d'une Europe morcelée et belliqueuse, ils furent frappés au plus haut point par la pérennité et l'universalité du système administratif chinois que même un changement dynastique — la fin des Ming — ne put ébranler durablement, car les cadres institutionnels assimilèrent les usurpateurs. Appelés à mieux connaître cette gigantesque machine dont leur sort dépendait, ils découvrirent ensuite le système des examens : en 1615, un ouvrage du Père Trigault en exposait le principe. Trente ans plus tard, un autre écrit du Père Semedo (1645) mentionnait Confucius. Encore vingt ou trente ans plus tard, enfin, Melchisedech Thévenot (1672) puis, surtout, le Père Couplet (1687) révélaient les textes fondamentaux de l'école confucéenne.

La Chine, dans l'esprit d'un Français d'alors, semblait donc, d'abord, un modèle et une doctrine de gouvernement. Elle exerçait ensuite une fascination due à ses idéogrammes, bien que leur signification en fût longtemps demeurée floue. On savait que l'écriture chinoise idéogrammatique favorisait la communication écrite entre des individus qui n'auraient pas pu se comprendre s'ils avaient usé de la parole, et l'on reconnaissait sa parenté d'utilisation avec les chiffres arabes; les esprits commençaient à rêver d'inventer une langue universelle créée à l'imitation du chinois.

Au sein de toutes les relations des voyageurs où se pressent les descriptions les plus diverses de ce monde bigarré qu'était le continent chinois, le lecteur occidental, devant le manque absolu de notations esthétiques valables — les Européens n'apprécieront dans l'art oriental que les prouesses artisanales —, ne relevait qu'une constante : l'extraordinaire réussite administrative de la Chine, embellie encore par l'éloignement. Comme le Père Michel Boym (1612-1659), jésuite polonais qui se passionna pour la flore et la faune chinoises, il s'émerveillait :

« La Chine est un abrégé du monde car elle contient tout ce qu'il y a de plus beau dans le reste de la terre habitée; elle a dans ses parties méridionales tous les fruits et toutes les délices des autres pays qui sont vers le midy et, dans les autres provinces qui sont vers le Nord, tous les avantages de ceux qui sont dans cette situation; son ciel est tempéré, la terre partout extrêmement fertile, la mer et les rivières semblent ne l'arouser que pour l'enrichir; elle doit infiniment à la nature, mais, d'ailleurs, ces avantages ont esté si bien cultivez qu'il semble qu'elle ne doive pas moins à l'esprit et à l'adresse de ceux qui l'habitent. »

Charme exotique et fascination politique : ne trouve-t-on pas là, déjà, quelques sources de l'éblouissement de Leibniz, de Voltaire et, peut-être, les raisons mêmes qui, aujourd'hui encore, suscitent l'intérêt passionné que nous portons à la Chine ?

42. CIRCONSCRIPTIONS ADMINISTRATIVES DE LA CHINE CONTEMPORAINE →

50°
70°
80°
90°
100°
U. R. S. S.
MONG
T'a-tch'eng
A-le-t'ai
Yi-ning
Wou-lou-mou-t'si
(Ouroumtsi)
K'i-t'ai
Yen-ki
(Karachar)
T'ou-lou-fan
(Tourfan)
Hami
40°
Akosou
K'ou-tch'ö
K'a-che
(Kachgar)
Patchou
SINKIANG-OUIGOUR
So-tch'ö
(Yarkand)
PAKISTAN
Ho-t'ien
(Khotan)
Ts'ie-mo
Jo-k'iang
(Tcharkliq)
Yu-t'ien
(Keriya)
Touen-houang
Yumen
Tsieou-ts'iuan
KANSOU
Mang-yai
Wou-wei
NING
Ko-eul-mou
T'SINGHAI
Si-ning
Lan-tcheou
Lin-hia
T'ien-choue
tchen
Tcha-si-kong
Ka-eul
30°
SITSANG
(TIBET)
Hei-ho
Tch'ang-kiang
Kan-tseu
To-la-to-mou
Tch'ang-tou
SSEUTCH'OUAN
NÉPAL
Jo-k'o-tso
La-sa
Tsö-tang
Ting-je
Kiang-tseu
Tch'eng-tou
Nan-
Pa-t'ang
Tchong-k'ing
Lou-tcheou
BHOUTAN
Tropique du Cancer
I N D E
KOUEI
Kouei
Hia-kouan
K'ouen-ming
YUNNAN
20°
Ko-kieou
80°
BIRMANIE
VIET
Golfe
du Bengale
LAOS

U. R. S. S.
HEILONGKIANG
KILIN
LEAONING
MONGOLIE INTÉRIEURE
PEI-KING
T'IEN-TSIN
HOPEI
CHANSI
CHANTONG
HONAN
KIANGSOU
CHANG-HAI
ANHOUEI
HOUPEI
TCHOKIANG
HOUNAN
KIANGSI
FOUKIEN
KOUANGTONG
T'AIWAN
CORÉE
JAPON
OCÉAN
PACIFIQUE
Wou-p'ou
Hai-la-eul
Man-tcheou-li
Ts'i-ts'i-ha-eul (Tsitsihar)
Ho-kang
Kia-mou-sseu
Ha-eul-pin (Harbin)
Ki-lin
Tch'ang-tch'ouen
T'ong-liao
Lin-si
Chen-yang (Moukden)
T'ong-houa
Fou-chouen
An-chan
Kin-tcheou
Tchang-kia-k'eou (Kalgan)
Hou-ho-hao-tö
Ta-t'ong
T'ang-chan
An-tong
Liu-ta (Dairen)
Pao-ting
T'ai-yuan
Che-kia-tchouang
Han-tan
Tsi-nan
Yen-t'ai
Ts'ing-tao
Tch'ang-tche
Sin-hiang
Tsi-ning
(Fl. Jaune)
Lo-yang
Tchen-tcheou
Siu-tcheou
Chang-chouei
Houei-nan
Nan-king
Nan-t'ong
Ho-fei
Sou-tcheou
Wou-han
Hang-tcheou
Ning-po
Wou-tch'ang
Tch'ang-tö
King-tö-tchen
Wen-tcheou
Tch'ang-cha
Nan-tch'ang
Nan-p'ing
Fou-tcheou
Chao-yang
Kan-tcheou
Ts'uan-tcheou
T'ai-pei
Hia-men (Amoy)
Chan-t'eou
Wou-tcheou
Kouang-tcheou (Canton)
HONG-KONG
MACAO
Tchan-kiang
Hai-k'eou
120°
130°
140°
0
500 km
(Amour)
Hei-long-kiang

INDEX DOCUMENTAIRE

INDEX DOCUMENTAIRE

On trouvera dans cet index documentaire (où chaque terme chinois faisant l'objet d'un article figure successivement dans sa transcription française, dans celle de la République populaire de Chine, puis sous forme d'idéogrammes) la plupart des mots importants qui apparaissent dans l'ouvrage, classés par ordre alphabétique et accompagnés de références au texte, aux cartes, dessins et illustrations. En outre, conformément au programme de la collection, les auteurs y ont développé dans certaines rubriques ce qu'ils n'ont pas cru devoir exposer en détail dans leur texte.

Principales abréviations utilisées :

P. 00 : renvoi au texte.

Ill. 00 : renvoi aux illustrations en noir.

Pl. coul. X : renvoi aux planches en couleurs.

MOTS EN PETITES CAPITALES : renvoi à une autre rubrique.

A

AN CHE-KAO

An Shigao

安世高

2e moitié du IIe siècle. Prince arsacide, traducteur et missionnaire de la foi bouddhique, il joua un rôle spirituel important à LO-YANG.

AN LOU-CHAN

An Lushan

安祿山

Mort en 757. Général d'origine barbare, favori de l'empereur HIUAN-TSONG des T'ANG contre lequel il finit par se rebeller, entraînant ainsi la décadence du brillant Empire t'ang.

AN-YANG

Anyang

安陽

Grande capitale des rois de la dynastie CHANG-YIN; les fouilles menées depuis 1928 ont permis de découvrir et fournissent toujours des éléments archéologiques de première importance.

ARBALÈTE

Inventée par les Chinois dès le Ve siècle avant J.-C. Il est vraisemblable que les Parthes découvrirent cette arme redoutable au cours des combats qui les opposèrent aux Chinois et qu'ils en transmirent le mécanisme à l'Occident. Mais, malgré la mention que Végèce en fait, au IVe siècle, dans son « Traité de l'art militaire », elle n'y fut pas utilisée avant le Xe siècle.

ARCHITECTURE

A l'exception de quelques perfectionnements du décor qui obéissait à la mode et au goût du temps, l'architecture chinoise a peu varié au cours des siècles. Le principe en est celui d'un espace abrité par un toit, lui-même soutenu par des colonnes. Les parois — non porteuses — sont bouchées par du pisé. Nombre de maisons étaient également montées en briques dont l'argile permettait une grosse production, alors que la raréfaction du bois posa très tôt un problème. La pierre, relativement rare en Chine du Nord, semble avoir été peu employée, malgré sa résistance supérieure : les deux fameuses pagodes de la TCH'ANG-AN des T'ANG qui demeurent seules debout ne doivent sans doute leur survie qu'à la solidité de ce matériau. Les autres disparurent dans le tourbillon des guerres, des invasions, des révolutions, des inondations. Si les constructions étaient relativement fragiles, elles s'adaptaient en revanche particulièrement bien à l'évolution des besoins d'une maisonnée : bâtiments annexes, petits pavillons pouvaient aisément s'ajouter au corps principal auquel les reliait une galerie couverte. De cet ensemble souple de cours, de jardins et de bâtiments groupés à l'intérieur d'un mur d'enceinte, naquirent des constructions souvent illustrées par les briques funéraires de l'époque HAN et que les peintres aimèrent plus tard à évoquer. L'architecture que nous rencontrons le plus souvent en Chine même, néanmoins, est nettement postérieure aux SONG et apparaît sous une forme où nombre d'éléments étrangers se sont déjà intégrés. Le goût, de plus, évolua tout au long des Ming et des Ts'ing vers une débauche de sculptures et de couleurs où domine le souci de l'emphase. Espace soigneusement clos, à l'image du macrocosme, la maison chinoise classique, faite de piliers de bois supportant un vaste toit de tuiles, se substitua dès les débuts de l'Empire au MING T'ANG, maison de l'antiquité, surface carrée ou cruciforme formant neuf carrés égaux, conformément à la distribution des terres au sein de la communauté agraire, selon le système dit « en forme de caractère puits ». A partir des Tcheou, les salles constituées par les colonnes que reliait un mur sont surmontées d'un toit dont la charpente ne se développe pas en triangle — comme en Occident — mais en escalier, agencement de colonnes porteuses et de madriers posés sur les premières et reliés par des corbeaux, puis par une série de plus en plus complexe de consoles. Dès les Song et à mesure que l'on avance dans le temps, la pénurie de bois dans les régions septentrionales amena les techniciens à utiliser une multitude de petits éléments assemblés par tenons et mortaises. Cette nécessité accentua encore ce qu'impliquait déjà le calibre forcément limité du bois : une recherche de la standardisation. Dans ces compositions relativement peu élevées où bâtiments officiels, administratifs, privés ou religieux étaient conçus selon le même modèle, apparaissaient quelques éléments verticaux : la tour, jadis royale et que les souverains gravissaient afin d'assurer l'harmonie entre le Ciel et la Terre; la pagode, version nouvelle de la tour introduite par le bouddhisme en réplique des stûpas-reliquaires de l'Inde; la tour de guet, enfin, élément indispensable de l'architecture militaire. En fait, l'architecture, malgré les splendeurs des capitales que rapportent les historiens, intéressait relativement peu les Chinois anciens dans ses problèmes techniques et constituait surtout un élément important des cérémonies et des rites. L'histoire conserve néanmoins le nom de quelques architectes célèbres : YU WEN-K'AI (555-612), l'ingénieur du GRAND CANAL; YANG SOU (début du VIIe siècle), bâtisseur de palais aussi bien que d'extraordinaires navires de guerre à cinq ponts, pourvus de deux leviers articulés destinés à casser les vaisseaux des adversaires lors des combats sur rivières, canaux et lacs; YU HAO (2e moitié du Xe siècle), maître réputé pour son talent à construire des pagodes; il améliora notablement la courbure des toits, innovée sous les T'ang et répandue sous les Song, et composa un « Manuel de charpenterie » *(Mou-king)*. C'est enfin au XIe siècle que parut le célèbre « Traité sur les méthodes architecturales » *(Ying tsao fa che)*, dont la version la plus intéressante actuellement connue est celle de Li Kie, reprise d'un ouvrage plus ancien. C'est un manuel évoquant celui de Villard de Honnecourt (1237) : il comporte une série de croquis particulièrement intéressants en ce qu'ils nous apprennent sur le travail du bois.

ARMÉE

Les problèmes de l'armée firent, dès l'antiquité, l'objet de traités regroupés sous le nom de *Souen-tseu*. Des fouilles archéologiques récentes (1975-1978) ont permis de retrouver dans une tombe HAN, dans la région de Lin-yi au Chantong, deux de ces ouvrages transcrits sur lamelles de bois : le *Souen-tseu ping-fa* et le *Souen-pin ping-fa*. Sous l'Empire, les souverains chinois hésitèrent constamment entre le principe de la conscription et celui de la constitution d'une armée de métier.

B

BALANCE DU COMMERCE

Bureau d'« Égalisation et de standardisation » *(P'ing-tchouen)* créé en 110 avant J.-C. pour lutter contre les spéculateurs.

BODHIDHARMA

Une tradition anciennement établie veut que Bodhidharma, fils d'un roi du Sud de l'Inde, soit venu en Chine à l'époque de l'empereur Wou des LEANG (502-549). Il aurait exposé au souverain les méthodes et les buts de la méditation *(dhyâna)*. En fait, TAO-AN (314-395) connaissait déjà, deux siècles plus tôt, l'histoire et la pensée de Bodhidharma. Il semble donc aujourd'hui que ce personnage, qui aurait passé neuf ans au temple Chao-lin, à LO-YANG, tourné vers le mur et immobile jusqu'à ce que ses membres inférieurs ne soient plus que des moignons, soit largement légendaire. En tout état de cause, il est considéré comme le premier des patriarches chinois.

BRONZES ARCHAÏQUES

Les bronzes archaïques constituent l'essentiel des manifestations artistiques des dynasties CHANG et TCHEOU. Leurs formes se relient à celles des vases peints de l'époque néolithique : on y retrouve des coupes allongées, des bols évasés, des vases à pieds tripodes ou tétrapodes; la seule innovation de structure est l'apparition d'anses sur le rebord des récipients. Le décor est lui aussi celui des céramiques, mais parvenu au moment où nombre de motifs issus de la faune ou de la flore avaient atteint une phase de stylisation poussée qui en masque souvent les origines animales ou végétales. Sur les bronzes, de plus, la répartition des éléments du décor est plus symétrique que sur les poteries et les répétitions antithétiques ont une importance qui ne disparaîtra jamais du goût décoratif chinois. Le bronze, en ces siècles, ne se substitue pas entièrement aux autres matériaux; bois, terre, pierre demeurèrent utilisés dans la vie quotidienne et cette coexistence des matériaux entraîna, comme il est courant en ce cas, une juxtaposition des éléments décoratifs. Le motif des arêtes, par exemple, est sans doute le vestige d'assemblages en bois, tandis que le décor en entrelacs évoque les trames et les chaînes des textiles. Les bronzes archaïques comprennent des armes, des objets d'équipement ou de charrerie, des instruments de musique remarquables; toutefois, ce sont les vases qui en constituent le groupe le plus important et le plus représentatif. La tradition et surtout les inscriptions que portent certains bronzes ont permis d'en distinguer quatre catégories : vases d'apparat, vases de cérémonie, vases funéraires et enfin, très dépouillés, vases domestiques. Il ne semble pas pour l'instant que les trois premiers usages aient entraîné des formes particulières; on ne peut, non plus, définir de manière trop étroite la catégorie « funéraire » : tel vase, aujourd'hui découvert dans une tombe, peut avoir déjà servi à des cérémonies du vivant de son propriétaire. La fonction des vases est mieux connue que leur appartenance à l'une de ces séries. Ils servaient à réchauffer ou à contenir des mets, des boissons ou de l'eau. En règle générale, ceux qui servent à réchauffer sont des vases à pieds, tripodes ou tétrapodes. Les différents noms qui leur sont donnés viennent soit d'inscriptions, soit de la forme même des pictogrammes, soit des plus anciens textes en donnant la description. Ces études onomastiques, fort avancées dès les environs de notre ère, furent consacrées par les travaux des érudits de la dynastie des SONG (Xe-XIIIe siècles), à qui nous devons la majeure partie de nos connaissances en la matière. C'est depuis fort peu de temps en revanche que nous saisissons les procédés techniques employés par les maîtres métallurgistes de l'antiquité. Au début de ce siècle, il était encore acquis que le bronzier chinois pratiquait la technique de la cire perdue, mais depuis les fouilles d'AN-YANG et surtout les travaux des dernières décennies, nous savons que les bronzes étaient obtenus au moyen de moules.

Partant d'un modèle en terre cuite, on y appliquait de fines lamelles de glaise d'environ 15 mm pour en tirer un négatif découpé en éléments. Ceux-ci servaient à fabriquer des moules pour chacune des parties du vase. Les traces de ces procédés se retrouvent dans tous les bronzes où apparaissent souvent en léger relief les lignes de jointure. Une fois l'objet coulé, la surface en était polie ou incrustée de pâtes; la beauté actuelle de nombreux vases, cependant, est due aujourd'hui à l'extraordinaire patine brunâtre, rougeâtre, verdâtre, bleuâtre, qu'un long séjour dans des terres diverses a donnée aux objets dont certains semblent de marbre. Au cours des siècles, les bronzes archaïques chinois ont considérablement évolué, tant dans leur forme que dans leur décor. Les grandes étapes sont faciles à discerner : au VIIIe siècle avant J.-C. se développa un décor principal fortement influencé par les jeux d'entrelacs; au IVe siècle avant J.-C., des incrustations et des nielles vinrent souligner des entrelacs par ailleurs fort complexes ou bien les traits de nouveaux thèmes, comme des scènes de chasse ou de bataille. A l'intérieur de chaque groupe, il est plus malaisé de classer ces objets. Dans le groupe le plus ancien, on note un jeu évident d'incisions et de reliefs, ainsi qu'un style réaliste; ce dernier s'épanouit à la fin des Chang, puis s'effaça et refleurit à nouveau sous les ROYAUMES COMBATTANTS (VIe siècle). Des indications paléographiques aident à situer nos matériaux. Certaines modifications de l'écriture marquent ainsi les passages du XIIIe au XIIe et du XIe au Xe siècle avant J.-C. Le contenu des inscriptions, de plus, s'allongea au fil des années. C'est ainsi que disparurent vers la fin des Chang les inscriptions à un ou deux caractères — nom du clan qui a fait faire le vase ou contenu de l'offrande — et qu'apparurent les inscriptions relatant les circonstances de la cérémonie : nomination, apanage, dons en récompense de hauts faits. Toutes ces données recueillies au cours des siècles derniers viennent de recevoir un enrichissement considérable : la moisson des récentes fouilles archéologiques qui entraînent nombre de réajustements et éclairent de nombreux points techniques ou iconographiques restés obscurs jusqu'à présent. Il en va ainsi de la production des zones périphériques : s'il est encore prématuré de distinguer les grandes lignes de cet art provincial, on peut dire néanmoins que la périphérie semble moins attirée par la stylisation géométrique que le centre et que les formes animalières simples y occupent en revanche une place privilégiée.

BRONZES DES ROYAUMES COMBATTANTS

Au travail franc, simple, qu'affectionnaient les TCHEOU orientaux, les bronziers de la période des ROYAUMES COMBATTANTS apportèrent un net raffinement. Celui-ci est sensible dans la séparation plus nette des décors et des ornements plastiques qui recouvrent les armes ou bien les poignées ou pieds des vases. Les motifs servant de fond, jadis spirales ou triangles multiples, apparaissent au premier plan, donnant à la période la plus tardive un grouillement de bas-reliefs ou un châtoiement de surfaces habilement combinées. Le tout est dominé par un mélange d'ornemanisme et de naturalisme inspiré sans doute par une meilleure connaissance de la plastique sibérienne. C'est à cette époque enfin qu'apparut dans tout son éclat la technique de l'incrustation. Celle-ci se fait par martelage de feuilles et par la pose de fils métalliques sur des lignes incisées qui les accrochent. Le travail est si poussé que, dans certains cas, les fils se joignent pour figurer de larges bandes à la surface unie. Cette technique apparue vers le Ve siècle avant notre ère resta en vogue jusqu'au IIIe siècle avant J.-C., moment où la technique du bronze doré et argenté est tellement répandue que les bronzes incrustés d'or et d'argent semblent, à proportion, avoir disparu.

BRONZES DES ORDOS

Dans la partie septentrionale de son Empire, la Chine fut en contact direct avec la zone de l'art des steppes. Celle-ci couvre un espace immense qui va des bouches du Danube à celles du FLEUVE JAUNE. Au premier millénaire avant notre ère, une série de cultures se jouxtaient ainsi d'ouest en est : la culture des Scythes en Europe, celle des Saces en Asie centrale, celles de Maïemir et de Pasyryk dans l'Altaï, celle de Tagar dans le bassin de Minoussinsk, enfin celle de l'Ordos à la bouche du fleuve Jaune. Dans la deuxième moitié du premier millénaire, la confédération des Sarmates à l'ouest et celle des HIONG-NOU à l'est donnèrent à de nombreuses pièces un style général, plus riche et plus fouillé, dit « sarmato-hunnique ». Toutes ces cultures étaient le fait d'éleveurs de bétail ou de chevaux, éleveurs qui nomadisaient, toujours à la recherche de nouveaux pâturages, toujours aussi menacés par la migration de quelque tribu malheureuse; il en résultait un brassage qui créait autant de possibilités d'échanges d'influences et d'assimilation de différents éléments techniques ou plastiques. On relève des contacts entre la Chine et le monde des steppes dès le début du premier millénaire avant notre ère, contacts qui se poursuivirent jusqu'au premier millénaire après J.-C. Mais c'est à l'époque des ROYAUMES COMBATTANTS, et surtout sous les HAN, que les inter-influences semblent avoir été les plus fortes et que naquirent les pièces les plus caractéristiques du style des Ordos. Malgré l'homogénéité de l'art animalier de cette zone, son étendue même entraîne une certaine disparité qui se marque particulièrement aux deux extrémités, le style sibérien étant flanqué d'un style scytho-sibérien à l'ouest, et sino-sibérien à l'est.

C

CALLIGRAPHIE

On en distingue sept sortes principales.

CHANG YANG
Shang Yang
商鞅

Premier ministre du pays de TS'IN de 361 jusqu'à sa disgrâce et sa mort en 330 avant J.-C. On le considère comme le premier chef d'État « légiste ». Son nom véritable était Kong-souen Yang; il descendait d'une branche secondaire de la famille des souverains de l'État de WEI. Il œuvra d'abord au service de sa patrie et son talent fut si remarqué par son maître Kong-chou Tso que, sur son lit de mort, ce dernier recommanda au prince Houei de l'élever aux plus hauts honneurs ou bien de le tuer, par crainte de le voir porter ses talents au service d'un État rival. C'est ce qui se produisit effectivement en 361 avant notre ère : Kong-souen Yang passa au service du duc Siao de Ts'in. Il y fit régner un ordre sévère et efficace. En 340, il se retourna contre son ancien maître, le prince Houei de Wei, et conquit pour le Ts'in de vastes territoires du Wei. C'est à ce moment qu'il reçut en remerciement le titre de prince de Chang et c'est pourquoi il est connu dans l'histoire sous le nom de Chang Yang. En 338 cependant, le duc Siao mourut. Chang Yang voulut alors disparaître, car il savait que l'héritier du pouvoir ne lui pardonnerait pas la dureté avec laquelle il l'avait traité. Après avoir tenté sans succès de fuir vers le Wei, il s'enferma dans ses terres où il finit par être tué avec toute sa famille.

CHANG-YIN
Shang-yin
商殷

Première lignée royale, dont les découvertes archéologiques attestent l'authenticité et la durée (c. 1500-1100 av. J.-C.). Parmi un ensemble culturel très riche, deux faits importants dominent cette époque : le travail du bronze et l'apparition de l'écriture. La dynastie des Chang-Yin avait succédé à une autre, plus ancienne, celle des HIA : ses vestiges apparaissent dans le sol sous la forme d'une mince couche que les archéologues commencent à pouvoir définir.

CHAO YONG
Shao Yong
邵雍

Né en 1011, mort en 1077. Philosophe de l'époque des SONG

CHAR

Le char des guerriers chinois antiques était

fait d'une caisse légère que portaient deux roues et que tiraient en général deux ou parfois quatre chevaux, attelés de chaque côté d'un timon. Il nous est bien connu par des exemples remontant à l'époque des CHANG-YIN. Il était constitué de pièces de bois — laqué dans les pays du sud — assemblées à l'aide de chevilles et de lanières de cuir. L'ensemble possédait une grande légèreté de proportions et une élégante finesse de facture. Le char de guerre, battu en brèche dès l'époque des PRINTEMPS ET DES AUTOMNES par le développement de l'infanterie dans les combats de principauté à principauté et les guerres de siège, perdit son utilité militaire à partir de la naissance de l'Empire, lors des grandes campagnes d'expansion territoriale et surtout dans la guerre contre les BARBARES dont l'arme redoutée et bientôt imitée était la cavalerie. Sur le plan de l'art, le char est l'un des thèmes les plus séduisants qui apparaissent sur les bas-reliefs et les peintures murales han.

CHAUDRONS SACRÉS

Les magnifiques récipients de bronze de l'antiquité — destinés à la boisson, à la présentation ou à la cuisson des aliments — possédaient, outre leur beauté qui défie le temps, de grandes vertus symboliques. En eux s'exprimait la qualité de la dynastie régnante : quand il devenait impossible de les soulever, quand l'eau ou l'alcool se mettait à y bouillir en dehors du feu, ou bien quand ils étaient pris de tremblements, cela signifiait que la dynastie avait perdu sa vertu et courait à sa perte. C'est ainsi qu'à la fin des TCHEOU, si l'on en croit SSEU-MA TS'IEN, tout se termina par une catastrophe : « L'État de TS'IN balaya la dynastie des Tcheou [220 av. J.-C.], on transporta à Ts'in les neuf chaudrons sacrés des Tcheou. Mais il y a des gens qui disent que les chaudrons ont coulé au fond de la rivière Sseu, là où son cours passe à P'eng-tch'eng, et que cela eut lieu au moment où l'on détruisait les autels du sol de l'État de Song à la Grande Colline, soit cent quinze ans avant le temps où le Ts'in conquit l'Empire. » En tout état de cause, les mystérieux chaudrons sacrés disparurent effectivement en même temps que les Tcheou.

CHE-JEN HOUA
Shiren hua
士人畫

« Peinture de lettré » : expression créée par SOU TONG-P'O (1036-1101) pour désigner la peinture intellectuelle et sensible des amateurs, qu'il opposait à celle des professionnels. Le terme sera repris plus tard, à l'époque des Ming, par Tong K'i-tchang (1555-1636) qui le transformera en *wen-jen houa*. Dès les Ming, peintres académiciens et peintres lettrés ne cesseront de s'influencer et la distinction se fera, dès lors, moins entre académiciens et lettrés qu'entre traditionnels et extravagants.

CHE LOU
Shilu
實錄

« Recueils véridiques » de l'empereur.

CHEN-HIEOU
Shen Xiu
神秀

Mort en 706. Chef de l'école du Nord du *dhyâna* chinois (TCH'AN).

CHEN KOUA
Shen Gua
沈括

Né en 1030, mort en 1094. L'un des esprits les plus originaux de son époque, doué d'un savoir encyclopédique, ami du poète SOU TONG-P'O (1036-1101). Originaire du Tchö-kiang, il mena d'abord une brillante carrière officielle et devint chancelier de l'Académie du HAN-LIN, puis fut chargé de mener la lutte contre les BARBARES qui enserraient l'Empire. Mais il subit, sous les coups des Hia, une défaite cuisante qui lui valut d'être banni au Chensi. Il est surtout connu pour être l'auteur du « Recueil des propos de l'étang des rêves » (MENG-K'I PI-T'AN).

CHEN YUE (ou CHEN YO)
Shen Yue
沈約
Né en 441, mort en 513. Originaire du Tchö-kiang, fils d'un gouverneur de Houai-nan exécuté en 453. Il fut couvert d'honneurs par les souverains de la dynastie des LEANG (502-556) succédant à celle des Ts'i (479-502) qui avait vu les débuts de sa carrière officielle. Auteur des Histoires des Kin, des Lieou Song et des Ts'i, Chen Yue est surtout connu pour avoir le premier tenté de déterminer et classer les quatre tons du chinois.

CHOU
Shu
蜀
Nom ancien du Sseutch'ouan. Le cœur du pays de Chou est la plaine de TCH'ENG-TOU occupée en 311 avant J.-C. par les armées de l'État de TS'IN. Les régions montagneuses du Sseutch'ouan portaient le nom de « pays de Pa ».

CHOU KING
Shujing
書經
« Canon de l'Histoire » ou « Livre des documents », le *Chou king* est constitué d'une collection de textes évoquant des événements survenus au cours de la plus haute antiquité chinoise. Écrit dans une langue très archaïque, déformé par des interpolations et des déviations extrêmement nombreuses, le *Chou king* n'a cessé de susciter les gloses des savants. Les principaux commentateurs du *Chou king* sont K'ong An-kouo (IIe siècle av. J.-C.), Tcheng Houan (IIe siècle), K'ong Ying-ta (VIIe siècle) et Ts'ai Tch'en (début du XIIIe siècle). On lira à ce propos avec profit les travaux publiés de 1948 à 1950 par Bernhard Karlgren, dans le *Bulletin of Museum of Far-Eastern Antiquities*, Stockholm, nos 20 à 22. Comme la plupart des livres anciens, le *Chou king* disparut dans l'autodafé ordonné en 213 avant J.-C. par le PREMIER EMPEREUR et son ministre LI SSEU. Quelques années plus tard, cependant, à partir de 178 avant J.-C., l'empereur Wen des HAN fit rechercher les ouvrages perdus. Mais seul un vieil aveugle du Chantong, Fou-cheng, se souvenait du texte détruit et put reconstituer de mémoire vingt-huit chapitres. Puis, lorsque sous le règne de HAN WOU-TI (141-87 av. J.-C.) le prince de LOU fit démolir la maison de CONFUCIUS, on découvrit, cachés dans les murs, un exemplaire du *Chou king* et plusieurs autres écrits en caractères sigillaires. Un membre de la famille descendant de Confucius, K'ong An-kouo, s'attacha à décrypter le manuscrit; s'aidant des vingt-huit chapitres de Fou-cheng, il mit en forme une restitution qui disparut à son tour mystérieusement au IVe siècle de notre ère. Mais, à la fin du Ve siècle, les lettrés faisaient référence à une version qu'ils supposaient être celle de K'ong An-kouo. Le premier qui formula des doutes sur son authenticité fut TCHOU HI (1130-1200).

CHOUO WEN
Shuowen
說文
Le plus ancien DICTIONNAIRE chinois classé par clés; sa compilation est attribuée en majeure partie à Hiu Chen (mort en 120 de notre ère). Il comporte environ dix mille caractères rangés sous cinq cent quarante radicaux.

CINQ DYNASTIES
Époque de l'histoire chinoise s'étendant de la fin des T'ANG (907) à la réunification de l'Empire par la dynastie des SONG (960).

CLASSIQUES
KING
Jing
經
Le mot qui désigne les livres fondamentaux sur lesquels s'appuie l'édifice de la civilisation chinoise est *king*, littéralement les « fils de

chaîne » d'un tissu. Le classement moderne de ces livres — au nombre de neuf — remonte à l'époque des SONG et se répartit en cinq « Classiques » *(king)* et quatre « livres » *(chou)*. Les Classiques comprennent : le livre des Mutations, *Yi king ;* le livre de l'Histoire, *Chou king ;* le livre de la Poésie, *Che king ;* le livre des Rites, *Li ki ;* la chronique des Printemps et des Automnes, *Tch'ouen-ts'ieou.* Les « Quatre livres » des philosophes sont : les « Entretiens » de Confucius, *Louen-yu ;* la « Grande Étude », *Ta-hiue ;* la « Doctrine du Milieu », *Tchong-yong ;* l'œuvre de Mencius, *Mong-tseu.* Il arrive que l'on compte parfois « Six Classiques » en ajoutant aux précédents le livre de la Musique, *Yue ki,* habituellement incorporé au *Li ki.*

CODE DES T'ANG

Présenté sous sa forme complète à l'empereur en 653-654. C'est le premier Code chinois dont l'ensemble des dispositions soit parvenu jusqu'à nous.

D

DICTIONNAIRES

Dès la fin de l'époque des TCHEOU, les Chinois tentèrent de classer et de codifier les termes de leur langue, si riche et parfois si confuse. Ces lexiques peuvent suivre trois catégories de classement : par matière, par type graphique de caractère, et par rime (c'est-à-dire suivant le son de la finale; il s'agit donc d'un classement phonétique). Les plus anciens dictionnaires étaient classés par matière. Le premier qui soit aujourd'hui conservé est le Eul Ya, qui date des environs du IIe siècle avant notre ère. Le plus ancien dictionnaire classé par caractère et selon le système des clés (radicaux) est le CHOUO WEN. C'est seulement à partir du VIe siècle que commencèrent à paraître des dictionnaires phonétiques. Ils bénéficiaient des travaux de deux savants : Souen Yen (IIIe siècle) aurait ainsi inventé un système de représentation phonétique de chaque caractère à l'aide de deux autres, le premier indiquant le son initial, le second indiquant le son final. Plus de deux siècles plus tard, CHEN YUE (441-513) écrivait un traité sur la classification et la définition des quatre tons *(Sseu cheng)* du chinois. Cette œuvre est aujourd'hui perdue, mais il en est fait mention dans tous les dictionnaires ultérieurs.

DIVINATION

La divination fut autant répandue en Chine, à l'époque de la royauté, que dans l'Occident antique. Les méthodes cependant en différaient et les devins lisaient l'avenir tantôt dans les figures aléatoires formées par les bâtonnets d'achillée jetés selon les rites, tantôt dans des fissures provoquées sur des os d'animaux *(kia-kou)*, tels qu'omoplates de cerf, carapaces ou plastrons de tortue. Ces os étaient souvent divisés en quartiers par des traits en T couchés de part et d'autre de la ligne médiane et numérotés de 1 à 5 ou plus. L'avers portait une série d'alvéoles dans lesquelles on enfonçait un tison qui provoquait une craquelure. On marquait alors cette fissure par un terme technique tel que grand augure ou petit augure, ou bien encore augure supérieur *(chang hi)*. Le texte est toujours en deux parties, ainsi qu'il apparaît sur l'illustration 11; sur la partie droite, écrits sur deux colonnes, se lisent de gauche à droite dix caractères : la question. Sur la partie gauche, écrits aussi sur deux colonnes, se lisent de droite à gauche huit caractères : la réponse. Le texte présenté ici peut se traduire : « Divination du jour *sin yeou* (58e du cycle). [Le devin] Pin demande : Tche (?) et Houa du pays de Seou (?) [peuvent-ils] susciter des dommages à Kio? Réponse : Tche (?) et Houa du pays de Seou ne doivent pas susciter de dommages à Kio. » Le devin Pin est un des plus cités parmi la centaine qui figure sur les inscriptions oraculaires CHANG-YIN, durant près de trois siècles. Il aurait vécu sous le règne du roi Wou-ting (1339-1281 av. J.-C.). La graphie des caractères est conforme à celle que le savant paléographe Tong Tso-pin attribue à la première période de son évolution; nous avons donc là un témoin des plus anciens caractères chinois. Ceux-ci ne doivent d'ailleurs pas être les formes les plus archaïques, mais ils témoignent déjà d'un graphisme évolué propre à l'écriture courante. Les pays de Seou et de Kio apparaissent dans d'autres inscriptions, toujours à propos de disputes ou d'agressions, ou de campagnes punitives; sans doute étaient-ils de turbulents voisins de la capitale. Quant à Tche et Houa, ce sont probablement des noms de personnes qui apparaissent aussi dans d'autres inscriptions, séparément ou ensemble. Si les déchiffrements permettent de saisir le sens des caractères archaïques, il n'est pas toujours possible de les ramener à des caractères plus récents dont la lecture est connue, d'où, dans certains cas, le choix d'une prononciation approximative et problématique, comme nous l'avons marqué par un point d'interrogation placé entre parenthèses.

DIX ROYAUMES

Époque de morcellement de la Chine au xe siècle.

E

ÉCRITURE

PP. 21, 26-27, 55, 75, 142 et 376.

ENNIN

圓仁

Né en 794, mort en 864. Voyageur japonais qui visita la Chine au moment de la grande répression exercée par le gouvernement contre le BOUDDHISME (842-845). Le voyage d'Ennin dura presque dix ans, de 838 à 847. Moine de la secte T'IEN-T'AI (*Tendai* en japonais), il rapporta dans son pays la pratique de la méditation du nom d'Amida qui, sous des formes de plus en plus simplifiées, allait emporter l'adhésion d'un nombre toujours plus grand de fidèles et jouer un rôle très important dans l'histoire de la civilisation japonaise.

ESCLAVAGE

L'esclavage ne semble pas avoir pleinement existé dans les premières sociétés chinoises et la condition servile n'est pas discernable, sous les CHANG-YIN, en dehors de la participation forcée de certains individus à des expéditions de caractère militaire ou à des chasses, ces chasses elles-mêmes ne constituant qu'une forme de « grandes manœuvres » menées en large part pour l'entraînement guerrier des hommes. On sait en revanche que sous les Chang-Yin, il existait une forme d'esclavage temporaire qui constituait une sanction contre l'insubordination, phénomène qui survivra dans le droit chinois : dès les origines de l'Empire, les divers codes prévoiront des peines variables d'une ou plusieurs années d'esclavage suivant la nature et la gravité de la faute commise. Mais les caractères eux-mêmes qui désignent les esclaves dans le sens romain du terme, n'ont pris ce sens que bien après les Chang-Yin, et le problème ne deviendra socialement préoccupant qu'à partir des HAN, sous l'effet de la dégradation profonde de la condition paysanne.

EUL-CHE HOUANG-TI

Ershi huangdi

二世皇帝

Second Empereur de Chine et fils malheureux du PREMIER EMPEREUR. Il ne survécut pas plus de quatre ans à la mort de son père. Il ne régna que deux ans, de 209 à 208 avant notre ère. Son règne fut suivi de celui de San-che houang-ti (208-207) souvent confondu avec le sien. Mais la dynastie sombra en 206.

EXAMENS

Organisation et perfectionnement du système des examens permettant le choix des fonctionnaires.

F

FA-HIEN

Faxian

法顯

Fin du IVe siècle-début du Ve siècle. Né à

Wou-yang au Chansi, il fut élevé dans un monastère bouddhique. Déplorant la grande pauvreté des monastères en matière de textes bouddhiques, il quitta la Chine en 399 et, par les routes de l'Asie centrale, se rendit en Inde d'où il revint par mer, en 412. Il s'installa à NANKIN pour composer le récit de ses voyages et, surtout, traduire les textes sacrés qu'il avait rapportés. Fa-hien termine ainsi son récit : « Fa-hien a passé six ans à voyager de TCH'ANG-AN jusqu'en Asie centrale ; il y resta six ans et il lui fallut encore trois années pour atteindre Ts'ing-tcheou. Il traversa environ un peu moins d'une trentaine de pays. Du désert sableux vers l'Ouest, tout le long du chemin jusqu'en Inde, le digne comportement des prêtres et la bonne influence de la foi furent au-delà de toute expression. Mais comme les hommes d'Église, chez lui, n'avaient aucun moyen d'entendre cela, Fa-hien, oublieux de sa vie sans importance, rentra par mer, traversant encore plus de difficultés et de dangers. Heureusement, la divine majesté de la Précieuse Trinité lui accorda sa protection et il fut aussitôt préservé du danger. C'est pourquoi il nota sur les tablettes de bambou et la soie un récit de ce qu'il avait traversé, désirant que le noble lecteur veuille accorder son attention à cette information. »

FA-KIA
Fajia
法家

« École des lois » ou « école des légistes ».

FAN K'OUAN
Fan Kouan
范寬

Né vers 960, mort en 1030. Peintre de l'époque des SONG du Nord.

FAN TCH'ENG-TA
Fan Chengda
范成大

Né en 1126, mort en 1193. Lettré fonctionnaire à l'époque des SONG du Sud, il occupa différents postes avant d'être nommé ministre en 1179. Il publia un récit des voyages que l'administration civile ou militaire l'amena à faire tout au long de sa carrière — notamment au Sseutch'ouan en 1177. Il écrivit nombre de poèmes ainsi que des traités consacrés aux fleurs — les fleurs de prunier ou bien les chrysanthèmes dont il cultivait trente-cinq variétés dans son jardin.

FAN TCHONG-YEN
Fan Zhongyan
范仲淹

Né en 990, mort en 1053. Philosophe et homme d'État, il lanca un premier train de réformes et prépara ainsi la voie aux transformations radicales de WANG AN-CHE (1021-1086).

FANG HIUAN-LING
Fang Xuanling
房玄齡

Né en 578, mort en 648. Originaire du Chantong, il fut chargé, en 630, d'écrire l'histoire des Kin. Il quitta la Cour (635) à la suite d'une semonce qui lui avait été faite, mais l'empereur se déplaca en personne pour lui demander de revenir, tant il attachait de prix à ses conseils. Sur son lit de mort, Fang Hiuan-ling implora qu'on mît fin à la guerre, à ses yeux désastreuse, lancée contre la Corée.

FENG TAO
Feng Dao
馮道

Né en 882, mort en 954. Lettré, originaire de Chine du Nord, il vécut à l'époque troublée des CINQ DYNASTIES. Il s'efforca toute sa vie de se ranger du côté du plus fort et apparaît comme un personnage peu glorieux, malgré son passage à l'Académie du HAN-LIN ; mais il est resté célèbre pour avoir fait imprimer les CLASSIQUES. Cela lui valut d'être parfois, à tort, considéré comme l'inventeur de l'IMPRIMERIE.

G

GRAND CANAL

Il relie la Chine du Sud à la Chine du Nord.

GRANDE MURAILLE

Ensemble des premières murailles édifiées aux confins nord-ouest de la Chine à l'époque des ROYAUMES COMBATTANTS par les principautés. TS'IN CHE HOUANG-TI les fit relier entre elles, sous l'autorité du redoutable général MONG T'IEN, afin de tenter d'établir un barrage continu. Celui-ci devait empêcher les incursions et le déploiement en terre chinoise de la cavalerie des divers peuples nomades qui tentèrent, au long des millénaires, de pénétrer dans l'Empire et souvent y réussirent. Fréquemment doublée, parfois triplée ou quadruplée et même quintuplée au cours des âges, la Grande Muraille, « longue muraille de dix mille li » *(wan li tch'ang tch'eng)* comme on dit en chinois, s'étend de Kia-yu-kouan au Kansou, à l'ouest, à Chan-hai-kouan au Liaoning, à l'est. Suffisamment large pour laisser passer les voitures, elle fut, en même temps qu'une protection, une remarquable voie stratégique permettant l'acheminement des renforts aux frontières de l'Empire et, dans une certaine mesure, leur approvisionnement, du moins en armes et en troupes fraîches. On souligne aussi que la Grande Muraille a pu, en certains points, jouer un rôle écologique, formant abri contre les ventes de la steppe et favorisant ainsi les cultures.

H

HAINAN

Hainan

海南

Grande île située près du Kouangtong, province à laquelle elle est administrativement rattachée. Les terres basses y sont fertiles et les montagnes situées en son centre renferment nombre de gisements minéraux.

HAN

Han

漢

Nom d'une rivière de Chine centrale, qui servit à désigner une principauté féodale. A la fin du IIIe siècle avant J.-C., LIEOU PANG la reçut en don de son ami, puis irréductible rival, HIANG YU. Parvenu au pouvoir suprême et investi du mandat céleste, Lieou Pang prit pour nom dynastique celui de la principauté qui avait assuré son triomphe. La grandeur de la jeune Chine impériale, unifiée pour plus de quatre siècles, s'identifia alors, face au tourbillon BARBARE, aux monarques régnants, si bien que le terme de HAN servit à désigner la population chinoise proprement dite, par opposition aux nationalités et ethnies diverses qui vivaient en son voisinage, voire en son sein.

HAN FEI

Han Fei

韓非

Né en 280, mort en 233 avant J.-C. Disciple de SIUN-TSEU et chef de file des légistes, Han Fei était le fils d'un duc de l'État de HAN. Il se passionna pour les questions de lois et de procédure criminelle. Lorsque le futur PREMIER EMPEREUR monta sur le trône du TS'IN (247 av. J.-C.), l'État de Han, souhaitant son alliance, envoya Han Fei comme ambassadeur. A quelque temps de là, cependant, son ancien condisciple LI SSEU, Premier ministre de l'État de Ts'in, se montra jaloux de son crédit et le contraignit au suicide.

HAN KAN

Han Gan

韓幹

Peintre animalier du VIIIe siècle.

HAN-K'EOU
Hankou
漢口

Située au confluent de la rivière HAN et du FLEUVE BLEU, Han-k'eou représente véritablement, avec les deux cités voisines d'AN-YANG et de Wou-tch'ang, le cœur de la Chine.

HAN-LIN
Hanlin
翰林

Littéralement « la Forêt des pinceaux », académie savante qui joua sous les T'ANG un rôle politique important.

HAN WOU-TI
Han Wudi
漢武帝

« Empereur guerrier des HAN ». Son règne (141-87 av. J.-C.) marqua en tout l'apogée de la Chine des Han.

HAN WOU-TI NEI-TCHOUAN
Han Wudi Neizhuan
漢武帝内傳

« Histoire intime de l'empereur Wou des HAN », histoire romancée.

HAN YU
Han Yu
韓愈

Né en 786, mort en 824. Prosateur, poète et philosophe de l'époque des T'ANG. Il s'opposa violemment au BOUDDHISME et fut ainsi à l'origine du puissant renouveau confucéen qui devait s'épanouir plus tard, sous les SONG. Originaire du Honan, tôt orphelin, il connut une enfance difficile mais s'éleva, à force de travail, jusqu'à la charge importante de Président du Bureau des Rites. Il fit preuve d'un grand courage qui l'amena souvent au bord du précipice : en 803, il fut dégradé et envoyé au Kouangtong pour avoir protesté contre la manière dont les impôts avaient été levés au Tcheli; en 819, il échappa de peu à la mort pour avoir écrit un mémoire contre les honneurs rendus aux reliques du Bouddha; il fut à nouveau banni au Kouangtong où il s'efforca d'améliorer l'existence des populations qui vivaient dans un grand retard par rapport à la capitale. Il fut cependant bientôt rappelé à TCH'ANG-AN, mais sa santé était définitivement compromise et il mourut peu après. On le considère traditionnellement comme l'un des trois grands écrivains de l'époque des T'ang, avec LI PO et TOU FOU. On a même attribué à ses écrits une vertu magique, comme en témoigne cette étonnante histoire : au Kouangtong, les populations étaient terrorisées par un crocodile féroce; afin de s'en débarrasser, Han Yu jeta solennellement dans les eaux de la rivière un porc, un bouc et un ultimatum dans lequel il sommait l'animal de rester tranquille. Vérité ou légende, le crocodile disparut. Le texte de cet ultimatum reste considéré comme un modèle de composition littéraire et d'efficacité.

HANG-TCHEOU
Hangzhou
杭州

Située à l'embouchure du fleuve K'ien-t'ang, Hang-tcheou fut fondée en 606. Elle ne connut cependant l'extraordinaire épanouissement qui fit sa réputation qu'à l'époque des SONG du Sud (XIIe siècle), lorsqu'elle devint la capitale de la Cour en exil. Point d'aboutissement du GRAND CANAL, elle est surtout célèbre pour la beauté de son lac de l'Ouest chanté par les poètes. Marco Polo la visita. Elle fut très largement détruite au siècle dernier par la révolte des T'ai-p'ing.

HÉGÉMON

Terme employé pour désigner des dignitaires ou des puissants de l'époque archaïque. En fait, on traduit par ce mot unique deux idéogrammes différents : *po*, qui était un titre accordé par le roi et qui impliquait une charge de police consistant à la fois à maintenir l'ordre entre les seigneurs locaux et à protéger le pays des BARBARES; *pa*, qui exprime l'idée d'une grande puissance de fait, d'une grande puissance usurpée. A l'époque des PRINTEMPS ET DES AUTOMNES, les « hégémons » de l'une et l'autre acception devinrent autant de potentats locaux. (Cf. Granet, *Danses et légendes de la Chine ancienne*, Paris, P.U.F., t. I, pp. 74-75.)

HI K'ANG
Xi Kang
嵇康

Né en 223, mort en 262. Chef de file et poète le plus important, avec JOUAN TSI (210-263), du groupe des « Sept sages de la forêt de bambous ». Il était originaire du Anhouei et se passionnait pour l'alchimie et toutes les méthodes taoïstes visant à atteindre l'immortalité. Il connut une fin tragique.

HIA
Xia
夏

Première des dynasties royales chinoises; elle aurait gouverné la Chine avant les CHANG-YIN et les TCHEOU. Elle apparaît en archéologie, sous la forme d'une fine couche culturelle, entre la fin du néolithique et le début des Chang.

HIA KOUEI
Xia Gui
夏珪

XIIIe siècle. Peintre de l'époque des SONG du Sud.

HIANG YU
Xiang Yu
項羽

Rival malheureux de LIEOU PANG.

HIONG-NOU
Xiongnu
匈奴

Les plus organisés, les plus puissants et les plus dangereux des BARBARES de l'époque des HAN. On les assimile parfois, sans fondement réel, aux Huns qui déferlèrent quelques siècles plus tard sur l'Europe occidentale.

HIUAN-HIUE
Xuanxue
玄學

« École des Arcanes » : terme désignant le renouveau du TAOISME à la fin des HAN, à l'époque des TROIS ROYAUMES et au début de celle des SIX DYNASTIES.

HIUAN-TSANG
Xuanzang
玄奘

Né en 602, mort en 664. Originaire du Honan, il se fit prêtre bouddhiste vers vingt ans et quitta la Chine vers 629, à la recherche de textes sacrés. Il ne rentra de son voyage en Inde qu'en 645. L'empereur T'AI-TSONG le reçut triomphalement et lui accorda le titre bouddhique honorifique de « Trois Corbeilles » *(San Tsang)*.

HIUAN-TSONG
Xuanzong
玄宗

Titre posthume attribué au plus célèbre des empereurs T'ANG. Il gouverna de 712 à 756. Sous son règne, la Chine connut à la fois l'apogée de l'Empire t'ang et les débuts de sa décadence.

HO TCHE-TCHANG
He Zhizhang
賀知章

Né en 659, mort en 744. Poète et homme

d'État, c'est lui qui introduisit LI PO auprès de l'empereur HIUAN-TSONG. Personnage haut en couleurs, il s'appelait lui-même le « Fou de Sseu-ming », par allusion au berceau de sa famille, situé dans le Tchökiang.

HO YEN
He Yan
何晏

Mort en 249. Penseur de l' « école des Arcanes » (HIUAN-HIUE) versé dans la connaissance du *Yi king*. Les lettrés confucéens ne semblent pas l'avoir tenu en grande estime, si l'on peut en juger par les descriptions peu flatteuses qu'ils font de ses extravagances et de son caractère efféminé à la Cour des TS'AO, au pays de WEI, à l'époque des TROIS ROYAUMES.

HOANG TSIN
Huangjin
黄巾

V. TURBANS JAUNES

HONG MAI
Heng Mai
洪邁

Né en 1123, mort en 1202. Hong Mai est couramment nommé l' « un des trois Hong », car il se distingua, ainsi que ses deux frères, au service de l'État et dans le domaine des lettres. Envoyé par l'empereur Hiao-tsong (1162-1189) des SONG du Sud, auprès du souverain des KIN, qui dominaient la Chine du Nord, Hong Mai refusa de s'abaisser comme l'avaient fait les précédents émissaires du gouvernement de HANG-TCHEOU. Son sens de l'honneur national lui valut d'être incarcéré trois jours à Pékin, sans nourriture. Il put cependant regagner la Chine du Sud. En 1167, il fut nommé secrétaire au Conseil privé de l'Empereur, puis sous-chancelier du HAN-LIN. Il est l'auteur, entre autres, d'un long recueil de contes, le YI KIEN TCHE.

HOUAI
Huai
淮

Ce cours d'eau de 600 km de long a longtemps été considéré comme formant une sorte de limite symbolique naturelle entre la Chine du Nord et la Chine du Sud. Son cours, très capricieux au nord de NANKIN, a été régularisé en 1951 par d'importants travaux. Depuis, la Houai déverse ses eaux partie dans le FLEUVE BLEU, partie dans la mer Jaune.

HOUAI-NAN-TSEU
Huainanzi
淮南子

Mort en 122 avant J.-C. Nom littéraire du prince de Houai-nan (de son vrai nom Lieou-an), petit-fils du premier empereur HAN. Contemporain de SSEU-MA TS'IEN, il passa sa vie à rechercher l'élixir taoïste d'immortalité, avant de se suicider pour avoir été découvert en train d'ourdir un complot contre l'empereur. Le livre qui porte son nom contient le fruit de ses travaux, ou plus exactement rassemble un certain nombre de textes que la tradition lui attribue arbitrairement.

HOUAI-SOU
Huaisu
懷素

Né en 725, mort en 785. Prêtre bouddhiste et calligraphe de grand talent, maître de l'écriture « herbe ». Le poète LI PO (701-762) l'admirait profondément. Il était trop pauvre, dit-on, pour acheter du PAPIER. Il le remplaçait par des feuilles de plantin qu'il cultivait lui-même.

HOUAN
Huan
桓

Né vers 685, mort en 643 avant J.-C. Duc de la principauté de TS'I. Comme tous les grands héros de l'époque d'avant l'Empire, il possède une légende à valeur de symbole. Celle qui l'entoure souligne la puissance des seigneurs féodaux à l'époque des PRINTEMPS ET DES AUTOMNES et illustre leur tendance à s'approprier toutes les vertus religieuses du souverain *(wang)*.

HOUAN HIUAN
Huan Xuan
桓玄

Né en 369, mort en 404. Éphémère empereur (403-404) du pays de TCH'OU. Une série de légendes raconte qu'il est né à partir d'une étoile.

HOUANG HO
Huang he
黄河

« Fleuve Jaune ». S'étendant sur plus de 5 000 km, le fleuve Jaune est le plus long de Chine. Il prend sa source dans le Bayan Khara, au sud des monts K'OUEN-LOUEN, à 4 500 mètres d'altitude. Son lit, creusé d'abord dans le roc et formant des gorges profondes, s'élargit en son cours moyen où il reçoit les eaux de ses affluents : la Fen, la Ho, la WEI et la Nan-chan-ho. En son cours inférieur, immense et maintenu par des digues qui atteignent parfois six mètres de haut, il ne reçoit plus d'affluents. Son cours a varié vingt-six fois au cours des âges, suivant qu'il allait se jeter dans la mer au nord, dans le golfe du Pohai, ou au sud du Chantong, rejoignant parfois les eaux de la HOUAI, voire celles du FLEUVE BLEU. Ces bouleversements catastrophiques pour la population sont causés en grande partie par l'extraordinaire quantité de sédiments — notamment à base de loess — qu'il charrie tout au long de son cours inférieur, déposant dans son delta environ deux millions de tonnes de limon chaque année.

HOUANG TCH'AO
Huang Chao
黄巢

Mort en 884. Originaire du Chantong, d'une famille de sauniers. Candidat malheureux aux examens, il se révolta, s'attaquant au monopole impérial du sel et entraînant dans la rébellion les campagnes du Sud chinois. En 879, il attaqua et pilla Canton; l'année suivante, il prit TCH'ANG-AN, obligeant l'empereur à fuir vers le Sseutch'ouan. Houang Tch'ao se proclama empereur, fondateur de la dynastie des Ta Ts'i. La révolte ne put être circonscrite qu'en 884 par un général d'origine turque, LI K'O-YONG. La situation de l'Empire et de la dynastie n'en demeura pas moins catastrophique.

HOUANG T'ING-KIEN
Huang Tingjian
黄庭堅

Né en 1045, mort en 1105. Calligraphe et poète, ami de SOU TONG-P'O. Originaire du Kiangsi, il connut une carrière officielle brillante, mais plus d'une fois entravée par sa franchise ou gênée par son empressement auprès de sa mère mourante, ce qui lui valut d'être classé parmi les « vingt-quatre exemples » les plus dignes d'admiration en fonction du culte confucéen de la piété filiale. Il se montra fortement intéressé par la philosophie bouddhique.

HOUEI CHE
Hui Shi
惠施

Né en 380, mort en 300 avant J.-C. Philosophe de l'« école des Noms » (MING-KIA). Selon la légende, Houei Che, natif de l'État de Song, était un ami de TCHOUANG-TSEU. Conformément à la pensée de MO-TSEU, Houei Che prônait l' « amour universel » et haïssait la guerre, sans qu'il fût pour autant entré dans l'organisation paradoxalement presque militaire des mohistes. Houei Che semble même s'être montré contestataire, préconisant « l'abolition des positions honorables », ce qui réfutait l'un des points importants du système mohiste : l'acceptation de la hiérarchie. De l'œuvre de Houei Che, il ne reste que « Dix paradoxes » figurant dans le TCHOUANG-TSEU, et dont l'interprétation reste extrêmement délicate.

HOUEI-NENG
Huineng
慧能

Né en 638, mort en 713. Fondateur de l'école méridionale du *dhyâna* chinois.

HOUEI SSEU
Hui Si
慧思

Né en 514, mort en 577. Prêtre originaire du Honan. En 572, il fonda au Hounan une communauté d'une quarantaine de prêtres et se voua à l'enseignement approfondi de la doctrine bouddhique. TCHE-K'AI (538-597), fondateur de la secte T'IEN-T'AI, fut l'un de ses disciples.

HOUEI-TSONG
Huizong
徽宗

Dernier empereur des SONG du Nord, célèbre pour son talent de peintre et de calligraphe et pour l'intérêt qu'il portait aux arts. Il régna de 1101 à 1125.

HOUEI YAO
Hui yao
會要

« Recueils de règlements » établis pour la première fois sur ordre impérial par les historiens officiels en 853. Leurs recherches, tenues secrètes, devaient porter sur la période qui s'étend de 618 à 804 et servir à l'histoire ultérieure de la dynastie. Les SONG, plus tard, compilèrent deux *houei yao* relatifs aux institutions des HAN antérieurs et des Han postérieurs.

HOUEI YUAN
Huiyuan
慧遠

Né en 334, mort en 417. Moine de Chine du Sud, il proclama la valeur salvatrice du simple recours à l'évocation du nom d'Amida (*nien-fo* en chinois, *nembutsu* en japonais) et se trouve ainsi à l'origine de la secte mahâyâniste dite de la « Terre Pure » (TS'ING-T'OU).

HOUO K'IU-PING
Huo Qubing
霍去病

Mort en 117 avant J.-C. L'un des plus brillants généraux de l'empereur Wou des HAN.

I

IMPRIMERIE

Attestée à partir des T'ANG. Elle se développa à partir des premiers textes imprimés, en xylographie, au Sseutch'ouan.

J

JADE

De toutes les matières qui caractérisent une culture, le jade est sans doute celle qui évoque le mieux la Chine, alors que, paradoxalement, il n'y a aucune source de jade connue en Chine. Importé jadis des régions du Baïkal ou du Turkestan, il est un des supports les plus anciens des plasticiens chinois et peut-être le plus réputé jusqu'à nos jours. Le terme de jade recouvre les jadéites et les néphrites, les premières à base de silicate de sodium et d'aluminium, et les secondes à base de silicate de calcium et de magnésium. Il est souvent malaisé de les distinguer, bien que les premières aient une plus grande dureté que les secondes et qu'elles soient toujours vertes ou blanches; elles présentent souvent quelques taches de rouille. Les néphrites, quant à elles, ont une gamme de tons plus large, comportant tous les verts et tous les beiges. Les premières pièces archaïques constituent un groupe qui va de la fin du XIVe siècle au VIIIe siècle avant notre ère. Certes, nous connaissons quelques exceptionnelles petites rondes-bosses de la fin du néolithique, mais les séries ne commencent vraiment qu'avec les témoins d'AN-YANG. Ce sont alors des symboles religieux, tels les *pi* circulaires ou les *tsong* parallélépipédiques, des insignes de fonction ou des pendeloques, animaux ou personnages, dont la signification nous échappe encore. Les insignes prennent souvent la forme de lames d'une grande pureté : les confucéens y virent plus tard le symbole des vertus du lettré. Les pièces les plus émouvantes ont été découvertes fin 1976 dans la tombe nº 5 de Yin-hiu (An-yang) abritant les restes de Fou Hao, épouse du roi Wou-ting (1339-1281 av. J.-C.). Un groupe exceptionnel comprend des oiseaux ou des personnages cambrés traités en double ligne finissant en virgule, obtenus par un long frottement et l'ajonction d'une poudre abrasive souvent à base de quartz.

JE LI
Ri li
日歷

« Journal quotidien » constitué à partir des T'ANG et jusqu'aux Ming pour servir ultérieurement à l'histoire de la dynastie. Il est rédigé à partir du « Journal des activités et des repos » de chaque empereur — l'empereur concerné, en principe, ne les lit pas — et à partir des « Mémoires du gouvernement ». Ce « Journal quotidien » est, à son tour, versé dans un fonds plus général : les « Recueils véridiques » de l'empereur (CHE LOU).

JOUAN TSI
Ruan Ji
阮籍

Né en 210, mort en 263. L'un des meilleurs poètes chinois et le plus important, avec HI K'ANG (223-262), du groupe des « Sept sages de la forêt de bambous ».

K

K'AI-FONG
Kaifeng
開封

Capitale du Honan, située au sud du FLEUVE JAUNE. Elle fut la capitale des SONG du Nord, mais portait alors le nom de Pien-leang.

KAO SIEN-TCHE
Gao Xianzhi
高仙芝

Mort en 755. Général d'origine coréenne, défait en 751 par les Arabes à la bataille du TALAS. En 755, il combattit AN LOU-CHAN et fut bientôt mis à mort pour vol sur la dénonciation d'un eunuque-inspecteur : ne pouvant plus tenir la place de T'ai-yuan-fou, il avait distribué les grains à ses troupes et brûlé les surplus afin qu'ils ne tombent pas aux mains des révoltés.

KAO-TSONG
Gaozong
高宗

Titre posthume accordé à des souverains qui régnèrent sous les T'ANG, de 649 à 683, et sous les SONG du Sud, de 1127 à 1162.

KAO-TSOU
Gaozu
高祖

Le « trisaïeul », titre posthume accordé à divers souverains qui régnèrent sous les HAN antérieurs, de 206 à 195 avant J.-C., sous les T'ANG, de 618 à 626, et sous les TSIN postérieurs, de 937 à 942.

KIEN-K'ANG
Jiankang
建康

Nom ancien de NANKIN : ce sont les TSIN qui lui donnèrent ce nom en 317, lorsque l'avancée des BARBARES en Chine du Nord les contraignit à se réfugier au sud du FLEUVE BLEU où ils fondèrent la dynastie dite des Tsin orientaux. Kien-k'ang demeura capitale de toutes les dynasties dites du Sud qui se succédèrent plus tard dans cette région, jusqu'à l'avènement des SOUEI : les SONG du Sud (420-479), les TS'I du Sud (479-502), les LEANG (502-557) et les Tch'en (557-589).

KIN
Jin
金

Dynastie fondée en Chine du Nord en 1126 par les Djürtchät qui s'emparèrent de K'AI-FONG. Elle s'écroula en 1233 sous les coups des Mongols.

KIN-CHE
Jinshi
進士

Littéralement « lettré avancé » : le plus haut degré des EXAMENS officiels.

KING HAO
Qing Hao
荊浩

1re moitié du Xe siècle. Peintre de l'époque des CINQ DYNASTIES.

KING K'O
Jingke
荊軻

Il tenta d'assassiner le PREMIER EMPEREUR : Édouard Chavannes *(Mission archéologique dans la Chine septentrionale*, t. I, Paris, E. Leroux, 1913, pp. 156-157) traduit ainsi le très vivant texte de SSEU-MA TS'IEN rapportant cet épisode dramatique : « King K'o saisit alors de la main gauche la manche du roi de TS'IN; de la main droite il prit le poignard et l'en frappa; mais le coup ne pénétra pas jusqu'au corps. Le roi de Ts'in, effrayé, se leva en se rejetant en arrière et sa manche se déchira; il voulut tirer son épée, mais elle était longue et elle resta engagée dans le fourreau; en ce moment, il était troublé et pressé et, comme l'épée tenait bon, il ne put la tirer aussitôt. King K'o poursuivit le roi de Ts'in qui s'enfuit en tournant autour d'une colonne. Tous les sujets du roi étaient frappés de stupeur parce que, la chose ayant été soudaine et inattendue, ils avaient complètement perdu toute présence d'esprit. En outre, c'était une loi du pays de Ts'in que, lorsque les sujets du roi étaient auprès de lui dans le haut de la salle, ils ne devaient avoir aucune arme de guerre, ni grande ni petite; les gardes tenaient bien des armes, mais ils étaient rangés au bas de la salle et n'auraient osé monter dans le haut sans être mandés par un ordre royal; comme il y avait urgence, on n'avait pas le temps de mander les soldats d'en bas; c'est pourquoi King K'o continuait à poursuivre le roi de Ts'in; en définitive, dans le trouble et la précipitation où on était, on ne savait avec quoi le frapper et on lui donnait une grêle de coups de poing. Cependant, le médecin de service, Hia Wou-tsin, leva sur King K'o la poche de médicaments qu'il tenait à la main. Le roi de Ts'in tournait toujours autour de la colonne en fuyant; dans l'anxiété et la presse où il était, il ne savait que faire. Les assistants lui dirent : « Roi, repoussez l'épée sur votre dos. » Il repoussa l'épée et alors il put la tirer hors du fourreau; il en frappa King K'o à qui il entama la cuisse gauche; King K'o tomba; alors il brandit son poignard pour le lancer contre le roi de Ts'in, mais il le manqua et toucha la colonne de bronze. Le roi de Ts'in frappa de nouveau King K'o; atteint de huit blessures et voyant que le coup était manqué, King K'o s'adossa à la colonne et se mit à rire; assis, les jambes étendues devant lui, il s'écria en proférant des injures : « Si la chose n'a pas réussi, c'est que je voulais le contraindre vivant pour obtenir de lui un traité écrit que j'aurais annoncé au prince héritier [de Yen]. » Alors les assistants s'élancèrent en avant et tuèrent King K'o.

KIU-JAN
Ju Ran
巨然

2e moitié du Xe siècle. Peintre de l'époque des CINQ DYNASTIES

KIU JEN
Ju ren
舉人

« Homme éminent » : celui qui a passé avec succès l'EXAMEN du second degré.

K'IU YUAN
Qu Yuan
屈原

Né en 343, mort vers 277 avant J.-C. C'est le poète le plus célèbre d'avant l'Empire, le chantre des peines de l'exil, empli d'amertume devant la méchanceté calomnieuse des hommes. Il descendait du roi Wou, d'origine BARBARE, qui avait régné de 740 à 690 avant notre ère sur le méridional pays de TCH'OU. On attribue à K'iu Yuan de nombreuses poésies qui sans doute ne sont pas de lui. Il en va différemment du *Li Sao*, long recueil où voisinent poésies mystiques, dont les liens avec d'antiques cérémonies chamaniques sont évidents, et élégies très personnelles sur l'injustice des hommes et des temps. K'iu Yuan, c'est-à-dire Yuan du fief de K'iu, avait été conseiller des rois Houai (328-299) et K'ing-siang (298-293) de Tch'ou. Banni en 297 et assigné à résidence dans un domaine au bord de la rivière Mi-lo, il y mourut sans doute, vaincu par les années et les infirmités.

KO HONG
Ge Hong
葛洪

Début du IVe siècle. Auteur du *Pao-p'ou-tseu*, encyclopédie des méthodes à suivre pour parvenir à l'immortalité. Il y décrit notamment les vertus des métaux ainsi que la transmutation du mercure, du plomb et du cinabre.

K'ONG FOU-TSEU
Kong fuzi (ou Kong Qiu)
孔夫子

Dates traditionnelles : 551-479 avant J.-C. Confucius, le père de la philosophie chinoise.

KONG-SOUEN LONG
Gongsun Long
公孫龍

Né en 320, mort en 250 avant J.-C. Philosophe de l'« école des Noms » (MING-KIA). Il était originaire de l'État de Tchao. Comme tous les philosophes de son temps, il déplorait les guerres constantes que se livraient les princes. Il est connu comme « dialecticien » s'efforcant de déterminer la signification des mots. Son travail porta surtout sur le concept de « blanc » et son plus célèbre paradoxe est celui du « cheval blanc » : « Un cheval blanc n'est pas un cheval... Le mot «cheval» désigne une forme, «blanc» désigne une couleur. Ce qui désigne une couleur ne désigne pas une forme. C'est pourquoi je dis qu'un cheval blanc n'est pas un cheval... » Kong-souen Long exprima également en termes de paradoxes une subtile distinction entre le concret et l'abstrait, le particulier et le général.

KOU K'AI-TCHE
Gu Kaizhi
顧愷之

Né en 345, mort en 411. Originaire du bas Yang-tseu, il travailla à la Cour de NANKIN à l'époque des SIX DYNASTIES et demeure le plus célèbre peintre chinois de personnages. Son œuvre n'est plus aujourd'hui connue que par des copies, dont certaines sont anciennes comme celle des « Conseils de la monitrice aux dames du palais » (British Museum), qui remonte au Xe siècle, ou celles de la « Nymphe de la rivière Lo » (Musée national de Pékin, Freer Gallery de Washington et musée de Chen-yang), du XIIe siècle : il s'agit en ce dernier cas d'une action continue qui se déroule au fil du rouleau.

KOUAN
Guan
官

Céramiques « officielles », type de céladon. Les pièces *kouan* comportent en général un corps porcelaineux brun revêtu d'une épaisse couverte pouvant prendre toutes les nuances, du gris pâle au vert pâle en passant par le bleu pâle. Elles présentent des sortes de mailles lâches constituées par les craquelures qui traduisent elles-mêmes les différences de réaction, à la cuisson, du corps et de la couverte. La production des céramiques officielles *kouan* commenca au Honan dès la fin des SONG du Nord, mais les pièces les plus belles proviennent du Tchökiang et, particulièrement, du premier four qui y fut établi, celui dit de la « conservation des bâtiments impériaux » *(Siu-nei-sseu)*.

KOUAN TCHONG
Guan Zhong
管仲

Milieu du VIIe siècle avant J.-C. Conseiller du fameux duc HOUAN du pays de TS'I, au Chantong : ils classèrent la population en fonction de ses occupations ainsi qu'en unités géographiques; ils instituèrent un système centralisé et uniforme d'impôts et réorganisèrent le service militaire dont ils répartirent la charge sur l'ensemble de la population, afin de limiter la puissance morale et matérielle que l'aristocratie devait à ses maisons militaires. La tradition leur attribue également la création des premiers MONOPOLES sur le sel et le fer.

KOUAN T'ONG
Guan Tong
關仝

Ire moitié du Xe siècle. Peintre de l'époque des CINQ DYNASTIES.

KOUAN YU
Guan Yu
關羽

Né en 162, mort en 219. L'une des figures du roman des « TROIS ROYAUMES ». Originaire du Chantong, il dut quitter son pays après avoir commis un meurtre. En cette période troublée de la fin des HAN, il rencontra LIEOU PEI et TCHANG FEI dont il devint l'ami inséparable. Tous trois se prêtèrent au « Jardin des Pêchers » serment d'amitié jusqu'à la mort. Kouan Yu est l'un des plus célèbres héros militaires chinois.

KOUANG WOU-TI
Guangwudi
光武帝

Empereur qui régna de 25 à 57 de notre ère. Il restaura l'autorité de la lignée HAN après l'usurpation de WANG MANG (9-22). Il écrasa la révolte paysanne dite des « SOURCILS ROUGES »; il abolit les pouvoirs féodaux qu'il avait cru en un temps devoir rendre aux princes de la famille impériale, se méfiant des grands propriétaires fonciers et de l'aristocratie que les guerres de la fin des Han occidentaux avaient largement décimée. Il put ainsi rétablir à LO-YANG, loin des pressions BARBARES qui pesaient si lourd sur l'antique TCH'ANG-AN, un régime centralisé qui reste, dans l'histoire chinoise, l'exemple type des « restaurations » bonnes et équitables : il abolit l'ESCLAVAGE, ce fléau qui s'était particulièrement développé à l'époque des premiers Han.

K'OUEN-LOUEN
Kunlun
崑崙

La plus ancienne des chaînes montagneuses de l'Asie, dont elle constitue une véritable épine dorsale. Elle prend naissance au Pamir, à l'ouest, et vient buter à l'est contre les massifs qui séparent les bassins du FLEUVE JAUNE et du FLEUVE BLEU. Elle sépare le Tibet du Turkestan chinois. Le terme de K'ouen-louen possède aussi un sens mythologique : il désigne en ce cas la montagne que la cosmogonie taoïste place au centre du monde, conformément à la cosmogonie indienne. On dit que la fontaine d'immortalité y jaillit et que les quatre grands fleuves du monde y prennent leur source. Le mont K'ouen-louen est enfin le séjour de la SI WANG-MOU.

KOUO HI
Guo Xi
郭熙

Né vers 1020, mort en 1090. Peintre de l'époque des SONG du Nord, auteur d'un traité : « Le grand message des Forêts et des Courants » *(Lin-ts'iuan, kao-tche)*.

KOUO SIANG
Guo Xiang
郭象

Mort en 312. On lui attribue un commentaire du TCHOUANG-TSEU, commentaire qu'il aurait écrit dans une retraite volontaire, refusant les charges dont l'empereur des TSIN voulait l'honorer. Il reçut cependant plus tard des fonctions importantes, dont celle de Grand Tuteur du Prince Tong-hai au Kiangsou, poste qu'il finit par quitter avec dégoût.

KOUO T'AI
Guo Tai
郭太

Né en 128, mort en 169. Célèbre philosophe de l'époque des HAN postérieurs, parvenu à la plus grande notoriété malgré l'enfance pauvre qu'il connut pour avoir été orphelin. Son rayonnement était si grand que les élèves se pressaient à ses cours. La légende rapporte qu'un certain Wei Tchao préféra entrer à son service comme domestique, plutôt que de poursuivre ses études auprès de maîtres savants. A Kouo T'ai qui voulait sans ménagement le renvoyer à ses professeurs, Wei Tchao répondit : « Il est assez facile de trouver un professeur érudit, mais difficile de trouver un maître humaniste ».

KUMARAJIVA

Né en 344, mort en 413. Premier traducteur en chinois des « Trois traités » bouddhiques de l'école *Mâdhyamika* de Nâgârjuna.

L

LAN-TCHEOU
Lanzhou
蘭州

Capitale de la province du Kansou; elle est située sur la rive droite du FLEUVE JAUNE.

LAO-TSEU
Laozi
老子

Sage sans doute mythique, père du TAOISME.

LEANG
Liang
梁 涼

Nom de trois dynasties qui régnèrent en Chine du Nord, au Kansou, à l'époque dite des SIX DYNASTIES. Ce sont : les Leang du Sud (397-414), de race sien-pi; les Leang du Nord (397-439), de race HIONG-NOU; et les Leang de l'Ouest (401-421), d'origine mal déterminée, peut-être chinoise. Ils reprenaient le nom d'une dynastie qu'un général chinois avait fondée dans ce même « couloir du Kansou », tentant de résister à la pression et aux déprédations BARBARES (313-376) que plus rien n'arrêtait depuis la disparition de l'Empire des HAN (220), puis de celui des TSIN de l'Ouest (304), en Chine du Nord. Au début du VIe siècle, une nouvelle dynastie des Leang fut fondée en 502 dans le Sud de la Chine par un prince-soldat, qui prit le nom de Wou-ti, « l'empereur guerrier ». L'histoire retient de lui qu'il fut un administrateur sage, un bâtisseur et surtout un grand protecteur du bouddhisme. Quelques belles pièces sculptées, vestiges des tombeaux des Leang dans la région de NANKIN, évoquent encore aujourd'hui ces splendeurs passées.

LEANG K'AI
Liang Kai (ou Liangjie)
梁楷

Peintre du XIIIe siècle. Élève de Kia Che-kou qui s'inscrit lui-même dans le sillage de LI T'ANG et grand admirateur de Li Kong-lin célèbre pour ses scènes historiques, Leang K'ai occupa de 1201 à 1204 un poste officiel à l'Académie où son talent fut apprécié. En fait, son génie était aussi brillant que divers. C'est par exemple au style académique des SONG du Sud que se rattache son « Paysage sous la neige » où l'opposition hardie des deux masses — celle de l'arbre au premier plan, celle des sommets boisés au second plan —, placées en diagonale, accentue par contraste le vide et la froidure du centre où s'aventurent deux voyageurs. Bientôt cependant, et malgré les honneurs, Leang K'ai se lassa de l'Académie comme de la vie brillante de HANG-TCHEOU et chercha refuge dans la solitude d'un monastère *tch'an* situé non loin de la capitale, le Lieou-t'ong-sseu. Au fini, au soin des œuvres du professionnel succéda alors un style libre, équilibré, subtil de retenue et d'explosion, suivant le rythme de la méditation et des découvertes du moine. Ici, la forme n'existe plus pour elle-même; elle n'est que le fruit d'un hasard, la rencontre heureuse de coups de pinceaux géniaux qui s'apparentent au cri dont certains pratiquants du *tch'an* accompagnent la découverte de la révélation. L'œuvre ne cherche pas à plaire, mais à exprimer le *k'i*, la nature profonde de l'être, ce *k'i* que, cent ans plus tôt, l'empereur HOUEI-TSONG cherchait à travers la perfection de la couleur. Le merveilleux portrait de LI PO se situe en quelque sorte entre les deux manières : au centre, un trait puissant et peu encré; aux extrémités, la masse plus noire des pieds et celle, rythmée d'encrages noirs et pâles, de la tête. Prêt à prendre la parole, le poète chemine éternellement, les yeux levés vers ses rêves. C'est peut-être au Japon que Leang K'ai joua le rôle le plus important, rejoignant en cela l'autre maître *tch'an* du XIIIe siècle, MOU K'I. Leur manière, révélée au Japon en pleine époque de Kamakura, souleva un intérêt passionné.

LEAO
Liao
遼

Empire fondé en Chine du Nord par les K'i-tan. Ils se maintinrent en Chine du Nord de 947 à 1125.

LÉGISME
V. FA-KIA

LI CHANG-YIN
Li Shangyin
李商隱

Né en 813, mort en 858. Poète, membre de l'académie du HAN-LIN. Il était originaire du Honan.

LI CHAO-KIUN
Li Shaojun
李少君

IIe siècle avant J.-C. Alchimiste taoïste qui attira l'attention de l'empereur Wou des HAN en l'assurant qu'il était possible de fabriquer, à partir du cinabre, de l'or qu'il transformerait en assiettes et gobelets : l'usage de ces derniers devait assurer l'immortalité. Li Chao-kiun dit encore qu'il s'était rendu aux Iles des Immortels et qu'il y avait vu des dattes aussi grosses que des melons. C'est pour trouver ces pays merveilleux que l'empereur aurait lancé des expéditions vers l'Occident.

LI CHE-MIN
Li Shimin
李世民

Né en 597, mort en 649. Fils du général LI YUAN (565-635) et lui-même soldat de l'armée de YANG-TI des SOUEI, il poussa son père à la révolte et fonda en 618 la dynastie des T'ANG. Il plaça son père sur le trône, puis l'évinça, en 626, à la suite d'une conspiration menée par son frère aîné et son frère cadet, tous deux jaloux de l'emprise qu'avait Li Che-min sur leur père. Li Che-min égorgea ses deux frères et prit pour femme la veuve de son cadet. Son règne personnel commenca alors, tout entier consacré à la réorganisation de l'Empire. De grandes campagnes militaires (639-640 et 647-648) lui permirent de contrôler le bassin du Tarim, tandis qu'il menait des actions semblables au sud vers le Viêtnam, au nord vers la Mongolie, à l'est vers la Mandchourie. Son titre posthume est T'AI-TSONG.

LI CHOU
Li shu
隸書

ÉCRITURE « officielle », carrée, représentant une simplification de l'écriture « sigillaire », standardisée par le PREMIER EMPEREUR. Le *li chou* était utilisé pour transcrire tous les documents relatifs à l'instruction et au règlement des affaires criminelles; la tradition dit qu'elle fut inventée par un administrateur de prison.

LI FANG
Li Fang
李昉

Né en 925, mort en 995. Li Fang fut deux fois Premier ministre (en 983 et de 991 à 998); il est surtout connu pour les deux recueils encyclopédiques qu'il compila : le T'AI-P'ING YU-LAN et le T'AI-P'ING KOUANG-KI.

LI K'O-YONG
Li Keyong
李克用

Général d'origine turque. Il s'illustra en écrasant le rebelle HOUANG TCH'AO (884). Il protégeait si bien les frontières contre les incursions BARBARES que l'empereur lui accorda le patronyme impérial de Li en 869. Mais en 907, Li K'o-yong fonda l'État indépendant de TSIN au Chansi.

LI LIN-FOU
Li Linfu
李林甫

Mort en 752. Premier ministre (737) sous le règne de HIUAN-TSONG des T'ANG, il contribua à la puissance d'AN LOU-CHAN. Couvert d'honneurs de son vivant, il fut, après sa mort, accusé de trahison en faveur des Tatars.

LI LING
Li Ling
李陵

Célèbre et malheureux général de l'époque des HAN antérieurs. Capturé par les HIONG-NOU avec son armée, il tomba aux mains de l'ennemi et se laissa faire prisonnier. L'empereur Wou (141-87 av. J.-C.) ne lui pardonna pas ce qu'il jugeait une trahison et fit mettre à mort toute sa famille. Li Ling n'osa jamais rentrer en Chine et mourut vingt ans plus tard en captivité. C'est pour avoir défendu sa cause que SSEU-MA TS'IEN (c. 145-c. 90) fut condamné à la castration.

LI PO (OU LI PAI)
Li Bai
李白

Né en 701, mort en 762. C'est avec TOU FOU (712-770) le plus grand poète chinois de tous les temps. Né au Sseutch'ouan, Li Po était issu d'une grande famille. Il manifesta dès l'enfance les dons les plus vifs tant pour les lettres que pour les arts martiaux et l'aventure. Il sillonna la Chine, voyageant jusqu'au Chantong : il y fonda un groupe de poètes joyeux buveurs, les « Six fantaisistes du ruisseau aux bambous ». Vers 742, il atteignit TCH'ANG-AN où son talent poétique fit l'admiration de l'empereur qui le nomma au HAN-LIN. YANG KOUEI-FEI, cependant, prévenue contre Li Po par les attaques d'un eunuque, s'opposa à la poursuite de la carrière du poète. Ce dernier quitta alors la Cour, pourvu d'une somme d'argent que l'empereur lui donna et accompagné d'une suite d'amis. Ces joyeux compères fondèrent un nouveau groupe : les « Huit immortels dans le vin ». A la fin de sa vie, Li Po trouva refuge chez un parent. Une légende célèbre rapporte qu'il périt noyé dans le FLEUVE BLEU pour avoir tenté d'y saisir le reflet de la lune.

LI SSEU
Li Si
李斯

Mort en 208 avant J.-C. Homme du TCH'OU, disciple de SIUN-TSEU, il entra au service de l'État de TS'IN en 237 avant notre ère, où il occupa successivement les charges d'historiographe, de ministre des Affaires étrangères puis, en 214, de Premier ministre de l'Empire. Il fut l'homme de l'implacable organisation légiste du petit État comme de l'Empire; Il fut aussi celui qui ordonna, en 213 avant J.-C., la destruction des livres. Il était pourtant lui-même bon lettré; la tradition lui attribue l'invention de l'ÉCRITURE dite de « petit sceau », imposée comme écriture officielle par le PREMIER EMPEREUR.

LI SSEU-HIUN
Li Sixun
李思訓

Né en 651, mort en 716. Peintre de l'époque des T'ANG, maître de la manière en « bleu et vert ».

LI TAI MING HOUA KI
Lidai ming hua ji
歷代名畫記

« Mémoire des peintres célèbres de l'histoire » : traité sur la peinture de TCHANG YEN-YUAN (c. 810-880).

LI T'ANG
Li Tang
李唐

Né vers 1050, mort en 1130. Peintre qui domina l'Académie à la fin des SONG du Nord et au début des Song du Sud.

LI TCH'ENG
Li Cheng
李成

Né vers 940, mort en 967. Peintre de paysages.

LI TS'ING-TCHAO
Li Qingzhao
李清照

Née vers 1084, morte en 1140. La plus célèbre poétesse chinoise.

LI YUAN
Li Yuan
李淵

Né en 565, mort en 635. Père de LI CHE-MIN (597-649) et fondateur avec lui de l'Empire des T'ANG (618-907). Il reçut le titre posthume de KAO-TSOU, après avoir régné de 618 à 626, date à laquelle son fils l'évinça avec honneurs du pouvoir. Li Yuan était, à l'origine, un général cantonné dans le Chansi et chargé de la protection du territoire contre les nomades. En 617, il se révolta à l'instigation de son fils contre la tyrannie de l'empereur Yang (604-618) des SOUEI.

LIE-TSEU
Liezi
列子

Texte taoïste contenant, selon la tradition, l'enseignement d'un certain Lie Yu-k'eou qui aurait vécu au début du IVe siècle avant notre ère. En fait, de nombreuses interpolations et une influence certaine de l'idéologie bouddhique engagent à attribuer à l'essentiel de ce texte une date beaucoup plus tardive. Un important commentaire en fut fait au IVe siècle après J.-C. par Tchang Tchan. Le personnage de Lie Yu-k'eou est en fait une création de TCHOUANG-TSEU qui s'en servit pour exprimer, à travers la fiction, un certain nombre de ses idées. Mais, sous les HAN, les lettrés ne comprirent pas la valeur allégorique de Lie Yu-k'eou et lui accordèrent une existence réelle.

LIEOU PANG

Liu Bang

劉邦

Né en 247, mort en 195 avant J.-C. Fondateur de la dynastie des HAN. La postérité l'honora du nom de Han KAO-TSOU, « Grand Ancêtre des Han ».

LIEOU PEI

Liu Bei

劉備

Né en 162, mort en 223. Descendant des HAN, fondateur au Sseutch'ouan du royaume de Chou-Han (221-263) à l'époque des TROIS ROYAUMES.

LIEOU SIANG

Liu Xiang

劉向

Né en 79, mort en 8 avant J.-C. Descendant de LIEOU PANG, fondateur de la dynastie, Lieou Siang est connu comme le premier bibliographe chinois. Il établit une liste des ouvrages rassemblés sous l'égide de l'empereur Tch'eng (33-8 av. J.-C.) des HAN, pour tenter d'effacer les méfaits de la proscription des livres. Son fils, Lieou Sin, en fit un classement en sept matières que l'historien PAN KOU (32-92) incorpora à son histoire des Han antérieurs *(Ts'ien Han chou)*. Six cent soixante-dix-sept travaux furent ainsi répartis, non plus en sept, mais six catégories : 1. Classiques; 2. Philosophie; 3. Poésie; 4. Tactique militaire; 5. Astronomie, généalogie, divination, science des nombres; 6. Médecine, religions populaires, connaissances pratiques. Lieou Siang est également l'auteur d'une « Biographie des femmes vertueuses de l'antiquité » *(Kou lie niu tchouan)*.

LIEOU SIE

Liu Xie

劉勰

Actif vers 480. Auteur du premier traité connu de critique littéraire, le *Wen-sin tiao-long*, « Traité sur les fondements de l'art littéraire ».

LIEOU SONG-NIEN

Liu Songnian

劉松年

Né en 1180, mort en 1230. Peintre bouddhiste. Pour comprendre son œuvre, il convient d'évoquer, au-delà de la ferveur populaire qui ne se démentit pas malgré les édits officiels de proscription, le relatif déclin de l'art bouddhique à partir du IXe siècle. Durant la période des CINQ DYNASTIES — qui connut encore des persécutions religieuses —, la peinture bouddhique stagna et continua à reproduire simplement les modèles élaborés sous les T'ANG; dans bien des cas, les peintres tendaient à s'éloigner de l'iconographie classique et se plaisaient de plus en plus à des représentations aimables de paysages ou même de fleurs. Les ateliers monastiques avaient disparu en même temps que les établissements qui les entretenaient, et seul un artisanat de qualité très moyenne continuait à fabriquer les images chères aux pèlerins. Un autre courant, en revanche, s'affirmait : celui des lettrés en qui subsistait parfois la flamme de la religion ou bien que fascinait la recherche de la sagesse. Ils ne cherchaient plus à produire des images du culte mais à obtenir, pour paraphraser une expression célèbre, un « dialogue avec l'invisible ». Le peintre ne souhaitait ni convaincre, ni transmettre un message, mais désirait figurer sa propre réflexion. L'un des plus brillants peintres SONG d'expression bouddhique fut Lieou Song-nien dont l'œuvre — bien qu'il fût réputé pour n'avoir pas produit, sa vie durant, plus de dix peintures — marqua un tournant dans l'iconographie religieuse : en même temps que les thèmes et les personnages, par leurs traits et leur costume, évoquent de plus en plus la peinture de lettré, on remarque une nette féminisation des bodhisattvas.

LIEOU TCHE

Liu Zhi

劉秩

VIIIe siècle. Fils du célèbre historien LIEOU TCHE-KI (661-721). Auteur d'un ouvrage, le *Tcheng-tien* (740), traitant de l'histoire des institutions de la Chine.

LIEOU TCHE-KI

Liu Zhiji

劉知幾

Né en 661, mort en 721. Important historien, auteur du *Che t'ong* (« Généralités sur l'histoire »).

LIEOU YEN

Liu Yan

劉晏

Né en 715, mort en 780. Né au Chantong, il attira, dit la tradition, l'attention de l'empereur HIUAN-TSONG (règne : 712-756) en écrivant, dès l'âge de huit ans, une ode à l'occasion des rites que le souverain vint accomplir au T'ai-chan. Sa fortune politique fut très grande, mais il se heurta violemment à YANG YEN (727-780), créateur de la célèbre « double taxe », qui obtint l'exil de Lieou Yen en Corée et le fit condamner à se suicider. Lieou Yen a laissé dans l'histoire le souvenir d'un homme entièrement dévoué au peuple; il aurait tenté de supprimer la corvée destinée à transporter les grains de la vallée du FLEUVE BLEU à la capitale et aurait confié ce transport à des professionnels.

LIEOU YU-HI

Liu Yuxi

劉禹錫

Né en 772, mort en 842. Poète originaire du Tcheli, très apprécié de PO KIU-YI et homme d'État. La charge du Censorat, qu'il exerca avec trop de rigueur, lui valut d'être banni au Yunnan. Après de grosses difficultés tout au long de sa carrière, il finit par être nommé, un an avant sa mort, président du Bureau des Rites.

LO PIN-WANG

Le Binwang

駱賓王

VIIe siècle. Poète considéré comme l'un des « quatre héros » de la dynastie des T'ANG, avec le magistrat Yang Ts'iong, le lettré Wang Po et Lou Tchao-lin qui se suicida en se jetant dans une rivière. Il s'opposa à l'impératrice Wou, ce qui provoqua sans doute sa mort.

LO-YANG

Luoyang

洛陽

Située dans la partie nord-ouest de la préfecture du Honan, Lo-yang fut, dès les origines de l'histoire chinoise, le centre le plus important de la Chine nord-orientale. Des vestiges des cultures de YANG-CHAO et de LONG-CHAN attestent son occupation dès le néolithique. Les souverains des TCHEOU (dits orientaux) s'y installèrent au VIIIe siècle avant J.-C. Sous l'Empire, Lo-yang fut plusieurs fois élevée au rang de capitale : sous les HAN postérieurs (25-220 ap. J.-C.); les WEI (220-265) et les TSIN (265-317) à l'époque des TROIS ROYAUMES; sous Yang-ti des SOUEI (604-618); enfin, à l'époque des CINQ DYNASTIES, sous les LEANG postérieurs (907-923), les T'ANG postérieurs (923-936) et, très brièvement, sous les Tsin postérieurs (936-937). Lo-yang ne devait jamais plus, par la suite, retrouver son rang de capitale principale. Mais elle demeura un centre culturel important, ce qui fit d'elle, ainsi qu'il en était officiellement sous les T'ang (618-907), la capitale secondaire de l'Empire.

LONG-CHAN

Longshan

龍山

Civilisation qui prolonge en tout celle de

YANG-CHAO, mais en la perfectionnant : au simple fossé qui enserrait les villages se substituent ou s'ajoutent des murs de terre damée. L'outillage en pierre polie est plus avancé et des marques graphiques apparaissent çà et là, notamment sur les poteries montées au tour. Jusqu'à une époque récente, on ne connaissait de ces dernières que des poteries noires, lustrées; mais les découvertes récentes ont révélé l'existence de céramiques grises, rouges et blanches d'une qualité comparable.

LONG-MEN
Longmen
龍門

Site des célèbres grottes bouddhiques taillées sur l'ordre de l'empereur Hiuan-wou (règne : 500-515) des WEI du Nord.

LOU
Lu
魯

Principauté du Chantong, patrie de CONFUCIUS.

LOU KIEOU-YUAN
Lu Jiuyuan
陸九淵

Né en 1139, mort en 1192. Ami de TCHOU HI, philosophe de l' « intuition personnelle », il fut l'initiateur de la doctrine développée à l'époque des Ming par Wang Yang-ming (1472-1529).

LOU T'AN-WEI
Lu Tanwei
陸探微

IVe siècle. Artiste du Kiangsou, peintre de personnages, patronné par l'empereur Ming (règne : 323-325) des TSIN orientaux.

LOU TCHE
Lu Zhi
陸贄

Né en 754, mort en 805. Originaire du Kiangsou, membre de l'académie du HAN-LIN, conseiller écouté du souverain, il refusa de travailler avec YANG YEN (mort en 780). En 795, il échappa de peu à la mort pour avoir parlé contre une concubine impériale et fut exilé au Sseutch'ouan, dans un poste subalterne. Rentré en grâce en 805, sous l'empereur Chouen-tsong, il mourut sur le chemin du retour vers la capitale. Il est considéré comme un exemple d'intégrité et de fermeté de caractère.

LOU YEOU
Lu Yeou
陸游

Né en 1125, mort en 1210. Originaire du Tchökiang, il connut d'abord une carrière officielle difficile, pour s'être opposé au ministre Ts'in Kouei. Il rentra en grâce en 1163 sous le règne de l'empereur Hiao-tsong (1162-1189) des SONG du Sud. Il occupa plusieurs postes et travailla notamment à l'histoire dynastique. Sa plus grande gloire lui vint cependant de la poésie en laquelle il excellait.

LOUEN YU
Lun yu
論語

« Entretiens » de CONFUCIUS.

LU HEOU
Lü hou
呂后

Impératrice, morte en 180 avant J.-C. Mère du jeune enfant choisi parmi les fils de l'empereur défunt, Han Kao-tsou (LIEOU PANG, le fondateur de la dynastie), pour succéder à ce dernier, elle fut, par le biais de l'enfant, reconnue impératrice et exerca, en mettant en place des personnages de sa *gens*, une régence redoutable. Elle semblait vouloir usurper le trône en faveur de ses parents, mais sa mort mit fin à ses ambitions et tout son clan fut massacré. Son gouvernement, marqué par des actes de cruauté sadique, inaugura dans l'histoire chinoise le personnage inquiétant de l'impératrice douairière aux ambitions déréglées.

LU-CHE TCH'OUEN-TS'IEOU
Lüshi Chunqiu
呂氏春秋

« Les Printemps et les Automnes de Maître Lu ».

LU POU-WEI
Lü Buwei
呂不韋

Mort en 235 avant J.-C. Homme d'État du pays de TS'IN. C'était, à l'origine, un riche marchand originaire du Honan, sans que l'on sache s'il était de l'État de WEI ou de celui de HAN. Il voyageait au pays de Tchao quand il se lia d'amitié, à la capitale, avec un cadet de TS'IN qui était retenu là comme otage, car il était d'usage que les États se donnassent ainsi des gages de bonne conduite. Lu Pou-wei sut si bien manœuvrer qu'il reparut quelque temps plus tard sous l'aspect d'un dignitaire à la Cour de Ts'in. En 249 avant J.-C., il abolit le pouvoir royal des TCHEOU. Il connut la disgrâce en 237 avant notre ère, lorsque celui qui allait devenir le « PREMIER EMPEREUR » de Chine prit le pouvoir. Les historiens confucéens, toujours soucieux de ternir l'image du Premier Empereur, se sont efforcés de démontrer que ce dernier n'était nullement d'ascendance royale, mais le fils de Lu Pou-wei, amant secret de la reine.

M

MA LIN
Ma Lin
馬麟

XIIIe siècle. Peintre de l'époque des SONG du Sud, fils de MA YUAN.

MA TOUAN-LIN
Ma Duanlin
馬端臨

Né en 1250, mort en 1325. Auteur d'une célèbre encyclopédie, le *Wen-hiuan t'ong-k'ao*, rédigée dans la retraite où il se réfugia, comme beaucoup d'autres grands lettrés de la fin des SONG, au moment de l'invasion mongole.

MA-WANG-TOUEI
Mawangdui
馬王堆

Lieu situé non loin de TCH'ANG-CHA, au Hounan, où fut découverte, en 1971-1972, la tombe d'une riche défunte dont le cercueil était recouvert d'une bannière de soie peinte, la plus ancienne que l'on connaisse actuellement. Le site (tombe n° 3) a livré aussi (1973) d'importants manuscrits.

MA YUAN
Ma Yuan
馬遠

Fin XIIe-début XIIIe siècle. Peintre de l'époque des SONG du Sud.

MAHAYANA

Doctrine bouddhique, dite du « Grand Véhicule ».

MAI-TSI-CHAN
Maijishan
麦積山
Grottes bouddhiques.

MEI YAO-TCH'EN
Mei Yaochen
梅堯臣
Né en 1002, mort en 1060. Originaire du Anhouei, Mei Yao-tch'en dut à son talent de poète d'entrer en 1056 à l'Académie impériale. Il fut aussi remarqué pour ses qualités d'historien et devint membre de la commission chargée de reprendre l'histoire des T'ANG. Mais il mourut avant la fin de l'œuvre entreprise.

MENCIUS
V. MONG-TSEU

MENG-K'I PI-T'AN
Mengqibitan
夢溪筆談
« Recueil des propos de l'étang des rêves » de CHEN KOUA (1030-1094).

MI FOU (OU MI FEI)
Mi Fu (ou Mi Fei)
米芾
Né en 1051, mort en 1107. Collectionneur et peintre « calligraphiste », pointilliste, dont les compositions se caractérisent par l'utilisation et l'équilibre des taches, posées d'une encre plus ou moins légère. Originaire du Kiangsou, il reçut à la Cour la charge du Bureau des Rites, mais préféra plus tard retourner vivre en province.

MI YEOU-JEN
Mi Youren
米友仁
Né en 1086, mort en 1165. Fils du grand peintre lettré MI FOU (1051-1107) et peintre lui-même.

MING-K'I
Mingqi
明器
Ce terme dont la signification large est « mobilier funéraire » s'applique plus particulièrement aux statuettes de bois, de laque ou d'argile qui, dès l'époque des ROYAUMES COMBATTANTS et surtout à partir des HAN, constituèrent le monde familier du mort. La tradition dit que les *ming-k'i* ont été créés afin d'abandonner la pratique des sacrifices humains largement attestés sous les CHANG. Pièces-substituts, les *ming-k'i* reproduisent en réduction tout l'environnement humain et matériel nécessaire au défunt qui poursuit dans la tombe une vie comparable à celle qu'il menait sur terre.

MING-KIA
Mingjia
名家
« École des Noms » ou « école de sémantique » ou encore « des nominalistes ».

MING T'ANG
Mingtang
明堂
Palais-temple cosmique dont la forme en croix évoque celle des tombes royales des CHANG. Sans doute fut-il jadis une vaste demeure semi-souterraine dans laquelle une partie importante de la population se réfugiait pour l'hiver. Le souverain parcourait le *Ming T'ang* pour être en accord à la fois, dans le temps, avec l'évolution des saisons, et, dans l'espace, avec chacun des orients de son domaine, que le maître se devait de visiter chaque année en théorie. Cela fit que les lettrés parlèrent sans fin de la valeur symbolique du *Ming T'ang*, mais sans beaucoup se soucier de sa forme primitive réelle.

MO-TSEU
Mozi
墨子

Ensemble des écrits rédigés à partir de l'enseignement de Mo Ti (470-391 av. J.-C.). Il mettait l'accent sur la nécessité de l'amour, seul régulateur efficace des relations humaines. Sa doctrine connut, de la fondation de l'Empire jusqu'aux SONG (XIe siècle), une longue éclipse. Mo-ti était sans doute originaire du pays de LOU, comme CONFUCIUS, bien qu'une autre tradition le rattachât à l'État de Song. Comme pour la plupart des philosophes de l'antiquité, tout ce que l'on croit savoir de lui est largement problématique. Une seule chose est certaine : Mo-tseu s'opposait violemment à l'aristocratie, au pouvoir en place en général, refusant à la fois la musique — liée aux cérémonies —, les longues pénitences des deuils, et attachant une grande importance, en revanche, aux problèmes économiques. Il se montra l'adversaire irréductible des TCHEOU — à l'inverse des confucéens qui les soutenaient — et prit pour modèle la dynastie des HIA, en fait plus un symbole qu'une réalité. Philosophe de la sobriété, de l'amour universel et de la haine de la guerre — idées qu'il partageait avec un grand nombre de ses contemporains —, il eut le mérite de constituer à partir de ces tendances un ensemble rationnellement organisé. Le fond de sa pensée était pessimiste : s'il prônait l'amour universel, il n'y croyait pas les hommes enclins naturellement.

MONG HAO-JAN
Meng Haoran
孟浩然

Né en 689, mort en 740. Poète du brillant VIIIe siècle. Originaire du Houpei, il échoua à tous les EXAMENS officiels et se retira dans les montagnes, vivant en reclus. La légende le présente comme un doux original, rapportant qu'il aimait à chercher l'inspiration en chevauchant un singe, dans la neige. Parvenu à la quarantaine, il accepta enfin de se rendre à la capitale; il s'y lia d'amitié avec WANG WEI qui l'admira et tenta d'attirer sur lui la faveur impériale. Mais Mong Hao-jan préféra regagner sa retraite.

MONG T'IEN
Meng Tian
蒙恬

Mort en 209 avant J.-C. Ministre et commandant en chef des armées du PREMIER EMPEREUR. Après la mort de ce dernier, l'eunuque Tchao Kao le contraignit au suicide. Il est curieux de constater que c'est à cet homme redoutable, bâtisseur de la GRANDE MURAILLE, « pacificateur » des régions frontalières et redouté des non-Chinois, que la tradition attribue l'invention du *tcheng* (sorte de harpe) et du pinceau.

MONG-TSEU
Mengzi
孟子

Né en 372, mort en 289 avant J.-C. Mencius, disciple de CONFUCIUS. Ses écrits, rédigés dans un style alerte et clair, contribuèrent largement à la diffusion de la pensée confucéenne et acquirent, par le biais de l'enseignement, une importance considérable.

MONOPOLES

Périodiquement, et lorsque la Chine se trouvait unifiée sous l'autorité d'un empereur, le gouvernement, afin de s'assurer des ressources importantes, proclamait monopole d'État la production et le commerce de denrées de grande consommation comme le sel, le fer, les boissons alcoolisées, le thé. Selon les légistes, il était en effet immoral qu'un commerçant particulier s'appropriât des revenus qui, provenant de la production du sol, devaient revenir à l'État.

MOU K'I
Mu Qi
牧谿
XIIIe siècle. Peintre *tch'an* de l'époque des SONG du Sud.

N

NANKIN
Nankin
南京
Capitale du Sud, située sur la rive méridionale du FLEUVE BLEU. Sa création, en tant que ville murée, remonte à l'époque des HAN.

NÉO-CONFUCIANISME
Pp. 446-456.

O

O-YANG SIEOU
Ouyang Xiu
歐陽修
Né en 1007, mort en 1072. Écrivain, historien et, sans doute, le maître à penser le plus actif du XIe siècle. Il est l'auteur de la « Nouvelle histoire des T'ang » *(Sin T'ang chou)*, qu'il fut chargé de rédiger à partir de 1060. On lui doit encore le plus ancien recueil chinois d'épigraphie, le *Ki kou lou*, ainsi qu'un traité sur les pivoines et un recueil d'anecdotes concernant ses contemporains. Il se voyait lui-même avec humour comme un « gouverneur ivre, vieillard aux cheveux blancs, chauve sur le sommet de la tête ».

P

PA-FEN
Ba fen
八分
Littéralement ÉCRITURE en « huit morceaux », dérivée de l'écriture en usage sous les premiers empereurs HAN — elle-même dérivée de l'écriture sigillaire —, le *pa-fen* fut l'écriture en usage à l'époque des HAN orientaux.

PAN KOU
Ban Gu
班固
Né en 32, mort en 92 de notre ère. Historien, auteur, avec son frère Pan Piao et sa sœur PAN TCHAO, de l'« Histoire des HAN [antérieurs] » *(Ts'ien Han chou)*.

PAN TCHAO
Ban Zhao
班昭
Fin du Ier siècle. Sœur du grand historien PAN KOU dont elle termina l'œuvre, elle est considérée comme la première et la plus célèbre des intellectuelles chinoises.

PAPIER
Le papier a été inventé en Chine et transmis à l'Occident par l'intermédiaire des pays musulmans. Les récentes découvertes ont permis d'apporter un certain nombre de précisions importantes relatives à l'histoire du papier. Il apparaît ainsi que, des HAN jusqu'aux SONG, la production de papier était à 80 % ou même 90 % obtenue en travaillant les fibres de chanvre. Puis, dès la fin des T'ANG et surtout à partir des Song, on voit se multiplier les papiers obtenus à partir des végétaux les plus divers, comme les feuilles de mûrier, l'écorce de certains arbres et le bambou. Cette production elle-même semble, par ailleurs, s'être considérablement développée sous les Han postérieurs; c'est à ce moment aussi qu'apparaissent les substituts d'objets coûteux — miroirs, poignards, lanternes, par exemple — que l'on brûle au cours de certaines cérémonies. Dans le même temps, le papier tend à remplacer, dans l'administration impériale, l'ancien support de soie. Les techniques de fabrication du papier étaient déjà très élaborées et variées à l'époque des Han postérieurs. Les végétaux

lavés, hachés, foulés au pied, sont mis à bouillir dans un grand récipient plein d'eau. Lorsque le tout forme une pâte assez épaisse, celle-ci est longuement pilée, à l'aide d'un pilon simple ou bien manœuvré au pied. On obtient alors une pâte fine que l'on brasse longuement dans un bassin d'eau claire jusqu'à former un mélange homogène et fluide. L'artisan y plonge un instant un cadre sur lequel est tendu un fin tamis dont les mailles recueillent en un instant la matière légèrement pâteuse obtenue à partir du végétal et laissent l'eau s'écouler. On obtient un feuille de pâte plus ou moins épaisse qui est mise à sécher dehors, sur des cadres de bois : c'est une feuille de papier.

PI CHENG
Bi Sheng
畢昇

XIe siècle. Alchimiste qui inventa le principe des caractères mobiles d'imprimerie.

PO-CHE
Boshi
博士

« Lettré au vaste savoir » ou « Maître ès classiques », titre créé par le PREMIER EMPEREUR qui, voulant en tout unifier l'Empire, y compris la pensée, interdit les écoles privées. Plus tard, HAN WOU-TI (141-87 av. J.-C.) et le grand philosophe TONG TCHONG-CHOU s'efforcèrent à leur tour d'englober et de placer sous contrôle gouvernemental toutes les écoles qui s'étaient rouvertes. Rappelons enfin que c'est à cette époque que fut créée la première université chinoise.

PO KIU-YI (OU PAI KIU-YI)
Bai Juyi
白居易

Né en 772, mort en 846. Grand poète et homme d'État. Doué de capacités brillantes et précoces, il fut reçu à l'EXAMEN de KIN-CHE dès l'âge de dix-sept ans. Il entra au HAN-LIN et sa carrière officielle, malgré une disgrâce passagère, le conduisit notamment à HANG-TCHEOU dont il fut gouverneur, puis à Soutcheou, avant d'être, en 841, chargé des affaires militaires de l'Empire. Après sa mort, l'empereur fit graver ses poèmes sur des stèles de pierre; elles furent déposées dans le jardin que leur auteur s'était fait aménager à la capitale en souvenir de l'une de ses retraites d'exilé à Siang-chan (« La montagne parfumée ») où il se réunissait avec huit compagnons.

PREMIER EMPEREUR
V. TS'IN CHE HOUANG-TI

PRINTEMPS ET AUTOMNES
Dénomination traditionnelle de l'époque qui marqua la décadence des souverains TCHEOU (770-473 av. J.-C.); elle fut marquée par l'éclatement du culte royal ainsi que la montée de la puissance des HÉGÉMONS. Le terme de « Printemps et Automnes » *(Tch'ouen-ts'ieou)* vient du titre d'une chronique du pays de LOU, couvrant les années 722 à 484 avant J.-C. et dont la tradition attribue la rédaction à CONFUCIUS. Cette chronique des Printemps et des Automnes constitue l'un des « Cinq CLASSIQUES ».

R

RELIGIONS ÉTRANGÈRES
Mazdéisme, nestorianisme, manichéisme, islam, à la Cour des T'ANG.

ROYAUMES COMBATTANTS
Dénomination traditionnelle de la période qui fait suite à celle dite des PRINTEMPS ET DES AUTOMNES; elle vit l'éclatement du pouvoir et la fin de la dynastie des TCHEOU et s'étend de 473 à 221 avant J.-C..

S

SCULPTURE HAN

La vie chinoise sous les HAN ainsi que l'expression artistique des hommes de ce temps est, pour une large part, connue par des séries de bas-reliefs retrouvés en plusieurs points de Chine — au Sseutch'ouan, au Honan —, mais surtout au Chantong, pièces qu'Edouard Chavannes, Wilma Fairbank et, depuis peu, les archéologues chinois ont longuement étudiées. Briques estampées et pierres sculptées diffèrent à la fois par leur technique, largement conditionnée par la nature du support, et par leur style : tantôt l'artiste travaille tout en finesse des volumes délicats, tantôt, à l'inverse, il œuvre par masses plates, fortement stylisées et obéissant à une grammaire expressive conventionnelle donnant à l'ensemble un aspect graphique évident. On s'est longuement interrogé sur les causes de ces divergences profondes de l'un et l'autre style. Suivant Chavannes, qui voit un lien entre l'architecture à l'époque des Han — dont il ne reste plus rien — et ces représentations funéraires seules existantes aujourd'hui, Wilma Fairbank a émis l'hypothèse que la manière « en volumes » tendait à évoquer la splendeur des riches palais à structure de bois et décorés de peintures sur enduit dans les entrecolonnements, tandis que les représentations « plates » reproduisaient les formes simples et la vie des demeures plus courantes, faites de briques ou d'une ossature en bois mais sans ornements particuliers. Chavannes souligne aussi l'intérêt prodigieux pour l'histoire des civilisations de ces bas-reliefs et leurs limites esthétiques : « il faut considérer les bas-reliefs comme de simples transpositions sur pierre des sujets qui étaient dessinés sur les parois et les plafonds des habitations; [...] ils empruntent à la peinture ses sujets et ses facons de les traiter... » mais « elles sont l'œuvre d'artisans et non d'artistes et [...] elles sont astreintes à se servir d'une matière qui interdit toute finesse d'exécution » *(Mission dans la Chine septentrionale*, Paris, Leroux, 1913, pp. 33-34). Chavannes pose ici tout le problème de la sculpture chinoise : elle constitue un art moins apprécié que la peinture, souvent abandonnée aux mains des seuls artisans qui, eux-mêmes, ne disposaient en général que d'une pierre de médiocre qualité, tantôt trop friable, tantôt d'un grain trop grossier.

SEIZE ROYAUMES

Petits États, la plupart éphémères, fondés en majorité par les BARBARES qui se partagèrent la Chine du Nord du début du IVe siècle au milieu du Ve siècle.

SI-AN
Xian
西安

Capitale de la province du Chensi, elle est située à l'emplacement de TCH'ANG-AN, capitale des HAN antérieurs et des T'ANG.

SI WANG-MOU
Xiwangmu
西王母

La Reine-mère de l'Occident.

SIAO TCHOUAN
Xiao zhuan
小篆

Écriture dite de « petit sceau » qui aurait été inventée par LI SSEU, premier ministre du PREMIER EMPEREUR. C'est l'écriture de la standardisation, gravée sur des stèles modèles érigées dans chaque circonscription. Il demeure, au Chantong, les stèles de Yi-chan, de T'ai-chan, de Lang-ya, de Tcha-fou; au Tchökiang, celle de Kouai-tche.

SIAO T'ONG
Xiao Tong
蕭統

Né en 501, mort en 531. Fils aîné de Siao Yen, dévôt bouddhiste fondateur de la dynastie des LEANG (502-556) en Chine du Sud, auteur de la plus célèbre des anthologies poétiques chinoises, le WEN-SIUAN. Sa bibliothèque était réputée pour sa richesse.

SIAO-T'OUEN
Xiaotun
小屯

Village de la préfecture d'AN-YANG, dans le Honan : c'est là que se trouvent les vestiges, extraordinairement riches, de la capitale des rois CHANG-YIN, communément appelée AN-YANG.

SIE HO
Xie He
謝赫

IVe siècle. Premier grand esthéticien chinois dont l'œuvre, le *Kou-houa-p'in-lou*, constitue la source de la critique et du jugement chinois en matière de peinture.

SIE LING-YUN
Xie Lingyun
謝靈運

Né en 385, mort en 433. Grand poète, passé maître dans les descriptions de paysages à connotation philosophique, et penseur, il connut une vie administrative agitée à cause de son excentricité et de son caractère difficile. Dès sa jeunesse, il aimait à s'habiller à la mode de l'antiquité. Une foule d'imitateurs le suivait. Il s'enfonçait avec eux à travers montagnes et forêts. Un jour, un magistrat du Tchökiang le vit venir avec effroi et le prit pour un bandit révolté. Les souverains des SONG (420-479) régnant dans la région de NANKIN s'intéressèrent à lui, mais son mauvais caractère le conduisit à sa perte. Il semble qu'il ait péri, condamné à la décapitation.

SIU TAO-NING
Xu Daoning
許道寧

Ire moitié du XIe siècle. Peintre de l'époque des SONG du Nord; bien que possédant un style très personnel, il se réclamait de la manière de Li Tch'eng.

SIUN-TSEU
Xunzi
荀子

Né en 315, mort en 236 avant J.-C. Originaire du pays de Tchao, il mena la vie itinérante de ses compagnons philosophes. Il fondait sa réflexion sur les enseignements de CONFUCIUS, mais en soulignant le caractère fondamentalement mauvais de la nature humaine. C'est en ce sens qu'il apparaît à la source du LÉGISME.

SIX DYNASTIES

Époque de l'histoire chinoise s'étendant de la fin des TSIN (317) à la réunification de l'Empire par la dynastie des SOUEI (581).

SONG
Song
宋

Prestigieuse dynastie fondée en 960 par le général TCHAO KOUANG-YIN et qui devait s'écrouler partiellement en 1125 sous les coups des Djürtchät. Un gouvernement dit des Song du Sud fut néanmoins reconstitué à Hang-tcheou. Ce dernier disparut, en 1279, sous le poids de l'invasion mongole.

SOU TONG-P'O (OU SOU CHE)
Su Dongpo (ou Su Shi)
蘇東坡 蘇軾

Né en 1036, mort en 1101. Poète, philosophe et peintre, créateur de la « peinture de lettré ». Il fut reçu aux EXAMENS de KIN-CHE à vingt et un ans et prit une charge officielle trois ans plus tard, en 1060, après l'expiration du deuil qu'il devait respecter à la suite de la mort de sa mère. Par-delà les aléas de sa carrière politique, ses écrits ont toujours été considérés avec le plus grand respect et dès l'époque des SONG, on édita nombre de recueils de sa poésie et de sa prose.

SOU WOU
Su Wu
蘇武

L'histoire de Sou Wou, si enveloppée de légende soit-elle, constitue l'exemple par excellence de l'attitude des Chinois face aux BARBARES et représente une sorte de symbole du patriotisme chinois. C'est l'empereur Wou des HAN (141-87 av. J.-C.) qui dépêcha Sou Wou auprès des HIONG-NOU. Tout se déroula fort bien et Sou Wou s'apprêtait à repartir, sa mission diplomatique remplie, lorsque éclata un complot mené contre le *chan-yu*. Les Hiong-nou en rendirent Sou Wou responsable et s'efforcèrent de lui faire avouer son forfait. Sou Wou refusa et, plutôt que de subir le déshonneur d'avoir manqué à sa mission de paix, tenta de se suicider. Il fut sauvé, mais aussitôt emprisonné, puis envoyé dans la région du Baïkal comme simple pâtre. Il vécut ainsi dix-neuf années avant de pouvoir regagner la Chine, les relations entre les Han et les Hiong-nou s'étant améliorées. En fait, il existe plusieurs versions de la vie de Sou Wou, mais le thème fondamental est toujours le même et les peintres se sont plu maintes fois à représenter le noble émissaire de l'empereur occupé à paitre ses moutons.

SOUEI
Sui
隋

Dynastie (581-618) fondée par le général YANG KIEN, originaire du Nord-Ouest de la Chine et qui réunifia l'Empire, marquant ainsi la fin de l'époque troublée dite des « SIX DYNASTIES »

SOUEN K'IUAN
Sun Quan
孫權

Né en 185, mort en 252. Fondateur, à l'époque des TROIS ROYAUMES, du royaume de WOU. Il commença par s'opposer violemment à TS'AO TS'AO, mais se vit contraint, en 217, de faire des offres de paix et d'alliance. Celles-ci furent acceptées deux ans plus tard, en 219, et Ts'ao Ts'ao lui accorda le titre de marquis. Lorsque TS'AO P'EI monta sur le trône, il reconnut officiellement en Souen K'iuan le chef de la principauté de WOU. Mais Souen K'iuan rejeta bientôt tout lien d'allégeance et, en 229, se proclama premier empereur de la dynastie de Wou.

SOURCILS ROUGES

Rebelles au maquillage démoniaque, qui contribuèrent, parallèlement à la noblesse han et aux grandes familles terriennes, à la chute du gouvernement instauré par WANG MANG et à la restauration de la dynastie des HAN (25 de notre ère). Le mouvement, parti du Chantong, s'étendit rapidement à toute la plaine Jaune.

SSEU CHOU
Sishu
四書

Les « Quatre Livres » renfermant l'essentiel de la doctrine confucéenne telle que la concevaient les philosophes SONG. Les « Quatre Livres » se décomposent en « Grande Étude » *(Ta-hiue)*, rapportant notamment les enseignements de CONFUCIUS concernant le gouvernement de l'État; la « Doctrine du Milieu » *(Tchong-yong)*, attribuée au petit-fils du Sage: c'est le plus philosophique des Quatre Livres; les « Entretiens » *(Louen-yu)*, dans lequel se trouvent les dialogues du maître avec ses disciples : c'est une copie de ce texte qui aurait été découverte dans le mur de la maison de Confucius, en même temps que le CHOU KING, « Classique de l'Histoire », publié par K'ong An-kouo (IIe siècle av. J.-C.); le « Mencius » enfin (MONG-TSEU) rapporte les propos que ce dernier échangea avec princes et disciples. Par extraordinaire, cet ouvrage teinté d'une spiritualité mystique a échappé à l'incendie des livres ordonné en 213 avant J.-C. par le PREMIER EMPEREUR.

SSEU-MA
Sima
司馬

Littéralement, « chargé de l'administration

des chevaux », c'est-à-dire ministre de la guerre sous les TCHEOU. Le terme est passé ensuite dans le nom d'un certain nombre de personnalités descendant officiellement des anciennes grandes familles.

SSEU-MA KOUANG
Sima Guang
司馬光

Né en 1019, mort en 1086. Homme d'État, il s'opposa violemment au réformateur WANG AN-CHE (1021-1086). Mais la postérité retient surtout de lui son incomparable science et son talent d'historien qui apparaissent dans son « Miroir général pour aider au gouvernement ».

SSEU-MA SIANG-JOU
Sima Xiangru
司馬相如

Né vers 179, mort en 117 avant J.-C. Le plus grand poète de l'époque des HAN.

SSEU-MA T'AN
Sima Tan
司馬談

Mort en 110 avant J.-C. Père du célèbre historien SSEU-MA TS'IEN qui se présentait, aux yeux de ses contemporains, comme le continuateur de l'œuvre historique entreprise par son père.

SSEU-MA TS'IEN
Sima Qian
司馬遷

Né vers 145, mort vers 90 avant J.-C. Astrologue de la Cour qui, par son talent littéraire et sa clairvoyance, fonda le grand genre historique chinois.

SSEU-MA YEN
Sima Yan
司馬炎

Général du royaume de WEI qui, en 265, abattit la dynastie des TS'AO. Il fonda alors la dynastie dite des TSIN et réunifia (en 280) passagèrement l'Empire. Il est connu dans l'histoire sous le nom de Tsin Wou-ti et régna de 265 à 290. Après sa mort, l'Empire unifié se désagrégea à nouveau rapidement.

SSEU-MA YI
Sima Yi
司馬懿

Né en 178, mort en 251. Entré au service de TS'AO TS'AO en 211 et devenu bientôt le chef tout puissant de l'ARMEE, il est célèbre pour avoir su exciter la fureur du grand TCHOU-KO LEANG : Sseu-ma Yi, connaissant les pouvoirs extraordinaires de son adversaire, pratiquait constamment l'esquive, refusant toujours la bataille et entraînant sans fin l'ennemi dans une poursuite épuisante. Tchou-ko Leang entra, dit-on, dans une grande colère et, pour exprimer son mépris, fit porter à Sseu-ma Yi une parure propre à orner la coiffure d'une femme.

T

TA-TSOU
Dazu
大足

Grottes bouddhiques.

T'AI-P'ING KOUANG-KI
Taiping Guangji
太平廣記

Recueil d'histoires extraordinaires établi par LI FANG (925-995) et imprimé en 981.

T'AI-P'ING YU-LAN
Taiping Yulan
太平御覽

Encyclopédie rédigée par LI FANG (925-995) sur l'ordre de l'empereur T'AI-TSONG (règne : 976-997) des SONG du Nord.

T'AI-TSONG
Taizong
太宗

Littéralement, celui des ancêtres d'une grande famille qui s'est le plus signalé par ses vertus. Titre posthume accordé à divers souverains qui régnèrent sous les T'ANG, de 626 à 649, sous les SONG, de 976 à 997, sous les KIN, de 1123 à 1135.

T'AI-TSOU
Taizu
太祖

Expression désignant le plus ancien des ancêtres illustres d'une famille. Titre posthume accordé aux souverains qui régnèrent sous les SONG, de 960 à 976, et sous les KIN, de 1115 à 1123. Tous les titres attribués aux grands fondateurs de dynastie font usage d'un vocabulaire très ancien désignant les ramifications des grandes familles : « L'empereur honorait sous le nom de *tsou* celui de ses ancêtres qui avait accompli de grandes choses et sous le nom de *tsong* celui qui avait brillé par ses vertus... Un fils qui donnait naissance à une nouvelle branche de famille était appelé *tsou*, le premier des ancêtres; son successeur (son fils aîné ou héritier principal) était appelé *tsong* ou T'AI-TSONG. »

TALAS
Rivière située en Transoxiane. Troupes arabes et troupes chinoises s'y heurtèrent en 751, au cours d'un combat qui marqua à la fois l'avancée extrême de l'Islam vers l'Orient et celle de la Chine vers l'Occident.

T'AN LOUAN
Tanluan
譚鸞

Né en 476, mort en 542. Philosophe, auteur d'un « Traité de la renaissance au paradis », texte de base de la secte amidiste de la « Terre Pure » (TS'ING-T'OU) qui se développa en Chine, mais devint surtout célèbre par l'épanouissement qu'elle connut au Japon.

T'ANG
Tang
唐

Nom de la dynastie qui régna sur la Chine de 618 à 907.

TAO-AN
Daoan
道安

Né en 314, mort en 395. Originaire du Houpei, en Chine du Sud, Tao-an, fils d'une famille de lettrés, devint prêtre bouddhiste au temple de Tch'ang-chan au Tchökiang. Comme la plupart des grands philosophes chinois, il mena une vie assez itinérante, du bassin du FLEUVE BLEU à celui du FLEUVE JAUNE, et mourut avant d'avoir pu, selon ses vœux, rencontrer KUMARAJIVA (344-413), le fameux traducteur des textes de Nâgârjuna. C'est Tao-an qui fit pour la première fois connaître en Chine la légende de BODHIDHARMA et les principes de la méditation *(dhyâna)* qui permettent à chacun de retrouver la nature de Bouddha qui est en lui. Le *dhyâna* chinois, cependant, ne se développera vraiment qu'à lépoque des T'ANG.

TAO TÖ KING
Daodejing
道德經

« La Voie et sa vertu », ouvrage attribué à LAO-TSEU.

T'AO YUAN-MING
Tao Yuanming
陶淵明

Né en 365, mort en 427. Poète de la campagne et des chrysanthèmes.

TAOÏSME
Pp. 129-134, 181 et 184.

TAPISSERIE
La Chine des SONG connut un art nouveau,

celui de la tapisserie *(ko-ssou)*; mais à la différence de ses homologues occidentales ou moyen-orientales, la tapisserie chinoise est entièrement tissée de soie : ce qui explique que, malgré un mode de tissage très différent, on la confonde souvent avec le brocart. Vraisemblablement, cet art vint d'Occident, car le premier centre connu semble avoir été Ting-tcheou, dans l'occidentale province du Kansou. Les deux grands maîtres song de la tapisserie sont Tchou K'o-jeou et Chen Tseu-fan. Les tapisseries song faisaient déjà l'admiration des contemporains et Tchouang Siu-yu en décrit ainsi la technique : « La tapisserie de soie tissée à Ting-tcheou n'use pas d'un métier large. La chaîne de soie teinte est tendue sur un cadre de bois. Fleurs, oiseaux et animaux, tous les décors désirés peuvent être laissés en épargne dans la chaîne et la trame à l'aide d'une petite navette. Puis on complète le dessin à l'aide de fils différemment colorés qui viennent boucher les vides laissés par les fils de chaîne. Comme ces derniers et les fils de diverses couleurs ne sont pas reliés, il est possible de voir un interstice entre le fond de la tapisserie et les dessins. Cela donne un effet de sculpture et c'est pourquoi la tapisserie est appelée la "soie découpée". Il faut un an pour faire un costume de femme. » Tapisseries et broderies étaient devenues des éléments si importants non seulement du costume, mais surtout du décor intérieur, que l'on créa, sous le règne de l'empereur HOUEI-TSONG (1101-1125) un « Bureau des Broderies raffinées » *(Wenhiu Yuan)* qui employait, pour le seul usage de la Cour, plus de trois cents artisans.

TCH'AN (OU TCH'AN-NA)
Chan
禪　禪那

Le *dhyâna* (méditation) en chinois. Seul le premier caractère de la transcription chinoise est demeuré en usage dans cette acception. Le second, transcrivant la deuxième syllabe du mot « dhyâna », est tombé dans l'usage courant. C'est ce caractère *tch'an* qui, en langue japonais, est lu *zen*.

TCHAN-KOUO
Zhanguo
戰國

V. ROYAUMES COMBATTANTS

TCH'ANG-AN
Changan
長安

Située sur le territoire de l'actuelle SI-AN, au Chensi, dans la vallée de la WEI, Tch'ang-an fut un important foyer culturel dès le néolithique (culture de YANG-CHAO), puis un centre politique. En 1122 avant J.-C., le roi Wou des TCHEOU installa dans la banlieue de l'actuelle SI-AN sa capitale, qui prit le nom de Hao. Elle demeura dès lors capitale soit des principautés et petits royaumes qui se succédèrent en cette région, soit des grands empires unitaires : celui du PREMIER EMPEREUR, des HAN ou bien des T'ANG. C'est sous cette dernière dynastie que Tch'ang-an connut sans doute l'apogée de sa splendeur. Elle sombra ensuite, sous les SONG et les Yuan, dans une longue période de décadence dont elle ne devait se relever que sous les Ming.

TCH'ANG-CHA
Changsha
長沙

C'est à Tch'ang-cha, capitale de la province du Hounan, au sud du FLEUVE BLEU, que l'on découvrit les plus beaux et les plus nombreux exemples de laques de l'époque des ROYAUMES COMBATTANTS : épées de bronze protégées par des fourreaux de laque noir, boucliers de cuir laqué noir sur lesquels on peignait en jaune et vermillon des nuées et des dragons redoutables; tables, appuie-tête, reposoirs sculptés, puis laqués, coupes à oreilles et innombrables boîtes et coffrets, emboîtants ou non. L'inlassable soin, la patience que demandaient ces travaux sont illustrés par une anecdote qui, fût-elle vraie ou fausse, exprime bien l'amour avec lequel les artisans de ce temps recherchaient le secret qui leur permettrait de traduire l'exubérance de la vie : « Un homme avait été chargé d'exécuter des peintures sur un fouet pour le souverain de Tcheou. Quand il présenta [son travail] après trois ans de labeur, on ne vit pas la différence qu'il présentait avec un fouet laqué ordinaire. Le souverain entra en fureur, mais l'artisan lui dit : "Construisez un mur de quatre-vingts pieds de haut avec une fenêtre de huit pieds; examinez alors à nouveau votre fouet, à la lumière de cette fenêtre, au lever du soleil". C'est ce que fit le souverain et il découvrit alors que son fouet était un [monde] complet avec toutes sortes de dragons et de serpents, d'oiseaux et d'animaux, de chariots et de chevaux. »

TCHANG FEI
Zhang Fei
張飛

Mort en 220. Originaire du Tcheli, il exerça longtemps la profession de boucher avant de se lier à LIEOU PEI, descendant des HAN et fondateur, au IIIe siècle, du petit royaume de CHOU. Lieou Pei lui accorda un poste élevé dans son gouvernement pour le remercier de sa bravoure et de ses talents au combat. Mais Tchang Fei fut assassiné par deux de ses officiers.

TCHANG HENG
Zhang Heng
張衡

Né en 78, mort en 139. Astronome et mathématicien. L'empereur An (106-124) des HAN entendit parler de son vaste savoir et lui confia la charge de Grand Historiographe. Celle-ci lui fut confirmée par Chouen-ti (126-144) qui l'éleva encore à un rang supérieur. Tchang Heng est célèbre pour avoir construit une sphère armillaire, un sismographe, et avoir écrit un traité d'astronomie.

TCHANG HIU
Zhang Xu
張旭

VIIIe siècle. Né à Sou-tcheou, dans le Kiang-sou, il réalisait des CALLIGRAPHIES en caractères « herbe » qui faisaient l'admiration de TOU FOU (712-770). Il aimait le vin, ce qui l'entraînait à se conduire parfois étrangement au milieu des grands de ce monde. C'est pourquoi on lui donna le surnom de « Tchang le Fou ».

TCHANG HOUA
Zhang Hua
張華

Né en 232, mort en 300. Poète et homme d'État qui servit à l'époque de l'Empire des TSIN (265-317). Il périt tragiquement au cours d'une révolution de palais. Son érudition était légendaire et l'on rapporte que lorsqu'il déménageait, il fallait trente voitures pour transporter sa bibliothèque.

TCHANG K'IEN
Zhang Qian
張騫

Célèbre envoyé de l'empereur Wou (141-87 av. J.-C.) des HAN en Asie centrale.

TCHANG TSAI
Zhang Cai
張載

Né en 1020, mort en 1076. Philosophe, protégé de FAN TCHONG-YEN (990-1053); oncle de TCH'ENG HAO (1031-1085) et de TCH'ENG YI (1032-1107); il exerça peu de temps une charge officielle (à partir de 1068), puis se retira, fâché de ce que WANG AN-CHE (1021-1086) ne tînt pas compte de ses avis.

TCHANG YEN-YUAN
Zhang Yanyuan
張彥遠

Né vers 810, mort en 880. Collectionneur, auteur d'un célèbre traité sur la peinture, le LI TAI MING HOUA KI.

TCHANG YUE
Zhang Yue
張說
Né en 667, mort en 730. Natif de LO-YANG, au Chansi, Tchang Yue connut une carrière agitée : WOU TSO-TIEN le bannit en 703 pour refus de porter un faux témoignage contre un ennemi de la redoutable impératrice. L'empereur Tchong-tsong (683-710) le rappela plus tard, et son successeur l'empereur Joueitsong (710-712) le nomma ministre d'État et le chargea de la rédaction de l'histoire dynastique. Sous le règne de l'empereur HIUAN-TSONG (712-756), Tchang Yue poursuivit une carrière fluctuante, passant de faveurs en disgrâces. On dit qu'il fut, par ailleurs, bon poète et bon peintre.

TCHAO KAN
Zhao Gan
趙幹
2e moitié du Xe siècle. Peintre de l'époque des CINQ DYNASTIES.

TCHAO K'OUANG-YIN
Zhao Kuangyin
趙匡胤
Né en 927, mort en 976. Fondateur de la dynastie des SONG (960-1279). Descendant d'une famille de fonctionnaires de l'époque des T'ANG, il s'éleva à un haut poste de commandement militaire sous le règne de l'empereur Che-tsong (954-959) des TCHEOU postérieurs. A la mort du souverain, il écarta le nouvel empereur, encore enfant, qu'il était censé protéger (en fait, il fit semblant d'être porté de force au trône par son armée). Il sut réunifier durablement l'Empire chinois qui connut sous les Song l'une des formes les plus achevées de sa civilisation.

TCHAO MONG-KIEN
Zhao Mengjian
趙孟堅
Né en 1199, mort en 1295. Peintre de fleurs, cousin du célèbre peintre yuan Tchao Mong-fou (1254-1322).

TCHAO YEN
Zhao Yen
趙嵒
Peintre du début du Xe siècle, mort en 922.

TCHE-K'AI (OU TCHE-YI)
Zhiyi
智顗
Né en 538, mort en 597. Fondateur de la secte T'IEN-T'AI.

TCHE KOUAN
Zhi guan
職官
Répertoires officiels contenant le détail des tâches imparties aux divers membres du gouvernement; l'empereur HIUAN-TSONG (712-756) des T'ANG en fut l'initiateur.

TCHE TOUEN
Zhi Dun
支遁
Né en 314, mort en 366. Philosophe taoïste, ami du calligraphe WANG HI-TCHE.

TCH'ENG HAO
Cheng Hao
程顥
Né en 1031, mort en 1085. Il fut, avec son frère TCH'ENG YI (1032-1107), le grand fondateur du renouveau confucéen sous les SONG.

TCHENG-TCHEOU
Zhengzhou
鄭州
Ancienne capitale des CHANG, découverte en 1950.

TCH'ENG-TOU
Chengdu
成都

Capitale du Sseutch'ouan, située sur la rivière Min.

TCH'ENG YI
Cheng Yi
程頤

Né en 1032, mort en 1107. Avec son frère TCH'ENG HAO (1031-1085), il apporta une importante contribution au mouvement de renouveau confucéen, sous les SONG.

TCHEOU
Zhou
周

Troisième et dernière dynastie royale chinoise, après celle des HIA, encore mal connue malgré les récentes découvertes archéologiques, et celle des CHANG-YIN. Le nom de l'ancienne dynastie royale fut repris à plusieurs reprises au cours de l'histoire chinoise par d'éphémères dynasties : les Tcheou du Nord qui régnèrent à TCH'ANG-AN de 557 à 581 : ils furent alors soumis aux SOUEI; les Tcheou postérieurs, qui régnèrent en Chine du Nord de 951 à 960, date de l'avènement de la dynastie des SONG. Ajoutons enfin qu'en 690, l'impératrice WOU TSO-TIEN fonda une dynastie — dont elle fut l'unique souveraine — et lui donna le nom de Tcheou.

TCHEOU LI
Zhou Li
周禮

« Rituel des Tcheou ». Il s'agit vraisemblablement d'une œuvre composée un peu avant les HAN par un homme passionné de rituel, mais ce dernier était déjà, à cette époque, très abâtardi. Les opinions des savants au sujet du *Tcheou Li* divergent : Maspero pensait qu'il s'agissait d'un recueil administratif du IVe siècle; B. Karlgren y voit au contraire un texte han. Remarquons enfin que le PREMIER EMPEREUR était opposé au rituel des Tcheou car son pays — le TS'IN — avait conservé le vieux rituel des CHANG.

TCHEOU TOUEN-YI
Zhou Dunyi
周敦頤

Né en 1017, mort en 1073. Originaire du Hounan, il occupa d'abord un petit poste militaire au Kiangsi, puis un autre, judiciaire, au Kouangtong. Il fut le professeur des deux grands philosophes TCH'ENG HAO (1031-1085) et TCH'ENG YI (1032-1107). Il est à l'origine du grand mouvement de rénovation confucéenne qui se développa sous les SONG.

TCHONG-HENG-KIA
Zhonghengjia
縱横家

Terme désignant les « conseillers » en tous genres qui allaient de Cour en Cour à l'époque des ROYAUMES COMBATTANTS. On trouvait parmi eux aussi bien des diplomates, des militaires, des historiographes, des astrologues que des marchands, des bouffons et des musiciens. Leurs discours, présentés sous forme de disputes avec argumentation pour emporter l'adhésion, s'appelaient des *louen nan*, « discussions sur les difficultés ».

TCH'ONG-K'ING
Chongqing
重慶

Situé sur une presqu'île rocheuse au confluent du Kia-ling et du FLEUVE BLEU, c'est le plus grand port fluvial de la Chine occidentale.

TCH'OU
Chu
楚

S'étendant sur le cours moyen du FLEUVE

BLEU, le pays de Tch'ou constitua un État florissant dès l'époque des PRINTEMPS ET DES AUTOMNES jusqu'à son annexion par l'État de TS'IN en 233 avant J.-C., soit deux ans avant la fondation de l'Empire. La région de TCH'ANG-CHA n'en continua pas moins à être dénommée couramment « pays de Tch'ou » et c'est ainsi qu'elle constitua, à l'époque des CINQ DYNASTIES (xe siècle), l'un des petits États prospères de Chine du Sud.

TCHOU-CHOU KI-NIEN
Zhushu jinian
竹書紀年

« Annales sur bambou ». Composé par un annaliste du pays de WEI à l'époque des ROYAUMES COMBATTANTS, les « Annales sur bambou » furent déposées dans une tombe royale de ce pays de WEI en 299 avant J.-C. Un certain Piao Tchouen les découvrit six cents ans plus tard, en 280 de notre ère.

TCHOU HI
Zhu Xi
朱熹

Né en 1130, mort en 1200. Le plus célèbre des philosophes SONG, fondateur du courant désigné en Occident sous le nom de « néo-confucianisme » et en Chine sous celui d'« école du Li » *(Li-hiue)*.

TCHOU-KO LEANG
Zhuge Liang
諸葛亮

Né en 181, mort en 234. Originaire de Yang-tou, au Chantong, il passa au service du dernier rejeton des HAN, LIEOU PEI, et combattit avec lui les armées de TS'AO-TS'AO, maître de l'État de WEI. Il mourut en campagne en 234. Il fit toujours l'objet d'une profonde admiration populaire et il est sans doute le plus fameux héros du « Roman des TROIS ROYAUMES ». On lui attribua non seulement l'invention de la brouette (en fait, elle existait avant lui), mais aussi celle d'un arc qui tirait plusieurs flèches à la fois. Il fut universellement reconnu comme un mathématicien, un tacticien, voire un magicien de génie.

TCH'OU SOUEI-LEANG
Chu Suiliang
褚遂良

Né en 596, mort en 658. Calligraphe et haut fonctionnaire, célèbre autant pour son talent d'artiste que pour son courage. Il s'opposa violemment, à partir de 655, au pouvoir en plein essor de WOU TSO-TIEN, qui venait de supplanter l'impératrice en titre. Pour exprimer sa réprobation, Tch'ou Souei-leang se prosterna un jour devant le trône de l'empereur KAO-TSONG (règne : 649-683), vêtu de son habit de cérémonie; frappant le sol du front, conformément à l'usage, il continua jusqu'à ce que le sang coulât fortement. En punition, il fut d'abord relégué dans un poste provincial, puis banni en Corée où il mourut. Ses deux fils furent mis à mort.

TCHOU TAO-CHENG
Zhu Daosheng
竺道生

Né en 365, mort en 434. Élève de KUMARAJIVA (344-413), originaire de la région de Soutcheou en Chine du Sud.

TCHOUANG-TSEU (OU TCHOUANG-TCHEOU)
Zhuangzi (ou Zhuang Zhou)
莊子 莊周

IVe-IIIe siècle avant J.-C. L'un des plus grands philosophes taoïstes.

TCH'OUEN-TS'IEOU
Chunqiu
春秋

V. PRINTEMPS ET AUTOMNES.

TEMMOKU

天目

Nom donné par les Japonais aux bols à thé coniques décorés d'éclaboussures à effet irisé. L'appellation de *temmoku* (littéralement les « yeux du ciel ») vient du nom d'une montagne chinoise où l'on utilisait, dit-on, des bols de ce style pour présenter des offrandes d'eau, sous les SONG. Ces pièces furent fabriquées d'abord au Foukien, puis également au Kiang-si et, en Chine du Nord, au Honan. Les reflets irisés étaient obtenus à partir de l'oxyde de fer, cuit en oxydation, et appliqué sur un grès lui-même très chargé de fer. Le pied de ces bols était laissé nu. Le bord supérieur faisait parfois l'objet d'une riche décoration : un filet d'or par exemple.

TIBÉTAINS

Turbulents voisins de l'Empire .

TIEN (ROYAUME DE)

Dian

滇

Petit royaume fondé au Yunnan en 334 avant J.-C. par un roi de l'État de TCH'OU.

T'IEN-LONG-CHAN

Tianlongshan

天龍山

Grottes bouddhiques.

T'IEN-T'AI

Tiantai

天臺

Secte bouddhique dont le nom évoque les lieux où vécut et prêcha son fondateur, TCHE-K'AI (538-597). Le site de T'ien-t'ai est situé au Tchökiang. A partir du « Sûtra du Lotus de la loi merveilleuse » *(Saddharma pundarîka sûtra)*, Tche-k'ai tenta de réaliser une synthèse du mysticisme des écoles philosophiques de Chine du Sud et de la discipline du bouddhisme clérical de la Chine du Nord.

T'ONG KIEN KANG MOU

Tong Jian Gangmu

通鑑綱目

« Miroir historique général avec titres et développements », rédigé par le philosophe TCHOU HI (1130-1200) à partir du *Tseu-tche t'ong-kien* de SSEU-MA KOUANG (1019-1086). L'œuvre de Tchou Hi, achevée par son disciple Tchao Che-yuan, sera rééditée en 1707 avec des suppléments et des notes sous le titre de *Yu p'i t'ong kien kang mou* : c'est ce texte que le Père de Mailla traduira en francais vers 1735, mais sa traduction ne sera éditée qu'en 1777-1783 à Paris.

TONG TCHONG-CHOU

Dong Zhongshu

董仲舒

Né vers 179, mort vers 104 avant J.-C. Le plus célèbre des philosophes HAN, créateur, avec Kong-souen Hong (mort en 121 av. J.-C.), de la première université impériale. Il consacra l'essentiel de ses recherches à l'étude des « Annales des Printemps et des Automnes » dont il publia un commentaire, le *Tch'ouen-ts'ieou fan lou.*

TOU FOU

Du Fu

杜甫

Né en 712, mort en 770. Considéré, avec LI PO (701-762), comme le plus grand poète chinois de tous les temps. Il ne réussit pas les EXAMENS officiels et fit de la poésie son métier. L'empereur HIUAN-TSONG, cependant, le remarqua et lui accorda une pension ainsi qu'une position à la Cour. Au moment de la révolte d'AN LOU-CHAN, Tou Fou s'enfuit et revint plus tard avec l'empereur Sou-tsong qui le nomma censeur. L'exercice convenable de cette fonction lui valut un exil lointain, si lointain que le poète se jugea banni et se retira au Sseutch'ouan où il mena une vie errante, malgré les efforts de l'administration pour lui faire occuper durablement quelques postes.

TOU MOU
Du Mu
杜牧

Né en 803, mort en 852. Haut fonctionnaire et brillant poète de la fin des T'ANG.

T'OU-YU-HOUEN
Tuyuhun
吐谷渾

Peuple tibéto-mongol, installé dans la partie septentrionale du Tibet. Il menaçait les routes commerciales du Kansou : c'est pourquoi Souei Yang-ti le combattit et le vainquit en 609.

TOUEN-HOUANG
Dunhuang
燉煌

Commanderie chinoise située au Kansou, célèbre pour la beauté de ses grottes bouddhiques.

TROIS ROYAUMES

Époque de l'histoire chinoise s'étendant de la fin des HAN (220) à la réunification de l'Empire par la dynastie des TSIN (280).

TS'AO (FAMILLE DES)
Cao
曹

Famille du grand général TS'AO TS'AO (155-220) et du fondateur du royaume de WEI, TS'AO P'EI (187-225). Elle s'est particulièrement illustrée dans les lettres grâce à TS'AO TCHE (192-232), troisième fils de Ts'ao Ts'ao, considéré comme le plus grand poète de son temps.

TS'AO P'EI
Cao Pei
曹丕

Né en 187, mort en 225. Fils du général TS'AO TS'AO (mort en 220), il déclara déchue la dynastie des HAN et fonda le royaume de WEI (220-265). Il fut aussi un poète remarquable.

TS'AO POU-HING
Cao Buxing
曹弗興

IIIe siècle. Peintre, originaire du pays de WOU. Aucune de ses œuvres ne subsiste aujourd'hui, mais la légende se plaît à évoquer la puissance de ses compositions : il avait peint un dragon rouge qu'il avait vu jouer à la surface d'un cours d'eau; à quelque temps de là, la sécheresse sévissant, on alla chercher le tableau pour le jeter dans le lit de la rivière tarie; aussitôt, la pluie se mit à tomber. Ce récit illustre le thème de la puissance magique de la peinture quand elle est créée par un artiste authentiquement inspiré.

TS'AO TCHE
Cao Zhi
曹植

V. TS'AO (FAMILLE DES)

TS'AO TS'AO
Cao Cao
曹操

Né en 155, mort en 220. Général qui maintint la fiction du pouvoir du dernier empereur HAN, tout en exerçant la réalité du gouvernement dans la partie septentrionale de la Chine. Son fils TS'AO P'EI (187-225), après la mort de son père, usurpa le trône et fonda le royaume dit de WEI (220-265). Le père et le fils furent aussi des poètes remarquables.

TSEOU YEN
Zou Yan
騶衍
Né vers 350, mort en 270, avant J.-C. Natif de l'État de TS'I, il fut pris au service du prince Tchao de Yen. Son administration fut, dit-on, si efficace qu'il parvint à faire durablement pousser du millet dans une vallée primitivement froide et aride. Le prince Tchao l'admirait profondément et fit bâtir pour lui un palais de granit, mais son successeur, le prince Houei, sensible aux calomnies des envieux, jeta Tseou Yen en prison. La légende dit que Tseou Yen, dans cette infortune, regarda le ciel et pleura : aussitôt, et bien que ce fût l'été, la neige se mit à tomber. Tseou Yen est célèbre pour les écrits qui lui sont attribués sur la cosmogonie et la théorie des « Cinq éléments ».

TS'I
Qi
齊
Le pays de Ts'i est situé au Chantong, au nord-est du pays de LOU. La principauté de Ts'i fut très puissante à l'époque des PRINTEMPS ET DES AUTOMNES, particulièrement sous l'égide du duc HOUAN (685-643).

TSI MEI
Chi mei
赤眉
V. SOURCILS ROUGES

TSIN
Jin
晉
Empire unitaire fondé par SSEU-MA YEN, fameux général du pays de WEI qui évinça totalement la famille des TS'AO et prit le pouvoir, se déclarant souverain de la nouvelle lignée impériale des Tsin. Il choisit LO-YANG pour capitale et, en 280, écrasa le WOU. La Chine connut ainsi une brève période de réunification impériale, de 280 à 317. A ce moment, les HIONG-NOU prirent Lo-yang et obligèrent la Cour à se réfugier en Chine du Sud, à NANKIN.

TS'IN (PAYS DE)
Qin
秦
Pp. 109 et 138.

TS'IN (DYNASTIE)
秦
V. TS'IN CHE HOUANG-TI

TS'IN CHE HOUANG-TI
Qin Shihuangdi
秦始皇帝
Littéralement, le « Premier Empereur » (règne : 221-210 av. J.-C), celui qui fonda l'Empire chinois succédant à la royauté des temps antiques.

TS'IN KOUAN
Qin Guan
秦觀
Né en 1049, mort en 1101. Originaire du Kiangsou, Ts'in Kouan échoua dans un premier temps aux EXAMENS de doctorat; quelque peu dégoûté de la littérature, il se plongea dès lors dans les ouvrages relatifs à l'art militaire. Remarqué par SOU TONG-P'O, qui le présenta à WANG AN-CHE, Ts'in Kouan fut finalement reçu et attaché à la préparation de l'histoire de la dynastie régnante. Mais la calomnie — on l'accusa de falsifier les documents qu'il était chargé de compiler — le fit exiler dans de petits postes de province.

TS'ING-T'AN
Qing tan
清談
Les « Causeries pures ».

TSING-T'IEN (OU TSING-T'OU)
Jingtian (ou Jingtu)
井田　　井土

Système de répartition des terres, selon le caractère « puits ».

TS'ING-T'OU
Jingtu
淨土

Secte amidiste de la « Terre Pure », fondée en 402 par HOUEI-YUAN (334-417).

TSONG PING
Zong Bing
宗炳

Né en 375, mort en 443. Originaire de Nan-yang, au Honan, il refusa tout poste officiel malgré ses succès aux EXAMENS et préféra mener, avec son épouse qui partageait ses goûts, une vie de bohème consacrée aux arts. Il fut avec WANG WEI L'ANCIEN (415-443) l'un des premiers grands théoriciens de la peinture chinoise, mais ses œuvres sont perdues.

TURBANS JAUNES

Révoltés qui, sous la direction de leur chef Tchang Kiue (mort en 184), contribuèrent à l'écroulement de la dynastie des HAN postérieurs.

TURKS

Développement de leur puissance et de leurs rapports avec l'Empire chinois.

W

WANG AN-CHE
Wang Anshi
王安石

Né en 1021, mort en 1086. Poète, homme d'État, auteur, sous le règne de l'empereur Chen-tsong (1067-1085) des SONG, d'une réforme radicale des structures du gouvernement, réforme qui souleva des tempêtes et fit couler beaucoup d'encre.

WANG HI-TCHE
Wang Xizhi
王羲之

Né en 307, mort en 365. Il est honoré comme le plus grand maître de la CALLIGRAPHIE chinoise, bien qu'il ait commencé sa carrière administrative dans la hiérarchie militaire.

WANG MANG
Wang Mang
王莽

Né en 33 avant J.-C., mort en 23 après J.-C. Neveu de l'épouse de l'empereur Yuan (règne : 49-33 av. J.-C.) des HAN. Il faillit renverser la dynastie des Han. Après son règne bref (9-22 après J.-C.) eut lieu la restauration des Han qui transportèrent alors leur capitale de TCH'ANG-AN à LO-YANG, loin des BARBARES.

WANG PI
Wang Bi
王弼

Né en 226, mort en 249. Brillant philosophe originaire du Kiangsou, auteur de commentaires du TAO TO KING et du *Yi-king*.

WANG SIEN-TCHE
Wang Xianzhi
王獻之

Né en 344, mort en 388. Fils de WANG HI-TCHE (307-365), il partage la célébrité de son père dans le monde des calligraphes. Il possédait une importante bibliothèque. Afin de pouvoir emporter, au cours de ses déplacements, tous les livres dont il avait besoin, il en avait fait des copies miniatures qu'il transportait serrées dans un tissu.

WANG TCH'ONG
Wang Chong
王充

Né en 27, mort en 97. Philosophe confucianiste contestataire, il dénonçait les inconséquences relevées dans l'enseignement de CONFUCIUS et de MENCIUS; il se refusait à accorder de l'importance aux présages et prodiges, selon la théorie courante à l'époque des HAN et largement développée par TONG TCHONG-CHOU. Il affirmait que l'âme était mortelle comme le corps, et que, même durant la vie, elle ne pouvait exercer aucune influence sur ce dernier. Il appuyait sa théorie en disant que le monde ne serait jamais assez grand pour contenir les âmes de toutes les créatures de tous les temps; pour Wang Tch'ong, en effet, si l'on attribuait aux hommes une âme immortelle, il fallait admettre que les animaux en possédaient également une.

WANG WEI
Wang Wei
王維

Né en 699, mort en 759. Esprit encyclopédique, poète, peintre et savant dont les talents attirèrent l'attention de l'empereur HIUAN-TSONG (règne : 712-756) qui fit de lui un ministre conseil. Quand AN LOU-CHAN se rebella, celui-ci voulut aussi profiter du savoir de Wang Wei qu'il contraignit à rester à son gouvernement en qualité de censeur. A la mort de l'usurpateur, Wang Wei passa quelque temps en prison, mais l'empereur Sou-tsong (756-762) le reprit à son service, sur l'intervention de son frère Wang Kin. Wang Wei, cependant, préféra bientôt la retraite et les consolations de la religion bouddhique. Dans l'imagerie des grands hommes chinois, Wang Wei apparaît aussi comme un admirateur de la femme, ne se remariant pas, bien que veuf à trente et un ans, et se retirant du monde aussitôt après la mort de sa mère.

WANG WEI L'ANCIEN
Wang Wei
王微

Né en 415, mort en 443. Théoricien de la peinture chinoise.

WEI
Wei
渭

Affluent du FLEUVE JAUNE dans lequel elle se jette au Chensi. Le bassin de la Wei et fut le berceau de la civilisation chinoise.

WEI
Wei
魏

Nom d'un pays à l'époque du PRINTEMPS ET DES AUTOMNES, devenu principauté à l'époque des ROYAUMES COMBATTANTS; celle-ci sera vaincue par l'État de TS'IN en 340 avant J.-C. Le nom de Wei fut repris ensuite à l'époque des TROIS ROYAUMES par TS'AO P'EI, fils du général TS'AO TS'AO. En 220 de notre ère, il déclara la déchéance des HAN et fonda le royaume de Wei (220-265). Deux siècles plus tard, les BARBARES T'o-pa fondèrent la dynastie dite des WEI DU NORD (386-534), illustrée par le développement du bouddhisme et l'épanouissement d'une magnifique sculpture religieuse. En 534, les Wei du Nord se scindèrent en deux branches : la dynastie des Wei occidentaux (535-556) et celle des Wei orientaux (535-550).

WEI DU NORD

Dynastie fondée en 386 par les T'o-pa, peuple d'origine turko-mongole. Ils conquirent tout le bassin du FLEUVE JAUNE et établirent leur capitale à P'ing-tch'eng, l'actuelle Ta-tong, au Chansi. En 535, ils éclatèrent en deux groupes : les Wei orientaux et les Wei occidentaux. C'est sous la direction des souverains Wei du Nord que furent creusés et ornés les grands sanctuaires rupestres de YUN-KANG et de LONG-MEN, joyaux de la statuaire bouddhique chinoise. Le style dit des Wei du Nord est caractérisé par l'étirement des formes et une expression à la fois grave et souriante.

WEN-SIUAN
Wenxuan
文選

Première anthologie de la littérature chinoise réunie par SIAO T'ONG (501-531), fils de l'empereur Wou de la dynastie des LEANG. Une place importante y est faite à la poésie et c'est sous cet aspect lyrique que le *Wen-siuan* est le plus généralement connu, mais on y trouve également des textes administratifs, historiques, d'autres relatifs aux légendes ou bien encore des relevés épigraphiques.

WOU
Wu
吳

Nom ancien du pays qui s'étend au sud du cours inférieur du FLEUVE BLEU. Il fut conquis par le royaume de YUE en 473 avant notre ère. A l'époque des TROIS ROYAUMES, la vallée du fleuve Bleu constitua un royaume qui prit à nouveau le nom de royaume de Wou (222-279).

WOU K'ONG
Wukong
悟空

Né en 730. Prêtre bouddhiste, originaire du Chensi. En 751, il suivit l'eunuque Tchang T'ao-kouang envoyé en ambassade auprès du souverain du Gandhâra. Wou K'ong y tomba malade et c'est alors qu'il fit le vœu, s'il guérissait, de consacrer sa vie au Bouddha. Durant quarante ans, il étudia et rassembla livres et reliques à travers l'Asie centrale et l'Inde. Il rentra en Chine et consacra le reste de ses jours à traduire les ouvrages qu'il avait rapportés.

WOU-T'AI (CHAN)
Wutai (shan)
五臺山

L'un des lieux les plus sacrés du BOUDDHISME chinois, situé dans un massif montagneux sur la lisière nord-est du Chansi. A l'époque des T'ANG, plus de trois cent cinquante temples occupaient les cinq monts qui donnèrent leur nom à ce lieu visité, disait-on, par Wen-chou (Manjusri), qui y était apparu sous la forme d'un vieillard.

WOU TAO-TSEU (ou WOU TAO-HIUAN)
Wu Daozi (ou Wu Daoxuan)
吳道子　吳道玄

VIIIe siècle. Le premier des grands paysagistes chinois. Nommé par l'empereur HIUAN-TSONG (règne : 712-756) « Artiste en chef » de l'Empire, on le considérait comme le « Prince des peintres » *(Pai-tai houa-cheng)*.

WOU TSÖ-TIEN
Wu Zetian
武則天

Née en 625, morte en 705. Concubine impériale qui voulut fonder une nouvelle dynastie féminine. Elle exerça totalement le pouvoir de 690 à 705.

WOU-WEI
Wuwei
無為

Le « non-agir ».

Y

YANG-CHAO
Yang-shao
仰韶

Terme désignant la première grande période

du néolithique chinois dont le site principal est celui de Pan-p'o, près de SI-AN au Chansi. De la vallée de la WEI, la culture dite de Yang-chao rayonna à la fois vers l'orient, jusqu'aux régions méridionales du bassin du FLEUVE BLEU (culture de Ts'ing-lien-kang par exemple), et vers l'occident. Jusqu'aux récentes découvertes, cependant, on ne connaissait cette culture de Yang-chao au Kansou que par les jarres aux motifs spiralés du site de Pan-chan, proche de LAN-TCHEOU. Aujourd'hui, le style de Yang-chao est largement illustré par le site pilote de Ma-kia-yao, situé lui aussi au sud-est de Lan-tcheou, mais dont les décors diffèrent notablement de ceux de Pan-chan. Les fours à potier y sont groupés sur le pourtour du village, phénomène qui indique l'état déjà artisanal de cette activité, nettement distincte des autres étroitement liées au rythme agraire. Par leur abondance et leur diversité, les poteries du Kansou illustrent l'histoire de l'évolution des motifs décoratifs chinois dont la plupart remontent au néolithique; oiseaux, poissons, batraciens finissent par se réduire à leur seul contour; parfois même, celui-ci disparaît et il ne reste plus que le décor initial : rubans ou quadrillages. Les poteries de Yang-chao offrent donc déjà une forme élémentaire de la grammaire iconographique des bronzes.

YANG KIEN
Yang Jian
楊 堅

Né en 540, mort en 604. Restaurateur de l'unité impériale chinoise et fondateur de la dynastie des SOUEI. Il est connu dans l'histoire sous son nom posthume de Wen-ti des Souei (règne : 590-604).

YANG KOUEI-FEI (OU YANG YU-HOUAN)
Yang guifei (ou Yang Yuhuan)
楊貴妃 楊玉環

Célèbre favorite de l'empereur HIUAN-TSONG des T'ANG. Sa fin tragique alimenta une intarissable veine moralisatrice et poétique.

YANG SOU
Yang Su
楊素

Début du VIIe siècle. Haut fonctionnaire et ingénieur de l'époque des SOUEI. Il est célèbre pour avoir, entre autres, bâti une gigantesque galère à cinq ponts et défendue à l'aide de bras articulés : elle était conçue pour combattre sur les rivières, les canaux, les lacs; les bras articulés permettaient de repousser les troupes assaillantes. Ce navire était en fait une excellente machine pour contribuer à la répression des révoltes populaires. (V. ARCHITECTURE.)

YANG-TCHEOU
Yangzhou
楊 州

Ville du Kiangsou, située sur le GRAND CANAL. Marco Polo y vécut et y exerça des charges.

YANG-TI
Yangdi
煬帝

Second et dernier empereur de la dynastie des SOUEI (règne : 604-618). L'histoire voit en lui un tyran impitoyable. Il mourut assassiné en 618, lors de sa fuite vers la Chine du Sud, devant les troupes de LI YUAN et de LI CHE-MIN.

YANG-TSEU-KIANG
Yangzijiang
陽子江

« Fleuve Bleu ».

YANG WAN-LI
Yang Wanli
楊萬里

Né en 1124, mort en 1206. Originaire du Chansi, Yang-Wan-li dont la famille s'exila en Chine du Sud après l'invasion des Djürtchät-Kin, s'éleva au rang de bibliothécaire de la Bibliothèque impériale. Son opposition au projet de la mise en circulation d'une monnaie de fer lui fit perdre la faveur impériale; il dut, pendant quelque temps, se contenter de petits postes provinciaux. Mais il ne perdit rien de sa renommée de poète. Il est aussi connu pour son commentaire du *Yi-king*.

YANG YEN
Yang Yan
楊炎

Né en 727, mort en 780. Homme d'État, créateur de la « double taxe » *(leang-choueifa)*, appelée ainsi car elle était levée deux fois dans l'année, au sixième et au onzième mois.

YAO TSOUEI
Yao Zui
姚最

Fin du VIe siècle. Théoricien de la peinture chinoise, d'inspiration taoïste.

YEN CHE-KOU
Yan Shigu
顏師古

Né en 581, mort en 645. Fonctionnaire et lettré chargé par le second empereur des T'ANG de diriger une édition nouvelle et annotée du *Han-chou*. Ses vues, qu'il exprima ce faisant, apparurent en opposition avec celles que le souverain attendait de lui. Yen Che-kou connut donc la disgrâce et mourut, en 645, au cours d'une expédition contre les Tatars.

YEN LI-PEN
Yan Liben
閻立本

VIIe siècle. Célèbre peintre de personnages de la dynastie des T'ANG.

YEN TCHEN-TS'ING
Yan Zhenqing
顏眞卿

Né en 709, mort en 785. Descendant du lettré et historien Yen Che-kou (581-645). Héros de la cause impériale, Yen Tchen-ts'ing, préfet de P'ing-yuan au Hopei, s'opposa par tous les moyens aux progrès du rebelle AN LOU-CHAN, ainsi qu'à tous les mouvements de révolte contre l'empereur de la lignée des T'ANG. Cela causa, à long terme, sa perte et il mourut assassiné après la révolte de Tchou-ts'eu (742-784), fils d'un ancien lieutenant d'An Lou-chan. L'empereur Tö-tsong (règne : 779-804) s'en montra si affecté qu'il ordonna, pour célébrer le deuil de Yen Tchen-ts'ing, la suspension de toutes les activités de la Cour pendant cinq jours.

YI-HING
Yixing
一行

Né en 683, mort en 727. Nom religieux de l'astronome Tchang Souei. En 721, il réforma le calendrier. Il est l'auteur d'un ouvrage sur les rites et de traités de mathématiques.

YI KIEN TCHE
Yijianzhi
乙堅志

Recueil de contes dû à HONG MAI (1123-1202). Ce texte constitue un exemple passionnant des intérêts, des goûts et des croyances d'un lettré du XIIe siècle : la magie y côtoie les remarques les plus rationnellement pertinentes.

YI-TSING
Yijing
義淨

Né en 635, mort en 713. Natif du Tcheli, il quitta la Chine en 671 pour se rendre en Inde — il passa dix ans à Nâlandâ — et à Sumatra. Il revint en Chine en 695 et fut accueilli à la capitale avec de grands honneurs. Comme tous ces grands voyageurs-pèlerins, il passa le reste de sa vie à traduire, enseigner, calligraphier les textes et le savoir qu'il avait rapportés.

YI YUAN-KI

Yi Yuanji

易元吉

Mort vers 1066. Peintre animalier de l'époque des SONG du Nord.

YING TSAO FA TCHE

Ying zao fashi

營造法式

Traité d'ARCHITECTURE, l'un des plus anciens, avec le « Manuel de charpenterie », de YU HOUA (2e moitié du Xe siècle). Le *Ying tsao fa che* est actuellement connu dans une version de la fin du XIe siècle qui reprend sans doute un ouvrage plus ancien. Il comprend les rubriques suivantes : digues et fortifications; travail de la pierre; grands ouvrages de bois; petits ouvrages de bois; sculpture sur bois; comment tourner et percer le bois; comment scier le bois; travail du bois; fabrication des tuiles; construction des murs; peinture et décoration; fabrication des briques; fabrication des tuiles glaçurées. L'ouvrage comporte un ensemble de croquis d'une grande exactitude technique. (V. ARCHITECTURE.)

YU HAO

Yu Hao

喻皓

2e moitié du Xe siècle. Maître architecte, auteur d'un « Manuel de charpenterie » *(Mou-king)*. Il est célèbre pour ses pagodes aux toits élégamment recourbés. (V. ARCHITECTURE.)

YU WEN-K'AI

Yu Wenkai

宇文愷

Né en 555, mort en 612. Ingénieur en chef de la dynastie des SOUEI, il fit notamment relier divers tronçons de voies navigables précédemment aménagés afin de constituer ce que les Européens nommèrent le « GRAND CANAL » *(Yun-ho* en chinois*)*.

YUAN TCHEN

Yuan Zhen

元稹

Né en 779, mort en 831. Recu premier aux EXAMENS officiels (806), il entama une brillante carrière qui devait pourtant se révéler agitée par un certain nombre d'intrigues propres à la vie de Cour. Yuan Tchen était connu comme un poète de grand talent, ce qui lui valut l'amitié de PO KIU-YI.

YUE

Yue

越

Nom ancien du pays qui s'étend sur les côtes septentrionales du Tchökiang. Florissant dès l'époque des PRINTEMPS ET DES AUTOMNES, le royaume de Yue écrasa le WOU en 473 avant J.-C. Yue fut à son tour conquis par le TCH'OU en 334 avant notre ère. Parfois injustement oublié dans le développement de la culture continentale, le royaume de Yue joua un rôle important dans la transmission au Japon d'éléments devenus fondamentaux dans la civilisation de ce dernier : les « trois joyaux » — l'épée, la perle et le miroir — ainsi que des formes de riziculture inondée.
573 et *ill. 166)*.

YUE FEI

Yue Fei

岳飛

Célèbre général (1103-1141), partisan de la reconquête du Nord de la Chine envahi par les Djürtchät.

YUE-FOU

Yuefu

樂府

« Conservatoire de musique » institué vers 120 avant J.-C. par l'empereur Wou des HAN, afin de recueillir les mélodies et les paroles des chants d'inspiration populaire. C'est ainsi que furent conservés beaucoup d'airs et de mètres poétiques du pays de TCH'OU qui aideront au renouveau ultérieur de la poésie.

YUE YAO
Yue yao
越窯

Fours du pays de YUE (dans l'actuel Tchökiang) qui produisirent des « proto-céladons » (fin IIIe-début IVe siècle).

YUN-HO
Yunhe
運河

V. GRAND CANAL.

YUN-KANG
Yungang
雲崗

Célèbres grottes bouddhiques situées non loin de Ta-t'ong, au Chansi.

BIBLIOGRAPHIE D'ORIENTATION

La bibliographie des ouvrages et articles touchant à la Chine est aussi vaste que le sujet lui-même. Il ne peut donc être question d'en donner ici ne fût-ce qu'un aperçu rendant un compte exact de l'état des publications. Point n'était besoin non plus de mentionner dans ce livre destiné à un public occidental les ouvrages en langue chinoise ou japonaise : pour les non-sinisants, ils ne feraient qu'alourdir le poids d'un livre déjà volumineux; les sinisants et a fortiori les spécialistes de la Chine — si d'aventure ils viennent à parcourir ces pages — connaissent ces travaux importants auxquels ils ont accès directement. Il en va de même des travaux des grands maîtres de la première moitié de ce siècle : Édouard Chavannes, Henri Maspero, Paul Pelliot, Marcel Granet et, dans un style différent, René Grousset. Leur œuvre nous a paru suffisamment connue des amateurs et suffisamment appréciée — quels que soient les correctifs que l'on puisse légitimement y apporter aujourd'hui — pour ne pas nécessiter un rappel supplémentaire. Il nous a semblé en ce cas plus logique de renvoyer, éventuellement, les lecteurs intéressés à la bibliographie publiée par Jacques Gernet dans son *Monde chinois*, Paris, Armand Colin, 1972. D'une façon plus générale, nous pensons qu'il convient, avant toute chose, de se reporter aux grands périodiques ainsi qu'aux vastes bibliographies que nous mentionnons plus bas. Enfin, rappelons pour les étudiants que la *Revue bibliographique de sinologie*, nouvelle série (Paris : École des Hautes Études en Sciences Sociales) publie, depuis 1981, un panorama annuel des principaux travaux consacrés à la Chine en matière de sciences humaines.

I. PÉRIODIQUES

Acta Asiatica, Tôkyô, The Institute of Eastern Culture (Tôhô Gakkai), 1960-
Archiv orientalni, Prague, Ceskoslovenska Akademie Ved, Orientalni Ustav, 1929-
Archives of the Chinese Art Society of America [*A.C.A.S.A.*], New York, Chinese Art Society of America, 1945-
Ars orientalis, Washington D.C., Freer Gallery of Art, Smithsonian Institution; Ann Arbor, Mich., Institute of Fine Arts, University of Michigan, 1954-
Artibus Asiae, Ascona, Artibus Asiae Publishers; New York, Institute of Fine Arts, New York University, 1925-
Arts Asiatiques [*A.A.*], Paris, P.U.F., 1954-
Asiatische Studien (Études Asiatiques), Berne, A. Francke Ag. Verlag, 1948-
Bulletin de l'École Française d'Extrême-Orient [*B.E.F.E.O.*], Hanoï, 1901-
Bulletin of the Museum of Far Eastern Antiquities [*B.M.F.E.A.*], Stockholm, Ostasiatiska, Samlingarna, 1929-
Harvard Journal of Asiatic Studies [*H.J.A.S.*], Cambridge, Mass., Harvard-Yenching Institute, 1936-
Journal Asiatique [*J.A.*], Paris, Société Asiatique, 1822-
Journal of Asian Studies [*J.A.S.*], Ann Arbor, Mich., Association for Asian Studies Inc., 1941-
Journal of Economic and Social History of the Orient [*J.E.S.H.O.*], Leiden, Brill, 1957-
Journal of Oriental Studies [*J.O.S.*], Hong Kong, Institute of Oriental Studies, University of Hong Kong, 1954-
Journal of the American Oriental Society [*J.A.O.S.*], New Haven, Conn., American Oriental Society, 1851-.
Memoirs of the Research Department of the Tôyô Bunkô [*M.T.B.*], Tôkyô, 1941-
Mitteilungen des Instituts für Orientforschung [*M.I.O.F.*], Berlin, Deutsche Akademie der Wissenschaften zu Berlin, Institut für Orientforschung, 1953-
Monumenta Nipponica [*M.N.*], Tôkyô, Sophia University, 1938-
Oriens Extremus, Wiesbaden, Kimmissionsverlag O. Harrassowitz, 1954-
Philosophy East and West [*P.E.W.*], Honolulu, University of Hawaii Press, 1951-
Revue des Arts Asiatiques, Paris, A. Maisonneuve, 1924-
T'oung Pao [*T.P.*], Leiden, Brill, 1890-

II. BIBLIOGRAPHIES

A Survey of Bibiographies in Western Languages concerning East and Southeast Asian Studies, Tôkyô, The Center for East Asian Cultural Studies (Bibliography, nº 4), 1966, in-8º, 227 p.
CORDIER (Henri), *Bibliotheca sinica* (Dictionnaire bibliographique des ouvrages relatifs à l'Empire chinois), 2ᵉ éd., Paris, 1904-1907, E. Guilmoto, 4 vol. in-8º; supplément et index, Paris, P. Geuthner, 1922-1924.
HAN (Yu-shan), *Elements of Chinese Historiography*, Hollywood, W. M. Hawley, 1955, in-8º, 246 p.
Revue bibliographique de sinologie, Paris-La Haye, Mouton, 1955-
TENG (Ssu-yü) et BIGGERSTAFF (Knight), *An Annotated Bibliography of Selected Chinese Reference Works*, 3ᵉ éd., Harvard-Yenching Institute Studies, II, Cambridge, Mass., Harvard University Press, 1971, in-8º, 250 p.
WOO (Kang), *Histoire de la bibliographie chinoise*, Paris, E. Leroux, 1938, in-8º, 127 p. (« Bibliothèque de l'Institut des Hautes Études chinoises », vol. V).
WYLIE (A.), *Notes on Chinese Literature*, Shanghai, American Presbyterian Mission Press, Londres, Trübner, 1867, in-4º, 260 p.
YUAN (Tung-li), *China in Western Literature, A Continuation of Cordier's Bibliotheca sinica*, New Haven, Conn., Yale University, 1958, in-8º, 802 p.
WILKINSON (Endymion), *The History of Imperial China. A Research Guide*, Harvard East Asian Monographs, 1974, in-8º, 213 p.

III. HISTOIRE ET SOCIÉTÉ

Aspects de la Chine : langue, histoire, religions, philosophie, littérature, arts, Paris, P.U.F., 1959, 2 vol. in-12°. (Publications du musée Guimet, Bibliothèque de diffusion, t. LXIII.)

AUBIN (Francoise), *Études Song, In memoriam Étienne Balazs*, Série I, Histoire et Institutions, 1 et 2, École Pratique des Hautes Études, VIe section, Paris, Mouton, 1971, 2 fasc. in-8°, 84 et 180 p.

BALAZS (Étienne), « La propriété foncière en Chine », *Atti del Primo Convegno Internazionale di Diritto Agrario*, 2, pp. 37-67; Milan, Dottore A. Giuffre Editore, 1955.

BALAZS (Étienne), *Le traité juridique du Souei chou*, Leiden, Brill, 1954, 228 p.

BALAZS (Étienne), « Les villes chinoises, histoire des institutions administratives et judiciaires », *Recueil de la Société Jean Bodin*, t. VI, Bruxelles, La Ville, 1954, pp. 225-240.

BEASLEY (W. G.) et PULLEYBLANK (E. G.), *Historians of China and Japan*, Londres, Oxford University Press, 1961, in-8°, 351 p.

BISCHOFF (F. A.), *La Forêt des Pinceaux : étude sur l'Académie du Han-lin sous la dynastie des T'ang et traduction du Han-lin-tche*, Paris, P.U.F., 1963, in-8°, 128 p. (« Bibliothèque de l'Institut des Hautes Études chinoises », vol. XVII).

BODDE (Derk), *Statesman, Patriot and General in Ancient China; three Shih chi Biographies of the Ch'in Dynasty (225-226 B.C.)*, New Haven, Conn., American Oriental Society, 1940, 75 p.

CHANG (Chun-shu), « Military Aspects of Han Wu-ti's Northern and Northwestern Campaigns », *H.J.A.S.*, 26, 1966, pp. 148-173.

CHANG (Kwang-chih), « Chinese Prehistory in Pacific Perspective : some Hypotheses and Problems », *H.J.A.S.*, 22, 1959, pp. 100-149.

CREEL (H. G.), « The Beginnings of Bureaucracy in China : the Origin of the hsien », *J.A.S.*, 23, 1964, pp. 155-184.

CRUMP (J. I.), *Intrigues : Studies of the Chan-kuo ts'e*, Ann Arbor, Mich., University of Michigan Press, 1964, 212 p.

DUBS (Homer H.), *The History of the Former Han Dynasty by Pan Ku*, Baltimore, Waverly Press Inc., 1955, vol. III, 563 p.

FAIRBANKS (John King), *The Chinese World Order : Traditional China's Foreign Relations*, Cambridge, Mass., Harvard University Press, 1968, 416 p.

GERNET (Jacques), *Le monde chinois*, Paris, Armand Colin (coll. « Destins du monde »), 1972, in-8°, 765 p., 2e éd. 1979.

GILES (Herbert A.), *A Chinese Biographical Dictionary*, Londres, Bernard Quaritch, et Shanghai, Kelly & Walsh, 1898, in-8°, 1022 p.

GROUSSET (René), *Histoire de l'Extrême-Orient*, Paris, Paul Geuthner, 1929, 2 vol, in-8° (« Annales du musée Guimet », t. 39 et 40).

HINO (Kaisaburô), « Government Monopoly on Salt in T'ang in the Period before the Enforcement of the Liang Shouei Fa », *M.T.B.*, 22, 1963, pp. 1-55.

HSU (Cho-yun), *Ancient China in Transition : an Analysis of Social Mobility, 722-222 B.C.*, Stanford, Cal., Stanford University Press, 1965.

ISHIDA (Mikinosuke), « The Hu-chi, mainly Iranian Girls, found in China during the T'ang Period », *M.T.B.*, 20, 1961, pp. 35-40.

KRACKE (E. A.), *Civil Service in Early Sung China, 960-1067*, Cambridge, Mass., Harvard University Press, 1953, in-8°, 262 p.

LEVY (Howard S.), *Biography of An Lu-shan*, Berkeley-Los Angeles, University of California Press, 1960.

LEVY (Howard S.), « The Career of Yang Kouei-fei », *T'oung Pao*, XLV, 1957, pp. 451-489.

LOMBARD (Denys), *La Chine impériale*, Paris, P.U.F. (coll. « Que sais-je? »), 1967.

MASPERO (Henri), « Contribution à l'étude de la société chinoise, à la fin des Chang et au début des Tcheou », *B.E.F.E.O.*, XLVI, 2, 1954, pp. 335-402.

MASPERO (Henri), « La vie privée en Chine à l'époque des Han », *Revue des Arts Asiatiques*, 1933, pp. 185-201.

MASPERO (Henri) et BALAZS (Étienne), *Histoire et institutions de la Chine ancienne, des origines au XIIe siècle après J.-C.*, Paris, P.U.F., 1967, in-8°, 322 p., 8 cartes (« Annales du musée Guimet », t. 73).

MIYAZAKI (Ichisada), « Les villes en Chine à

l'époque des Han », *T'oung Pao*, XLVIII, 1960, pp. 376-392.

MOULE (A. C.), *The Rulers of China 221 B.C.-A.D. 1949*, Londres, Routledge & Kegan Paul, 1957, 131 p.

NEEDHAM (Joseph), « Science and Society in East and West », *Bernal Festschrift*, 1964, pp. 127-149.

PRITCHARD (Earl H.), « Thoughts on the Historical Development of the Population of China », *J.A.S.*, 23, 1963, pp. 3-20.

PULLEYBLANK (E.G.), « Registration of Population in China in the Sui and T'ang Periods », *J.E.S.H.O.*, 4, 1961, pp. 289-301.

PULLEYBLANK (E. G.), *The Background of the Rebellion of An Lushan*, Londres-New York, Oxford University Press, 1955, 264 p.

PULLEYBLANK (E. G.), « The Origins and Nature of Chattel Slavery in China », *J.E.S.H.O.*, 1, 1958, pp. 185-220.

REISCHAUER (Edwin O.), *Ennin's Travel in T'ang China*, New York, Ronald Press, 1955, 342 p.

REISCHAUER (Edwin O.) et FAIRBANK (John K.), *East Asia, the Great Tradition*, Londres, Allen & Unwin, 1958-1960, in-8°, 739 p.

RICAUD (Louis) et TOAN (Nghiêm), « Wou Tsö-t'ien, une traduction juxta-linéaire commentée de la biographie officielle de l'impératrice », *Bulletin de la Société des Études Indochinoises*, XXXIV, 2, Saïgon, 1958-1959, in-4°, 171 p.

ROTOURS (Robert des), *Courtisanes chinoises à la fin des T'ang : « Pei Li Tche »*, Paris, P.U.F., 1968, in-8°, 199 p. («Bibliothèque de l'Institut des Hautes Études chinoises », vol. XXII.)

ROTOURS (Robert des), *Histoire de Ngan Lou-chan*, Paris, P.U.F., 1962, in-8°, 398 p. (« Bibliothèque de l'Institut des Hautes Études chinoises », vol. XVIII.)

ROTOURS (Robert des), *Traité des examens*, Paris, E. Leroux, 1932, in-8°, 414 p. (« Bibliothèque de l'Institut des Hautes Études chinoises », vol. II.)

ROTOURS (Robert des), *Traité des fonctionnaires et traité de l'armée*, Leiden, Brill, 1948, in-8°, 1094 p. (« Bibliothèque de l'Institut des Hautes Études chinoises », vol. VI.)

SCHAFER (Edward H.), « The Development of Bathing Customs in Ancient and Medieval China and the History of the Floriate Clear Palace », *J.A.O.S.*, 76, 1956, pp. 57-82.

SCHAFER (Edward H.), *The Golden Peaches of Samarkand : a Study of T'ang Exotics*, Berkeley-Los Angeles, University of California Press, 1963, in-4°, 399 p., 16 pl.

SCHAFER (Edward H.), « The Last Years of Ch'ang-an », *Oriens Extremus*, 10, 1963, pp. 133-179.

SPEISER (Werner), *Chine, esprit et société*, Paris, Albin Michel, 1960, in-8°, 236 p.

T'ANG (Chün-i), « The T'ien Ming [Heavenly Ordinance] in Pre-Ch'in China », *P.E.W.*, 11, 1962, pp. 195-218; 12, 1962, pp. 29-49.

TOKEI (F.)., « Les conditions de la propriété foncière dans la Chine de l'époque Tcheou » *Acta Antiqua*, 6, Budapest, 1958, pp. 245-300.

TWITCHETT (Denis C.), *Financial Administration under the T'ang Dynasty*, University of Cambridge Oriental Publications, n° 8, Londres, Cambridge University Press, 1963, 387 p.

VANDERMEERSCH (Léon), *Wangdao ou la Voie Royale*, Recherches sur l'esprit des institutions de la Chine archaïque, t. I : Structures culturelles et structures familiales, Paris, École Francaise d'Extrême-Orient, 1977, in-8°, 358 p.

VASIL'EV (L. S.), *Agrarnye otnošenija i obščina v drevnem Kitae*, Moscou, Izdatel'stvo Vostovčnoj Literatury, 1961, 268 p.

WADA (Sei), « The Northeast Asian Tribes in the T'ang Period », *M.T.B.*, 17, 1958, pp. 1-25.

WANG (Yi-t'ung), « Slaves and other Comparable Social Groups during the Northern Dynasties (386-618) », *H.J.A.S.*, XVI, 3 et 4, déc. 1953, pp. 293-364.

WATSON (William), *China before the Han Dynasty*, New York, Frederick A. Praeger, 1961, 264 p., 77 pl.

WITTFOGEL (Karl A.), « Chinese Society : a Historical Survey », *J.A.S.*, XVI, 3, mai 1957, pp. 343-364.

WITTFOGEL (Karl A.), *Oriental Despotism. A Comparative Study of Total Power*, New Haven, Yale University Press, 1957, in-8°, 556 p.

WITTFOGEL (Karl A.) et FENG (Chia-sheng), *History of Chinese Society Liao (907-1125)*,

Philadelphie, The American Philosophical Society, in-4°, 752 p.
WRIGHT (Arthur F.), « Viewpoints on a City. Changan (583-904) : Chinese Capital and Asian Cosmopolis », *Ventures*, Magazine of the Yale Graduate School, V, 1, Yale, janv. 1965, pp. 15-23.
YANG (Lien-sheng), « Female Rulers in Imperial China », *Excursions in Sinology*, Harvard-Yenching Institute Studies, XXIV, Harvard University Press, 1969, pp. 27-41.
ZEN SUN (E-tu) et DE FRANCIS (John), *Chinese Social History*, Washington D.C., American Council of Learned Societies, 1965, in-8°, 400 p.

IV. ÉCONOMIE ET GÉOGRAPHIE

ALMGREN (Bertil), « Geographical Aspect of the Silk Road, especially in Persia and East Turkestan », *B.M.F.E.A.*, 34, 1962, pp. 93-106, 2 pl.
BALAZS (Étienne), « Le traité économique du Souei chou », *T'oung Pao*, XLII, 3-4, 1953, pp. 113-329.
BALAZS (Étienne), « Une carte des centres commerciaux de la Chine à la fin du XIe siècle », *Annales, Économies, Sociétés, Civilisations*, 4, oct.-déc. 1957, Paris, A. Colin, pp. 587-593.
CARTIER (Michel), « L'exploitation agricole chinoise, de l'antiquité au XIVe siècle. Évolution d'un modèle », *Annales, Économie, Société, Civilisation*, Paris, Armand Colin, 1978, n° 2, pp. 365-388.
CHI (Ch'ao-ting), *Key Economic Areas in Chinese History*, 2e éd., Paragon Book Rep. Corp., 1963, in-8°, 168 p.
CRESSEY (Georges B.), *Asia's Lands and Peoples*, 2e éd., Londres, Mc Graw-Hill, 1952, in-4°, 597 p.
EBERHARD (Wolfram), *Settlement and Social Change in Asia*, Hong Kong, Hong Kong University Press, 1967, in-8°, 492 p., 31 pl.
GERNET (Jacques), *Les aspects économiques du bouddhisme dans la société chinoise du Ve au Xe siècle*, Saïgon, École Francaise d'Extrême-Orient, 1956, in-8°, 332 p.
HERMANN (Albert), *A Historical Atlas of China*, Édimbourg, Edinburgh University Press, 1966, 120 p.
HERMANN (Albert), *Historical and Commercial Atlas of China*, Harvard-Yenching Institute Monograph Series, vol. I, Cambridge, Mass., Harvard University Press, 1935, in-4°, 112 p.
PEZEU-MASSABUAU (Jacques), *Pays et paysages d'Extrême-Orient*, Paris, P.U.F. (coll. « Sup »), 1977, in-8°, 256 p.
SHIBA (Yoshinobu), « Commercialization of Farm Products in the Sung Period », *Acta Asiatica*, 19, 1970, pp. 77-96.
SION (Jules), *Asie des Moussons*, in *Géographie universelle* publiée sous la direction de P. Vidal de la Blache et L. Gallois, t. IX, Paris, A. Colin, 1928, in-4°, 272 p.
SWANN (Nancy Lee), *Food and Money in Ancient China. The Earliest Economic History of China to A.D. 25, Han Shu 24*, Princeton, Princeton University Press, 1950, in-8°, 482 p.
YANG (Lien-sheng), *Les aspects économiques des travaux publics dans la Chine impériale*, Paris, Collège de France, 1964, in-8°, 83 p.
YANG (Lien-sheng), « Notes on the Economic History of the Chin Dynasty », *H.J.A.S.*, IX, 2, juin 1946, pp. 107-185.

V. PENSÉE ET RELIGION

BALAZS (Étienne), « La crise sociale et la philosophie politique à la fin des Han », *T'oung Pao*, XXXIX, 1-3, 1949, pp. 83-131.
BARY (Théodore de), CHAN (Wing-tsit), WATSON (Burton), *Sources of Chinese Tradition*, New York, Columbia University Press, 1960, in-8°, 976 p.
CHAN (Wing-tsit), *A Source Book in Chinese Philosophy*, Princeton, N.J., Princeton University Press, 1963, 856 p.

CHAN (Wing-tsit), *The Way of Lao-tzu (Tao-te-ching)*, Indianapolis - New York, The Bobbs-Merril Company, 1963, 285 p.

CHANG (Carsun), *The Development of Neo-confucian Thought*, New York, Bookman Associates, 1957, in-8°, 376 p.

CH'EN (Kenneth), *Buddhism in China : a Historical Survey*, Princeton, N.J., Princeton University Press, 1964, 560 p.

CH'EN (Kenneth), « The Sale of Monk Certificates during the Sung Dynasty, a Factor on the Decline of Buddhism in China », *The Harvard Theological Review*, XLIX, 4, oct. 1956, pp. 307-330.

DEMIÉVILLE (Paul), « Le bouddhisme en Chine », in *L'Inde classique, Manuel des études indiennes*, de Louis Renou et Jean Filliozat, t. II, Paris, Imprimerie nationale, E.F.E.O., 1953, in-8°, 756 p.

DEMIÉVILLE (Paul), « Le bouddhisme et la guerre », Post-scriptum à l'*Histoire des moines guerriers du Japon*, de G. Renondeau, in *Mélanges*, Paris, P.U.F., 1957, pp. 347-385 (« Bibliothèque de l'Institut des Hautes Études chinoises », vol. XI).

DEMIÉVILLE (Paul), *Le concile de Lhasa, une controverse sur le quiétisme entre bouddhistes de l'Inde et de la Chine au VIIIe siècle de notre ère*, Paris, P.U.F., 1952, in-8°, 400 p. (« Bibliothèque de l'Institut des Hautes Études chinoises », vol. VII).

FUNG (Yu-lan), *A History of Chinese Philosophy* (trad. D. Bodde), t. I : Peiping, H. Vetch, 1937, in-8°, 454 p.; t. II : Princeton, N.J., Princeton University Press, 1953, in-8°, 783 p.

GRYNPAS (Benedykt), *Le vrai classique du vide parfait, par Lie-tseu*, Paris, Gallimard (coll. « Connaissance de l'Orient »), 1961, in-8°, 226 p.

HOU CHE (ou HU SHIH), « Ch'an (Zen), Buddhism in China, its History and Method », *P.E.W.*, III, 1, 1953, pp. 3-24.

KALTENMARK (Max), *Lao-tseu et le taoïsme*, Paris, Seuil (coll. « Maîtres spirituels »), 1965, in-16°, 190 p.

KARLGREN (Bernhard), « Legends and Cults in Ancient China », *B.M.F.E.A.*, 18, 1946, pp. 199-235.

KOU PAO-KOH (Ignace), *Deux spophistes chinois, Houei Che et Kong-souen Long*, Paris, P.U.F., 1953, 164 p. (« Bibliothèque de l'Institut des Hautes Études chinoises », vol. VIII).

LEVENSON (Joseph R.), « Origines et itinéraire du confucianisme. De l'histoire comme fondement de la culture aux sables mouvants de l'historicisme », *Diogène*, 42, Paris, Gallimard, 1963, pp. 69-85.

LIN (Yutang), *The Gay Genius, the Life and Times of Su Tung po*, New York, The John Day Company, 1947, in-8°, 427 p.

LIOU (Kia-hway), *Lao-tseu : Tao tö king*, Paris, Gallimard, 1967, in-8°, 120 p.

LIOU (Kia-hway), *L'œuvre complète de Tchouang-tseu*, Paris, Gallimard (coll. « Connaissance de l'Orient »), 1969, in-8°, 390 p.

LIU (Tzu-chien), *Ou-yang Hsiu, an Eleventh-Century Neo-confucian*, Stanford, Cal., Stanford University Press, 1967.

LOEWE (Michael), *Imperial China : the Historical Background to the Modern Age*, Londres, Allen & Unwin, 1966, in-8°, 325 p.

MASPERO (Henri), *Le taoïsme et les religions chinoises*, préface de M. Kaltenmark, Paris, Gallimard, 1971, in-8°, 658 p.

MIYAZAKI (Ichisada), « Le développement de l'idée de divination en Chine », in *Mélanges de sinologie offerts à M. Paul Demiéville*, Institut des Hautes Études chinoises, Paris, P.U.F., 1966, pp. 161-165.

NAKAMURA (Hajime), *The Way of Thinking of Eastern Peoples*, Japanese National Commission for Unesco, 1960, in-8°, 657 p.

PELLIOT (Paul), Compte rendu de *Frühling und Herbst des Lü Bu We, aus dem chenischen Verdeutsch und erläutert von Richard Wilhelm*, Iena, E. Diederichs, 1928, *T'oung Pao*, XXVII, 1930, pp. 68-91.

POKORA (Timoteus), « The Life of Huan T'an » (43-28 B.C.), *Archiv Orientalni*, 31, 1963, pp. 1-79 et 521-776.

PRABODH CHANDRA BAGGHI, *Le canon bouddhique en Chine : les traducteurs et les traductions*, Paris, P. Geuthner, 2 vol. in-8°, 1927 et 1938.

RYGALOFF (Alexis), *Confucius*, Paris, P.U.F., 1946, in-12°, 125 p.

SCHAFER (Edward H.), « The Conservation of Nature under the T'ang Dynasty », *J.E.S.H.O.*, V, 1962, pp. 279-308.

SCHIPPER (K. M.), *L'empereur Wou des Han dans la légende taoïste, Han Wou-ti nei-*

tchouan, Paris, École Francaise d'Extrême-Orient, 1965, in-8°, 132 p.

SOYMIÉ (Michel), « Le Lo-feou chan : étude de géographie religieuse », *B.E.F.E.O.*, 48, 1956, pp. 1-139.

TOMOEDA (Ryûtarô), « The Characteristics of Chu Hsi's Thought », *Acta Asiatica*, 21, 1971, pp. 52-72.

VANDERMEERSCH (Léon), *La formation du légisme*, Paris, École Francaise d'Extrême-Orient, 1965, in-8°, 303 p.

VANDIER-NICOLAS (Nicole), « Le thème de la souveraineté dans l'histoire légendaire de la Chine », *Études Asiatiques*, V, 1-2, 1951, pp. 22-49.

WATSON (Burton), *Han Fei Tzu, Basic Writings*, New York-Londres, Columbia University Press, 1964, 134 p.

WATSON (Burton), *Mo Tzu, Basic Writings*, New York-Londres, Columbia University Press, 1963.

WRIGHT (Arthur F.), *The Confucian Persuasion*, Stanford, Cal., Stanford University Press, 1960, 390 p.

WRIGHT (Arthur) et TWITCHETT (Denis), *Confucian Personalities*, Stanford, Cal., Stanford University Press, 1962, 411 p.

YANG (Lien-sheng), « The Concept of "pao" as a Basis for Social Relations in China », *Excursions in Sinology*, Harvard-Yenching Institute Studies, XXIV, pp. 3-23.

YU (Ying-shih), « Life and Immortality in the Mind of Han China », *H.J.A.S.*, XXV, 1964-1965, pp. 80-122.

ZURCHER (E.), *The Buddhist Conquest of China, the Spread and Adaptation of Buddhism in Early Medieval China*, Leiden, Brill, 1959, 2 vol. in-8°, 468 p.

VI. LITTÉRATURE ET LINGUISTIQUE

ALLETON (Viviane), *L'écriture chinoise*, Paris, P.U.F. (coll. « Que sais-je ? »), 1970.

BAUER (Wolfgang), « The Encyclopaedia in China », *Cahiers d'histoire mondiale*, IX, 3, Neuchâtel, La Baconnière, 1966, pp. 665-691.

BIOT (Éd.), traduction française du *Tchou chou ki nien*, « Les Annales sur bambou », *Journal Asiatique*, déc. 1841, pp. 537-538 et mai 1842, pp. 381-431.

BISHOP (John-Lyman), *The Colloquial Short Story in China*, Harvard-Yenching Institute Studies, XIV, Harvard University Press, 1956, in-8°, 144 p.

BOODBERG (Peter A.), « The Language of the T'o-pa Wei », *H.J.A.S.*, I, 2, juil. 1936, pp. 167-185.

CHANG (Lily Pao-hu) et SINCLAIR (Marjorie), *The Poems of T'ao Ch'ien*, Honolulu, University of Hawaii Press, 1953, in-8°, 133 p.

COUVREUR (Séraphin), *Cheu king*, texte chinois avec une double traduction en francais et en latin, une introduction et un vocabulaire, 2e éd. Sien-hien, Mission Catholique, 1926; 3e éd. 1934, 555 p.

COUVREUR (Séraphin), *Chou king*, texte chinois avec une double traduction en francais et en latin, des annotations et un vocabulaire, Sien-hien, Mission Catholique, 1927; 4e éd. 1934; rééd. Paris, Les Belles Lettres, 1950.

COUVREUR (Séraphin), *Dictionnaire classique de la langue chinoise*, T'aipei, Book World Company, 1963.

COUVREUR (Séraphin), *Mémoires sur les bienséances et les cérémonies*, 2e éd. 1913; rééd. Paris, Les Belles Lettres, 1950, 2 vol.

DEMIÉVILLE (Paul), *Anthologie de la poésie chinoise classique*, Paris, Gallimard (coll. « Connaissance de l'Orient »), 1962, in-8°, 571 p.

DEMIÉVILLE (Paul), « Présentation d'un poète [T'ao Yuan-ming] », *T'oung Pao*, LVI, 4-5, 1970, pp. 241-261.

DEYDIER (Christian), *Les Jiaguwen. Essai bibliographique et synthèse des études*, Paris, École Francaise d'Extrême-Orient, vol. CVI, 1976, in-8°, 233 p.

DIÉNY (Jean-Pierre), *Aux origines de la poésie classique en Chine. Étude sur la poésie lyrique à l'époque des Han*, Monographies du T'oung Pao, vol. VI, Leiden, Brill, 1968, in-8°, 167 p.

DIÉNY (Jean-Pierre), *Les dix-neuf poèmes anciens*, Bulletin de la Maison franco-japonaise, nelle série, t. VII, 4, Paris, P.U.F., 1963, 134 p.

DUBS (Homer H.), *The History of the Former*

Han Dynasty by Pan Ku, A critical translation with annotations, t. I, Baltimore, Waverly Press, 1938; t. II, Londres, Kegan Paul, Trench, Trübner & Co, 1944, 2 vol. in-8°.

FANG (Achille), *The Chronicle of the Three Kingdoms (220-265)*, chapters 69-78 from the Tzu chih t'ung chien, translated and annotated, Cambridge, Mass., Harvard University Press, vol. I, 1952, 698 p.; vol. II, 1965, 693 p.

GARDNER (Charles S.), *Chinese Traditional Historiography*, Cambridge, Mass., Harvard University Press, 1938, in-8°, 120 p.

GERNET (Jacques), « Écrit et histoire en Chine », *Journal de psychologie normale et pathologique*, 1959, pp. 31-40.

GILES (H.A.), *The Travels of Fa-hsien (399-414 A.D.), or Record of the Buddhistic Kingdoms*, Londres, Routledge & Kegan Paul, 2e éd., 1956, in-8°, 95 p.

GRANET (Marcel), *Danses et légendes de la Chine ancienne*, Paris, P.U.F., 1959, 2 vol., 706 p.

GRANET (Marcel), *Fêtes et chansons anciennes de la Chine*, Paris, E. Leroux, 1re éd. 1919, rééd. 1929, 304 p.

GUILLERMAZ (Patricia), *La poésie chinoise*, Paris, Seghers, 1960, in-8°, 289 p.

HERVOUET (Yves), *Le chapitre 117 du Che-ki* (Biographie de Sseu-ma Siang-jou), Paris, P.U.F., 1972, in-8°, 285 p. (« Bibliothèque de l'Institut des Hautes Études chinoises », vol. XXIII).

HERVOUET (Yves), *Un poète de Cour sous les Han : Sseu-ma Siang-jou*, Paris, P.U.F., 1964, in-8°, 478 p. (« Bibliothèque de l'Institut des Hautes Études chinoises », vol. XIX).

HIGHTOWER (James Robert), *Topics in Chinese Literature, Outlines and Bibliographies*, Harvard-Yenching Institute Studies, III, Cambridge, Mass, 1950, in-8°, 130 p.

HOLZMAN (Donald), *La vie et l'œuvre de Hi K'ang (223-262)*, Leiden, Brill, 1957.

HSU (Sung-nien), *Anthologie de la littérature chinoise, des origines à nos jours*, Paris, Delagrave, 1933, in-12°, 445 p.

HUNG (William), *Tu Fu China's Greatest poet*, Cambridge, Mass., Harvard University Press, 1952, 2 vol. in-8°.

KALTENMARK-GHÉQUIER (Odile), *La littérature chinoise*, Paris, P.U.F. (coll. « Que sais-je ? »), 1948.

KARLGREN (Bernhard), « Glosses on the Book of Documents », *B.M.F.E.A.*, 20, 1948, pp. 39-315, et 21, 1949, pp. 63-206.

KARLGREN (Bernhard), « The Book of Documents », *B.M.F.E.A.*, 22, 1950, pp. 1-81.

KARLGREN (Bernhard), « The Early History of the Chou Li and Tso Chuan Texts », *B.M.F.E.A.*, 3, 1931, pp. 1-62.

LEFEUVRE (J. A.), « Les inscriptions des Shang sur carapaces de tortue et sur os », *T'oung Pao*, LXI, 1-3, 1975, pp. 1-82.

LEGGE (James), *The Book of Poetry*, Chinese text with english translation, 1re éd., Londres, 1876; rééd. Shanghai, Chinese Book Co, 1931, 487 p.

LEVY (André), *Études sur le conte et le roman chinois*, Paris, École Française d'Extrême-Orient, vol. LXXXII, 1971, in-8°, 210 p.

LIU (T'sun-yan), « Men of Letters in the Light of Chinese Historiography », *B.M.F.E.A.*, 37, 1965, pp. 137-163.

MAENO (Naoaki), « The Origin of Fiction in China », *Acta Asiatica*, 16, 1969, pp. 27-37.

MARGOULIÈS (G.), *Anthologie raisonnée de la littérature chinoise*, Paris, Payot (coll. « Bibliothèque scientifique »), 1948, in-8°, 458 p.

PELLIOT (Paul), « Le Chou-king en caractères anciens et le Chang Chou che wen », in *Mémoires concernant l'Asie orientale*, t. II, Paris, 1916, pp. 123-177.

PRUSEK (Jaroslav), *Chinese History and Literature*, Prague, Czechoslovak Academy of Sciences, 1970, in-8°, 562 p.

PRUSEK (Jaroslav), « L'histoire et l'épopée en Chine et dans le monde occidental », Étude sur les différentes manières de concevoir l'histoire des hommes, *Diogène*, 42, Paris, Gallimard, 1963, pp. 22-47.

SCHWARZ (Ernst), « Die klassische chinesische Literatur und das Weltbild Chinas im Feudalzeitalter », *M.I.O.F.*, 10, 1964, pp. 397-417.

SPRENKEL (O. B. van der), « Chronographie et historiographie chinoises, » in *Mélanges* publiés par l'Institut des Hautes Études chinoises, t. II, Paris, 1960, pp. 407-421.

TCHANG (Fou-jouei), *Inventaire et analyse du Yi Kien Tche, grand recueil de nouvelles de Hong Mai (1123-1202)*, Paris, 1968, Thèse pour l'obtention du diplôme de l'École Pratique des Hautes Études.

TUNG (Tso-pin), *Fifty Years of Studies in Oracle Inscriptions*, Tôkyô, Center for East Asian Cultural Studies, 1964, in-8°, 148 p.

WALEY (Arthur), *The Book of Sungs*, Londres, Allen & Unwin, Boston-New York, Houghton Mifflin, 1937, rééd. 1954, 358 p.

WALEY (Arthur), *The Life and Times of Po Chü-i (772-846 A.D.)*, Londres, Allen & Unwin, 1949, in-8°, 238 p.

WATSON (Burton), *Early Chinese Literature*, New York-Londres, Columbia University Press, 1962, 304 p.

WATSON (Burton), *Records of the Grand Historian of China*, translated from the *Shih chi* of Ssu-ma Ch'ien, New York-Londres, Columbia University Press, 1961, 2 vol. in-8°.

WATSON (Burton), *Ssu-ma Ch'ien, Grand Historian of China*, New York, Columbia University Press, 1958, 276 p.

YOSHIKAWA (Kôjirô), *An Introduction to Sung Poetry*, translated by Burton Watson, Cambridge, Mass., Harvard University Press, 1967, in-8°, 191 p.

VII. ART ET ARCHÉOLOGIE

ACKER (William Reynolds Beal), *Some T'ang and Pre-T'ang Texts on Chinese Painting*, Leiden, Brill, 1954, in-8°, 411 p.

AKIYAMA (Terukazu), ANDO (Kôsei), MATSUBARA (Saburô), OKAZAKI (Takashi), SEKINO (Takeshi), coordinated by TREGEAR (Mary), *Arts of China. Neolithic Cultures to the T'ang Dynasty : Recent Discoveries*, Tôkyô, Kodansha, 1968, in-f°, 251 p.

Art de la Chine des Song (L'), catalogue du musée Cernuschi, 1956.

BOBOT (Marie-Thérèse), *L'art chinois*, Paris, Desclée de Brouwer, 1973, in-12°, 128 p. (École du Louvre, « Les grandes étapes de l'art »).

BOYD (Andrew), *Chinese Architecture and Town Planning, 1500 B.C.-A.D. 1911*, Londres, Alec Tiranti, 1962, in-8°, 166 p., 158 pl.

BUSH (Susan), *The Chinese Literati on Painting : Su Shih (1037-1101) to Tung Ch'i-ch'ang (1555-1636)*, Harvard-Yenching Institute Studies, XXVII, Cambridge, Mass., 1971, in-8°, 227 p.

CAHILL (James), *La peinture chinoise*, Paris-Genève, Skira, 1964, in-4°, 214 p.

CAHILL (James), *The Art of Southern Sung China*, New York-Tôkyô, Asia House, 1962, in-8°, 103 p.

CHANG (Kwang-chih), *The Archaeology of Ancient China*, New Haven, Conn., et Londres, Yale University Press, 1963, 346 p.

CHENG (Te-k'un), « Animal Styles in Prehistoric and Shang China », *B.M.F.E.A.*, 35, 1963, pp. 129-140, 16 pl.

CHENG (Te-k'un), « T'ang Ceramic Wares of Ch'ang-sha », *The Journal of the Institute of Chinese Studies*, III, 1, sept. 1970, The Chine University of Hong Kong, pp. 1-53, 20 pl. et 5 fig.

CHIANG (Chao-shen), « Points of View in Chinese Landscape Painting », *National Palace Musuem Bulletin*, V, 1, T'aipei, mars-avril 1970, 17 p.

Chinese Cultural Art Treasures, National Palace and Central Museums illustrated handbook, T'ai-tchong, National Palace and Central Museums, 1965, in-8°, 131 p., 138 pl.

CHOW (E. T.) et DRAKE (F. S.), « Sui-T'ang : a Study of Sui and Early T'ang Porcellaneous Stoneware », *J.O.S.*, I, 2, juil. 1954, pp. 351-357, 11 pl.

DITTRICH (Edith), « Das Motiv der Tierkampfes in der altchinesischen Kunst », *Asiatische Forschungen*, Band 13, Wiesbaden, Otto Harrassowitz, 1963, 248 p.

DOHRENWEND (Doris), « The Early Chinese Mirror », *Artibus Asiae*, 27, 1964, pp. 79-98.

ELISSEEFF (D. et V.), *L'histoire revue par l'archéologie. Nouvelles découvertes en Chine.* Fribourg, Office du Livre, 1982.

FEI (Ch'eng-wu), *Brush Drawing in the*

Chinese Manner, Londres-New York, Studio Publications, 1957.

FONG (Mary H.), « The Technic of "chiaroscuro" in Chinese Painting from Han through T'ang », *Artibus Asiae*, XXXVIII, 2-3, 1976, pp. 91-127.

FOURCADE (Francois), *La peinture murale de Touen-houang*, Paris, Cercle d'Art, 1962, in-f°, 134 p.

GLUM (Peter), « Meditations on a Black Sun. Speculations on Illusionist Tendencies in T'ang Painting Based on Chemical Changes in Pigments », *Artibus Asiae*, XXXVII, 1-2, 1975, pp. 53-60.

Great Paintings of the Sung Dynasty in the National Palace Museum, vol. I, 16 pl., The National Palace Museum, T'aiwan.

GULIK (R.H. van), *Chinese Pictorial Art*, Serie orientale Roma XIX, Rome, I.S.M.E.O., 1958, in-4°, 537 p.

GYLLENSVARD (Bo), « The First Floral Pattern on Chinese Bronzes », *B.M.F.E.A.*, 34, 1962, pp. 29-51, 24 pl.

HARICH-SCHNEIDER (Eta), « The Earliest Sources of Chinese Music and their Survival in Japan », *M.N.*, 11, 1955, pp. 195-213.

HONEY (William Bowyer), *The Ceramic Art of China and other Countries of the Far East*, Londres, Faber & Faber & Hyperion Press, 1945, in-8°, 238 p., 192 pl.

KOYAMA (Fujio), *Post-war Discoveries of T'ang and Sung Kiln Sites*, s.l., 1962, in-8°, 19 p.

LEE (Sherman E.), *Chinese Landscape Painting*, Cleveland, Ohio, The Cleveland Museum of Art, 1954, 169 p.

LEE (Sherman E.), *The Colors of Ink. Chinese Paintings and Related Ceramics from the Cleveland Museum of Art*, The Asia Society, 1974, in-4°, 139 p.

LI (H. L.), *Chinese Flower Arrangement*, Princeton, N.J., D. van Nostrand Co., 1959, 145 p., 16 pl.

LION-GOLDSCHMIDT (Daisy), *Les poteries et porcelaines chinoises*, Paris, P.U.F., (coll. « L'Œil du Connaisseur »), 1957, in-8°, 193 p., 32 pl.

LOVELL (Hin-cheung), *Illustrated Catalogue of Ting Yao and Related White Wares in the Percival David Foundation of Chinese Art*, Londres, Percival David Foundation of Chinese Art, Section 4, 1964, in-8°, 20 p., 12 pl.

Mission Pelliot en Asie Centrale, I. *Les grottes de Touen-houang*, Paris, P. Geuthner, 1920-1921, 5 vol. de planches in-4°.

MIZUNO (Seiichi), *Chinese Stone Sculpture*, Tôkyô, Mayuyama, 1950, in-4°.

MIZUNO (Seiichi) et NAGAHIRO (Toshio), *Yun-kang, Detailed Report of the Archaeological Survey Carried out by the Mission of the Tôhôbunka Kenkyûsho (1938-1945)*, Kyôto University, Jimbunkagaku Kenkyûsho, 1956, 20 vol. in-f°.

MIZUNO (Seiichi) et NAGAHIRO (Toshio), *Yun-kang, the Buddhist Cave Temples of the Fifth Century A.D. in North China*, 16 vol. + suppl., Kyôto, 1951-1956, in-4°.

MUNAKATA (Kiyohiko), *Ching Hao's Pi-fa-chi : a Note on the Art of Brush*, Ascona, Artibus Asiae Publishers, 1974, in-4°, 56 p.

MUNAKATA (Kiyohiko), « Some Methodological Considerations. A Review of Susan Bush : *The Literati on Painting* », *Artibus Asiae*, XXXVIII, 4, 1976, pp. 308-318.

NAGAHIRÔ (Toshio), *The Representational Art of the Han Dynasty*, Tôkyô, Chûo-koron Bijutsu Shuppan, 1965, in-f°, 183 p.

NGUYEN (Phuc Long), « Les nouvelles recherches archéologiques au Vietnam (Complément au *Vietnam* de Louis Bezacier) », *Arts Asiatiques*, t. XXXI, numéro spécial, Paris, Maisonneuve, 1975, in-4°, 154 p.

PIRAZZOLI-T'SERSTEVENS (Michèle), *Architecture universelle : Chine*, Fribourg, Office du livre, 1970, in-4°, 192 p.

SAKANISHI (Shio), *The Spirit of the Brush, Being the Outlock of Chinese Painters on Nature, from Eastern China to Five Dynasties, A.D. 317-960*, Londres, John Murray, 1939, in-12°, 108 p.

SALMONY (Alfred), *Chinese Jade through the Wei Dynasty*, New York, The Ronald Press Company, 1963, 287 p., 46 pl.

SATO (Chisui), *The Character of Yün-kang Buddhism. A Look at the Emergence of a State-Supported Religion in China under the Northern Wei.* Memoirs of the Research Department of the Toyo Bunko, n° 36, Tokyo, 1978, p. 39-80.

SEGALEN (VICTOR), *Chine, la grande statuaire*,

Paris, Flammarion, 1972, in-8°, 208 p.
SICKMAN (Laurence) et SOPER (Alexander), *The Art and Architecture of China*, The Pelican History of Art, Edimbourg, Penguin Books, 1956, in-8°, 334 p.
SILVA (Anil de), *La Peinture de paysage chinoise d'après les grottes de Touen-houang*, Paris, Albin Michel, 1968, in-8°, 241 p.
SIREN (Osvald), *Chinese Painting*, New York, The Ronald Press Company, 1956-1958, 7 vol. in-f°.
SIVIN (Nathan) éd., *Science and Technology in East Asia*, New York, Science History Publications, 1977, XXXIV, 260 p.
SOPER (Alexander Coburn), *Literary Evidence for Early Buddhist Art in China*, Ascona, Artibus Asiae Publishers, 1959, in-4°, 296 p.
SOPER (Alexander Coburn), *Textual Evidence for the Secular Arts of China in the Period from Liu Sung through Sui (A.D. 420-618) Excluding Treatises on Painting*, Ascona, Artibus Asiae Publishers, 1967, in-4°, 71 p.
SPEISER (Werner), GOEPPER (Roger), FRIBOURG (Jean), *Chinese Art : Painting, Calligraphy Stone Rubbing, Wood Engravin*, Londres, Oldbourne Press, 1964, 360 p.
SULLIVAN (Michael), *An Introduction to Chinese Art*, Berkeley-Los Angeles, University of California Press, 1961, in-8°, 223 p., 151 ill.
SULLIVAN (Michael), *Chinese Art, Recent Discoveries*, Londres, Thames & Hudson, 1973, in-12°, 63 p., 64 pl.
SULLIVAN (Michael), *The Birth of Landscape Painting in China*, Londres, Routledge & Kegan Paul, 1962, 213 p., 99 pl.
SULLIVAN (Michael), *The Art of Landscape Painting in China*, Stanford University Press, 1979, 204 p., 115 ill.
SULLIVAN (Michael), *Chinese Landscape Painting in the Sui and T'ang Dynasties*, University of California Press, Berkeley, Los Angeles, London, 1980, 191 p. 125 ill.
SUZUKI (Kei) et ARIYAMA (Terukazu), *Chûgoku bijutsu*, (Chinese Art in Western Collections), Tôkyô, Kodansha, 3 vol, in f°, 1973; t. I : Painting.
SWANN (Peter C.), *Chinese Monumental Art*. Londres, Thames & Hudson, 1963, 276 p., 124 pl.
TOKIWA (Daijo) et SEKINO (Tadashi), *Buddhist Monuments in China*, Tôkyô, Bukkyô Shiseki Kenkyû-kwai, 1926, 2 vol. in-8°.
TORII (Ryûzo), *Sculptured Stone Tombs of the Liao Dynasty*, Pékin, Harvard-Yenching Institute, 1942, in-8°, 134 p., 50 pl.
VANDERMEERSCH (L.), « Bronze Kettledrums of Southeast Asia », *J.O.S.*, 3, 1957, pp. 291-298.
VANDIER-NICOLAS (Nicole), *Art et Sagesse en Chine, Mi Fou (1051-1107)*, Paris, P.U.F., 1963, in-8°, 346 p.
VANDIER-NICOLAS (Nicole), *Le Houa-che de Mi Fou (1051-1107), ou le carnet d'un connaisseur à l'époque des Song du Nord*, Paris, P.U.F., 1964, 193 p., 2 pl. (« Bibliothèque de l'Institut des Hautes Études chinoises », vol. XVI).
WATSON (William), *Styles in the Arts of China*, Harmondsworth, Pelikan Books, Penguin Books Ltd, in-8°, 126 p., 146 ill.
WATSON (William), *L'art de l'Ancienne Chine*, Paris, Mazenod, 1979, in. f°, 630 p.
WEN FONG, *Sung and Yuan Paintings*, New York, The Metropolitan Museum of Art, 1973, in-8°, 162 p.
WEN FONG, *The Great Bronze, Age of China*, New York, The Metropolitan Museum of Art, 1980, in-4°, 385 p.

VIII. SCIENCES ET TECHNOLOGIE

AUDEMAR (L.), *Les jonques chinoises* (IV : description des jonques), Rotterdam, Museum voor Land- en Volkenkunde en het Maritiem Museum « Prins Hendrik », 1962, 92 p., 2 cartes.
CARTER (Thomas Francis), *The Invention of Printing in China and its Spread Westwards*, New York, Columbia University Press, 1925; Pékin, 1941, in-8°, 273 p.
DEWALL (Magdalene von), « Pferd und Wagen im frühen China », *Saarbrücker Beiträge zur Altertumskunde*, Band I, Bonn, Rudolf Habelt Verlag, 1964, 280 p., 24 pl.
FAIRBANK (Wilma), « Piece-mold Craftmanship and Shang Bronze Design »,

A.C.A.S.A., 16, 1962, pp. 9-15.
GANDAR (Dominique), « Le canal impérial, étude historique et descriptive », *Variétés sinologiques*, 4, Shanghai, Mission Catholique, 1903, in-8°, 78 p. + cartes.
KRJUKOV (M. V.), « O razvitii proizvoditel' nyh sil v. Kitae v XV-XI vo. do n.e. (na primera Yin-skoj metallurgii) », *Narody Azii i Afriki*, 3, 1964, pp. 65-75.
NEEDHAM (Joseph), *Science and Civilisation in China*, Cambridge, Mass, Cambridge University Press, 7 vol., 1954-1985.
PEAKE (Cyrus H.), « The Origin and Development of Printing in China in the Light of Recent Research », *Gutenberg Jahrbuch*, Mayence, 1935, pp. 9-17.
PELLIOT (Paul), *Les débuts de l'imprimerie en Chine*, Paris, A. Maisonneuve, 1953, in-8°, 138 p.
PIRAZZOLI-T'SERSTEVENS (Michèle), *La civilisation du royaume de Dian à l'époque Han*, d'après le matériel exhumé à Shizhai Shan (Yunnan), Paris, École Française d'Extrême-Orient, vol. XCIV, 1974, in-8°, 339 p.
SCHAFER (Edward H.), « Notes on Mica in Medieval China), *T'oung Pao*, 43, 1955, pp. 265-286.
SIVIN (Nathan), *Chinese Alchemy as a Science*, texte d'une conférence, Kyôto 1969, 10 p. d'actyl.
STEIN (R.A.), « L'habitat, le monde et le corps humain en Extrême-Orient et en Haute-Asie », *J.A.*, 245, 1957, pp. 37-74.
WATSON (William), *Ancient Chinese Bronzes*, Londres, Faber & Faber, 1962, 117 p., 104 pl.
WINTER (John), « Preliminary Investigations on Chinese Ink in Far Eastern Paintings », *Advances in Chemistry Series*, 138, Archaeological Chemistry, The American Chemical Society, 1975, pp. 207-225.
YAMAZAKI (Yoemon), « History of Instrumental Multiplication and Division in China, from the Reckoning-blocks to the Abacus », *M.T.B.*, 21, 1962, pp. 125-148.

TABLE DES MATIÈRES

TABLE DES MATIÈRES

Aubin Imprimeur
LIGUGÉ, POITIERS

Achevé d'imprimer et broché en novembre 1990
N° d'édition 1876 / N° d'impression L 36528
Dépôt légal, janvier 1988
Imprimé en France